어휘 교육론

어휘 교육론

구본관 외 20인 지음

사회평론아카데미

국어교육학회
국어교육연구총서 1
어휘 교육론

2014년 12월 30일 초판 1쇄 펴냄
2021년 12월 30일 초판 2쇄 펴냄

지은이 구본관 외 20인
기획 국어교육학회

펴낸이 권현준
편집 정세민·이소영·김혜림·조유리
디자인 김진운
본문조판 디자인 시
마케팅 김현주

펴낸곳 ㈜사회평론아카데미
등록번호 2013-000247(2013년 8월 23일)
전화 02-326-1545
팩스 02-326-1626
주소 03993 서울특별시 마포구 월드컵북로6길 56
이메일 academy@sapyoung.com
홈페이지 www.sapyoung.com

ISBN 979-11-85617-18-3 93700

《국어교육연구총서》 발간사

1990년에 젊은 국어교육학자들이 모여서 국어교육학회를 창립했다. 1980년대 중반 대학원 국어교육학과가 대학에 만들어지면서 명실상부한 국어교육학이 등장하게 되었다. 거기서 공부한 젊은 학자들이 젊은 학회를 만든 것이다.

2014년 지금 국어교육학회에서 발간하는 학술지《국어교육학연구》는 한국연구재단 평가에서 인문사회계열 4년 평균 1위를 차지하고 있다. 명실 공히 25살 청년은 국내에서 최고의 질을 담보하는 학회로 발돋움하고 있다. 아니 이미 달성했다.

국어교육의 질적 및 양적 연구를 지향하면서《국어교육연구총서》를 시리즈로 발간하게 되었다. 첫 번째 책인《어휘 교육론》에 이어서 앞으로 개설적인 총서뿐 아니라 구체적 성격의 총서도 계속해서 발간할 예정이다.

이 총서가 국어교육의 확장과 실천적 연구에 이바지할 것을 확신한다. 국어교육학의 현재 모습을 보여주는 동시에 앞으로의 방향까지도 보여줄 것이다. 이 총서는 연구자들은 물론이고 학업에 매진하는 이들 모두에게 큰 도움이 되리라 믿는다.

2014년 12월
국어교육학회

머리말

500,000. 우리말 어휘는 표준국어대사전을 기준으로 50만 개가 넘는다. 어휘의 수로 보면 다른 어떤 언어 못지않게 많다. 어휘 하나하나에는 많든 적든 그 어휘가 생겨나고, 사용되며, 변화해 간 역사가 담겨 있다. 어휘 수가 많다는 것은 그 언어를 사용하는 공동체의 문화적인 힘이 강하다는 것과 통한다. 이런 점에서 보면 우리는 우리의 문화적인 힘을 자랑스럽게 여겨도 좋을 것이다.

120. 그렇기는 해도 우리의 어휘 능력은 그리 자랑할 만한 것이 되지 못한다. 이 책의 제1장에서는 매일의 일상생활에서 우리가 사용하는 어휘 수가 평균 120개라는 것으로 어휘의 빈곤을 상징적으로 말한 바 있다. 국어교육에 어휘 교육의 씨를 뿌리신 고(故) 김광해 선생님께서는 우리의 어휘 능력이 부족한 원인을 어휘 교육의 부재와 함께 조금이라도 어려운 어휘를 사용하면 잘난 체하는 것으로 비난하는 사회 분위기를 꼽기도 하셨다. 쉬운 어휘를 사용하는 것도 중요하지만 상황에 맞게 가장 적합한 어휘를 사용하는 것이 더 중요함은 말할 것도 없다.

21. 국어교육과 한국어교육의 세부 영역들을 전공하면서 어휘 교육의 필요성에 깊이 공감한 21명의 저자들이 모여 각자의 영역에서 크게 혹은 작게 자기의 목소리를 내었다. 스물하나라는 숫자는 우리 학계에서 그리 작은

숫자가 아니다. 더욱이 한 사람 한 사람이 국어교육과 한국어교육의 해당 분야에서 성실하게 연구하고 가르치고자 노력한 사람들이다. 이렇게 스물하나가 모여 한 목소리로 어휘 교육의 새로운 출발을 얘기하고자 한다. 유아의 언어 습득은 형태소도 문장도 아닌 단어, 곧 어휘에서 출발한다. 어휘는 단어와 관용적인 구를 포함하고 있음은 물론 연어를 거쳐 문장에까지 이르게 된다. 이를 고려하면 어휘 교육은 언어 교육의 거의 전 영역에 걸쳐 있음을 알게 된다. 또한 우리 모두가 알고 있듯이 어휘 교육은 읽기 영역이나 문법 영역만의 것이 아니며, 말하기, 듣기, 쓰기, 문학, 문법, 읽기를 포함한 국어교육 전 영역의 문제이다. 흔히 한국어교육에서 문법을 포함한 그 어떤 것보다 어휘가 중요하다고 이야기되곤 한다. 우리는 국어교육에서도 '바보야, 문제는 어휘야.'라는 말이 당연한 것이라 생각한다.

3. 국어교육학회에서 어휘 교육을 특집으로 학술대회를 한 지 3년이 넘었다. 이 책에 실린 상당수의 내용은 그때 발표한 논문을 깁고 보탠 것이고, 나머지는 편집진의 필요에 따라 요청한 것이다. 저자의 수가 많기도 하여 몇몇 저자의 사정으로 늦어지기도 하고 다른 사정들도 겹쳐 이제야 이 책이 세상에 나오게 되었다. 정해진 시간 내에 원고를 제출하고 다른 분들을 기다려 준 사람도 있고, 피치 못할 사정으로 늦게 원고를 보낸 사람도 있다. 그

렇지만 지금 우리 모두는 한 마음으로 이 책의 출간을 기쁘게 받아들인다. 책의 편찬을 맡아 주신 사회평론아카데미의 여러분들, 귀찮은 업무를 맡아 애쓴 이기연, 강보선 두 선생께도 감사드린다.

　2014. 11. 늦어도 11월까지는 마무리하고 싶었다. 한 해가 저물어 간다. 아무래도 또 해를 넘길지도 모르겠다. 하지만 어휘 교육을 새롭게 시작하기에 아직 늦은 것은 아니라고 믿는다. 우리가 잘 알고 있듯이 비트겐슈타인은 '나의 언어의 한계는 나의 세계의 한계'라고 하였으며, 하이데거는 '언어는 존재의 집'이라고 했다. 이 말들에서 '언어'를 어휘로 치환하면 어휘야말로 자신의 한계이기도 하며 자기 존재의 집이 되기도 하는 것이다. 올바른 어휘 교육을 통해 우리말을 배우고 사용하는 모든 사람들이 어휘로 사유의 집을 짓고 각자의 한계 지평을 넓혀 가는 데에 이 책이 조금이나마 도움이 되기를 바란다.

또 한 해를 보내며
저자 일동

차례

어휘 교육의 방향

1

어휘 교육의 목표

1. 어휘 교육의 필요성

1) 어휘 능력과 어휘 교육의 실태

모어 화자를 대상으로 하는 국어교육에서도 의도적인 어휘 교육이 필요한가? 어휘 교육의 필요성을 말하기 위해서는 먼저 학습자의 어휘 사용 실태와 실제적으로 학교 현장에서 이루어지고 있는 어휘 교육의 실태에 대해 살펴보아야 한다. 학습자의 어휘 사용 실태를 살펴보기 위해 소설에서 한 구절을 인용해 보기로 한다.

대부분의 사람들이 일상생활에서 사용하는 단어의 수가 평균 120개래. 생각해봐, 120개! 우리의 정신이 얼마나 제한되겠어. 대체 그걸 가지고 무얼 표현할 수 있겠냐고. 안녕하세요. 고맙습니다. 또 봐요. 부탁해요. 알았어. 아니요. 단지 이

정도뿐이야. 난 벌써 10여 개의 단어를 사용했지. 어휘의 빈곤, 이것이야말로 진정한 가난이야. 이것은 우리가 수천 개의 미묘한 색조를 표현할 수 있음에도 다섯 가지 색깔만 사용하고 있는 것이나 마찬가지라고.

— 베르나르 베르베르, 『카산드라의 거울』

위의 인용이 다소 과장되었으며 우리나라의 경우는 다르다고 할 수 있겠지만 우리가 처한 어휘의 빈곤을 상징적으로 보여 준다. 사정이 이러할진대, 어휘 교육의 필요성은 긍정되지 않을 수 없다.

어휘 능력 빈곤의 원인은 여러 가지가 있다. 예컨대 개인적인 차원에서는 정확한 어휘를 쓰기 위한 노력을 기울이지 않는 것, 사회적인 차원에서는 다소 어렵더라도 정확한 어휘를 쓰려는 노력을 지식을 뽐내는 것으로 치부하는 분위기 등이 어휘 능력 빈곤의 원인이라고 할 수 있다. 그러나 교육을 논하는 우리가 가장 심각하게 우려해야 할 어휘 능력 빈곤의 원인은 어휘 교육이 제대로 이루어지지 않았다는 점이다.

각 장의 세부 절에서 자세하게 언급할 것이지만 현재 학교 현장에서의 어휘 교육은 내용이나 방법 측면에서 여러 가지 문제를 가지고 있다. 국어과 교육과정에는 총론 차원에서든, '듣기·말하기 영역', '읽기 영역', '쓰기 영역', '문법 영역', '문학 영역' 등 각 영역의 차원에서든, 어휘 교육에 대해 언급되어 있다. 주로 초등에서는 고유어 찾아 사용하기나 사전 찾기 등이 제시되어 있으며, 중·고등학교에서는 속담 등의 관용어나 전문어에 대한 교육 내용을 제시하고 있다. 물론 초·중·고의 국어 교과서나 고등학교 선택 교과서에서도 어휘 교육이 교육과정에 반영되어 있다.

그러나 교육과정이나 교과서에 반영되어 있음에도 실제 어휘 교육은 내용이나 방법 혹은 평가 차원에서 효율적으로 이루어지고 있지 못하다. 초등학교의 경우 상대적으로 중·고등학교보다는 어휘 교육이 많이 이루어지는 편이지만 주로 독서를 통한 간접적인 교육이고, 그 외에는 그리 활발하게 이루어지지 않는다. 기껏해야 수업 시간에 어려운 단어에 대해 풀어서 말해 주거나, 연습이나 과제로 제시되는 해당 어휘를 활용하는 짧은 글짓기를 하게 하거나, 받아쓰기를 통해 맞춤법을 교육하면서 부수적으로 어휘 교육의 효과를 거두는 정도이다. 중학교나 고등학교의 경우 교과서의 날개에 풀이를 담아 학습자가 참고하게 하는 것이 어휘 교육의 거의 전부이다.

이런 상황들을 생각하면 지금의 어휘 교육은 다음 몇 가지 점에서 문제를 가진다고 정리할 수 있다.

첫째, 학습자의 어휘 능력의 발달 단계를 고려한 교육 내용이나 교수·학습 방법의 마련이 충분히 이루어지고 있지 못하다. 충분하지는 않지만 김광해(2003a)를 비롯해 학습자의 연령을 고려한 어휘 단계에 대한 연구들이 있으므로 이러한 것들이 교육과정이나 교과서에 반영되고 실제로 교육되어야 할 것이다.

둘째, 어휘 교육 현장에서 다양한 교수·학습 방법이 활용되지 못하고 있다. 실제로 학습자에게 단어를 가르칠 때 단어 형성을 고려한 방법, 단어 관계를 활용한 방법, 문맥적 단서를 사용하는 방법 등이 적절하게 이용되어야 할 것이다. 아울러 학습자가 자기 스스로 단어를 만들어 보는 활동 등을

알아보기　　**어휘력 대 어휘 능력**

어휘력과 어휘 능력은 연구자에 따라 달리 정의되고 사용된다. 예컨대, 김광해(1993)에서는 어휘력과 어휘 능력을 각각 양적인 개념과 질적인 개념으로 구분하여 사용하고 있다. 반면, 어휘력과 어휘 능력을 동일한 개념으로 사용하는 연구자도 있다. 일반적으로 어휘력은 '지식' 중심적인 성격을 가지고 있다고 인식되므로, 본 책에서는 어휘력 대신에 어휘 능력이라는 용어를 사용하고, 그 개념을 어휘를 표현하고 이해하는 능력으로 정의한다(신명선, 2008a 참조). 이에 이후 인용된 내용에서도 '어휘력'으로 특별히 명시해야 할 경우가 아니면 모두 '어휘 능력'이라는 용어로 통일한다.

강조함으로써 즐거움과 함께 창의적인 활동이 가능한 학습 방법이 사용되어야 한다.

셋째, 대학수학능력시험 등 국가 수준이나 교실 수준의 평가에서 어휘 부문 평가가 적극적으로 반영되지 못하고 있다. 모국어든 외국어든 각종 언어 시험에 어휘 평가 문항이 포함되는 것은 너무나 당연한 일이다. 그러나 단순히 어휘 평가의 비중이 높아져야 하는 것이 아니라 다양한 문항이 개발되어 평가가 실행될 때 학습자의 어휘 능력이 효율적으로 평가되고, 이러한 평가가 학습자에게 긍정적인 환류(washback) 효과를 가져올 수 있어야 하는 것이다.

2) 어휘 교육의 위상

위에서 언급한 학습자의 어휘 능력 빈곤과 어휘 교육의 실태는 어휘 교육의 위상이 그리 높지 않음을 짐작하게 한다. 어휘 교육의 당위성에 대해 부인하는 사람은 많지 않지만 국어교육에서 어휘 교육의 위상이 그리 확고하게 자리 잡고 있었다고 말하기는 어렵다.[1] 이는 단적으로는 이미 언급한 것처럼 평가에 비중이 높지 않다는 것에서 드러나는데, 우리나라의 경우 특히 대학수학능력시험을 비롯한 모국어교육 평가에서 다른 나라와 달리 어휘 평가의 비중이 높지 않다. 대학수학능력시험에서 어휘 문항은 대체로 읽기 지문에서의 문맥적인 용법을 묻는 것이 대종을 이루었고, 이는 어휘 교육을 문맥을 통한 어휘 교육으로 한정하려는 입장과 통하는 바가 있다.[2]

---

1 어휘 교육은 국어교육의 연구와 현장 적용 모두에서 확고한 자리를 잡고 있다고 보기 어려운 측면이 있다. 어휘 교육 연구의 현황에 대해서는 이창수(2011)가 참조된다.

2 1994년부터 시행되고 있는 대학수학능력시험을 개발하는 단계에서 실험 평가가 이루어졌는데, 초창기 실험 평가에서는 외국에서의 언어 능력 평가가 흔히 그러하듯이 어휘 문항의 비

어휘 교육의 위상은 모국어교육인지 외국어 혹은 제2언어 교육인지에 따라 다르고, '듣기·말하기 영역', '읽기 영역', '쓰기 영역', '문법 영역', '문학 영역' 등 각 영역에 따라 다르다. 또한 초등학교, 중학교, 고등학교 등 학교급 별이나 학령에 따라서도 어휘 교육의 위상이 달라진다. 아울러 뒤에서 자세하게 언급하겠지만, 다문화가정의 자녀나 북한이탈 청소년을 위한 어휘 교육은 또 다른 내용이나 방법이 필요하므로 당연히 위상이 달라질 수 있다.

각 영역에서의 어휘 교육의 위상에 대해서는 이 책의 2부에서 집중적으로 다루어질 것이지만 먼저 여기에서 간략하게 언급해 보기로 한다. 어휘 교육은 실제 수업에서는 국어과의 다양한 영역에서 이루어진다. 실제 교육이 이루어지는 것과 별개로 어휘를 독립된 영역으로 설정하는 것이 불가능한 것은 아니나 국어과 수업에서 어휘 교육만 별도로 이루어지는 경우는 거의 없으므로 영역을 따로 설정하지 않는 것이 보통이다.[3] 사실 어휘는 본질적으로 말의 재료가 되기 때문에 '듣기·말하기 영역', '읽기 영역', '쓰기 영역', '문법 영역', '문학 영역'에 포함되어 통합적으로 교수·학습될 수밖에 없다.

국어과에서 상대적으로 어휘 교육의 비중이 높은 영역은 문법 영역과 읽기 영역이었다. 문법의 경우 국어학의 하위 영역인 어휘론을 기반으로 하

중이 높았고 읽기 지문에 딸린 문항뿐 아니라 단독 문항도 많았으나 그 후 논란을 거쳐 지금과 같이 어휘 문항의 비중이 축소되고 문항 유형도 읽기 지문에서 문맥적 의미를 묻는 방식으로 고착되었다. 이는 다른 여러 가지 사정도 있었겠지만 어휘 교육이 문맥을 통해서만 이루어져야 하느냐 그렇지 않느냐에 대한 상반된 입장 중에서 전자의 입장을 선택한 것으로 볼 수도 있다. 어휘 문항의 비중이 높지 않기는 개편된 2014 대학수학능력 시험도 마찬가지이다.

3   국어과의 5~6개 세부 영역 중 말하기, 듣기, 읽기, 쓰기 등은 언어의 기능을 기준으로 나눈 것이지만, 문법과 문학은 그렇지 못하다. 문법은 말하기, 듣기, 읽기, 쓰기 등 언어로 구성된 모든 단위에 작동하며, 문학은 작품 감상의 측면에서는 읽기에 속하고 창작의 측면에서는 쓰기에 속한다. 그럼에도 불구하고 독립된 영역으로 설정한 것은 교수·학습할 내용이나 방법 등에서 차이가 있기 때문이다. 이런 관점에서 보면 어휘를 독립된 영역으로 설정하는 것도 가능하다.

여 고유어, 한자어, 외래어 등 기원에 따라 어휘를 분류하고 각각의 특징과 가치에 대해 논의하는 것, 방언, 은어, 속어, 속담, 관용어 등 어휘의 양상에 대한 논의하는 것, 동의어, 반의어, 상·하위어 등 어휘의 관계에 대해 논의하는 것, 바르고 정확한 어휘 사용과 같은 어휘 규범을 교육하는 것 등을 통해 어휘 교육의 중요한 부분을 담당해 왔다. 읽기 영역에서는 읽기 능력과 어휘 능력은 밀접한 관련을 가진다는 논의를 바탕으로 독서 과정을 통해 자연스럽게 어휘 교육이 이루어질 뿐 아니라 문맥 활용하기 등과 같은 여러 가지 전략을 통해 낯선 어휘의 의미를 습득할 수 있다는 등의 입장을 견지하면서 어휘 교육의 위상이 비교적 확고하게 자리 잡아 왔다.

문법이나 읽기 영역에 비해 쓰기나 듣기·말하기 영역에서 어휘 교육의 위상은 상대적으로 높은 편이 아니었다. 특히 쓰기와 말하기 등 이른바 표현 영역에서의 어휘 교육은 그 필요성에 비해 높은 위상을 가지지 못하였다. 주지하듯이 어휘를 이해하는 능력과 표현하는 능력이 반드시 일치하는 것은 아니다.[4] 많게 잡아도 우리가 이해하는 어휘의 절반 이하만이 표현 어휘로 활용된다. 한 사람의 어휘 능력이 실제로 표현 어휘로 쉽게 드러나고, 표현 어휘를 통해 이해 어휘의 확장이 쉽게 일어나며 질적 향상을 가져오기 쉽다는 점에서 쓰기와 말하기 영역에서의 어휘 교육의 위상은 더 높아질 필요가 있다.

문학에서의 어휘 교육의 위상도 그리 높은 편이 아니다. 지금까지는 대학수학능력시험에서 사자성어나 속담 등이 문제로 출제되어 간접적으로 문학 작품 속에 드러난 어휘에 대해 알고 있는지를 측정하는 것이 문학 교육과 어휘 교육의 관련성을 보여 주는 거의 전부인 것처럼 여겨지기도 했다. 문

---

4   강보선(2013)에서는 어휘를 이해 어휘와 표현 어휘로 구분하고 학습자의 실태와 어휘 교육 방법을 집중적으로 논의하고 있어 참조가 된다.

학 작품에서의 어휘는 일상어적인 어휘 사용을 넘어서 작품의 이해나 감상을 통한 소통의 수단이라는 점에서 일상어적인 용법을 넘어선다. 사르트르식으로 말하면 언어는 '도구로서의 언어'와 '대상으로서의 언어'로 구분된다. 사르트르(Sartre)는 문학 작품 속의 언어는 의사소통 수단으로서의 언어가 희미해지는 시(詩)와 같은 상황에서 '대상'으로서의 육체성을 회복한 것으로 보았다.[5] 하지만 사르트르가 말하는 '대상으로서의 언어', 단순화해서 말하면 문학 작품에서의 언어 역시 언어이며, 이런 대상으로서의 언어의 속성 역시 언어의 특성이기도 하다. 즉, 이처럼 문학 작품을 이루고, 문학적인 의사소통의 방편이 되는 언어 혹은 어휘의 특성 또한 어휘의 본질적 속성 중 하나이며, 문학적인 어휘 사용은 어휘의 본래적 속성에 벗어나는 것이 아니라는 점에서 문학 교육에서 어휘 교육의 위상도 지금보다 높아져야 하는 것이 당연하다.

초등학교인지 중학교 혹은 고등학교인지와 같은 학교급별이나 학령에 따라서도 당연히 어휘 교육의 위상이 달라져야 한다. 교육과정상으로도 그러하지만 실제 학교 현장의 교육에서도 초등학교 어휘 교육의 위상이 상대적으로 높다. 이미 간략히 언급했듯이 초등학교의 경우는 사전 활용하기, 어휘를 이용한 짧은 글짓기, 받아쓰기 등을 통한 어휘 교육이 비교적 활발하게 이루어지고 있다. 하지만 중학교나 고등학교에서는 독서를 통한 간접적인 어휘 교육을 제외하면 어휘 교육이 별로 이루어지지 않고 있다. 어휘의 양적·질적 성장이 어느 특정 연령에 머무르는 것이 아닌 일생 동안 계속되는 것이라는 점에서 초등학교뿐 아니라 중학교나 고등학교, 심지어는 그 이후에도 어휘 교육 내지 어휘 학습이 지속적으로 이루어져야 한다.

모국어교육인지 외국어 내지 제2언어 교육인지에 따라 어휘 교육의 위

---

[5] 이에 대한 자세한 논의는 언어와 사고의 관계를 언급한 구본관(1998)을 참조할 수 있다.

상이 달라진다는 것 역시 주지의 사실이다. 실제 외국어로의 의사소통 상황에서 문법보다 어휘가 더 문제적이라는 점에서 외국어교육이나 제2언어 교육에서의 어휘 교육의 중요성은 특별히 언급하지 않아도 공감하는 바이다. 아울러 학습자가 어떤 외국어 어휘의 의미를 알고 있다고 하더라도 그 어휘의 바른 소리(발음)나 정확하고 적절한 문법을 모르는 경우가 있는 것을 고려하면 어휘의 양적인 측면뿐 아니라 질적인 측면의 어휘 교육이 필요함을 쉽게 짐작할 수 있다. 그러나 뒤에서 언급하겠지만 질적인 측면의 어휘 교육의 필요성은 정도의 차이가 있을지언정 모국어교육에서도 마찬가지이다.

최근 우리나라가 다문화사회로 진입하면서 다문화가정 자녀들의 국어(한국어)교육이 문제가 되고 있다. 다문화가정의 국어교육에서 어휘 교육은 중요한 위상을 차지하고 있다. 이들에게 한국어는 제2언어적인 속성을 가진다는 점에서 어휘 교육이 상대적으로 더 중요한 위상을 차지하는 것이다. 마찬가지로 최근에 논의가 시작되고 있는 북한이탈 청소년의 국어교육에서도 외래어를 비롯한 어휘 면의 남북 차이가 심하다는 점에서 어휘 교육이 중요한 위상을 차지하고 있다.

쉬어가기 **어휘 교육 연구의 현황**

어휘 교육에 대한 연구는 모어로서의 국어교육보다 외국어로서의 한국어교육에서 더 활발한 편이다. 국어교육에서는 어휘 교육에 대한 독자적인 논의보다 읽기 교육, 특히 어휘 능력과 독해 능력의 상관관계에 대한 연구가 많았다. 하지만 최근에는 텍스트 장르에 따른 어휘 사용 양상에 대한 연구, 어휘의 이해와 사용 양상에 따른 어휘 교육 연구 등이 이루어지고 있으며, 독자적인 어휘 교육에 대한 논의도 많아지고 있다. 그리하여 어휘 교육의 목표에 대한 연구, 교육용 어휘 선정과 어휘의 다양한 측면에 대한 교육 등을 언급한 어휘 교육의 내용에 대한 연구, 어휘 교수·학습 방법에 대한 연구, 어휘 교육 평가에 대한 연구 등이 활발하게 이루어지고 있다.

3) 모국어교육에서도 어휘 교육이 필요한 이유

앞서 학습자의 어휘 능력이 빈곤한 현 상황에 대해 말하고 그 원인을 주로 어휘 교육의 실태와 관련하여 언급하였다. 아울러 국어교육의 영역, 학교급별 혹은 학습자의 학령, 모국어교육인지 외국어 내지 제2언어 교육인지 여부 등에 따른 어휘 교육의 위상 차이에 대해서도 간략하게 언급했다. 종합해 보면 영역별이나 학교급별 또는 학령별, 학습자의 상황별로 차이가 있기는 하지만, 지금까지 우리의 국어교육에서 어휘 교육의 위상이 그리 높은 편이 아니라는 결론을 내릴 수 있었다. 이처럼 학습자의 어휘 능력이 빈곤한데도 어휘 교육이 잘 이루어지고 있지 않다는 점을 통해 어휘 교육의 필요성이 인정될 수 있다. 하지만 논의를 분명하게 하기 위해서 이쯤에서 어휘 교육이 필요한 이유를 다음 네 가지로 좀 더 명시적으로 정리해 둘 필요가 있다.

첫째, 어휘 교육이 필요한 가장 큰 이유는 언어를 사용하는 언중들의 어휘 능력이 서로 다르다는 데 있다. 외국어의 경우 쉽게 어휘 능력의 차이를 느낄 수 있지만, 모국어의 경우 그러한 차이를 잘 느끼지 못하는 경우가 많다. 하지만 모국어의 경우도 개인의 어휘 능력 차이가 크며, 어휘 능력의 차이가 언어를 매개로 한 의사소통 행위에 어려움을 가져오기도 한다. 따라서 교육을 통해 어휘의 측면에서도 최소한의 공통점을 마련해 주어야 한다. 이는 어휘 교육이 규범 교육과 만나는 지점이 되기도 한다.

둘째, 한 개인은 일생 동안 계속 양적 혹은 질적으로 어휘를 늘려 나간다. 이는 문법이 어느 정도 나이가 들면 거의 변화되지 않고 고정되는 속성이 강한 것과 대조적이다. 어휘의 양적이고 질적인 증가는 자연스럽게 습득되는 측면과 그렇지 않은 측면이 있다. 흔히 어휘를 1차 어휘와 2차 어휘로 구분하는데, 이 중 2차 어휘의 경우 자연스럽게 습득되는 측면보다는 의도적인 학습으로 습득되는 측면이 강하다. 따라서 모국어 화자라도 2차 어휘는 학습이 필요하다.

셋째, 어휘 능력은 질적인 면에서 다양한 측면을 가지고 있다. 개인이 어떤 어휘를 안다고 하더라도 듣거나 읽는 이해의 측면에서는 수용 가능하지만, 말하기나 쓰기와 같은 표현의 측면에서는 적극적으로 활용하지 못하는 경우도 많다. 또한 특정 어휘의 음운, 형태, 통사, 의미, 화용 등 다양한 앎의 측면들 중에서 어느 특정 지점에 머무르고 마는 수가 많다. 그렇기 때문에 의도적인 어휘 교육이 필요하다. 즉, 어휘의 질적인 측면에서 의도적인 학습을 통한 보완이 필요하다는 것이다.

넷째, 이미 언급한 것처럼 어휘는 단순히 의사소통의 도구로만 사용되는 것이 아니다. 어휘는 의사소통 도구로서의 속성을 가지는 것뿐 아니라 그 속에 다양한 문화와 사고를 담고 있는 그릇이기도 하다. 따라서 어휘 교육은 언어 의식(language awareness) 고양이나 국어 문화 능력 함양 그리고

알아보기 **일차 어휘 대 이차 어휘(김광해, 1993)**

일차 어휘	이차 어휘
1. 언어 발달 과정의 초기부터 음운 부문이나 통사 부문의 발달과 병행하여 습득된다.	1. 기초적인 언어 발달이 완료된 후 고등 정신 기능의 발달과 더불어 학습된다.
2. 언중(言衆) 전체의 공동 자산으로서 기본적인 통보를 위한 도구로 사용된다.	2. 언중(言衆)에게 공유되는 것이라기보다는 나뉜 전문 분야에 따라 어휘의 분포가 한정되는 것이다.
3. 어휘의 의미 영역이 광범위하여 전문적인 의미 내용보다는 보편적이고 일반적인 의미 내용을 지닌다.	3. 어휘의 의미 영역이 협소하고 용법상의 제약이 존재하며, 전문적이고 특수한 용법으로 사용되는 것이 일반적이다. 전문적인 분야의 작업이나 이론의 전개를 위한 술어로서의 기능을 담당한다.
4. 학습 수준이나 지식 수준의 고저와는 관계없이 대부분의 언중에게 공통적으로 습득된다.	4. 학습의 성취도나 지식의 정도에 비례하여 학습된다.
5. 체계적인 교육 활동이나 전문적인 훈련과 관계없이 일상생활을 통하여 자연스럽게 습득된다.	5. 의도적이며 인위적인 교육과 특수한 훈련 과정을 거쳐서 학습된다.

국어적 사고력 신장 등을 폭넓게 포괄하는 가치를 지니는 것으로 규정해야 한다(신명선, 2004a; 구본관, 2008 참조). 외국어로서의 한국어교육에서도 그러하지만 특히 모국어로서의 국어교육에서는 문화 능력이나 사고 능력을 위해서도 어휘 교육이 깊이 있게 이루어져야 한다.

2. 어휘 교육의 목표 설정

1) 교육과정과 교과서에 나타나는 어휘 교육의 목표

국어교육에서의 어휘 교육의 목표가 가장 직접적으로 드러나는 것이 교육과정과 교과서이다. 어휘 교육의 목표에 대한 다양한 논의는 실제 교육과정에 반영되거나 교과서로 구현되어 많건 적건 학교 현장에서의 어휘 교육에 영향을 미쳐 왔다. 따라서 본격적으로 어휘 교육에 대한 논의를 살펴보거나 우리 나름의 어휘 교육 목표를 설정하기 전에 교육과정과 교과서에 나타나는 어휘 교육의 목표에 대해 언급하는 것도 의미 있는 일이라 할 수 있다.

먼저 교육과정에 나타나는 어휘 교육의 목표를 살펴본다. 현행 교육과정인 2011 개정 교육과정(고시 제2011-361호 및 고시 제2012-14호)[6]에는 '추구하는 인간상', '학교급별 교육 목표' 등이 제시되어 있다. 하지만 국어과 전체의 목표를 제시하고 있을 뿐 특별히 어휘 교육의 목표를 제시하고 있지는 않다. 어휘 교육의 목표가 비교적 분명하게 제시된 것은 '내용 영역과 기

---

6   현행 국어과의 교육과정은 2009에 개정된 총론에 따라 2011년에 만들어진 국어과 교육과정을 기반으로 2012년에 부분적으로 창의·인성 관련 내용을 수정하거나 보완한 것이다. 창의·인성 관련 내용을 제외하면 2011년 고시된 국어과 교육과정과 2012년에 고시된 국어과 교육과정은 별반 다르지 않다.

〔표 1〕 현행 교육과정에 나타난 어휘 교육의 목표 관련 내용

학년군	어휘 교육 목표 관련 내용
[1~2학년군]	기초 어휘를 익힌다.
[3~4학년군]	어휘의 다양한 특성을 이해한다.
[5~6학년군]	어휘 의식을 높인다.
[7~9학년군]	어휘 능력을 확장한다.

준'의 '학년군별 세부 내용'이다. 이어지는 제1부 2장에서 어휘 교육의 내용과 관련하여 자세하게 논의하겠지만, 교육과정은 어휘 교육의 목표와도 관련이 깊으므로 여기에서도 간략하게 언급하고자 한다.

주지하듯이 현행 교육과정은 학년군 제도를 도입하고 있는데, 국민공통교육과정인 1학년에서 9학년의 학년군별 '내용 영역과 기준'에서는 각 학년군별로 어휘 교육의 목표와 관련되는 내용을 분명하게 제시하고 있다.[7]

〔표 1〕에 정리된 대로 교육과정에서는 학년군에 따른 어휘 교육의 목표가 무엇인지를 보여 준다. 우선 초등학교 저학년인 1~2학년에서는 기초 어휘를 익히고 점차 고학년으로 가는 3~4학년에 어휘의 특성을 이해하며 초등학교 고학년이 되는 5~6학년에 가서는 자신이 사용하는 어휘에 대한 자각을 통해 어휘 의식을 높이고, 이를 통해 궁극적으로 중학교 단계에서 어휘 능력을 더욱 확장하는 것을 목표로 제시하고 있는 것이다.

물론 이런 어휘 교육의 목표는 '듣기·말하기 영역', '읽기 영역', '쓰기 영역', '문법 영역', '문학 영역' 등 각 영역의 성취 기준을 통해 실현된다. 현행 교육과정에서는 각각의 학년군에 대해 영역별로 성취 기준을 제시하고 있는데, 영역별로 어휘 교육의 목표가 조금씩 다르게 드러나기도 한다. 1~2학년군을 예로 들어 본다면 '듣기·말하기 영역'에서 "고운 말, 바른말을 사

---

7   이에 대한 자세한 논의는 다음 장에서 어휘 교육의 내용과 관련하여 기술할 것이다.

용하려는 태도를 지닌다.", '문법 영역'에서 "낱말과 문장을 올바르게 이해·표현하는 초보적 지식을 익히며 국어에 대한 관심과 호기심을 갖는다."처럼 영역별로 어휘 교육의 목표를 제시하고 있기도 하다. 각 영역의 구체적인 성취 기준에서 드러나는 어휘 교육의 목표는 각 영역에서 언급하게 될 것이므로 여기에서는 자세하게 다루지 않는다.

사실 2011 개정 교육과정 이전의 국어과 교육과정에서도 어휘 교육의 목표나 내용이 반영되지 않은 것은 아니었다. 다만 이전의 교육과정이 학년군제가 아닌 학년제였고, 각 학년별 교육 내용이나 목표가 분명히 제시되지는 않았기 때문에 어휘 교육의 목표 내지 내용은 주로 성취 기준으로만 드러났다. 참고로 2007 개정 교육과정에 나타난 어휘 교육의 목표 내지 내용을 제시하면 다음과 같다.

[2007 개정 교육과정에 나타난 어휘 교육 관련 성취 기준]
• 낱말과 문장을 정확하게 소리 내어 읽는다.(1-읽-(1))
• 소리를 혼동하기 쉬운 낱말을 정확하게 발음한다.(2-문-(1))
• 표기와 소리가 다른 낱말을 정확하게 표기한다.(2-문-(2))
• 낱말과 낱말 간의 의미 관계를 이해한다.(2-문-(3))
• 재미있는 말이나 반복되는 말을 넣어 글을 쓴다.(2-문학-(4))
• 알맞은 낱말을 사용하여 감사하는 마음을 전하는 글을 쓴다.(3-쓰-(3))
• 국어사전에서 낱말 찾는 방법을 안다.(3-문-(1))
• 소리가 동일한 낱말이 여러 가지로 사용되는 현상을 분석한다.(3-문-(2))
• 글을 읽고 어휘 사용의 적절성을 평가한다.(4-읽-(2))
• 단어의 사전적 의미와 문맥적 의미를 구별하고 효과적으로 사용한다.(5-문-(2))
• 고유어, 한자어, 외래어, 외국어의 개념을 알고 국어 어휘의 특징을 이해한다.(6-문-(1))
• 여러 종류의 어휘를 비교하고 그 사용 양상을 설명한다.(8-문-(2))

위의 성취 기준을 보면 어휘 교육 관련 성취 기준이 문법 영역에서 주로 많이 나타나지만 '말하기, 듣기, 읽기, 쓰기, 문학' 등의 영역의 성취 기준으로도 나타나고 있음을 알 수 있다. 또한 어휘에 대한 지식뿐 아니라 표현과 이해 두 측면에서의 어휘 활용 등이 골고루 포함되어 있음을 알 수 있다. 이를 통해 어휘 교육의 목표가 어휘에 관한 지식, 표현과 이해 양 측면에서의 어휘 활용 등에 있음을 짐작해 볼 수 있다.[8] 이는 이미 간략히 언급한바, 최근 잇달아 이루어진 2009 개정 교육과정, 2011 개정 교육과정과 이를 보완한 2012 개정 교육과정에서의 어휘 교육의 목표도 이와 크게 다르지 않다.

이제 교과서에 나타나는 어휘 교육의 목표에 대해서도 간략히 언급해 보기로 하자. 교육과정에 나타난 어휘 교육의 목표는 구체적으로 교과서에서 실현된다. 주지하듯이 과거와 달리 국민공통교육과정에 의한 국어 교과서도 초등을 제외하면 검정제가 채택되고 있으며 현행 2012년 개정 교육과정에 의한 교과서가 개발 중이므로 교육과정에 명시된 어휘 교육의 목표가 어떻게 교과서로 구현될 것인지 현 시점에서는 정확하게 알기는 어렵다. 짐작하건대 교과서 개발자에 따라 편차를 가지겠지만 대체로는 교육과정에 제시된 어휘 교육의 목표가 많건 적건 반영될 것이라 예상할 수 있다. 따라서 최근의 교과서에 반영된 어휘 교육의 목표에 대한 논의는 후일로 미루기로 하고 가장 직접적으로 교과서에 어휘 교육의 목표가 드러난 6차 교육과정에 의한 교과서를 살펴보기로 하자. 다음은 6차 교육과정에 따른 고등학교 《국어》(상) 4. 읽기와 어휘 단원의 길잡이'의 내용이다.[9]

---

8   주지하듯이 어휘 능력을 세분한 대표적인 논의 중 하나는 뒤에서 언급하게 될 네이션(Nation, 2001)이다. 이 논의에서는 어휘 능력의 측면을 형태, 의미, 사용 등으로 나누고 구어와 문어를 구별하기도 하며, 표현과 이해의 측면을 구별하기도 한다. 이는 어휘 능력을 표현과 이해 양 측면을 고려하고 구어와 문어를 고려하여 말하기, 듣기, 읽기, 쓰기 등과 연결하려는 우리의 논의와 통한다.

9   이에 관한 논의는 손영애(2000)에서 자세하게 다루어진 바 있다.

[6차 고등학교 〈국어〉에 나타난 어휘 교육의 목표]

어휘 능력이란 단어를 정확하게 그리고 풍부하게 알아 사용하며, 또 이미 알고 있는 단어를 바탕으로 해서 모르는 단어의 의미를 추리해 내거나 지시적, 문맥적, 비유적 의미 등을 표현하고 이해하는 능력을 말한다. 이 어휘 능력은 단어의 의미를 정확하게 알고, 이를 상황에 적절하게 선택하여 사용할 수 있는 어휘 자체의 이해, 단어의 문맥적, 관용적, 비유적 의미를 알고, 사용할 수 있는 단어 용법의 이해, 그리고 언어의 표현이나 이해에서는 어법에 맞게 사용할 수 있는 어법의 이해 등을 포함한다. 이런 어휘 능력은 글을 올바로 파악하고, 또 바르고 효과적으로 표현하기 위한 기초적 능력이라 할 수 있다.

인용된 부분을 보면 어휘 교육의 목표를 지식과 활용의 측면, 이해와 표현의 측면을 아우르는 어휘 능력의 신장으로 상정하고 있음을 알 수 있다. 이처럼 교과서에서 어휘 능력에 대해 직접적으로 설명되고 있을 뿐 아니라 어휘 교육의 목표가 교과서의 본문이나 활동을 통해 간접적으로 구현되고 있기도 하다. 예컨대 6차 교육과정에 의한 중학교 1학년 1학기 국어 교과서에서 볼 수 있듯이 어휘 교육의 목표를 짐작할 수 있는 내용이 교과서의 군데군데에 담겨 있기도 하다.[10]

[6차 중학교 〈국어〉에 나타난 어휘 교육의 목표 관련 내용]

단어들을 비교해 보면, 소리는 같으나 의미가 다른 단어도 있고, 소리는 서로 다르지만 의미가 비슷한 단어도 있다. 또, 의미가 반의나 상하 관계에 있는 단어도 있다. 이와 같은 단어 사이의 다양한 의미 관계를 앎으로써, 단어를 정확하고 효

---

10   어휘 교육의 중요성을 직접적으로 교과서에서 잘 드러내고 있는 교육과정은 6차 교육과정이었던 것으로 보인다. 본문에서 언급한 것 이외에도 6차 교육과정에 의한 고등학교 '국어(상)'(141)에는 '〈말하기·듣기〉 이해를 돕는 어휘'라는 학습 활동이 설정되어 표현과 이해에서 어휘 선택의 중요성을 언급하고 있다.

과적으로 사용할 수 있는 능력을 기를 수 있다.

인용한 부분은 이 단원의 일부이다. 이 단원은 187~198쪽에 걸쳐 유의 관계, 반의 관계, 하위 관계 등을 통해 어휘에 대한 지식과 이를 활용하는 것의 중요성에 대해 본문과 활동을 통해 비교적 자세하게 보여 주고 있다. 우리는 이를 통해 교과서에서 제시한 어휘 교육 목표의 하나가 단어 사이의 관계에 대한 인식을 통해 단어를 정확하고 효과적으로 사용하는 것임을 짐작할 수 있다.

2) 여러 학자들의 어휘 교육의 목표에 대한 논의

이제 위에서 제시한 교육과정과 교과서에 대한 논의를 참조하면서 어휘 교육의 목표를 좀 더 구체적으로 제시해 보기로 하자. 어휘 교육의 목표를 설정하기 위해서는 교육과정과 교과서에 대한 논의뿐 아니라 기존의 여러 논의들에서 나타나는 어휘 교육의 목표를 살펴보는 작업이 필요하다.[11] 어휘 교육의 목표는 일반적으로 어휘 능력, 어휘 사용 능력 등으로 지칭되는 어

> **알아보기** **기초 어휘 대 기본 어휘**
>
> • 기초 어휘: 일상 언어 생활에서 필수적인 단어 1천 개 내지 2천 개를 최소한으로 선정한 뒤, 이를 계통적으로 분류하여 제시한 체계를 말한다. 이는 통상 초보적인 단계의 외국어 학습자 및 여행자 등을 위하여 실용적으로 사용되기 위한 목적을 가지고 선정된 것으로서, 그 나름대로의 체계를 가지고 있다.
>
> • 기본 어휘: 언어 사용의 국면이 다양한 여러 영역으로 분리될 수 있다는 것을 전제로 하여 그 영역의 전제를 위하여 가장 기본이 되는 어휘의 집합을 가리키는 개념이다. 예를 들어 '초등학교 학습용 기본 어휘', '경제학을 위한 기본 어휘' 등이 있을 수 있다.

휘와 관련된 능력의 신장이다. 이들 용어는 포괄하는 바가 조금씩 다르기는 하지만 일반적으로는 어휘에 대한 지식, 어휘를 활용하는 능력 등을 포함하는 개념이라 할 수 있다.[12]

어휘 교육의 목표로 어휘에 대한 지식을 주로 언급한 논의로는 손영애 (1992a), 이충우(2001) 등이 있다. 손영애(1992a)에서는 어휘 교육의 목표로서의 어휘 능력은 "개개의 단어들에 대한 형태, 의미, 화용에 관계되는 지식의 총체"로 정의했고 이충우(2001)에서도 이와 유사하게 어휘 능력을 "어휘에 대한 총체적인 지식"으로 정의했다.

사실 이들 논의에서 어휘 교육의 목표로서의 어휘 능력을 '지식'으로 정의했지만 지식이 선언적 지식(혹은 명제적 지식)뿐 아니라 절차적 지식을 포함한다는 것을 고려하면 어휘에 대한 활용 능력과 무관한 것이 아니다. 김광해(1993: 306)에서는 어휘 교육의 목표로 어휘 능력의 신장을 제시하고 있는데, 이때 어휘 능력은 다음과 같이 양적이고 질적인 지식과 사용 능력을 포함하는 개념이다.

어휘 능력의 구조(김광해, 1993)
1. 양적 능력……어휘의 양
2. 질적 능력

---

11   어휘 교육의 목표에 대한 기존의 논의들에 대한 정리는 이영숙(1996), 신명선(2004a), 이기연 (2006) 등에서도 이루어진 바 있다. 이 장의 어휘 교육의 목표에 대한 기존 논의 정리는 주로 신명선(2004a)을 참조하여 새롭게 정리한 것이다.

12   국어교육의 목표가 국어 사용 능력이냐 국어 능력이냐의 논쟁이 가능한 것처럼 어휘 교육의 목표도 어휘 사용 능력 혹은 어휘 능력으로 달리 말할 수 있을 것이다. 어휘 사용 능력은 사용에 좀 더 초점이 주어져서 좁은 의미를 가지는 듯하고, 어휘 능력은 사용뿐 아니라 어휘에 대한 문화적인 능력, 어휘에 대한 태도 등을 포괄하는 더 넓은 의미를 가지는 것이라 할 수 있다. 그러나 개개의 연구자가 이런 용어를 사용할 때에 의미하는 바는 조금씩 다른 측면이 있어 주의를 요한다.

가. 어휘소의 의미에 대한 이해

　　1. 단일 어휘소의 의미(단어의 의미, 多義)

　　2. 관용적 어휘소의 의미(숙어, 속담, 四字成語 등)

　　3. 단어의 多意性에 대한 이해

나. 어휘소 사이의 연관성에 대한 이해

　　1. 類義關係, 反意關係

　　2. 共起關係

　　김광해(1993)의 논의를 받아들인 이영숙(1996, 1997)에서도 어휘 교육의 목표로서의 어휘 능력을 양적 어휘 능력과 질적 어휘 능력으로 나누고 각 능력의 하위 요소를 다음과 같이 설정하고 있다.

어휘 능력의 구조(이영숙, 1997)

1. 양적 어휘력 – 어휘의 양

2. 질적 어휘력

　2.1. 언어 내적 지식

　2.1.1. 선언적 지식

　　2.1.1.1. 형태에 대한 지식

　　　2.1.1.1.1. 발음과 철자에 대한 지식

　　　2.1.1.1.2. 단어의 구조에 대한 지식

　　2.1.1.2. 의미에 대한 지식

　　　2.1.1.2.1. 여러 가지 종류의 의미에 대한 지식

　　　2.1.1.2.2. 다른 단어들과의 관계에 대한 지식

　　2.1.1.3. 통사에 대한 지식

　　　2.1.1.3.1. 단어의 품사에 대한 지식

　　　2.1.1.3.2. 연어 관계에 대한 지식

　　　2.1.1.3.3. 호응에 대한 지식

　　2.1.1.4. 화용에 대한 지식

2.1.1.4.1. 상황에 따른 사용의 제약에 대한 지식

2.1.1.4.2. 단어의 사용 효과에 대한 지식

2.1.2. 절차적 지식

2.1.2.1. 단어 처리 과정에 대한 수행적 정보에 대한 지식

2.1.2.2. 단어 처리 과정에 대한 행동 목록에 대한 지식

2.1.2.3. 빠르고 효과적인 단어 처리에 관한 지식

2.2. 언어 외적 지식

2.2.1. 단어의 지시 대상에 대한 백과사전적 지식

2.2.2. 단어에 관한 일화적 기억

2.2.3. 단어의 원어에 대한 지식

2.2.4. 단어의 어원에 대한 지식

신명선(2004a)에서 비판하듯 이영숙(1997)의 논의가 사용으로서의 어휘(use in vocabulary)'가 아닌 '정태적 존재로서의 어휘(usage in vocabulary)'에 주목하고 있기는 하지만, 실은 지식의 범주에 선언적 지식뿐 아니라 절차적 지식을 포함하고 있어 어휘 능력을 어휘에 대한 지식, 어휘를 활용하는 능력까지 포함하여 정의하고 있다. 그뿐만 아니라 백과사전적인 지식을 포함한 언어 외적 지식까지 아우르고 있어 인지 언어학적인 논의의 영향을 받고 있음을 알 수 있다.

마광호(1998)에서는 좀 더 직접적으로 어휘의 활용 능력을 강조하여 어휘 교육의 목표를 어휘 사용 능력의 신장으로 잡고 하위 요소를 다음과 같이 설정하였다.[13]

---

13   명시적이지는 않지만 마광호(1998)의 어휘 사용 능력은 네이션(Nation, 2001)과 마찬가지로 이해 능력과 표현 능력을 포괄하는 것으로 보인다.

어휘 사용 능력(마광호, 1998)

1. 의미 파악 능력

   1.1. 사전적 정보의 활용 능력

   1.2. 형태적 정보의 활용 능력

   1.3. 문맥적 정보의 활용 능력

2. 어휘 구사 능력

   2.1. 관습적 용법의 구사 능력

   2.2. 개성적 용법의 구사 능력

신명선(2008a)에서는 어휘 능력과 관련한 대체적인 논의가 '지식'에 집중되어 있는 점을 반성하면서 어휘 교육의 목표로서의 어휘 능력을 지식이 아닌 능력으로 명시하고 이를 '상징 능력'과 '지시 능력'으로 나누어 다음과 같이 제시하고 있다.

[표 2] 어휘 능력의 구성 요소(신명선, 2008a)

상징 능력	지시 능력
주로 단어(어휘)의 형식과 내용과의 관계 탐구 → metalinguistics	주로 단어(어휘)의 내용과 세계와의 관계 탐구 → metapragmatics
정확성, 체계성, 과학적 개념 중시	적절성 중시, 비체계적, 일상적 개념
탈맥락적(의사소통 상황과 일정한 거리 유지)	맥락적(의사소통 상황 중시)
형태론, 음운론, 통사론, 의미론 등과 주로 관련	의미론, 화용론 등과 주로 관련
궁극적으로는 CALP 추구, 언어 의식(Language awareness) 고양과 관련	궁극적으로는 BICS 추구

신명선(2008a)에 따르면 상징 능력은 세계와 단어가 맺고 있는 관계를 포함한 단어 그 자체에 대한 정확한 이해 능력이고, 지시 능력은 단어들을 실제 의사소통 상황에서 사용할 수 있는 능력이다. 어휘 능력에 대한 이런 논의는 뒤에서 언급될 것인바, 말하기·듣기, 읽기, 쓰기, 문법, 문학 등 국어

과의 영역에 따라 적절하게 변형되어 활용되고 있기도 하다.

이기연(2012)은 어휘 교육이 목표로 삼아야 할 어휘 능력은 지식이 아닌 능력이어야 한다는 데 좀 더 방점을 두고, 어휘 능력의 하위 요소를 지식과 기능, 태도로 나누어 기존에 질적 어휘력으로 인식되어 왔던 어휘에 대한 복합적인 지식을 능력을 구성하는 하위 요소로 보고, 그 외에 변별, 추론, 정의, 생성 등과 같은 '기능'과 어휘에 대한 '태도'로 어휘 능력을 규정하기도 하였다.

어휘 교육의 목표로서의 어휘 능력의 개념을 어휘에 대한 지식, 어휘를 활용하는 능력을 넘어서 언어 의식(language awareness) 고양이나 국어 문화 능력 함양 그리고 국어적 사고력 신장 등을 폭넓게 포괄하는 것으로 설정한 논의가 신명선(2004a)이다. 이는 국어교육의 목표를 국어에 대한 지식, 국어를 통한 의사소통을 넘어서 국어 문화나 국어적인 사고로 확장하여 이해하는 것과 동궤의 견해로 생각된다. 이와 유사하게 구본관(2008)에서도 어휘사 교육에 대해 논의하면서 어휘 교육 내지 어휘사 교육의 목표가 '기능 교육에 도움이 되는 측면'뿐 아니라 '문화 교육에 도움이 되는 측면', '사고력을 증진시켜 주는 측면'을 포괄해야 한다고 논의한 바 있다.

3) 우리가 상정한 어휘 교육의 목표

국어 교과서나 국어과 교육과정에서 어휘 교육의 목표가 명시적으로 드러나지는 않지만 이를 통해 어휘 교육의 목표를 추론하는 것 또한 어느 정도 가능하다. 아울러 앞에서 논의한 어휘 교육의 목표에 대한 여러 연구자들의 논의를 합하면 잠정적이나마 어휘 교육의 목표를 다음과 같이 상정하는 것이 가능할 것이다.

[교육과정, 교과서, 기존 논의에서 귀납한 어휘 교육의 목표]

가. 어휘 교육의 목표는 학습자의 어휘 능력의 신장에 있다.

나. 이때 어휘 능력이란 어휘에 대한 지식, 어휘에 대한 활용을 포함한다.

다. 어휘 교육의 목표에 어휘에 대한 태도를 포함하는지는 명시적으로 나타나지 않지만 고유어, 한자어, 외래어, 외국어의 구별을 이와 관련하여 이해할 수 있다.

라. 어휘에 대한 지식은 양적 지식과 질적 지식(음운에서 화용, 어휘 관계 지식, 어원, 단어 형성법 등)을 포함한다.

마. 어휘에 대한 활용에는 표현과 이해 양 측면에서의 어휘 사용 능력을 포함한다.

바. 어휘 사용 능력에는 규범적 사용과 창의적 사용을 포함한다.

사. 표현과 이해는 각각 구어와 문어 상황을 포함하므로 표현은 말하기, 쓰기, 문학 창작, 이해는 듣기, 읽기, 문학 감상 등과 국어교육의 여러 영역과 밀접한 관련을 갖는다. 여기에 더하여 어휘에 대한 지식이 주로 문법 영역과 관련된다는 점을 고려하면 어휘 교육은 국어의 모든 영역과 관련을 갖는다.

아. 어휘에 대한 태도에는 국어 의식(어휘적 민감성의 문제 포함, 올바른 국어 문화 창 조를 위한 태도)을 포함한다.

(가)에서 (아)는 어휘 교육의 목표가 어휘에 대한 지식, 어휘의 활용, 어휘에 대한 태도를 포함한다는 것을 말해 준다. 아울러 어휘 교육은 문법이나 읽기 영역을 포함한 국어교육의 여러 영역과 관련이 있음을 알 수 있다.

지금까지의 논의를 바탕으로 다음과 같이 어휘 교육의 목표를 정리할 수 있다. 비록 교육과정을 비롯한 문서나 국어교육의 영역 구분 논의에서 어휘 교육이 별도로 제시되는 경우가 드물지만, 흔히 교육과정에서 말하기·듣기, 읽기, 쓰기, 문법, 문학 등 영역별 목표를 제시한 것과 유사한 방식으로 어휘 교육의 영역의 목표를 제시하여 보면 다음과 같다.[14]

---

14 1차에서 7차, 2007 개정 교육과정이나, 2011 개정 교육과정에서 어휘 교육을 '말하기, 듣기,

[어휘 교육의 목표]

국어 활동의 기반이 되는 어휘에 대한 지식을 확충하고, 어휘를 사용하는 표현과 이해의 절차와 방법을 익혀 사용할 수 있게 하며, 국어 어휘에 대한 올바른 인식과 태도의 함양을 통해 국어 문화의 발전에 기여하는 태도를 기른다.

가. 국어 활동의 기반이 되는 어휘에 대한 질적·양적인 지식을 확충한다.
나. 실제 국어 생활에서 표현과 이해 양 측면에서의 어휘 활용 능력을 기른다.
다. 국어 어휘에 대한 올바른 인식과 태도 함양을 통해 국어 문화를 창의적
    으로 발전시킨다.

3. 어휘 교육의 목표로서의 어휘 능력과 어휘부

1) 어휘부와 어휘 능력의 관계

(1) 어휘부를 논의하는 이유

어휘 교육의 목표는 한마디로 말하면 학습자의 어휘 능력 신장이다. 학습자의 어휘 능력은 각 개인마다 다르며 좋은 어휘부를 가진 학습자는 훌륭한 어휘 능력을 발휘할 수 있는 기반을 가진 것으로 볼 수 있다. 이런 관점에서 보면 어휘 교육의 목표는 학습자에게 좋은 어휘부를 가지도록 도와주는 것이 된다.

읽기, 쓰기, 문법, 문학' 등과 같은 국어과의 하위 영역과 동일하게 따로 설정한 적은 없다. 하지만 앞에서도 언급한 것처럼 어휘 교육의 중요성을 고려하면 어휘 영역을 이들 영역과 대응되는 하나의 영역으로 세우는 것도 가능하다고 생각한다. 어휘를 국어과의 하위 영역으로 세울 수 있다는 전제하에 어휘 교육의 목표를 교육과정에서 흔히 하위 영역의 목표를 제시하는 방식으로 나타내 보았다.

어휘 교육과 관련되는 언어학이나 교육학, 심리학의 이론 중에는 의미 자질 이론, 인지 언어학 이론 등이 주요하게 참조되어 왔다. 이에 더하여 최근 각광받고 있는 이론이 어휘부학 내지 어휘부 이론이다.[15] 어휘부 이론에서는 인간은 누구나 머릿속 사전(mental lexicon)을 가지고 있다고 가정한다. 곧이어 논의되겠지만 머릿속 사전은 단순히 어휘를 저장하고 있는 창고가 아니라 문장이나 담화의 이해나 형성에 관여하며, 새롭게 어휘를 만들어 내기도 한다. 이는 담화의 이해나 형성에 어휘의 역할이 중요하다는 최근의 어휘 교육의 논의와도 통하는 바가 있다.[16] 또한 어휘부에 대한 논의는 최근 국어교육에서 관련 학문으로 받아들이고 있는 인지 언어학적 관점이 가장 잘 반영되고 있는 분야이며, 한 개인의 어휘부가 일생 동안 계속 성장한다는 점에서 국어교육의 중요한 흐름의 하나인 구성주의적 관점으로도 이어진다. 따라서 어휘부 이론을 어휘 교육의 목표와 관련시키는 논의는 의미를 가진다.

어휘부 이론에 따르면 어휘들은 음운, 형태, 의미, 화용적인 기준에 따른 다양한 관계를 맺으면서 존재한다. 따라서 이 이론을 통해 유의어, 반의어, 상하위어를 통해 어휘 확장을 시도한, 과거부터 지금까지 이어지는 어휘 교육 방법의 정당성을 뒷받침할 수 있다. 또한 어휘부의 등재 단위는 어휘에서 관용구와 속담에 이르기까지 다양하므로 전통적으로 강조해 왔던 관용구나 속담 교육의 필요성을 여기에서 찾을 수도 있다. 이처럼 어휘부 이론에 대한 논의는 기존의 어휘 교육에 대한 정당성을 이론적으로 뒷받침하는 역할을 할 수 있다.

---

15   최근 국어학회(2012년 12월 15일)에서는 어휘부를 주제로 대규모 발표와 토론이 이루어지기도 했다.

16   담화의 이해와 형성에 미치는 어휘의 역할에 대한 논의는 주세형(2005a)에서 부분적으로 드러나 있고 신명선(2007)에서 자세하게 논의되었다.

이런 여러 가지 이유보다도 우리가 어휘 교육의 목표를 논의하는 자리에서 어휘부 이론을 논의하는 가장 큰 이유는 어휘 교육의 목표로서의 어휘 능력에 대해 좀 더 구체적이고 이론적으로 접근해 보려는 데에 있다. 어휘부의 구조에 대한 논의는 어휘 능력이 무엇인지를 알게 해 주며, 어휘 교육이 지향할 바를 알게 해 줄 것이다. 본 절에서는 어휘부의 모습을 간략하게 살펴보고 어휘 교육의 목표로서의 어휘 능력이 무엇인지를 알게 해 주는 다양한 함의들을 제시하고자 한다.

(2) 어휘부의 구조

어휘부 이론을 논의하는 대부분의 연구자들이 머릿속 사전을 가정하지만 머릿속 사전이 실재하는지에 대해 증명하기는 어렵다. 이에 대한 많은 연구들은 머릿속 사전의 실재 여부와 실재하는 양상에 대해서는 심리 언어학적인 실험 방법(반응 속도 실험 등)과 대규모 코퍼스의 빈도 등을 활용한 계량적 방법 등에 의존한다.[17] 실재에 대해 증명하기는 어렵지만 언어학이나 언어 교육에서는 머릿속 사전을 가정하는 것이 여러 가지 점에서 유용하다. 우리가 흔히 접하는 종이 사전은 어휘부 이론의 관점에서 보면 머릿속 사전을 현현한 것이다. 머릿속 사전은 종이 사전 은유를 통해 그 실상에 대한 설명이 어느 정도 가능해진다.

머릿속 사전은 종이 사전과 여러 가지 점에서 유사점을 가지고 있다.[18] 주로 어휘를 등재 단위로 하지만 관용구나 속담 등을 표제어 내지 부표제어로 삼는다는 점, 유의어·반의어·상하위어 등 관련 정보를 포함하기도 한다

---

17 연구자에 따라 상정하는 머릿속 사전은 조금씩 다르다. 우리 책에서 상정한 어휘부 내지 머릿속 사전은 Di Sciullo & Williams(1987), Singleton(2000), Aitchison(2003) 등을 참조한 것이다.
18 머릿속 사전과 종이 사전 유사점과 차이점에 대한 자세한 논의는 구본관(2011a, b)에서 자세하게 언급한 바 있다.

는 점, 그림과 같은 시각 자료를 포함하고 있다는 점, 발음 정보(필요한 경우)와 형태 정보(구성 성분 분석 등) 및 통사 정보(문형 정보 등)와 화용 정보(주로 뜻풀이의 앞부분에 괄호로 표시) 등을 담고 있다는 점 등이 머릿속 사전과 종이 사전의 공통점들이다.

한편, 머릿속 사전은 종이 사전과 많은 차이점을 가지고 있다. 사실 위에서 언급한 공통점은 많은 경우 부분적으로는 차이점으로도 설명될 수 있다. 종이 사전이 머릿속 사전을 현현한 것이라 볼 수는 있지만 머릿속 사전의 저장 장소는 추상적인 공간이고 종이 사전의 저장 장소는 구체적인 물리적 공간이라는 본질적인 차이를 가지고 있다. 아울러 종이 사전은 언어 공동체를 지향하고 있으며 대부분의 국어대사전은 지금 사용하지 않는 어휘도 포함하고 있어 통시적 사전이지만 머릿속 사전은 특정 개인의 공시적 사전이다. 머릿속 사전과 종이 사전의 차이점은 다음과 같이 정리해 볼 수 있다.

[종이 사전과 차이 나는 머릿속 사전의 특징]
가. 머릿속 사전은 본질적으로는 한 개인의 공시적 사전이다.
나. 머릿속 사전에서는 어휘, 관용어, 속담뿐 아니라 고빈도의 활용형, 연어 구성의 둘 이상의 단어, 관용적·은유적 표현 등도 등재 단위가 되는 것으로 가정할 수 있다.
다. 등재 단위의 배열순서가 종이 사전은 알파벳 순서가 일반적이지만(역순 사전의 경우 정반대), 머릿속 사전은 다양한 연관(소리, 형태, 특히 의미 등)에 의해 관련어끼리 다차원의 망을 이루고 있는 것으로 가정할 수 있다.
라. 머릿속 사전에서는 유의어, 반의어뿐 아니라 상하위어, 부분어 등이 망(網)을 이루고 있을 것으로 가정할 수 있다.
마. 머릿속 사전에서는 고유어와 한자어 및 외래어의 저장 부문이나 방식이 다를 것으로 가정할 수 있다.
바. 머릿속 사전에서는 시각 외에 청각, 촉각, 후각 등 다른 감각이 언어 자료와

함께 저장되어 있을 것으로 가정할 수 있다.

사. 머릿속 사전에서는 발음에서 화용에 이르는 정보가 더 자세할 것으로 가정할 수 있다.

아. 다의어의 경우 배열순서 등이 머릿속 사전에서는 종이 사전 기술과 달리 원형성에 따른 배열에 가까울 것이다.

종이 사전과 머릿속 사전의 본질적인 차이는 이미 언급한 저장 공간의 성격 차이에 기인하는 것으로 생각된다. 머릿속 사전은 종이 사전과 달리 다차원의 망을 이루고 있으므로 평면이라는 제약에서 자유로워진다. 이를 알기 쉽게 보이면 흔히 유전자 네트워크 개념도나 소셜 네트워크 개념도와 유사한 모습이 될 것이다.[19]

이제 머릿속 사전의 모습을 표제어의 배열과 관련한 거시 구조와 개별 표제어의 기술과 관련한 미시 구조로 나누어 논의해 보기로 하자.

머릿속 사전의 거시 구조

머릿속 사전의 거시 구조와 관련하여 먼저 어떤 단위가 저장되어 있는지에 대해 논의해 보기로 하자. 머릿속 사전에는 주로 단어가 저장되어 있을 것이지만, 종이 사전이 그러하듯 생산적인 접사나 굴절 접사, 기본형뿐 아니라 일부 굴절형도 저장되어 있을 것으로 추정된다. 그뿐만 아니라 어휘부의 등재 단위가 기억에 의존하는 요소라는 점을 고려하면 단어 이외에 관용구,

---

19 예를 들어 연세대학교 생명공학과 이인석 교수와 캘리포니아 주 카네기 연구소 식물학과 이승연 박사팀이 출품하여 사이언스가 발표한 '2010년의 영상' 가작(佳作)에 선정된 애기장대의 유전자 네트워크 개념도를 들 수 있다. 머릿속 사전은 이와 유사하게 여러 어휘가 발음, 형태, 통사, 의미, 화용의 관련을 맺으면서 다차원으로 연결되어 있을 것이다.[구본관(2011b) 참조]

속담 등도 저장되어 있을 것이다(Di Sciullo & Williams, 1987).

이에 더하여 다음에서 예시한 것과 같은 넓은 의미에서의 연어(連語)도 부분적으로는 기억 단위가 될 수 있다는 점에서 등재 단위가 될 수 있다.

> [머릿속 사전에 등재되는 단위들][20]
> 가. 미역국을 먹다, 발목을 잡히다(관용구)
> 나. 군기가 빠지다, 기분을 띄워 주다, 무게를 잡다(상용구)
> 다. 설마~하랴?, 결코~않는다.(호응 관계어)
> 라. 텅~비다, 부글부글~끓다, 땀을 뻘뻘 흘리다(수의적 연어)

논란거리가 될 수 있겠지만, 연어뿐 아니라 은유적인 관습도 기억의 단위가 될 수 있다는 점에서 머릿속 사전의 등재 단위가 될 수 있다. 레이코프와 존슨(Lakoff & Johnson, 2003)에 따르면, 예를 들어 '논쟁은 전쟁이다'라는 은유를 기억함으로써 우리는 논쟁에 대해 언급할 때 '찬성 측이 이겼다.'라는 표현을 사용하게 된다. 이런 은유적인 관습은 언어마다 차이가 나며 그 언어 사용자는 이런 은유를 공통적으로 기억하는 것에 의해 원활한 의사소통을 해 나가는 것이다. 이런 은유가 기억에 의존하는 한 어휘부, 혹은 머릿속 사전의 저장 단위가 될 수 있다.

그렇다면 머릿속 사전의 저장 단위들은 어떻게 연결되어 있을까? 어휘의 저장 및 처리와 관련된 모형으로 로고젠 모형, 동질군 모형, 모듈 가설 등이 있지만 가장 주목받은 것은 연관주의 가설이다(Singleton, 2000/배주채 역, 2008: 216-228). 연관주의 가설에 따르면 어휘들은 음운, 형태, 의미 등에 의

---

20 관용구, 상용구, 연어는 스펙트럼을 이루고 있는 것으로 볼 수 있는데, 뒤로 갈수록 의미 내지 통사적인 결속력이 약하다. 이에 대한 사례는 문금현(2002)에 다양하게 제시되어 있다.

해 다차원의 망(網)을 이루고 있다.

어휘들의 망을 이루는 데에 가장 큰 영향을 미치는 요인은 의미인 것으로 알려져 있다. 따라서 어휘들은 등위 관계, 배열 관계, 상위 관계, 동의 관계 등에 의해 관련 있는 단어끼리 연결되어 있다(Aitchison, 2003/홍우평 역, 2004: 162-164). 이 중에서도 '등위>배열>상하>동의 관계' 순으로 긴밀하게 연관되어 있다(Schmitt, 1997).

머릿속 사전에서의 어휘 연결에는 어휘의 의미 부류가 관여하고 있을 가능성이 크다. 같은 어휘장에 속하는 어휘는 비슷한 지점에 저장되어 있을 가능성이 크다. 심리 언어학 실험에서는 유사한 어휘장에 속하는 단어들끼리 저장되어 있을 가능성을 보여 준다. 또한 방언 조사 시에도 제보자는 유사한 부류의 어휘에 대해 쉽게 대답하는 경향을 보여 준다. 예를 들어 '나물'류를 계속해서 물어보면 점차 쉽게 대답하는 경향을 보인다. 이는 머릿속 사전에서의 어휘 저장에 어휘 부류가 관여하고 있음을 간접적으로 보여 준다. 이를 고려하면 어휘부의 모습과 관련하여 흔히 전산 언어학이나 인공 지능 어휘부 연구에서 구축하는 시소러스 등에 기반을 둔 어휘부 가설이 정당성을 가질 수 있다는 것을 알 수 있다.

특히 국어의 머릿속 사전의 거시 구조와 관련해서 더 깊이 있는 논의도 가능하다. 국어의 경우 고유어, 외래어, 한자어가 형태·통사·화용적으로 다른 행동을 보이는데, 이는 이들 각각이 어휘부의 다른 영역에 저장되어 있을 가능성을 말해 준다. 다음 예를 검토해 보기로 하자.

[숫자의 읽기 차이와 머릿속 사전의 저장]

가. 옷 5벌[옷 다섯 벌], 소 2마리[소 두 마리], 나무 3그루[나무 세 그루]

나. 사과 1개[사과 한 개], 술 5잔[술 다섯 잔], 잉크 3병[잉크 세 병]

다. 배 1척[*배 일 척, 배 한 척], 배 10척[배 열 척, 배 십 척]

라. 쌀 2킬로그램[쌀 이 킬로그램], 5킬로미터[오 킬로미터]
마. 15원[십오 원], 1달러 50센트[일 달러 오십 센트], 8월 15일[팔월 십오일]

위의 예는 숫자를 고유어 혹은 한자어로 읽는 방식의 차이를 보여 주는 자료이다(고영근·구본관, 2008: 80). 예를 들어 '5벌[다섯 벌]'처럼 숫자를 고유어로 읽기도 하고, '2킬로그램[이 킬로그램]'처럼 한자어로 읽기도 하는 것이다. 이는 숫자 뒤에 오는 말이 고유어인지 한자어 혹은 외래어인지 등과 관련이 있다. 대체로 이러한 차이가 나타나는 것은 국어 사용자의 어휘부에 고유어와 한자어가 달리 저장되어 있으며 화자가 때에 맞게 적절하게 사용하고 있는 것이라 추정할 수 있다.

이제 연관주의에 입각한 머릿속 어휘부의 단면을 예시하는 것으로 머릿속 사전의 거시 구조에 대한 논의를 마치고자 한다. 이미 언급했듯이 연관 관계에 대한 다양한 요인을 고려한 망을 평면으로 나타내는 것은 불가능하므로 일부만 고려하여 망을 예시해 보면 다음과 같이 나타낼 수 있다.

[그림 1] 머릿속 사전의 관계망의 도식[21]

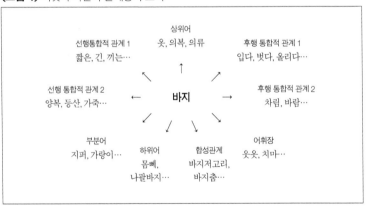

---

21 이 도식은 강현화(2010)에서 가져와서 우리의 취지에 맞게 수정한 것이다.

〔그림 1〕은 우리가 앞에서 설명한 다차원의 망에 의한 어휘부의 모습을 평면에 구현해 본 것이다. 다차원의 망을 평면에 구현하는 것이 어려워 단순하게 제시했지만 실제 어휘부의 모습은 훨씬 더 다양한 관계에 따라 망을 이루고 있을 것이다.

머릿속 사전의 미시 구조

머릿속 사전의 미시 구조와 관련하여 먼저 각각의 어휘 항목은 무엇을 담고 있는지 생각해 볼 필요가 있다. 이미 언급했듯이 종이 사전은 지극히 제한된 시각 정보를 포함하고 있지만 머릿속 사전은 각각의 어휘 항목이 언어적 정보 이외에도 시각, 청각, 후각, 미각, 촉각 등 다른 인지적인 감각 정보를 포함하고 있다. 아울러 언어적 정보로서 음운, 형태, 통사, 의미, 화용 정보를 담고 있다. 특별히 의미 내지 화용적인 정보와 관련하여 각각의 어휘에 대한 백과사전적인 지식도 포함되어 있다. 머릿속 사전에 포함된 백과사전적인 지식은 개인에 따라 차이가 있지만 종이로 된 백과사전의 분량을 훨씬 넘어서는 분량일 것이다.

언어적 정보 중에는 의미 정보가 상대적으로 매우 중요하다. 의미 정보는 거시 구조에 관한 논의에서 말했듯이 관련 어휘의 연결에 중요한 역할을 하며, 미시 구조에 있어서도 통사 정보와 화용 정보의 구성에 영향을 미친다. 통사 정보에는 종이 사전에서 흔히 표시되는 문형 정보나 품사 정보뿐 아니라 거시 구조에 관한 논의에서 언급한 바, 연어 정보 등이 포함된다.

화용 정보란 나이, 성별, 격식적/비격식적, 구어/문어, 높임/예사/겸양, 긍정적/부정적 태도, 청자 환경 등에 따른 어휘 사용의 적절성에 관한 정보이다. 이런 화용 정보가 머릿속 사전에서는 종이 사전보다 훨씬 자세하게 담겨 있으므로 우리는 상황 맥락이나 사회문화적 맥락에 맞게 어휘를 사용할 수 있게 된다. 예를 들어 '나/저'의 선택을 가능하게 하는 높임에 관한 정

보, '너/자네/당신/그대'의 선택을 가능하게 하는 '높임' 및 '구어/문어' 정
보들이 각각의 어휘에 포함되어 있는 것이다. 화용적인 정보는 더 나아가서
유사한 의미를 가진 어휘 중에서 긍정적인 느낌을 가진 단어와 부정적인 느
낌을 가진 단어의 구별에도 작용한다.

[어휘에 대한 긍정적, 부정적 인식의 예]
가. 긍정적 태도의 접미사 '-(우/으)숙숙하-'가 결합한 파생어
ㄱ. 거무숙숙하다: 수수하고 걸맞게 거무스름하다.
ㄴ. 꺼무숙숙하다: 수수하고 걸맞게 껍다.
나. 부정적 태도의 접미사 '-(우/으)죽죽하-'가 결합한 파생어
ㄱ. 거무죽죽하다: 칙칙하고 고르지 않게 거무스름하다.
ㄴ. 꺼무죽죽하다: 칙칙하고 고르지 않게 꺼무스름하다.

'가'와 '나'에서 제시한 어휘들은 구본관(2009)에서 가져온 것으로 거
의 유사한 의미를 가진 것들이지만 '가'는 중립적이거나 긍정적인 맥락에
서, '나'는 부정적인 맥락에서 흔히 사용된다.

그 밖에도 머릿속 사전은 유의어, 반의어뿐 아니라 상하위어, 부분어,
동위어 등 다양한 관련 어휘 정보가 들어 있을 것으로 생각된다. 역시 종이
사전에도 부분적으로 관련 어휘에 대한 정보가 담겨 있지만 양적, 질적으로
머릿속 사전이 훨씬 풍부할 것으로 생각한다.

각각의 어휘 항목이 해당 정보를 어떤 방식으로 담고 있는지에 대해서
도 생각해 볼 수 있다. 이미 언급한 것처럼 머릿속 사전에는 시각, 청각, 후
각, 미각, 촉각 등의 다양한 감각 정보와 음운, 형태, 통사, 의미, 화용 등의
언어적 정보가 종이 사전처럼 평면적으로 저장되어 있는 것이 아니라 어휘
적 연결에 의해서 자연스럽게 드러나게 되어 있는 것으로 추정된다. 연결에

있어서도 모든 연결 지점이 동일한 것이 아니라 순서나 강도 등에 따른 차이를 가지고 있을 것이다. 예를 들어 '새[鳥]'와 관련되는 어휘들이 서로 연결되어 있다고 했을 때, 흔히 원형 이론에서 그러하듯 전형적인 새와 그렇지 못한 새는 저장 위치나 연결의 순서 등에 의해 차이가 드러나는 방식으로 저장되어 있을 것이다.

(3) 어휘부와 어휘 능력

우리는 지금까지 어휘 능력에 대한 논의를 심화하기 위해 어휘부에 관해 살펴보았다. 어휘부 내지 머릿속 사전의 구조에 대한 논의는 어휘 교육의 목표, 내용, 방법 등에 많은 암시를 주었을 것이다. 즉, 좋은 어휘부를 가진 학습자를 기르기 위해서는 양적으로 풍부한 어휘를 가지게 해야 하는 것은 물론이고, 이들 어휘들이 서로 잘 연결되도록 도와주어야 하며, 각각의 어휘가 적절한 미시 구조를 갖도록 해야 한다. 양적으로 풍부한 어휘를 가지도록 하기 위해서는 말하기, 듣기, 읽기, 쓰기 등 다양한 언어 활동을 통해 표현 및 이해 어휘를 확장해야 하고, 이렇게 확장된 어휘들을 잘 연결시켜 주기 위해서는 전통적으로 어휘 교육에서 활용해 오던 반의어, 유의어, 상하위어, 부분어, 동위어 등에 대한 교육을 강화해야 함은 물론이다. 아울러 전체 어휘를 이루고 있는 각각의 단어들이 음운, 형태, 통사, 의미, 화용에 이르는 다양한 층위의 정보를 갖추도록 해야 하며, 언어적인 정보와 함께 시각, 청각, 후각, 촉각 등의 경험을 하게 하는 교육을 통해 어휘 사용의 민감성을 갖추도록 해야 한다.

이제 우리가 논의한바, 어휘부의 모습에서 취할 수 있는 어휘 능력의 여러 측면들을 정리해 보기로 하자.

먼저 특정 언어를 공통적으로 사용하고 있는 개인들의 어휘부는 공통점과 차이점을 가지고 있다는 점을 고려할 수 있다. 차이점을 가진다는 것은 개개인의 어휘 능력의 차이를 말해 주기도 한다. 공통점은 의사소통을 가능하게 하는 힘이 되며, 차이점은 개개인의 개성을 말해 주기도 하지만 어휘 교육의 필요성을 말해 주기도 한다. 어휘 교육에서는 학습자가 개개인의 어휘 능력이 차이 난다는 점을 인식하게 해야 하며, 정확하고 적절한 의사소통을 위해서는 공통점을 갖추도록 교육해야 한다.

머릿속 어휘부는 이해나 표현 어느 한 측면만을 위한 공간이 아니다. 어휘부는 듣기나 읽기와 같은 이해의 국면은 물론이고, 말하기나 쓰기와 같은 표현의 국면에서도 작용한다. 자세하게 논의하지는 않았지만 주로 표현 어휘로 사용되는 단어들은 어휘부에서 윗부분에 저장되어 있으면서 활성화되어 있다고 언급되어 왔다. 표현 어휘는 자주 사용하지 않으면 이해 어휘로 변하기도 하며, 반대로 이해 어휘가 표현 어휘로 활성화되기도 한다. 따라서 어휘 능력에는 이해 능력뿐 아니라 표현 능력이 포함되며, 특히 표현 어휘의 신장을 위해서는 다양한 국면에서 실제 사용을 통해 활성화해야 한다.

어휘부 내지 머릿속 사전의 거시 구조는 저장되어 있는 단위와 이들의 연결 상태에 대해 알게 해 준다. 머릿속 사전의 저장 단위가 단어뿐 아니라 구, 문장, 연어 등이므로 우리의 어휘 능력은 이런 단위를 기억하고 활용하는 능력이 포함된다. 따라서 어휘 교육을 통해 단어뿐 아니라 이런 다양한 단위에 대한 교육이 이루어져야 한다.

머릿속 사전에 들어 있는 어휘는 무질서하게 나열되어 있는 것이 아니라 다른 어휘와 다양한 관계를 가진 다차원의 망(網)으로 이루어져 있다. 이를 고려하면 어휘 능력은 어휘들 간의 관계를 이해하는 능력을 포함하고 있는 셈이다. 따라서 전통적인 유의어, 반의어, 상하의어 교육 등 어휘 관계를 고려한 어휘 교육은 좋은 어휘부를 만드는 데에 도움이 되며, 이런 어휘 교육이 필요하다.

특별히 고유어, 한자어, 외래어 등의 머릿속 사전 속 저장 위치나 방식이 다르다는 점도 어휘 능력과 관련하여 주목할 만하다. 이를 고려하면 우리의 어휘 능력은 고유어, 한자어, 외래어를 구별하고 이를 적절하게 활용하는 능력이 포함되어 있음을 알 수 있다. 따라서 우리의 어휘 교육은 고유어, 한자어, 외래어의 사용에 따른 민감한 차이를 인지할 수 있도록 교육해야 한다.

어휘부 내지 머릿속 사전의 미시 구조는 저장된 단어 각각이 가지고 있는 정보에 대해 알게 해 준다. 머릿속 사전에 대한 논의를 참조하면 각각의 단어는 어휘적인 정보 이외에 시각, 청각, 촉각, 후각 등의 감각이 함께 저장되어 있을 것으로 생각된다. 따라서 어휘 능력에는 이런 감각적인 감수성이 포함되어야 하며, 어휘 교육은 이를 반영하여 이루어져야 한다. 단순화하여 말하면 시 등에서 활용되는 언어의 미묘한 감각 차이에 대한 교육이 어휘 교육에 포함되어야 한다는 것이다.

머릿속 사전에 저장된 각각의 단어들은 음운, 형태, 통사, 의미, 화용에 이르는 다양한 정보를 포함하고 있다. 따라서 어휘 능력에는 어휘에 대한 음운적·형태적·의미적·화용적인 능력을 포함해야 하며, 어휘 교육에 이런 능력을 신장시키는 과정이 포함되어야 한다. 특별히 화용 능력과 관련하여 맥락에 따른 단어 사용의 차이 등에 대한 교육, 앞에서 언급한 부정적인 인식과 긍정적인 인식의 차이에 대한 교육 등이 포함되어야 할 것이다.

2) 어휘 능력의 구성 요소

우리는 어휘 능력의 신장이라는 어휘 교육의 목표에 대한 논의를 구체화하기 위해 어휘 능력의 구성 요소를 살펴보고자 하였다. 이를 위해 우리가 가져온 논의가 어휘부 이론이었으며 우리는 어휘부 이론을 통해 어휘 능력의 구성 요소에 대한 함의들을 발견할 수 있었다. 이제 지금까지의 논의를 바탕으로 우리가 생각하는 어휘 능력의 구성 요소를 좀 더 체계적으로 제시해 보고자 한다.

우리의 논의를 구체화하기 전에 어휘 능력의 구성 요소와 관련하여 흔히 인용되는 네이션(Nation, 2001: 24-25)의 표를 살펴보기로 하자.

[표 3] 단어에 관한 지식

형태	구어	R	단어가 어떻게 들리는가?
		P	단어가 어떻게 발음되는가?
	문어	R	단어가 어떻게 생겼는가?
		P	단어가 어떻게 쓰이는가? (철자법은 어떠한가?)
의미	형태와 의미	R	이 단어 형태가 어떤 의미를 나타내는가?
		P	이 의미를 표현하기 위해 어떤 단어 형태가 사용될 수 있는가?
	개념과 지시 대상	R	이 개념에 무엇이 포함되는가?
		P	이 개념이 어떤 항목들을 지시할 수 있는가?
	연상 관계	R	이 단어는 어떤 다른 단어를 떠오르게 하는가?
		P	이 단어 대신 어떤 다른 단어를 사용할 수 있는가?
사용	문법 기능	R	이 단어는 어떤 패턴으로 출현하는가?
		P	이 단어를 어떤 패턴으로 사용해야 하는가?
	연합	R	언제, 어디서, 얼마나 자주 이 단어를 만날 수 있는가?
		P	언제, 어디서, 얼마나 자주 이 단어를 쓸 수 있는가?

* R: receptive knowledge(수용 지식), P: productive knowledge(생산 지식)

〔표 3〕에 제시된 단어에 대한 지식은 절차적 지식을 포함하고 있으므로 단순히 어휘를 아는 것을 넘어 어휘를 사용하는 능력을 포함하고 있다. 어휘의 이해 측면과 표현 측면의 구분, 구어와 문어를 구분, 개별 어휘의 음운에서 통사를 거쳐 의미와 화용까지의 고려, 연어 관계를 포함한 어휘의 연결 관계의 고려 등 어휘 능력의 다양한 측면을 보여 준다는 점에서 우리

의 관점과 통하는 바가 많다. 하지만 어휘 능력의 측면을 논의하기 위해 이보다 더 많은 것들을 고려해야 할 것이다.

어휘 능력의 구성 요소를 개인의 머릿속 어휘부의 구조를 참조하여 '어휘 능력의 속성', '관련되는 어휘의 단위', '어휘의 거시 구조', '어휘의 미시 구조', '어휘의 사용 양상' 등의 몇 가지 측면으로 나누어 제시해 볼 수 있다. 물론 이들 분류가 부분적으로 겹치는 영역이 많아 완전한 것이 아니며, 실제 어휘 능력이 이렇게 분절적으로 구성된 것은 아니다. 하지만 이러한 분류가 어휘 능력을 체계적으로 이해하는 데에 어느 정도 도움이 될 것임은 분명하다.

어휘 능력의 속성에 따른 분류

흔히 국어교육의 내용을 '지식(본질)', '활용(기능)', '태도' 등으로 나누듯이 학습자의 어휘 능력에 대해서도 유사한 분류가 가능하다. 이미 언급한 것처럼 어휘 능력의 구성 요소로서 어휘에 대한 지식은 명제적 지식뿐 아니라 절차적 지식을 포함하고 있음은 물론이다. 따라서 절차적 지식은 필연적으로 활용으로 이어진다. 활용은 규범적 활용과 창의적 활용을 포함한다. 태도가 어휘 능력의 구성 요소가 될 수 있는지에 대해서는 논란이 있을 수 있다. 하지만 올바른 어휘 능력을 갖추기 위해서는 고유어의 가치에 대한 태도나 차별어에 대한 비판적인 인식과 같은 어휘에 대한 올바른 태도가 포함될 수 있음은 물론이고, 자신의 어휘 사용에 대한 메타적인 인식 또한 태도에 포함할 수 있을 것이다. 이기연(2012)에서는 이러한 관점을 바탕으로 어휘 능력의 구성 요소를 지식, 기능, 태도로 나누어 어휘 능력의 하위 요소(구성 요소)를 세분한 바 있다.

어휘의 단위에 따른 분류(양적 능력 포함)

전술하였듯이 머릿속 사전에 저장되는 단위는 단어뿐 아니라 단어보다 작은 단위인 파생 접사나 어미 등도 포함되며, 단어보다 큰 단위인 관용구와 같은 구, 속담과 같은 문장, 연어 구성, 은유적인 관습 등이 포함된다. 이들 각각은 어휘 능력을 구성한다기보다 어휘 능력과 관련되는 단위이므로 어휘 능력으로 보기 어렵고, 각각의 단위에 대한 학습자의 거시 구조나 미시 구조가 어휘 능력이라고 볼 수도 있다. 하지만 학습자들은 각각의 단위에 대해 충분히 많이 알고 있는지, 적절하게 사용할 수 있는지 등에서 차이 나는 어휘 능력을 가질 수 있다는 점을 고려하여 어휘 능력의 구성 요소에 대한 논의에서 단위에 따른 분류를 제시해 두기로 한다.

어휘들 간의 관련성(어휘부의 거시 구조의 의한 분류)

어휘들 간의 관련성(어휘부의 거시 구조)에 의한 분류는 다시 반의 관계, 동의 혹은 유의 관계, 상하위 관계, 전체 – 부분 관계 등 단어들의 관계에 대한 것과 고유어, 한자어, 외래어의 구분이나 각각의 적절한 쓰임에 관한 것으로 나눌 수 있다. 전자는 관계에 관한 어휘 능력으로 후자는 어휘의 기원이나 체계에 관한 능력으로 부를 수 있을 것이다. 학습자의 어휘 능력은 이런 관점에서도 분류할 수 있을 것이다.

개별 어휘에 대한 질적 능력(어휘부의 미시 구조에 의한 분류)

개별 어휘에 대한 질적 능력(어휘부의 미시 구조)에 의한 분류는 다시 시각, 청각, 후각, 촉각 등의 감각과 관련시키는 능력, 음운, 형태, 통사, 의미, 화용 등에 관한 질적인 어휘 능력을 포함한다. 그뿐 아니라 어휘와 관련한 규범 능력을 포함할 수도 있다. 규범 어휘의 의미에 관한 능력은 어휘 능력의 중심을 이룬다. 흔히 말하는 세계에 대한 백과사전적 지식이나 철학에서 관심을 가지는 어휘와 세계의 관계에 대한 지식 역시 이에 포함된다.

앞에서 언급했듯이 특히 화용 능력은 나이, 성별, 격식적/비격식적, 구어/문어, 높임/예사/겸양, 긍정적/부정적 태도, 청자 환경 등에 따른 어휘 사용의 적절성에 관한 능력이다. 어휘에 따라서는 특정 장르나 특정 영역에서 쓰인다든지, 다양한 영역에서 사용되지만 특정 영역에서 특별한 의미로 쓰이는 것에 대한 능력도 넓은 의미에서는 화용적인 능력에 포함된다. 이처럼 어휘의 사용역이나 장르에 대한 지식도 어휘 능력을 구성하는 것으로 볼 수 있다.

어휘 사용의 양상에 따른 분류

어휘는 사용 상황에 따라 이해 어휘와 표현 어휘로 나뉘기도 한다. 강보선(2013)에서 언급한 것처럼 어휘를 이해하는 능력과 그 어휘로 표현하는 능력에는 차이가 있으므로 이들 각각은 어휘 능력을 구성하는 것으로 볼 수 있다. 구어냐 문어냐의 구별도 어휘 능력을 구성하는 것으로 볼 수 있을 것이다. 어휘의 상당수는 구어와 문어에서 별다른 차이를 보이지 않지만 특별한 차이를 보이는 경우도 있다.

지금까지 언급한 어휘 능력의 구성 요소를 각 기준별로 세분화하여 표로 나타내면 〔표 4〕와 같다. 각 하위 항목은 기준별 분류이기 때문에 기준에 따라 누락되거나 첨가되는 것이 있으며, 중복되는 점도 있을 수 있다. 여기서는 어휘 능력을 어떤 기준으로 살펴보느냐에 따라 어떤 세부 요소가 가능한지 참조할 수 있도록 한다.

〔표 4〕에서 어휘 능력의 구성 요소를 분류한 것은 편의상의 분류에 불과하다. 여러 가지 기준에 의해 나눈 것이기 때문에 동일한 어휘 능력이 여러 군데에 반복적으로 포함되기도 한다. 또한 주지하듯이 설명을 위해 어휘 능력을 〔표 4〕와 같이 나누어 제시할 수 있지만 실제 어휘 능력은 분절적이

〔표 4〕 어휘 능력에 대한 관점에 따른 어휘 능력의 구성 요소

구성 요소별 기준	구체적 능력
어휘 능력의 속성	어휘에 관한 지식을 갖추고 있는가?
	어휘를 실제 언어 생활에서 적절하게 사용(규범적 사용과 창의적 사용 포함)할 수 있는가?
	자신 혹은 다른 사람이 사용하는 어휘에 대해 인식하고 바르게 사용하려는 태도를 가지고 있는가?
어휘 단위 (양적 능력 포함)	단어보다 작은 단위(파생 접사, 어미 등)에 대해 잘 알고 적절하게 사용할 수 있는가?
	단어에 대해 잘 알고 사용할 수 있는가?
	단어보다 큰 단위(관용구, 속담, 연어 등)에 대해 잘 알고 적절하게 사용할 수 있는가?
어휘들 간의 관련성 (어휘부의 거시 구조)	어휘 관계(반의 관계, 동의 관계, 상하위 관계 등)를 잘 알고 적절하게 사용할 수 있는가?
	어휘 체계(고유어, 한자어, 외래어)를 잘 알고 적절하게 사용할 수 있는가?
개별 어휘에 대한 질적 능력 (어휘부의 미시 구조)	개별 어휘가 가지는 다양한 감각적인 특성(시각, 청각, 후각, 촉각)을 잘 알고 사용할 수 있는가?
	개별 어휘의 음운, 형태, 통사, 의미, 화용과 규범에 대해 잘 알고 적절하게 사용할 수 있는가?
	개별 어휘를 둘러싼 세계에 대한 지식(백과사전적 지식, 문화적인 지식 포함)이 충분한가?
어휘 사용의 양상	이해 어휘와 표현 어휘의 차이를 잘 알고 상황에 따라 적절하게 사용할 수 있는가?
	구어와 문어 어휘의 차이를 잘 알고 상황에 따라 적절하게 사용할 수 있는가?

라기보다 통합적이다. 물론 위의 분류가 충분한 것도 아니어서 다양한 기준을 제시하여 더 세분하는 것도 가능할 것이다. 아울러 '말하기·듣기', '읽기', '쓰기', '문법', '문학' 등 각 영역에 따라서도 어휘 능력의 분류가 조금씩 달라지거나 강조점이 달라질 수 있다.

4. 어휘 능력 신장을 위한 어휘 교육

"나의 언어의 한계는 나의 세계의 한계"라는 비트겐슈타인의 말은 특히 어휘의 한계가 그의 사고의 한계임을 강조한 것이다. 국어교육에서 어휘 교육

의 중요성은 굳이 말할 필요가 없을 것이다. 하지만 학계에서의 어휘 교육에 관한 논의나 학교 현장에서의 어휘 교육의 실제 모두 그 중요성에 값하는 만큼의 성과를 보여 주지 못하고 있다. 어휘 교육의 성과가 가시화되기 위해서는 어휘 교육의 목표, 내용, 방법, 평가 등 여러 측면에서 연구와 교육적 실천이 굳건하게 이루어져야 할 것이다.

어휘 교육의 목표는 어휘 능력의 신장이다. 이 장에서는 특히 어휘 교육의 목표를 어휘 능력의 신장으로 보는 기존의 논의들을 수용하되, 어휘부 이론의 관점에서 어휘 능력의 구성 요소를 구체화하고자 하였다. 우리가 어휘부 이론을 비교적 자세하게 논의한 것은 어휘 교육의 목표에 관한 기존의 논의가 이론적인 뒷받침을 충분히 가지지 못하고 있었다는 점을 고려한 것이며, 어휘 능력의 구성 요소를 구체적으로 나눈 것은 이를 통해 어휘 교육의 내용, 방법, 평가 등이 체계적으로 이루어지기를 바랐기 때문이다.

개개인이 모두 다른 것처럼 어휘 능력 역시 사람마다 차이가 있다. 개인의 어휘 능력의 차이점은 차이점대로 극대화하여 창의적이고 개성 있는 어휘 사용을 가능하게 하며, 한편으로는 공통점을 갖추게 하여 원활한 의사소통이 가능하게 하는 것이 어휘 능력의 신장이다. 지금까지 우리가 논의한 것처럼 어휘 능력의 신장은 어휘 교육의 목표의 다른 말이다.

1. 어휘 능력은 지식인가, 능력인가? 단어를 많이 '알아야' 잘 쓸 수 있다는 점을 미루어 볼 때 어휘 능력에서 지식이 차지하는 비중이 어떠한지 생각해 보자.

2. 어휘부 이론이 어휘 능력이나 어휘 교육의 목표 설정을 구체화하는 데에 어떤 도움이 되는지 생각해 보자.

3. 제시된 어휘 능력의 관점 중 어떤 관점이 목표로 삼기에 가장 타당하다고 생각하는가? 그리고 그 이유는 무엇인가?

2

어휘 교육의 내용

1. 어휘 교육 내용에 관한 담론들

어휘 교육의 내용은 무엇인가? 물론 단어들이다. 그러나 좀 더 구체적으로 단어를 가르친다는 것이 무엇을 가르치는 것이냐고 물어본다면 그 대답이 쉽지는 않다. 따라서 그간 어떤 것들이 어휘 교육의 내용으로 거론되어 왔는지 살펴보는 것은 유의미하다. 우선 국어과 교육과정에서는 그동안 어떤 것들이 어휘 교육 내용으로 다루어져 왔는지 살펴본 다음 어휘 교육 내용에 관한 비판적 담론을 살펴보기로 하자. 어휘 교육 내용에 대한 비판적 담론들은 어휘 교육 내용의 지향에 대한 학계의 시각을 드러낼 수 있는 유용한 자료가 될 수 있을 것이다.

1) 국어과 교육과정에서의 어휘 교육 내용

1~7차 국어과 교육과정에 반영된 주요 어휘 교육 내용에 대해서는 신명선 (2008a)을 참조할 수 있다(표 1 참조). 표준어 교육, 고운말 교육(비어나 속어 사용하지 않기), 국어 순화 교육(고유어 사용하기), 속담 교육 등이 오랫동안 유지되어 온 핵심 교육 내용이다. 한편 5~7차 교육과정에서는 기능주의의 강화로 문맥이나 상황을 고려하여 어휘를 사용하는 교육이 강조되는 경향이 있었다고 판단된다.

[표 1] 1~7차 국어과 교육과정에 반영된 주요 어휘 교육 내용(신명선, 2008a)

어휘의 유형 관련 내용	표준어(표준 발음), 방언, 비어, 속어, 경어, 고유어, 한자어, 외래어, 속담 및 격언
국어사용 영역 관련 내용	사전 이용(법), 문맥이나 상황을 고려하여 단어 이해하기, 알맞은 단어를 골라 말하거나 쓰기

2007 개정 교육과정에 반영된 주요 어휘 교육 내용은 다음과 같다.

〈2007 개정 교육과정에서의 주요 어휘 교육 내용(1~10학년)〉[1]

듣 1-(3) 말의 재미를 느끼면서 시, 노래를 듣는다.(의성어, 의태어 학습)

말 1-(3) 감정을 나타내는 낱말을 알맞게 사용하면서 대화한다.(감정을 나타내는 낱말)

읽 1-(1) 낱말과 문장을 정확하게 소리 내어 읽는다.(단어의 발음)

법 1-(2) 소리와 표기가 다를 수 있음을 이해한다.(단어의 표기)

---

1   '듣, 말, 읽, 쓰, 법, 문'은 각각 '듣기, 말하기, 읽기, 쓰기, 문법, 문학'의 준말이며 '7-(2)'와 같은 표시에서 '7'은 '학년'을 나타내며 '(2)'는 교육 과정 내의 제시 순서이다. 괄호 안의 내용은 해당 교육 내용의 특징을 필자가 요약 정리하여 넣은 것이다.

문 1-(1) 반복적으로 나타나는 말의 재미를 느낀다.(의성어, 의태어 학습)

법 2-(1) 소리를 혼동하기 쉬운 낱말을 정확하게 발음한다.(단어의 발음)

법 2-(2) 표기와 소리가 다른 낱말을 정확하게 표기한다.(단어의 표기)

법 2-(3) 낱말과 낱말 간의 의미 관계를 이해한다.(의미 관계)

문 2-(4) 재미있는 말이나 반복되는 말을 넣어 글을 쓴다.(의성어, 의태어, 첩어)

말 3-(2) 이야기나 속담을 활용하여 주장하는 말을 한다.(속담)

쓰 3-(3) 알맞은 낱말을 사용하여 감사하는 마음을 전하는 글을 쓴다.(읽는 이와
내용 고려하여 알맞은 낱말 선택하기)

법 3-(1) 국어사전에서 낱말 찾는 방법을 안다.(국어사전)

법 3-(2) 소리가 동일한 낱말들이 여러 가지 의미로 사용되는 현상을 분석한
다.(동음이의어와 다의어)

읽 4-(1) 필요한 정보를 찾기 위해 사전을 읽는 방법을 익힌다.(국어사전)

읽 4-(2) 글을 읽고 어휘 사용의 적절성을 평가한다.(문맥적 의미)

법 4-(1) 표준어와 방언의 사용 양상을 이해한다.(표준어와 방언)

법 5-(2) 단어의 사전적 의미와 문맥적 의미를 구별하고 효과적으로 사용한
다.(사전적 의미와 문맥적 의미)

법 6-(1) 고유어, 한자어, 외래어, 외국어의 개념을 알고 국어 어휘의 특징을 이
해한다.(고유어, 한자어, 외래어, 외국어)

법 7-(2) 관용 표현의 개념과 효과를 이해한다.(관용 표현)

법 8-(2) 여러 종류의 어휘를 비교하고 그 사용 양상을 설명한다.(전문어, 유행어,
은어)

법 8-(3) 국어 단어 형성법을 이해하고 활용한다.(단어 형성법)

법 8-(4) 문장이 여러 가지 의미로 해석되는 현상을 이해한다.(동음이의어와 다의어)

듣 9-(3) 지역 방언을 듣고 언어의 다양성과 소통의 의미를 이해한다.(지역 방언)

듣 10-(3) 사회 방언을 듣고 언어적 다양성을 이해한다.(사회 방언)

위의 자료를 통해 알 수 있는바, 2007 개정 교육과정에서의 주요 어휘
교육 내용[2] 역시 그간의 어휘 교육 내용과 크게 다르지는 않다고 판단된다.

초등 1·2학년에서 단어의 형태에 주목하게 한 후 이후의 교육 내용은 주로 관용 표현, 표준어와 방언, 고유어·한자어·외래어·외국어, 전문어·유행어·은어,[3] 의미 관계(유의 관계, 반의 관계 중심), 동음이의어와 다의어[4] 등에 치중해 오고 있다. 사전적 의미와 문맥적 의미의 구별,[5] 국어사전, 단어 형성법, 구체적인 국어 활동에서 적절한 단어를 선택하게 하는 활동도 최근 지속적으로 교육되고 있다. 2007 개정 교육과정의 특징은 '감정을 나타내는 낱말'이 첨가되었다는 점과 방언의 가치가 강조되고 있다는 점, 그리고 본격적으로 소개되지는 않았지만 전문어와 함께 사고도구어를 가르치도록 했다는 점 정도이다.

---

2 2007 개정 교육과정에서 어휘 교육 내용·
　(1) 단어의 형태에 대한 이해: 단어의 발음(2회), 단어의 표기(2회)
　(2) 단어의 유형 혹은 양상에 대한 이해: 의성어·의태어(2회), 감정을 나타내는 낱말, 첩어, 관용 표현(속담 포함)(2회), 표준어와 방언(3회), 고유어·한자어·외래어·외국어, 전문어·유행어·은어
　(3) 단어 간의 관계에 대한 이해: 의미 관계, 동음이의어와 다의어(2회)
　(4) 단어의 사용 방식에 대한 이해: 읽는 이와 내용 고려하여 알맞은 낱말 선택하기, 사전적 의미와 문맥적 의미(2회)
　(5) 기타 국어학적 지식 등: 국어사전(2회), 단어 형성법

3 2007 개정 교육과정에서 어휘론 관련 교육 내용 중 새롭게 부각된 것은 '사고도구어(academic vocabulary)'이다. 교육 내용 항목으로 부각되지는 않았지만, 국어과 교육과정 해설서 등을 통해 전문어와 함께 사고도구어를 배우도록 하고 있다. 사고도구어에 대해서는 신명선 (2004b)을 참조할 수 있다.

4 단어의 의미 관계 및 동음이의어와 다의어 관련 교육 내용 역시 오랫동안 국어과 교육 내용으로 자리 잡아 왔다. 이 내용은 특히 초등학교 저학년에서 '비슷한 말, 반대말'의 형식으로 교육되어 왔다. 또 단어의 사전적 의미와 문맥적 의미를 다루는 과정에서 동음이의어와 다의어 역시 교육되어 왔다. 다만 이러한 교육 내용들이 체계적으로, 그리고 지속적으로(전 학년에 걸쳐, 혹은 특정 학년의 수준과 위계를 고려하여) 이루어졌느냐에 대해서는 의문이 제기될 수 있다.

5 이 교육 내용은 주로 읽기 교육 내용으로 다루어져 왔다(2007 개정 교육과정에서는 문법 교육 내용으로 다루어짐). 또 교육 과정에 제시되느냐와 상관없이 오랫동안 국어교육 현장에서 (국어 교과서의 읽기 제재를 학습하는 과정에서) 주요 어휘 교육 내용으로 다루어져 왔다고 볼 수 있다.

사고도구어(academic vocabulary)

사고도구어란 여러 학문 분야에 걸쳐 두루 나타나면서 사고 및 논리 전개 과정을 담당하는 단어들을 가리킨다. 사고도구어는 다음과 같은 특징을 갖는다. 첫째, 어떤 학문적 대상에 대한 과학적 탐구 과정을 드러낸다. 둘째, 일상생활에서는 잘 사용되지 않아 전문어가 아니면서도 전문어적인 특성을 드러낸다. 그러나 분명 기초 어휘 및 전문어와는 차별화된다. 이 단어들은 전 학문 분야에 걸쳐 두루 나타난다는 점에서 전문어와 다르며 일상생활에서는 비교적 자주 사용되지 않는다는 점에서 기초 어휘와 다르다. 셋째, 사고 및 논리를 전개하는 틀이 된다는 점에서 일종의 프레임(frame)과 같은 기능을 한다. 넷째, 가장 중요한 특징은 학술 텍스트에서 주로 나타난다는 점이다.

신명선(2004a)에서 선정한 사고도구어 중 '개념' 류를 소개하면 다음과 같다.

사고도구어의 예(신명선, 2004b)

'개념' 류		
	1	가설04 가정07 전제 가상05 / 상정하다
	2	개념 관념02 사고14 의사02 아이디어 사상 내용 정보 의의04 정의05 의도 의미 / 논의02 논점 논지02 본론 본문01 결론01 핵심 언급 견해02 주장03 주제04 주지11 중점03 주안점 주요01 요점 역점01 초점03 / 결과 결정 성과 / 초록01 요약02 / 개요 개관08 개괄 / 답03 해답 정답 // 학설 이론01 학술 // 논문 문헌 출처02 강의02
	3	논증02 논리 정연08 이치06 // 논란 논쟁 이론02 / 반론01 반면02 반문 반박 // 타당하다 정당하다 바람직하다 교육적이다 // 논리성 합리성 타당성 객관성(주관성) 신뢰성 / 적절 적정 적합 적당 부합 부응 해당05 / 공식적 지적(知的) 합리적 이성적 학문적 사상적 과학적 본격적 전문적 / 중심적 핵심적 집중적 결론적 / 설득력 사고력 잠재력 통찰력
	4	과제04 문제점 관심사 의문02 사안07 사태06 사항02 / 문항 항목 설문01 // 취지03 의도02 방향성 전망03 지향 지표03 목적03 목표 정점02 이상09
	5	근본 근원 원천02 에너지 토대 기원05 동기07 계기04 원인 배경01 / 요구03 요청 욕구 / 영향04 / 입력 / 인과03 / 비롯되다 수반하다 인하다 기인하다 파생하다 초래하다 유발하다 유래하다 야기하다 / 자극하다(자극01) 장려하다 / 출발점 출처02 // 근거 증거 논거 단서04 준거02 / 참고01 참조02 / 정당성 / 의거하다 입각하다 의존하다 의지하다(의지04) / 주의하다(주의07) 유의하다(유의04) / 준수하다 / 지원하다(지원02) 지지하다(지지06) 정당화되다 / 증명 입증02
	6	기호01 부호03 상징 언어01 용어02

* 단어 옆의 숫자는 〈표준국어대사전〉의 어깨번호이다.

2011 개정 교육과정은 어휘 교육의 중요성을 기존 교육과정보다 강조하고자 노력한 흔적이 역력하나 실제 교육 내용은 기존 교육과정과 큰 차이를 보이지 않는다는 아쉬움이 있다. 이 교육과정은 학년군제를 도입하면서 학년군 목표를 설정하고 있는데 학년군 목표에서 다음과 같이 어휘 교육 목표를 제시하고 있다. 기초 어휘에 대학 학습에서 시작하여(1~2학년군) 다양한 어휘의 특성을 이해하고(3~4학년군) 어휘 의식을 높여(5~6학년군) 어휘 능력을 확장하는(중1~3학년군) 방식으로 구성된 위 학년군 목표에는 학년군이 높아감에 따라 어휘 능력 역시 심화 확장되는 양상을 잘 보여 주고 있다.

⟨1~2학년군⟩
일상생활과 학습에 필요한 초보적 국어 능력을 갖춘다. -중략- 기초 어휘를 익히면서 국어에 대해 관심을 가지고, 문학이 주는 즐거움을 경험한다.

⟨3~4학년군⟩
일상생활과 학습에 필요한 기초적 국어 능력을 갖춘다. -중략- 어휘의 다양한 특성을 이해하고 문장을 자연스럽게 쓰며, 문학 작품을 읽고 자신의 말로 표현한다.

⟨5~6학년군⟩
일상생활과 학습에 필요한 핵심적 국어 능력을 갖춘다. -중략- 어휘 의식을 높이고 국어 문화의 특성을 이해하며~

⟨중1~3학년군⟩
일상생활과 학습에 필요한 통합적인 국어 능력을 갖춘다. -중략- 어휘 능력을 확장하고 국어 문법의 주요 내용을 종합적으로 이해하며~

그 외 교수·학습의 운용 부분에서 "(다) '국어 자료'를 다룰 때는 기본적으로 어휘와 어법에 유의하여 지도한다. 어휘와 어법은 '듣기·말하기', '읽기', '쓰기', '문법', '문학' 영역의 매 단원에서 새로 등장하는 단어의 발음, 뜻, 표기를 정확히 알고 어법에 맞게 사용하는 것을 생활화하도록 지도한다."고 하여 어휘 교육의 중요성을 강조하고 있다. 이처럼 목표와 교수·학습 부분에서 어휘 교육의 중요성을 강조하였으나, 전술한 것처럼 실제 교육 내용은 그 전의 교육과정과 크게 다르지 않아 그 전의 교육과정에 비해 어휘 교육 내용이 크게 더 강화되었다고 볼 수 없다.

2) 어휘 교육 내용에 대한 비판적 담론 분석

국어과 교육과정의 어휘 교육 내용과는 별도로, 국어교육 현장에서는 어휘 교육이 사실상 거의 이루어지지 않고 있다는 목소리도 크다. 현장에서는 국어 교과서를 가르치다가 어려운 단어가 나오면 그 뜻을 일러 주는 정도 외에는 어휘 교육을 거의 하지 않는다고 한다. 따라서 국어과 교육과정의 어휘 교육 내용에 대한 비판은 현장의 어휘 교육의 실태에 대한 문제 제기와 더불어 다양한 방식으로 이루어져 왔다. 그중 국어과 어휘 교육 내용에 대한 주요한 비판의 핵심은 역시 '비체계성'에 대한 지적에서 드러난다. 다음과 같은 논의들은 모두 국어과 교육과정의 어휘 교육 내용의 비체계성을 지적한 것들이다.

> 우리나라의 교육 현장에는 아직 어휘 교육을 위한 기본적인 틀조차 마련되어 있지 않고 어휘에 대한 체계적인 교수·학습도 이루어지지 못하고 있다(김광해, 1995: 324-325).

> 체계적인 어휘 지도를 위한 기초적인 자료가 마련되어 있지 못해 어휘 지도는 상당 부분 무작위로 이루어지고 있다(손영애, 2000: 61).

언어 교육과 언어의 이해와 표현은 어휘력 없이는 제 기능을 유지할 수 없음에도 불구하고 어휘에 대한 교육은 교육과정에서 체계적으로 반영되었다고 할 수 없는 정도이며 국어교육의 다른 영역에서 일부 반영되었을 뿐이다(이충우, 2005a: 385-387).

그동안 국어교육 내용의 경우 '본질, 원리, 태도'(7차 국어과 교육과정의 경우)나 '지식, 기능, 맥락'(2007 개정 국어과 교육과정의 경우), 혹은 '개념적 지식, 절차적 지식, 조건적 지식' 등의 유형화가 시도되어 왔고 수많은 비판에도 불구하고 국어교육 내용이 점차 체계화되어 왔다는 점에 대해서는 이의가 없을 것이다. 그에 비해 어휘 교육 내용은 사실상 체계화 자체가 시도되지도 못하고 있는 형국이라고 볼 수 있다. 앞에서 살펴본 바 국어과 교육과정에서 어휘 교육 내용이 어떤 기준하에서 어떤 방식으로 선정되어 배열되었는지 알기는 어렵다. 또 교육과정 문서 어디에서도 그에 관한 기술을 찾기 어렵다. 이러한 점에서 어휘 교육 내용 체계화에 대한 학계의 요구는 매우 높다고 볼 수 있다.[6]

어휘 교육 내용을 체계화하고자 노력해 온 선행 연구로 손영애(2000)를 들 수 있다. 손영애(2000: 58)에서는 어휘 지도 내용을 '단어의 형태에 대한 학습', '단어 그 자체의 의미와 용법에 대한 지도', '단어 학습 방법의 학습', '단어 학습과 관련되는 태도 및 가치의 형성에 대한 지도'로 제시하였다. 이 논의에서 주목되는 것은 '단어 학습 방법의 학습'과 '태도 및 가치'가 지도 내용으로 설정되어 있다는 점이다. 특히 어휘 학습 방법의 학습은 그동안 국어과 교육과정에서 제대로 제시되지 못했다. 그러나 그 중요성은 박

6 　이러한 현상이 나타나게 된 주요한 원인 중의 하나는 어휘는 말하기, 듣기, 읽기, 쓰기를 통해 자연스럽게 습득되는 것이라는 인식 하에 이를 따로 구조화할 필요성이 그동안 본격적으로 제기되지 않았기 때문이다. 이러한 인식은 신명선(2008a)에서 논의된 도구적 관점과 닿아 있다.

수자(1998: 96)에서도 다음과 같이 강조된 바 있다. "국어과 교육의 어휘 지도는 독립적인 어휘 학습 전략을 지도하여 절차적 지식을 배우게 하고 특정 단어의 의미를 강조하여 명제적 지식을 늘리며 새 단어 학습에 대한 인식과 평가 감각을 계발하여 조건적 지식을 확대할 수 있어야 한다."

상기 논의와 관련하여 우리는 어휘 교육 내용 설계 시 어휘에 관한 지식, 어휘 학습 방법의 학습, 태도 등을 반영하여 어휘 교육 내용을 체계화할 수 있음을 알 수 있다. 그리고 이러한 논의는 국어교육 내용이 그동안 '본질, 원리, 태도' 혹은 '지식, 기능, 맥락' 등의 형식으로 체계화된 바, 국어교육의 전체 틀 내에서 안착 가능하다.

어휘 교육 내용에 관한 그간의 논의들이 보여 주고 있는 또 하나의 주요한 특징은 소통성과 문화성에 관한 두 담론의 장력이 팽팽하게 맞붙어 있다는 점이다. 본질적으로 소통성과 문화성은 이질적인 개념이 아니나, 현 국어교육학 담론 내에서 두 개념은 서로 다른 이론적 배경하에서 서로 다른 측면을 강조함으로써, 어떤 측면에서는 서로 대립되는 두 담론을 대표하는 핵심 코드가 된다고도 볼 수 있다. 이는 신명선(2008a)에서 논의된 어휘 교육에 관한 '도구적 관점'과 '인지적 관점'에 일정 부분 대응되기도 한다.

국어교육의 목적은 의사소통 능력 신장임을 강조하면서 '어휘의 소통적 도구성'을 표 나게 드러내고자 하는 논의들은 그간 국어과의 어휘 교육 내용들이 어휘의 이러한 측면을 충분히 부각시키지 못하고 있음을 비판해 왔다. 이러한 관점에서 볼 때에, 그간의 어휘 교육 내용들은 주로 어휘론 지식의 요약에 불과하여(주세형, 2005b: 244) 지식 중심의 어휘 교육을 이끌어 왔다. 이로 인해 어휘 교육 내용은 의사소통 상황과의 긴밀성을 확보하지 못했다.[7] 이는 어휘 능력이 상징 능력과 지시 능력으로 구성되어 있다고 볼

---

7   그런데 한편 어휘는 지속적으로 읽기 학습과 결합되어 교육되어 왔다. 읽기와 어휘의 관련성

때 그동안의 어휘 교육이 주로 상징 능력 신장에만 치중해 왔음을 의미한다.[8] 박재현(2006)에서는 상징 능력보다 지시 능력의 교육이 필요하며 지시 능력 교육 시 특히 '어휘 의미의 가치' 문제에 주목할 필요가 있음을 설득력 있게 논의한 바 있다.[9] 어휘 의미의 가치 교육에 대한 강조는 주세형(2005b)에서도 집중적으로 논의된 바 있다.[10]

반면, 현 어휘 교육 내용이 의사소통 능력 신장에만 경도되면서 국어 문화나 국어 발전에 대한 올바른 인식을 심어 주지 못하고 있다는, '어휘의 문화적 중요성'에 기반을 둔 비판도 대두되었다.[11] 특히 이문규(2003)의 논

에 대한 이론으로는 '도구 가설, 언어 적성 가설, 지식 가설'이 있다.

8   상징 능력이 단어들 자체에 대한 정확한 이해 능력이라면, 지시 능력은 단어들을 실제 의사소통 상황에서 사용할 수 있는 능력이라고, 거칠지만 간단하게 정리할 수 있다. 다음 표를 참조하라.

어휘 능력의 구성 요소(신명선, 2008a)

상징 능력	지시 능력
주로 단어(어휘)의 형식과 내용과의 관계 탐구→ metalinguistics	주로 단어(어휘)의 내용과 세계와의 관계 탐구→ metapragmatics
정확성, 체계성, 과학적 개념 중시	적절성 중시, 비체계적, 일상적 개념
탈맥락적(의사소통 상황과 일정한 거리 유지)	맥락적(의사소통 상황 중시)
형태론, 음운론, 통사론, 의미론 등과 주로 관련	의미론, 화용론 등과 주로 관련
궁극적으로는 CALP 추구, 언어 의식(Language awareness) 고양과 관련	궁극적으로는 BICS 추구

9   어휘 의미의 가치가 교육되어야 한다는 논의는 민현식(2000)에서 최초로 제시된바 있다.

10   다음과 같은 박수자(1994)의 논의도 의사소통 상황에서의 어휘 사용 교육의 필요성을 강조하는 것으로 해석된다. "이 장에서는 어휘를 독립적인 집합으로서가 아닌 담화장 속에 존재하는 하나의 단위로 파악하고자 했다. 어휘에 대한 연구가 언어 단위 그 자체로 단절된 채 단위로서 다루어지던 기존의 어휘 연구와 달리 전체 맥락 속에서 어휘가 가진 기능을 인식함으로써 좀 더 어휘의 본질에 근접하고자 한 것이다. 어휘는 그 자체로서 독립적인 개념을 지닌 것이 아니며 텍스트 응집 수단으로서 존재한다"(박수자, 1994: 195).

11   동일한 어휘 교육 내용에 대해 일각에서는 의사소통 능력 신장을 이끌 수 없는 내용임을 비판하고 다른 일각에서는 의사소통 능력 신장에만 경도되어 있음을 지적하고 있음을 알 수 있

의는 교육의 근본적 성격에 대한 성찰을 불러일으킨다는 점에서 주목된다. 만일 교육이 학생들을 바람직한 방향으로 이끄는 것이라면, 지금 여기의 의사소통 상황에 대한 정확한 인식과 그에 기반한 능수능란한(?) 의사소통도 중요하지만 그러한 상황이 갖는 문제점을 인식하고 이를 개선하고자 하는 노력은 더욱 값진 것일 수밖에 없을 것이다. 그러한 측면에서 오늘 우리 국어에 고유어가 적고 한자어가 많다고 해서, 학생들이 더 잘 이해하고 더 잘 말하게 하기 위해, 학생들에게 한자어만 집중적으로 교육하는 것은 문제적인 현상일 수 있다. 이러한 측면에서 "지금의 어휘 교육은 우리말 어휘 체계 안에 형성되어 있는 한자어 우위의 비정상적인 상태를 심화·고착시키는 결과를 가져올 가능성이 클 뿐 아니라 학습자에게 주체적인 국어관을 심어주기도 어렵다."는 이문규(2003: 395)의 지적은 의미심장하다.[12] 한편 채영희(2003)는 현 어휘 교육이 고빈도어 중심으로 이루어져 있음을 지적하면서 고빈도어만 주요 어휘 교육 내용으로 설정해서는 안 된다고 지적하였다. 그리고 표준어와 방언에 대한 교육은 생태학적 사고에 기반하여 우리말 문화를 발전시키는 방향으로 이루어져야 한다고 주장하였다. 이러한 주장들은 모두 소통성보다는 문화성에 좀 더 방점을 찍고 있다는 점에서 공통된다.

현 어휘 교육 내용에 대한 다소 새로운 비판 중의 하나는 그간의 어휘 교육이 인지적 측면만을 강조해 왔다는 점을 지적한 것이다. 즉, 단어가 갖는 정서적 의미 혹은 '말맛'을 느낄 수 있는 어휘 교육이 필요하다는 주장이다. 전점이(2007)는 어휘에 대한 교육이 지적 요소에만 초점을 두고 있음을

다. 이러한 상이한 비판의 원인은 각 연구자들이 집중하고 있는 문제적 대상이 사실은 서로 조금 다르기 때문이기도 하고(교육과정 문서나 교과서의 내용, 교육 현실 등), 무엇이 더 우선되어야 하는가에 대한 중요도 인식이 다르기 때문이기도 하다.

12 한자어 역시 우리 문화의 일부라는 점에서 이러한 의견에 대한 반론도 가능하다. '문화'가 갖는 개념의 모호성이 논란을 부추기기 쉬운 형국이다.

지적하고 새로운 어휘 결합이 엮어 내는 '말맛'과 다양한 파장을 지닌 '정서적 어휘'가 어휘 교육에서 다루어져야 함을 강조하였다. 그 방법으로 전점이(2007)는 문학 작품을 활용하여 어휘 교육을 하자고 제안하였다.

이상 어휘 교육 내용에 대한 비판들을 통해, 우리가 당면한 핵심 과제는 역시 '어휘 교육 내용의 체계화'에 있음을 다시 확인할 수 있다. 그리고 그러한 어휘 교육 내용 체계화의 노력은 소통성과 문화성, 단어의 '인지적 측면과 정서적 측면'을 포괄하는 방향에서 이루어져야 할 것이다. 사실상 소통성과 문화성은, 주지한바, 대척적 개념이라고 보기 어렵다. 이는 언어가, 아니 단어가 근본적으로 갖게 되는 핵심적 특성으로서 어휘 교육 내용 선정 시 함께 끌어안아야 할 주요 요소들이다.[13] '인지성과 정의성'도 마찬가지이다. 특히 현 시점에서 단어의 '정서적 의미'에 대한 고려는 필요하며 중요하다. 단어의 의미를 인지적 지식으로 치환하는 경향이 강하고 그간 국어 교육에서 단어의 정서적 의미를 충분히 고려하지 못한 것이 사실이라는 점에서 이에 대한 본격적인 논의와 강조가 요청되는 시점이라고 판단된다.

2. 어휘 교육 내용 유형화의 관점

앞서 살펴본바, 그간의 논의들이 보여 준 어휘 교육에 관한 시각은 의미 있으나, 국어과 어휘 교육 내용 전반에 대한 설계를 체계적으로 논하지 않았기 때문에, 그간의 연구 성과만으로 어휘 교육 내용 유형화의 관점을 오롯이 설정하기는 어렵다. 여기서는 어휘 교육 내용을 유형화하기 위해, 결국

---

13 이는 신명선(2008a)에서 논의된 어휘 교육의 상보적 관점과 대응된다. 자세한 논의는 신명선(2008a) 참조.

은 어휘 교육 내용 설계의 전체 틀을 체계적으로 잡기 위해, 어휘 교육 내용 유형화 시 고려해야 할 주요 요소들을 하나씩 짚어보도록 한다. 그러한 작업을 통해 어휘 교육 내용 유형화의 관점을 설정해 보도록 한다. 이러한 작업은 앞의 논의를 기반으로 하면서 그 논의를 보완·확충하는 방식으로 진행되어야 할 것이다.

한편 이러한 논의는 어휘 교육 내용을 유형화하기 위한 기본 전제에 해당하기도 한다. 어휘 교육 내용을 설계하기 위해 학계에서 미리 합의해야 할 주요 고려 요소에 대한 검토에 해당하면서 어휘 교육 내용을 유형화하기 위해 고려한 주요 요소에 대한 연구 시각 소개에 해당한다. 어휘 교육 내용을 설계한 구체적인 실현태를 보여 주는 것은 의의가 있을 수 있으나, 그러한 구체태가 나오게 된 이유, 즉 그러한 실현태의 기반이 되는 전제, 시각, 관점 등은 연구자마다 다를 수 있다. 따라서 그러한 이론적 기반을 충실하게 논하지 않고 어휘 교육 내용 체계화를 곧바로 논하게 되면, 해당 논의는 결국 하나의 담론으로 사라져 버릴 위험도 상존한다. 한편 본 논의 대상이 어휘 교육 내용 전반이기 때문에, 최대한 이론적으로 타당하면서도 균형 잡힌 시각을 선택할 필요가 있다.

어휘 교육 내용의 유형화를 국어과의 교과 구조 틀 내에서 실행하기 위해서는 여러 가지 요소들이 체계적으로 고려되어야 한다. 여기서는 다음과 같은 요소들을 하나씩 짚어 보고자 한다.

[어휘 교육 내용 유형화를 위한 관점 정립 시 고려할 요소]

㉠ 언어에 대한 관점

㉡ 국어교육의 목표로서의 '국어 능력'의 성격과 그에 대한 교육적 관점

㉢ 어휘 교육의 목표로서의 '어휘 능력'의 성격과 그에 대한 교육적 관점

㉣ 단어의 특징과 단어에 대한 앎의 성격, 그리고 그에 대한 교육적 관점

어휘 교육 역시 언어 교육이라는 점에서 언어에 대해 어떤 관점을 취하느냐에 따라 교육의 방향은 달라질 수 있다. 한편 우리가 국어과 내에서 어휘 교육 내용을 어떻게 유형화할 것인가를 논의하고 있다는 점에서 국어교육의 목표와 어휘 교육의 목표, 그리고 그 교육적 관점을 어떻게 설정하느냐에 따라 논의의 방향은 달라질 수 있다. 마지막으로 논의의 초점이 되는 단어의 특징과 그에 대한 앎의 성격 및 그 교육적 관점을 논의할 필요가 있다.

먼저 우리가 국어교육에서 언어에 대해 어떤 관점을 취해야 하는지 살펴볼 필요가 있다. 이와 관련해서는 '국어에 대한 태도 교육'에 관한 김은성(2006)의 논의와 신명선(2008b)을 참조할 수 있다. 신명선(2008b)에 기반할 때 언어에 대한 관점은 '정확성의 관점', '적절성의 관점', '타당성의 관점'으로 나눌 수 있다. 정리하면 다음과 같다.

〈언어에 대한 관점〉

- 정확성의 관점: 언어는 규칙이며 체계이므로, 정확한 언어 사용을 강조하는 관점. 이 관점이 과도하게 적용되면, "어문 규범은 무조건 지켜야 한다." 등의 관점도 가능.
- 적절성의 관점: 언어는 의사소통의 도구이므로, 의사소통 상황을 고려한 적절한 언어 사용을 강조하는 관점. 이 관점이 과도하게 적용되면, "말은 통하면 그만이다." 등의 관점도 가능.
- 타당성의 관점: 언어는 하나의 사회 제도와 유사한 것이므로, 언어에 담겨 있는 이념과 이데올로기 등을 비판적으로 보아야 한다는 취지에서, 언어 사용의 타당성을 강조하는 관점. 요즘 활발하게 논의되고 있는 '정치적 올바름(Political Correctness)'[14]에는 이러한 관점이 녹아 있다고 판단됨.

---

14   정치적 올바름(political correctness)은 용어 선택 시 인종·민족·종교·성 등에 관한 편견이 포함된 단어를 사용하지 말자는 구호로 사용되는 말이다. 특히 다민족국가인 미국 등에서 정치적(political)으로 차별·편견을 없애는 것이 올바르다(correct)는 의미에서 사용되는 용어

정확성의 관점은 언어를 규칙이며 체계라고 보는 관점으로서, '어문 규범'의 성격으로 언어를 이해하는 관점이다. 따라서 언어는 지켜지고 보호되어야 할 무엇이며 인간은 언어를 언어의 특성에 맞게 정확하게 사용해야 한다. 적절성의 관점은 언어를 의사소통의 도구로 보는 관점으로서, 정확한 언어 사용보다는 적절한 언어 사용을 강조한다. 이 관점은 언어적 특성에 맞게 언어를 얼마나 정확하게 사용했느냐보다 소통이 되었느냐가 더 중요하다고 본다. 타당성의 관점은 언어를 사회 제도와 유사한 것으로 본다. 언어 역시 인간의 사회적 활동의 결과 생겨난 부산물로서 언어는 인간의 세상에 대한 이념과 이데올로기의 반영물이다. 언어는 신생, 성장, 발전, 쇠퇴하는 과정 속에서 인간의 권력 투쟁의 장(場)에 참여한다. 따라서 언어가 우리 사회에서 타당하게 사용되고 있는지를 비판적으로 점검하는 활동이 필요하다고 본다.

이 세 관점은 서로 간에 긴밀한 관련을 맺고 있다. 예컨대 정확성의 관점 역시 언어가 소통의 도구이며 사회적 활동의 부산물임을 인정한다.[15] 따라서 위 관점들은 각각 특히 언어의 어떤 성격에 방점을 찍고 있느냐로 구분되는 것으로서 완전히 구별되는 서로 다른 실체로 보기는 어렵다.[16] 이들 관점들이 서로 명백하게 분리되는 개념이라기보다 언어가 갖고 있는 여러 성

이다.

15 어문 규범에 관한 논의는 어문 정책의 차원에서 접근하기 마련이며 정책적 논의는 기본적으로 사회적 소통의 문제를 염두에 둘 수밖에 없다.

16 그러나 논의의 편의를 위해 이들이 강조하고 있는 바에 초점을 두어 이들 세 관점을 다시 구별해 본다면, 이들 각 관점들은 의사소통 과정에 영향을 미치는 언어, 인간, 사회의 세 요소 중 어느 하나를 특히 더 강조하고 있다는 점에서 구별될 수 있다. 정확성의 관점은 의사소통에 영향을 미치는 인간이나 사회적 요인보다 언어 요인에, 적절성의 관점은 인간 요인에, 타당성의 관점은 사회적 요인에 좀 더 우위를 두고 있다고 볼 수 있다. 정확성의 관점은 언어에 인간이 맞추는 경향이 강하고 적절성의 관점은 언어를 인간에게 맞추는 경향이 강하며 타당성의 관점은 인간과 언어가 공존하는 사회 현상의 일환으로서 언어를 바라보기 때문이다.

격 중 특히 어느 한 측면을 강조하기 위해 부각된 관점이라고 본다면, 국어교육 측면에서 이들 관점들을 수용할 때 문제가 되는 것은 '어떤 관점을 배제하고 포함시킬 것인가'라기보다 '어떤 방식으로 이들을 수용해야 하는가'일 것이다. 교육적 측면에서 볼 때 이들 언어에 대한 관점은 모두 나름의 타당성을 지니고 있다. 교육적 용이성의 논리로 따져 볼 때 '정확성의 관점⊂적절성의 관점⊂타당성의 관점'으로 이들을 정리하는 것은 가능하다. 예컨대 어문 규범에 관한 교육을 통해 표준어를 알고 정확하게 언어를 사용할 수 있도록 교육한 뒤, 언어가 의사소통의 도구임에 주의해 상황에 적절한 어휘 사용을 강조하고, 의사소통 상황에 대한 고려를 바탕으로 특정 단어에 담긴 이데올로기를 비판할 수 있도록(예: '미망인'[17]이라는 단어에 담긴 남성주의 이데올로기 비판) 교육할 수 있다. 이때 이들 각 관점들이 서로 포함 관계임에 주의한다면, 각 교육 내용이 타 내용을 완전히 배제하는 방식으로 이루어져서는 안 될 것이다.

국어교육의 목표로서의 '국어 능력'의 성격도 주요 고려 요소이다. 국어 능력의 개념에 관한 광범위한 사용역을 모두 고려하여 이 개념의 근본 의미를 천착하는 것은 본 논의를 벗어나는 일이 될 것이다.[18] 다만 그간 국어교육학계에서 이 용어는 '정확하고 적절하고 타당하며 창의적인' 국어 표현·이해 능력 전반을 모두 가리키는 개념으로 매우 폭넓게 사용되었다고 볼 수 있다.

'국어 능력'이라는 개념과 관련하여 그간 '의사소통 능력', '국어 문화

---

17 사전상 '미망인'은 '남편이 죽고 홀로 사는 여자로서, 아직 죽지 못한 사람'이라는 뜻이다.

18 특히 국어교육학계에서는 '국어 사용 능력'과 '국어 능력'이라는 두 개념이 대(對)가 되어 국어교육의 목표는 무엇이며 그 개념을 어떻게 규정지어야 하는가가 논란이 된 적도 있다. 물론 두 용어를 구별하는 핵심은 '사용', 즉 '언어 사용'이 무엇인가에 있다. 이 논의는 앞서 언급한 바 있는 '소통성'과 '문화성'의 논란과도 일정 부분 관련이 있다.

능력', '국어적 사고력' 등도 폭넓게 혼용되었다. '의사소통 능력'이라는 용어는 특히 서구의 제2 언어 교육 이론이나 국내의 한국어교육 관련 논의에서 빈번하게 사용되고 있으며 국어교육 관련 논의에서도 종종 등장한다. 이 개념이 근본적으로 제2 언어 교육의 장에서 활발하게 사용되었고 제2 언어 교육의 주요 목표가 말하기·듣기·읽기·쓰기 능력의 신장으로서 문법이나 문학적 지식의 강조보다는 기능의 신장을 우선시한다는 점 때문에 '의사소통 능력'이라는 용어는 종종 '기능의 신장'과 등치되는 경향이 있다.

'의사소통 능력'과는 그 강조점이 매우 다른 것으로 '국어 문화 능력'을 들 수 있다. 이 용어는 특히 문학이나 문법 교육 관련 논의에서 두드러진다. 이와 관련된 논의들은 기능 신장에 크게 도움이 되지 않더라도 우리 국어 문화의 속성을 드러내 주는 핵심 요소들을 가르쳐야 함을 강조하기 위해 주로 이 용어를 사용해 왔다. 따라서 국어 문화 능력은, 그간의 연구 경향을 토대로 판단해 본다면, 국어 문화의 속성을 드러내 주는 지식에 기반하여 신장될 수 있는 능력이라고 볼 수 있다.

이들과는 다소 다른 개념으로 '국어적 사고력'을 들 수 있다. 이삼형 외 (2000)에서는 국어교육의 목표를 '국어적 사고력'으로 설정하고 국어적 사고력의 하위 요소로 '인지 중심적 사고'와 '정의 중심적 사고'를 설정하였다. 국어 능력을 사고력의 일종으로 보는 것은 이론적으로 분명하며 가능하므로 이 논의가 갖는 의의는 국어 능력이 갖는 '사고력'의 성격을 규명하고 사고력을 중심으로 국어교육의 목표를 재개념화·재기술함으로써 국어 능력의 성격이 인지적인 측면뿐만 아니라 정의적인 측면을 포함한다는 점을 설득력 있게 제시하였다는 데에 있을 것이다. 이삼형 외(2000)에서 '국어적 사고력'은 '국어의 소통성'과 '국어의 문화성'을 포괄적으로 함의하고 있는 개념이라고 볼 수 있다.

물론 '의사소통 능력, 국어 문화 능력, 국어적 사고력' 등의 각 개념에 대해서는 연구자마다 그 '이해역(理解域)'이 다를 수 있다. 따라서 위와 같은 연구 경향 내지는 기술 방식에 대해 비판이 주어질 수 있다. 일례로 의사소통 능력 역시 해당 언어문화에 대한 이해에 기반할 때 신장될 수 있으므로 의사소통 능력에 대한 강조가 언어문화에 대한 경시를 의미한다고 기술할 수는 없다든가, 국어 문화 능력 신장은 해당 언어문화에 대한 지식뿐 아니라 그 기능에 기반하고 있으므로 지식 중심으로 국어 문화 능력을 논할 수 없다 등의 논의가 가능하다. 국어적 사고력에 대한 논의 역시 언어의 핵심은 '소통'에 있는바, 사고력을 소통력(疏通力)으로 곧바로 치환하여 규정하는 것은 문제가 있다는 등의 비판이 가능하다. 그럼에도 그간 앞서 기술한 바의 연구 경향이 있었음은 무시하기 어렵다고 판단된다. 한편 이 각 용어들이 국어 활동의 속성 중 특히 어떤 측면에 방점을 찍어 그것을 강조하고 있는 개념이라는 점도 분명하다.[19]

국어교육의 목표와 관련된 그간의 이와 같은 연구 경향을 통해 우리가 확인할 수 있는 것은 국어교육의 목표가 가져야 할 성격으로서 그동안 학계가 주목해 온 핵심 요소가 '소통, 문화, 사고'에 있다는 점이다. 이들 요소들을 다른 측면에서 해부해 보면, '소통, 문화, 사고'는 의사소통을 구성하는 '인간, 언어, 사회'의 구성 원소들을 조합한 결과라고도 볼 수 있다.

우리는 어휘 교육이 국어교육의 부분이라는 점에서 또 어휘가 언어의 기본 인자라는 점에서, 국어교육의 목표가 갖는 이와 같은 성격에 부합할 수 있는 어휘 교육이 이루어져야 한다고 본다. 어휘 교육의 목표와 성격에 관한 논의가 국어교육의 목표와 성격에 관한 논의와 분리될 수 없는 이유가 여기에 있다. 따라서 어휘 교육의 내용에 관한 논의 역시 '소통, 문화, 사고'

---

19 이들 용어들의 외연과 내연에 대한 꼼꼼한 분석 역시 본 논의를 벗어난다. 이들 개념(촘스키의 언어 능력, 언어 수행의 개념을 포함하여)의 역사적 변천 과정과 사용역에 대한 분석은 아마 개론서 한 권 정도의 분량은 되어야 가능하지 않을까 싶다.

혹은 '인간, 언어, 사회'의 세 요소에 대한 종합적인 고려 속에서 이루어져야 할 것이다.

어휘 능력에 대한 논의는 어휘 교육에 관한 그간의 연구 관점과 일정한 관련이 있다고 판단된다. 신명선(2008a)에서는 현존하고 있는 어휘 교육의 관점을 인지적 관점과 도구적 관점으로 구분하고 상보적 관점이 필요함을 지적한 바 있다. 인지적 관점과 도구적 관점은 다음과 같이 정리 가능하며 상보적 관점은 이들 두 관점의 상호 보완을 강조하는 관점이다.

[표 2] 어휘를 바라보는 관점(신명선, 2008a)

	인지적 관점	도구적 관점
기본 단위	어휘는 사고의 기본 단위	어휘는 의사소통의 기본 단위
강조점	국어 문화의 소산, 개념의 정확성	의사소통의 원천, 사용의 적절성
범위	주로 개인	주로 사회

일대일 대응은 무리가 있지만, 그간의 연구 경향을 고려할 때 '인지적 관점'은 '국어 문화 능력'과 '상징 능력'에, '도구적 관점'은 '의사소통 능력'과 '지시 능력'에 보다 더 잘 어울린다. 예컨대 의사소통 상황에서의 사용 여부보다도 '자유'와 '방종'의 정확한 의미를 선이해하는 것이 더 중요함을 강조하거나 '처마, 배흘림기둥' 등에 대한 폭넓은 이해를 요구하는 논의들은 어휘가 사고의 기본 단위이며 국어 문화의 소산이라는 관점하에서 이루어지기 쉽다. 반대로 현재 자주 사용되는 단어들이 우선적인 교육 내용이 되어야 하며 유령어(ghost word)나 고어, 일명 문화어라고 부르는 것들은 차후의 교육 내용이 되어야 함을 강조하며 의사소통 상황에서 어휘를 ('정확하게'보다도) '적절하게' 사용하는 것이 중요함을 강조하는 논의들은 어휘가 의사소통의 기본 단위라는 관점하에서 이루어지기 쉽다. 한편 국어적 사고력은 일

차적으로는 상징 능력과 더 긴밀한 관련을 맺는다고 판단되지만, 이 개념이 '소통성' 역시 강조하고 있다는 점에서 지시 능력과도 관련을 맺고 있다.

단어의 의미는 기본적으로 상징성과 지시성을 가지며 어휘 능력 역시 상징 능력과 지시 능력으로 구성된다는 점에서 우리는 상보적 관점하에서 위의 논의들을 수용할 필요가 있다. 이러한 관점은 전술한 국어교육의 목표 내에서 충분히 논의 가능하여 국어교육의 전체 틀 내에서 수용 가능하다. 첨언하면, 우리는 어휘 능력이 어휘에 대한 정확한 이해와 그것의 적절한 사용 능력을 포함하는 개념이라고 보며 그러한 어휘 능력을 신장시키기 위해서는 어휘 교육에 관해 상보적 관점을 취할 필요가 있다고 본다. 그리고 그것은 현 국어교육의 목표에 관한 논의 틀 내에서 성립 가능하다.

마지막으로 단어의 의미가 갖는 성격과 단어에 대한 앎의 성격에 대해 살펴보도록 한다. 이에 대해서는 최근 인지언어학을 중심으로 활발하게 논의되고 있는 어휘부 혹은 머릿속 사전에 관한 논의를 참조할 수 있다. 머릿속 사전에서 단어들은 일종의 망을 형성하며 서로 연결되어 있다. 어휘부 혹은 머릿속 사전에서 어휘들은 다차원적으로 연결되어 있을 것으로 가정된다. 머릿속 사전을 이처럼 어휘들의 다차원적 연결망으로 보는 관점은 1980년대 후반부터 일어난 연결주의(connectionism)를 배경으로 한다. 이 관점은 습득된 어휘들이 각각 독립적으로 저장되는 것이 아니라 서로 연결되어 망의 형태로 저장된다고 가정한다. 단어들이 연결된다는 것은 어떤 단어가 다른 단어를 활성화함을 뜻하는데, 연결의 매개, 즉 노드(node)는 어휘들 사이에 존재하는 유사성으로, 유사성은 음운, 형태, 의미 등 다양한 층위에 걸쳐 있다. 그런데 이 중 가장 기본적인 것은 의미에 기초한 연결이다(Aitchison, 2003). 이러한 논의들을 참조할 때, 우리는 어휘 교육이 단지 학습자에게 많은 양의 어휘를 제공하는 측면에서가 아니라 학습자의 어휘망이 확장됨과 동시에 학습자의 사고 체계를 정련할 수 있게 하는 측면까지 고려하여 설계되어야 함을 알 수 있다. 이는 학습자의 머릿속 사전에 저장된 정보를 확장하고 이를 심화시킬 수 있는 어휘 교육이 되어야 함을 의미한다(제1부 1장 어휘부에 관한 논의 참조).

한편 단어의 의미는 '개념'이며, 하나의 단어가 갖는 의미 정보는 다음 〔그림 1〕과 같이 방대하다(상세한 논의는 이동혁, 2004a 참조). 그리고 머릿속 사전에서 하나의 단어에는 음운, 형태, 의미(개념), 문법, 화용적 정보까지 포함되어 있다.

〔**그림 1**〕 어휘의 의미 정보(이동혁, 2004a)

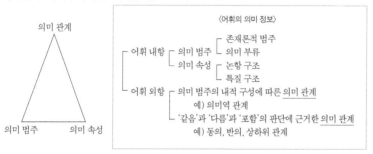

그간 단어의 형태와 단어의 단순한 의미 제공을 어휘 학습으로 등치시켜 이해하며 단어의 의미를 인지적인 것만으로 한정하는 경향이 강했던 점은 문제적이다. 어휘의 머릿속 저장 방식 및 어휘에 담겨 있는 다양한 정보들을 고려할 때, 어휘 학습은 타 단어와의 관계 및 체계를 고려하고 단어의 개념을 강조하는 방식으로(이는 백과사전적 정보를 포함할 수밖에 없다) 이루어질 필요가 있다. 이는 상징 능력 계발의 중요성을 강조하는 논거도 될 수 있다.

또 한 가지 주목할 것은 단어의 '정서적 의미'이다. 일찍이 단어의 의미를 유형화할 때 리치(Leech, 1981)는 '정서적 의미'가 존재함을 지적한 바 있다. 그런데 이것은 그간 국어과 교육과정에서 본격적으로 논의되지 못했다. 어떤 측면에서 정서적 의미는 학습자에게 내맡겨진 채 '정서'라는 이유로 체계화의 필요성조차 논의되지 못했다. 그러나 구체적인 의사소통 상황에서 '도구' 대신 '수단'이라는 단어를 쓰면 왜 소통의 적절성이 문제되는지, 비슷한 예로 특정 상황에서는 '냄새'보다 '향기'가 왜 더 적절한지를 논의하기 위해서는 '정서적 의미'가 본격적으로 논의될 필요가 있다. 앞서 잠시 언급한바 문학 작품에 대한 보다 풍부한 감상을 위해서는 특정 단어에 담긴 정서적 의미에 대한 논의가 필요하다.[20] 무엇보다 단어의 의미는 본질적으로 인지적이지만은 않다. 단어의 의미를 인지적인 것만으로 한정짓는 순간 우리는 단어의 의미가 갖는 본질적인 성격에 대한 교육을 포기하는 셈이 될

알아보기 **의미의 유형**

리치(Leech, 1981: 9-23)는 의미를 크게 '개념적 의미', '연상적 의미', '주제적 의미'로 나누고, 연상적 의미를 다시 '내포적 의미, 사회적 의미, 정서적 의미, 반사적 의미, 배열적 의미'로 나눈 바 있다.

여기서 '개념적 의미'는 일반적으로 소통되는 가장 핵심적인 의미이다. 예컨대 '남편'이 결혼한 남성으로서 아내의 상대적인 말로 소통되는 것을 들 수 있다. 개념적 의미가 이처럼 대체로 고정적이며 핵심적인 의미를 가리킨다면 반면 연상적 의미는 유동적이며 비핵심적인 의미를 가리킨다. 내포적 의미는 주로 전달 가치를 가리키는데 예컨대 '아줌

마'는 대체로 모성애가 강하며 억세다 등의 의미를 갖는 것으로 인식된다. 또 경우에 따라 '이 아줌마가 왜 이래?' 등과 같은 표현에는 화자의 감정적 의미가 드러나 있다. 이처럼 연상적 의미는 대개 개인의 경험에 따라 달라질 수 있는 유동적인 의미이다. 주제적 의미는 화자가 특정한 의도를 갖고 어떤 특정 내용을 강조하거나 어순을 바꿈으로써 드러내는 의미를 말한다. 예컨대 '인생은 짧지만 예술은 길다'와 '예술은 길지만 인생은 짧다'의 경우 어순을 바꿈으로써 그 드러내는 의미에 차이가 발생한다.

---

20 '정서적 의미'와 단어의 '가치'가 어떤 관련을 맺는지는 다시 논의해 보아야 할 것 같다. 그 개념의 폭이 완전히 같지 않은데, 교육적 국면에서 어떻게 정립해야 할지 논의가 필요하다. 또한 최근 인지적인 문제로 치부되던 창의성과 관련해서도 '정서적 창의성'이 논의되었다. 관련 논의는 신명선(2009a) 참조.

수도 있다. 따라서 어휘 교육 내용은 단어의 정서적 의미를 포함하는 방식으로 이루어질 필요가 있다.

　　다음으로 이와 같은 단어에 대한 앎의 성격을 고려할 필요가 있다. 이에 대해서는 신명선(2007)을 참조할 수 있다. 이 논의에서는 단어에 대한 앎의 성격을 '정도성, 용인성, 객관적 주관성(혹은 주관적 객관성)'으로 규정지었다. '단어를 안다'는 말이 갖는 가장 중요한 성격은 '정도성'에 있는 것으로 보인다. 한 단어에 대한 앎은 누적적으로(cumulative) 이루어진다(Schmitt, 1997: 3-10). 또한 '단어를 안다'고 할 때 그 앎이라는 것은 사회 문화적 소통 맥락에서 용인될 수 있는 지식을 알고 있느냐의 여부를 가리키는 것이기 쉽다. 우리가 무엇인가를 표현하고 이해하기 위해서는 우리 사회의 문화나 화제에 대해 아는 것이 요청되지만 그 앎의 정도는 문화 공동체의 성격에 따라 다르다. 또한 단어에 대한 앎은 객관적이라기보다는 지극히 주관적이고 상황적이다. 똑같은 의미를 지닌 단어인데 왜 어떤 상황에서는 사용할 수 없는지 논리적으로 설명하기는 어렵다. 우리 사회의 구성원으로서 다른 사람들과 소통하면서 획득한 단어에 대한 앎에 기반해야 원활한 소통이 가능하다. 그럼에도 단어에 대한 앎은 일종의 약속된 기호에 대한 인지이기도 하다.

　　단어에 대한 앎이 갖는 이와 같은 성격을 고려할 때 우리는 어휘 교육 내용 설계 시 다음과 같은 점을 주의해야 한다고 본다. 먼저 우리는 단어의 의미를 일종의 개념으로 보며 어휘 교육이 학습자의 머릿속 사전을 계발시킬 수 있는 방향으로 설계되어야 한다고 본다. 한편 단어를 안다는 것이 기본적으로 정도성의 문제이며 사회적으로 용인될 수 있느냐의 문제로서 그 지식이 객관적 주관성을 갖는다는 점을 고려할 때, 어휘 교육은 지속적으로 이루어져야 하며(정도성과 관련), 구체적인 의사소통 상황 안에서 국어 활동을 수행하는 과정에서 이루어져야 함(용인성 및 객관적 주관성과 관련)을 알 수 있다.[2] 이는 어휘 교육 내용이 타 기능 영역과 통합되어 전 학년에 걸쳐 체계적으로 배열될 필요도 있음을 의미한다.

한편, 위와 같은 어휘의 특성이 어휘 교육 내용 유형화 자체에 직접적으로 영향을 미치기는 어렵다. 이것은 어휘가 갖는 일반적 특성이기 때문에 어휘 교육 내용이 어떤 방식으로 유형화되더라도 모든 교육 내용 자체에 반영되어야 할 것이다. 이와 같은 특성은 어휘 교육 내용을 유형화한 뒤 개별 교육 내용을 꾸릴 때 좀 더 의미 있게 부각될 것으로 보인다.

3. 어휘 교육 내용의 유형화

여기서는 앞의 논의를 종합적으로 고려하여, 어휘 교육 내용 유형화의 틀을 간단히 살펴본 후 어휘 교육 내용을 거시적으로 유형화해 보고자 한다.

1) 어휘 교육 내용 유형화의 틀

어휘 교육 내용이 국어교육 내용과 조응해야 하므로 어휘 교육 내용의 유형화는 국어교육 내용의 체계에 대한 고려에서 시작될 필요가 있다. 앞에서 약술한바, 최근 국어과 교육과정에서 국어교육 내용은 '본질, 원리, 태도'(7차 국어과 교육과정)와 '지식, 기능, 맥락'(2007 개정 국어과 교육과정)으로 유형화되었다. '맥락'은 그 성격상 '지식'에 해당하며 2007 개정 국어과 교육과정에서도 '맥락'은 '지식'과 '기능'에 걸치는 것으로 규정되어 있어 '맥락'을 독자적인 교육 내용 항목으로 규정짓기는 어렵다. 한편 '태도'는 교육 내용보다는 교육 목표적 성격이 강하다는 이유로 2007 개정 국어과 교육 내

---

21   이와 관련된 구체적 논의가 신명선(2007)에도 있음.

용 항목에서 배제되었다. '태도' 역시 관련 '지식'과 '기능' 없이 독자적으로 설정될 수 있는 교육 내용이라고 보기는 어렵다. 그러나 교육 정책적 측면을 고려하여 '태도'를 교육 내용으로 설정하는 것은 가능하며 주지하다시피 2011 개정 교육과정에서는 태도가 다시 교육 내용으로 설정되었다. 한편 7차 국어과 교육과정의 '본질'과 '원리'는 2007 개정 교육과정의 '지식' 및 '기능'과 대응되는 바, 그간 국어과 교육과정에서 논의되어 온 교육 내용의 핵심은 '지식'과 '기능'이며, 가능한 교육 내용 항목은 '태도'이다.

우리는 이와 같은 그간의 국어교육 내용에 관한 연구 성과를 기반으로 하면서 어휘 교육의 특성을 고려하여 다음 도식과 같은 유형화 틀을 상정하고자 한다. 다음 도식에서 드러나듯 우리는 어휘 교육 내용을 '주로 기능과 관련되는 내용'과 '주로 지식과 관련되는 내용'으로 유형화할 수 있다. 물론 이 두 교육 내용은 지식과 기능이 그러하듯 서로 교호하는 것으로 완전히 분리되는 개념으로 보기 어렵다. 아래 도식은 논의의 편의를 위한 것일 뿐이다.[22] 한편 '태도' 관련 내용은 '지식 관련 내용' 및 '기능 관련 내용'과 결부되어야 효과적으로 이루어진다는 점에서 도식에 별도로 표시하지는 않았다. 그러나 어휘에 대한 태도 교육은 필요하며[23] 어휘 교육 내용으로 설정 가능하다고 판단된다. 이러한 논의는 어휘 교육 내용이 일차적으로는 지식, 기능, 태도로 유형화할 수 있음을 의미한다.

다음의 '어휘 교육 내용 유형화의 틀'은 기본적으로 국어교육의 목표를

---

22 짚고 넘어갈 점은 '도식화'가 갖는 위험성이다. 이 도식화는 논의의 편의를 위한 것으로 아래 도식에서의 각 셀을 다른 셀과 대척적인 것으로 이해하지 않기를 바란다. 도식화의 위험성을 무릅쓰고 이와 같은 도식을 그린 것은, 유형화 역시 똑같은 위험을 갖고 있기 때문이다. 유형화란 기본적으로 관련 요소들을 서로 다른 그룹에 넣는 행위로서 구성 요소들의 관련성보다 차별성에 초점을 둘 수밖에 없다.

23 2장에서 살펴본바 그동안 지속적으로 이루어져 온 고운말 사용 교육이나 국어 순화 교육(특히 고유어 사용하기로 수렴됨) 등은 기본적으로 어휘에 대한 태도 교육을 수반하고 있다.

국어 능력의 신장으로 보되, 국어 능력 신장을 위해서는 의사소통 능력이나 국어 문화 능력, 국어적 사고력 등의 이름으로 강조되어 온 국어 능력의 성격, 즉 소통성, 문화성, 사고력 등을 신장시키는 방식으로 어휘 교육 내용이 설계되어야 함을 전제하고 있다. 그리고 어휘 능력의 구성 요소인 상징 능력의 계발은 특히 국어 문화 능력 함양에 (일대일 대응은 불가능하지만 '문화'와 '사고'의 긴밀한 관련성에 터해 국어적 사고력 계발에도) 기여할 수 있으며,[24] 지시 능력의 계발은 특히 의사소통 능력 신장에 (국어적 사고력을 무엇으로 보느냐에 따라 관점이 달라질 수 있으나 분명 국어적 사고력 신장에도 일부) 기여할 수 있다고 보았다. (물론 이론적으로 가능하며 실제적으로 당연히 어휘 능력의 계발은 '소통성, 문화성, 사고력' 등의 이름을 떠나 국어 능력의 신장에 기여한다.) 따라서 어휘 교육 내용을 유형화할 때 '특히 의사소통 능력 신장을 위한 어휘 교육 내용, 특히 국어 문화 능력 신장을 위한 어휘 교육 내용'으로 유형화하는 것은 가능하다. 또 '상징 능력 신장을 위한 어휘 교육 내용, 지시 능력 신장을 위한 어휘 교육 내용'으로 유형화하는 것도 가능하다.

한편, 옆의 도식에 근거하여 위의 논의와는 다른 방식의 유형화도 가능하다. 우선 국어적 사고력 신장과 관련하여, '인지 중심적 사고를 신장시키기 위한 어휘 교육 내용'과 '정의 중심적 사고를 신장시키기 위한 어휘 교육 내용'으로 어휘 교육 내용을 유형화하는 것이 가능하다. 이는 단어의 의미가 인지적 성격 외 정서적 성격도 갖는다는 점에서도 가능하다.

---

24 다음과 같은 논의가 참조된다. "언어와 개념 간의 역동성을 고려하여 사고의 활성화를 도모하고 적절한 어휘 선택을 통해 미묘하고 민감한 생각과 감정의 편린을 포착하여 전달할 수 있을 때, 고급 수준의 언어 사용이 가능해진다. 그렇게 모어 사용에 대한 언어 감각을 길러줄 필요가 있다. 어휘는 지식의 단위로서 해당 문화의 보고이다. 적절한 어휘의 선택은 언어 감각 중 특히 문화적 감각을 반영하는 것이다. 개별적으로는 언어적 사고력의 폭과 깊이를 확장시키고, 동시에 사회구성원으로서의 문화적 인간을 길러낼 수 있다"(박수자, 1998: 96).

〔그림 2〕 어휘 교육 내용 유형화의 틀

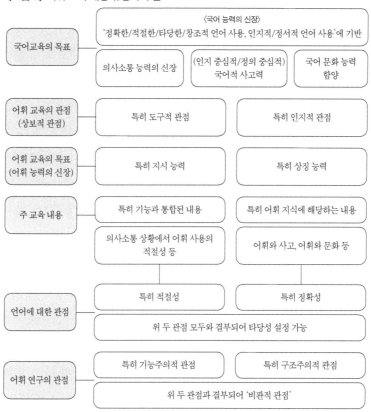

한편 국어 능력이라는 개념이 그동안 정확한 국어 사용, 적절한 국어 사용, 타당한 국어 사용, 창의적 국어 사용을 포괄하는 개념으로 폭넓게 사용되었다는 점을 고려하고, 언어에 대한 관점을 크게 정확성, 적절성, 타당성으로 나눌 수 있다는 점을 고려한다면 어휘 교육의 내용을 '정확한 어휘 사용을 위한 어휘 교육 내용' '적절한 어휘 사용을 위한 어휘 교육 내용', '타당한 어휘 사용을 위한 어휘 교육 내용', '창의적인 어휘 사용을 위한 어휘 교육 내용'으로 나누는 것도 가능하다. 위와 같은 어휘 교육 내용의 유형화를 위해 연구자들이 취할 수 있는 연구의 관점은 구조주의적 관점, 기능주

의적 관점, 비판적 관점 등이 될 것이다.

이러한 논의는 다음과 같은 방식으로 재구조화될 수 있다. 다음 그림은 리차드와 오그던(Richards & Ogden, 1959: 36)의 '의미 삼각형'을 변형한 것이나 그것과 같지는 않다. 이 의미 삼각형을 바탕으로 하되, 이를 변형하여[25] 의사소통에 관여하는 '언어, 인간(인지), 사회'라는 세 요소를 추출하고[26] 이들의 관계를 중심으로 어휘 교육 내용 유형화의 틀을 추출할 수 있다. 창의적 언어 사용에 관한 교육 내용은 각 세 개의 교육 내용과 관련을 맺는다. 각 교육 내용에 기반할 때 창의적 사고가 작동할 수 있기 때문이다.

한편 어휘 교육 내용을 포함한 언어 교육 내용에 관한 연구가 취할 수 있는 가능태를 어휘 교육 내용 연구의 성격에 맞게 다음 그림처럼 이론적으로 가정해 볼 수도 있다. 정확한 언어 사용에 관한 연구는 '인지'와 '언어'와의 관련성하에서 언어가 상징하는 세계, 특히 언어가 갖고 있는 가장 기본적인 특징인 '상징성'에 주목하여 언어 그 자체의 체계를 구조주의적 관점으로 연구하는 것을 가리킨다. 이러한 연구 결과 어휘의 특성을 좀 더 명확하게 할 수 있으며 그 결과는 어휘 교육 내용(예를 들면 유의 관계, 반의 관계 등)으로 수용될 수 있다. 적절한 언어 사용에 관한 연구는 '인지'와 '사회'와의 관련성하에서 인간이 가리키고 지시하는 의사소통 세계에 주목하여 언어의 사용 방식을 기능주의적 관점으로 연구하는 것을 가리킨다. 이러한 연구 결과 어휘의 사용 방식을 좀 더 명확하게 할 수 있으며 그 결과 역시 어휘 교육 내용으로 수용될 수 있다. 마지막으로 타당한 언어 사용에 관한 연구는 '언어'와 '사회'의 관련성하에서 언어가 이 사회에 부여한 혹은 언어

---

25 첨언하면, 이 틀은 어휘 교육 내용의 유형화를 위해 임의로 상정한 것으로서, '의미 삼각형'과 직접적인 관련은 없다.

26 '기호'란 '언어'를 가리키므로 '언어'로, '개념'은 근본적으로 인간의 머릿속에 존재한다는 점에서 '인간' 혹은 '인지'로, '실제 세계'란 결국 인간들이 사는 세상이므로 '사회'로 치환함.

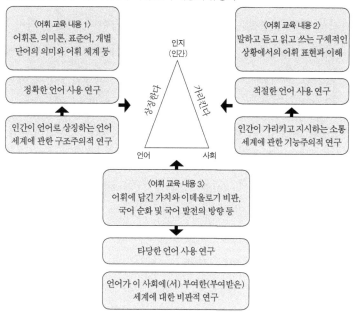

〔그림 3〕 언어에 대한 관점과 어휘 교육 내용의 유형화

가 이 사회에서 부여받은 세계를 비판적 관점에서 연구하는 것을 가리킨다. '언어'와 '사회'는 인간을 매개로 간접적으로 연결된다. 따라서 언어가 사회에서 어떤 권력을 부여받아 사회를 움직이고 변형시키는 기제로 사용된다면 이에 대한 분석과 비판이 필요하다. 이러한 연구 결과 역시 어휘 교육 내용으로 수용될 수 있다.

한편 어휘 교육 내용과 관련하여 그간 논의되어 온 주요 항목 중의 하나로 '어휘 학습 방법의 학습'을 들 수 있다. 그레이브스(Graves, 1987)는 의도적인 어휘 지도 프로그램에서 다루어야 할 내용으로 '어휘 학습, 어휘 학습 방법의 학습, 어휘에 대한 학습'을 제시한 바 있다. 여기서 어휘 학습은 의사소통 상황에서 단어를 표현·이해하는 것과 관련되는 내용의 학습을, 어휘에 대한 학습은 어휘의 특징에 대한 학습을 가리킨다. 어휘 학습 방법의 학습은 어휘를 익히는 데 동원될 수 있는 각종 학습 방법을 가리킨다.

여기서 주목되는 것은 어휘 학습 방법의 학습이다. 이것은 특히 제2 언어 교육에서 강조되어 온 것이어서 국어교육에서는 그동안 활발하게 논의되지 못했지만, 국어교육에서도 어휘 학습 방법이 교육될 필요가 있다는 점에서 국어교육 내용으로 수용 가능하다. 이러한 논의는 어휘 교육 내용을 '어휘에 관한 학습, 어휘 학습, 어휘 학습 방법의 학습'으로 유형화할 수 있음을 의미하는데, 이 중 '어휘에 관한 학습'은 전술한 '주로 지식과 관련되는 내용' 및 '상징 능력'에, '어휘 학습'은 '주로 기능과 관련되는 내용' 및 '지시 능력'에 대응될 수 있다.

2) 어휘 교육 내용 유형화의 실제

앞의 논의를 바탕으로 여기서는 어휘 교육 내용 유형화의 실제를 보여 주고자 한다. 여기서는 구체적인 어휘 항목에 대한 논의보다 어휘 교육 내용의 체계 혹은 유형화에만 주목하고자 한다. 구체적인 어휘 항목에 대한 논의는 이 책 한 권으로 수용하기 어렵다.

(1) '어휘 지식, 어휘 기능, 어휘에 관한 태도'로의 유형화
어휘 교육 내용은 어휘 지식(어휘에 관한 지식), 어휘 기능, 어휘에 관한 태도로 유형화될 수 있다. 여기서 '어휘 기능'은 잠정적인 용어로서, 어휘를 표현하고 이해하는 활동에 관여하는 기능을 가리키기 위해 사용하였다. 전술한바, 이때 '어휘 지식 관련 내용'과 '어휘 기능 관련 내용'은 각각 '상징 능력 신장을 위한 교육 내용'과 '지시 능력 신장을 위한 교육 내용'과 대응되며 '태도 관련 내용'은 이 두 내용에 통합되는 방식으로 규정된다. 예시 교육 내용을 포함하여 도식화하면 다음과 같다.

〔그림 4〕 어휘 교육의 목표와 어휘 교육 내용의 유형화

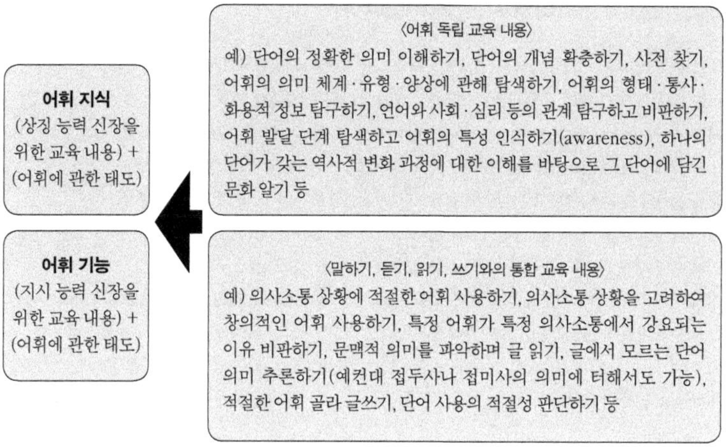

| 어휘 지식
 (상징 능력 신장을
 위한 교육 내용) +
 (어휘에 관한 태도) | ⟨어휘 독립 교육 내용⟩
 예) 단어의 정확한 의미 이해하기, 단어의 개념 확충하기, 사전 찾기,
 어휘의 의미 체계·유형·양상에 관해 탐색하기, 어휘의 형태·통사·
 화용적 정보 탐구하기, 언어와 사회·심리 등의 관계 탐구하고 비판하기,
 어휘 발달 단계 탐색하고 어휘의 특성 인식하기(awareness), 하나의
 단어가 갖는 역사적 변화 과정에 대한 이해를 바탕으로 그 단어에 담긴
 문화 알기 등 |
| 어휘 기능
 (지시 능력 신장을
 위한 교육 내용) +
 (어휘에 관한 태도) | ⟨말하기, 듣기, 읽기, 쓰기와의 통합 교육 내용⟩
 예) 의사소통 상황에 적절한 어휘 사용하기, 의사소통 상황을 고려하여
 창의적인 어휘 사용하기, 특정 어휘가 특정 의사소통에서 강요되는
 이유 비판하기, 문맥적 의미를 파악하며 글 읽기, 글에서 모르는 단어
 의미 추론하기(예컨대 접두사나 접미사의 의미에 터해서도 가능),
 적절한 어휘 골라 글쓰기, 단어 사용의 적절성 판단하기 등 |

한편 의사소통 능력 함양을 위한 교육 내용은 대략 지시 능력 신장을 위한 교육 내용과, 국어 문화 능력 신장을 위한 교육 내용[27]은 대략 상징 능력 신장을 위한 교육 내용과 유사할 것으로 보인다. 전자와 관련되는 주요 학문으로는 '화용론, 텍스트언어학 등'을, 후자와 관련되는 주요 학문으로는 '어휘론, 어휘사,[28] 국어 생활사' 등을 들 수 있을 것이다.

---

27 구본관(2007)은 '언어적 상상력'에 관한 논의를 통해 어휘에 드러난 사고의 내용을 모음 교체(예: 노라ᄒ다/누러ᄒ다, 붉다/븕다 등), 단어 형성(예: 꿩의 다리, 고구마), 어원에 대한 인식, 표기법 등을 통해 밝혔다. 이러한 내용들은 국어 문화 능력 함양을 위한 주요 교육 내용이 될 수 있을 것이다.

28 구본관(2008)에서는 어휘사 교육이 문화 교육이나 사고력 증진뿐만 아니라 기능 교육에도 도움이 될 수 있음을 보였다. 주요 내용을 발췌하면 다음과 같다. 맞춤법 규정 제51조에 해당하는 부사 파생 접미사 '-이'와 '-히'의 구별, '새롭다'의 조어 과정에 대한 설명도 넓게 보면 어휘사에 관련되므로 이러한 어휘사적인 지식을 교육에 활용하는 것이 가능할 것이다. 결국 이런 예들은 현대 국어의 말하기, 듣기, 읽기, 쓰기에 직접적이든 간접적이든 도움을 줄 수 있다(구본관, 2008: 87). 한편 이기연(2009)은 어휘사 교육의 세 가지 가능성을 '과거의 이해', '현재의 이해', '현재의 표현'으로 나누어 기술하면서 '고어나 어휘사의 교육이 화석화된 어휘의 단순한 지식의 전달이 아니니 현실적으로 충분히 생명력을 가질 수 있는 창조적 언어 활동으로 이어질 수 있다는 점을 강조'(이기연, 2009: 334)하였다.

앰브로스 비어스(Ambrose Bierce)는 저널리스트로서 지독한 냉소주의자였다. 그는 『악마의 사전(*The Devil's Dictionary*)』(Bloomsbury Publishing PLC, 2004)을 남겼는데, 평소의 그답게 세상에 대한 삐딱하고 까칠한 시각을 드러내어 주목받았다. 다음의 몇 가지 사례를 살펴보자. 어떤 측면에서는 다소 장난기 섞인 심심풀이용 사전 같지만 우리 삶의 양상과 각 단어에 대한 인식을 정확하게 짚어내는 측면이 없지 않아 주목된다. 왜 이와 같은 사전이 가능한지 생각해 보고, 나만의 정의도 만들어 보자.

기업: 책임은 지지 않고 이득만 취할 수 있는 제도적 장치

동맹: 국제 정치에서, 서로 상대방의 호주머니에 손을 깊숙이 찔러 넣고 있어서 딴 짓을 할 수 없는 상태의 두 도둑을 일컫는 말

무덤: 의대 학생들이 부검하러 오길 기다리는 죽은 자들의 대기소

박수갈채: 일반 대중이, 자기네들을 간지럽히며 밥벌이를 하는 상대에 지불하는 동전

박카스: 술 먹고 진탕 놀기 위한 핑계로 고대인들이 만들어낸 임의의 신

변호사: 법을 피해 갈 수 있는 방법을 가장 잘 아는 사람

비굴: 재력이나 권력 앞에서 내보이는 습관적이고 바람직한 마음가짐. 특히 직원이 고용주에게 말을 걸 때 어울린다.

비평가: 자신이 까다로운 사람이란 걸 자랑하는 사람

사과: 나중에 복수할 기회를 노리기 위한 임시적 조치

사랑: 결혼이란 치료로 완치되는 일시적 정신 장애

사면: 처벌하자니 부담스러운 범죄자들에 대한 정치권의 관용

사전: 언어의 발달을 막고 다양한 의견을 봉쇄하는 악의적인 문학의 종류

성취: 노력의 끝이자 환멸의 시작

수입: 사람들의 존경심을 측정할 수 있는 가장 합리적인 도구

시계: 미래를 걱정하는 사람들에게 아직 시간이 많이 남아있음을 알려주는 발명품

야망: 살아 있는 동안에는 경쟁자에게 비난받지만 죽어서는 친구들에게 놀림감이 되는 격정적 감정

약사: 의사의 공범자, 장의사의 후원자, 그리고 무덤 구더기의 부양자

예외: 남들과 달라도 될 자유를 맘껏 누리고 있는 모든 것들

외교: 조국을 위해 하는 애국적 거짓말

웅변: 무슨 색이든 사람들에게 하얀색처럼 보이게 만드는 특별한 재능

재앙: 삶이 우리 맘대로 되지 않는다는 것을 상기시켜 주는 사건

전화기: 귀찮은 사람으로부터 도망칠 수 있는 기회를 없애 버린 악마의 발명품

지인: 돈을 꿀 만큼 충분히 알지만 돈을 꿔 줄 만큼 충분히 알지는 못하는 사람

철학: 아무것도 아닌 곳에서 시작해서 아무것도 아닌 곳으로 끝나는

축하: 시기, 질투의 사회적 표현

평화: 싸우는 중간 잠시 떠들며 쉴 수 있는 휴식 시간

행복: 다른 사람의 불행을 생각할 때마다 자연스럽게 형성되는 감정

확신: 자기 말고는 누구의 말도 듣지 않는 상태

(2) '정확한/적절한/타당한/창의적 어휘 사용을 위한 어휘 교육 내용'으로의
   유형화

어휘 교육 내용은 전술한 국어 능력의 성격 및 언어에 대한 관점을 고려하여
'정확한 어휘 사용을 위한 어휘 교육 내용', '적절한 어휘 사용을 위한 어휘
교육 내용', '타당한 어휘 사용을 위한 어휘 교육 내용', '창의적 어휘 사용을
위한 어휘 교육 내용'[29]으로도 유형화될 수 있다. 각 교육 내용에는 '이해 관
련 내용'도 포함된다. 어휘에 대한 이해가 선행되어야 표현이 가능하다는 전
제하에 '사용'이라는 용어를 사용하였다. 도식화하면 [그림 5]와 같다.

　　[그림 5]에서 드러난바, 이들은 서로 대척적인 개념이 아니다. 이 도식
은 단어에 대한 정확한 이해에 터해 적절한/타당한/창의적인 어휘 사용이
가능하다는 전제하에 그려졌다. 예를 들어 "아토스 광고에서는 고유어가

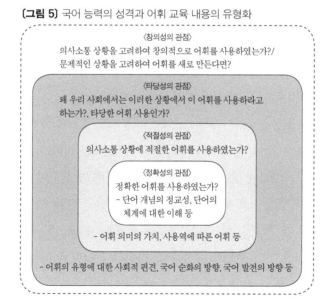

[그림 5] 국어 능력의 성격과 어휘 교육 내용의 유형화

29　　창의적인 어휘 사용 능력에 관한 대표적인 연구로 이종철(2000)을 들 수 있다.

주로 사용되었는데, 동일 시기에 출시된 다이너스티 광고에서는 왜 '한자어'와 '외래어 및 외국어(영어)'가 주로 사용되었는가? 우리 사회에서 '고유어'와 '한자어, 외래어, 외국어'는 서로 어떤 관계를 맺고 있는가? 왜 그러한 관계를 맺게 되었으며 거기에 합당한 이유가 있는가?" 등은 타당한 어휘 사용을 위한 어휘 교육 내용이 될 수 있다.

(3) '인지/정의 중심적 사고력 신장을 위한 어휘 교육 내용'으로의 유형화

국어교육의 목표를 '국어적 사고력 신장'으로 설정할 수 있는바, 어휘 교육의 내용을 '인지 중심적 사고력 신장을 위한 어휘 교육 내용', '정의 중심적 사고력 신장을 위한 어휘 교육 내용'으로 유형화하는 것도 가능하다. 한 단어의 개념을 논리적으로 규정하고 정교화하는 것은 중요하지만, 그 단어에 관한 정서적 느낌을 확장하고 심화시킴으로써 어휘에 관한 정서적 경험의 폭을 넓히는 것도 필요하다.

　　그동안 어휘의 의미를 인지 중심적으로만 인식하던 것이 강했던바, 문제는 정의 중심적 사고력 신장을 위한 어휘 교육 내용을 어떻게 꾸릴 수 있느냐에 있을 것이다. 그 한 사례로 전점이(2007)를 들 수 있다. 전점이(2007)는 문학 작품을 통한 어휘 교육의 사례를 제시하고 있는데 예컨대 "열무 삼십 단을 이고/ 시장에 간 우리 엄마/ 안 오시네/ 해는 시든 지 오래 (하략)" (기형도, 「엄마 걱정」)와 같은 시에서 '시들다'와 '해'의 결합이 주는 느낌을 이야기하는 과정을 통해 단어에 대한 정서적 경험을 강화시킬 수 있다. 이 시에서는 '해'가 '시들다'와 결합함으로써 독특한 새로운 의미를 형성하였다. 시나 소설의 어떤 부분을 비워 두고 적당한 단어를 학습자들이 스스로 채워 보는 활동이나 어떤 표현이 주는 느낌을 나의 경험을 토대로 확충하는 것은 단어의 정서적 의미를 경험시키는 한 사례가 될 수 있다. 이러한 교육 내용은 어휘의 '본질적 의미 관계'[30]에 대한 이해를 포함한다. 한편 이와

같은 교육 내용을 통해, '단어를 알고 있다는 것이 그 단어의 개념적 수준에서의 사전적 의미를 넘어 그 단어에 관련된 지식의 틀(문화적 경험 포함)을 알고 있다'는 것을 의미함도 다시 확인할 수 있다. 이는 전술한바, 인간의 머릿속 사전의 연결주의적 속성에서 비롯된 것일 수 있다.

(4) '어휘에 관한 내용, 어휘 활동 내용, 어휘 학습 방법에 대한 내용'으로의 유형화

'어휘에 관한 학습, 어휘 학습, 어휘 학습 방법에 대한 학습'으로의 유형화에 근거하여 어휘 교육 내용을 '어휘에 관한 내용', '어휘 활동 내용', '어휘 학습 방법에 대한 내용'으로 유형화하는 것도 가능하다. 어휘에 관한 교육 내용은 어휘에 관한 지식 중심 내용으로서, '단어의 해독, 알고 있는 단어의 새로운 의미 학습, 알고 있는 개념을 나타내는 새로운 단어의 학습, 알고 있는 단어의 의미를 분명하고 더 깊게 이해하기, 단어를 안다는 것의 의미를 알기, 단어의 다양성 인식하기, 단어 사이의 관계 인식하기, 비유적인 언어 인식하기, 단어가 지닌 가치 인식하기' 등을 포함한다. 특히 어휘 학습과 관련되는 태도 및 가치적인 측면도 여기에 넣을 수 있다. 어휘 활동 내용은 구체적인 국어 활동(말하기, 듣기, 읽기, 쓰기)에서 어휘 이해하고 표현하기 활동으로서, 단어의 의미나 용법 학습에 해당한다. 어휘 학습 방법에 대한 내용은 어휘 학습 전략 중심 내용으로서, '문맥의 활용 방법 알기, 단어를 이루는 부분을 알고 활용하기, 사전 이용하기' 등을 포함하는데, '추측 전략, 사

---

30 이 말은 포르지히(Porzig)가 1934년에 처음 사용한 것으로 알려져 있다. 이를 어휘의미적 결속성이라고도 하는데 이는 코세류(Coseriu)가 1967년에 도입한 용어이다. 본질적 의미 관계 혹은 어휘의미적 결속성은 어휘 의미를 바탕으로 통사적으로 밀접하게 결합되는 낱말들의 관계를 나타내는 것이다. 이를 크루즈(Cruse, 1986: 16)는 '통합적 친밀성'이라 명명하기도 했다. 예컨대 '개'가 '짖다'와 주로 결합되어 사용되는 현상을 말한다. 은유적 표현이 아니라면 '짖다'는 개 이외의 다른 동물과 함께 사용되지 않는다.

전 전략, 공책 필기 전략, 반복 학습 전략, 기호화 전략' 등[31]으로 분류할 수 있을 것이다. 그동안 이에 대한 본격적인 연구가 국어교육학 내에서 이루어지지 못했다는 점에서 추후 연구를 통해 이를 보강할 필요가 있다.

4. 과제와 전망

우리는 앞에서 '어휘 교육 내용 체계화'의 필요성과 함께 '소통성과 문화성', '인지성과 정의성'이 어휘 교육 내용 설계 시 고려되어야 함을 살펴보았다. 그리고 언어에 대한 '정확성, 적절성, 타당성'의 관점이 반영되어야 함을 논의하였고, 국어교육의 목표로서의 국어 능력의 성격과 관련해서는 의사소통 능력 신장에서 강조되는 소통성, 국어 문화 능력 함양에서 강조되는 문화성, 국어적 사고력 계발에서 강조되는 사고력 등이 고려되어야 함을 기술하였다. 한편 어휘 교육의 목표와 관련하여 어휘 능력이 상징 능력과 지시 능력으로 구성되어 있음을 고려하여 어휘에 대한 정확한 이해와 그의 사용 능력이 포함되는 방식으로 어휘 교육 내용이 설계되어야 한다고 논의하였다. 그리고 이를 위해서는 어휘 교육에 관한 상보적 관점이 필요함을 기술하였다. 마지막으로 단어의 의미 정보와 단어를 안다는 것이 갖는 성격을 고려하여 어휘 교육이 단어의 형태와 단순 의미 정보 제공 방식으로 이루어져서는 안 됨을 논의하였다. 이와 같은 앞의 논의를 바탕으로 우리는 어휘

31　그레이브스(Graves, 1987)는 어휘 학습 전략을 크게 '기억 전략'과 '어휘 학습 전략'으로 구분하였는데 슈미트(Schmitt, 1997)는 어휘 교육이 기억 전략에서 벗어나 어휘 학습 전략 중심으로 이루어져야 함을 강조하면서 어휘 학습 전략을 크게 '의미 발견 전략, 기억 강화 전략'으로 나누었다. 의미 발견 전략은 다시 '의미 결정 전략'과 '사회적 전략'으로 나뉘며, '기억 강화 전략'은 '사회적 전략', '인지 전략', '상위인지 전략'으로 나뉜다.

교육 내용을 크게 네 가지로 유형화하였다.

우리는 국어교육학의 전체 틀 속에서 어휘 교육 내용을 설계하고자 하였기 때문에, 국어교육학 및 어휘 교육학 담론 전반을 훑으면서 다소 복잡한 과정을 통해 어휘 교육 내용의 유형화를 설계하였다. 그런데 그러한 유형화의 결과가 개략적이고 1차적인 수준에 머물러 있다는 점에서 한계가 있음을 부인하기는 어렵다. 예컨대 인지 중심적 사고력 신장을 위한 어휘 교육 내용과 정의 중심적 사고력 신장을 위한 어휘 교육 내용은 다시 지식, 기능, 태도로 나눌 수 있다. 그런데 우리는 1차적 유형화만을 제시하였을 뿐 이후 이루어질 수 있는 2차적, 3차적 유형화는 시도하지 않았다. 그와 같은 중층적 유형화가 이루어져야 어휘 교육 내용 유형화의 진면목이 드러날 것이다.

중층적 유형화는 어휘 교육 활동의 성격 규명을 통해 수행되어야 한다. 만일 단어 그 자체를 위의 유형화 틀 내에 일방적으로 분류하려 노력한다면 여러 가지 어려움에 부딪힐 것이다. 어휘 교육의 내용을 이야기할 때 흔히들 떠올리는 주요 교육 내용은 '단어(들) 그 자체'뿐이다. 그런데 하나의 단어를 중심으로 위의 유형화 틀을 조망해 보면, 한 단어는 여러 가지 유형화 틀에 귀속될 수 있다. 예컨대 '처마'는 인지 중심적 사고력 신장을 위한 교육 내용도 될 수 있고 정의 중심적 사고력 신장을 위한 교육 내용도 될 수 있을 뿐더러 '지식', '기능', '태도' 관련 교육 내용 모두가 될 수 있다. 단어 자체를 위의 유형화 틀에 귀속시키려는 작업은 따라서 매우 더디고 지난하다. 그런데 여기서 주의할 것은 개별 단어를 위의 유형화 틀에 귀속시키려는 노력 자체의 의미이다. '단어(들) 그 자체'는 물론 주요한 어휘 교육 내용이지만, 어휘 교육 내용을 '단어(들) 그 자체'와 등치시키는 것은 문제적일 수 있다. 어휘 교육 내용은 특정한 교육 목표하에서 교육 '활동'으로 재가공된 것이다. 바꿔 말하면 '해'와 '시들다' 각각의 사전적 의미뿐만 아니라 '해'와 '시들다'의 조합이 빚어내는 말맛을 느끼는 '활동 그 자체'가 주요한 교육 내용이다. 따라서 '어휘 교육 내용의 유형화' 틀 안에 개별 어휘를 일대일로 등치시키려는 노력은 수포로 돌아갈 공산이 크다. 위의 유형화 틀은 어휘 교육 활동의 성격 분석을 통해 어휘 교육 내용을 분류한 것으로 받아들여져야 한다. 그렇게 볼 때 중층적 유형화는 현재로서는 매우 어렵다. 이것이 이루어지기 위해서는 다양한 어휘 교육 활동의 성격 분석을 통해 이들을 일일이 규명하는 작업이 선행되어야 하지만, 현 상황은 그러한 작업을 시도하기 어렵다. 오히려 다양한 어휘 교육 활동을 '개발'해야 하는 상황이라고 판단된다. 우리가 제시한 예시 교육 내용이 '활동'의 성격으로 기술되지 못한 이유이기도 하다.

이러한 측면에서 우리는 1차적 유형화에 만족하였다. 중층적 유형화는 필요하지만, 이것이 온전히 이루어지기 위해서는 각 교육 내용의 성격과 그 성격에 맞는 교육 활동이 규명되어야 한다. 이러한 측면에서 가장 먼저 이루어져야 할 후속 논의는 앞의 유형화의 틀 안에 어떤 어휘가 들어갈 것인가를 궁구하는 작업이 아니라 예컨대 '인지 중심적 사고력 신장을 위한 어휘 교육 내용'에는 과연 어떤 '교육 활동'이 들어갈 수 있는가 등일 것이다. 바꿔 말하면, 어휘를 가지고 수행하는 교육적 활동을 다양화하고 해당 활동이 갖는 특성을 규명하는 작업을 통해 위의 유형화 틀 안에 들어갈 교육 내용의 성격을 밝히는 작업이 1차적으로 후행되어야 할 것이다.

위의 논의를 통해, 또 한 가지 드러나는 후속 연구 주제는 그간 '어휘 교육 내용'을 '단어(들) 그 자체'로 등치시키는 경향이 강했던바, 그간 어휘 교육 내용이라는 개념에 대해 국어교육학계에서 소통되어 온 이해의 방식을 분석하는 일이다. 그 이해역(理解域)에 대한 분석을 통해 어휘 교육 내용의 개념을 명료화할 수 있을 것이다.

1. 그간의 국어과 교육과정에서 설정한 어휘 교육의 내용을 다시 검토해 보고 다음과 같은 틀로 중요도를 평정해 보자. 왜 그렇게 평정했는지도 이야기해 보자.

   매우 중요함: ★★★★★
   중요함: ★★★
   필요함: ★

2. 어휘 교육 내용을 체계화하기 위해 반드시 고려되어야 하는 주요 요소는 무엇이라고 생각하는가? 다음 항목들을 바탕으로 생각해 보자.

   • 학습자들의 인지적 · 정서적 발달 단계
   • 학습자들의 국어 능력의 발달 단계
   • 각 학년별 타 교과의 교육 내용
   • 어휘의 난이도
   • 교육적 · 사회적 지향과 요구

3. 이 장에서 제시한 어휘 교육 내용 유형화의 틀 중 하나를 선택해야 한다면 어떤 것이 가장 타당하다고 생각하는가? 왜 그렇게 생각하는가?

3

어휘 교육의 방법

1. 들어가며

고대 로마 시대의 학습자들은 라틴어를 배울 때 수업 시간마다 새로운 단어 목록을 소리 내어 능숙하게 암송할 수 있어야 했다.[1] 최근까지도 단어 학습은 곧 단어의 뜻(정의)을 외우는 것으로 이해되어 실제 수업 현장에 적용되어 오고 있다. 예컨대 초등학교의 경우 아침 자습 시간이나 수업 시작 전에 교사가 칠판에 새로운 단어, 더 나아가서는 그 뜻까지 판서해 두면 학생들은 받아 적고 외우곤 한다. 이러한 현상들은 어휘 능력이 듣기, 말하기, 읽기, 쓰기의 모든 언어 이해·표현 활동에 매우 중요한 역할을 한다는 인식을 반영한 것이다. 실제로 어휘 능력이 독서 능력에 영향을 미치며, 독서 능력

---

[1] ‘vocabulary’의 어원과 관련하여 ‘voc’은 목소리(voice)라는 뜻의 라틴어에서 기원하는데, 이는 소리 내어 단어 목록을 암송하던 전통에서 온 것이다(Newton and Rasinsky, 2008: 2).

이 뛰어난 학습자는 어휘 능력이 더욱 발전된다는 '매튜 효과(Matthew Effect)'는 어휘와 독서의 '빈익빈 부익부' 현상을 잘 설명해 준다.

그런데 단어의 사전적인 의미를 암송하는 것이 실제 언어 사용 능력으로 바로 연결되는 것인지에 대해서는 비판적인 시각이 많다. 여러 연구 결과에 따르면 단어의 사전적인 정의를 외우도록 하는 기존 정의법은 읽기 등 실제 언어 능력에 도움이 되지 않은 것으로 나타나고 있다.

이번 장에서는 어휘 교육의 일반 원리와 유형, 그리고 국어과 교육과정

알아보기 **매튜 효과(Matthew Effect)란 무엇인가?**

이는 신약 성경의 마태복음 25장 29절의 "무릇 있는 자는 받아 풍족하게 되고 없는 자는 그 있는 것까지 빼앗기리라"는 구절을 참조하여, 사회학자 로버트 머튼(Robert K. Merton)이 '빈익빈 부익부'의 사회경제적 현상을 '매튜 효과'로 언급한(1968년) 데서 기원한 것으로 알려져 있다. 이를 읽기에 적용하여 '독서에서의 매튜 효과'를 처음 언급한 이는 키이스 스타노비치(Keith Stanovich, 1986)로 알려져 있는데, 우수한 독자가 더 많이 읽게 된다는 '독서의 빈익빈 부익부' 효과라 할 수 있다. 독서의 매튜 효과 관련 요인으로는 어휘 이외에도 읽기 기능, 교수법과 교수 환경 등을 들고 있다. 한편 배더시와 넬슨(2012)이 매튜 효과와 어휘 교수의 역할을 다음과 같이 제시하고 있는데, 어휘 교육과 관련하여 시사하는 바가 많다.

매튜 효과와 어휘 교수의 역할(Vadasy and Nelson, 2012: 7)

아동의 초기 경험은 어휘 지식의 차이를 가져온다.	유아기와 유치원(preschool) 프로그램에서 높은 수준의 문식성 경험과 부모의 관심 및 교육이 제공되어야 한다.
높은 수준의 어휘 능력을 갖춘 학생들은 독해력도 뛰어나다.	교사들은 학생들이 스스로 읽을 수 있게 수준에 맞는 책과 소설을 선택해야 하며, 어려운 어휘는 미리 가르쳐 줘야 한다.
어휘 능력과 독해 능력이 좋은 학생들이 독서를 더 즐기며 더 많이 한다.	교사들은 어휘 능력이 낮은 학생들에게 단어에 흥미를 가질 수 있도록 명시적인 어휘 교육을 실시해야 한다.
독서를 즐기고 더 많이 하는 학생들이 단어에 더 많이 노출되어 더 많은 단어를 학습하게 된다.	교사들은 단어의 철자와 발음에 초점을 둔 소리내어 읽기를 통하여 명시적인 어휘 교수를 지속해야 한다.

과 관련되는 어휘 교육 방법에 대해 살펴보기로 한다. 최근의 어휘 교육 방법은 단어가 사용되는 맥락, 학습자의 배경지식, 실제 활용 등을 강조하는 추세이다. 또한 국어과 교육에서 언급되고 있는 다양한 교수·학습 방법들, 예컨대 직접 교수법, 문제 해결 학습, 창의성 계발 학습, 탐구학습법, 토의·토론 학습법과 같은 국어교육에서 흔히 사용되는 교수·학습법 등은 대부분 어휘 교수·학습 방안으로도 유효하다.[2] 국어과의 각 하위 영역과 관련한 어휘 교육의 구체적인 방법과 전략은 이 책의 후반부에서 각각 독립적인 장으로 다뤄지는 내용들을 참고할 수 있을 것이다.

2. 어휘 교육의 방법

모든 교수·학습 방법이 그러하듯이 절대적이고 단일한 어휘 교수·학습 방법을 제시하거나 적용하는 것은 바람직하지 않다. 교수·학습의 상황은 교수자, 학습자, 교수·학습 내용에 따라서 매우 다양한 변인을 가지기 때문이다. 따라서 어휘 교육에 관심을 가진 교수자들은 어휘 교수·학습의 일반 원리를 이해하고, 다양한 교수·학습 방법들을 학습자들의 수준과 교수·학습 목적 및 상황에 맞게 적용할 수 있는 능력이 요구된다. 이와 관련하여 이번 장에서는 어휘 교육 방법의 일반 원리와 유형을 중심으로 살펴보기로 한다.

---

2   구체적인 국어과 교수·학습 방법에 대한 안내는 최지현 외(2007)를 참고할 수 있다.

1) 어휘 교육 방법의 일반 원리와 유형

(1) 어휘 교육 방법의 일반 원리

최근까지 이루어진 어휘 교육 관련 연구 성과들을 종합할 때 어휘 교육의 일반적 원리는 '맥락, 배경지식 통합, 반복 노출, 상세화, 능동적 참여와 활용(적용)'을 강조하는 것으로 요약될 수 있다. 즉, 효과적인 어휘 학습을 위해서는 단순히 어휘의 뜻(정의)을 암송하거나 이해하는 전통적인 방식에서 한 걸음 더 나아가서 어휘가 사용되는 다양한 맥락 속에서 그 의미와 사용(용법)을 이해할 수 있어야 한다. 또한 학습자의 배경지식에 기반하여 빈번한 언어 이해와 표현 활동을 통해서 지속적이고 반복적으로 어휘에 노출시키고, 학생들의 적극적인 참여와 활용 및 적용 활동을 해야 한다. 이들 각각의 원리들을 구체적으로 살펴보면 다음과 같다.

① 맥락의 원리

어휘 교육과 관련하여 맥락의 원리란 다양한 활동과 맥락을 통해 어휘를 가르치라는 것이다. 다시 말해 어휘가 사용되는 다양하고도 풍부한 맥락을 제

쉬어가기 **전미 독서전문가 회의의 어휘교수 지침**

참고로 미국의 전국 독서 전문가 회의(National Reading Panel, 2000)에서는 어휘 교수와 관련하여 다음과 같은 결론에 도달하고 있다(Vadasy and Nelson, 2012: 12에서 재인용).
1. 어휘는 직접·간접의 모든 방법으로 가르쳐야 한다. 2. 반복적으로 자주 단어에 노출되도록 하는 것이 중요하다. 3. 풍부한 맥락을 통하여 학습하는 것이 가치가 있다. 4. 학생들은 학습 과제에 적극적으로 임해야 한다. 5. 단일한 교수 방법으로는 좋은 (어휘)학습 결과를 가져오지 못했다. 특히 4와 관련하여 학생들은 좀 더 높은 수준의 토의를 통해 더 높은 어휘 성취력을 보여 주었다. 예컨대 '안락사는 인정되어야 하는가?'라는 토의를 통해 학생들은 안락사의 개념은 물론 소극적·적극적 안락사의 개념까지 이해할 수 있고, 배경지식과 언어 사용의 맥락을 종합적으로 심화 발전시킬 수 있게 된다.

공하라는 것이다. 전통적으로 단어의 뜻(정의) 이해에 초점을 두었던 정의법은 해당 단어가 언제 어떻게 사용되는지 쉽게 이해하기 어렵기 때문에 새로운 단어의 뜻을 배우더라도 학생들이 활용하지 못하는 경우가 발생하기 쉽다. 실제로 맥케온 외(McKeown et al., 1985)의 연구 결과에 따르면 다양한 문맥에서 어휘 적용 활동을 경험한 학생들이 단순히 어휘의 뜻만을 학습한 학생들보다 독해력이 뛰어났다(Irwin, 2007).

② 배경지식 통합의 원리

배경지식 통합의 원리란 새로운 어휘를 가르칠 때, 학생들이 이미 알고 있는 개념이나 배경 지식, 경험과 연결시켜서 설명하고 활동함으로써 이해를 높인다는 원리이다. 배경지식 통합의 원리는 스키마(schema) 이론과도 통하는 것이라 할 수 있다. 주지하다시피 스키마는 '지식이 일정한 단위로 묶여서 기억 속에 저장되어 있는 구조'를 의미하는데(서울대학교 국어교육연구소, 1999: 453), 새로운 지식은 기존의 스키마를 바탕으로 하여 확장되어 나간다. 새로운 어휘 학습 역시 이와 무관하지 않다.

　　어휘 교육 이론의 선구적인 학자 중의 한 사람인 내기(Nagy, 1988: 18-19)는 효과적인 어휘 교수법의 첫째 속성으로 '통합'을 제시하고 있는데, 이는 바로 배경지식의 통합을 의미한다. 즉, 통합(Integration)이란 가르치고자 하는 단어를 지식과 통합하는 것을 의미한다. 이는 스키마 이론의 확장이라고 할 수 있다. 스키마 이론의 요점은 "첫째, 지식은 독립적 사실들의 나열이 아니라 구조화되어 있다. 둘째, 인간은 이미 알고 있는 사실들과 관련지음으로써 새로운 정보를 이해한다."는 것이다(Nagy, 1988: 10).

　　아울러 어휘 학습과 관련하여 학습자들의 '유의미한 (어휘) 사용'을 강조하고 있는데, 이 역시 학생들의 배경지식과 경험에 의해 그들의 언어 사용 맥락에서 충분히 이해하고 사용할 수 있어야 한다는 것을 의미한다. 단어의 의미나 정의를 알거나 말할 수 있는 것과 그것을 사용할 수 있는 것은 다르기 때문에, 단어의 의미나 정의를 아는 것만으로 충분하지 않다는 것이다.[3]

③ 반복 노출의 원리

반복 노출의 원리란 학습자들에게 대상 어휘를 가급적 자주 반복하여 노출시켜 줄 필요가 있다는 점이다. 내기(Nagy, 1988)는 효과적인 어휘 교수법의 첫째 속성인 '통합'에 이어 둘째 속성으로 '반복'을 제시한 바 있다. 한 연구 조사 결과에 의하면 일반적으로 처음 보는 새로운 어휘를 완전히 익히기까지 약 20회의 반복 노출이 필요한 것으로 알려져 있다. 어휘 학습은 그만큼 자주 이해하고 표현하는 활동이 병행되어야 함을 의미한다.

④ 상세화의 원리

상세화의 원리란 어휘 교육 시에 직접적이고도 자세하며 집중적인 어휘 지도(intensive vocabulary instruction)가 필요하다는 것이다. 즉 단어의 뜻(정의)이나 문맥 제공은 단지 어휘 학습의 최소 요건에 지나지 않으며(Nagy, 1988: 9), 유의어는 물론 반의어까지 상세하게 제시하며 언제 어떻게 실제로 사용되는지까지 알려 줄 필요가 있다는 점이다. 이는 '처리의 깊이(depth of processing)'라고도 하는데, 어떤 정보가 깊이 있게 처리될수록 기억이 잘 된다는 연구 결과에 의한 것이기도 하다. 집중 지도를 위해서는 관련되는 다양한 단어의 선정이 요구되는데, 여기에는 일상어가 아닌 개념적으로 어렵고 복잡한 단어가 포함되어야 한다는 것이다(Nagy, 1988: 33-34).

　　이와 관련하여 내기(Nagy, 1988)는 기존의 어휘 교육이 대체로 실패했

3　스탈(Stahl, 1986), 그레이브스와 프렌(Graves and Prenn, 1986), 칼과 윅슨(Carr and Wixson, 1986) 등의 여러 연구에서도 어휘 교육이 '통합(Integration), 반복, 유의미한 사용(meaningful use)'이라는 3가지 특성에 기반해야 한다는 점이 강조되고 있다(Nagy, 1988: 18-19).

다고 평가했다. 그리고 그 근본적 이유로 대부분의 어휘 교육이 깊이 있는 어휘 지식을 생산해 내는 데 실패했다는 점을 들었다. 높은 수준의 어휘 지식은 독해에 핵심적이다. 이는 교사들이 전통적인 뜻 기억하기와 함께 풍부하고 깊이 있는 단어 지식을 생산해 낼 수 있도록 가르쳐야 한다는 점을 함의한다.

⑤ 능동적 참여와 활용의 원리

능동적 참여와 활용의 원리란 학습자가 새로운 어휘 학습에 적극적으로 참여하고 실제 언어 이해 표현에 활용하고 적용하는 활동을 활발하게 진행해야 한다는 것이다. 연구 결과에 따르면 많은 사람들이 어휘 능력을 늘리기 위해 여러 프로그램들을 활용하지만 대체로 1년에 몇 백 단어를 넘지 않는 것으로 알려졌다. 그런데 학생들의 어휘력은 매년 최대 3천 단어의 증가를 보여 주기도 한다. 학생들은 친구나 부모와의 대화, 수업과 토론, 텔레비전, 독서 등을 통해서 단어를 학습하게 된다. 실제로 학생들의 어휘 능력 증진에 가장 큰 영향을 미친 것은 단연 독서인 것으로 밝혀졌다(Nagy, 1988: 30). 학생들은 대화와 격렬한 논쟁과 같은 실제 상황 속에서 그 어휘를 사용할 때 어휘에 대한 지식을 가질 수 있다(Irwin, 2007: 162). 학생들의 이러한 어

알아보기 **어휘! 얼마나 자세히 가르쳐야 할까?**

직상 어휘 교수법(Direct and Rich Vocabulary Instruction)
카메뉘와 바우만(Kame'enui & Bauman, 2012: 20-30)에서는 어휘 교육과 관련하여 '직상 어휘 교수법'을 강조하고 있다. 직상 어휘 교수법의 핵심은 어휘를 가르칠 때에는 학습 대상 어휘를 '직접적이고 상세하고 깊이 있게 가르치라는 것이다.

이러한 직상 어휘 교수법의 뿌리는 베크 등(Beck et al., 1980)의 '상세 교수법(rich instruction)'의 개념에 터하고 있음을 밝히고 있다(Kame'enui & Bauman, 2012: 20). 물론 그 수준과 범위는 학습자의 배경지식과 어휘 수준을 고려한 것이어야 할 것이다.

휘 사용은 학교나 교실 내에서보다 가정, 사회, 또래 집단 등의 일상적인 언어 이해 표현 상황에서 실행될 때 훨씬 더 효과적일 수 있다. 또한 어휘 지도 방법에서 많은 경우에 통합적 지도를 하는 것이 필요하고, 이때 가능하면 많은 영역들이 관련되도록 하는 것이 좋다(이종철, 2011).

(2) 어휘 교육 방법의 주요 유형
지금까지 알려진 어휘 교육 방법은 매우 다양하다. 여기에서는 그중에 대표적인 유형으로 ① 정의법, ② 단어 연상법, ③ 문맥 접근법, ④ 형태 분석법, ⑤ 도식 활용법, ⑥ 의미적 접근법(의미 지도 접근법, 의미 자질 분석법), ⑦ 게임 활용법, ⑧ 어휘 지식 평가표와 자기점검법, ⑨ 전자 독서와 자율적 어휘 학습법을 중심으로 살펴보기로 한다.

① 정의법
전통적인 어휘 교수법 중에서 가장 널리 이용되어 온 '정의법(단어의 사전적 개념을 알고 기억하도록 하는 방법)'은 매우 기본적이고도 직접적이며 필요불가결한 방법이다. 다음 학생과 교사의 대화 예에서 정의법은 매우 효과적으로 작동되고 있다.

학생: 선생님, '우수리'가 뭐예요?
교사: 음 '물건을 사고 거슬러 받는 잔돈'이라는 뜻이야.
학생: 아, 거스름돈이요. 감사합니다.

그러나 단지 정의를 암송하는 방식으로는 독해력 향상에 큰 효과가 없다는 점에 유의해야 한다. 단순히 낱말의 뜻을 학습자들에게 들려주고 기억하도록 하는 방법은 실제로 읽기 능력 향상에 도움이 되지 못한다. 다음 예를 살펴보자.

(예 1) 산성04(酸性)「명사」『화학』수용액에서 이온화할 때 수산 이온의 농도보다 수소 이온의 농도가 더 큰 물질의 성질. 수소 이온 농도 지수(pH)가 7보다 작고 물에 녹으면 신맛을 내고, 푸른색 리트머스 시험지를 붉은색으로 변화시키며, 염기를 중화시켜 염을 만든다. 수소 이온의 농도가 순수한 물의 경우보다 크다.

(예 2) 거울01「명사」「1」빛의 반사를 이용하여 물체의 모양을 비추어 보는 물건. 옛날에는 구리나 돌을 매끄럽게 갈아서 만들었는데, 지금은 보통 유리 뒤쪽에 아말감을 발라 만든다.≒경22(鏡)·경감05(鏡鑑).
「2」어떤 사실을 그대로 드러내거나 보여 주는 것을 비유적으로 이르는 말.

(예 1) '산성'의 경우 정의의 내용 자체를 이해하기도 어려운 전문 용어가 많다. 학습자가 '산성'의 정의를 암송한다 해도 실제 자유로운 활용 가능

쉬어가기 **어휘보다 어려운 어휘 풀이?!**

국립국어원에서 조사한 국어 어휘 빈도수 조사 자료 약 6만 단어 중에서 '거울'은 빈도 순위가 2,109번째에 속할 만큼 많이 쓰이는 기초 단어이다. 반면에 뜻풀이에 사용된 '반사'라는 단어의 빈도 순위는 13,300을 넘어간다. 2항의 정의에서 '비유적'이라는 단어는 빈도 순위가 약 4만에 이를 정도로 매우 낮은 빈도를 보인다. 그만큼 학습독자들에게는 어려운 어휘일 수 있다.

내기(Nagy, 1988: 5)는 초급 독자들을 위한 어휘 사전에서 뽑은 다음 예들을 바탕으로 위와 유사한 문제를 제기하고 있다.

이주(migration): 한 곳에서 다른 곳으로 이동하는 것.
고래수염(baleen): 고래가 바닷물로부터 먹이를 걸러내는 데 사용되는 것으로, 고래의 입 안에서 자라는 뿔 같은 물체.

내기(Nagy)는 '이주'의 경우 그 뜻풀이가 학습자들이 쉽게 이해할 만큼 충분하지 않으며, '고래수염'과 관련한 설명들 역시 학습자들에게 '뿔' 등에서 느껴지는 것처럼 낯설다는 문제점을 지적한다. 아울러 하나의 단어가 문맥에 따라 각기 다른 의미로 사용될 경우에 독자의 혼란 문제도 제기된다.

성은 미지수다. (예 2)의 경우 '거울' 자체는 기초 어휘에 해당할 만큼 쉬운 낱말이다. 그런데 사전적 정의의 설명 내용이 훨씬 어렵다.

　이와 같이 정의법의 가장 큰 문제는, 사전적 개념의 전달과 기억에 의존할 경우 단어 이해 자체에도 어려움이 있는 것은 물론 어휘 학습 그 자체가 학습자들에게 새로운 엄청난 별도의 과제로 작용하여 독해 자체에 방해가 될 수 있다는 점이다. 그렇다면 학습자들이 쉽게 이해할 수 있도록 재구성하여 제시되는 학습자 사전들의 자료는 어떠할까? 그 경우에도 결과는 크게 다르지 않은 것으로 나타났다(Nagy, 1988: 5).

② 단어 연상법

단어 연상법은 핵심 단어법(keyword method)으로 더 잘 알려져 있는데, 이는 단어와 의미를 연결하기 위한 일종의 연상 활용법에 해당한다. 즉, 관련 단어와 사진이나 그림을 통합하여 기억하는 방법이 이에 해당한다. 예컨대 학습자가 '도깨비바늘'과 '도꼬마리'라는 단어를 처음 접했다고 하자. 도깨비바늘은 실물 사진을 통해 쉽게 '바늘' 모양의 식물임을 확인하고 기억할 수 있다. 반면에 '도꼬마리'는 몇 년 전에 초등학교 국어 교과서에도 실린 적이 있지만, 성인들에게도 낯선 단어이다. 이 경우 사진을 통해 '도깨비' 방망

도깨비바늘

도꼬마리

이 모양의 열매들이 여러 '마리'(개) 달려 있는 것에 착안하여 '도꼬마리'를 떠올릴 수도 있다. 단어 연상법은 이와 같이 단어와 이미지의 연상을 통해 의미를 쉽게 기억하고자 하는 방법이다.

③ 문맥 접근법

전술한 정의법의 문제들 때문에 제안된 것이 문맥 접근법(contextual approaches) 또는 맥락 분석법이라 한다. 문맥 접근법은 학습해야 하는 단어가 들어 있는 한두 문장을 제시하고 사용된 문맥 속에서 단어의 뜻이나 용법을 확인하는 것이다. 다음의 (예 3), (예 4-1, 4-2)는 모두 해당 문장들이 담고 있는 문맥을 통해서 대략적인 의미를 파악할 수 있다. 특히 (예 6-1, 6-2)는 상호 비교 대조를 통해서 동음이의어의 의미를 파악해 낼 수도 있다.

> (예 3) 깊은 샘에서 펌프로 물을 퍼 올리려면 한 바가지쯤의 마중물이 필요한 것이다(이병주, 『행복어 사전』).

> (예 4-1) 면도를 하다가 안면에 상처가 났다.
> (예 4-2) 철수는 촉박한 일정 때문에 며칠째 밤샘 작업을 피할 수 없었다. 그러나 일을 마치고 주말에 모처럼 안면을 취하고 나니 피로가 좀 풀린 듯했다.

그러나 문맥 접근법 역시 그 자체만으로는 새로운 단어를 학습하는 데 완벽한 방법은 되지 못한다. 문맥적 접근법은 단어의 뜻을 이미 알고 있는 학습자에게는 유용하지만, 그렇지 못한 경우에는 결코 적절한 정보를 주지 못할 수도 있기 때문이다.

> (예 5) 영희는 날씬한데, 동생은 비만이다.

위 예문에서 '비만'이라는 단어의 뜻을 모를 경우, 문맥을 통하여 '날씬하지 않다'는 의미를 추론하여 대체할 수는 있겠으나, 대체될 수 있는 단어는 여전히 열려 있다. 즉, '날씬하지 않다'는 추론적 의미가 반드시 '비만'을 추론하도록 해 주지만은 않기 때문이다. 따라서 문맥 접근법은 문장 내 또는 옆 문장에서 단서 찾고 뜻을 '추측하기', 추측한 의미로 문장의 뜻이 통하는지 '확인하기', 단서가 없거나 추측한 의미가 통하지 않으면 '사전 찾아보기'의 단계를 따르게 된다.

그런데 짧은 문장의 경우 문맥 정보 활용에 한계가 있다. 따라서 뜻(정의)과 맥락적 접근의 결합이 더욱 효과적이다.[4] 정의적 방법이 효과적으로 적용하고자 할 경우에도 단어의 뜻(정의)와 함께 적절한 예문을 제공하는 것은 매우 자연스러운 현상이다. 다음 예를 보자.

(예 6) 영민이가 풍선을 입으로 불어서 바람을 넣자 풍선이 _____.

위 예문의 밑줄 친 부분에 들어갈 수 있는 말은 '부풀었다, 커졌다'는 물론, '빵빵해졌다, 터졌다, 날아갔다' 등도 가능하다. 이는 단순한 문맥 정보만으로는 적절한 어휘와 그 의미를 파악하기 쉽지 않다는 것을 시사해 준다.

따라서 효과적인 어휘 교수법을 위해서는 단어의 뜻을 적절히 설명해 주는 것은 물론 해당 단어가 사용되는 자연스러운 문맥을 제공해 주어야 한다.

④ 형태 분석법
형태 분석법은 단어 형성법을 참조하여 접두사, 접미사, 어근, 어간, 파생과

---

4   Stahl and Fairbanks, 1986. Nagy, 1988: 8 재인용.

합성 등의 개념을 이해하고, 언어의 형성과 변화 등 생산적인 어휘 학습을 위한 것이다. 따라서 형태 분석법은 학습자들이 언어에 대한 상당한 지식과 이해 능력을 갖추고 있어야 가능하기 때문에 문법적 용어의 노출은 중등학교에서부터 시작하며 초등 단계에서는 고학년에서 낱말의 분석만을 예시하고 있다. 형태 분석법을 통해 학생들은 의미를 지닌 최소단위로서의 형태소의 개념을 이해하고 단어의 구조를 분석해 봄으로써 다양한 어휘적 특성과 기능, 의미, 용법을 좀 더 체계적으로 이해하게 된다. 이를 바탕으로 더욱 정확하고 효과적이며 창의적인 언어 생활을 영위하는 데 한 발 더 나아가게 된다.

> (예 7) 살-손: 어떤 일을 할 때 연장이나 다른 물건을 쓰기 않고 직접 대서 만지는 손, 날-고기, 풋-사랑, 돌-다리, 선생-님, 개-살구, 지붕(집+웅), 마개(막+애) 등

⑤ 도식 활용법

도식 활용법은 다음 〔표 1〕, 〔그림 1〕과 같이 그림이나 표 등을 이용하여 어휘 관계나 범주화를 하는 것이다. 도식 활용법은 가시적 효과와 함께 어휘의 관계나 내용을 명료하게 드러내 준다는 점에서 효과적이다.

　〔그림 1〕에서 볼 수 있는 벤 다이어그램 방법은 의미자질 분석을 적용한 또 다른 장치라고 할 수 있다(Nagy, 1988: 15). 즉, 비교 대조하고자 하는 두 어휘의 공통 자질을 두 원의 교집합 부분에 적고, 차이가 나는 변별 자질은 각각 두 원의 여집합 부분에 적는다. 이러한 방법은 이야기가 소설 속에 나오는 등장인물 분석에도 확대 적용될 수 있다.

[표 1] 단어 지도(word map)의 예

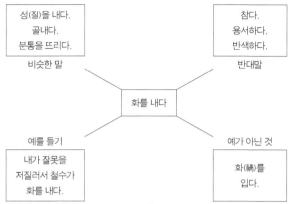

* Blachowicz and Fisher, 2002 : 119 참조.

[그림 1] 벤 다이어그램을 활용한 어휘 교육(예)

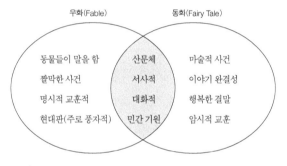

* Nagy, 1988 : 16.

⑥ 의미적 접근법

의미 지도(semantic mapping)는 하나의 주제나 이야기를 중심으로 관련되는 다양한 단어들을 떠올리고 기록한 후, 그것을 다음 [그림 2]와 같이 범주화하여 정리하는 것이다. 교사가 몇 개의 예를 주고 학생들로 하여금 관련된 이야기들을 나누게 하면서 빈칸을 채워 넣도록 할 수도 있다. 아울러 학

〔그림 2〕의미 지도(예)

테러
공포
기절
떨다
땀나다
비명*
겁먹다
놀라다
소름끼침*
으스스함

감정/반응

사람/생명체

괴물
유령
요괴*
외계인
인조인간
유령*
드라큐라
프랑켄쉬타인
장의사

용기있는
대담한
침착한
용맹스런
평온한
무모한

공포
(두려움)

관
죽음
추도사*
뱀
피
불길
거미

기타어휘

장소

공동묘지
폐가
장례식장*
암흑가
벽장
뒷골목
영안실

*는 교사에 의해 소개된 예임.

* Nagy, 1988: 12.

생들이 빠뜨린 주요 관련 어휘들이 있다면, 교사가 이를 제시한 후 학생들로 하여금 적절한 범주 안에 재배치하도록 해 보는 것도 중요하다. 이러한 활동은 학생들의 배경지식을 활성화시키고 교사로 하여금 학생들의 배경지식을 확인할 수 있게 해 줌으로써 새로운 어휘 지도에 단서를 제공해 준다. 또한 의미 지도 작성은 학생들의 읽기는 물론 쓰기 활동에도 도움을 준다. 그런데 의미 지도 작성하기가 읽기 전 단계 활동 등과 구별되지 않는다는 비판도 적지 않다(Nagy, 1988).

한편 효과적인 어휘 교수법은 학생들이 가지고 있는 기존 정보나 지식에다 새로운 정보나 지식을 통합시키고 발전시켜 줄 수 있어야 한다. 단어 의미 관계를 가장 명료하게 다루는 어휘 교수법이 바로 의미자질 분석법(semantic feature analysis)이다. 의미 자질 분석법은 다음 〔표 2〕에서 볼 수 있는 바와 같이 관련 단어들이 갖는 특성이나 구성 요소인 의미 자질을

[표 2] 의미 자질 분석표(예)

	사람용	동물용	보관용	크다/화려하다	작다	조잡하다	영구적이다	휴대가능하다
집	+	−	−	○	○	○	+	−
오두막 (shack)	+	−	−	−	+	+	?	−
창고 (shed)	−	−	+	−	+	+	?	−
외양간 (barn)	−	+	○			○	+	
텐트	+	−	−		○	○	−	+
맨션	+	−	−	+	−	−	+	−
……								

* Nagy, 1988 : 15.

갖추고 있는지 "+(관련됨), −(관련 없음), ○(+, −모두 가능), ?(알 수 없음)"과 같이 분석하는 것이다. 목적과 상황에 따라 관련 어휘들은 얼마든지 추가되거나 조정될 수도 있다. 예컨대 '아파트, 원룸, 초가집, 기와집, 궁궐, 호텔, 민박집' 등 얼마든지 추가나 교체가 가능하다는 점이다. 이는 학생들로 하여금 단어들의 속성을 판단하고 서로 관련지음으로써 단어의 의미와 관련성을 인식하도록 하는 어휘 교수법이다. 따라서 단어의 정확한 의미 자질을 언어학적 관점에서 분석하는 것을 목적으로 하는 것과는 차이가 있다. 즉, 완벽한 의미 자질 분석에 목적이 있는 것이 아니라 이러한 활동을 통해 학생들이 다양한 어휘와 그 의미, 어휘들의 상호 관련성과 차이 등을 이해함으로써 어휘 능력을 신장시키고자 하는 데 그 목적이 있다(Johnson and Pearson, 1984; Anderson and Bos, 1986).

다음 [그림 3]에 제시된 의미 관계 수형도는 어휘 간의 위계 관계와 분류를 통한 상하위어 인식에 유용하다.

〔그림 4〕에 제시된 '생각 나무' 활동 도식은 대상이나 개념의 범주화와 구분에 따른 학습과 이해에 유용하다.

〔그림 3〕 어휘 의미와 사용 의미 관계 수형도

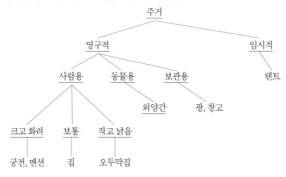

*Nagy, 1988 : 17.

〔그림 4〕 생각나무(thinking tree) 활동

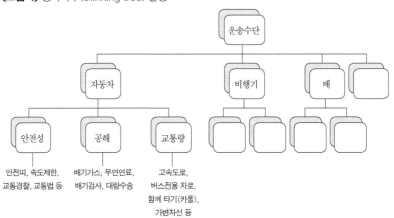

* Kirby and Kuykendall : 1985 ; Nagy : 1988 : 19.

⑦ 게임 활용법

게임 활용법은 학생들이 적극적이고도 지속적으로 학습에 참여할 수 있는 흥미로운 방법의 하나이다. 게임 활용법은 매우 다양한데 널리 알려진 대표적인 유형은 십자말풀이, 끝말잇기, 이구동성 게임, 행동 극화법('방과 방 사이') 등이다.

십자말풀이는 누구나 한 번쯤 해 보았을 만큼 널리 소개되어 있고, 요즘도 인터넷을 비롯한 신문, 잡지, 텔레비전 오락 프로그램 등에서 활용되고 있다. 〔그림 5〕에서 볼 수 있는 것처럼 가로, 세로로 해당 설명의 단어를 빈 네모 칸에 모두 채워 넣는 게임이다. 1인, 2인, 집단 실시가 모두 가능하며, 어휘 능력 향상에 큰 도움이 된다.

〔그림 5〕 십자말풀이 게임(예)

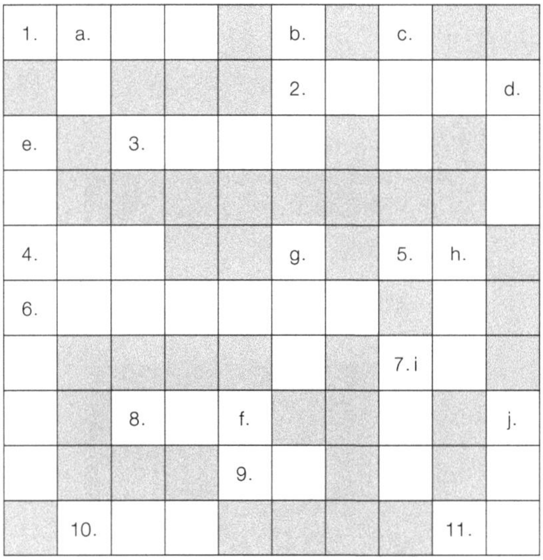

1.	a.				b.		c.		
					2.				d.
e.		3.							
4.					g.		5.	h.	
6.									
						7. i			
		8.		f.					j.
				9.					
	10.						11.		

끝말잇기도 아동에서 성인까지 두루 즐기는 놀이이다. 보통 2인이 서로 번갈아 단어를 제시하되, 앞 사람이 제시한 단어의 끝 글자로 새로운 단어를 제시해야 한다. 먼저 막히는 사람이 지게 된다.

이구동성 게임은 보통 4인이 한 팀이 되어, 주로 사자성어를 정하고 각자가 한 글자씩만을 동시에 발화하고 청중이 해당 사자성어를 알아맞히는 놀이이다. 입모양과 소리를 보고 해당 단어를 알아맞혀야 하기 때문에 듣기 집중력과 어휘 능력이 뛰어나야 하며 새로운 어휘 학습 동기유발에도 좋다.

행동 극화법은 말을 하지 않고 동작(몸짓)으로만 표현을 하여 특정 단어나 속담 등을 알아맞히는 놀이이다. 1인 혹은 몇 명이 한 팀을 이루어 시합할 수도 있다. 후자의 경우 과거 텔레비전의 '가족 오락관'이라는 프로그램을 통해 큰 인기를 끈 적이 있는데, 개개인의 행위자들이 음성언어 소통이 단절된 공간에 있다는 가정하에 몸짓으로 의사를 전달하기 때문에 '방과 방 사이'라고 불리기도 한다.

[그림 6] 어휘 게임 애플리케이션의 예

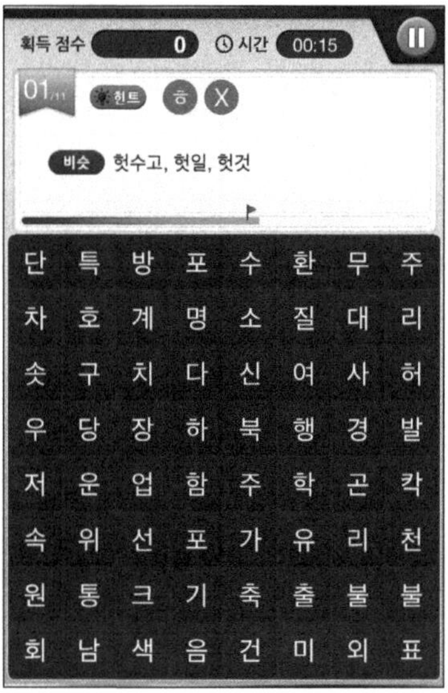

| 획득 점수 | 0 | 시간 00:15 | ⏸ |

| 01/11 | 힌트 | ㅎ | X |

비슷 헛수고, 헛일, 헛것

단	특	방	포	수	환	무	주
차	호	계	명	소	질	대	리
솟	구	치	다	신	여	사	허
우	당	장	하	북	행	경	발
저	운	업	함	주	학	곤	칵
속	위	선	포	가	유	리	천
원	통	크	기	축	출	불	불
회	남	색	음	건	미	외	표

* '(주)낱말'의 "사방팔방"에서

그 밖에도 다음 [그림 6]과 [그림 7]에서 볼 수 있는 바와 같이, 최근에는 인터넷, 태블릿피시 등 컴퓨터를 이용한 다양한 언어 학습 게임들이 개발되어 유·무료 서비스가 진행되고 있다.

[그림 7] 인터넷 언어학습 게임 사이트의 예("아리수")

⑧ 어휘 지식 평가표와 자기점검법

어휘 능력은 어휘 학습 능력은 학습자(또는 언어 사용자)에 따라 정도의 차이가 있다. 즉, 온-오프 스위치처럼 완전히 켜지거나 완전히 꺼지는 형태의 점멸등이 아니라 천천히 켜지거나 꺼지는 퍼지 센서 형식의 감성 전등에 가깝다는 점이다.[5]

　　이러한 맥락에서 다음에 제시된 읽기 전후 어휘 지식 평가표는 학습자들이 자기점검 활동을 통해 어휘 학습에 대한 동기 유발과 초인지적 전략을 사용할 수 있도록 유도해 준다는 점에서 의미가 있다. [표 3], [표 4]는 글을

5　　이를 "전부 아니면 전무(all-or-nothing) 명제가 아니라"고 표현하기도 한다(Blachowicz and Fisher, 2002: 3).

[표 3] 읽기 전 어휘 지식 평가표

용어	설명하거나 사용할 수 있다 (3)	들어 본 적이 있다(2)	모른다(1)
단독주택	✓		
아파트	✓		
빌라		✓	
초가집	✓		
기와집	✓		
너와집			✓
한옥		✓	

[표 4] 읽은 후 어휘 지식 평가표

용어	점수 (3/2/1)	지역	사는 사람	설명이나 그림	질문
아파트	3	도시	도회지 사람	높다. 여러 층	
빌라	3	도시, 부촌	부자	공기 좋은 곳	
초가집	3	시골, 농촌	시골 농부		
너와집	2	산촌	?	나무 조각 지붕	무슨 나무로 지을까?
한옥	2	?	시골 부자	기와집	기와집하고는 어떻게 다르지?

읽기 전과 읽은 후에 실행한 어휘 지식 평가표와 자기점검법의 한 예이다.[6]

⑨ 전자 독서와 자율적 어휘 학습법

최근에 태블릿피시의 보급이 점차 일반화되면서 전자책(e-book)의 보급도 크게 늘고 있다. 특히 대표적인 인터넷 전문 서점인 아마존에서는 '킨들 파

6　읽기 전후 어휘 지식 평가표(Before and After Knowledge Ratings) 예시(Blachowicz and Fisher, 2002: 139).

이어'라는 전자책 및 멀티미디어 이용에 초점을 둔 전용 태블릿 피시를 판매하고 있다. 여기에는 인쇄책의 판매뿐 아니라 '킨들 버전'으로 불리는 전자책 판매가 점차 일반화되고 있다는 점에서 향후 독서와 어휘 학습에 시사하는 바가 크다. 즉, 전자책들은 휴대가 편리하고 학습자가 필요로 하는 다양한 어휘 자료들을 독서 과정 중에 바로 바로 확인·저장할 수 있도록 해 준다는 점에서 혁신적이다((그림 8) 참조). 교보문고와 같은 국내 업체들도 전자책 제작 및 판매를 활발하게 진행하고 있다.

(그림 8) '킨들 파이어'의 전자책과 어휘 학습 장면

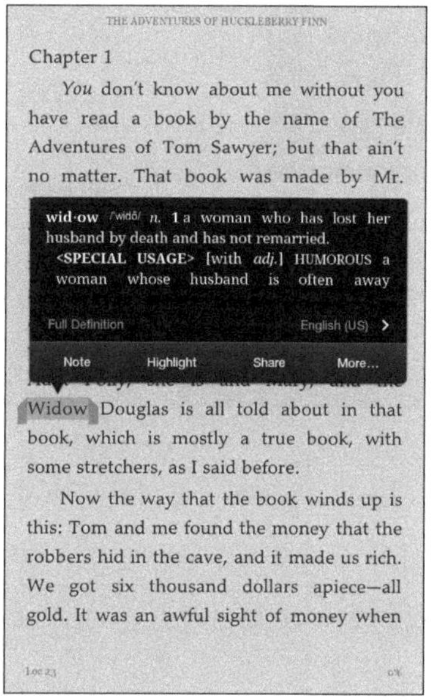

제한적이기는 하지만 공교육 기관에서 전자책의 보급은 이미 널리 이용되고 있기도 하다. 미국 버지니아 주의 페어팩스 교육청(Fairfax County Public School)[7]의 경우 'www.myon.com' 서비스를 이용하여 학습자들이 교육과정의 일환이나 또는 자발적으로 독서와 학습을 할 수 있도록 다양한

전자책을 서비스하고 있다. 여기에는 텍스트를 음성으로 들려주는 서비스 (text to speech) 기능 외에 학습 과정에서 어려운 단어를 클릭하면 자동으로 품사, 발음, 뜻, 유의어를 제공해 주는 기능을 담고 있다([그림 9] 참조).

[그림 9] 미국의 학습자용 온라인 텍스트 제공 예시 자료(www.myon.com)

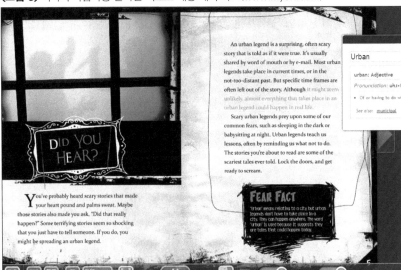

전자책은 하이퍼텍스트 기능을 활용하여 풍부한 어휘 교육 환경을 제공하고, 학습자가 자신의 수준에 맞는 텍스트를 선택할 수 있다는 점에서 유용하다. 또한 스마트폰을 통해 서비스되고 있는 전자사전을 통해서 스스로 확인한 어휘를 저장·반복 확인할 수 있다. 이러한 정보통신기술(ICT)의 발전과 함께 어휘 학습의 내용과 방법도 향후 새롭게 이루어져야 할 필요성이 제기되고 있다.

---

7   http://fcps.blackboard.com의 '24-7 Learning' 학습 코너.

2) 국어과 교육과정의 어휘 교육과 탐구학습법

어휘 교육과 관련한 기존의 국어과 교수·학습 방법은 그 내용이나 방법에 있어서 체계적이지 못했다는 지적이 일반적이다. 이는 한마디로 어휘 교육의 비체계성으로 요약된다(신명선, 2011: 67). 일찍이 "우리나라의 교육 현장에는 아직 어휘 교육을 위한 기본적인 틀조차 마련되어 있지 않고 어휘에 대한 체계적인 교수·학습도 이루어지지 못하고 있다."고 지적된 바 있다(김광해, 1995: 324-325). 그 결과 체계적인 어휘 지도를 위한 기초적인 자료가 마련되어 있지 못해 어휘 지도는 상당 부분 무작위로 이루어질 수박에 없었다(손영애, 2000: 61).

이러한 문제점의 근본 원인은 무엇보다도 국어과에서 학습자들의 어휘 발달에 대한 체계적인 연구가 대단히 미흡하며, 국어교육용 어휘 선정 작업도 충분히 이루어지지 못했기 때문이라고 할 수 있다(이충우, 20005a).

(1) 국어과 교육과정과 어휘 교육
어휘 교수·학습과 관련하여 2011 개정 교육과정에서 연관되는 내용은 다음과 같다.[8]

> ■중학교 문법 (5) 단어의 짜임을 분석하고 새말이 만들어지는 원리를 이해한다.

이 성취 내용은 국어의 단어 형성법, 새말(신조어)의 특징과 원리 이해이다. 특히 새말의 이해와 관련하여 '단어의 신생, 성장, 소멸의 과정을 토의해' 보도록 하고 있다. 또한 '형태적으로 적절한 새로운 단어를 만들어 보는

---

8   교육과학기술부(2011) 고시 국어과 교육과정, 제 2011-361호[별책 5].

과정'을 갖도록 하고 있다.

■ 고등학교 〈독서와 문법〉 (7) 품사 분류를 통해서 개별 단어의 특성을 이해한다.

개별 단어에 대한 이해는 언어 이해의 출발점이다. 먼저 국어 단어가 형태, 기능, 의미와 같은 일정한 기준에 따라 품사로 분류되는 원리를 이해한다. 단어가 하나의 품사로 쓰이거나 여러 품사로도 쓰임을 이해하고, 국어 사전에서 단어 하나가 보여 주는 발음, 품사, 의미 정보의 다양함을 이해하여 국어 사전을 유용하게 활용하는 방안도 모색해 본다. 아울러 단어의 형태 변화는 표기법과도 관련이 있음을 이해한다. 이러한 단어의 품사 이해를 통해 같은 단어라도 다양하게 표현하고 활용할 수 있는 능력을 기르도록 한다.

■ 고등학교 〈독서와 문법〉 (8) 단어의 형성 과정을 이해하고 새말이 만들어지는 원리를 탐구한다.

이 성취 내용에서는 단어 형성 과정에 대한 이해를 바탕으로 '새말이 만들어지는 원리를 탐구'하는 데 주안점을 두고 있다. 특히 학생들이 일상 생활에서 자주 접할 수 있는 '상품, 가게, 동아리, 동호회 등의 이름, 축약어 등에서 새말을 만드는 방법을 창의적으로 탐구'하도록 권장하고 있다.

■ 고등학교 〈독서와 문법〉 (10) 단어의 의미 관계와 의미 변화의 양상을 탐구하고 이해한다.

'유의 관계, 반의 관계, 상하 관계와 같은 단어의 의미 관계를 비롯하여 다의어, 동음이의어에 대해서도 탐구하고 이해하도록 한다. 또한 단어의 의미가 역사적으로 축소, 확대, 이동해 온 양상을 이해하도록' 하는 데 초점을 두고 있다.

전술한 국어과 교육과정의 어휘 교육 관련 성취 내용과 관련하여 살펴보았듯이, 어휘 교육의 핵심적인 교수·학습은 '탐구학습'을 염두에 두고 있음을 알 수 있다. 국어과교육에서 논의되고 적용되고 있는 탐구학습법의 내용은 다음과 같다.

(2) 탐구학습법(inquiry instruction)[9]

과거 국어과 교육에서, 특히 문법 영역의 교육과 관련하여 교사 주도적인 지식 전달 중심의 수업과 학생들의 단순 암기식 학습은 크게 비판을 받은 적이 있다. 이는 특히 국어과에서 학문 중심 교육과정으로 대표되는 제4차 국어과 교육과정 시기(1982~1987)에 가장 심하였다. 그 결과 실제 언어사용 기능 중심의 제5차 국어과 교육과정이 1987년에 공포되고 적용되기 시작했다.

그런데 기본적으로 국어 지식의 내용적 요소를 담고 있는 문법 영역의 경우 언어기능적 접근만으로는 교수·학습을 운영하기 어려운 측면이 없지 않았다. 어휘, 어법, 문장 등 국어 문법과 국어 현상과 관련되는 국어 지식의 내용들을 어떻게 하면 학습자들이 효과적으로 학습하도록 할 수 있을까 하는 고민이 시작되었고, 김광해(1995)는 탐구 중심의 문법 수업을 제안하였다. 이것이 이른바 국어 문법교육의 핵심적인 교수·학습 방법의 하나인 탐구학습법으로 자리를 잡게 되었고, 국어과 교육과정에도 적용되기 시작했다.

---

9   최지현 외(2007)와 서울대학교 국어교육연구소(1999) 등 참조

탐구학습법은 지식의 구조를 강조하는 브루너의 탐구학습에서 출발하여 과학이나 수학 과목 등에서 널리 활용되어 오고 있다. 브루너가 강조한 지식의 구조와 탐구는 학생들이 학문적 지식이나 내용을 많이 알고 이해하는 것에 있는 것이 아니다. 그보다는 학자들이 연구하고 탐구하는 사고의 과정을 거쳐 근본적이고도 전체적인 앎의 체계와 깊이를 다져 나가는 것에 착안하여 지식을 다룰 줄 아는 사고 기능을 강조한 것에 가깝다.

김광해(1995)에서는 이를 학습자들이 국어 지식과 국어 현상을 학생들이 스스로 적극적으로 참여하여 관심을 가지고 연구하고 분석함으로써 이해에 도달할 수 있는 최상의 방법으로 제안하였다. 즉, 어떤 문제를 해결하거나 특정 주제의 자발적 학습을 위해 교사가 학생들의 능동적인 탐구 행위를 크게 자극하는 수업 형태이다. 연구형 수업 방식(research-like method)이라고도 할 수 있으며, 구체적인 교수·학습 방법이라기보다는 교수·학습 과정에 영향을 주는 원리라고 보기도 한다(서울대학교 국어교육연구소, 1999). 물론 탐구학습법이 어휘 교수·학습 방법으로 개발된 것은 아니지만, 국어지식과 문법 교육의 맥락에서 유용하게 활용할 만한 교수·학습 방법이라할 수 있다.

김광해(1995)는 탐구 중심 문법 수업을 제안한 바 있고, 이는 후에 탐구학습법으로 국어과교육의 문법교육에 널리 보급되어 활용되고 있다. 그 절차는 "문제 정의, 가설 설정, 가설 검증, 결론 진술, 결론의 적용 및 일반화"의 단계로 요약된다. 김광해(1995)에서 제시한 탐구 학습의 단계는 다음과 같다(최지현 외, 2007: 268-270).

ㄱ 문제 정의 단계: 문제, 의문 사항의 인식, 문제에 의미 부여, 문제의 처리 방법
  모색
ㄴ 가설 설정 단계: 유용한 자료 조사, 추리, 관계 파악, 가설 세우기

ⓒ 가설 검증 단계: 증거 수집, 증거 정리, 증거 분석
ⓔ 결론 진술 단계: 증거와 가설 사이의 관계 검토, 결론 추출
ⓜ 결론의 적용 및 일반화 단계: 새로운 자료에 결론 적용, 결과의 일반화 시도

그 밖에 국어과 교육과정에서 강조하고 있는 교수·학습 방법의 핵심 원리도 전술한 '어휘 교육 방법의 일반 원리'와 기본적으로 크게 다르지 않다. 주요 내용을 요약하면 다음과 같다.

- 학습자의 개인차를 고려한다.
- 학습자의 관심, 흥미, 선수 학습 경험, 학습 준비도, 학업 성취 수준 등을 고려하여 자료를 개발한다.
- 학습자가 스스로 자신의 능력이나 학습 단계를 점검할 수 있도록 자료를 개발한다.
- 다양한 매체를 활용하여 자료를 개발하여 학습의 효율을 높이고 학습자의 특성에 따라 자료를 개별화한다.
- 국어 활동의 총체성을 고려하여 영역 간, 영역 내의 학습 요소를 통합하여 지도하기 위한 교수·학습 방안을 계획한다.

이상에서 알 수 있는 바와 같이 국어과 교육과정의 교수·학습 방법 관련 논의에서는 학습자의 개인차와 관심, 수준, 자기 점검, 다양한 매체, 국어 활동의 총체성을 강조하고 있다. 아울러 교수·학습의 운용과 관련한 주요 내용은 다음과 같다.

- 학습자가 능동적으로 교수·학습에 참여할 수 있도록 학습 목표와 학습 내용을 안내하고, 학습자의 수준에 적합한 과제를 제시하여 이를

창의적으로 해결하도록 한다.

- 학습 과제 해결의 책임을 교사에서 학습자로 점진적으로 이양하도록 계획한다.

- 내용 요소에 대한 체계적인 설명, 예시, 질문, 학습자의 연습, 자기 점검과 평가 과정을 유기적으로 관련지어 지도한다.

- 문법은 특정 문법 단원에서만 지도할 것이 아니라 매 단원에서 새로 등장하는 단어의 뜻과 문장의 어법을 익힐 때나 연습 문제 활동을 통하여 이전에 배운 문법과 규범에 관련된 사항을 환기시켜 지속적으로 지도한다.

- 학습 목표를 효과적으로 달성하기 위해 개인차를 고려한 소집단을 구성하여 교수·학습을 전개하도록 한다.

3. 나오며

독서의 매튜 효과에서도 언급된 바와 같이 어휘 능력은 읽기 능력을 비롯하여 언어 이해 표현 능력에 중요한 영향을 미친다. 따라서 효과적인 어휘 교육의 방법은 매우 중요한 의미를 갖는다.

어휘 교육의 일반 원리로는 맥락, 배경지식 통합, 반복 노출, 능동적 참여와 활용, 상세화의 원리를 들 수 있다. 구체적인 어휘 교육 방법과 관련하여서는 정의법, 단어 연상법, 문맥 접근법, 형태 분석법, 도식 활용법, 의미적 접근법(의미 지도 접근법, 의미 자질 분석법), 게임 활용법, 어휘 지식 평가표와 자기점검법, 전자 독서와 자율적 어휘 학습법에 대해 살펴보았다.

최근 전자책의 보급이 확대와 관련하여 어휘와 독서 교육의 통합적 접근 방법과 내용에 시사하는 바가 크다. 이미 태블릿 피시의 보급이 일반화되면서 전자책의 휴대가 가능해짐에 따라 도서의 소통과 독서 문화에도 큰 영향을 끼치고 있다. 한 연구 결과에 따르면 전자책은 아직 인쇄책에 비해 독서 속도가 절반 가까이 떨어지는 것으로 나타나고 있지만, 어려운 단어 찾기 기능이나 관련 정보들이 하이퍼텍스트 형태로 제공되고 있으며, 언제 어디서나 휴대가 가능하다는 점에서 독서 문화의 혁명적 변화를 예상케 하고 있다. 이러한 맥락에서 어휘 교육 역시 새로운 정보통신기술(ICT)을 활용한 어휘 교수의 내용과 방법을 개발해 나가야 할 것이다.

1. (예비)교사의 입장에서 국어과 수업 시간에 적용할 수 있는 적절한 어휘 교수·학습 방법 두 어 가지를 선정하고, 선정 이유와 구체적인 적용 방법에 대해 설명해 보자.

2. 학습자들이 평소에 단어의 뜻을 스스로 확인하고 기억하려는 습관을 갖게 하려면 어떻게 하 는 것이 좋겠는가? 자신의 학습 경험과 최근의 스마트 교육 기술 등 다양한 방법을 고려하여 논의해 보자.

3. 학습자들에게 어려운 단어란 어떤 것을 의미할까? 또 학습자들에게 어려운 단어를 가르쳐 주 는 것은 좋은가? 자신의 의견을 말해 보자.

4. 학습자들이 독서하기에 적절한 수준의 텍스트(글)에는 새로운 어휘들이 얼마나 포함되는 것 이 좋을까? 학자들에 따라 학습자들에게 낯선 새로운 어휘가 글 속에서 5~10퍼센트 미만이 어야 한다는 의견도 있고, 더 많아야 한다는 의견도 있다. 자신의 견해는 어떠하며 그 근거는 무엇인가?

4

어휘 교육의 평가

1. 들어가며

어떤 교육 평가이든 평가의 이론적 기초를 마련하기 위해서는 교육 목표, 교육 내용, 교수·학습 방법 등을 평가와 연계시켜 논의해야 한다. 평가라는 교육 행위는 그 성격상 교육의 다른 층위, 즉 '왜 가르치고 배우는지, 무엇을 가르치고 배우는지, 어떻게 가르치고 배우는지'와 관련을 맺을 수밖에 없기 때문이다. 그런데 이러한 관점은 자칫 잘못하면, 평가를 논의할 때 '목표 → 내용 → 방법 → 평가'의 순으로 논의를 해야만 한다는 선입견을 줄 수도 있다. 하지만 평가를 논의할 때, 반드시 목표와 내용, 방법 등이 선행되어야 하는 것은 아니다. 물론 평가를 논의하면서 교육 목표와 내용, 교수·학습 방법 등을 언급하지 않을 수는 없지만, 그 관계 설정은 느슨할 수도 있는 것이다. 더군다나 평가의 이론적 기초를 마련할 때에는 더 그러할 수 있다. 한편, 평가의 이론적 기초를 다지기 위해서는 평가 일반에서 많이 언급하고 있는

'타당도, 신뢰도, 객관도' 등과 같은 평가 도구의 양호성이나 '평가 계획 수립, 평가 수행, 평가 결과 해석, 평가 결과 활용' 등과 같은 평가 절차를 중심으로 논의할 수 있다. 이들 역시 평가를 논의하기 위해서는 필히 다루어야 할 사항이다. 하지만 이러한 평가 도구의 양호성이나 평가 절차에 초점을 맞춰 논의를 하다 보면 평가 일반론에 매몰되어 교과의 특성이나 평가하고자 하는 영역의 고유성을 훼손할 우려가 있다.

평가의 이론적 기초를 마련하기 위한 위의 두 관점을 '어휘 교육 평가'에 적용해 보면, 전자는 '교육의 일반적 수행 과정'과 후자는 '평가 일반론'에 비중을 둔 논의 방식이라 할 수 있다. 이 장에서는 이들 관점과는 달리 평가의 주 대상인 '어휘'에 초점을 맞춰 평가 논의를 진행하고자 한다. 이는 어휘 교육의 독자성과 특수성을 평가를 통해 반추해 보기 위한 것이기도 하고, 평가를 어휘 교육에 접목시킴으로써 어휘 교육의 성격을 국어교육 전체 속에서 드러내기 위한 것이기도 하다. 이러한 관점을 취한다고 해서 어휘 교육의 목표와 내용, 교수·학습 방법 또는 평가 도구, 평가 절차 등을 도외시하는 것은 아니다. 다만 이들에 대한 논의는 '어휘'에 초점을 맞춘 평가 논의에 필요한 만큼만 부분적으로 언급하게 될 것이다.

그러면 어휘 교육 평가를 '어휘'에 강조점을 두고 이론적으로 고찰하기 위해서는 어떻게 해야 하는가? 출발점은 '어휘'를 안다는 것이 무엇을 뜻하는지, 그리고 어휘를 알고 있다는 것을 어떻게 알 수 있는가를 결정하는 것이다. 평가적인 용어로 말하면 평가 대상과 평가 방법의 문제라 할 수 있다. 이 장에서는 어휘 교육의 평가 대상은 무엇이고 이를 어떻게 평가하면 좋은지에 대한 본격적인 논의는 하지 않을 것이다. 왜냐하면 이 장의 주제가 어휘 교육 평가에 대한 이론적 고찰이므로, 이 장의 일차적인 관심은 어휘 교육 평가를 할 때 어떤 문제가 생길 수 있는지, 이러한 문제를 해결하기 위해서는 무엇을 우선적으로 고려해야 하는지 등에 있기 때문이다. 이를 위해 먼저 어휘 교육 평가가 어떻게 성립할 수 있는지에 대한 기원 문제를 통해 현재의 어휘 교육 평가 목표의 타당도에 대해 살펴보고자 한다. 그런 다음 어휘 평가 시에 우선적으로 고려해야 할 사항인 의미 문제를 어떻게 처리해야 할 것인지를 내용 타당도와 관련해 고찰해 보고자 한다. 이때 어휘 교육 평가의 난점은 무엇이고, 어휘 교육 평가와 말하기, 듣기, 읽기, 쓰기, 문법, 문학 등 국어과의 다른 영역의 평가와의 관계를 어떻게 설정해야 하는지에 대해서도 함께 논의하면서 평가 방법에 대한 언급을 할 예정이다.

2. 어휘 교육 평가의 기원 문제와 목표 타당도

주지하다시피 어휘 교육 평가는 학생들의 어휘력'을 평가하는 것이다. 통상 어휘는 단어들의 집합이라고 여겨지므로, 어휘 평가는 '단어'라는 언어 단위를 상정해야 한다. 현행 국어과 교육과정의 문법 영역에서는 언어 단위를 '음운, 단어, 문장, 담화/글'로 나누어 놓고 있다. 이러한 구분은 학자들이 언어학을 연구하기 위해서 고안해 낸 일종의 인공물을 문법 교육에서 받아들

알아보기 **타당도(validity)**

타당도란 하나의 평가 도구가 본래 측정하려고 했던 교육 목표와 내용을 얼마나 충실히 잘 재고 있느냐의 정도를 판단하는 것을 말한다. 타당도의 개념에는 반드시 무엇이라는 준거(criteria)의 개념이 따라야 한다. 즉, 타당도란 어떤 준거와의 관련 아래에서만 그 의의가 확인되는 개념이며, 어느 상태, 어느 조건 아래에서나 타당도가 있다든가 없다든가 하는 논리는 성립하지 않는다. (예: 어휘 능력에 비추어 본 타당도)

이 글에서 언급하고 있는 목표 및 내용 타당도는 한 평가 도구가 측정하고자 하는 내용을 어느 정도나 포괄하고 있느냐의 정도를 말한다. 즉, 교육과정을 구성하고 있는 교육 목표들의 성취 정도를 어느 정도 측정하고 있느냐를 의미한다. 교과 타당도, 안면 타당도라고도 한다.

인 것이다. 언어학에서 단위 문제를 본격적으로 고민한 것은 주지하다시피 소쉬르이며(뻬르니에, 1994: 14), 소쉬르는 다음과 같은 언급을 통해 단어를 언어학의 한 단위로 인정했다(소쉬르, 1990: 133).

> 실제적인 면에서는 단위들로부터 시작하여 언어의 가치를 결정하고, 분류를 통해 그 다양성을 설명하는 것이 유익할 것으로 보인다. 따라서 단어로서의 구분이 어떤 것 위에 그 근거를 두는가를 찾아야 한다. 왜냐하면 단어는, 정의하기 힘들더라도, 우리의 정신에 명백히 대두되는 단위이며, 언어 메커니즘에서 중심적 역할을 하는 것이기 때문이다. 그러나 이것은 그 하나만으로도 책 한 권을 채울 수 있는 주제이다. 그 다음에 하위 단위를 분류하고, 나중에 단어보다 큰 단위를 분류해야 할 것이다. 우리의 과학이 다루는 요소들을 이렇게 결정함으로써 우리의 과학은 그 임무를 완전히 수행하게 될 것이다.

이러한 소쉬르의 언급 이후 언어의 단위들에 대한 연구와 정의는 언어학의 중심 연구 대상이 되었으며, 이후 상당한 발전을 하게 된다. 말하자면 음운, 단어, 문장 등을 하나의 언어학적 단위로 수용하고 이를 문법 교육에 접목시킨 것은 구조주의 언어관의 영향이라 할 수 있다.[2] 어휘 교육은 이러한 언어 단위들 중에서 단어를 집합 개념으로 치환하여 얻어진 결과이다.

---

1   신명선(2008a: 15)은 어휘 사용 능력, 어휘력 대신 어휘 능력을 어휘 교육의 목표로 삼을 것을 제안하고 있다. 신명선은 '어휘 사용 능력'은 '사용'에 초점이 주어짐으로써 그 의도와 상관없이 '표현'에만 초점을 두고 있는 것처럼 오해하기 쉽고, 또 지극히 도구적·실용적 관점을 내비쳐 '국어 문화 능력 함양', '언어 의식 고양', '국어적 사고력' 등의 개념을 배제하는 듯한 인상을 주기 때문에 부적절하다고 하였다. 또한 '어휘력'을 내세우고 그 개념을 수정하는 방향도 생각해 볼 수 있으나 이 용어는 이미 '지식'으로 널리 알려져 있다는 점에서 역시 부적절하다고 하였다. 타당성 있고 일리 있는 지적이지만, '어휘력'을 지식으로만 볼 이유가 없으므로 이 장에서는 기존에 많이 사용되어 온 '어휘력'이라는 용어를 사용하여 논의를 진행하고자 한다.
2   구조주의 언어학자들이 어떻게 언어 단위를 고민하고 오늘날과 같은 언어 단위를 고안하게 되었는가에 대해서는 조지 밀러(1998: 37-58)를 참고할 것.

실은 언어 단위는 문법 교육과정에 제시된 것만 있는 것은 아니다. 익히 알다시피 형태소, 음절, 어절, 구, 절, 문단 등도 있으며, 음성 언어를 고려하면 억양, 어조, 강세 등도 하나의 언어 단위가 될 수 있다. 주목할 만한 것은 여러 언어 단위들 중에서 유독 어휘가 많은 관심을 받았다는 점이다. 어휘 교육이 지향하고 있는 '어휘력, 어휘 능력'[3] 같은 조어가 '구력, 구 능력', '절력, 절 능력', '형태소력, 형태소 능력' 등에서는 애초에 가능하지 않거나 매우 어색하게 느껴진다. '문단력, 문단 능력', '문장력, 문장 능력' 등도 낯설기는 마찬가지이다. 문장력 정도만 약간 가능하다고 할 수 있다. 평가에서도 사정은 마찬가지여서, 각종 국어 관련 시험에서 언어 단위 중 단독으로 평가 대상이 되는 것은 단어와 어휘뿐이다. 다른 언어 단위들의 입장에서 보면 특혜라 할 수도 있다.

그러면 어휘는 과연 그러한 특혜를 받을 만한가? 이 장의 관심은 평가이므로 어휘 교육의 중요성이나 의의에 대해서는 논의하지는 않을 것이며, 기본적으로 국어교육에서 어휘 교육의 중요성이나 의의에 대해서는 동의한다. 다만, 평가 상황에서도 어휘가 그러한 특혜를 받을 만한가라는 질문을 하고 싶은 것이다. 왜냐하면 어휘 교육이 중요한 것과 어휘가 단독으로 평가 대상이 되는 것은 다른 문제이기 때문이다. 그러한 논리라면, 문장 등과 같은 중요한 다른 언어 단위들도 단독으로 평가 대상이 되어야 하는데 현실은 그렇지 않다.

인간의 언어 발달을 보면, 어린아이들이 처음으로 말을 시작할 때에는 한 단어를 사용한다. 이런 점에서 보면 언어 발달의 시발점은 한 단어 발화라고 할 수 있고, 단어가 언어 습득의 주요 단위일 수 있음을 보여 준다. 하

---

3   재미있는 것은 어휘가 단어의 집합 개념이면, 단어력과 단어 능력과 같은 말도 통해야 하는데, 실제로 잘 사용하지도 않고 어색하다는 점이다.

지만 어린아이들은 더 많은 의미를 전달하는 한 단어들을 선택함으로써 그러한 제한된 언어 구사 능력의 한계를 효과적으로 보상한다. 이러한 한 단어는 전체 구의 의미를 전달하기 때문에 종종 한 단어 문장(holophrase)이라고 부른다. 한 살 된 아동이 '공'이라고 말할 때, 이 단어는 "내게 공을 주세요." 또는 "이것은 공이다."와 같은 생각을 표현하는 것일 수도 있다. 성인들과 나이가 많은 아동들은 문맥과 억양으로 1살 된 아동의 한 단어 문장을 한 단어 이상이 결합된 문장으로 이루어진 진술로 해석한다(Siegler, 1995: 200). 이러한 해석 방식은 꽤 보편적이고 일반적이다.

위의 사례는 어휘력 평가의 경계 문제를 생각하게 한다. 즉, '순수하게 어휘력만 평가할 수 있는가?'라는 물음이 이에 해당한다. 예를 들면 대부분의 어휘 평가 문항은 문장이나 문단, 또는 한 편의 글을 바탕으로 출제된다. 이처럼 문장, 문단, 한 편의 글 속에서 '어휘력'을 평가하면 필히 문장 이해 능력, 문단 이해 능력, 글 이해 능력 등에 관여하는 요소가 반드시 끼어들게 된다. 그런데 문장이나 문단, 글도 결국 단어들이 모여서 이루어지는 것이므로, 문장, 문단, 글에 나와 있는 단어들을 모두 다 알기만 하면, 즉 어휘력이 있으면 문장이나 문단, 글도 이해할 수 있다고 하면, 어휘력은 문장, 문단, 글 이해력과 같게 된다.[4] 표현 면에서도 사정은 대동소이하다. 이렇게 되면 어휘력 평가는 독립적으로 존재할 수 없거나 모든 언어 평가는 어휘력 평가이거나 둘 중 하나가 된다.

어휘력 평가가 갖고 있는 이러한 난점은 '어휘력'을 무엇으로 보는가와도 밀접한 관련이 있다. 여러 연구자들의 어휘력 개념을 살펴보면 다음과 같다. 예를 들어 손영애(1992a: 11-12)는 어휘에 대한 지식을 어휘의 형태, 의

---

4   어휘를 잘 알면 한 편의 글을 잘 이해하게 된다는 관점은 읽기의 상향식 모형을 떠올리게 된다. 주지하다시피 상향식 모형만으로는 언어 이해의 제 측면을 다 설명할 수는 없다. 그리고 언어 표현력과 이해력은 이처럼 언어 단위별로 능력을 구분하지는 않는다.

미, 화용의 세 영역으로 나눈 뒤, 어휘력을 '개개의 단어들에 대한 형태, 의미, 화용에 관련되는 지식의 총체'라고 규정하였다. 이영숙(1997: 193, 201)은 어휘력을 '어휘에 대한 지식'이라고 정의하고, 어휘력을 양적 어휘력과 질적 어휘력으로 나누었다. 이영숙은 질적 어휘력을 다시 언어 내적, 외적 지식으로 분류하였는데, 언어 내적 지식에는 형태, 의미, 통사, 화용, 절차 등을, 언어 외적 지식에는 백과사전적 지식, 일화적 기억, 원어, 어원 등을 포함시켰다. 이충우(2001: 470)도 이영숙과 비슷한 맥락에서 '어휘력'을 어휘에 대한 총체적인 지식으로 보고, 형태와 의미, 용법에 관한 지식, 정확하고 적절하게 사용하는 능력 등을 이르는 것으로 파악하였다. 신명선(2008a)은 지식보다는 능력을 우선시한다는 점에서 이들 논의와는 다른 관점을 취하고 있다. 신명선(2008a: 16-23)은 어휘력 대신 어휘 능력이라는 용어를 도입하면서 어휘 능력을 어휘를 표현하고 이해하는 능력으로 정의하고 이를 다시 상징 능력과 지시 능력으로 나누었다. 여기서 상징 능력은 인지적 측면 및 추론 능력에, 지시 능력은 수행적 측면과 지시 능력에 해당한다.

어휘력 또는 어휘 능력과 관련한 이러한 논의들은 일종의 딜레마에 빠져 있다고 할 수 있다. 즉, 어휘력을 협소하게 보면 어휘 교육의 위상이 낮아지거나 입지가 좁아지게 되고, 어휘력을 넓게 보면 일반 언어 능력과 큰 차이를 보이지 않거나 어휘력이 곧 언어 능력이 되는 결과를 빚게 된다. 앞에서 언급한 어휘 평가의 난점과 궤를 같이하는 것이다. 이러한 딜레마는 끊임없이 어휘력 평가의 목표 타당도를 위협하는 요인이 되고 있다. 사전적 의미를 중심으로 한 어휘 단독의 평가 문항을 출제하면 그런 문항의 효용성이나 가치를 의심받게 되고, 국어과의 다른 영역과의 긴밀성을 높이는 문항을 출제하면 어휘 평가의 정체성을 고민하게 된다. 이는 어휘력 평가가 가지고 있는 본질적인 숙명과도 같은 것이다. 그런 점에서 김광해(1997: 5)의 다음과 같은 언급은 싫든 좋든 우리가 받아들일 수밖에 없는 것일지도 모른다.

언어 활동의 전체로부터 '어휘력, 어휘 능력'이라는 부분만을 따로 분리하자는 것은 원리적으로 불가능한 일이라는 결론에 도달하지 않을 수가 없다. 어떤 특별한 경우 단어가 문맥이나 상황으로부터 독립된 것처럼 생각되는 순간이 있는 것 같기도 하지만, 전체 언어로부터 그것만 분리하는 것은 불가능하다. 즉, 어휘에 관련된 지식은 언어 능력을 구성하는 요소들에 골고루 관련을 맺고 있는 기반 지식일 뿐 아니라, 말하기, 듣기, 읽기, 쓰기 능력 등의 의사소통의 실제 전개 과정으로부터 분리되는 것도 불가능하다. 요컨대, 어휘의 이해 및 사용에 관한 지식을 바탕으로 하지 않는 언어 능력이나, 혹은 말하기, 듣기, 쓰기, 읽기 능력 같은 것은 생각하기 어렵다는 것이다. 언어 능력으로부터 어휘력만을 따로 분리하여 생각하려는 것은 마치 베니스의 상인에 나오는 샤일록 재판에서 '피를 흘리지 않고 살점만을 분리해 내라'는 판결과도 흡사하다고 말할 수 있다.

3. 어휘의 의미 문제와 내용 타당도

모리스 뻬르니에(1994: 31)에 따르면, 언어 기호의 최초의 그리고 궁극적인 목적은 의미하는 것 또는 의미를 표현하는 것이며, 의미는 모든 언어 연구의 출발점이다. 이러한 점에서 보면 어휘력 평가의 핵심은 평가 대상 어휘의 의미를 아는지를 판단하는 것이 된다. 아마 이에 대해서는 많은 사람들이 동의할 것이다. 따라서 어휘력 평가의 근간은 어휘의 의미를 무엇으로 보는가에 달려 있다. 현재 그나마 어휘력 평가를 체계적으로 실시하고 있는 곳은 대학수학능력시험 언어 영역일 것이다. 한국교육과정평가원(2004: 7)을 보면, 어휘력의 평가 요소는 다음과 같다.

(가) 어휘의 이해와 사용
　　① 어휘의 의미를 정확히 이해하고 사용하는가.

② 어휘 간의 관계를 이해하고 제대로 사용하는가.

③ 어휘의 짜임과 의미 변화를 이해하고 탐구하는가.

(나) 어휘 용법의 이해와 적용

① 어휘의 지시적·문맥적 의미를 이해하고 사용하는가.

② 어휘의 비유적·관용적 의미를 이해하고 사용하는가.

이에 대한 설명을 참고하면, 어휘 능력에는 이미 알고 있는 어휘의 기억에 의하여 그 뜻을 깨닫고, 모르는 어휘의 뜻을 추리해 내는 능력, 지시적·문맥적·비유적 의미를 유추·이해하고 표현하는 능력과 기초적인 한자의 판별 능력이나 고사성어와 같은 관용 표현을 정확하게 구사하는 능력이 포함된다. 또한 어휘의 정확한 의미는 실제로 사용되는 용법에 의해 결정된다는 점에서 문맥과 관련한 상황에서 평가하는 데 비중을 두고 있으며, 어휘 간의 관련성에 중점을 두어 이해력과 표현력을 측정하되 표현과 이해의 양 측면을 포괄할 수 있도록 듣기, 읽기, 쓰기 등의 언어 활동과 관련시켜 측정하고, 궁극적으로는 실제 언어 생활에서 필요한 언어 능력을 측정하는 데 그 목표를 두고 있다.

하지만 하성욱(2008: 164)의 지적대로 대학수학능력시험에서의 어휘력 평가 문항들은 지식 측정 위주의 평가 문항, 교육과정의 제한적 수용, 타당도가 떨어지는 평가 요소 등 여러 문제점을 내포하고 있다. 다시 말하면 대학수학능력시험은 어휘력 평가에서 가장 중요한 의미 능력을 제대로 평가하고 있지 못하고, 사전적 의미 중심의 어휘 지식 평가에 치중하고 있다는 것이다. 이러한 사정은 학교 교육에도 마찬가지이다.

사전적 의미를 중심으로 어휘력을 평가하는 것은 좁은 의미의 어휘력만을 염두에 둔 것으로 어휘력 평가의 전체 모습을 보여 줄 수 없다는 점에서 문제가 많다고 하겠다. 이런 식의 평가라면 사전에 제시된 여러 의미를 다 외워서 기억해야 한다. 하지만 이것은 난센스다. 외울 수도 없고, 외울 필요도 없는 것이다. 이와 같은 어휘력 평가는 일종의 기호 체계로서의 언어만을 염두에 둔 발상으로, 소쉬르적인 차이 개념에 기반을 둔 평가라 할 수 있다. 또한 '어휘의 의미를 정확히 이해하고 사용하는가'라는 평가 요소를 통해서 알 수 있듯이, 사전에 의거한 어휘의 정확한 의미 추구는 객관주의적 사고 또는 실재론에 기댄, 사물이나 사건 등을 정확하게 기술할 수 있다는 표상적 기호관[5]에 근거한 평가관이다. 이러한 평가관에 관여하는 의미론은 지시 의미론이다. 이에 따르면 어휘의 의미는 실제 세계의 대상과 부합하는지를 따져야 하므로 어휘의 의미는 참, 거짓의 문제가 되고, 이때에는 필히 세상에 대한 백과사전적인 지식이 관여하게 된다. 이렇게 되면 어휘력 평가는 세상사에 대한 지식 평가로 흐를 수 있다. 슈바르츠와 쿠르(Schwarz & Chur, 1996: 91)의 말대로 지금까지는 어휘 의미적인 지식과 백과사전적인 지식 간의 경계 설정을 위한 명백한 기준이 없기 때문이다.

현재의 어휘력 평가가 기대고 있는 또 하나의 관점은 개념 의미론이다. 어떤 어휘가 의미를 지녔다는 것은 그 어휘가 하나 이상의 개념(관념)과 연결되어 있다고 말하는 것이다. 화자(필자)의 개념은 마치 발송 준비를 하듯 어휘로 포장되고(어휘화하고), 청자(독자)는 그것을 받아본 후 다시 풀어본다(어휘 해독을 한다). 따라서 청자(독자)는 자신이 받은 어휘와 연결된 개념을 받아들이게 된다. 결국 어휘의 의미는 그것과 연결된 개념인 것이다. 하지만 이는 루디 켈러(2000: 74-75)의 다음과 같은 비판이 전적으로 타당하지 않더라도 이를 피해가기는 어렵기 때문에 어휘와 연결된 '개념' 또는 '관념' 중심의 어휘력 평가는 한계를 지닐 수밖에 없다.

---

5   표상적 기호관에 대해서는 루디 켈러(2000: 47-71)를 참고할 것.

① 개념 의미론은 그것이 '~ 인지 아닌지'와 같은 접속사, '사촌'과 같은 상관적 표현, '좋다'와 같은 평가적인 표현, 그리고 '화요일'처럼 구조적으로만 정의가 가능한 표현에 적용될 때에는 전혀 타당하지 않다.

② 개념 의미론을 '개념'이라는 표현 자체에 적용시키려고 하면 무한 역행으로 이어진다.

③ 언어의 의사소통적 사용이 개념의 교환에 있는 것이라면 언어를 가르치기 위해서는 개념이 비언어적으로 의사소통될 수 있어야 한다.

④ 동의어 문제에 직면하는 사람이라면 누구나 직관적으로 교환 테스트를 하게 되지만, 개념 이론이 제공하는 내관적인 개념의 비교를 하는 사람은 없을 것이다.

⑤ 개념은 기껏해야 의사소통이 수반하는 2차적인 부수 현상이지 그 본질은 아니다.

⑥ 발화를 올바로 이해했다는 것과 화자의 발화 의도에 걸맞은 개념을 갖고 있다는 것은 서로 무관한 일이다. "나는 네 말을 완벽히 이해했지만 네가 말한 것이 무엇인지 알 수 없다."라는 말은 자가 당착이 아니다.

⑦ 개념이 어떤 식으로든 그림의 성질을 갖는다고 하면 이 개념이 이해되기 위해서는 개념 자체가 해석의 대상이 되어야 한다. 이것도 마찬가지로 무한 역행으로 이어진다.

그렇다면 이에 대한 대안을 어떻게 마련할 것인가를 검토해 볼 필요가

쉬어가기 **개념 의미론**

특정한 사물, 사건이나 상징적인 대상들의 공통된 속성을 추상화하여 종합화한 보편적 관념. 개념은 구체적 개념과 추상적 개념으로 구분되는데, 구체적 개념은 대상의 물리적 속성에 따라 구별하는 개념이고, 추상적 개념은 관찰될 수 없는 현상을 나타내는 공통적인 속성을 정의함으로써 구별하는 개념이다. 이러한 개념을 연구 대상으로 삼는 의미론 분야를 개념 의미론이라고 하는데, 의미를 언어와 세상의 대응물 사이의 형식적인 관계가 아니라 하나의 심적 현상으로 파악하는 것이 그 주된 목적 중 하나이다.

있다. 다케다 세이지(2005: 102-103, 155)에 따르면, 언어의 의미는 본질적으로 다의적이고 결정 불가능하다. 예를 들어 '하늘이 파랗다'라는 표현이 있다고 치자. 인식론적인 문제로서 이 언어 표현의 의미는 자명한 것으로 아무런 문제가 없는 듯이 보인다. 그러나 의미의 전달과 이해 문제에서 곧 아포리아(aporia)가 생긴다. 즉, '하늘은 파랗다'는 이 말은 그 자체로 단순한 사실의 서술인지, 감동을 표현하는 것인지, 오늘은 맑아서 좋았다고 말하는 것인지, 또 하늘의 색은 파랗고 다른 색이 아니라는 것을 지시하고 있는지 '결정 불가능'이다. 이 장면에서 언어는 의미의 다양성을 드러내고, 여기서 진위의 결정 불가능성의 아포리아가 나타나며, 그것은 한 걸음 더 나아가 규칙의 무한 역행성의 아포리아로 전개된다. 규칙의 무한 역행성은 비트겐슈타인이 인상적으로 나타낸 것처럼 '규칙의 규칙의 규칙의…'라는 형태를 취한다. 그래서 '하늘은 파랗다'라는 말이 일반 서술을 의미할지, 감동을 의미할지 등은 전후의 상황 맥락을 통해서만 알 수 있다고 말할 수밖에 없지만, 그것이 어떠한 상황 맥락에 속할지는 관습적 규칙에 존재한다고밖에는 달리 표현할 수가 없다. 즉, 어떤 규칙을 적용할 때에는 상위의 규칙(메타 규칙)이 필요하고, 이하 그것은 무한 역행한다.

언어의 의미가 본질적으로 이러한 속성을 지닌다면, 이때의 어휘력은 상황 맥락 파악 능력이 되며 이 능력의 평가가 어휘력 평가의 핵심이 된다. 이런 점에서 보면 모든 어휘 평가는 문맥적 의미 전달 및 이해 능력을 평가하는 것이 된다. 또한 의미의 결정 불가능성이 언어의 다의성 때문이라면, 의미 한정 조건을 따지는 것이 어휘력 평가의 중요 요소가 된다. 어휘의 의미가 그 상황 맥락에서 왜 적절한지를 따지는 것이 그것인데, 맞다 틀리다의 문제가 아니라, 적절한가 부적절한가의 문제로 환원될 수 있다.

또 다른 대안이 될 수 있는 것은 '단어의 의미는 언어 속에서의 그 단어의 사용'이라는 비트겐슈타인의 언어관을 받아들이는 것이다. 이를 받아들이면 어휘의 의미는 어휘의 사용 규칙(조건)이 되며, 어휘력 평가는 어휘의 사용 규칙(조건)을 알고 있는지를 평가해야 한다. 이때의 전제는 의미가 '외부에 있는 지시 대상도 아니고, 언어 사용자의 머릿속에 있는 개념도 아니어야 한다. 어휘의 사용 규칙(조건)을 평가하려면 당연히 어휘 평가는 어휘 단독으로 평가해서는 안 된다. 최소 문장 단위 이상에서 평가해야 한다.

이러한 어휘 평가의 관점은 현재 국어교육에서 많이 논의되고 있는 의미 구성과도 어느 정도 통한다. 만약 인간의 언어 사용이 의미 구성 과정이라면, 의미 구성의 성립 조건이 무엇인지를 따지거나 그 의미가 맞다는 의미 확신 조건을 따지는 것이 필요하다. 다 알다시피 문제는 그 해석이 맞다는 것을 어떻게 보증하는가이다. 즉, 해석의 다양성 또는 해석의 무정부주의라는 문제에 봉착하게 되는 것이다. 해석의 어디까지를 인정해야 하는지를 결정해야 이러한 문제점들을 극복할 수 있는데, 현재까지 확실한 해결책은 없다. 대안 중 하나로 거론되는 것이 사회 구성주의인데, 이는 근본적인 대안이 되지 못한다. 그 사회의 해석이 틀릴 수도 있고, 사회가 여러 개 존재하면 똑같은 문제에 빠져들게 되기 때문이다.

의미가 갖는 이러한 유동성, 역동성, 상대성은 끊임없이 어휘력 평가의

알아보기 **언어의 다의성**

한 단어가 여러 의미를 가지고 있으면 그 단어를 다의어라 한다. 다의어의 의미 구조는 의미 변화의 내부 기제인 유사성(similarity)과 인접성(contiguity)에 따라 대별된다. 유사성에 따른 다의어는 사물이나 개념 사이의 형태, 기능, 속성의 유사성으로 말미암은 다의어를 말한다. 예를 들어, 우리말의 '목'은 '척추동물의 머리와 몸통을 잇는 잘록한 부분'과 '통로 가운데 다른 곳으로는 빠져나갈 수 없는 중요하고 좁은 곳'의 의미를 지닌 다의어인데, 형태와 기능의 유사성에 바탕을 둔 것이다. 인접성에 따른 다의어는 사물이나 개념 사이의 공간 및 시간상의 인접 또는 인과 관계에 따른 다의어를 말한다. 예를 들어, 영어의 'sail'은 '돛'과 '배'를 뜻하는데, 양자는 공간상의 인접으로 다의어가 된 것이다.

내용 타당도를 확보하기 어렵게 만든다. 그뿐만 아니라 평가 도구나 평가 문항의 개발도 어렵게 만든다. 어휘의 의미를 알고 있는지를 알기 위해서는 또 다른 어휘를 끌어들여야 하는데 그 어휘 역시 의미를 확정 지을 수 없기 때문이다. 이러한 점에서 현재의 어휘 평가가 사전적 의미에 기댄 평가인 것도 어느 정도 수긍이 간다. 그렇다 하더라도 현재의 어휘 평가는 지식 위주의 평가이므로 어떤 식으로든 개선할 필요가 있다.

정리하면 어휘의 의미는 하나의 관점으로만 설명하기에는 너무나도 복잡하다. 후설의 말대로 의미는 본질적으로 주관적일지도 모른다. 이는 구조주의와 대척점에 있다. 구조주의는 기호들 사이의 차이로 의미를 설명하기 때문이다. 그렇다면 의미는 '객관적 의미[6]+주관적 의미'일 수도 있다. 앞에서 예로 든 '하늘이 파랗다'라는 의미가 여러 가지로 해석되어도, 그리고 '파랗다'라는 어휘의 사용 규칙(조건)을 안다고 해도, 이를 가능하게 하려면 '파랗다'라는 기초 의미(기본 의미)는 존재하는 것이 아닐까? 이것은 기호의 체계로 설명할 수밖에 없지 않나 생각한다. 그렇다면 의미를 안다는 것은 다음의 세 가지를 아는 것이 된다.

① 기호 체계로서의 어휘 의미
② 상황 맥락으로부터 추출한 어휘 의미
③ 어휘 사용 규칙(조건)

현재의 어휘력 평가는 ①만을 대상으로 하는 경향이 있다. 그런 점에서 ②와 ③도 어휘력 평가에 반영해 어휘력 평가의 지평을 확장할 필요가 있다.

---

6   이때의 객관적 의미는 사전적 의미라 할 수도 있고, 관습적 의미라고 할 수도 있을 것이다. 어
     찌 되었건 언어 사용자에게는 미리 주어진 것이기 때문이다.

그러면 지금까지 논의한 것처럼 어휘력 평가와 관련된 딜레마를 해소하고, 어휘 교육 평가의 목표와 내용의 타당도를 확보하려면 어떻게 해야 하는가? 겉으로 보기에는 어휘력을 협소하게 보든지, 넓게 보든지 둘 중 하나처럼 보인다. 하지만 잘 생각해 보면 어휘력을 협소하게 보는 것은 타당성이 없다. 앞에서 언급한 바와 같이 많은 연구자들은 어휘력이 일반적인 언어 능력과 구분되지 않음을 강조하고 있다. 따라서 어휘 교육 평가의 목표와 내용 타당도를 확보하기 위해서는 기본적으로는 어휘력을 넓게 볼 필요가 있다. 즉, 위에 제시한 '③ 어휘 사용 규칙(조건)'이 광의의 어휘력에 해당한다고 할 수 있다. ③은 필연적으로 '① 기호 체계로서의 어휘 의미'와 '② 상황 맥락으로부터 추출한 어휘 의미'를 포함한다. 또한 ②는 ①을 포함한다. ①, ②, ③은 일종의 함의 관계에 있는 것이다. 이처럼 어휘력을 넓게 보면 협소한 의미의 어휘력은 넓은 의미의 어휘력에 당연히 포함되므로 어휘력을 좁게 볼 이유가 없다. 그런 다음, 어휘력이 일반적인 언어 능력과 어떤 점에서 같고 어떤 점에서 다른지 살펴본다. 즉, 어휘력과 일반적인 언어 능력의 공통점과 차이점을 밝히는 것이다.[7] 지금까지의 논의들은 이것 아니면 저것이라는 식으로 어휘력과 일반적인 언어 능력을 모순 관계인 것처럼 취급하였다. 하지만 이는 정도 문제이다. 극단적인 한 쪽은 어휘력을 협소하게 보는 것으로 순수 어휘력이라 할 만한 것들이다. 평가 상황에서는 어휘의 '사전적인 의미'를 묻거나 어휘 단독 문항이 이에 해당한다. 다음은 그 예들이다.

23. ㉠~㉪의 사전적 뜻풀이가 잘못된 것은?

---

[7]　이 장은 어휘 교육 평가를 이론적으로 고찰하는 것이 목적이므로 어휘력과 일반적인 언어 능력의 공통점과 차이점을 본격적으로 고찰하지는 않을 것이다. 어휘력과 일반적인 언어 능력의 공통점과 차이점을 구분하는 것은 또 다른 연구 주제라 여겨진다. 이에 대해서는 후속 연구를 기대할 수밖에 없다.

① ⊙ 침해: 사라져 없어지게 함.

② ⓒ 남용: 본래의 목적이나 범위를 벗어나 함부로 행사함.

③ ⓒ 폐해: 폐단으로 생기는 해.

④ ⓔ 관건: 어떤 사물이나 문제 해결의 가장 중요한 부분.

⑤ ⓜ 획정: 경계 따위를 명확히 구별하여 정함.

〈2010학년도 대수능 언어 영역 본수능〉

42. 밑줄 친 단어 중, ⓒ(만족)의 의미를 포함하지 않는 것은?

① 선을 본 사람이 마음에 차지 않았다.

② 엊그제 비가 흡족히 와서 가뭄이 해소되었다.

③ 그는 자기 능력에 상당한 대우를 받고 기뻐했다.

④ 철수는 그 자리에 있는 것이 별로 달갑지 않았다.

⑤ 형의 말을 들은 삼촌의 얼굴이 그리 탐탁해 보이지 않는다.

〈2010학년도 대수능 언어 영역 6월 모의고사〉

물론 위의 사전적 의미를 묻는 문제도 지문에 밑줄을 긋고 묻기 때문에 독해력이 전혀 관여하지 않는다고 말할 수는 없다. 하지만 다음과 같은 문제에 비하면 상대적으로 지문의 이해 정도가 큰 변수가 되지는 않는다.

43. ⓐ와 ⓑ를 공통으로 대치할 수 있는 말로 가장 적절한 것은?

> 한 가지 분명한 사실은 그들에게 음악은 기예 영역이라기보다 학문적 영역이었다는 점인데, 이는 고대 그리스 음악 이론에 ⓐ내재한 수학적인 사고에서 쉽게 찾아볼 수 있다.
>
> 고대 그리스 음악 이론의 두 전통은 논리이냐 경험이냐의 대조적인 사유의 두 축을 이루며, 서양 음악 이론의 맥을 형성하였다. 이 두 전통에 ⓑ배어 있는 대립적 성향은 비단 이론뿐 아니라, 창작·연주·감상에 이르는 다양한 음악 활동을 평가하는 잣대로 자리 매김하여 오늘에 이르고 있다.

① 겹쳐 있는 ② 들어 있는 ③ 쏠려 있는 ④ 안겨 있는 ⑤ 얹혀 있는

〈2011학년도 대수능 언어 영역 9월 모의고사〉

위의 예들과는 달리 다음의 어휘 문항은 그것이 어휘 문제인지 독해력 문제인지 그 구분이 모호하다. 속담을 포함한 관용구를 아는 것이 어휘력에 속하고 속담의 사전적인 의미를 안다고 해도 아래의 문제를 쉽게 풀기는 어렵다. 다른 어휘 문항에 비해 지문에 대한 이해가 상당 정도 관여하기 때문이다.

31. ⓛ에 대해 〈보기〉처럼 이해한다고 할 때 , 밑줄 친 곳에 들어갈 말로 가장 적절한 것은?

> 한편, J커브 현상과는 별도로 환율 상승 후에 얼마의 기간이 지나더라도 경상 수지의 개선을 이루지 못하는 경우도 있다. 첫째, 상품의 가격 조정이 일어나도 국내외의 상품 수요가 가격에 어떻게 반응하는가 하는 수요 구조에 따라 경상 수지는 개선되지 못하기도 한다. 수출량이 증가하고 수입량이 감소하더라도, 경상 수지가 그다지 개선되지 않거나 오히려 악화될 수도 있다는 것이다. 둘째, 장기적인 차원에서 ⓛ수출 기업이 환율 상승에만 의존하여 품질 개선이나 원가 절감 등의 노력을 계속하지 않는다면 경쟁력을 잃어 경상 수지를 악화시킬 수도 있다. 우리나라의 경우 환율은 외환 시장에서 결정되나, 정책 당국이 필요에 따라 간접적으로 외환 시장에 개입하는 환율 정책을 구사한다. 경상 수지가 적자 상태라면 일반적으로 고환율 정책이 선호된다. 그러나 이상에서 언급한 환율과 경상 수지 간의 복잡한 관계 때문에 환율 정책은 신중하게 검토되어야 한다.

〈보기〉
_____ 더니, 수출 기업이 환율 상승만 믿고 경쟁력을 제고하기 위한 방책을 강구하지 않는다는 말이군.

① 감나무 밑에 누워 홍시 떨어지기를 바란다

② 소도 비빌 언덕이 있어야 비빈다

③ 가난 구제는 나라님도 어렵다

④ 원숭이도 나무에서 떨어진다

⑤ 말타면 경마 잡히고 싶다

〈2011학년도 대수능 언어 영역 9월 모의고사〉

정리하면, 어휘력과 관련한 평가 문항은 다음 선의 어느 한 지점을 차지하게 된다. ㉠에 가까울수록 순수 어휘력과 관련된 평가 문항이 되며, 어휘 단독 평가 문항을 만들 수도 있고 지문과 큰 관련이 없는 어휘 평가 문항 제작도 가능하다. 반면, ㉢에 가까워질수록 어휘력과 일반적인 언어 능력 간의 관계는 모호해진다. 그렇기 때문에 ㉢에서는 그 평가가 어휘력 평가인지 일반적인 언어 능력 평가인지를 명확하게 구분하는 것 자체가 의미가 없다. 어휘력의 관점에서 어떤 하위 어휘 능력이 그 평가 문항과 관련이 있는지를 밝히면 평가 목표의 타당도를 확보할 수 있는 것이다. 일반적인 언어 능력의 관점에서도 그 평가 문항이 어떤 하위 언어 능력과 관련이 있는지를 따져보면 된다. ㉡은 우리가 통상 말하는 문맥적 의미를 묻는 평가 문항에 해당한다고 할 수 있다. 이론적으로는 ㉠, ㉡, ㉢과 관련된 모든 어휘 평가 문항이 가능하다. 하지만, ㉠보다는 ㉡, ㉢ 중심으로 어휘 평가 문항을 개발하는 것이 광의의 어휘력을 평가할 수 있으므로 바람직하다고 할 수 있다.

㉠ 협의의 어휘력　　　㉡　　　㉢ 광의의 어휘력

4. 나오며

평가에서는 무엇보다도 타당도가 중요하기 때문에 이 장은 타당도에만 초점을 맞춰 어휘 교육 평가에 대해 살펴보았다. 본론에서 제시한 어휘력 평가의 문제점을 해결하기 위해서는 최소한 다음과 같은 사항들도 추가로 고려할 필요가 있다.

우선 어휘력 평가는 국어과의 다른 영역과의 연계 또는 통합[8]을 적극적으로 추진해야 한다. 일반적으로 사람들은 이해 어휘력과 표현 어휘력이 다르다. 이는 사람들의 어휘력이 단일하지 않다는 것을 의미한다. 이러한 점을 감안하면 어휘력은 기본적으로 이해 어휘력과 표현 어휘력으로 나누어 평가할 필요가 있다. 현재의 어휘력 평가는 이해 어휘력 평가에 집중되어 있다고 할 수 있다. 또한 문학에서의 어휘력은 일반적인 이해 어휘력, 표현 어휘력과는 다를 것이고, 같은 문학이라도 시에서의 어휘력과 소설에서의 어휘력도 같지는 않을 것이다. 이런 식의 발상은 어휘력을 어느 정도 세분화하여 평가하는 것이 좋은지에 대한 논의로 이어질 수 있다. 논설문 어휘력, 설명문 어휘력, 토론 어휘력 등 글과 담화의 종류에 따라서도 필요한 어휘력이 다른지 같은지, 같으면 어느 정도 같은지 등도 검토해 볼 필요가 있을 것이다.

어휘력 평가의 타당도를 높이기 위해서 또 하나 고려해야 할 사항은 어휘에 대해 안다는 것이 무엇인지를 판단하는 것이다. 앞서 보았듯이 여러 연구자들이 어휘력에 대해 연구한 것을 보면 대체로 어휘에 대한 총체적인 지식을 어휘력으로 보고 있음을 알 수 있다. 이런 식이라면 어느 누구도 하나의 단어도 다 알고 있다고 하기가 어렵다. 신명선(2008a: 37)의 지적대로 단어를 안다는 것은 정도의 문제이므로 어휘력의 여러 구성 요소들 중 필수

---

8   통합에 대한 자세한 사항은 주세형(2006: 143-227)을 참고할 것.

요소를 추출하여 평가할 필요가 있다.

또한 평가 어휘의 범위와 종류에 대한 논의도 있어야 할 것이다. 예를 들면, 조사는 어휘력 평가의 대상인가? 아닌가? 단어라 할 수 없지만, 어미와 어간, 형태소 등은 어떻게 처리해야 하나? 이러한 종류의 어휘들은 문법과 관련이 깊으므로 일단 어휘 평가에서는 제외할 필요가 있을지도 모르겠다. 맞춤법과 띄어쓰기 등도 마찬가지이다. 어휘 평가는 단어의 의미를 중심으로 실시하고,[9] 나머지는 문법 평가라는 이름으로 달리 실행할 필요가 있는 것이다. 품사에 따른 어휘의 종류도 그 성격이 다르기 때문에 평가를 달리할 수도 있다. 각 품사의 특성에 맞는 평가 문항을 개발할 필요가 있는지도 검토해 볼 만한 과제라 생각된다. 더 나아가서는 품사 중 어느 것이 더 중요한지는 논란이 있지만, 기본적으로 더 중요한 품사가 있다면 그에 대한 평가를 따로 할 수도 있을 것이다. 한편 추상적인 개념어들은 그 이해나 표현이 구체어들보다 어렵고, 이해나 표현의 처리 기제도 다르다.[10] 따라서 이 둘의 어휘 교육은 다를 수밖에 없으므로, 이에 맞춰 평가를 달리 할 수 있는 방안이 있을지도 모르겠다. 이외에도 '속담, 관용어, 숙어' 등의 처리 문제, '은어, 속어, 비어, 유행어, 통신 언어' 등과 관련된 문제, 일상 어휘와 학습 어휘의 구분 문제, 직업용 어휘 또는 학문 영역별 어휘 문제 등 해결해야 할 문제가 산적해 있다고 할 수 있다.

위에 제시한 문제들은 말 그대로 제언이어서 현실적인 타당성이나 가능성에 대해서는 아직은 뭐라 말하기가 힘들다. 다만 어휘 교육 평가의 이론적 틀을 정교화하기 위해서는 피해 가기 어려운 사항들이라 할 수 있다. 이에 대한 연구들이 활발히 이루어져 어휘 교육 전반이 발전을 이루었으면 한다.

---

9   의미 능력 중심으로 어휘 평가를 하자는 안에 대해서는 하성욱(2008)을 참고할 것.

10   Schwarz & Chur(1996:94)에 따르면, 뇌에서 추상 명사를 처리할 때에는 좌반구가 우세하고, 구체적인 어휘를 처리할 때에는 우반구가 활성화된다.

1. 어휘 평가의 유형에는 어떤 것들이 있고, 어휘 평가 내용 요소를 어떻게 추출하는 것이 합리적
   인지 생각해 보자.

2. 어휘 평가 문항을 하나 만들어 보고, 타당도에 비추어 보아 그 평가 문항의 적절성 여부를 판
   단해 보자.

3. 어휘 평가는 있지만, 문장 평가와 문단 평가 등은 없다. 왜 그런지 생각해 보고, 어휘 능력의
   중요성을 정리해 보자.

국어교육의 영역과 어휘 교육   <u>02</u>

1

화법 교육과 어휘 교육

1. 들어가며[1]

이 글은 화법[2] 교육과 어휘 교육의 관계를 검토하고 화법 능력 신장을 위한 어휘 교육의 내용과 방법을 제시하는 데 목적이 있다. 화법 교육과 어휘 교육이 내용적으로 접합하는 지점은 '구어 어휘'에 있을 것이다.[3] 화법 교육은 구어 의사소통 능력 신장을 목적으로 하고 어휘 교육은 어휘 능력 신장을 목적으로 하기 때문이다. 구어 어휘를 중심으로 하여 설정할 수 있는 양

---

1   이 글의 일부 내용(2절 및 3절 2항 일부)은 민병곤(2012)을 바탕으로 재구성한 것임을 밝혀 둔다.

2   이 글에서 '화법'은 '구어로 이루어지는 듣기·말하기 행위'를 포괄적으로 가리키는 뜻으로 사용하기로 한다. 따라서 '화법 교육'도 국어과 교육과정에서 국민공통기본 교육과정의 '듣기·말하기' 영역과 선택교육과정의 '화법' 영역 모두를 포함하는 개념으로 사용하고자 한다.

3   머릿속 어휘 사전의 존재를 전제할 때 '구어 어휘'를 독자적으로 상정하는 것은 총체로서의 어휘력 개념을 제한하는 용어이지만 여기에서는 구어로만 사용되는 어휘가 아니라 구어로 사용될 수 있는 어휘를 포괄적으로 지시하는 개념으로 사용하고자 한다.

자 간의 관계는 '화법 교육을 위한 어휘 교육'과 '화법 교육을 통한 어휘 교육'의 둘로 구분해 볼 수 있다. 전자는 어휘가 화법의 핵심 자원 중 하나라는 점에서 어휘 교육을 화법 교육의 내용이나 방법으로 보는 관점이다. 후자는 어휘 교육의 독자성 측면에서 화법 교육을 어휘 능력 신장의 방법으로 보는 관점이다. 전자의 경우 화법 활동 자체가 목적이지만 후자의 경우에는 화법 활동이 어휘 능력 향상을 위한 수단이 된다.

물론 양자가 상호 의존적인 불가분의 관계로 맺어져 있다고 할 수도 있다. 어휘를 배제한 화법이 존재할 수 없고 화법으로 표상되지 않는 어휘도 불완전할 것이기 때문이다. 그렇다면 당연히 교육의 국면에서도 양자는 불가분의 관계에 있다고 말할 수 있다. 절차상으로도 화법 교육과 어휘 교육이 상호 참조 또는 순환의 관계를 이루고 있음도 짐작할 수 있다. 화법 교육을 위한 어휘 자원의 투입은 화법 능력의 신장에 기여하고, 화법에 사용되는 어휘는 다시 어휘 자원의 확장에 기여할 것이기 때문이다. 이러한 과정이 반복된다는 점에서 보면 양자 간의 관계를 목적과 수단의 관점에서 구분하는 것은 논의상의 편의 또는 교육적 실천을 위한 방편에 다름 아니다.

문제는 화법 교육과 어휘 교육의 내포와 외연을 각각 어떻게 상정할 것인가, 그리고 각각의 세부적인 국면들이 조합되는 다양한 관계의 양상을 어떻게 포착할 것인가 하는 점이다. 화법 교육이나 어휘 교육 모두 각각을 어떤 관점에서 바라보느냐에 따라 그 성격과 정체는 다를 것이고 이는 양자를 관련지어 논의하는 모든 국면에 영향을 미칠 것이다. 예를 들어 발달 심리학적 관점에서 볼 때 어휘 교육에서 가장 중요한 문제는 화법의 발달을 지원하는 어휘 자원의 선정과 제공이다. 그러나 비판 이론의 관점에서 보면 화법을 구성하는 어휘 자원에 대한 비판적 이해가 가장 중요한 문제가 될 것이다. 어휘 교육의 경우에도 정태적으로 접근할 것이냐 동태적으로 접근할 것이냐에 따라 그 내용이 달라지고 화법 교육과 관련되는 양상도 그만큼 복잡해질 것이다.

화법 교육과 어휘 교육의 외연 또는 범위를 어떻게 보느냐에 따라서도 양자 간의 관계에 대한 논의는 달라질 수 있다. 예컨대 화법 교육에서 매체를 통한 의미 구성의 측면을 포함할 것이냐 아니냐에 따라 어휘 교육과 관련되는 지점은 달라진다. 또 어휘 교육에서도 일반 어휘, 학습 도구어, 전문어 등으로 나뉘는 어휘의 범위를 어디까지 포함시킬 것이냐에 따라 논의의 내용은 달라진다.

이와는 조금 다른 맥락에서 화법 교육과 어휘 교육의 관련성을 현행 교육과정에 반영된 내용으로 논의의 범위를 제한할 것이냐, 논의되고 있는 다양한 쟁점들을 낱낱이 검토할 것이냐, 아니면 원론적이고 이상적인 관점에서 접근할 것이냐에 따라서도 논의의 범위와 내용은 달라질 것이다. 이러한 제반 국면을 모두 포함하는 것이 이 주제에 대한 깊이 있는 이해를 보장하는 것이 되겠으나 이 책의 성격과 지면의 제약을 고려하여, 이 장에서는 화법 교육의 지향성을 고찰한 후, 화법 교육과 어휘 교육의 현황을 표상하는 교육과정의 내용을 개괄적으로 검토하고, 화법 능력 신장을 위한 어휘 교육의 방안을 제시하는 것으로 그 범위를 제한하고자 한다.

2. 화법 교육에서 어휘의 위상

1) 화법 교육의 지향과 어휘

화법 교육의 실천에는 일정한 철학적, 이론적 관점이 전제되어 있을 수 있는데, 힐(Hill, 2001)은 크로포드(Crawford, 1995)를 바탕으로 구어에 대한 이론적 관점을 성장주의(maturationism),[4] 행동주의(behaviorism), 발달심리학(developmental psychology), 사회구성주의(social constructivism), 비판이론(critical theories)의 다섯 가지로 구분한 바 있다. 그리고 여기에 푸코(Foucault, 1980)와 부르디외(Bourdieu, 1986)의 관점을 더하여 교실에서 사용하는 언어의 제도적이고 사회 자본적인 측면에 대한 탐색의 필요성을 강조하였다. 민병곤(2005, 2006a)에서도 화법 현상에 접근하는 관점을 '형식적 관점, 기능적 관점, 전통문화적 관점, 비판적 관점, 개인적 성장 관점'의 다섯 가지로 살핀 바 있다. 이러한 분류는 의사소통 이론, 자국어교육 연구, 화법 및 화법 교육 연구에서 논의되어 온 관점들을 참조한 것인데 현행 화법 교육의 초점은 대체로 '기능적 관점'에 놓여 있다고 본다.

한편 존스(Jones, 2011)는 말하기와 듣기의 양상을 친교적(social), 소통적(communicative), 문화적(cultural), 인지적(cognitive) 양상의 네 가지로 구분한다. 친교적 양상은 관계의 증진, 소통적 양상은 의미의 전달, 문화적 양상은 담화 공동체에 따른 의미의 차이, 인지적 양상은 말을 학습 도구로 사용하는 것과 관련된다. 이러한 구분 방식은 구어 사용의 목적을 기준으로 한 것으로 볼 수 있는데, '소통'의 의미를 다소 협의적으로 사용하고 있다는 점과 학습 도구로서 구어의 인지적 양상을 부각하였다는 점이 특징적이다.[5] 존스의 관점은 현행 국어과 교육 및 화법 교육에서 언어 사용의 목적을 정보 전달, 설득, 친교 및 정서 표현으로 구분하고 있는 것과 다소 차이가 있는데, 분류나 용어 사용의 엄밀성 측면에서는 재고의 여지가 있으나, 인지적

---

4   성장주의는 프뢰벨(Froebel), 게셀(Gesell) 등이 주요 이론가로서, 아동에게 성장할 수 있는 시간을 주고 자신에 대한 지식을 계발하게 하는 것을 목표로 하며, 연구 방법으로는 관찰을 강조한다.

5   학습 도구로서 구어의 기능에 대한 강조는 윌킨슨(Wilkinson, 1965)에서 언식성(oracy)이라는 용어를 처음 사용한 이래, 주로 영국을 중심으로 반즈(Barnes, 1975)를 거쳐 교실 담화(classroom discourse) 연구 및 교수·학습 언어에 대한 최근의 논의에서까지 활발하게 나타나고 있다.

양상에 대한 고려가 화법을 통한 어휘 학습 및 범교과 학습과 관련된다는 점에서 의의를 찾을 수 있다.

　여기에서는 화법 교육의 지향성을 크게 '소통'과 '성찰'의 두 측면으로 구분하여 화법 교육에서 어휘가 어떤 위상과 의미를 갖는지 살펴보고자 한다.

2) 소통 중심의 화법 교육과 어휘

소통 중심의 화법 교육은 기존의 화법 교육이 지향했던 제반 국면을 포함한다. 소통의 개념은 매체, 현상, 행위, 사건, 제도, 문화 등 다양한 층위에서 논

알아보기 **문식성(literacy)과 언식성(oracy)**

전통적으로 교육에서는 읽기(reading), 쓰기(writing), 셈하기(arithmetic)를 기초교육(3R's)으로 중시해 왔다. 읽기와 쓰기는 문식성(literacy), 셈하기는 수리력(numeracy)과 관련지어 이해할 수 있으므로 문식성은 기본적으로, 읽고 쓸 수 있는 능력, 즉 '문자 언어를 이해하고 사용하는 능력'으로 정의할 수 있다. 최근에는 문식성의 개념을 '문자 언어를 비롯한 다양한 양식이 복합적으로 작용하는 텍스트를 생산 및 수용하고 소통하는 능력'으로 확장하여 이해하고 있다.

언식성(oracy)은 문식성, 수리력에 대응하여 윌킨슨(Wilkins, 1965)이 제안한 개념이다. 이는 문식성이 문자 언어의 이해와 사용에 초점을 맞추고 있기 때문에 상대적으로 음성 언어 능력(oral skills)에 대한 교육적 인식이 부족했다는 데 대한 반성에서 기인한 것이다. 따라서 언식성은 기본적으로 음성 언어(口語)를 이해하고 사용하는 능력으로서,

말하기·듣기 능력과 관련되는 것으로 볼 수 있다. 그러나 문식성의 개념이 확장되고 있는 것과 마찬가지로 언식성의 개념 또한 '다양한 상황적 맥락에 대한 이해를 바탕으로, 화행 목적을 효과적으로 달성하기 위해 벌이는 상호교섭적인 구어 소통 능력'으로 이해하는 것이 적절할 것이다.

언어의 습득과 발달 과정을 고려해 보면, 의사소통은 구어를 통해 시작되어 문어를 통한 소통으로 나아가므로 언식성이 바탕이 되지 않은 채 문식성만을 기른다는 것은 사실 불가능한 일이다. 실제로 교실 수업에서도 교사와 학생이 구어 소통을 통해 교수와 학습을 수행하며, 학생들 간의 대화를 통해 스스로 의미를 구성해 나가는 것이 학습에서 중요한 역할을 하고 있다. 따라서 구어를 통한 소통능력을 향상시키는 것이 비단 화법 교육의 내용에만 머무르는 것이 아니라 교육 전반에 걸쳐 학습에 도움을 줄 수 있도록 나아가야 할 것이다.

의될 수 있지만, 어느 층위에서든 화법과 관련되는 부분은 소통의 양식성과 합리성이다. 양식성은 소통을 가능하게 하는 구성 요소들이 이루고 있는 규칙이나 관습과 관련되고, 합리성은 이상적인 소통에 대한 판단 기준과 관련된다. 국어과 교육에서 화법 교육은 합리성에 대한 성찰보다는 우리 사회가 관습화하고 있다고 전제되는 소통의 양식성을 탐구하고 익힘으로써 의사소통의 효율성을 추구하는 데 집중해 왔다. 화법 교육의 목표가 음성 언어를 통한 의사소통 능력을 신장하는 데 있다고 할 때 그 대체적인 의미는 이런 것이다.

화법을 통한 효율적 의사소통의 추구는 화법 행위의 언어적, 인지적, 사회적 측면을 조화롭게 통합할 때 얻어질 수 있다. 화법 행위의 자원 중 하나인 어휘 역시 이러한 세 차원에서 그 기능과 역할을 살펴볼 수 있다. 화법의 언어적 측면을 운율 층위, 어휘·문법 층위, 담화 층위, 매체 층위로 나누어 볼 때, 어휘는 통합 관계와 계열 관계 속에서 구조와 체계를 이루는 의미 자원으로서 말소리와 운율로 실체화하는 담화의 구성 요소이다. 따라서 소통적 측면에서 언어 자원으로서의 어휘는 의사소통의 내용을 양적·질적으로 담보하는 핵심 요소 중 하나이다.

화법의 인지적 측면은 구어의 산출과 이해 과정을 가리킨다. 산출 과정에서는 다양한 의사소통 상황에서 화자의 의도를 구현할 수 있는 담화의 계획과 이를 뒷받침할 어휘의 효율적 산출을 위한 반복과 연습, 산출 전략 등의 활용이 중요하다. 또 이해 과정에서는 어휘의 형식과 의미에 대한 개념적 이해뿐만 아니라 풍부한 경험과 백과사전적 지식의 구성 그리고 담화의 배경이나 비언어적 표현 등 맥락 의미를 언어로 매개하여 상황 모형(situation model)[6]으로 재구성하는 것이 중요하다.

---

6   킨취(Kintsch, 1998)에서 텍스트 이해 과정을 설명하기 위해 사용한 개념으로, 텍스트에서 도

소통의 효율성을 위한 화법의 사회적 측면은 상황 맥락, 사회적 상호작용과 같은 미시적 측면, 의사소통의 제도, 관습, 사회 구조, 문화와 같은 거시적 측면으로 나누어 살펴볼 수 있다. 미시적 측면에서 어휘 사용은 담화의 목적, 화제, 참여자 관계, 시공간적 배경, 맥락 등의 요소와 밀접한 관련을 갖는다. 미시적 측면에서 화자는 상황 맥락에 대한 민감성을 가지고 적절한 어휘를 사용하는 것이 중요하다. 거시적 측면에서는 어휘가 제도화 또는 관습화된 의사소통의 맥락에서 의례적으로 사용된다는 점에서 개별 어휘가 가지고 있는 문화적이고 상징적인 의미들을 이해하는 것이 중요하다.

이와 같이 소통 중심의 화법 교육에서 어휘의 위상은 담화의 자원으로서, 핵심적 통사 의미 정보 처리의 기제로서, 사회·문화적 규약과 상징으로서의 의미를 갖는다. 현행 화법 교육 과정에서 어휘 교육은 대체로 언어적 차원에 무게 중심을 두고 있는 것으로 보인다. 소통 중심의 관점에서 보더라도 균형 잡힌 화법 교육을 위해서는 화법의 언어적 측면 외에도 인지적, 사회·문화적 측면에서 어휘의 위상과 역할이 고려되어야 할 것이다.

3) 성찰 중심의 화법 교육과 어휘

성찰 중심의 화법 교육은 국어과 교육과정에 반영된 '초인지적 점검' 항목에서 그 단적인 내용을 확인할 수 있다. 성찰은 인간 의사소통의 대전제라 할 수 있다. 성찰이 전제되지 않은 의사소통은 기계적이고 비인간적인 의사소통이라 해도 과언이 아닐 것이다. 화법의 미시적 국면부터 거시적 국면까지 모두 성찰의 대상이 될 수 있다. 담화 참여자가 사용하는 언어 자원, 언어 자원을 표현하고 이해하는 방식, 그리고 그러한 화법 과정을 가능하게 하거

출된 명제들과 장기기억으로부터 뒷받침된 명제들로 구성된 의미의 표상 방식을 가리킨다.

나 강제하는 사회·문화적 배경 모두가 여기에 해당한다.

성찰 중심의 화법 교육은 소통 중심의 화법 교육과 밀접한 관련을 맺고 있다. 담화의 언어 자원을 주어진 것으로 받아들이지 않고 이를 반성적으로 돌아봄으로써 바람직하고 품위 있는 언어를 창조해 나가는 것을 중요시한다. 어휘의 의미를 고정된 것으로 간주하지 않고 청중의 특성에 맞는 다양한 언어 자원을 탐색하고 나아가 그러한 언어 자원을 수정하거나 확장해 나가는 것이 중요하다. 페어클러프(Fairclough, 2001)에서는 언어적 차원, 즉 텍스트 차원에서 비판적 담화 분석을 위한 질문의 내용을 어휘에 대한 것, 문법에 대한 것, 텍스트 구조에 대한 것으로 구분하고,[7] 어휘에 대한 것으로 낱말의 '체험적, 관계적, 표현적' 가치[8] 등에 대한 분석의 필요성을 제기한 바 있다(Fairclough, 2001/김지홍 역, 2011: 215-6). 화법 교육에서 비속어, 외래어, 유행어,[9] 폭력적인 언어,[10] 표준어와 방언, 공정한 어휘 사용[11] 등의 문제는 언어적 측면에서 성찰 중심 화법 교육의 중요성을 환기하는 쟁점들이다.

인지적 차원에서의 성찰 중심의 화법 교육은 화법의 과정, 즉 수용과 생산에 대한 초인지적 점검과 조정의 과정을 포함한다. 2007 개정 교육과

---

7   페어클러프는 비판적 담화 분석을 위한 절차를 기술(記述), 해석, 설명의 세 단계로 나누고, 각각의 대상을 담화의 텍스트, 상호작용(산출과정 및 이해과정), 맥락(산출 및 이해의 사회적 조건)에 상응하는 것으로 본다(Fairclough, 2001/김지홍 역, 2011).

8   여기에서 '체험적' 가치는 담화의 내용인 지식이나 신념과 관련되고, '관계적' 가치는 담화 주체들 간의 사회적 관계와 관련되며, '표현적' 가치는 담화 참여자의 사회적 정체성과 밀접하게 관련된다.

9   최근 우리사회에서 널리 쓰이고 있는 '멘붕'이라는 말이 일본의 하류 문화에서 비롯되었다는 사실이 알려지면서 유행어 사용에 대한 사회적 경각심이 발동한 것은 좋은 사례라 할 수 있다.

10   2012년에 고시된 국어과 교육과정에서는 중학교 1~3학년 국어 '듣기·말하기' 영역에 "(13) 폭력적인 언어 사용의 문제를 인식하고, 바람직한 언어 표현으로 순화하여 말한다."라는 내용을 추가하였다.

11   주세형(2005a)에서는 어휘 교육에서 이데올로기와 가치 판단의 문제를, 박재현(2006)에서는 어휘의 가치 교육 문제를, 윤천탁(2011)에서는 공정한 어휘 사용의 문제를 논의한 바 있다.

정 '화법' 과목에서 이러한 내용을 반영하였으나,[12] 여기에서의 '점검과 조정'은 기능적 측면에 초점이 맞추어진 듯하다. 담화의 생산과 수용 과정에서 담화의 주체가 어휘를 활용하여 수행하는 역할에 대한 지속적인 성찰이 필요할 것이다. 이러한 성찰에는 화법 행위의 전후에 자신의 의사소통 과정에 대해 성찰하는 행위도 포함된다. 또한 개인적이고 사적인 영역에서뿐만 아니라 공적 담화나 뉴스, 광고와 같이 대중 매체를 통하여 이루어지는 공공적 소통 현상에도 성찰이 적용될 수 있다.

사회적 차원에서 성찰 중심의 화법 교육은 담화의 생산과 수용을 가능하게 하는 상황 맥락, 제도나 기관, 사회 구조 등과 같은 사회·문화적 배경에 대한 성찰을 요구한다.[13] 페어클러프(Fairclough, 2001)에서는 사회적 차원, 즉 맥락 차원에서 비판적 담화 분석을 위한 질문의 내용을 '사회적 결정 요인, 이념, 효과'의 세 측면에서[14] 제시하였다. 이 질문들을 고려한다면 성

---

12 '기능' 범주 '의사소통의 점검과 조정' 항의 '수용과 생산의 점검과 조정'에, 다음 두 항목이 제시되어 있다.
   ㉮ 내용의 확인, 추론, 비판, 평가와 감상 과정이 적절한지 점검하고 조정한다.
   ㉯ 내용의 생성, 조직, 표현 및 전달 과정이 적절한지 점검하고 조정한다.
13 국어과 교육과정에서도 화법의 사회·문화적 배경에 대한 이해를 강조하고 있다. 다음은 2007 개정 교육과정 화법 과목, 2001 개정 교육과정 화법과 작문 과목의 '교수·학습 방법'에 각각 언급된 내용이다.
   [4-가-(3)-(바)] 화법 활동에는 사회·문화적 맥락이 관여함을 알고, 언어문화를 비판적으로 성찰하고 창조적으로 계승하는 태도를 지니게 한다.
   [5-가-(3)-(라)] 화법 활동에는 사회·문화적 맥락이 관여함을 알고, 국어 문화를 비판적으로 성찰하고 창의적으로 계승하는 태도를 지니게 한다.
14 세 측면의 질문 내용은 다음과 같다(Fairclough, 2001/김지홍 역, 2011: 308-309).
   ㄱ. 사회적 결정 요인(social determinants): 상황 층위와 제도·기관 층위와 사회구조적 층위에서 어떤 권력관계가 이런 담화를 형성하는 데 도움을 주는가?
   ㄴ. 이념(ideologies): 인출된 기억자원(MR)의 어떤 요소들이 이념적 성격을 지니는가?
   ㄷ. 효과(effects): 상황 층위와 제도·기관 층위와 사회구조적 층위에 있는 갈등과 관련하여 이런 담화가 어떻게 위상이 정해지는가? 이들 갈등이 외현적인가 아니면 묵시적인가? 해

찰 중심 화법 교육의 사회적 차원에서 어휘의 위상은 특정 담화에 반영된 어휘의 사회적 결정 요인, 이념, 효과를 성찰해 보는 것으로 요약될 것이다. 담화 참여자가 자신 또는 타인의 담화에서 어휘 사용의 사회적 배경을 성찰하는 것은 의식적·무의식적으로 담화를 통해 매개될 수 있는 사회적 억압으로부터 자신과 타인을 자유롭게 하는 데 기여할 것이다. 담화에 대한 성찰이 곧 권력과 억압을 극복할 수 있는 현실적인 힘으로 전환되는 것은 아니지만, 성찰은 인간을 성숙시키고 타인과 세계에 대한 이해의 지평을 확장하며 나아가 해당 공동체의 결속과 진보에도 기여할 수 있다.

이와 같이 성찰 중심의 화법 교육에서는 담화 자원으로서 어휘의 '체험적, 관계적, 표현적' 가치에 대한 성찰, 담화의 수용과 생산 과정에 관여하는 어휘의 역할에 대한 성찰, 담화에 반영된 어휘의 사회적 결정 요인, 이념, 효과에 대한 성찰 대상으로서의 의미를 갖는다. 현행 화법 교육 과정에서 성찰 중심의 화법 교육은 대체로 수용과 생산 과정의 점검과 조정에 초점을 두고 있다. 그런데 화법 교육에서 성찰의 대상은 인지적 차원뿐만 아니라 언어적, 사회적 차원으로까지 확대될 필요가 있고, 특히 어휘 교육 측면에서 어휘가 관여하는 제반 국면들에 대한 성찰이 함께 이루어질 필요가 있다.

당 담화는 기억자원과 관련하여 규범적인가 아니면 창조적인가? 그것이 기존의 권력관계를 계속 유지하는 데 기여하는가, 아니면 기존 권력관계를 변형시키는가?

3. 화법 교육의 내용과 어휘 교육

1) 화법 교육과정의 검토

이 절에서는 국어과 교육과정의 화법 영역(또는 과목)에서 어휘 관련 내용이 어떻게 다루어지고 있는지 살펴보기로 하겠다. 화법 교육의 내용은 화법의 관점이나 이론, 교육과정 구성 방식에 따라 다를 수 있다. 제7차 교육과정에서는 화법의 기능(또는 전략)을 중심으로, 2007 개정 및 2012 개정 교육과정에서는 대체로 담화 유형을 중심으로 내용을 선정·조직하는 양상을 띠고 있다. 여기에서는 교육과정 구성 방식의 변화를 일일이 좇아가는 대신 화법 교육을 구성하는 포괄적인 틀을 화법의 '원리'와 '실제'로 나누어 각각의 세부 내용에서 어휘 교육이 관련되는 양상을 고찰하고자 한다.

화법 교육 내용으로서 '화법의 원리'는 화법 능력을 구성하는 하위 범주로 간주되는 '지식, 기능, 태도'를 의미한다. 이러한 범주는 전통적으로 교과의 내용으로 간주되어 온 것으로 각각 인간 행동의 '인지적, 심동적, 정의적 영역'을 표상한다.[15] 2012년 고시 국어과 교육과정(고시 제2012-14호)의 '듣기·말하기' 영역에 제시된 내용 성취 기준 가운데 어휘 관련 항목들을 뽑아 보면 다음과 같다.

---

15   듣기, 말하기 영역의 원리를 구성하는 내용 체계 범주명으로 제7차 교육과정에서는 '본질, 원리, 태도', 2007 개정 교육과정에서는 '지식, 기능, 맥락', 2012 개정 교육과정에서는 '지식, 기능, 태도'라는 용어를 사용하였다. 그리고 '화법' 과목의 이론을 구성하는 내용 체계 범주명으로는 제7차 교육과정에서는 '본질, 원리, 태도', 2007 개정 교육과정에서는 '지식, 기능', 2011 개정 교육과정에서는 '본질'이라는 용어를 사용하였다. 각각의 범주가 함의하는 바는 다르지만 대체로 화법 능력을 구성하는 것으로 가정되는 하위 능력(기능 또는 전략이 중심이 됨)을 표상하는 개념이라 할 수 있다.

ⓐ 1~2-(2) 듣는 이를 고려하며 자신의 기분이나 느낌을 말로 표현한다.

ⓑ 1~2-(4) 일이 일어난 차례를 생각하며 듣고 말한다.

ⓒ 1~2-(5) 상황과 상대에 알맞은 인사말을 알고, 공손하고 바른 태도로 인사를 나눈다.

ⓓ 1~2-(6) 여러 가지 말놀이에 즐겨 참여한다.

ⓔ 1~2-(8) 고운 말, 바른말을 사용하는 태도를 지닌다.

ⓕ 3~4-(3) 일의 원인과 결과를 생각하며 듣고 말한다.

ⓖ 3~4-(7) 반언어적·비언어적 표현의 효과를 이해하고 활용한다.

ⓗ 5~6-(9) 비속어 사용의 문제점을 인식하고 품위 있는 언어 생활을 한다.

ⓘ 7~9-(3) 인물이나 관심사를 다양한 방법으로 소개하거나 설명한다.

ⓐ에서는 '감정 상태를 표현하는 낱말'을, ⓑ에서는 '시간 표현'과 '접속 표현'을, ⓒ에서는 '인사말'을, ⓓ에서는 말놀이에 요구되는 다양한 어휘를, ⓔ에서는 '고운 말, 바른말'을, ⓕ에서는 '인과 관계를 나타내는 담화 표지'를, ⓖ에서는 '반·비언어적 표현'을, ⓗ에서는 '비속어'를, ⓘ에서는 '소개 대상을 고려한 어휘'를 다루도록 하고 있다.

명시적으로 드러나지는 않지만 다음과 같은 항목에서도 어휘 관련 내용은 추출할 수 있다.

ⓙ 3~4-(5) 내용을 이해하기 쉽게 발표하고, 다른 사람의 발표를 평가하며 듣는다.

ⓚ 3~4-(6) 회의의 절차와 방법을 알고 능동적으로 참여한다.

ⓛ 5~6-(5) 토론의 절차와 방법을 알고 적극적으로 참여한다.

ⓜ 5~6-(8) 자신의 말이 상대에게 미칠 영향이나 결과를 예상하여 신중하게 말한다.

ⓙ은 청중이 '이해하기 쉽게' 내용을 구성하고 표현 및 전달하는 과정에서 '이해하기 쉬운' 어휘에 대한 고려가, ⓚ과 ⓛ에서는 회의와 토론의 절

차와 방법을 배우는 과정에서 관련 '용어'에 대한 고려가, ㉣은 '말의 영향이나 결과를 예상하며' 적절한 표현 방식을 선택하는 과정에서 신중한 어휘 사용에 대한 고려가 필요할 것이다.

이상의 항목들을 화법의 원리와 실제로 나누어 학년군별로 재구성해 보면 [표 1]과 같다.[16] [표 1]의 내용을 개략적으로 살펴보면 '듣기·말하기' 영역에서 어휘 관련 내용이 저학년군에 집중되어 있다는 점, 기능 및 태도 범주에 주로 반영되어 있다는 점, 전반적으로 어휘 관련 내용 구성의 일정한 체계를 찾기 어렵다는 점을 확인할 수 있다.

1~2학년군의 듣기·말하기 교육에서 어휘 관련 내용이 다른 학년이나 다른 내용 요소에 비해서 상대적으로 높은 비중을 차지할 수 있다는 점은 수긍할 만한 점이 있다. 다양한 의사소통 상황이나 담화 유형에 대한 적응보다는 일상생활과 학습 상황에 필요한 기본 어휘를 익히고 활용하는 것이 중요한 시기이기 때문이다. 그러나 1~2학년군에 적용된 것과 같은 위상의 다른 어휘를 체계적으로 고려하지 않았다는 점은 개선이 필요한 부분이다. 예를 들어 '감정 상태를 표현하는 낱말'은 의미를 기준으로 한 어휘 유형이라 할 수 있는데, 이런 식으로 접근한다면 듣기·말하기에서 다루어야 할 어휘를 담화의 내용 또는 주제에 따라 유형화하여 교육 내용에 포함해야 할 것이다.

---

16 2012 개정 교육과정은 기본적으로 2007 개정 교육과정의 틀을 유지하면서 '실제' 중심의 내용 구성 방식을 취하고 있으나, 내용 성취 기준에 담화 유형이 결부되지 않은 항목이 많아 실질적으로는 제7차 교육과정과 2007 개정 교육과정 구성 방식이 절충된 것으로 보인다. 이러한 구성 방식은 구성 체계의 내적 일관성 문제는 있으나 현실적으로 이 두 가지 패러다임이 화법 교육 내용을 구성하는 원리로 뒤섞여 있음을 보여 준다. 그리고 2007 개정 교육과정의 경우에도 실제 중심의 내용 구성이 일관성 있게 구현되지 못한 부분이 적지 않다. 이는 '문법' 영역과의 연계가 체계적으로 이루어지지 않은 점, '지식, 기능, 맥락'이라는 하위 범주 설정의 내적 논리가 부족한 점 등에서 기인한다. 여기에서는 이러한 현실을 감안하여 화법 교육의 내용을 '원리'와 '실제'라는 두 범주를 설정해 보았다.

[표 1] 2012 개정 교육과정(2012-14) 국어 '듣기·말하기' 영역의 어휘 관련 내용 성취 기준

내용 범주			1~2 듣	1~2 말	3~4 듣	3~4 말	5~6 듣	5~6 말	7~9 듣	7~9 말
원리	지식	듣기·말하기의 본질과 특성								
		듣기·말하기의 유형								
		듣기·말하기와 맥락								
	기능	상황 이해와 내용 구성								
		표현과 전달	ⓛ, ⓒ[1], ⓜ[1]		ⓗ, ⓐ					
		추론과 평가								
		상호 작용과 관계 형성	ⓒ[2], ⓖ							
		듣기·말하기 과정의 점검과 조정								
	태도	동기와 흥미	ⓡ[1]							
		공감과 배려	ⓒ[3], ⓜ[2]					ⓤ		
		듣기·말하기의 윤리						ⓞ		
실제	목적	정보를 전달하는 말				ⓩ				ⓩ
		설득하는 말				ⓚ		ⓔ		
		친교 및 정서 표현의 말	ⓡ[2]							
	매체	듣기·말하기와 매체								

듣기·말하기 교육 내용을 '지식, 기능, 태도'로 범주화하고 각각을 세분하여 하위 범주를 설정할 때, 어휘 교육 내용은 어느 범주에 포함되어야 하는 것일까? 교육과정 내용 성취 기준 항목을 [표 1]과 같이 특정 범주에 할당한 것은 필자의 판단에 따른 것으로 해당 내용 성취 기준 설정의 취지와는 다소 거리가 있을 수도 있다. 듣기·말하기 영역의 내용 성취 기준이 어휘 교육만을 목적으로 한 것도 아니고, [표 1]과 같이 내용 요소를 분절적으로 반영하고자 한 것도 아닐 것이기 때문이다.[17] 기능 범주에서 어휘 관련 내용이 주로

---

17 원문자에 윗첨자를 붙인 것은 해당 성취 기준이 몇 가지 내용 요소에 걸쳐 있음을 나타내고

'표현' 범주와 관련되어 있는 것은 어휘가 듣기·말하기의 언어적 자원이기 때문에 당연한 결과로 보인다. 어휘를 '기능' 범주의 '표현'뿐만 아니라 '태도'와도 관련지은 것은 주목할 만한 부분이다. 그러나 어휘가 상황 이해나 내용 구성, 추론과 평가, 과정의 점검과 조정 등 듣기·말하기의 인지적·초인지적 측면과 관련되지 않는다고 단언할 수는 없다. 어휘를 듣기·말하기의 기능적 측면과 관련짓고자 한다면, 담화의 산출과 처리 과정에서 어휘의 역할에 대한 검토를 바탕으로 어휘 관련 내용을 체계적으로 반영해야 할 것이다.

어휘 관련 내용 구성의 일정한 체계를 찾아보기 어렵다는 것은 위와 같이 '원리' 범주의 내용 요소 간 수직적·수평적 짜임새가 엉성하다는 점을 지적한 것이다. 그러나 '원리' 범주 내에서뿐만 아니라 '실제' 범주와의 관련성 측면에서도 문제가 있어 보인다. 특정한 담화 유형, 즉 듣기·말하기의 실제를 교육 내용으로 상정하고 있음에도 불구하고 해당 담화 유형을 학습하는 데 필요한 어휘 관련 내용 요소가 체계적으로 고려되지 않았다는 것이다. 예를 들어 발표, 회의, 토론과 같은 장르에서 학습해야 할 용어, 담화 표지, 주제 유형에 따른 어휘군 등 실제 중심의 내용 구성에서 반드시 고려해야 할 요소들이 간과되고 있다. 실제 중심의 내용 구성에서는 이와 같이 담화를 구성하는 어휘의 언어적 차원뿐만 아니라 인지적·사회적 차원까지를 함께 고려하는 것이 필요하다.

〔표 1〕에서는 직접적으로 드러나지 않지만, 문법 영역에 선정된 어휘 관련 내용과의 연계도 검토해 보아야 할 문제이다. 다음은 문법 영역에 반영된 어휘 관련 내용 성취 기준 목록이다.

㉠ 1~2-(2) 다양한 고유어(토박이말)를 익히고 소중히 여기는 태도를 기른다.

자 한 것이다.

ⓛ 1~2-(3) 낱말과 낱말의 의미 관계를 알고 활용한다.

ⓒ 3~4-(1) 소리와 표기가 다를 수 있음을 알고 낱말을 바르게 발음하고 쓴다.

ⓔ 3~4-(2) 표준어와 방언의 가치를 알고 상황에 따라 효과적으로 사용한다.

ⓜ 3~4-(3) 국어의 낱말 확장 방법을 알고 다양한 어휘를 익힌다.

ⓗ 3~4-(4) 낱말들을 분류해 보고 국어사전에서 낱말을 찾아본다.

ⓢ 5~6-(2) 낱말이 상황에 따라 다양하게 해석됨을 이해하고 효과적으로 표현할 수 있다.

ⓞ 5~6-(3) 고유어, 한자어, 외래어의 개념과 특성을 알고 국어 어휘의 특징을 이해한다.

ⓩ 5~6-(6) 관용 표현의 특징을 알고 담화 상황에 맞게 사용한다.

ⓩ 7~9-(6) 품사의 개념과 특성을 이해하고 단어를 적절하게 사용한다.

ⓚ 7~9-(8) 어휘의 유형과 의미 관계를 이해하고 활용한다.

　문법 영역에서는 언어 단위로서 단어의 형태적, 문법적, 의미적 측면을 두루 포괄하고, 어휘의 분류와 상황에 맞는 적절한 어휘 활용을 내용으로 선정하고 있다. 문법 영역의 '실제'에서도 '구어'를 국어 자료로 다루도록 하고 있어서 화법 교육과 문법 영역의 어휘 관련 내용을 연계할 수 있는 가능성은 열려 있다. 예를 들어 교육과정에서 ㉠, ㉡ 항목은 '말놀이'를 활용하도록 설명되어 있어서 '듣기·말하기' 영역 1~2학년군의 "여러 가지 말놀이에 즐겨 참여한다."와 연계하여 내용을 구성하는 것이 가능하다.

　그러나 이와 같은 연계 방식이 전체 학년군에 체계적으로 고려되지는 않은 것으로 보인다. ㉢은 단어의 정확한 발음, ㉣은 표준어와 방언의 사용, ㉥은 낱말의 의미 파악과 활용, ㉦은 상황 맥락을 고려한 낱말의 의미 해석과 표현, ㉧은 어종의 이해와 활용, ㉨은 관용 표현의 활용, ㉩은 품사 특성을 고려한 어휘 활용, ㉪은 유형과 의미 관계를 고려한 어휘 활용 등을 관련지을 수 있을 것이다. 구체적으로 관련되는 지점은 듣기·말하기 영역의 내용 요소 선정이나 내용 구성 방식에 따라 달라질 수 있고 화법 교육에서 어휘 교육의 범위가 어디까지인지에 대해서는 논의의 여지가 있을 수 있지만, 화법 교육의 내용을 풍성하고 충실하게 할 수 있는 내용 요소가 될 수 있다는 점은 분명하다.

물론 문법 영역에서 어휘 관련 내용의 일부는 읽기 영역이나 쓰기 영역과 연계하여 내용을 구성할 수 있기 때문에 모든 항목을 '듣기·말하기'와 관련지을 필요는 없을 것이다. 그리고 일부 항목은 언어 현상의 일부로서 탐구의 대상일 뿐이지 그것을 담화의 이해나 수용과 직접적으로 관련지을 필요가 없을 수도 있다. 다만 기본적인 내용 구성의 방향을 듣기·말하기 영역의 내용과 체계적으로 관련지어 구성하는 것이 필요할 것이다.

2) 화법 교육에서 어휘 교육 방안

(1) 화법 교육의 내용 구조와 어휘 교육

화법 교육에서 어휘 교육의 위상을 정립하기 위해서는 먼저 화법 교육의 내용 체계를 이해할 필요가 있다. 화법의 실제 중심으로 화법 교육의 내용을 구성해 보면 〔그림 1〕과 같이 도식화할 수 있다.

[그림 1] 화법 교육에서 소통과 성찰의 내용 구조

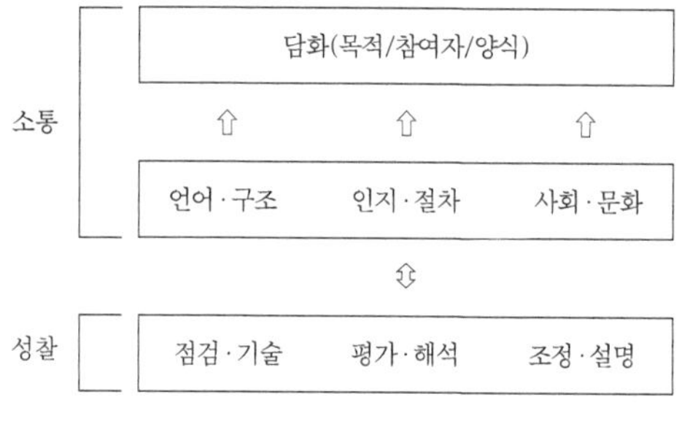

화법의 실제, 즉 담화 중심으로 화법 교육의 내용을 구성한다는 것은 화법 교육에서 추구하는 화법 능력을 음성 언어로 이루어지는 다양한 의사소통 상황에 참여하는 능력으로 정의한다는 것을 의미한다. 따라서 화법 교육의 내용을 구성하기 위해서는 교육적으로 유의미한 다양한 담화 유형을 상정할 필요가 있다. 담화를 유형화하려면 의사소통의 상황(일상생활/학습 상황), 목적(정보 중심/관계 중심 또는 정보 전달/설득/친교 및 정서 표현), 내용(다양한 화제), 참여자 또는 상호작용 방식(일대일/일대다/소집단/대집단), 양식(음성/문자/복합양식매체) 등 다양한 요소를 고려하여야 한다. 이러한 담화는 단순한 언어의 연쇄가 아니라 언어적·인지적·사회적 행위가 수렴하는 의사소통적 사건 또는 적응적 행위 공간이다. 이는 화법 교육에서 학습자로 하여금 담화의 언어·구조적 측면, 인지·절차적 측면, 사회·문화적 측면을 종합적으로 고려하여 담화에 참여할 수 있도록 내용을 제공하여야

알아보기　　**담화 유형과 어휘**

담화 유형에 따라 그 유형에 관습적으로 쓰이는 어휘는 달라진다. 예를 들어, 토론에서 관습적으로 쓰이는 어휘와 협상에서 관습적으로 쓰이는 어휘는 서로 다르다는 것이다.

토론은 대립되는 의견을 가진 참여자들이 엄격한 절차에 따라 타인을 설득하는 담화 유형이기 때문에 논쟁과 관련된 어휘가 관습적으로 쓰이며 토론 절차에 관한 어휘와 참여자들의 역할에 관한 어휘도 자주 쓰인다. 논쟁과 관련하여서는 '논제, 필수 쟁점, 사실, 가치, 정책' 등의 어휘가 관습적으로 쓰이며, '입론, 반론, 교차신문' 등과 같이 토론 절차에 관한 어휘도 자주 쓰인다. 해당 논제에 대한 입장에 따라 부여되는 역할인 '증명, 반증, 대체 방안 제시' 등의 어휘도 토론에서 자주 나타난다.

협상은 상대방을 설득한다는 점에서 토론과 중첩되는 지점이 있으나 담화의 목적과 참여자의 특성 등에서 서로 차이가 나기 때문에 협상에서 관습적으로 쓰이는 어휘는 토론에서의 그것과는 달라진다. 협상의 목적은 토론과는 달리 상충된 의견을 조정하여 합의를 찾는 것이기 때문에 토론에서와는 달리 '타협, 합의, 수용, 제안' 등의 어휘가 자주 쓰이며, 상충된 이해관계를 전제로 소통을 하게 된다는 협상 참여자의 특성으로 인해 '이익, 갈등, 이면, 호혜' 등의 어휘도 관습적으로 자주 나타나게 된다.

함을 의미한다.

소통의 언어·구조적인 측면에서 어휘 교육의 내용은 구어 어휘 자원(내용어, 형식어)의 특성 이해, 담화 유형이나 주제에 따른 어휘 자원의 확보가 중심이 될 것이다. 소통의 인지·절차적 측면에서는 담화 내용의 구성 및 재구성에서 화제를 구성하는 핵심 어휘의 선정과 이해, 표현 및 전달 과정에서 내용, 상황, 표현 효과를 고려한 어휘의 활용, 상호작용 과정에서 상대를 고려한 어휘의 선정, 이해, 습득, 추론의 과정에서 어휘 의미와 내용의 추론, 평가와 감상에서 어휘 사용의 적절성에 대한 판단 등이 중심 내용이 될 수 있다. 소통의 사회·문화적 측면은 상황 맥락, 사회적 상호작용과 같은 미시적 측면, 의사소통의 제도, 관습, 사회 구조, 문화와 같은 거시적 측면으로 나누어 살펴볼 수 있는데, 미시적 측면에서 어휘 교육의 내용은 화자가 상황 맥락에 대한 민감성을 가지고 적절한 어휘를 사용하는 것이 중요하며 거시적으로는 어휘가 가지고 있는 문화적이고 상징적인 의미들을 이해하는 것이 중요하다.

화법 행위에 대한 성찰적 측면은 성찰의 대상에 따라 화법의 결과, 과정, 맥락으로, 성찰의 단계에 따라 예비적 성찰, 과정적 성찰, 사후적 성찰로 나누어 접근할 수 있다. 전자의 경우 어휘 교육의 내용은 화법에 사용된 어휘 자원의 양과 질에 대한 성찰, 화법 과정에서 어휘 산출과 이해 과정의 적절성과 효율성에 대한 성찰, 화법의 배경이 되는 상황적, 사회·문화적 맥락을 고려한 어휘 이해의 적절성에 대한 성찰이 중심 내용이 될 수 있다. 후자의 경우 예비적 성찰은 표현과 이해를 위한 설계의 적합성을, 과정적 성찰은 표현과 이해 수행의 적합성을, 사후적 성찰은 수행 결과나 효과의 적합성을 성찰하는 것이다. 여기에서 어휘 교육의 내용은 각 단계에서 어휘 사용의 정확성, 적절성, 효율성을 평가해 보는 것이 중심을 이룬다.

(2) 화법의 실제와 어휘 교육

화법 교육의 내용을 소통과 성찰의 두 측면으로 나눌 때 이러한 내용이 적용되는 화법의 실제는 크게 일상생활 상황과 학습 상황의 둘로 나누어 볼 수 있다. 소통과 성찰은 일상생활 상황과 학습 상황에서 화법 교육이 추구해야 할 목표이자 내용으로서의 위상을 갖는다. 여기에서는 화법 교육 내용 설계의 기본 방향을 실제 중심으로 구성하는 것을 전제하고, [그림 2]와 같이 일상생활과 학습이라는 두 가지 상황에서 담화를 수용 및 생산, 즉 소통하고 이를 성찰하는 능력을 신장하기 위한 어휘 교육의 방안을 살피고자 한다.

[그림 2] 화법 교육의 지향성과 담화 상황의 관계

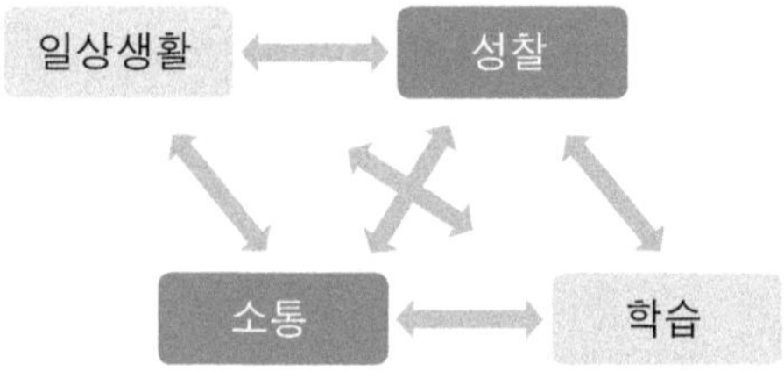

① 일상생활 담화

일상생활 상황에서 이루어지는 화법의 실제를 화법의 목적과 매체 특성을 고려하여 구분해 보면 현행 교육과정에서와 같이 '정보전달, 설득, 친교 및 정서표현' 및 '매체'로 나눌 수 있다. 두 개의 범주로 나눈 것은 화법의 목적에 따른 담화의 분류를 기본으로 삼고 여기에 매체적인 요소를 부가적으로 고려하자는 뜻이 담긴 것으로 보인다. 여기에서 정서 표현을 목적으로 한 담화에는 문학적 담화, 예를 들면 문학 작품 낭독하기, 시나 이야기 듣기, 연극이나 영화, 드라마 보기 등과 같은 담화 활동도 포함될 수 있을 것이다. 그러나 국어과 교육과정에서는 '문학'을 별도의 영역으로 설정하고 있기 때문에 화법 영역에서는 대체로 비문학적 담화 유형에 초점을 더 맞추고 있다.

현실적인 영역 구분의 문제를 논외로 한다면 화법의 실제를 '사실적, 문학적, 미디어' 담화로 나누거나,[18] '실용적, 심미적, 복합양식' 담화와 같이 나누어 다양한 구어 의사소통의 맥락을 포괄하는 것이 바람직할 것이다. 화법에서 문학적 담화 또는 심미적 담화를 다룰 주로 문학 작품의 구술성에 초점을 맞추게 될 것이다. 이 글에서는 일상생활 담화라는 용어의 외연을 이와 같이 포괄적으로 설정하고자 한다.

　　실용적 담화는 주로 정보의 소통, 설득과 비판, 관계의 형성과 증진 등을 목적으로 하는 일상생활 상황의 의사소통적 사건으로서 대화, 연설, 토의, 협상 등 화법 교육에서 전통적으로 다루어 왔던 대부분의 유형이 해당한다. 실용적 담화의 생산 및 수용을 위한 어휘 교육의 내용은 의사소통의 목적에 대한 명확한 인식을 바탕으로 그러한 목적을 효과적으로 달성하기 위하여 어휘 자원을 구축, 활용, 이해하고 자신과 타인의 화법에 사용된 어휘를 기술, 해석, 설명하는 성찰 능력을 기르는 데 어휘 교육의 초점을 두어야 한다. 예를 들어 대화를 하는 의사소통 참여자는 대화의 목적이 정보의 소통인지, 설득과 비판인지, 관계의 형성과 증진인지를 먼저 판단하고 그러한 목적을 추구하기 위한 담화의 생산 및 수용 과정에서 어휘를 효율적으로 사용하는 것이 중요하다. 관계 중심의 대화에서 상대방을 배려하지 않는 어휘를 사용한다든가 정확하지 않은 어휘 사용의 문제점을 지적한다든가 하는 소통 방식은 관계를 증진하는 데 부적절할 것이다. 대화의 성공과 실패에 대한 성찰을 할 때에는 그러한 목적을 바탕으로 사용할 또는 사용된 어휘를 확인하고 그 활용 방식을 분석하며 그러한 결과와 절차를 배태하게 된 맥락을 이해하고 설명할 수 있어야 한다.

　　심미적 담화는 주로 예술이나 문학적 담화의 소통을 목적으로 하는 일

18　　장르 중심 교육과정에서 텍스트 유형을 분류하는 기본 틀이다(Knapp and Watkins, 2005).

상생활 상황의 의사소통적 사건으로서 시, 이야기, 드라마 등 문학 영역에서 주로 다루어 왔던 유형이 해당한다. 시는 주로 기존의 작품을 낭독하는 형태로, 이야기는 구전되거나 창작된 것을 구어로 재구성하는 형태로, 드라마는 대본에 따라 배우가 작품을 재현하는 형태로 소통이 이루어진다. 심미적 담화의 생산 및 수용을 위한 어휘 교육의 내용은 의사소통의 목적보다는 작가의 의도나 작품 속 (가상) 인물의 의사소통 목적을 청중이나 관객에서 효과적으로 전달하고 청중이나 관객은 이를 주체적으로 해석하여 수용하는 데 필요한 어휘 자원의 구축, 활용, 이해 그리고 그러한 과정에 대한 기술, 해석, 설명과 같은 소통과 성찰 능력을 기르는 데 두어야 한다. 예를 들어 이야기를 전달하는 사람은 작가의 의도를 전달하기 위하여 이야기의 구성 요소들을 효과적으로 표현하여야 한다. 이 과정은 언어적, 반·비언어적 표현의 정확성, 유창성, 효과성 등 다양한 구어적 표현 요소의 활용을 필요로 한다. 그 가운데에서 어휘는 이야기 내용을 거시적·미시적으로 구성하고 전달하는 데 핵심적인 역할을 할 수 있다. 이야기를 듣는 입장에서도 내용을 확인하고 추리하며 감상하는 데 어휘 자원을 단서로 활용하여 이야기의 내용과 자신의 배경 지식을 연결해 나간다. 이야기의 전·중·후 과정 전체에서 어휘 자원의 선정과 활용의 기술, 해석, 설명적 차원의 성찰이 어휘 교육의 내용이 될 수 있다.

복합양식 담화는 의사소통의 목적보다는 매체 측면에 초점을 맞춘 장르 분류로서 실용적, 심미적 측면이 모두 다루어질 수 있다. 화법은 음성 언어 매체뿐만 아니라 다양한 소리, 음악 등의 청각 매체, 도표, 그림, 사진 등의 시각 매체, 그리고 동영상, 플래시, 애니메이션 등 다양한 복합 매체를 수반할 수 있고, 이러한 매체가 다양한 정보통신 매체와 표시 장치 등과 결합하여 실현되기도 한다. 이러한 복합양식 담화는 뉴스를 비롯한 다양한 방송 담화, 인터넷 공간에서 문자 또는 화상으로 이루어지는 대화나 토론, SNS 메시지 등 다양한 형식을 취한다. 복합양식 담화의 생산 및 수용을 위한 어휘 교육의 내용은 음성 언어 중심의 면대면 담화에서와 다른 형식과 의미로 소통되는 어휘 자원의 구축, 활용, 이해가 중시된다. 그리고 매체적 측면에서 자신과 타인의 어휘를 기술, 해석, 설명하는 성찰 능력을 기르는 것도 필요하다. 예를 들어 SNS를 통하여 주고받는 대화는 문자 언어를 주된 매체로 사용하지만 일반적인 쓰기와 달리 상호작용 측면이 강하고 언어 표현에 구어적인 요소가 많다는 점에서 화법의 유형으로 다루어질 수 있다. 여기에서 어휘 교육은 구어적 메시지 전달이나 상호작용을 하되, 문자 언어를 이용하고 비대면 소통이 이루어진다는 점에서 더 압축적이고 효과적인 어휘 선정이나 활용을 요구하며 어휘 의미를 확정하기 위한 추론적 활동도 더 활발하다는 점이 고려되어야 할 것이다. 참여자가 다수인 경우 의사소통의 실수나 오해가 발생하는 경우도 많기 때문에 어휘 사용에 대한 성찰 또한 중시될 것이다.

② 학습 담화

학습 상황에서 이루어지는 담화는 주로 교실에서 이루어지는 다양한 소통 양식에 초점을 둔다. 여기에는 강의, 질문과 대답, 발표, 소집단 대화 같은 양식이 포함된다. 강의는 교사가 학생에게 교과 지식을 설명하는 데 주로 활용되는 담화 유형인데 학습자 입장에서는 지식의 구조를 이해하고 자신의 선행 지식과 경험을 활용하여 내용을 재구성하는 데 초점이 있을 것이다. 질문과 대답은 강의 내용 또는 교과 내용과 관련하여 점검, 평가, 송환을 목적으로 하는 대화의 양상인데, 학습자의 입장에서 질문을 받을 때에는 질문자의 의도에 부합하는 대답을, 질문을 할 때에는 의도가 명확하게 드러나는 질문을 하는 것이 중요하다. 발표는 주로 학습자가 준비한 과제를 여러 사람 앞에서 설명하는 말하기인데 내용의 선정과 조직, 효과적인 표현과 전달의 제반 국면이 모두 중시된다. 마지막으로 소집단 대화로는 말놀이,[19] 탐구 대화(exploratory talk), 토의, 토론, 협상 등을 들 수 있는데, 지식의 구성을 목적으로 하는 학습 목적의 담화에서 강의를 듣는 활동과 함께 가장 중요한 담화 양식이라 할 수 있다.[20]

학습 상황의 화법 교육에서도 화법의 언어적, 인지적, 사회적 차원을 고려할 수 있는데, 어휘의 위상을 중심으로 각 차원을 살펴보자. 먼저 언어적 차원에서는 교과 내용 및 활동과 관련한 어휘를 머릿속 사전의 기억 자원으로 활용할 수 있도록 선정·제공할 필요가 있다. 화법 교육에서는 각 교과 활동 중 듣기·말하기 활동과 관련된 어휘를 중점적으로 다루어야 한다. 교과 내용과 관련해서는 현행 교육과정과 같은 교과 분과 체제에 얽매이지

알아보기 **탐구 대화**

탐구 대화(exploratory talk)는 학습에 대한 사회 구성주의 관점에 근거한 것으로, 학습자가 기존에 가지고 있던 지식 또는 이해에 새로운 생각을 관련 짓거나 새로운 사고방식으로 접근함으로써 지식을 재구성하거나 새로운 이해에 도달하는 것을 목적으로 한다. 또한 탐구 대화는 문제되는 새로운 견해를 이해하는 데 사용되며, 대화가 가지는 유연성이 우리가 알고 있는 것을 새롭게 정리하거나 변화시키는 것을 수월하게 한다.

탐구 대화는 대화 참여자가 자신의 생각을 검토하려 시도하는 대화라는 점에서 머뭇거리거나 일관

적이지 못한 불완전한 발화가 많이 나타나며, 청자의 요구를 고려하기보다는 자신의 생각을 정리하는 데 더 초점이 놓이며 수용적인 분위기에서 활성화된다는 특징을 지닌다. 따라서 학습의 초기 단계에 더 적합하다고 할 수 있다(Barnes, 2008).

탐구 대화를 통하여 학습자는 교과 지식을 획득할 뿐 아니라 사고 과정에 대한 학습이 일어난다는 점에서 사고력을 신장시킬 수 있다. 또한, 협력적으로 대화하고 논증하는 가운데 어휘력을 비롯한 언어 능력을 신장시킬 수 있다는 점에서 학습자의 이해 능력과 언어 발달에 크게 기여할 수도 있다.

---

19 '말놀이'는 화법 학습 자체를 목적으로 하기보다는 화법에 필요한 어휘의 확장과 어휘 능력 신장을 위한 방법으로서의 의미를 갖는다.

20 피어스·질스(Pierce and Gilles, 2008)에서는 학습을 지원하는 대화(talk)의 유형을 친교 대화(social talk), 탐구 대화(exploratory talk), 발표 대화(presentational talk), 메타 대화(meta-talk), 비판 대화(critical talk)의 다섯 가지로 유형화하고 있다.

말고 각 교과에서 학습할 핵심 어휘들을 선정하고 이것을 교수·학습 과정에서 담화 상호작용을 통하여 어떻게 학습할 것인지에 대한 계획을 세워야 할 것이다. 즉, 교사의 설명으로 할 것인지, 아니면 학생들의 탐구 활동이나 과제 수행을 통해서 할 것인지에 대한 설계가 요구된다.

인지적 차원에서는 핵심 어휘를 중심으로 한 어휘 관계망을 제공하거나 탐색하고 이를 바탕으로 관련 내용을 탐색하고 선정하고 조직하며 나아가 학습 공동체에서 상호 작용을 통하여 지식을 전달하고 구성하는 과정을 경험할 수 있도록 해야 한다. 예를 들어 '대류 현상'이라는 과학적 현상에 대한 학습에서 교사는 설명이나 모의실험을 통하여 이 현상에 대한 학습을 안

쉬어가기 **토론 장르에서 속담의 기능**

속담은 '한 언어 공동체의 역사적 체험 속에서 축적된, 인생에 대한 교훈이나 경계를 간결하게, 주로 비유적으로 표현한 말'이라고 이해할 수 있다. 토론 장르에서 참여자들은 설득을 위하여 속담을 자주 활용한다. 토론에서의 속담의 기능을 언어적, 인지적, 사회적 측면으로 나누어 알아보자(민병곤, 2002).

첫째, 속담은 토론에서 참여자가 자신의 논거를 얻는 장소, '말터'(topos)로 활용될 수 있다. 속담은 특정 언어 공동체의 보편적 가치를 비유나 간접 화행 등을 통해(이성영, 1991) 실현하고 있는 어휘 항목이다. 토론 참여자들은 이 속담을 활용하여 어떤 상황이나 대상에 대한 자신의 주관적 판단을 비직설적으로 표현한다. 이를 통해 직설적으로 말했을 때의 위험 부담을 줄이면서도, 그 함축적 의미로 인해 더 큰 설득력을 얻는다.

둘째, 토론에서 참여자들은 속담을 효과적인 논증 전략 중 하나로 활용한다. 속담은 하나의 전제로서 기능하면서 논증을 진행시킬 수 있는데, 이때 가치 판단과 밀접하게 관련된다. 예를 들어, '구더기 무서워 장 못 담그랴?'라는 속담을 어떤 일의 필요성을 주장하며 제시했다고 생각해 보자. 비록 구더기가 생길 염려가 있다 하더라도 된장은 한국인의 식생활에서 없어서는 안 될 음식이다. 이 속담은 토론자의 주장에 '만일 어떤 일에 부작용이 수반된다 하더라도 꼭 필요한 일이라면 해야 한다'는 추론 규칙을 비유적으로 제공하고 있다고 볼 수 있다.

셋째, 토론에서 속담은 미시적으로는 토론의 주제, 참여자의 입장 등 상황 맥락, 거시적으로는 한 사회의 관습, 구조, 문화 등과 관련을 맺으며 활용된다. 토론의 주제가 되는 문제 상황, 참여자의 입장에 따라 속담은 다른 기능을 한다. 또 토론에서 활용되는 속담 중 한자 성어류가 많다거나 속담을 주로 사용하는 집단이 주로 정치인, 교수 집단이라는 등의 사실을 통해 속담의 활용이 우리 사회의 구조와 문화에 영향을 받고 있음을 알 수 있다.

내할 수 있지만 이 과정에서 학습자의 학습을 매개하는 주요한 활동으로서 탐구 대화와 같은 상호작용 과정을 경험하게 할 필요가 있다.

사회적 차원에서는 교사와 학생 사이나 학생 상호 간에 이루어지는 담화 상호작용을 통하여 참여자 간의 유대를 강화할 수 있는 어휘를 사용하도록 해야 한다. 성별, 인종, 계층, 장애, 종교 등과 같은 사회적 배경에 대한 편견을 배제하고 개인과 공동체의 가치를 균형 있게 실현하는 데 기여하는 언어, 특히 어휘 사용에 유의하도록 함으로써 수업과 교실이 건전한 학습 공동체로서 기능할 수 있도록 지원해야 할 것이다.

4. 화법 교육에서 어휘 지도의 실제

이 절에서는 화법 교육에서 어휘 지도의 실제를 뉴스 듣기를 중심으로 살펴보기로 하자. 뉴스는 기본적으로 사회적 사건이나 쟁점에 대한 정보를 전달하는 것을 주목적으로 하는 담화이다. 그러나 정보에는 전달자의 관점이나 태도가 반영되기 때문에 뉴스의 수용자는 이를 비판적으로 이해하는 능력을 갖추어야 한다. 이러한 필요성에 따라 국어과 교육과정에서는 6학년 수준에서 뉴스에 대한 비판적 듣기 학습을 하도록 〔표 2〕와 같이 성취 기준을 설정하고 있다.

뉴스와 관련된 이 성취 기준의 학습 과정에서 이루어질 수 있는 어휘 학습을 '소통' 즉 뉴스 듣기와, '성찰' 즉 뉴스 듣기에 대한 반성적 점검의 두 측면에서 살펴보자. 먼저 뉴스 듣기에서 어휘 학습은 뉴스의 장르적 특성, 뉴스의 언어적 측면, 뉴스의 인지적 측면, 뉴스의 사회적 측면으로 나누어 살펴볼 수 있다.

뉴스의 장르적 특성과 관련된 어휘 학습으로는 먼저 뉴스에 대한 정의,

[표 2] 뉴스 듣기 관련 성취 기준 및 내용 요소의 예

교육과정 성취 기준	2007【6-듣-⑴】뉴스를 듣고 정보에 관점이 반영됨을 안다. cf. 2012【5-6 듣·말-⑴】뉴스를 듣고 자신의 의견을 말한다.
내용 요소의 예	• 뉴스의 담화 구조 이해하기 • 사건의 개요 파악하기 • 서로 다른 시각이 반영된 뉴스 비교하기 • 뉴스의 사회적 기능 이해하기

즉 뉴스란 무엇인지를 개념적으로 이해하는 것이다. 6학년 수준에서는 뉴스란 '최근에 일어난 사건 또는 정보를 보도한 것'이라는 정도로 낮은 수준의 정의를 제시하고 있지만, 이와 같이 화법의 실제인 담화의 유형을 개념화하는 것은 실제 중심의 화법 교육에서 어휘가 관련되는 가장 기본적인 부분이다. 그리고 여기에서 더 나아가 교과서에서는 '뉴스에서 정보나 사건을 보도하는 기준'을 '시의성, 예외성, 근접성, 영향성, 저명성' 등의 낱말로 설명하고 있다. 이러한 낱말들도 뉴스의 장르 특성과 관련하여 학습할 어휘 목록에 포함할 수 있다. 이외에도 뉴스의 형식적 특성과 관련된 다양한 어휘, 예를 들면 '기사, 긴급 속보, 보도, 관점, 사건, 앵커, 취재, 취재기자, 면담, 인터뷰, 매체, 여론, 사회 현상, 비판' 등은 뉴스의 장르적 특성을 이해하기 위한 어휘 학습의 대상이 된다.

뉴스 듣기의 언어적 측면은 뉴스의 구조와 관련된 표현, 뉴스의 화제에 반영된 내용 어휘 등을 들 수 있다. 텔레비전 뉴스의 구조와 관련해서 '진행자의 소개, 기자의 보도, 기자의 마무리'와 같은 표현을 사용하고 있는데 이 또한 어휘적 요소가 될 수 있다. 뉴스 듣기의 언어적 측면에서 어휘와 가장 관련이 깊은 부분은 다양한 뉴스에 사용되는 어휘에 학습자가 노출된다는 점이다. 예를 들어 교과서에서 소개된 기사에서는 '북극 항로 개척'이라는 화제를 다루고 있는데, 여기에서 '북극 항로'는 뉴스의 화제와 직접적으로

관련되는 핵심 어휘가 된다. 그리고 이외에도 이 뉴스를 정확하게 이해하기 위해서는 '쾌재, 배럴, 피트' 등과 같은 주변 어휘도 알아야 한다. 이와 같이 뉴스 듣기의 언어적 측면은 다양한 뉴스에서 사건이나 시사적 쟁점을 직접적으로 반영하는 핵심 어휘와 뉴스 내용 이해에 필요한 주변 어휘로 나누어 볼 수 있다. 다양한 뉴스 듣기를 통하여 학습자들은 더 많은 어휘를 학습할 기회를 얻을 수 있을 것이다.

　뉴스 듣기의 인지적 측면은 내용 확인, 추론, 평가와 감상 등의 단계를 따라 뉴스 담화를 수용하는 과정인데, 위 성취 기준은 내용 확인(사건의 개요 파악)과 추론(관점의 파악)에 강조점이 놓여 있다. 뉴스 담화에서 사건의 개요를 파악하기 위해서는 뉴스의 헤드라인에 주목할 필요가 있고 뉴스 담화 구조에 대한 이해를 바탕으로 사건의 요소, 즉 주로 육하원칙으로 요약되는 사건의 구성 요소들을 파악해야 한다. 이 과정에서 반복적으로 사용되는 핵심 어휘와 사건의 구성 요소에 해당하는 어휘에 학습자들이 주목하도록 해야 할 것이다. 위 성취 기준의 핵심은 뉴스에 나타난 관점을 파악하는 활동에 있는데, 이 과정을 다루고 있는 교과서의 내용을 예시하면 다음과 같다(교육과학기술부, 2011c: 98).

　다음에 제시된 학습 활동은 〈가〉와 〈나〉 두 기사의 텍스트 표면 층위에서 언어 표현, 그중에서도 주로 어휘를 분석하게 함으로써 뉴스에서 관점을 찾는 방법을 학습하게 하고 있다. 이 활동은 신문 기사를 자료로 활용하고 있지만 뉴스 담화에서 관점을 파악하기 위한 학습 활동에도 응용될 수 있을 것이다. 이와 같이 담화의 이해를 위한 추론 활동에서 어휘의 기능과 역할에 주목하게 하는 활동은 화법 교육에서 어휘 교수·학습 방향 설정에 시사하는 바가 많다.

　뉴스 듣기의 사회적 측면은 뉴스 담화의 상황 맥락이나 사회적 맥락을 이해하는 것과 관련된다. 뉴스 진행자와 취재 기자, 정보 제공자, (시)청자

3 **가** 신문사의 뉴스를 보고 뉴스에서 관점을 찾는 방법을 알아봅시다.

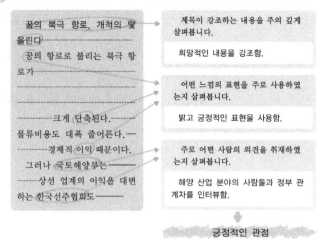

4 **3**의 내용을 바탕으로 하여 **나** 신문사 뉴스의 관점을 찾아봅시다.

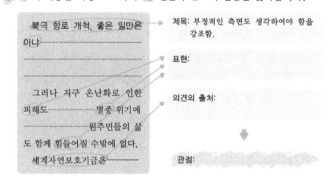

5 뉴스에서 관점을 찾는 방법을 정리하여 친구들과 이야기하여 봅시다.

간의 사회적 상호작용과 같은 상황 맥락의 이해나, 뉴스에서 다루는 사건의 사회·문화·제도적 배경과 뉴스 보도가 사회에 끼치는 영향, 즉 뉴스의 사회적 기능에 대한 이해가 뉴스 듣기에 영향을 미친다. 미시적으로는 뉴스 담화의 참여자가 담화의 목적, 화제, 관계, 시공간적 배경, 맥락 등에 따라 어떻게 다른 어휘를 선택하는지 살피고, 거시적으로는 그러한 어휘 선택의 일정한 맥락은 제도화되거나 관습화된 의사소통의 맥락에서 의례화되어 있음을 이해하는 것이 중요하다. 위 성취 기준에서 다루고 있는 뉴스의 사회적 기능은 정보 전달의 기능, 사회 현상 비판의 기능, 여론 형성의 기능 등으로 압축되는데(교육과학기술부 2011b: 51), 각각은 뉴스 담화에 대한 사실적 이해, 추론 및 비판적 이해, 주체적 반응과 상호작용의 과정을 통해 인식된다. 다음 뉴스는 6학년 2학기 '듣기·말하기·쓰기' 교과서에서 뉴스의 사회적 기능을 학습하기 위해 활용된 텔레비전 뉴스 자료의 일부이다(교육과학기술부, 2011d: 52).

밖에다는 한글 의 우수성을 자랑하는 우리 가, 정작 안에서는 우리글 을 제대로 대접하고 있을까요? 공공기관 부터 앞장서 한글 을 홀대하는 우리 의 머쓱한 현실을 송요훈 기자가 짚어드립니다. (중략)

한글 이 창제된 지 올해로 563돌째. 광화문 광장에는 세종대왕 동상이 새로 들어섰습니다. 동상 뒤쪽에 있는 꽃밭은 한글 조형물로 단장을 했습니다. 하지만 이 꽃밭은 우리말 이 아닌 영어 이름을 갖고 있습니다. 플라워 카펫, 이름은 영어로 짓고 표기만 단지 한글 로 했을 뿐입니다. (중략)

한글학회 의 조사 결과, 공공기관 의 외국어 사용은 점차 늘고 있는 것으로 나타났습니다. 특히 지방자치단체들은 '하이 서울', '플라이 인천', '다이내믹 부산', '잇츠 대전' 등 자기 지역을 상징하는 말을 영어로 쓰고 있었습니다.

"예상은 했지만 이렇게 많을 줄은 몰랐습니다. 우리말 쓰는 데는 손으로 꼽을 정도고요."(김한빛나리, 한글학회 연구원)

지난 2005년에 제정된 국어기본법 은 정부부처와 소속기관, 각 지자체들은 외국어 남용을 막기 위해 국어책임관을 두도록 규정하고 있습니다. 하지만 법은 있으나마나, 오히려 공공기관 이 외국어 혼용에 앞장서면서 외국말 이 우리말 에 앞서는 주객전도, 국어 오염은 점차 심각해지고 있는 실정입니다.

세계에서 가장 우수한 문자라고 한글 을 예찬하면서도, 우리말 을 가꾸고 다듬고 지키는 데는 소홀한 우리 의 가벼움을 세종대왕 은 말 없이 지켜보고 있습니다.

MBC 뉴스 송요훈입니다.

　교과서에서는 이 뉴스를 '우리말을 올바르게 사용하기 위하여 노력할 일'이라는 주제로 학생들의 토의 활동 자료로 제시하고 있는데, 사회적 측면에서 어휘 교육과 관련된 지점을 찾아보자면 다음과 같은 내용을 추출할 수 있을 것이다. 이 뉴스의 사회적 측면과 관련된 어휘로는 '우리, 우리말, 우리글, 한글, 외국어, 외국말, 공공기관, 한글학회, 세종대왕, 국어기본법' 등을 선정할 수 있다. 이 뉴스는 전반적으로 공공기관의 외국어 남용 문제점을 지적하는 데 초점을 두고 있다. 그런데 뉴스의 처음과 끝 부분에서 앵커와 기자가 '우리'라는 표현을 사용한 것은 지방자치단체와 같은 공공기관의 문제를 사회 전체의 문제로 일반화하여 시청자에게 우리말 사랑의 의식을 촉구하려는 의도를 반영하고 있다. 그리고 이를 위하여 '한글학회', '세종대왕', '국어기본법' 등의 권위에 의존하고 있는 것도 주목할 만하다. 이는 우리말 사용의 문제점과 우리말 사랑의 필요성을 일깨우기에 적합한 권위로 선정된 것들이다. '외국어'와 대립 개념으로 '국어'와 '우리말', '우리글'을 사용한 것도 이 뉴스를 통해 기자가 전달하고자 하는 의도를 반영한 것이다. 사회적 쟁점에 따라 뉴스에 참여하는 주체가 달라지고 여론을 환기하기 위한 어휘 사용이나 수사적 전략이 달라질 수 있음을 단적으로 보여 준다.

　뉴스 듣기의 성찰적 측면을 기술적 측면, 해석적 측면, 설명적 측면으로 나누어 각각에서 어휘의 역할과 기능에 초점을 맞추어 살펴보자. 뉴스 듣기의 기술적 성찰은 뉴스에서 들은 정보를 점검하는 일이다. 뉴스의 중심 화제와 내용이 무엇이었는지, 이를 드러내는 어휘가 무엇인지를 파악하고, 자신이 정보를 이해하는 데 필요한 충분한 어휘 자원을 확보하고 있는지 점검해 보아야 한다. 뉴스 듣기의 해석적 성찰은 뉴스에서 정보를 파악하는 과정을 점검하는 일이다. 뉴스의 내용을 이해하는 과정에 문제가 없는지,

적절한 이해 전략을 구사하였는지, 특히 내용을 이해하기 위한 추리와 비판 과정에서 어휘 지식을 효과적으로 활용하였는지, 즉 어휘의 사전적 의미와 배경 지식을 효과적으로 사용하여 뉴스의 내용을 세계에 대한 상황 모형으로 통합할 수 있었는지 점검해 보아야 한다. 마지막으로 뉴스 듣기의 설명적 성찰은 뉴스가 소통되는 상황적·제도적 맥락에 대한 이해, 즉 왜 뉴스가 특정한 방법으로 소통되는지를 이해할 수 있었는지를 점검하는 일이다. 앵커와 기자가 특정한 단어를 사용하거나 특정한 출처를 근거로 제시하는 이유를 이해하며 들었는지, 뉴스의 사회적 측면을 이해하기 위하여 자신에게 필요한 사회적 지식과 경험이 무엇인지를 점검해 보아야 한다.

이와 같이 뉴스 듣기와 관련된 어휘 교수·학습은 소통적 측면과 성찰적 측면으로 나누어 볼 수 있고, 소통적 측면에서는 뉴스 담화의 유형적·언어적·인지적·사회적 측면에서, 성찰적 측면에서는 뉴스 담화 이해의 기술적·해석적·설명적 측면에서 어휘 교수·학습이 가능할 것이다. 교육과정 및 교과서 내용을 점검해 보면 뉴스 듣기와 관련된 어휘 학습은 주로 소통적 측면의 유형적, 언어적, 인지적 측면에 초점이 맞추어져 있음을 확인할 수 있다. 여기에 더하여 소통의 사회적 측면이나 성찰적 측면에서도 어휘 교수·학습이 가능할 것이다.

5. 나오며

이상으로 화법 교육의 내용을 담화의 실제 중심으로 구성할 것을 전제로 실제 중심의 화법 교육에서 어휘 교수·학습의 방안을 논의하였다. 실제 중심의 화법 교육은 담화의 실제를 참여자·목적·양식·상황 등을 중심으로 유형화하고, 각각에서 소통과 성찰의 두 측면을 고려하되, 소통 측면에서는 언어적·인지적·사회적 요소를, 성찰 측면에서는 기술적·해석적 요소를 교육 내용으로 선정하는 방식이다. 필자는 이러한 화법 교육의 내용 구조를 따라 어휘 교수·학습이 가능할 것으로 보았다.

최근의 국어과 교육과정의 화법 영역에 반영된 어휘 관련 내용을 검토해 본 결과 어휘 관련 내용이 주로 저학년군에 집중되어 있다는 점, 기능 및 태도 범주에 주로 반영되어 있다는 점, 전반적으로 어휘 관련 내용 구성의 일정한 체계를 찾기 어렵다는 점을 확인할 수 있었다. 어휘 교육이 화법 교육의 일부일 뿐이고, 화법 교육의 과정을 통하여 어휘 교육이 실천적으로 이루어질 수 있다는 점을 감안하면 이러한 현상은 별로 문제될 게 없을 뿐 아니라 어휘 교육의 관점에서 화법 교육을 과도하게 재단한 느낌도 없지 않다. 그러나 교육과정 수준 또는 교과서 수준에서, 화법 교육이 어휘 교육 내용을 어떻게 반영해야 할 것인지에 대하여 좀 더 체계적인 접근이 필요하다는 점은 분명해 보인다.

이 글에서는 화법의 다양한 장르를 체계적으로 검토해 보지 못했지만 화법 교육에서 어휘 교수·학습을 설계하기 위한 이론적 틀을 제시하고, 뉴스 담화 듣기를 예로 들어 화법 교육과 어휘 교수·학습이 만나는 지점을 점검해 보았다. 일상생활 상황과 학습 상황에서 교육적으로 유의미한 담화 유형들을 선정하고 각각의 의사소통적 사건에 참여하는 데 필요한 어휘 자원의 구축, 활용, 이해를 위한 어휘 교육의 내용과 방법을 상세화할 필요가 있을 것이다.

1. 화법 교육의 두 가지 지향성, 즉 '소통'과 '성찰'의 측면에서 화법 교육을 위한 어휘 교육의 목표를 진술해 보자.

2. 구체적인 의사소통 상황이나 담화 유형 하나를 선정하여, 담화 참여자가 담화를 생산 또는 수용할 때 어휘가 관여하는 양상을 설명해 보자.

3. 듣기 · 말하기 영역과 문법 영역의 성취 기준을 연계하여 영역 통합적인 어휘 교수 · 학습 방안을 제시해 보자.

4. 일상생활이나 학습 상황의 담화에서 개선할 필요가 있다고 생각하는 어휘를 찾아 비판적 성찰을 위한 어휘 지도 방안을 제시해 보자.

2

독서 교육과 어휘 교육

1. 들어가며

어휘는 언어를 구성하는 한 단위로서 언어 기능을 숙련하고 발달시키는 데에 필수적인 기능을 한다. 어휘가 자유롭고 풍부하게 사용될 수 있어야 언어 활동이 정확하고 효과적으로 될 수 있으며, 어휘가 부족하면 언어 능력을 제대로 갖출 수 없고 언어 수행이 유창할 수 없다. 어휘 능력은 통사적 언어 능력, 화용론적 언어 능력 등과 더불어 배경지식 및 사고력과 비례하면서 실제의 언어 활동 수준을 높일 수 있는 핵심적인 요소 중의 하나이다.

어휘는 국어교육에서 다루는 여러 언어 활동 중에서도 실제로 독서와 더욱 밀접하게 관련되어 다루어지고 있다. 읽기는 새 어휘를 접할 기회가 다른 언어 활동에 비해 높고, 문자이므로 어휘의 보관과 저장이 용이하여 학습조건이 좋으며, 양뿐만이 아니라 질적인 면에서도 어휘의 쓰임을 가장 자연스럽고 충실하게 보여줄 수 있기 때문에 어휘 학습의 가장 좋은 조건을 갖추고 있어서이다.

이런 읽기의 특징으로 하여 거의 모든 어휘 지도에서 읽기 활동이 함께 다루어졌다. 글을 읽으면서 새로운 어휘를 접하여 알게 되는 우연적인 어휘 학습에서부터 일정한 계획하에 어휘를 체계적으로 학습하도록 하는 의도적인 어휘 지도에 이르기까지 읽기가 필수적인 과정으로 포함되어 있다. 학습할 어휘가 글 읽기를 통해 제시되도록 하거나, 학습한 어휘가 글 읽기를 통해 익혀지도록 하는 절차가 항상 부가되었다.

어휘 지도와 읽기 지도는 어느 하나를 따로 떼어 말하기 어려울 정도로 매우 밀접하게 연계되어 왔고, 그만큼 어휘와 읽기에 대한 연구도 매우 많았다. 그러나 연구의 층위와 전제 요인 등이 달라 그 성과를 일별하기 어렵고 어휘 지도나 읽기 지도에 효과적으로 적용하기도 어렵다. 그리고 비교적 풍부한 연구물에도 불구하고, 정작 독해력을 지원할 수 있는 효율적인 어휘 체계나 독해가 진행되고 있는 시점에서 어휘를 어떻게 처리하고 어떻게 활용하도록 할 것인가 하는 주요 논점에 대해서는 논의가 많지 않았다.

이 장에서는 그간의 연구 결과를 읽기와 어휘 지도에서 쉽게 활용할 수 있도록 정리한다. 그리고 읽기 교육에서의 어휘 지도 방안을 제시하고, 앞으로 해결되어야 할 과제를 살펴본다.[1]

---

1 이 장에서 '독서'와 '읽기' 및 '독해', '독서 교육'과 '읽기 교육'의 개념을 구별하지 않고 맥락에 따라 자연스러운 용어를 사용하였다.

2. 독서 교육과 어휘 지도의 관계와 위상

읽기와 어휘 지도를 연계한 지금까지의 연구는 그 목적과 내용에 따라 크게 세 가지로 분류된다. 하나는 어휘를 가르치기 위하여 읽기를 활용하는 것이고, 다른 하나는 독해를 가르치기 위하여 어휘를 가르치는 경우이며, 나머지 하나는 독해를 위하여 어휘 학습 전략을 가르치는 것이다. 다시 말해 어휘 지도가 목적이 되는 경우와 읽기 지도가 목적이 되는 연구들이 있으며, 독해가 목적인 경우에도 어휘를 가르치는 것과 어휘를 학습자 스스로 파악할 수 있도록 그 전략을 가르치는 것으로 구별된다. 이들 모두에서 어휘와 독해는 어느 한 쪽을 무시할 수 없을 만큼 큰 비중을 가지고 있고, 그 결과는 어휘와 읽기 지도에 모두 중요한 시사점을 준다.

1) 읽기가 어휘 학습에 미치는 효과

일찍이 어휘 지도에 대해 연구했던 이들은 학생들이 습득하는 어휘 중에 교사의 직접적인 어휘 지도로 습득되는 것은 얼마 되지 않는다고 말한다. 학생들은 대개 해마다 3천 개 정도의 어휘를 습득하는데, 이 중 대략 10퍼센트인 3백 개 정도만이 교육으로 습득될 뿐이며, 의미 있는 어휘에 대한 지식은 문맥에서 배운다고 한다(Irwin, 2003). 이것은 어휘가 교사의 의도된 어휘 지도에 의해서가 아니라, 의도하지 않은 생활 속에서, 특히 학교 교육의 대부분을 차지하는 읽기에서 학습된다는 것을 말한다. 어휘를 의미 있는 문맥 속에서 제시하는 읽기 활동이 어휘 학습의 가장 중요한 부분이자 필수조건이라는 것이다.

실제로 근래 우리나라에서 어휘 지도에 대해 이루어진 연구들이 모두 한결같이 위와 일치하는 연구 결과를 보고하고 있다. 글을 읽으면서 우연적으로 어휘가 학습되고(공혜경, 2003; 김현화, 2007), 이런 우연적 어휘 학습이 의도적인 반복 학습보다 더 효과적이면서(문선희, 2002) 연상에 의한 학습보다 더 효과적이며(손수진, 2007), 수업 중에 풀이로 알려주는 전통적인 어휘 지도나 사전 찾기보다도 더 효과적이라고 보고한다(조혜림, 2007). 이들 연구는 대부분 외국어를 가르치는 영어과에서 이루어져서 아직 모어교육인 국어교육에서는 어떠한 양상을 보이는지 더 연구되어야 할 것이다. 하지만 언어 학습에서 어휘를 획득하는 방법에 관한 것이라는 공통점에 무게를 두고 이해하면, 국어교육에서도 마찬가지로 글 읽기에 의한 우연적 어휘 학습이 의도적인 반복이나 연상에 의한 어휘 학습, 뜻풀이식의 강의나 사전 찾기식의 활동보다 더 효과적일 것이라고 추론할 수 있다. 요컨대 자연스러운 읽기 활동 자체만으로도 어휘 학습이 이루어지며, 이것은 때로 의도적인 어휘 지도보다 효과적이다.

한편 학습자의 자유로운 읽기 활동에다 교사의 지도를 더하면 어휘 학습이 더 확실히 이루어지고 효과적이라고 생각한 연구들이 있다. 우연적 어휘 학습이 일어나려면 문맥을 보고 모르는 어휘의 의미를 추측하는 과정이 필수적인데, 이것을 잘 하려면 학습자가 '문맥 파악 전략'을 알아야 하고 또한 글에 있는 어휘 대부분을 학습자가 알고 있어야 한다는 조건이 필요하다. 이 때문에 글에 어휘 주석을 달아주어 적절한 지식을 제공하거나(김석호, 2007; 서민정, 2009), 문맥 정보를 활용하여 어휘 의미를 추론하는 문맥 정보 활용하기 전략을 가르치거나(임숙경, 2004; 최금란, 2007), 읽은 후에 글 내용을 어휘로 정리하는 등의 후속 활동을 하면 어휘가 더 효과적으로 학습될 수 있다(김광렬, 2004; 황미라, 2004)고 한다. 즉, 방임식의 읽기가 아니라 어휘를 학습할 수 있도록 조건을 갖추어 주고 학습한 것을 강화할 수 있도록 하는 지도가 동반되면 더 효과적이다.

이러한 연구 결과로써 글을 읽는 것이 어휘 학습의 가장 효과적인 방법이자 필수적인 절차라는 것을 알 수 있다. 요컨대 어휘 능력 향상을 위해서는 어휘를 별도로 지도하는 것보다 글을 읽도록 하는 것이 더 효과적이라는 것이 선행 연구들의 결론이다. 이에 더해 알맞은 지도, 즉 '문맥에서 단어 의미를 추론하게 하기, 제공된 주석을 활용하기, 읽은 후에 내용을 정리하기 등'을 더했을 때 어휘 학습이 더욱 효과적이었다. 따라서 어휘 능력을 기르고자 할 때는 어휘만을 가르치기보다 다양한 글을 읽게 하는 것이 좋으며, 특히 어휘의 의미를 파악할 수 있는 방법을 가르치고 어휘에 주목하도록 독려하는 것이 도움이 됨을 알 수 있다.

2) 어휘 학습이 독해 및 독해력에 미치는 효과

읽기 지도 분야에서 논해진, 어휘와 관련된 가장 고전적이면서도 원론적인 문제는 어휘력과 독해력 간에 필연적 상관관계가 있는가 하는 것이었다. 어휘력이 독해에 영향을 미치는가, 영향을 미친다면 어느 정도의 비중을 갖는가 하는 문제이다. 이것은 읽기를 지도할 때 어휘 지도에 어느 정도의 비중을 할당할 것인가를 결정하는 데에 중요하다.

이에 대하여 어휘력은 독해력과 상관관계가 매우 높아 어휘력이 높으면 독해력이 높게 나타난다는 연구가 대다수였다. "어휘 지식은 글에서 주제를 아는 능력, 내용을 추론할 수 있는 능력과 관련이 있으며 일반적인 사고력과도 밀접한 관계가 있다."고 하여(Anderson & Freebody, 1981; Beck & McKeown, 1983), 지식 가설과 도구 가설, 적성 가설이 말하듯이 어휘력으로 독해력을 예측할 수 있다고 한다. 다른 연구에서도 학생들에게 어휘를 가르쳤을 때 독해력이 향상되었다고 하고(Stahl & Fairbanks, 1986), 최근에 수행된 우리나라의 연구들도 어휘 지도가 독해 수준 또는 독해력을 높였다고 보고한다(김지영, 2009; 윤영미, 2006; 정규선, 2001). 또한 읽기 지도를 위해 가르쳐야 할 여러 가지 중에서도 특히 어휘가 중요하다는 결과를 내놓은 연구도 적지 않다. 독해의 하위 기능 중 어휘 지식과 추론이 독해의 89퍼센트를 설명하며(Davis, 1997), 스피릿(Spearrit, 1972)과 손다이크(Thorndike, 1973)는 어휘 지식이 독해와 가장 상관이 높았다고 한다. 이렇게 많은 연구들이 어휘 지도가 독해 수준과 독해력 향상에 긍정적으로 기여하였다는 결과를 보고한 것으로 보아, 어휘는 독해력을 기르거나 독해 수준을 높이는 데 매우 중요한 요인이라고 생각할 수 있다.

그러나 이와 반대되는 결과를 내놓은 연구들도 있어 좀 더 세밀한 검토가 필요하다. 튜인과 브래디(Tuinman & Brady, 1974), 패니와 젠킨스(Pany & Jenkins, 1977) 등은 어휘를 지도한다고 해서 반드시 독해력이 좋아지는 것은 아니라는 결과를 내놓았다(김지영, 2009: 5에서 재인용). 최근 우리나라의 연구에서도 해당 텍스트에서 어려운 단어를 골라 어휘 지도를 한 후 읽게

알아보기 **어휘력과 독해력의 관계**(박영목·한철우·윤희원, 1996: 272-274)

적성 가설(aptitude hypothesis): 개인의 일반적인 언어 적성이나 지능이 어휘 및 독해의 증진을 가져 온다고 본다. 즉, 탁월한 언어 능력(적성)을 가진 사람이 어휘를 잘 학습할 수 있고 글도 잘 이해할 수 있다. 따라서 언어 적성이 언어 경험의 양에 비례하여 증가하므로, 많이 읽을 수 있도록 해야 한다고 본다. 이 가설은 독서 교육에서 어휘 지도가 반드시 필요하다고 말하는 것은 아니지만, 어휘력과 독해력은 비례함을 시사한다.

도구 가설(instrumentalist hypothesis): 어휘는 독해의 도구이므로 일단 어휘가 획득되기만 하면 어떤 경우든 독해에 도움을 준다고 본다. 그래서 고등학교까지 7천 개의 기본 어휘를 지도할 것을

권장하고, 1차 어휘와 2차 어휘 또는 첫째 층위(기본 단어), 둘째 층위(능숙한 언어 활동의 필수 단어), 셋째 층위(전문 또는 저빈도 단어) 등을 체계적으로 지도한다. 이 관점에서는 독서와 별도로 어휘 목록의 지도가 필요하다.

지식 가설(knowledge hypothesis): 어휘 지식은 개념틀(concept framework)로서 이것은 배경지식과 같아서 독해에 도움을 주게 된다고 본다. 따라서 어휘 지도를 새로운 지식을 습득하는 방식으로 해야 한다. 단어에 내재하는 범주관계를 강조하고, 이 개념과 관련되는 개념을 가진 단어들을 연관 지어 지도하는 방법을 구상하게 한다.

한 집단과 그렇게 하지 않은 집단 사이에 독해 결과의 차이가 없었다고 하였다(김경미, 2001).

　이렇게 서로 상반된 결과를 보이는 것은, 어휘 지도와 독해 간에 단순한 비례관계가 성립하는 것이 아니라 세부적인 조건들의 영향을 민감하게 받기 때문이다. 독자의 사전지식 정도, 지도할 어휘의 텍스트에서의 중요도, 어휘의 지도 방법, 결과 검증에 사용된 문항의 제시 방법 등에 따라 결과가 달라질 수 있다(Stahl, 1990). 실제로 독자의 수준을 구별하여 보았을 때, 하위 집단은 직접 설명식의 어휘 학습이라야 효과가 있고 상위 집단은 문맥을 활용한 어휘 학습도 잘 하였다(정행아, 2006). 그래서 문맥으로 어휘 학습을 시킨 후 독해를 하게 하였을 때 효과가 나타나지 않는 것에 대해, 학습자의 수준이 전반적으로 낮았기 때문일 것으로 추측해 보기도 한다(김문기, 1998; 김경미, 2001). 읽기 전에 배경지식을 가르친 집단과 글에 나오는 어휘를 가르친 집단을 비교한 연구에서, 배경지식을 가르친 집단의 독해 수준이 어휘를 가르친 집단보다 조금 더 높기는 했지만 유의미한 차이는 아니었다고 하는데, 여기에서 배경지식과 어휘의 차이보다 '어느 것이 더 글의 핵심을 다루었느냐' 하는 것이 중요했기 때문이라는 해석을 하기도 한다(윤영미, 2006). 이와 같이 독자의 수준에 따라, 그리고 글의 중요 내용과 얼마나 잘 관련되는가에 따라 독해에 미치는 어휘 지도의 효과는 달라졌다.

　한편, 특정 글의 이해 정도를 높이기 위한 지도와 어느 글이나 읽을 때 발휘될 수 있는 일반적인 독해력을 높이기 위한 지도를 구별하여 어휘 지도의 필요성을 판단할 필요가 있다. 어휘 지도가 독해에 효과적이었다는 연구들은 대부분 읽을 텍스트에 나오는 어휘를 미리 가르친 것이 대부분이었다. 실제로 읽을 텍스트에 나오는 어휘를 가르쳤을 때에 어휘 지식과 독해의 상관관계는 .90 정도로 매우 높았지만, 텍스트에 나오지 않는 어휘도 포함하여 가르쳤을 때는 .30 정도로 상관관계가 낮았다(Stahl, 1990). 이는 어휘를 알고서 글을 읽으면 독해가 좋아지는 것은 당연하지만, 그렇다고 글과 무관한 단어를 많이 가르쳐 준다고 해서 당장 독해 수준이 높아지는 것이 아니라는 뜻이다. 그러나 계속 어휘 학습을 하여 수많은 어휘 지식이 축적되었을 때는 어떤 글이든 읽을 때 독해력이 향상될 수 있다는 것도 보여 준다.

이와 같이 어휘력을 증강시키는 어휘 지도가 독해력을 높여 준다는 것은 상식적인 결론이다. 다만 당장의 독해력을 높이려면 글과 관련된 어휘를 가르쳐야 하고, 그것도 독해 수준이 낮은 학습자에게는 어휘 목록을 직접 가르쳐야 효과가 있고 독해 수준이 높은 학습자에게는 어휘 목록 제시뿐만 아니라 문맥으로 어휘 의미를 추론하게 하는 방법도 효과적이다.

그러나 지금까지의 연구에도 불구하고 한 가지의 중요한 의문점이 남는다. 텍스트의 독해 수준을 높이고자 할 때 '주어진 일정한 시간'에서 '배경지식이나 내용확인·추론·평가와 감상 등의 다른 독해 전략을 가르치는 것'이 더 효율적인지 아니면 '어휘를 가르치는 것'이 더 효율적인지가 불분명하다. 어휘 지식과 독해 수준 간에 상관관계가 크다 하더라도 그것이 어휘가 독해에 가장 중요한 역할을 한다는 것을 의미하지는 않기 때문인데, 만약 어휘보다 배경지식이나 내용확인·추론·평가와 감상 등의 독해 전략 지도가 더 효율적이라면 주어진 제한된 시간에 굳이 어휘 지도를 붙잡고 있을 필요가 없기 때문이다. 실제로 읽기 전 활동으로 배경지식과 어휘 지식을 각각 제공한 경우에서 전반적으로 배경지식이 어휘 지식보다 더 중요한 역할을 하는 경향도 보였다(윤영미, 2006). 독해에 어휘 지식이 필요하고 중요하기는 하지만 다른 독해 요소들보다 더 중요하다고 단정하기는 아직 어렵다. 요컨대, 어휘 지도가 독해 수준을 높이는 데 기여하여 어휘를 지도하더라도 여타의 읽기 지도 요소에 견주어 어느 정도의 비중으로 다루어야 할 것인가는 아직까지 해명되지 못한 채 남아 있다.

3) 어휘 학습 전략의 지도가 독해 및 독해력에 미치는 효과

읽기와 어휘와 관련하여 다루어진 또 하나의 중요한 문제는, 어휘를 가르치는 것이 아니라 어휘를 학습하는 방법을 가르치는 것이 독해나 독해력 향상에 어떠한 영향을 주는가였다. 어휘 학습 전략은 학습자가 스스로 어휘를 인지하고 학습할 수 있도록 가르치는 것으로서, 특정한 어휘를 가르치는 것과 구별된다.

낯선 어휘 또는 문맥에서 자연스럽게 이해되지 않는 어휘를 인지하고 나아가 스스로 이해하여 성공적인 독해를 하기 위하여 독자들이 사용할 수 있는 전략에는, 어휘를 충분히 이해하지 못했다는 것을 깨닫는 상위인지와 함께, 어휘의 의미를 문맥에서 이해하는 문맥으로 추측하기 전략, 형태소 분석하기 전략, 사전 찾기 전략(또는 외부에 물어보는 방법 포함) 등이 있다. 이 중 문맥으로 추측하기 전략의 지도는 독해와 독해력 수준을 높이는 것으로 많은 연구들에서 보고하였다(정인숙, 1995; 김문기, 1998; 이정은, 2008).

외국어 학습에서의 연구이기는 하지만 학습자들이 가장 많이 사용하는 전략은 문맥 활용하기 전략이고, 여타의 여러 가지 전략 중에서도 가장 사용하지 않는 것은 형태소 분석 전략과 사전 찾기 전략이었다(정행아, 2006), 문맥 활용하기 전략은 상·중·하 모든 수준의 학습자에게서 독해력을 높이고 어휘 학습에 대한 긍정적인 태도 형성에 의미 있게 기여하였으며(이정은, 2008), 하 수준의 학생들은 문맥 활용하기 전략을 모르고 있었던 것으로 보이나 이 전략을 가르쳤을 때 독해력이 많이 신장되었다(김문기, 1998).

---

2   정행아(2006)는 분석 전략(책략)에 '형태소 분석' 외에 '발음 분석', '품사 분석' 등도 포함하고 있다.

그리고 형태소 분석 전략은 독해력과 상관이 높았지만 사전 찾기 전략은 독해력과 상관이 매우 낮았다(정행아, 2006).

한편, 부진아들에게 독해력을 길러주기 위해 '사전 찾기'와 '문맥으로 추론하기'의 어휘 학습 전략을 가르친 경우와 '글을 많이 읽게 한' 경우를 비교한 연구에서, 어휘 학습 전략보다 글을 많이 읽게 한 집단이 독해력 신장과 읽기에 대한 긍정적 태도에서 의미 있는 변화를 보였다(박은희, 2005). 이 결과는 비록 어휘를 스스로 학습할 수 있는 어휘 의미 이해 전략의 지도가 읽기 교육의 성격에 부합하더라도, 실제로 독해력을 신장시키는 데에는 어휘 학습 전략의 지도보다 읽기 활동 자체가 더 효과적이란 것을 말한다. 또한 글을 많이 읽게 한 경우는 정의적인 면에서도 학습에 긍정적인 태도 변화를 낳았는데, 이 점 또한 가치 있다.

이로써 앞선 연구들에서 어휘 이해 전략의 지도가 독해와 독해력 수준의 향상에 크게 기여함을 밝혔지만, 이들이 독해력 신장에 가장 효과적인 방법임을 말하지는 못한다. 현재까지의 연구로서는 어휘 지식이나 어휘 학습 전략의 지도보다 읽기 활동 자체가 독해력을 높이고 태도를 긍정적으로 변화시키는 가장 효과적인 방법이라고 보는 것이 타당할 듯하다. 다만 전략은 배웠다고 해서 바로 적용되고 자유자재로 활용되는 것이 아니라 시행착오와 많은 연습을 통해 익혀지는 것이라는 점에서 어휘 학습 전략의 지도에 대한 더 장기적인 연구가 필요하고, 이로써 어휘 학습 전략 지도의 가치를 재평가할 필요가 있다.

3. 독서 교육에서 어휘 지도의 현황

1) 읽기 교육과정에 반영된 어휘 지도

교육과정에서 어휘 지도는 문법 영역에서 주로 다루어지고 있으며, 읽기 영역에서는 학습해야 할 여러 요소 중의 하나로서 어휘가 부분적으로 다루어지고 있다. 문법 영역에서 어휘는 사전 활용법[3]을 비롯하여 형태론적 측면에서 어휘의 품사적 특징과 단어 형성법이 다루어지고, 의미론적 측면에서 유의어, 반의어, 상하의어 등 의미관계[4]와 단어의 사전적 의미와 문맥적 의미를 구별하는 맥락에 맞는 단어 사용이 다루어지고,[5] 그 지도법으로서 탐구학습을 강조한다. 이들 지도 내용과 지도 방법은 읽기 교육과 매우 밀접한 것들이어서, 독해나 독해력 수준의 향상을 위해 지도하는 어휘 학습 전략의 하나이고, 독해에서 단어의 의미를 정확히 이해하거나 중심 내용 등을 파악하는 데 유용하다. 특히 탐구학습법은 학습자가 활동을 통해서 어휘 지식을 이해하고 획득하게 된다는 점에서 읽기 활동과 결부되어 있다.

문법이 독자적으로 다루어지는 중·고교 교과서와 수업에서는 이러한 지도 내용이 대체로 직접적으로 반영되고, 문법이 다른 영역과 통합되어 다루어지는 초등 교과서와 수업에서는 듣기, 말하기, 읽기, 쓰기 등의 활동 속에서 이런 어휘 관련 내용이 융해되는 방식으로 다루어진다. 그러나 교과서의 구성과 실제의 수업을 볼 때 문법 영역에서 이루어지는 교수·학습 활동에서는 선행 연구들이 강조했던 글 자료 속에서의 어휘 학습은 매우 약해 보인다.

---

3   '국어사전에서 낱말 찾는 방법을 안다.'와 같은 항목.
4   '낱말과 낱말 간의 의미 관계를 이해한다.'와 같은 항목.
5   '단어의 사전적 의미와 문맥적 의미를 구별하고 효과적으로 사용한다.', '소리가 동일한 낱말들이 여러 가지 의미로 사용되는 현상을 분석한다.' 등과 같은 항목.

읽기 영역에서는, 실제의 모든 읽기 활동 속에서 글의 구성 요소인 어휘가 기본적으로 고려되어야 하기 때문에 교육과정의 읽기 영역 지도 내용의 체계에 '낱말 이해'가 '내용 확인, 추론, 평가와 감상' 등과 함께 설정되어 있다.[6] 그리고 학년별 지도 내용에서 보면 어느 교육과정 시기나 한결같이 포함되어 있는 내용은 '문맥 속에서 어휘의 의미를 추론'하게 하는 것인데, 이는 읽기 교육에서는 어휘 관련 내용을 지식으로보다는 어휘 이해 전략으로 다루고 있다는 것을 뜻한다. 그 외에 어휘 관련 항목만 찾아본다면 어휘 관련 내용이 몇몇 항목에 제한적으로 언급되어 있다.[7]

이러한 교육과정의 내용은 읽기가 어휘 지도를 그리 중요시하지 않는 것으로 보이게 할 수 있다. 교육과정에서 제시하는 읽기 지도는 '어휘'라는 요소에 독립적인 가치를 부여하기보다 독해를 위한 하나의 구성 요소로서 어휘를 다루고 있기 때문이다. 이런 시각은 어휘 지도의 관점에서 비판받기

---

[6] 최근 20년 동안의 교육과정을 보면, 제6차 교육과정에서는 '단어 이해의 여러 가지 원리', 제7차 교육과정에서는 '낱말 이해', 2011 개정 교육과정에서는 '낱말 및 문장의 이해'로 진술되었다. 2007 개정 교육과정에는 '낱말'과 관련된 항목이 지도 내용체계에서 언급되지 않았지만, 학년별 지도 내용에 없지 않은 것과 다른 영역에서도 내용체계를 간결하게 제시한 점 등으로 보아, 어휘 지도를 등한시한 것이 아니며 내적으로는 지도할 내용으로 포함하고 있음을 알 수 있다.

[7] 각 교육과정의 읽기 영역에 반영된 학년별 지도 내용은 다음과 같다.
〈제7차 국민공통 교육과정〉
3-읽기-(2) 소리와 모양이 같은 낱말이 어떤 의미로 쓰였는지 파악하며 읽는다.
4-읽기-(2) 국어사전에서 낱말의 뜻을 찾는다.
5-읽기-(2) 문맥을 고려하여 낱말의 의미를 파악하며 글을 읽는다.
5-읽기-(6) 어휘 사용이 적절한지 알아보며 글을 읽는다.
〈2007 개정 국민공통 교육과정〉
4-읽기-(1) 필요한 정보를 찾기 위해 사전을 읽는 방법을 익힌다.
4-읽기-(2) 글을 읽고 어휘 사용의 적절성을 평가한다.
〈2011 개정 국민공통 교육과정의 읽기 영역〉
5·6학년군-읽기-(1) 문맥을 고려하여 낱말의 의미를 파악하며 글을 읽는다.

도 한다.[8] 그러나 어휘를 학습한다든지 머릿속 사전을 만든다든지 하는 것은 읽기 교육의 관점으로 볼 때는 읽기에서 의도하는 목표물이기보다 읽기의 결과로 얻어지는 부산물―매우 가치 있는 부산물―중 하나이다. 따라서 어휘를 내용 파악 능력, 추론 능력, 비판 능력 등과 함께 다루는 읽기 영역의 교육과정 내용은 독해와 독해 능력 신장을 목표로 하는 읽기 지도의 관점에서 볼 때 정당하고 필요한 것이라 할 수 있다.

2) 읽기 교과서에 반영된 어휘 지도

어휘는 글의 구성 요소로서 독해에서 다루어지는 필수적인 요소이기 때문에 어휘에 대한 관심과 지도가 읽기에서 축소되거나 생략될 수는 없다. 읽기에서 어휘의 위상은 교육과정에서보다 교과서 구성과 수업에서 잘 드러난다. 읽기 교과서를 구성할 때 어휘를 어떻게 다룰 것인가, 예를 들어 해당 단원에서 알아야 할 어휘 목록을 제공해 줄 것인가 아닌가, 준다면 글의 앞에 줄 것인가·글 속에 주석으로 줄 것인가·글 뒤에 확인 학습용으로 줄 것인가, 또 이런 어휘 관련 정보와 활동에 어느 정도의 비중을 둘 것인가 등이 숙고된다. 제6차 교육과정 이전의 국어 교과서에서는 대체로 글 뒤에 확인 학습용으로 어휘가 다루어졌고,[9] 그 이후에는 글 속의 주석으로 어휘에 대한 정보를 제공하는 경향이 커져서 현재까지 그러한 구성이 많으며,[10] 간혹

---

8 이문규(2003)은 현 어휘 교육 내용이 의사소통 능력 신장에만 경도되면서 국어 문화나 국어 발전에 대한 올바른 인식을 심어주지 못하고 있다고 비판한 바 있으며(신명선, 2011: 69에서 재인용), 이외에도 어휘가 국어교육에서 체계적으로 이루어지지 못하고 있다는 지적이 많이 있다.
9 예를 들면 다음과 같은 것이 있다.
  1990년 9월 발행 〈고등학교 국어 (하)〉 2단원 '단원의 마무리' 36쪽
  1. 다음 단어의 의미를 알아보자.
  (1) 문화형(文化型) (2) 芟除(삼제) (3) 綢繆(주무) (4) 遠禍召福(원화소복) (5) 夢寐(몽매)

글 앞의 읽기 전 안내에서 어휘에 주목할 것을 강조하는 구성도 있다. 전반적으로 어휘는 그 비중이 다른 지도 내용에 비해 더 크지는 않지만 거의 모든 단원에서 빠지지 않고 다루어지고 있는 요소이다.

또한 교사의 읽기 수업에서 어휘 지도는 적지 않은 부분을 차지한다. 읽기 전 활동으로 어휘 조사를 하게 하거나 중요한 어휘를 미리 가르치는 것을 비롯하여, 읽는 중에 글에 나온 단어의 뜻풀이식 설명이나 사전이나 주석 활용하기, 문맥으로 단어 의미 추론하기 등과 핵심어 파악, 요지 정리 등에서 어휘를 설명하거나 단서로 활용하고, 읽은 후의 활동에서 중요한 어휘를 활용하여 글 내용을 정리하고 때로 어휘를 별도로 학습시키기도 한다. 이런 지도 속에는 어휘를 지식적으로 가르치는 것과 어휘 학습 전략을 가르치는 것이 모두 포함되어 있다.

이상으로 연구에서와 달리 실제의 교육에서는 어휘 지도가 읽기와 관련하여 어떻게 이루어지고 있는지를 살펴보았다. 어휘는 교육과정에서 문법 영역과 읽기 영역에서 각각 다루어지고 있었으며, 교과서와 수업 등에서는 전반적으로 각 영역의 성격에 충실하도록 내용을 선정하여 지도하고 있었다. 여기에서 아쉬운 점은, 문법 영역에서 하고자 하는 체계적인 어휘 지도와 읽기 영역에서 하고자 하는 효과적인 독해를 위한 어휘 지도가 서로 상관관계를 극대화하지 못하고 각각 별개로 이루어지고 있다는 점이다. 지금까지의 연구에서 비록 어휘와 읽기의 관계를 모든 면에서 확실하게 다 밝히지는 못했지만, 분명한 것은 어휘는 읽기를 비롯한 언어 활동에 기반지식

---

10   예를 들면 다음과 같은 것이 있다.
      2002년 3월 발행 〈국어: 읽기 6-1〉 둘째마당 65쪽
      (상략) 그러나 조선시대에는 호서좌영*이 있던 큰 고을이었다. 해미라는 이름은 조선 태종 때 정해현과 여미현을 합하면서 두 현의 이름에서 한 자씩 따서 지어졌다고 한다.(하략)
      * 호서좌영: 충청도에 있던 다섯 개 병영 중의 하나로, 해미에 설치되어 있었다.

으로서 읽기에서 어휘 지도를 성공적으로 하였을 때 독해 수준이 높아질 뿐만 아니라 장기적으로 독해력을 기르는 과정으로서도 중요하다는 점에서, 어휘를 더욱 체계적으로 지도할 필요가 있다.

4. 독서 교육에서 어휘 지도의 방향

읽기에서 어휘 교육의 목표는 궁극적으로는 독해 능력을 신장시키는 것이다. 독해 능력을 신장시키기 위해 그 필수 요인 중의 하나인 어휘를 지도한다. 어휘 능력이 독해력에 영향을 주는 매우 밀접한 요소이고, 모든 언어 활동 능력을 뒷받침할 수 있는 기반 능력이어서 그 자체로서 소중한 것임은 틀림없지만, 읽기에서는 어디까지나 독해력 향상이 목표가 되는 것이 정당할 것이다. 그리고 읽기에서는 텍스트와 관련된 어휘를 지도하는 것이 효율적이다. 선행 연구에서 살펴보았듯이 특정 텍스트의 독해와 직접 관련되지 않는 어휘의 지도가 독해력 신장과 어떻게 연결될 수 있는지 아직 긍정적인 대답을 얻지 못했고, 또 독해 속에서 어휘를 학습할 때 질적으로 우수한 어휘 학습이 된다는 점에서, 텍스트 독립적인 또는 텍스트와 무관한 어휘의 지도보다 텍스트의 독해를 도울 수 있는 어휘를 가르치는 것이 바람직할 것이다. 이렇게 구체적인 특정 텍스트의 독해 활동에서 이루어지는 어휘 지도가 읽기 교육과 어휘 지도가 만나는 가장 현실적인 접점이고, 양쪽 모두에게 최선의 결과를 낳는 방법이기도 하다.

독해 능력을 신장시키기 위한 어휘 지도의 내용은 크게 두 가지 방향으로 생각할 수 있다. 하나는 독해를 위해 모르는 어휘를 가르치는 것이고, 다른 하나는 이미 알고 있는 어휘라도 독해에 효율적으로 활용하도록 가르치는 것이다. 전자는 양적 확장의 측면이고, 후자는 질적 확장의 특성을 가진다. 이에 읽기 교육에서 어휘 지도는 다음과 같이 구상할 수 있다.

1) 글의 의미 파악을 위한 양적 지도

(1) 어휘 지식의 지도

글을 읽는 데에 독자가 모르거나, 알더라도 확실히 알지 못해 이해에 적용하지 못하는 단어가 있다면 글의 의미를 파악하는 데 지장을 준다. 물론 한두 단어를 모르는 상태가 글 전체 의미를 이해하는 데 큰 지장이 되지 않는다 하더라도, 단어의 의미를 정확히 아는 것은 글의 의미를 명료하고 정확하게 만들 수 있을 뿐 아니라 의미 처리 과정을 수월케 하며, 배경지식을 암시하는 단어일 경우 유용한 배경지식을 제공하여 더욱 효율적인 읽기가 가능해진다. 따라서 글에서 독자가 모르는 어휘 또는 어려워하는 어휘에 대하여 그 의미와 쓰임 등의 어휘 지식을 지도하는 것이 필요하다.

독자가 모르는 또는 어려워하는 어휘에 대한 어휘 지식의 지도는 현재에도 여러 가지 방법으로 이루어지고 있다. 읽기 전의 단어 공부, 읽는 중 또는 수업 중의 설명, 교과서에 제시된 어휘 주석 풀이, 읽은 후의 어휘 학습 활동 등이 주로 이를 위한 것이다. 실제로 이러한 어휘의 학습은 독해에 매우 중요하며, 어휘 능력을 포함한 전체적인 언어 능력의 신장에도 중요하다.[11] 또한 어휘를 더욱 쉽고 효과적으로 학습할 수 있도록 제시한 어휘 지도 방법들도 이들 어휘를 정확하게 지도하기 위한 것이다.[12]

---

11 이충우(1992)나 신헌재 외(1997)에서 국어교과서에 나오는 어휘 목록을 만들고 이들 어휘를 기준으로 학습하게 한 것이 이러한 맥락이다.

12 사전 찾기, 문맥으로 익히기, 조직자 활용하기(단어 의미지도 그리기, 단어 그림지도 그리기, 의미자질 분석하기, 밴다이어그램 그리기), 단어 유래 찾기, 역할놀이 하기, 게임이나 퀴즈 하기, 오늘의 단어 제시해 주기, 단어 분류하기, 배운 단어 모아두기 등(이재승 편저, 2004: 135-142).

다만 독해를 지도하는 장면에서 독해에 중점을 두어 모르거나 어려운 어휘의 학습이 독해와 연결되도록 하는 것이 중요하다. 현재의 독해 문맥에 적절한 의미를 중심으로 학습하는 것이 좋고,[13] 문맥을 벗어나 단어의 의미를 폭넓게 설명했더라도 결론적으로는 그런 설명이 현재 문맥에서 단어의 의미 기능의 이해를 돕는 방향으로 수렴되어야 한다.

그러나 어휘 자체에만 집중하여 독해 흐름을 끊는 지도는 바람직하지 않은 점이 있다. 물론 어휘 지식이 언어 활동에 효율적으로 학습되고 사용되려면 다차원의 망 형태로 어휘를 지도하는 것이 효과적이겠지만,[14] 이런 지도를 꾀하게 되면 독해의 흐름을 놓치고 어휘 학습에 치우치면서 독해 흐름이 단절될 가능성이 있기 때문이다. 독해의 입장에서 보면, 이런 어휘 지도는 독해에 기여하지 않고 오히려 독해를 방해할 수 있어 신중하게 적용해야 한다.

독해를 도우면서 어휘의 망으로써 어휘를 더욱 폭넓고 심화되게 학습할 수 있다면 독해와 어휘 지도 양면에서 모두 바람직할 것이다. 독해를 방해하지 않고 지원하고 강화하면서 어휘를 학습하게 하는 이런 망 형태의 어휘 지도는 구체적으로 독해의 '사실적 이해' 차원, '추론적 이해' 차원, '비판적 이해' 차원에서 각각 그 성격에 맞게 어휘망을 동원할 수 있다. 그리고 이런 경우 반드시 새로운 단어만이 아니라 이미 아는 단어라도 그 단어들이 독해의 과정에서 어떻게 기능할 수 있는지를 학습할 수 있으므로, 알고 있는 단어의 어휘 지식에 대한 질적 확장이 가능할 수 있다.[15]

13　어휘 주석을 달아 줄 때, 사전 내용을 그대로 주기보다 문맥과 관련되는 의미로 선정하여 주었을 때 독해의 효과가 더 좋았다. 즉, 단어를 그 시점에서 온전히 다 가르치기 위해 그 단어와 관련된 모든 것을 동원하기보다 독해 맥락과 관련된 부분을 편집하여 지도하는 것이 의미 있다.

14　음운, 형태, 의미 등으로 엮인 다차원의 망이 존재한다고 보는데(Aitchison, 2003; 구본관, 2011a: 43에서 재인용) 이 연결들 중 의미로 연결된 망이 가장 중요하게 기능한다고 알려져 있다.

(2) 어휘 학습 전략의 지도

새로운 어휘를 학습자가 학습하게 하는 데에는, 새 어휘를 직접 가르쳐 주는 것이 전형적이겠지만, 학습자가 스스로 새 단어의 의미를 알아내도록 어휘 학습 전략을 지도하는 것도 가능하다. 선행 연구들도 어휘 학습 전략의 지도에 주목하여 이것이 어휘 지도에 효과적이라는 결과를 보여 주었다. 뿐만 아니라 읽기 교육에서는 독해력 향상을 위해 필요한 사전 지식(언어적 지식, 배경 지식, 맥락적 지식 등)을 제공하는 것도 소홀히 하지는 않지만 학습자 스스로 어떤 글이든지 스스로 사고하여 읽어낼 수 있도록 하는 능력 요소를 가르치는 것을 무엇보다도 가장 중요시한다. 이른바 물고기를 잡아 주는 것이 아니라 낚시 법을 가르치는 데 중점을 두는 것이다. 따라서 어휘를 지식적으로 가르치는 것도 중요하지만, 언제 직면하게 될지 모르는 낯선 어휘를 주어진 조건에서 스스로 처리할 수 있도록 하는 능력을 학습자가 획득하도록 하는 것이 더 궁극적인 해결책이라고 본다. 이에 어휘 학습 전략을 독해와 독해력 향상을 위한 궁극적인 지도 내용으로서 주목한다. 어휘 학습 전략으로는 '사전 활용법', '문맥 단서 활용법', '형태소 분석법'의 세 가지가 대표적으로 제안된 바 있다.[16]

사전 활용법은 글에 나오는 새 단어(모르는 단어)를 사전에서 찾아 알게 되는 자기 주도 어휘 학습 방법이다. 사전을 활용한 어휘 학습 전략은 문맥 단서 활용법 등에 비해 학생들이 그리 선호하지 않는 것으로 나타난다. 하지만 새 단어를 학습할 수 있는 단서가 없거나 형태소 분석 등의 기존 지식을 활용할 수 없을 때에도 활용할 수 있으므로 가장 기본적이고도 필수적인 어휘 학습 전략으로 학습되어야 한다.

---

15   이에 대해서는 후술할 '2) 독해 수준을 높이기 위한 질적 지도'에서 살펴보겠다.

16   마광호(1998)와 이재승 편저(2004: 142-147) 참조.

글의 어휘 주석은 어렵거나 새로 나온 어휘를 글 아래나 옆에 그 뜻을 풀이하여 주석으로 달아주는 것을 말하는데, 주석은 사전을 교과서에 제시해 준 것과 같은 것으로 사전 활용 전략과 맥을 같이한다. 사전이 있는 글일 때 읽기에 의한 우연적인 어휘 학습 중에서도 좀 더 어휘 학습이 효과적이었고 교과서에 주석을 제공했을 때에 독해 및 어휘 학습 효과가 높았는데(김석호, 2007; 서민정, 2009), 이는 사전의 활용이 독해와 어휘 학습에 도움을 줄 것이라는 점을 짐작케 한다.

그리고 주석의 형태가 사전 항목을 그대로 가져와서 달아 주거나 글 내용과 관계없는 다른 의미와 함께 제시해 주는 방법보다 그 글에 사용되고 있는 의미 한 가지만을 주석으로 달아주었을 때 어휘 학습이 가장 잘 되었다고 한다(김석호, 2007). 사전에서 문맥에 맞는 뜻을 골라야 하는 일을 이미 해 주었기 때문에 생길 수 있는 당연한 결과이기도 하겠지만, 학습자들이 사전을 사용하더라도 해당 의미를 제대로 고를 수 있도록 가르치는 것이 중요함을 시사하기도 한다. 따라서 사전 활용법의 지도는 사전 찾기 방법만이 아니라 사전에서 어떤 의미를 선택해서 적용해야 하는지를 반드시 가르쳐야 한다. 문법 영역에서 "국어사전에서 낱말 찾는 방법을 안다."와 같은 항목을 가르치는 것과 함께 읽기 영역에서 "필요한 정보를 찾기 위해 사전을 읽는 방법을 익힌다."를 지도해야 하는 것이 이 때문이다.

문맥 단서 활용법은 글 속의 문맥 단서를 통해 새 단어의 의미를 추론하여 앎으로써 새 단어를 학습하게 하는 어휘 학습 방법이다. 문맥 단서 활용법은 문맥에서 '정의, 중심 개념과 상술, 대조, 관련 구나 절, 비유적 표현, 동의어와 반의어, 유의어, 접속어, 묘사, 어조나 분위기, 원인과 결과 등'의 정보를 찾아 어휘의 의미를 추론하게 하는 방법이다. 선행 연구에서 학생들이 가장 선호하는 어휘 학습 전략으로 조사되었고, 또 학습 효율성도 높은 것으로 나타나 매우 권장되는 지도 내용이다.

형태소 분석법은 새 단어의 형태소를 어근, 접사, 어원, 한자어를 분석하는 것 등을 통해 그 의미를 추론하는 방법이다.[17] 선행 연구에서는 이 방법이 독해에 그리 효과적이지 않았던 것으로 결과를 보고하였지만(정행아, 2006), 외국어가 아니라 비교적 풍부한 사전지식이 있는 모어라면 효과적인 어휘 학습 방법이 될 수 있다고 보인다. 한자의 뜻을 이용하여 단어의 뜻을 지도하였을 때 효과적이었다는 결과를 보였는데(손영애, 1992a), 국어 단어의 70퍼센트 이상이 한자어라는 점을 고려하면 형태소 분석법은 효과적인 자기 주도 어휘 학습 방법일 수 있다는 것을 강하게 시사한다. 다만 이 방법은 일단 단어의 특성이 형태소 분석을 할 수 있는 것이어야 하고, 학습자에게 각 형태소에 대한 지식이 있을 뿐만 아니라 학습자가 형태소를 인지하고 분석할 수 있을 때라야 적용할 수 있으므로, 단어 특성과 학습자 수준을 고려하여야 한다.

2) 독해 수준을 높이기 위한 질적 지도

(1) 사실적 이해를 돕는 어휘 지도

글의 사실적 이해는 글에 명시된 의미를 아는 수준의 이해를 말한다. 글의 지시관계와 연결관계 등의 세부 내용과 글 전체를 포괄하는 글 구조나 중심 내용을 파악하는 것 등을 포함한다. 이 사실적 이해 수준의 의미는 글의 특성으로 보면 글의 결속구조(cohesion)와 응집성(coherence)으로 표현될 수 있는 의미이다.

　　글의 결속구조와 응집성은 단일 단어들로만 표현되거나 전혀 무관한

17　이외에도 '품사 분석하기(analyze part of speech), 접사와 어근 분석하기(analyze affixes and roots), 동족어 찾기(check for L1 cognate)' 등이 제안되어 적용된 바 있다(정행아, 2006: 15).

단어로부터 형성되는 것이 아니라 어떤 종류든 서로 의미적 연관성을 가진 어휘로써 형성되고 표현된다. 따라서 글에서 서로 연관된 의미를 인식·발견해야 하고, 그 연관의 망을 구성할 수 있어야 한다. 이런 연관의 망을 파악할 수 있고 표상할 수 있는 핵심적인 요소 중 하나가 어휘이다.

어휘의 연관성은 다양한 형태로 나타날 수 있다. 가장 기본적인 형식은 한 어휘가 '반복'적으로 언급되는 것으로, 반복은 '전체 반복'뿐만 아니라 '부분적 반복' 또한 가능하다. 그리고 설명문과 같은 논리적인 글에서는 '상하위어'의 체계적인 사용이 흔하다.[18] 이외에 '유의어, 동종 지시어, 동종 이미지어' 등과 같이 하나의 의미 범주에 속할 수 있는 다양한 표현에서 의미적 연관이 형성될 수 있다.[19] 뿐만 아니라, 사전적으로나 일반의미론적으로는 의미적 연관이 없어 보이지만 특정 텍스트에서 같은 지시 대상을 뜻한다

알아보기　　**'텍스트 대등어'와 '텍스트 등위어'**

'텍스트 대등어'는 어휘적 의미는 다르면서 특정한 텍스트 내에서 동일 사물이나 개념을 지시하는 의미관계에 있는 단어들을 뜻한다. 예컨대, We watched as the cat came quietly through the grass toward a sparrow. When it was just a few feet from the victim, it gathered its legs under itself, and pounced.'에서 'sparrow'와

'victim'은 텍스트 대등어이다(류웅달, 1990). '텍스트 등위어'는 텍스트에서 같은 위계에서 나열되는 관계의 어휘를 뜻한다. '배, 사과, 감, 귤, 과일'에서 '배, 사과, 감, 귤'은 서로 '과일'이라는 상위어에 대해 같은 위계에서 나열되는 텍스트 등위어이다.

18　예를 들어, '현대에 들어 특히 대도시가 많이 발달하였다. 뉴욕은 현대에 형성된 대표적인 대도시로서……'에서의 '대도시', '뉴욕'과 같이 화제(topic)가 분석 또는 파생, 종합되면서 중심 화제가 설명된다. '소나무'에 대한 설명문에서 '소나무, 소나무의 종류, 소나무의 생태, 적송, 해송, 백송' 등이 언급될 수 있는 것과 같이 화제의 부분적인 반복도 상하위어의 한 요소일 수 있다.

19　이중 '동종 지시어'란, 예컨대 '남한, 불안한 나라, 조용한 아침의 나라, 군사정권' 등(김봉순, 1996: 71)에서와 같이 동일한 지시대상을 가리키지만 그 연상의미 등이 다른 것을 말한다.

거나 같은 의미나 이미지를 갖는 '텍스트 대등어'가 있고, 역시 전혀 다른 의미를 갖지만 특정 텍스트에서 특정 어휘와 대응되면서 사용되는 '텍스트 등위어'와 그 외 '반의어' 등이 있어서 텍스트의 의미가 확장되어 간다.

이와 같이, 글에서 결속성 및 응집성을 만드는 어휘의 망은 '반복되는 단어'와 '부분적 반복 단어'외에 '상하위어', '유의어, 동종 지시어, 동종 이미지어', '텍스트 대등어', '텍스트 등위어'와 '반의어' 등이다. 이들 연관성을 갖는 어휘는 다양한 품사로 실현될 수 있다. '명사'가 어휘망 구성에서 가장 명시적으로 인식되고 중심적인 역할을 하지만 엄밀하게는 모든 품사의 어휘가 다 포함될 수 있다. 또한 이런 어휘의 관계망은 지시대상을 갖는 '내용어'에 의해 형성되지만, 지시대상 없이 관계만을 나타내는 '표지어'에서 지원을 받기도 한다.

다음의 〈예시 1〉에서 어휘 중심의 관계망 구성으로 결속구조와 결속성이 파악되는 사실적 이해의 예를 볼 수 있다.

〈예시 1〉[20]
글: 이렇게 될 때 형성되는 **공동체**는 *획일적* 단합의 형태가 아니라 **다양성** 속에서 **융화**의 형태를 취할 것이다. **공감**이란 남의 **개성**과 **자율성**을 **존중**하지 않고서는 결코 일어나지 않기 때문이다. **공감**하는 사람은 처음부터 *획일주의* 사고와 *권위주의*적 자세를 극복한 **개방적**이며 **주체적**인 사람이기 때문에 반드시 상대방의 **개성**을 **존중**하지 않을 수 없다. 그러기에 **공감** 속에 이루어지는 단합은 *제창식*의 단합이나 *단색적*인 단합이 아니라 **합창식**의 **조화**와 **모자이크**의 **균형**에 바탕을 둔 **참다운** 단합의 형태가 될 것이다.
어휘망[21]: **공동체** = 단합의 형태, 단합

---

20 한국교육과정평가원 교수·학습센터 '[고교선택과목] 독서' 교수·학습자료 중 '사실적 이해 I' 참조(http://classroom.re.kr/2011/view.jsp?mcode=111320).

21 '='는 반복어 또는 동종 지시어, '-'는 동종 이미지어를 포함한 동일범주어, '↔'는 반의어, '~'

공동체 - 공감 - 융화 - 다양성 - 개성 - 자율성 - 존중 - 개방적 - 주체적
- 합창식 - 조화 - 모자이크 - 균형 - 참다운
획일적 = 획일주의 - 권위주의 - 제창식 - 단색적
획일주의 - 권위주의 ↔ 개방적 - 주체적
제창식 ~ ↔ 합창식, 단색적 ~ ↔ 모자이크

글에서 중심 화제인 '공동체'가 '단합의 형태'로 정의돼 '공감, 단합, 융화, 다양성, 개성, 자율성, 개방적, 주체적, 합창식, 조화, 모자이크, 균형, 참다운'의 개념으로 전개되고 있다. 이로써 중심 내용을 이루는 공동체의 개념을 구성할 수 있다. 더하여 중심 화제의 개념과 대립되는 '획일적(획일주의), 권위주의, 제창식, 단색적'의 개념으로 하여 그 차별성을 두드러지게 하면서 중심 내용을 강조하였다. 이와 같은 어휘의 관계망 속에서 글의 중심 내용이 더욱 선명하고 명료하게 파악·정리될 수 있다.

다음의 〈예시 2〉는 수필로서, 단어의 반복을 줄이면서 결속구조와 결속성을 표현한 글이다.

〈예시 2〉[22]
글: **석탑**을 만지면 *따뜻한 온기*가 느껴진다. **석불**과 **석탑**을 조각하고 세운 옛날 **석공**들의 *체온*이 전해져, **석탑**이 *따뜻하게* 느껴지는 것이리라. **국보**나 **보물**이나 **장승**에는 혈육의 *정* 같은 것이 있다. 이것은 *피 속*을 흘러온 *낯익음*이다. 민족적 *유대감*이나 *사랑*도 이 *낯익음*의 다른 이름인지 모른다. 사람에게는 생물학적 유전 외에 *정신적 유전*이 있다고 한다. 우리 *선조*의 종교와 생활문화와 예술적 감각이 *정신적으로 유전*되어, 오늘날 우리는 *문화 민족*으로서의 생활을 영위한다.

는 텍스트 등위어, '~↔'는 특정 텍스트 속에서 반의어로 작용하는 것을 뜻한다.
22   서혁(1997: 155~156) 참조.

어휘망²³: **석탑 - 석불 - 석공 - 국보 - 보물 ~ 장승**

온기 - 따뜻한 - 체온 - 따뜻하게 - 혈육 - 정 - 피 속 - 낯익음 - 민족

- 유대감 - 사랑 - 선조 - 정신적 유전

느껴진다 - 전해져 - (느껴지는) - 흘러온 - 유전 - (유전되어) - 영위한다

사람 〈 생물학적 유전 ~ 정신적 유전

생물학적 유전 ↔ 정신적 유전

종교 ~ 생활문화 ~ 예술적 감각 〈 문화

종교 - 생활문화 - 예술적 감각 - 정신적 유전

'석불, 석탑, 석공' 등이 동일형태소를 포함한 부분반복어들로서 연결되고, '국보, 보물' 등이 동종 이미지어로서 연결되었다. '온기, 체온, 혈육의 정, 피 속, 민족, 사랑, 선조'와 '느껴진다, 전해져, 느껴지는, 흘러온, 유전, 유전되어, 영위한다' 등의 동종 지시어 및 동종 이미지어로 의미 관계망이 구성되어 있다. 이것을 통해 '석탑에서 온기(정)이 느껴진다'는 글의 중심적인 내용 흐름을 파악될 수 있다. 그리고 세부적인 의미로서 글 속에서 조사와 같은 표지어나 문장의 구조로 알 수 있듯이 '국보, 보물, 장승'이 같은 위계에 나란히 나열되는 '텍스트 등위어'로 설정되어 있고 '생물학적, 정신적', '종교, 생활문화, 예술적 감각' 또한 '텍스트 등위어'인데, 이 각각에 대해 상위어인 '사람'과 '문화가' 제시되어 있고, 이 중 '생물학적'과 '정신적'이 반의어 관계에 있다. 이로써 세부 내용이 어떻게 구성되어 있는지를 파악할 수 있다.

이런 어휘망을 볼 수 있다면, 그것은 글의 사실적 이해를 성취하는 것인 동시에 어휘의 실제적인 관계망을 체험하는 것이기도 하다. 글 이해의 측면에서 이런 어휘의 관계망을 발견할 수 있다면 그것은 글의 세부 내용과

---

23 '〈 , 〉'는 상하위어의 관계를 뜻한다.

중심 내용을 파악하는 것이고, 어휘 학습의 면에서는 어휘의 망이 실제적으로 구성되고 작용하는 것을 경험하는 것이 되는 것이다.

　이와 같이 사실적 수준의 의미를 파악하는 과정에서 어휘의 망을 발견하게 하고, 그런 발견과 함께 독해를 성취할 수 있도록 하는 어휘의 질적 지도가 독해를 위해서 매우 유익할 것이다.

(2) 추론적 이해를 돕는 어휘 지도

추론적 이해란 글에 명시되어 있지 않으나 글이 담을 수 있는 의미를 생각하는 것을 말하는데, 주제, 해석, 함축, 전제, 비유, 숨은 의도, 생략된 내용, 정교화 등과 유추, 적용, 창의, 상상, 생산을 포함하는 사고 작용을 뜻한다. 추론적 이해는 사실적 이해나 비판적 이해와 마찬가지로 복잡한 사고가 작용하기 때문에 어휘만으로 추론을 모두 감당하여 지도하기는 어려우나, 추론을 돕는 방안으로 어휘를 활용할 수 있다.

　추론은 글 내부의 논리관계를 점검하는 수렴적 사고 유형의 추론과 글 외부의 의미로 확장시키는 확산적 사고 유형의 추론으로 나눌 수 있다. 수렴적 사고 유형의 추론에서는 글에 사용된 단어를 단서로 이것과 짝이 될 수 있는 개념을 생각해봄으로써 글에서 말해지지 않은 생략된 의미나 전제 등을 발견할 수 있다. 확산적 사고 유형의 추론은 글 내부의 자료와 글 외부의 맥락의 연합으로 가능해지는데, 여기에서 글 내부의 자료인 어휘는 글 외부의 맥락과 연합할 수 있는 소재로써 추론적 이해에서 중요하게 기능한다. 이때 글 내부의 어휘에서 연상된 의미가 글 외부의 맥락이나 배경지식을 끌어오거나, 글 내부의 어휘와 글 외부의 지식이 연결됨으로써 의미가 추론될 수 있다.

　다음의 〈예시 3〉의 글에서 명시적으로 표현되지 않았지만 내포되어 있는 의미들을 글 속의 단어를 단서로 하여 수렴적인 추론을 할 수 있다.

〈예시 3〉

글: 우리 조상은 아주 오래전부터 태권도를 즐겼다고 합니다. 태권도가 언제부터 시작되었는지 정확히 알 수는 없습니다. 그러나 옛 무덤에서 발견된 그림을 보면, 삼국 시대에도 태권도를 하였던 것을 알 수 있습니다. 태권도는 그 뒤에 고려와 조선 시대를 거치면서 발달하였으며, 광복 후에 **일반** 사람들에게 널리 보급되었습니다(2007 개정 교육과정에 따른 초등학교 3학년 읽기 교과서, 36-38쪽).

어휘망[24]: **일반** (사람들) ↔ 특정 (사람들)

　　→ [광복 이전까지는 특정 계층의 사람들만 태권도를 하였을 것이다.]

　글의 앞에서 전혀 관련 어휘망을 만들지 않던 단어인 '일반'에 대하여, 이에 상대되는 개념 '특정, 특수' 등을 앞부분에 설정해 넣고 연관된 어휘망을 구성함으로써, 그 이전의 시대에는 '일반 사람'들이 아닌 '특정 계층의 사람'만 태권도를 즐겼음을 추론할 수 있다.

　다음의 〈예시 4〉에서와 같이 낯설지 않더라도 개념이 정확하지 않은 단어가 있는 글에서 글 이해에 중요한 역할을 하는 핵심어를 선정하여 그 어휘에 대한 등위어, 상대어 등을 설정하게 함으로써 글의 의미를 명료화할 수 있고, 여기에서 다양하게 연상되는 단어들을 결합시킴으로써 의미를 글 밖으로 확장해 갈 수 있다.

〈예시 4〉[25]

글: 뉴욕타임스 최근 보도에 따르면 미국 **온라인 매출** 증가율이 2004년 이후 25% 이하에 머물고 있다. 반면 한국**온라인쇼핑**협회에 따르면 2006년 국내 **온라인 상거래** 시장은 25% **성장**한 데 이어 올해도 총 매출 15조 8,000억 원으로 26%

24　'[ ]'는 추론된 내용, '→'는 유추 또는 적용 등의 추론을 뜻한다.
25　신윤경(2011: 190) 참조.

성장률을 보일 것으로 전망했다. 국내 **온라인 상거래 상승세**를 주도하는 것은 **오픈 마켓**, 누구든 물건을 사고팔 수 있어 **인터넷 중개 장터**라 불리는 **오픈 마켓**의 지난해 시장 규모는 4조 8,000억 원 정도로 2005년 3조 원에 비해 58%나 **성장**했다. **옥션**, **G마켓** 등을 필두로 끊임없이 **확장** 추세를 보이며 **인터넷 쇼핑** 전체를 견인해 가는 형국이다. **오픈 마켓**은 *중소기업*이나 *일반인들*의 **아이디어 상품**이나 **발명품**도 *대기업* **제품**과 나란히 경쟁할 수 있는 효과가 있어 기존 **오프라인 유통**과는 달리 **아이템 확장성**이 무한대에 가깝기 때문이다. 특히 **의류**와 **잡화** 부문이 폭발적으로 **확장**되고 있다.

어휘망[26]: (온라인) 매출 ↔ (온라인) 쇼핑 〈 (온라인) 상거래

    온라인 상거래 〉 오픈 마켓 = 인터넷 중개 장터 〉 옥션, G마켓 – 아이디어 상품 – 발명품 – 제품 – 아이템 〉 의류 – 잡화

    온라인 상거래 〉 오픈마켓 / **성장·확장** ↔ [기존의 온라인 상거래 / 하락·위축]

    온라인 상거래 〉 오픈마켓 / **성장·확장** ↔ (기존) **오프라인 유통** / [하락·위축]

    중소기업 ~ *일반인들* / **아이디어 상품** – **발명품** – **아이템** 〉 **의류** – **잡화** ↔ *대기업* **제품**

    일반인들 → [나], **아이디어 상품** – **발명품** – **아이템** → [팔고자 하는 물품]

    일반인들 / 경쟁 – [판매] → ['나'도 '팔고자 하는 물품'을 경쟁력 있게 판매할 수 있음]

'온라인'이 계속 반복되고 있으며 '매출, 쇼핑, 상거래' 등의 어휘가 관계망을 형성하고, '온라인 상거래, 오픈 마켓, 인터넷 중개 장터, 옥션, G마켓, 상품, 발명품, 제품, 아이템, 의류, 잡화' 등이 글의 중심적인 의미망을 이루며, '성장, 확장' 또한 중심 개념으로 이에 더해지고 있다. 이런 의미망의

---

26   '/'는 문장에서의 의미적 연관을 나타낸다.

형성으로 사실적 이해 차원의 이해를 할 수 있다.

여기에서 더 나아가 추론적 이해를 할 수 있다. 밑줄 친 '국내 온라인 상거래 상승세를 주도하는 것은 오픈 마켓'과 같은 대목에서 '온라인 상거래' 속에 '오픈 마켓'이 속해 있다는 것을 파악할 수 있고, 그렇다면 '온라인 상거래'에 속하면서 '오픈 마켓'이 아닌 것이 있음을 생각할 수 있다. '기존의 온라인 상거래 형태'를 뜻하는 것이 있음을 추론할 수 있는데, 굳이 이름하자면 '클로즈 마켓' 정도로 독자가 설정할 수도 있을 것이다.[27] 글에서는 밑줄 친 부분 '오픈 마켓은…기존의 오프라인 유통과는 달리 아이템 확장성이 무한대에 가깝기…'에서 '오픈 마켓'을 '오프라인 유통'에 직접 비교하고 있지만, '오프라인'이라는 개념에서 그것의 상대어가 '온라인'이란 것을 생각하면 독자는 '오픈 마켓'과 '오프라인 유통'을 직접 비교하기보다 개념의 위계를 달리하여 '오픈 마켓'에 대응하는 '클로즈 마켓', '오프라인 유통'에 대응하는 '온라인 유통'과 같이 각각 상대되는 개념을 추론하고 의미의 빈 칸을 메울 수 있다. 더불어 '상승, 확장'의 개념에 대하여 이와 상대되는 개념이 설정될 수 있을 것인데, '온라인 상거래'의 '성장'은 이의 상대 개념인 '오프라인 유통'의 '하락'을 함의하고, '온라인 상거래' 내에서 '오픈 마켓'의 '확장'은 상대적으로 '기존의 온라인 마켓'의 '위축'을 함의하고 있음을 추론할 수 있다.

더하여 확장적 사고 유형의 추론 예로서, 글 속의 '일반인'은 독자인 '나' 또는 상거래를 전문으로 하지 않는 누군가를 연상시킬 수 있는 단어이고, '아이디어 상품이나 발명품'은 굳이 상업화하지 않았어도 판매 가능한 다양한 물품을 연상시킬 수 있다. 이와 같이 글에서의 어휘를 단서로 글 밖

---

27 실제로 이런 형태의 온라인 상거래에는 '인터넷 이마트, 인터넷 롯데마트, 인터넷 우체국 쇼핑' 등과 같이 판매처가 물품을 구매·확보한 뒤 소비자에게 인터넷을 통해 거래하는 인터넷 마켓 등이 속한다.

의 '나를 포함하여 누군가가 어떤 물품을 팔고 싶어하는 상황'을 연상할 수 있고, 여기에서 글에서 말하는 상거래의 방법을 글 밖 현실에 유추 적용하는 추론을 할 수 있다.

이상으로 보건대, 논리적인 추론에서는 주로 '반의어(상대어)'의 개념과 분류나 구분의 완결성을 갖추려 하는 '상하위어'의 개념이 요긴하게 사용되었고, 글 밖의 확장적인 추론에서는 글 밖의 구체적인 맥락과 연결되는 다양한 관계의 어휘망이 작용할 수 있겠는데 이 예에서는 글 속의 단어('일반인')를 구체화하는 하위어('나')가 연결되었다고 볼 수 있다. 추론적 이해에서는 본질적으로 자유로운 연상에 의해 추리나 상상이 이루어지기도 하므로 연상으로 형성될 수 있는 어휘망의 표상을 권장할 수도 있다.[28] 이때 핵심어일수록 독해의 흐름을 살리면서 독해를 지원하는 역할을 할 가능성이 크다. 그리고 계속 추론적 이해에서 어휘를 활용할 수 있는 전략을 찾고 개발하는 것이 필요하다.

(3) 비판적 이해를 돕는 어휘 지도

비판은 회의와 판단중지, 반성적 사고 등을 주요 특징으로 갖는 사유로서, 비판적 이해란 글 내용과 형식에 대해 평가하기, 글에 전제된 가치를 분석하고 인식하기, 글을 특정한 방향의 의미로 이해한 독자 자신을 통찰하기 등을 포함하는 매우 고차적인 독해 수준이다(김봉순, 2008). 비판 또한 매우 복잡하고 고차적인 사고이므로 어휘 지도만으로 비판적 이해가 성취될 수

---

28 예를 들어, '로코풀은 말에게 독약이다. 말은 로코풀을 먹고 미치고 병들어 죽는다.'는 글에서 '말'과 관련된 의미적 연상으로 '농장, 농장주, 경마, 노새, 갈기' 등을 연상할 수 있고, '독약'에서는 '사약, 청산가리, 주의해야 함' 등을 연상할 수 있는데, 이때 서로 연관되는 두 가지 '농장주'와 '주의해야 함'을 선택함으로써 '농장주는 말이 로코풀을 먹지 않도록 주의해야 한다.'는 글의 주제(일반화된 해석)를 추론으로 도출할 수 있다.

있는 것은 아니지만, 어휘를 효과적으로 사용하여 지원할 수는 있다. 비판은 글에서 획득된 정보와 글 밖의 다른 정보가 서로 대립·비교됨으로써 이루어지므로 비교를 가능하게 하는 어휘의 망은 평가적·인식적·통찰적 비판에서 모두 유용할 것이다.

평가적 비판은 글 내용의 텍스트 여부를 판단하는 것으로서 글에서 말하는 내용(생각)과 글 밖의 또 다른 생각이 비교·대립된다. 인식적 비판은 글에서 말하는 내용(생각)의 저변에 깔려 있는 전제를 인식하여 이에 저항하는 것으로서 글에서 당연시하는 내용(생각)과 이를 부정해 보는 생각이 비교·대립된다. 통찰적 비판에서는 독자 자신이 당연시하는 사고가 정당한 것인가를 판단하는 것으로서 독자가 당연시하는 내용(생각)과 이를 부정해 보는 생각이 비교·대립된다. 이들은 공통적으로 '저항'이라는 비판의 기본 개념을 갖고 있기 때문에, 어휘 차원에서는 맞서는 관계의 어휘인 '상대어(반의어)'의 설정이 전반적으로 유용하겠고, 기타 기존의 생각을 표현한 단어와 이것과 대칭으로 맞설 수 있는 '대립어'와 같은 단어들이 중점적으로 작용할 것이다.[29]

다음의 〈예시 5〉에서 보듯이, 글의 주장의 타당성을 평가하는 평가적 비판을 할 때에는 비교할 수 있는 반대주장을 '상대어(반의어)'나 '대립어'에 해당하는 어휘망을 구성해 봄으로써 비판의 실마리를 찾을 수 있다.

〈예시 5〉[30]
글: 현대 사회가 해결해야 할 또 하나의 과제는 *물질적인 것*과 **정신적인 것** 사이

---

29 '대립어'란 의미론적으로 맞서는 개념이기보다 현실 세계에서 실질적으로 사용되고 있는 장면에서 서로 맞서고 있는 개념으로서, 예컨대 '환경'의 대립어는 '경제'이고 '보존'의 대립어는 '개발'이 될 수 있다.
30 김영선(1999, 부록) 참조.

의 균형을 회복하는 것이다. 옛날에는 오히려 사회생활의 비중을 **정신적인 것**이 더 많이 차지해 왔다. **종교, 학문, 이상** 등이 존중되었고, 그 **정신적 가치**가 쉬 인정 받았다. 그러나 *현대 사회*로 넘어오면서부터 모든 것이 *물질 만능주의*로 기울어 지고 있다.

주장: 현대 사회의 과제는 물질적인 것과 정신적인 것 사이의 균형을 회복하는 것이다.

어휘망: 옛날 ↔ *현대 사회*

정신적인 것 ↔ *물질적인 것 - 물질 만능주의*

종교 ↔ [과학 등][31]

학문 ↔ [실용 등]

이상 ↔ [현실 등]

평가적 비판: '현대 사회는 진정 물질적인 것이 중시되는가, 현대 사회는 바람직 하지 못한가, 현대 사회는 균형을 잃었다고 할 수 있는가, 현대 사회 에서 균형을 갖추는 게 중요한가 등'에 대해 평가함.

글에서 말한 주장을 비판하려면, 글의 주장과 반대되는 주장을 생각해 볼 필요가 있다. 글의 주장을 형성하는 '정신적인 것, 종교, 학문, 이상' 등의 개념에 대하여, 이에 대립되는 '물질적인 것, 과학, 실용, 현실' 등의 '상대어 (반의어)'나 '대립어'를 글에서 찾거나 생각으로 떠올려서 대응시킬 수 있 다. 이로써 글에서 주장하는 바와 글에서 암묵적으로 폄하하고 있는 '대립 어'들이 갖는 가치를 비교·대조함으로써 글의 주장을 평가할 수 있다. 이 글 의 경우, 글에서 암묵적으로 폄하하고 있는 가치들을 대립어로서 구체화하 였을 때 '과학, 실용, 현실 등은 바람직하지 못한 현상인가', 나아가 '현대 사 회는 바람직하지 못한가' 하는 반대 가치에 대해서 적극적으로 생각할 수

---

31 기호 '[ ]'는 본문에는 없으나 추론으로 상정할 수 있는 내용을 뜻함.

있고, 이것과 비교하며 글의 주장을 평가할 수 있다.

글에 전제되어 있는 필자의 관점을 인식하는 인식적 비판을 할 경우에는, 같은 대상을 지칭하지만 다른 의의를 가진 동종 지시어 들을 대입해 봄으로써 필자가 선택하고 있는 관점을 분석해 낼 수 있다(〈예시 6〉).

〈예시 6〉[32]
글: 피고는 '약물 남용' 혐의로 기소된 바 있습니다.

어휘망: 약물 남용 = [마약 중독]
　　　 → [피고는 '마약 중독' 혐의로 기소된 바 있습니다.]
인식적 비판: '약물 남용'이라는 말을 사용함으로써, 행위의 문제성을 약화시키려는 의도가 깔려 있음을 간파함.

위에서 '약물 남용'이라는 표현만 본다면 사실에 크게 어긋남 없이 있는 그대로를 진술한 것이라고 생각할 가능성이 높다. 그러나 이와 대치할 수 있는 '동종 지시어'인 '마약 중독'을 설정하여 비교·대조해 본다면, '약물 남용'이 현상을 객관적으로 표현한 것이 아니라 문제성을 약화시키려는, 교묘하다 할 수 있는 표현이었다는 것을 간파하는 인식적 비판을 할 수 있다. 이런 현상은 여러 장면에서 볼 수 있는데, 예컨대 '동학란'을 '동학농민전쟁'이나 '동학농민혁명'과 같은 동종 지시어로 바꾸어 본다면 '동학란'이라는 객관적으로 보이는 명칭이, 순수하게 객관적이거나 무의도한 것이 아니라 그 역사적 사건의 가치를 평가절하하려는 의도가 담겨 있는 것임을 역시 간파할 수 있다. 이와 같이 인식적 비판은 대체로 동종 지시어를 설정해 비교해 봄으로써 매우 효과적으로 수행할 수 있다.

32　김봉순(1999: 71) 참조.

인간 사회는 정설화되거나 다수가 가진 가치를 바람직한 것 또는 정당한 것이라 여기며 그 가치를 사회화의 과정에서 전수하여 체화시킨다. 이런 가치관은 주체의 인식이 가 닿기 이전에 또는 주체의 의식적인 자각 없이 주입되어 들어온 것이어서 주체가 주체로서 역할하기 어려운 점이 있다. 이러한 점에 대하여 비판을 하고자 할 때 거부하고 저항할 기존 관념을 주체 자신으로 설정하는 통찰적 비판을 할 수 있다. 이 통찰적 사고에서도 자신의 현재 관념을 부정하는 반의어와 같은 어휘의 활용으로써 비판이 가능하다(〈예시 7〉).

〈예시 7〉
글: 인간은 태어나면서 사회에 적응하며 자유롭게 살 수 있다.
어휘망: 자유 ↔ [통제]
      → [인간은 태어나면서 사회 관습 속에서 통제를 받으며 산다.]
통찰적 비판: 인간은 자기도 모르게 통제를 받고 있는 존재일 수도 있지 않을까'
      하는 통찰을 해 봄.

'인간은 태어나면서 사회에 적응하며 자유롭게 살 수 있다.'는 글을 읽으면서 그것이 내가 갖고 있는 생각이며 그 가치는 의심의 여지없이 당연히 옳은 것이라고 여긴다면, 여기에 대하여 일부러라도 이와 반대되는 가치를 설정하여 비교함으로써 그 '당연한 것'이 진정 나의 가치인지를 생각할 수 있다. 이러한 통찰적 비판을 하려 할 때, '상대어(반의어)'나 '대립어'를 떠올려 보는 것이 좋은 전략이다. '자유'라는 핵심 개념에 대하여 이와 반대되는 '통제, 억압' 등의 개념을 설정하고, 이렇게 바꾸어진 가치에 대해서 진지하게 생각해 보는 것이다. '인간은 자기도 모르게 통제를 받고 있는 존재일 수도 있지 않을까'라는 생각을 떠올릴 수 있다면, 인식 주체로서의 자신에 대해 성찰하고 세계를 통찰하는 진중함을 가질 수 있을 것이다. 이런 통찰적 비판에는 주로 '상대어(반의어)'와 '대립어' 등이 사용될 수 있다.

이와 같이 어휘의 의미망을 활용한 지도는 비판적 독해를 도울 수 있을 뿐만 아니라 어휘가 실제의 글에서 어떤 의미 기능을 하며 어떤 관계망을 형성할 수 있는지, 그 어휘에 대한 심화된 학습을 가능하게 한다.

아직까지 어휘가 사실적·추론적·비판적 이해에서 어떻게 적극적으로 기능할 수 있는지를 고민한 연구는 거의 없어 보인다. 어휘 지도가 단순히 어휘 목록을 가르치는 것이 아니라, 진정으로 독해 지도에 필수적이고 긴요한 요인이 되도록 가르치기 위해서는 어휘가 독해에서 기능하는 바를 밝혀 어휘를 독해의 수행 과정에서 활용하도록 하는 연구가 후속되어야 할 것이다. 이런 독해에서의 어휘 활용 연구는 어휘의 실제적인 사용을 매우 심화된 수준에서 가르칠 수 있는 어휘 지도의 새로운 국면을 열 수 있을 것이다.

5. 독서 교육에서 어휘 지도의 실제

1) 어휘 지도의 내용

(1) 어휘망 중심의 어휘 지식

지금까지 읽기 교육에서 다룬 어휘 지도는 대체로 고립된 단어 중심이었다고 보인다. 물론 글 내용과 관련한 어휘망을 다룬 연구들이 있으나 많지 않고,[33] 읽기 교육에서 어휘 지도를 시도한 선행 연구 대부분이 어휘망이기보다 고립된 단어의 지도를 다루었다. 또한 읽기 전의 단어 공부, 읽는 중 또는

---

33 읽은 후에 글 내용을 어휘로 정리하기 등의 후속 활동(김광렬, 2004; 황미라, 2004) 등이 어휘의 망 형태를 다루고 있다. 그러나 이 경우도 초점은 어휘의 의미관계가 아니라 글 내용 정리에 있었다.

수업 중의 설명, 교과서에 제시된 어휘 주석 풀이, 읽은 후의 어휘 학습 활동 등이 주로 고립된 형식의 단어 중심으로 이루어져 있다.

이러한 지도가 무의미하다는 것은 아니다. 글에서 독자가 모르는 낯선 단어가 나왔을 때 그 단어를 어떻게 처리하게 할 것인가는 중요한 문제이고, 낯선 단어에 대한 의미를 알도록 지도하는 것이 어휘 지도의 기본으로서 필수적이다. 고립된 각 단어의 의미 지도는 간결한 어휘 지도를 위해 선택할 수 있는 최선의 방식일 수 있다는 점도 인정할 수 있다.

그러나 어휘 지도가 독해를 적극적으로 지원할 수 있기 위해서는, 어휘 지식이 독해의 과정에 효율적으로 사용될 수 있어야 한다. 어휘 지식이 사실적 이해, 추론적 이해, 비판적 이해의 독해 과정을 이끄는 단서이자 배경지식이 되고, 독해를 정리하고 심화하는 정리 방법이 될 수 있다면 읽기에서 어휘의 역할을 최대화하는 교육이 될 수 있을 것이다.

어휘의 의미망을 중심으로 하는 어휘 지도는 사실적, 추론적, 비판적 독해를 도울 수 있을 뿐만 아니라, 어휘가 실제의 글에서 어떤 의미 기능을 하며 어떤 관계망을 형성할 수 있는지, 어휘에 대한 심화된 학습을 할 수 있는 핵심 방법이다. 독해를 지원하고 강화하면서 어휘를 학습하게 하는 이런 망 형태의 어휘 지도는 구체적으로 독해의 '사실적 이해' 차원, '추론적 이해' 차원, '비판적 이해' 차원에서 각각 그 성격에 맞게 어휘망을 동원할 수 있다. 이런 경우 어휘 학습의 면에서는 새로운 단어만이 아니라 이미 아는 단어라도 그 단어들이 글에서 어떻게 기능할 수 있는지를 학습할 수 있으므로 알고 있는 단어의 어휘 지식에 대한 질적 확장이 가능할 수 있다.

독해를 지원하는 어휘의 의미망은 형태가 아닌 의미 중심의 망으로서,[34] 글에서 한 단어의 '반복'과 '부분적 반복', '상하위어', '유의어, 동종 지

---

34 음운, 형태, 의미 등으로 엮인 다차원의 망이 존재한다고 보는데(Aitchison, 2003; 구본관,

시어, 동종 이미지어', '텍스트 대등어', '텍스트 등위어'와 '반의어' 등의 형태로 실현되는 범주이다. 이 중 '반복어-부분적 반복', '상하위어', '유의어, 동종 지시어, 동종 이미지어, 동계열어', '반의어' 등은 특정 텍스트의 전제 없이도 어휘의미론적으로 연관성을 알 수 있는 유형이고, '텍스트 대등어'와 '텍스트 등위어', '대립어' 등은 특정 텍스트를 전제하면서라야 연관성을 알 수 있는 유형이다.

어휘의 의미망은 단일한 품사가 아닌 다양한 품사로도 실현될 수 있다. 한자어가 많은 국어에서 '명사'가 어휘망 구성에서 가장 명시적으로 인식되고 중심적인 역할을 하지만, 엄밀하게는 모든 품사의 어휘가 다 포함될 수 있다. 그러므로 다양한 품사의 측면에서도 어휘의 의미망을 검토하도록 지도해야 한다. 또한 지금까지 학교에서 가르친 어휘 의미는 '유의어'와 '반의어'가 가장 많았고, 최근 '상하위어'의 지도가 강조되고 '표지어'의 쓰임을 지도하고 있다. 하지만 다른 측면에 대해서는 아직 충분히 주목하지 못한 듯한데, 새로운 인식과 적극적인 지도가 필요하다.

독해를 지도하는 장면에서 어휘망을 지도할 때에는 독해에 중점을 두어 어휘망이 독해와 연결되도록 하는 것이 중요하다. 따라서 지금 다루고 있는 글 또는 독해 문맥에 적절한 의미를 중심으로 하는 것이 좋고,[35] 문맥을 벗어나 어휘의 망을 폭넓게 설명했더라도 결론적으로는 그런 설명이 지금 다루고 있는 글이나 문맥에서 관련되면서 독해를 돕는 방향으로 수렴되어야 한다. 또한 어휘 자체에만 집중하여 독해 흐름을 끊는 지도는 바람직하

2011a: 43 재인용), 이 연결들 중 의미로 연결된 망이 가장 중요하게 기능한다고 알려져 있다.

35 어휘 주석을 달아 줄 때, 사전 내용을 그대로 주기보다 문맥과 관련되는 의미로 선별하여 주었을 때 독해의 효과가 더 좋았다. 즉, 단어를 그 시점에서 온전히 다 가르치기 위해 그 단어와 관련된 모든 것을 동원하기보다, 독해 맥락과 관련된 부분을 편집하여 지도하는 것이 의미 있다는 것이다.

지 못하다. 독해의 흐름을 놓치고 어휘 학습에 치우치면서 독해 흐름이 단절될 가능성이 있기 때문이다. 읽기 전·중·후의 적절한 시점에서 독해 활동을 독려하고 지원할 수 있는 방식으로 어휘의 의미망이 다루어져야 한다.

(2) 어휘망을 발견할 수 있는 어휘 학습 전략

독해에서 어휘 지식을 활용하거나 어휘의 어려움을 극복하는 데에는, 필요한 어휘 지식을 직접 가르쳐 주는 것이 전형적이겠지만, 학습자가 스스로 새 단어의 의미를 알아내도록 어휘 학습 전략을 지도하는 것도 가능하다. 선행 연구들도 어휘 학습 전략의 지도에 주목하여 이것이 어휘 지도에 효과적이라는 결과를 보여 주었을 뿐만 아니라, 읽기 교육에서도 학습자 스스로 어떤 글이든지 스스로 사고하여 읽어낼 수 있도록 하는 능력 요소를 가르치는 것을 가장 중요시한다. 이른바 물고기를 잡아 주는 것이 아니라 낚시법을 가르치는 데 중점을 둔다. 따라서 어휘를 지식적으로 가르치는 것도 중요하지만, 어휘의 문제를 스스로 처리할 수 있도록 하는 능력을 학습자가 획득하도록 하는 것이 중요하다.

지금까지 어휘 학습 전략으로서 '사전 활용법', '문맥 단서 활용법', '형태소 분석법'과 같은 방법을 가르쳐 왔다.[36] 이들은 모르는 또는 낯선 어휘를 학습하는 전략인데, 사전 활용법은 글에 나오는 새 단어(모르는 단어)를 사전에서 찾아 알게 되는 자기주도 어휘 학습 방법이고, 문맥 단서 활용법은 글 속의 문맥 단서를 통해 새 단어의 의미를 추론하여 앎으로써 새 단어를 학습하게 하는 어휘 학습 방법이다. 그리고 형태소 분석법은 새 단어의 형태소를 어근, 접사, 복합어의 어근 등으로 분석하거나 어원을 분석하는 것

---

36 마광호(1998)와 이재승 편저(2004: 142~147) 참조. 어휘 사용 능력 중 의미 파악 능력을 '문맥적 정보의 활용 능력, 형태적 정보의 활용 능력, 사전적 정보의 활용 능력'으로 정리한 것과 같다.

등을 통해 그 의미를 추론하는 방법이다. 이 중 문맥 단서 활용법이 가장 많이 연구되었고 또한 현장 지도에서도 가장 활성화되어 있다.

어휘망을 스스로 발견하거나 구성하도록 하는 방법으로서 활성화되어 가르치고 있는 것은 찾아보기 어렵다. 그러나 기존의 읽기 수업이 의미의 흐름을 파악하고 추론하고 비판하는 것을 가르치면서, 자연스럽게 어휘의 망을 느끼게 하는 지도를 하였을 가능성이 크다. 다만 어휘 중심으로 초점화시켜 보지 않았을 뿐일 수 있다. 독해의 과정에서 어휘의 망을 발견하고 구성할 수 있도록 어휘의 특징에 주목하고 어휘의 의미적 연관성을 살려 사실적, 추론적, 비판적 이해의 단서를 삼고 배경지식을 삼을 수 있도록 앞으로 더욱 관심을 갖고 지도해야 한다. 어휘망을 스스로 발견하고 구성하도록 하는 어휘망 구성 전략 같은 것도 더욱 관심 있게 연구되고 개발되어야 한다.

2) 어휘 지도의 방법

(1) 읽기 전 활동에서의 어휘 지도

모르거나 어려운 단어가 많이 사용된 글은 읽기 전에 미리 어휘 지식을 충분히 지도하는 것이 좋다. 읽기 지도에서도 어휘의 학습이 독해와 별도로 반드시 중요하게 다루어져야 하는 상황이 바로 이러한 경우인데, 자주 사용되지 않는 어휘가 많이 포함된 글이나 알 수 없는 고어가 사용된 고문, 어려운 전문용어가 많이 사용된 글, 글 속에 새 단어의 의미를 추측할 실마리가 되는 단어나 어구가 적은 글 등은 글 속의 어려운 어휘를 뽑아 미리 학습하게 할 필요가 있다. 실제로 이런 글에서는 읽기 전에 별도로 가르친 어휘 목록이 독해력을 높이는 데 도움이 된다. 이들 어휘를 지도하는 방법은 필요에 따라 목록형이나 어휘망형 등으로 학습할 어휘를 정리·조직할 수 있겠고, 단어 의미 중심의 지도와 단어 사용 사례 중심의 지도, 배경지식 제공 중심의 지도, 그리고 이들을 복합한 지도가 가능하다. 물론 교수·학습 형태는 다양하게 취할 수 있어서 강의법뿐만 아니라 학습자의 자발적 조사, 토의법, 직소(jigsaw) 학습법 등을 다양하게 적용할 수 있다.

어휘 학습 전략을 가르칠 때에는, 독해 활동과 구별하여 읽기 전이나 또는 별도의 시간에 지도하는 것이 좋다. 사전 활용법이나 문맥 활용법, 형태소 분석법 등의 전략은 그 자체로서는 독해와 초점이 다른 활동이므로, 독해에서 적용하기 이전에 미리 가르쳐 두어서, 독해 과정에서는 미리 학습한 전략을 적용하고 활용하기만 하면서 독해에 초점을 둔 흐름이 이어질 수 있도록 한다. 그리고 이를 지도하는 교수·학습의 형태는 전략 지도의 대표적인 방법인 직접교수법이나 문제해결학습법(탐구학습법) 등을 활용할 수 있겠다.[37]

(2) 읽는 중 활동에서의 어휘 지도

본격적인 독해를 수행하는 읽는 중의 어휘 지도는 해당 맥락이나 상황에 필요한 어휘 지식을 제공 또는 적용하거나, 어휘 학습 전략을 적용하고 활용하는 지도가 될 것이다. 본격적인 독해가 수행되는 시점이기 때문에 어휘 학습 자체에 초점을 두기보다 독해를 수행하기 위해 어휘 지식을 동원하는 방식으로 이루어져야 한다. 교사 주도적으로 학습 대상 어휘를 선정할 수도 있고, 학습자 주도적으로 선정할 수 있으므로 이를 고려하도록 하고, 설명이나 발표 등과 같이 외형적으로 드러나는 어휘 지도도 가능하지만, 사고 과정에서 소리 없이 진행되는 어휘 학습 과정도 있을 수 있다는 것을 염두에 둘 필요가 있다.

그리고 무엇보다 읽는 중 활동에서는 독해, 즉 사실적·추론적·비판적

---

37   교수·학습 방법에 대해서는 최미숙 외(2012: 92-108) 참조.

이해를 돕는 어휘 정보를 제공 또는 활용할 수 있도록 하는 것이 중요하다. 어디까지나 읽는 중의 어휘 학습은 어휘보다 독해에 훨씬 더 많은 비중이 있어야 하므로 독해 흐름을 중심으로 운영해야 한다. 사실적·추론적·비판적 독해에서 어휘를 적절히 활용하는 것은 꽤 난도가 높을 것이므로 대체로 교사가 주도적으로 이끌어 지도해야 할 가능성이 높다. 그리고 교수·학습은 교사 중심의 강의법 외에도 학습자의 역할이 중요한 탐구나 토의의 방법 등도 적용이 가능할 것이다.

(3) 읽은 후 활동에서의 어휘 지도

글을 읽은 후에는 독해 결과의 정리, 글 쓴 의도와 배경 정리, 글에 대한 평가·활용 등의 활동이 전개되는데, 이때에 읽기 전과 읽는 중에 학습한 어휘를 활용하여 내용 정리를 도울 수 있다. 또한 추론 및 비판적 이해에 활용했던 어휘 지원 방법들을 이 단계에서도 추론이나 비판 성격의 활동에서 역시 사용할 수 있다.

그리고 읽기의 전체적 교수·학습 계획에 따라, 읽은 후 활동 단계에서 본격적인 어휘 지도를 할 수도 있다. 읽기 전 활동에서 어휘 지식 및 어휘 학습 전략 등 어휘에 초점을 둔 어휘 지도를 할 수 있는 것처럼, 독해가 마무리된 이후에 어휘 지도를 하는 것이다. 이것은 엄밀히 말해 독해에 초점을 둔 것이 아니라는 점에서 '읽은 후 활동'이라 하기 어려운 점도 있지만, 글을 독해하는 과정과 관련된 어휘를 다룬다는 점에서 무관하지만은 않다. 읽기 수업의 한 모형인 DRTA와 같은 경우 마지막 단계인 '기능 지도하기'에서 어휘 지식이나 어휘 학습 전략, 어휘의 의미망 등을 본격적으로 지도할 수 있는데,[38] 이외에도 새로운 교수·학습 방법을 개발할 수 있을 것이다.

3) 어휘 능력의 평가

독해 과정에서 다루어진 어휘는 독해와 어울리는 방식으로 읽기 평가에서 다룰 수 있다. 글에 나온 단어나 어휘망뿐만 아니라 학습한 어휘 학습 전략의 적용이나 활용도 평가할 수 있다. 또한 사실적·추론적·비판적 독해를 수행하면서 활용하는 어휘망의 구성 등을 과정평가의 방법으로 관찰할 수 있고, 글 밖의 단어들도 독해 여부를 평가하거나 독해력을 측정하는 데에 결과평가의 방법으로 활용할 수 있다.

어휘와 독해가 결합된 방식의 평가는 다음의 〈예시 8〉과 같이 글 내용을 이해하고 적절한 어휘 지식이 있어야만 답할 수 있는, 독해와 어휘의 두 측면이 모두 작용해야만 하는 평가 문항이다.

〈예시 8〉[39]

다음의 ㉮~㉰에 알맞은 단어를 〈보기〉에서 찾아 문맥에 자연스럽게 이어 쓰시오.

이렇게 될 때 형성되는 공동체는 획일적 단합의 형태가 아니라 (㉮) 속에서 (㉯)의 형태를 취할 것이다. 공감이란 남의 개성과 자율성을 존중하지 않고서는 결코 일어나지 않기 때문이다. 공감하는 사람은 처음부터 획일주의 사고와 권위주의적 자세를 극복한 개방적이며 주체적인 사람이기 때문에 반드시 상대방의 개성을 존중하지 않을 수 없다. 그러기에 공감 속에 이루어지는 단합은 제창식의 단합이나 단색적인 단합이 아니라 (㉰)와(과) (㉱)에 바탕을 둔 참다운 단합의 형태가 될 것이다.

---

38 DRTA(Directed Reading-Thinking Activity)는 '읽는 목적을 설정하거나 확인하기 → 읽는 목적이나 자료의 성격에 맞게 조절하며 읽도록 지도하기 → 읽는 상황을 관찰하기 → 독해지도하기 → 중요한 기능 지도하기'의 절차로 진행된다.

39 한국교육과정평가원 교수·학습센터 '[고교선택과목] 독서' 교수·학습자료 중 '사실적 이해 I' 참조(http://classroom.re.kr/2011/view.jsp?mcode=111320).

<보기>
획일성, 다양성, 단합, 융화, 조화, 균형, 제창, 합창, 독창, 단색, 다색, 모자이크

정답: ㉮ 다양성, ㉯ 융화, ㉰ 합창식의 조화, ㉱ 모자이크의 균형

이렇게 읽기와 결합한 어휘 능력의 평가는 어휘 교육에서 권장되는 방법인데, 계속 개발되어야 할 부분이다.

6. 나오며

어휘 지도가 단순히 어휘 목록을 가르치는 것이 아니라, 진정으로 독해 지도에 필수적이고 긴요한 능력을 기르는 요인이 되도록 가르치기 위해서는 어휘가 독해에서 기능하는 바에 따른 어휘 관련 요소들을 지도하여야 한다.

이 장에서는 어휘의 양적 학습과 더불어 읽기에서의 질적 학습을 중심으로 살펴보았다. 새로운 어휘를 배우는 양적 학습과 더불어, 질적 학습으로 사실적 이해·추론적 이해·비판적 이해의 과정에서 어휘가 작용하는 양상을 예를 들어 살펴보고, 그 결과로서 읽기 교육을 위한 어휘 지도의 방안으로, 기존에 모르는 어휘를 대상으로 한 어휘 지식이나 어휘 학습 전략의 지도에서 나아가, 글 속에서 어휘의 의미망을 발견함으로써 사실적 이해를 성취하고, 글 내부의 논리성과 글 외부와의 연관성을 어휘의 의미망을 활용함으로써 발견하게 하여 추론적 이해를 지원하고, 글 내용을 비롯해 기존의 것으로 제시된 것과 비교 또는 대립되는 개념의 어휘망을 활용함으로써 비

판적 이해를 견인하는 어휘 지도가 되어야 함을 말하였다. 그리고 이를 위해 고립적인 단어 지도에서 나아가 의미망 중심의 어휘 지식지도와 의미망을 발견 또는 구성하는 전략을 지도하는 것이 읽기 교육을 위한 어휘 지도의 내용이 되어야 함을 말하였다.

앞으로 어휘가 독해의 과정에서 어떻게 기능하며 읽기 교육에서 그 특성을 어떻게 활용할 수 있을지를 더욱 면밀하게 밝히는 연구가 후속되어야 할 것이다. 이런 독해에서의 어휘 활용 연구는 독해지도에 기여할 뿐만 아니라 어휘의 실제적인 사용을 매우 심화된 수준에서 가르칠 수 있는 어휘 지도의 새로운 국면을 열게 될 것이다.

1. 우리말이나 외국어로 된 글을 읽으면서 글이 어려워 이해되지 않았던 경험을 떠올려 보고, 글이 어려웠던 원인에 어휘 지식 부족이 있지는 않았는지 생각하며 어휘 학습의 중요성을 나의 경험과 관련지어 설명해 보자.

2. 지금까지 학교 수업에서 어휘를 다루었던 방법을 이 장에서 논의된 방법을 참고하여 정리해 보고, 읽기에 효과적이었던 어휘 공부 방법은 어떤 것이었는지 생각해 보자.

3. 글을 읽을 때 어휘의 어려움 때문에 이해가 곤란했던 상황들을 떠올려 정리해 보고, 각각의 상황에 맞는 어휘 학습 전략은 무엇일지 더 생각해 보자.

4. 자신이 선호하는 어휘 학습 전략 또는 어휘 지도 전략이 있는지 생각해 보고, 그 전략의 장점과 단점을 각각 알아보며 장점을 살리고 단점을 보완할 수 있는 방법으로 어떤 것이 있는지 생각해 보자.

3

작문 교육과 어휘 교육

1. 작문 교육에서의 어휘 교육 위상

언어를 잘 구사하는 이들이 가지고 있는 공통된 특징으로 흔히 어휘력의 풍부함을 손꼽는다. 어휘력은 말하고 듣고 읽고 쓰는 언어 사용의 기본이 되는 지식이면서 그 사람의 언어 능력 내지는 사고력 수준을 가늠하게 해 주는 구체적 지표로서 늘 국어 교과의 주요한 교육 내용으로 존재해 왔다. 어휘력이 풍부하면 자신이 생각하고 느낀 것을 보다 정확하고 효과적으로 표현할 수 있고 다른 사람의 생각을 더 정확하게 이해할 수 있다(이대규, 1990)는 관점이나 어휘 학습 정도가 국어 사용 능력의 질적 차이를 결정하는 중요한 요인이 된다(김광해, 1989)는 견해는 모두 어휘력이 한 개인의 일반적인 지식 수준이나 언어 능력 수준을 가장 잘 대변해 주는 객관적인 지표라는 인식에 바탕을 두고 있다.

어휘력을 무엇으로 보아야 할 것인가에 대해서는 학자마다 논의가 분분하겠지만 어휘력의 개념은 대체로 얼마나 많은 어휘를 알고 있는가에 대한 양적 어휘력과 이 어휘에 대한 형태, 의미, 화용과 관련되는 총체적 지식을 바탕으로 실제적인 언어 사용 맥락 안에서 얼마나 적절하고 효과적으로 어휘를 사용할 줄 아는가 하는 질적 어휘력을 총망라하는 개념으로 정의될 수 있을 것이다. 어휘력을 이렇게 양적 어휘력과 질적 어휘력의 총합으로 본다면 사실 어휘력은 일반적인 언어 능력, 특히 아는 것을 적절한 언어 형식으로 표현할 줄 아는 쓰기 능력과 떼려야 뗄 수 없는 매우 밀접한 관련성을 맺게 된다. 김광해(1997: 5)는 바로 이 점에 주목하여 쓰기 능력으로부터 어휘력만을 따로 분리하여 생각하려는 것은 마치 셰익스피어의 『베니스의 상인』에 나오는 샤일록 재판에서 '피를 한 방울도 흘리지 말고 살점만을 분리해 내라'는 것과 흡사하다고 지적한 바 있다.

이렇게 어휘력이란 말 그대로 어휘에 대한 총체적 지식으로 어휘력이 작문 능력을 형성하는 데 근간이 된다는 주장에 이견을 제시하는 이는 아무도 없지만 어휘력과 언어 사용 능력과의 관계에 관심을 둔 연구들은 주로 어휘력과 읽기 교육과의 관계에 초점을 두고 수행되었을 뿐 정작 작문 교육과 관련된 연구 성과는 매우 드문 실정이다. 신명선(2005)은 도구적 관점에서 사실 1차 교육과정기 이래로 어휘는 언제나 의사소통을 하기 위한 필수적 도구이며 국어교육의 중요한 교육 내용으로 존재해 왔다는 전제하에, 어휘를 알아야 일상생활에서 잘 말하고, 듣고, 읽고, 쓸 수 있다는 상식적 견해가 어휘 교육 내용 설계의 바탕이 되어 왔음을 지적하고 있다. 그러나 정작 이 도구적 관점에 입각해, 특히 작문 교육과 관련해 과연 체계적인 어휘 교육의 내용이나 방법에 대한 연구와 실천이 있어 왔는가에 대해선 부정적인 답을 할 수밖에 없다. 일단 어휘 교육은 읽기 교육을 위한 부차적인 수단 정도로만 이루어져 왔다. 작문 교육과 연계된 어휘 지도는 고작 학습한 낱말을 사용해서 짧은 글을 지어 보는 활동 정도로 이루어져 온 수준에 불과하고, 실제로 작문 교육 안에서 어휘를 가르쳐야 한다는 인식이나 실천적 연구 자체가 매우 드물었기 때문이다.

어휘력이 작문의 질을 담보해 주는 것이라는 점에 대해선 그 누구도 의심하지 않으면서 정작 작문 교육 안에서 어휘 교육의 문제를 고민하거나 실천한 연구 성과가 이렇게 드문 까닭은 무엇일까? 누구나 글을 잘 쓰기 위해서는 탄탄한 어휘력의 바탕이 있어야 한다는 데는 동의하지만 정작 작문 교육 국면에서 어휘를 교육해야 할 대상이라고 생각하지 않아 온 까닭은 무엇일까? 어휘는 과연 쓰기가 아닌 읽기를 통해서만 학습해야 하는 것인가? 글을 쓸 때 머릿속에 축적되어 있는 어휘 지식이 많으면 그 지식이 필자의 기억에 의해서 자동적으로 인출되어 표현 가능한 것이 되는가? 그렇다면 작문 과정에서 머릿속에 분명 표현하고 싶은 어떤 아이디어가 있어도 이를 적확하게 표현할 수 있는 마땅한 어휘를 찾지 못해 어려움을 겪는 것은 무슨 까닭인가? 작문 교육 국면에서는 이렇게 글을 쓸 때 어휘 사용의 문제로 어려움을 겪는 학생 필자들에게는 어떤 도움을 주어야 하는가?

이 글에서는 이러한 물음들에 답해 가는 과정을 중심으로 그간 우리 국어교육계에서 방치되어 왔던 작문 교육 안에서의 어휘 교육의 문제를 되짚어 가면서 작문 교육 안에서 어휘 교육의 위상을 새롭게 정리해 보는 작업을 시도해 보고자 한다. 이를 위해 우선 기존의 논의들을 토대로 작문 교육 안에서 어휘력의 개념을 재개념화함으로써 작문 교육 안에서 어휘 교육의 필요성과 그 구체적인 교육 내용과 방법을 제안해 보기로 한다. 쓰기 기능이 오로지 쓰기 수행을 통해서만 신장되는 것처럼 쓰기의 질을 담보하는 어휘력 역시 실제 작문 과정 안에서 의도적이고 체계적인 교수·학습 활동을 통해서 교육될 필요가 있음을 주장하고, 2009 개정 국어과 교육과정 안에서 규정한 어휘 교육의 내용 요소 검토 작업을 통해 작문 과정과 연계하여 초점화된 어휘 교육 프로그램의 구체적인 내용 체계와 실제적인 어휘 교육 방안을 제안함으로써 실제 교수·학습 현장에서 활용 가능한 작문 교육과 어휘 교육의 접점을 마련해 보고자 한다.

2. 작문 교육에서의 어휘 능력 재개념화

쓰기란 자신의 생각을 상대방에게 논리적인 언어로 정확하고 설득력 있게 전달할 수 있는 의사소통 행위일 뿐만 아니라 사고를 언어로 옮겨서 표현해 내는 고등 정신 기능을 바탕으로 하는 문제해결 과정(Flower, 1997/원진숙·황정현 역, 1999)이라 할 수 있다. 우리는 쓰기를 통해서 사고하고, 글을 써야 하는 문제 상황에서 아이디어를 생성하고, 조직하고, 초고를 쓰고, 쓴 글을 다시 고쳐 써가는 일련의 과정을 통해서 접하게 되는 여러 가지 인지적인 제약들을 목표 지향적으로 해결해 가면서 글을 쓰게 된다. 우리는 쓰기 행위를 통해서 사고를 확장하고 정련해 가면서 당초에 전달하고자 했던 의미를 구성해 갈 수 있는 것이다.

알아보기 **여러 가지 쓰기 개념**

쓰기 개념은 쓰기를 바라보는 관점이나 작문 이론에 따라 각기 다르게 규정될 수 있다. 수사학적 관점에서 쓰기란 구체적인 상황 맥락 안에서 필자 자신이 의도한 메시지를 글을 읽게 될 독자를 염두에 두고 그에게 뭔가 영향을 미치기 위한 목적으로 글을 쓰는 의사소통 행위라 할 수 있다. 형식주의 작문 이론에서는 쓰기를 쓰기와 관련된 지식을 객관화된 작문 절차와 장르 규범, 규칙에 따라 이미 만들어져 있는 의미를 문자를 통해 정확하게 글로 표현하는 행위로 규정한다. 인지주의 작문 이론에서는 쓰기를 고도의 인지적인 사고 과정을 통해 일련의 문제들을 해결해 가는 목표지향적인 문제 해결 과정으로 본다. 그런가 하면 사회구성주의 작문 이론에서는 쓰기를 일종의 사회 문화적 실천 행위로 규정하면서 담화 공동체 구성원들과의 상호 작용을 통한 의미 구성 과정으로 본다(양태식 외, 2013: 211-214 참조).

그러나 작문 과정은 어휘 사용의 관점에서 달리 보면 끊임없이 머릿속에 존재하고 있는 어떤 아이디어를 어떤 어휘를 선택해서 표현해야 할 것인가 하는 무수한 선택과 배제 그리고 결합의 과정이라고도 볼 수 있다(김중신, 2011). 표현하고자 하는 아이디어나 개념은 결국 어휘를 통해서 구현될 수밖에 없기 때문에 우리는 글을 쓰는 내내 자신의 생각을 어떤 어휘로 표현해야 할 것인가에 대해 고민할 수밖에 없다. 결국 글을 쓰면서 겪게 되는 대부분의 어려움(writing block)은 무수히 많은 어휘' 가운데 어떤 어휘를 선택해서 문장을 만들고, 문장 이상의 문단과 글 단위로 확장해 가는가 하는 어휘 사용의 문제라고 해도 무방할 것이다. 이렇게 볼 때 작문이란 결국 어휘들의 선택과 결합 과정을 통해 사고를 정교화해 가는 과정이라고 해도 과언이 아니다.

쓰기에서 어휘가 중요한 이유는 어휘가 바로 개념을 담고 있는 사고 단위이자 최소의 의사소통 단위이기 때문이다. 어휘의 개념을 심적 표상이라

쉬어가기 **쓰기의 어려움(writing block)**

쓰기가 어려운 까닭은 표현 과정에서 내용을 직접 생성하고 조직해야 하기 때문이다. 학생 필자들은 글을 쓰는 과정에서 많은 어려움에 봉착하게 된다. 머릿속이 막막해서 아예 글쓰기 자체를 시작도 하지 못하는 경우, 일단 글을 시작하기는 하지만 몇 줄만 쓰고 나면 이내 머릿속 생각이 고갈되어 버리는 경우, 종종 멋진 아이디어가 떠올라서 글을 쓰려고 자리에 앉지만 이내 아무 생각도 안 나는 경우, 분명히 뭘 써야 하는지 알기는 알겠는데 그걸 어떤 낱말로 표현해야 할지 모르겠는 경우, 글을 써 내려가다 보면 원래 의도했던 것과 다르게 엉뚱하게 곁길로 빠져 버리는 경우, 분량을 채우지 못하는 경우…. 우리가 흔히 글을 쓰면서 겪게 되는 쓰기의 어려움이다(최미숙 외, 2008: 253).

---

1 주지하는 바와 같이 단어(word)가 개별 낱낱의 의미 단위를 가리킨다면, 어휘(vocabulary)란 일정 범위 안에서 사용되는 단어는 물론 관용 표현까지도 포함하는 보다 넓은 의미로 쓰이는 복수의 개념이라 할 수 있다.

할 때 이 표상에는 사물이나 사건과 관련되고 연합된 모든 지식들이 저장되어 있다. 머릿속 생각을 문자 언어로 옮겨내는 쓰기 활동에서 어휘는 새로운 생각이나 개념을 공급해 주는 강력한 수단이 된다. 재료가 풍성할수록 산출물이 좋아지는 것처럼 어휘력이 풍부하면 결과물로서 글이 담고 있는 질적인 내용이나 표현이 풍부해질 수밖에 없다. 수준 높은 어휘를 많이 알고 이 어휘를 적재적소에 활용할 수 있다는 뜻은 어휘를 통해 정밀한 개념을 이해하고 다채롭게 표현할 수 있다는 뜻으로 사물이나 개념에 대한 변별력과 분석력, 더 나아가 논리적 사고력과 언어 구사력의 수준이 우수하다는 것을 의미한다. 어휘 구사 능력을 한 사람의 언어 능력 수준을 판정하는 척도로 삼는 것은 어휘력이 그 사람이 지닌 총체적인 배경 지식과 관련을 맺고 있기 때문이기도 하다. 어휘 스키마란 그 어휘와 관련해 개인이 갖게 된 지식의 총체로 단어에 관련된 백과사전적 지식과 세상 경험의 총화이기 때문이다. 사람들이 이렇게 어휘를 통해서 대상을 인식하고 표현하기 때문에 작문 교육 안에서 어휘 교육이 갖는 의미와 비중은 클 수밖에 없다.

그렇다면 작문 교육 국면에서 어휘력은 과연 어떤 개념으로 규정되어야 할까? 새삼스럽게 작문 교육 안에서 어휘력의 개념을 새롭게 규정하고자 하는 까닭은 전술한 바와 같이 어휘력이 쓰기의 중핵적인 부분임에도 불구하고 작문 교육 안에서 그동안 제대로 논의되어 오지 못했다는 문제의식 때문이다. 이제까지 어휘는 주로 도구적 관점에서 읽기와 관련된 부차적 수단 정도로만 인식되고 교육되어 왔을 뿐 쓰기를 잘 하기 위해선 무엇보다 쓰기 과정과 연계된 어휘 지도가 병행되어야 한다는 인식 자체가 없었기에 작문 교육 안에서 어휘는 의도적이고 체계적인 교육의 대상이나 방법으로 존재하지 못했다.

사실 어휘력이라는 말 자체는 김광해(1993)의 지적처럼 교육이라는 국면을 전제로 하는 개념이다. 김광해(1993)는 어휘 교육의 목표인 어휘력 개념을 "어휘를 이해하고 구사하는 데 관련된 일체의 능력"으로 정의하면서 어휘 교육의 개념을 "완전하고 수준 높은 언어 활동 능력을 기르기 위하여 이해력 및 표현력 신장에 관련된 어휘의 양적 측면과 질적 측면을 신장시키는 것을 목표로 하는 교육"으로 규정하고 있다. 이영숙(1997)은 이러한 김광해(1993)의 논의를 기반으로 어휘력을 양적 어휘력과 질적 어휘력으로 구분하되, 질적 어휘력을 다시 언어 내적·외적 지식으로 분류하여 언어 내적 지식에는 형태, 의미, 통사, 화용과 관련된 선언적 지식과 절차적 지식을, 언어 외적 지식에는 백과사전적 지식, 일화적 기억, 원어, 어원에 대한 지식 등을 포함시킴으로써 어휘력의 개념을 '어휘에 대한 지식(knowledge)'으로 정의하고 있다.

신명선(2004a, 2008a)은 어휘력을 이렇게 지식의 차원에서 정의해 오던 종래의 연구 경향(손영애, 1992a; 이충우, 2001)과 다르게 '어휘 능력(lexical competence)'이라는 용어를 도입하여 '어휘를 이해하고 표현하는 능력'으로 개념을 정의하고 있어 주목할 만하다. 신명선(2004a, 2008a)은 어휘 능력을 다시 단어들 그 자체에 대한 정확한 이해 능력으로서의 '상징 능력'과 단어들을 실제 의사소통 상황에서 사용할 수 있는 '지시 능력'으로 구성된 총합으로 보았다. 즉, 어휘 능력이란 어휘에 대한 정확한 이해와 이 어휘를 실제 언어 사용 상황에서 적절하게 사용할 수 있는 능력의 총합으로 보아야 한다는 것이다. 어휘력을 이렇게 어휘 능력의 개념으로 규정하면서 어휘에 대한 이해와 사용 능력으로 보는 관점은 어휘력이 사실 아는 것을 적절한 언어 형식으로 표현할 줄 아는 일반적인 작문 능력과 별반 다를 것이 없어 보인다. 작문 능력이란 것도 결국 쓰기에 필요한 어휘의 형태, 통사, 의미, 화용적 특성에 대한 지식을 가지고 이를 실제 쓰기 상황에서 어휘를 정확하고 적절하게 사용할 줄 아는 능력의 총합 개념으로 볼 수 있을 것이다. 이렇게 어휘력이 쓰기 능력과 별반 다르지 않은 것이라면, 쓰기 능력이 오직 쓰기를 통해서만 신장되는 것처럼 쓰기에 필요한 어휘 역시 작문 과정을 통해서 교육하면서 실제적인 어휘 사용 능력을 신장시킬 필요가 있음을 시사받을 수 있다

우리는 이제까지 작문 교육 국면에서 글을 쓸 때 필요한 어휘 능력을 그저 대상에 대한 개념적 이해 수준에 머무르는 정태적 지식 정도로만 인식해 왔을 뿐 실제 글쓰기 국면에서 어휘를 사용할 줄 아는 능력을 갖게 해 주어야 하는 교육의 대상이라고는 생각해 오지 못했다. 글을 쓸 때 필요한 어휘는 그저 학습자가 책읽기 경험 등을 통해 습득해서 머릿속 지식으로 저장하고 있다가 필요할 때 기억에 의해서 인출하여 표현하면 되는 것 정도로 잘못 인식해 왔기 때문이다.

그러나 우리는 실제 글쓰기 과정을 통해서 머릿속에서 표현하고자 하는 어떤 아이디어를 실제 언어 사용 국면에서 딱 들어맞는 어떤 어휘로 표현하는 것이 얼마나 어려운 일이며, 머릿속에서 이미 그 의미나 용법을 알고 있는 어휘라 할지라도 그 어휘를 알고 있다는 것과 막상 글을 쓸 때 적절한 어휘로 표현하는 것이 전혀 다른 차원의 문제임을 경험적으로 잘 알고 있다. 어휘 자체가 워낙 방대하고 한 단어가 여러 의미를 갖는 다의적 특성을 지니고 있기도 하고, 문맥에 자연스럽게 어울리는 어휘가 있는가 하면 그렇지 못한 어휘들도 있어서 사실상 알고 있는 개별 어휘의 양이 많다고 하더라도 이 어휘를 상황에 맞게 적절히 인출해서 표현하는 것은 매우 어려운 일이기 때문이다. 즉, 어떤 어휘를 알고 있다고 해서 그 어휘를 실제 쓰기 상황에서 표현할 수 있는 것은 아니라는 말이다.

이러한 이유로 작문 교육 안에서 어휘 능력의 개념은 개별 낱말들에 대한 음운, 형태, 의미, 통사, 화용에 관한 지식의 총체로 '안다/모른다'로 판단하기보다는 여러 가지 수준과 차원으로 이루어진 상대적인 정도성에 기초한 일종의 발달적 연속체 개념으로 이해될 필요가 있다(Laufer & Paribakht,

1998). 어떤 하나의 단어를 안다는 것이 그 단어의 음운과 형태, 의미, 통사, 화용 등 여러 차원의 앎을 전제로 한다. 또 개인이 특정 단어를 안다고 하더라도 그 어휘의 음운, 형태, 통사, 의미, 화용의 다양한 앎의 측면 중 어느 특정 지점에 머물러 있는 경우가 많기에 '어떤 단어를 안다'고 할 때 그 앎의 성격은 '안다' 혹은 '모른다'의 이분법적인 판단의 문제가 아니라 얼마나 알고 있는가 하는 '정도성'의 문제로 이해될 필요가 있다. 상대적인 정도성에 기초한 이 연속체의 시작점은 어떤 어휘가 있다는 것을 아는 정도가 될 것이고, 그 끝은 그 어휘를 실제 맥락의 요구에 부응할 수 있도록 적절하고 효과적으로 표현할 수 있는 수준을 이루는 지점이 될 것이다.

팸버그(Palmberg, 1987)는 이 어휘의 연속체를 '잠재적 어휘'에서 시작하여 '이해 어휘'로, 그리고 가장 상위 수준인 '표현 어휘'의 발달로 이어지는 것으로 정의하고 있다. 글을 읽을 때 의미를 파악하기 위해 필요한 수준의 어휘 지식이나 글을 쓸 때 어떤 주제나 대상에 대해 어렴풋이 알고 있는 막연한 수준의 어휘 지식을 지칭할 경우라면 어휘의 연속체상에서 볼 때 수동적이고 정태적인 '이해 어휘(receptive vocabulary)'에 해당할 것이고, 말을 하거나 글을 쓸 때 수월하게 사용할 수 있는 어휘 지식은 능동적인 '표현 어휘(productive vocabulary)'에 해당될 것이다. 라우퍼와 패리바크트(Laufer & Paribakht, 1998)는 어휘를 알고 있다고 해서 그 어휘를 실제로 올바르게 표현할 수 있는 것은 아니며 대개는 이해 어휘가 표현 어휘에 선행하는 것[2]으로 보았다.

어휘에 대한 앎이 상대적인 정도성에 기반한 것이라는 주장은 슈미트의 가설에 의해서도 뒷받침된다. 슈미트(Schmitt, 1997)에 따르면 학습자는 새로운 단어를 접했을 때, 대번에 그 단어에 대한 모든 것을 알게 되는 것이

---

2   김광해(1993: 57)는 대략 표현 어휘는 이해 어휘의 3분의 1정도일 것으로 추정하고 있다.

아니고 일차적으로 그 단어의 형태와 의미에 관련된 기본 정보만을 기억하게 된다. 음성 언어 형태로 단어를 접했다면 그 단어의 발음이나 음절 수 등을 기억하게 되고, 문자 언어 형태로 새로운 단어를 접했다면 그 단어의 처음 몇 글자만 기억할 수 있다. 이렇게 그 단어가 가지는 특성을 부분적으로 파악하고 있다가 그 단어와의 접촉 과정을 반복하게 되면서 차츰 그 단어에 대한 여러 가지 정보들을 학습하게 되는 것이다. 이렇게 학습자는 한꺼번에 어휘에 대한 모든 지식을 학습하는 것이 아니라 시간을 두고 점진적이면서도 반복적인 방법으로 어휘를 습득하기 때문에 학습자의 어휘 지식은 알거나 모르는 양극의 이분법적인 것이 아니라 단어에 대한 개념 자체가 아예 없는 수준으로부터 부분적인 개념, 그리고 점차 넓고 정확한 개념 수준에 이르는 연속적인 것으로 보아야 한다. 이 연속선상에서 학습자는 경험한 어휘를 머릿속 기억 창고 안에 저장해 두기도 하고, 필요한 경우 기억을 통해 인출해서 사용하기도 하는 과정을 무수히 반복하면서 점진적으로 어휘를 습득해 나가는 것이다.

이렇게 어휘 학습 과정이 점진적이면서도 발달적으로 이루어지는 것이고 보면, 작문 교육 국면에서 어휘 교육은 방치되거나 배제될 것이 아니라 오히려 의도적이면서도 적극적으로 학습자로 하여금 이해 어휘를 표현 가능한 어휘로 전환시킬 수 있도록 어휘 사용의 기회를 반복적으로 자주 경험하게 하는 것이 중요하다.[3] 장기 기억 속에 이해 어휘 상태로 저장된 낱말에 대한 지식을 인출해서 정확하고 적절하게 표현할 수 있게 하려면 학습자의 머릿속에 있는 기존 지식과 통합하고, 의미 있는 상황에서 반복적으로 노출시켜 연습할 수 있게 해 주어야 비로소 정태적인 지식이 표현 가능한

---

3   이러한 논의는 어휘력이 언어 사용 장면에서 유용한 지식이 되기 위해서는 어휘 저장고에서 해당 낱말을 쉽게 인출해 낼 수 있도록 학습자가 여러 번 어휘를 접할 기회를 주어야 한다는 메친스키(Mezynski, 1983)의 논의를 통해서도 지지된다.

어휘로 전환될 수 있기 때문이다.

요컨대 작문 교육 안에서 어휘 능력은 쓰기에 필요한 어휘에 대한 형태, 의미, 화용적 특성에 대한 지식을 가지고 이를 실제 쓰기 상황에서 정확하고 적절하게 사용할 줄 아는 능력의 총합으로서 상대적인 정도성에 기초한 일종의 발달적 연속체 개념으로 재개념화될 필요가 있다. 어떤 면에서 이제까지 작문 교육 안에서 어휘 교육이 배제되거나 방치되어 온 것은 정도성에 기반한 발달적 연속체 상태로 필자의 머릿속 지식(lexicon)으로 축적되어 있던 이해 어휘가 쓰기 상황에서 필자의 필요에 의해 별도의 교육이나 훈련이 없이도 표현 어휘로 전환될 수 있는 것으로 잘못 인식해 왔기 때문이라고 볼 수 있다. 좀 오래된 논의이긴 하지만 그레이브스(Graves, 1987)는 어휘 학습의 과정을 다음과 같이 6단계로 설명하고 있다.

1단계: 이미 알고 있는 단어 학습
2단계: 알고 있는 단어의 새 의미 파악 학습
3단계: 알고 있는 개념을 나타내는 새로운 단어 학습
4단계: 새로운 의미를 가진 새로운 단어 학습
5단계: 알고 있는 단어의 의미 확장 및 명확화
6단계: 이해한 것을 표현하기

이미 알고 있는 단어로부터 이해한 것을 표현하는 수준의 학습이 이루어지기까지 무려 6단계의 학습 과정을 거쳐야 한다고 본 그레이브스의 주장은 적어도 작문 교육 안에서 이해 어휘가 표현 가능한 어휘가 되기 위해서는 별도의 의도적인 교육적 비계 지원이 필요함을 방증한다. 어떤 대상이나 개념에 대한 어휘의 앎은 있지만 즉각적인 사용이 어려운 수동적이고 정태적인 어휘 수준이 능동적인 표현 어휘 수준으로 전환되려면 유의미한 쓰기 상황 속에서 자주 목표 어휘를 노출시켜서 의도적으로 연습할 기회를 제공하는 것이 필요하다. 학습자의 쓰기 능력이 오로지 쓰기 수행을 통해서만 신장될 수 있는 것처럼 작문 교육 안에서 필요한 어휘 교육의 핵심은 의도적이고 체계적인 교육을 통해 머릿속 지식으로만 존재하는 수동적인 이해 어휘를 능동적인 표현 어휘로 전환해서 활용할 수 있는 능력을 길러주는 데 있다 할 것이다.

3. 작문 교육에서의 어휘 교육 내용

어휘 교육의 목표는 기본적으로 연구자마다 약간의 차이는 있지만 대체로 이해력 및 표현력 신장과 관련해 어휘의 양을 늘리고 맥락에 맞게 어휘를 적절하게 사용할 수 있는 질적 어휘 능력을 신장시키는 것으로 요약될 수 있다. 이러한 어휘 교육의 목표는 작문 교육과 관련해서도 여전히 유효하게 적용될 수 있다. 즉, 작문 교육에서 어휘 교육의 목표는 글쓰기 상황에서 표현 가능한 어휘의 양을 늘리고 실제 쓰기 상황 맥락 안에서 어휘를 정확하고 효과적으로 사용할 수 있도록 지도하는 것으로 귀결될 수 있을 것이다. 이러한 관점은 어휘 교육의 목표는 기본적으로 어휘의 양과 질을 동시에 신장하면서 이해 어휘와 표현 어휘를 동시에 신장해야 함을 주장한 임성규(2000)에 의해서도 지지된다.

그렇다면 작문 교육 안에서 이러한 어휘 교육 목표를 달성하기 위한 교육을 해야 한다고 할 때, 그 구체적인 교육 내용은 무엇이어야 할까? 이와 관련해 일차적으로 어휘 교육의 내용 체계화와 관련된 주요 선행 연구를 통해 작문 교육 안에서 이루어져야 할 어휘 교육의 내용을 살펴보기로 하자.

그레이브스(Graves, 1987)는 학교에서의 어휘 지도에서 다루어야 할 내용으로 어휘 학습, 어휘를 학습하는 방법의 학습, 어휘에 대한 학습, 크게 이 세 가지를 꼽고 있다. 여기서 '어휘 학습'이란 의사소통 상황에서 어휘를 표현하고 이해하는 것과 관련된 내용의 학습을, '어휘를 학습하는 방법'의 학습은 어휘를 익히는 데 동원할 수 있는 각종 학습 방법을, '어휘에 대한 학습'은 어휘의 특성 자체에 대한 학습을 가리킨다.

손영애(2000)에서는 어휘력의 구성 요인과 어휘 학습 방법 지도의 필요성에 비추어 학교에서의 어휘 지도는 낱말의 형태에 대한 지식, 낱말의 의미와 용법, 낱말 학습 방법의 학습에 대한 지도를 포함해야 한다고 보았다. 이러한 각 범주의 지도 내용은 낱말 자체의 형태와 의미, 용법 등과 관련된 개념적 지식과 이 개념적 지식을 실제 언어 사용 상황에서 활용하게 하는 절차적 지식으로 나뉘고, 이 절차적 지식은 문맥에 적절한 낱말을 선택하여 쓰거나 할 때 동원되는 전략이라고 보았다.

신명선(2011)은 어휘 교육은 단지 학습자에게 많은 양의 어휘를 제공하는 측면에서가 아니라 학습자의 어휘망이 확장됨과 동시에 학습자의 사고 체계를 정련할 수 있게 하는 측면까지 고려하여 설계되어야 함을 지적하고, 어휘의 머릿속 저장 방식과 어휘에 담겨 있는 다양한 정보들을 고려할 때 어휘 학습은 다른 단어와의 관계 및 체계를 고려하고 단어의 개념을 강조하는 방식으로 이루어질 필요성을 주장하였다. 즉, 단어의 의미를 일종의 개념으로 보면서 어휘 교육은 학습자의 머릿속 사전(lexicon)[4]을 개발하는 방향에서 설계되어야 함을 주장한 것이다. 신명선(2011)은 이를 위한 구체적인 어휘 교육의 내용으로 크게 단어 그 자체에 대한 정확한 이해 능력으

---

4   어휘부, 혹은 머릿속 사전에서 어휘들은 다차원적으로 연결되어 있을 것으로 가정된다. 이런 관점은 1980년대 후반에 일어난 연결주의(connectionism)를 배경으로 한다. 이 관점은 습득된 어휘들이 각기 독립적으로 저장되는 것이 아니라 서로 연결되어 망(網)의 형태로 저장된다고 가정한다. 단어들이 연결된다는 것은 어떤 단어가 다른 단어를 활성화함을 뜻하는데 연결의 매개, 즉 노드(node)는 어휘들 사이에 존재하는 음운, 형태, 의미 등 다양한 층위에 걸쳐 있는 유사성에 의해 연결된다(Aitchison, 2003; 신명선, 2011에서 재인용).

로서의 상징 능력 신장을 위한 어휘 지식과 단어들을 실제 의사소통 상황에서 사용할 수 있는 지시 능력 신장을 위한 어휘 기능을 중심으로 다음과 같이 제시하고 있다.

- 어휘 지식: 단어의 의미 이해하기
  어휘의 의미 체계, 유형, 양상에 관하여 탐색하기
  어휘의 형태, 통사, 화용적 정보 탐구하기
- 어휘 기능: 의사소통 상황에 적절한 어휘 사용하기
  의사소통 상황을 고려하여 창의적인 어휘 사용하기
  적절한 어휘 골라 글쓰기
  단어 사용의 적절성 판단하기

이상의 논의를 통해서 볼 때 어휘 교육의 내용 요소는 크게 보아 낱말의 형태·의미·용법 등 낱말 자체에 대한 지식의 측면, 실제 의사소통 상황에 맞게 어휘를 적절하게 사용할 줄 아는 어휘 기능의 측면으로 나눌 수 있음을 알 수 있다. 손영애(2000)의 관점대로라면 전자는 낱말 자체의 형태와 의미, 용법 등과 관련된 개념적 지식에 해당되고, 후자는 이 어휘에 대한 지식을 실제 의사소통 상황에서 활용할 수 있는 절차적 지식에 해당될 것이다.

본 절에서는 현행 국어과 교육과정에 기반하여 학교 교육 차원에서 이루어져야 할 작문 교육 안에서의 어휘 교육 내용을 살펴보기로 한다. 이를 위해 우선 2009 개정 국어과 교육과정에 제시된 어휘 교육 관련 성취 기준들 가운데 특히 작문 교육과 관련되는 교육 내용 요소만을 추려 보았다. 국어과 교육과정에서 작문 교육 안에서 이루어져야 할 어휘 교육 관련 내용 요소들은 다음에 제시된 바와 같이 주로 문법 영역과 문학 영역 그리고 쓰기 영역에 집중되어 있음을 알 수 있다.

- 낱말과 낱말의 의미 관계를 알고 활용한다.(1-2-문법-3)
- 말의 재미를 느끼고 재미를 주는 요소를 활용하여 자신의 경험을 표현한다.(1-2-문학-2)
- 알맞은 낱말을 사용하여 설명하는 글을 쓴다.(3-4-쓰기-3)
- 소리와 표기가 다를 수 있음을 알고 낱말을 바르게 발음하고 쓴다.(3-4-문법-1)
- 낱말들을 분류해 보고 국어사전에서 낱말을 찾아본다.(3-4-문법-4)
- 국어의 낱말 확장 방법을 알고 다양한 어휘를 익힌다.(3-4-문법-3)
- 자신이 쓴 글을 내용과 표현을 중심으로 고쳐 쓴다.(5-6-쓰-7)
- 낱말이 상황에 따라 다양하게 해석됨을 이해하고 효과적으로 표현할 수 있다.(5-6-문법-2)
- 고유어, 한자어, 외래어의 개념과 특성을 알고 국어 어휘의 특징을 이해한다.(5-6-문법-3)
- 관용 표현의 특징을 알고 담화 상황에 맞게 사용한다.(5-6-문법-6)
- 작품에 나타난 비유적 표현의 특징과 효과를 이해한다.(5-6-문학-3)
- 단어의 짜임을 분석하고 새말이 만들어지는 원리를 이해한다.(7-9-문법-5)
- 품사의 개념과 특성을 이해하고 단어를 적절하게 사용한다.(7-9-문법-6)
- 어휘의 유형과 의미 관계를 이해하고 활용한다.(7-9-문법-8)
- 비유, 운율, 상징 등의 표현 방식을 바탕으로 작품을 이해하고 표현한다.(7-9-문학-1)

위에서 볼 수 있는 바와 같이 문법 영역에서는 낱말과 낱말의 의미 관계 알기, 낱말의 형태를 바로 알고 쓰기, 사전을 통해서 낱말을 학습하는 방법 알기, 낱말 확장 방법을 알고 다양한 어휘 익히기, 낱말이 상황에 따라 다양하게 해석됨을 이해하기, 고유어, 한자어, 외래어의 개념과 특성 알기, 관용 표현의 특징 알고 상황에 맞게 사용하기, 단어의 짜임과 새말의 생성 원리 이해하기, 품사의 개념과 특성에 대한 이해를 바탕으로 단어를 적절하게 사용하기, 어휘의 유형과 의미 관계 이해하고 활용하기 등과 같이 주로 어휘 자체에 대한 지식 학습을 통해 양적 어휘력을 신장하고 이러한 어휘 지식을 실제 언어 사용 상황에서 적절하게 활용할 수 있는 질적 어휘 사용 능력 신장을 주요 교육 내용으로 삼고 있음을 알 수 있다.

이에 비해 문학 영역에서는 주로 의성어, 의태어 등과 같이 말의 재미를 주는 어휘, 비유적 표현의 특징과 효과, 비유, 운율, 상징 등의 창의적인 어휘 사용 및 표현의 방식에 관한 내용을 교육 내용의 골자로 삼고 있다. 또한 쓰기 영역과 관련된 어휘 교육의 내용 요소는 주로 알맞은 낱말을 사용해서 효과적으로 글을 쓰고, 자신이 쓴 글을 중심으로 어휘 사용의 적절성을 판단하고 문맥에 어울리지 않는 낱말을 찾아서 고쳐 쓸 수 있는 질적 어휘 능력 관련 내용에 초점이 맞춰져 있음을 알 수 있다. 문법 영역에서 강조하는 어휘 교육의 내용이 어휘 자체에 대한 앎에 기반한 '이해 어휘'의 측면이라면, 문학 영역과 쓰기 영역에서 강조하는 어휘 교육의 내용은 창의적인 어휘 사용 및 실제 쓰기 국면에서의 질적인 어휘 사용 능력과 관련된 능동적인 '표현 어휘'의 측면에 초점이 맞춰져 있음을 알 수 있다.

2009 개정 국어과 교육과정에 제시된 어휘 교육 관련 내용 요소를 중심으로 작문 교육에서의 어휘 교육 내용 요소를 추출해 본다면 크게 어휘 자체에 대한 앎에 기반한 '이해 어휘' 및 실제 쓰기 상황에서 활용 가능한 '표현 어휘'의 양을 늘리고 어휘를 창의적이면서도 효과적으로 사용할 수 있는 질적 어휘 능력을 함양하는 것이어야 함을 알 수 있다.

요컨대 이제까지의 논의된 바를 토대로 작문 교육 안에서의 어휘 교육의 내용을 정리해 본다면 낱말 자체에 대한 앎을 기반으로 한 '이해 어휘'를 많이 교육함과 동시에 '이해 어휘'를 실제 쓰기 상황 맥락 안에서 사용할 수 있는 '표현 어휘'로 전환시킬 수 있어야 한다는 것으로 요약할 수 있다. 하지만 이해 어휘는 생각만큼 쉽게 표현 어휘로 전환되지 않는다. 어떤 면에서 어휘 자체의 지식을 확장하는 것은 쉽지만 이 지식을 실제 언어 사용 상황 속에서 표현하는 것은 쉽지 않다. 어휘를 아는 것과 실제 쓰기 상황에서 어휘를 정확하고 효과적으로 표현하는 것은 전혀 다른 차원의 문제이기 때문이다. 실제로 이해 어휘가 표현 어휘로 전환되기까지는 많은 훈련과 연습이 필요하다. 특히 미숙한 학생 필자들을 위해서는 글쓰기에 필요한 특정 주제 관련 어휘들을 자주 접하게 해 주고,[5] 무엇보다 실제 유의미한 쓰기 상황 맥락 속에서 특정 어휘를 사용할 수 있는 기회를 제공해 줄 필요가 있다. 어떤 어휘들을 알고 있다 해도 실제 그 어휘들을 사용할 수 있는 기회가 주어지지 않는다면 그 어휘들은 동기화되지 않은 채 그저 정태적인 이해 어휘 수준으로만 머물러 있게 될 것이다. 작문 교육에서 의도적이고 체계적인 어휘 교육이 필요한 이유이다.

4. 작문 교육에서의 어휘 교육 방법

임성규(2000)[6]에서는 기존의 어휘 지도 방법들[7]이 이해 어휘를 확장하는 방

---

5   내기(Nagy, 1991)에서는 어휘 지도가 어휘력 신장 및 언어 사용 능력의 신장을 돕는 것이 되기 위해서는 교수 어휘가 학습자의 기존 지식과 통합되고, 유의미한 상황에서의 반복적인 노출과 의미 있는 사용이라는 조건이 충족되어야 함을 주장한 바 있다.

6   임성규(2000)는 글을 쓰는 단위를 문단으로 설정하고 그 문단에서 다양한 방법으로 어휘를 찾고, 이 어휘를 문장으로 표현하는 원리를 적용하고 있다. 이러한 문단 전개법에 의한 표현 어휘 신장 방안은 일단 어휘를 고립적인 방식이 아니라 문맥 의존적인 접근을 통해 지도하고 있다는 점에서 긍정적인 면이 인정되지만 진정한 표현 어휘력은 보다 상위의 글 수준에서 쓰기 과정과 연계하여 지도하는 것이 바람직하다.

7   이제까지 어휘 교육은 주로 읽기와 관련해서 어휘의 뜻을 쉬운 말로 풀이하거나 쉽게 추측할 수 있도록 설명하는 개념 정의 중심 지도 방법, 문맥 안의 단서와 학습자 자신이 기존에 가지고 있던 어휘 지식이나 경험을 관련지어 어휘의 의미를 추론하게 하는 문맥 활용 지도 방법, 파생과 합성 등 낱말의 구조 및 형태소의 결합 관계를 활용한 어휘 지도 방법, 개념의 구조를 중심으로 어휘를 지도하면서 다른 단어와의 관련성을 강조하는 인지적 어휘 지도법 등을 중

법에 머물러 있고 그 교육 방법도 너무 단순하거나 추상적임을 지적하면서 어휘 지도 방법을 크게 도구적 관점과 인지적 관점으로 구분해서 설명하고 있다. 도구적 관점은 어휘를 언어 활동의 기초 도구로 보고 어휘 신장을 글의 이해력 신장과 관련해 지도하는 입장이고, 인지적 관점은 어휘를 사고 과정과 관련되는 것으로 보고 어휘 간의 의미 관계를 도식화해서 이해하는 입장이다. 임성규(2000)가 지적한 이 두 가지 어휘 접근법은 기본적으로 모두 읽기 교육을 위한 것이지만 이해 어휘와 표현 어휘를 함께 신장해 주어야 하는 작문 교육 국면에서도 원용될 수 있다.

어휘가 언어 사용에 필요하기 때문에 지도해야 한다는 도구적 관점의 어휘 지도법은 읽기 능력 신장 차원에서뿐만 아니라 새로운 생각이나 개념을 효율적으로 공급하는 도구로서 어휘를 적극 활용하여 작문 능력을 신장시키는 데 있어서도 유용하다. 어휘 학습은 기본적으로 새로운 지식을 교수하고 습득시키는 차원에서 이루어지기 때문이다. 어휘 학습이란 사실 어휘 그 자체라기보다는 그 어휘가 담고 있는 개념이나 지식을 학습하는 일이다. 특히 쓰기를 범교과적인 학습의 도구로 활용하는 대개의 교수·학습 국면에서는 일차 어휘인 일상생활 어휘보다 이차 어휘인 교과 관련 전문 학습 어휘가 주된 교육의 대상이 될 수밖에 없다. 의도적이고 체계적인 교수·학습 과정을 통해 배워야만 하는 이 이차 어휘들은 새로운 학습 개념으로서 특히 '학습을 위한 쓰기(writing to lerarn)' 국면에서나 앎을 의미로 구성해 가는 실제적인 쓰기 국면에서 매우 강력한 도구로 기능하게 된다. 예컨대 과학 교과 시간에 학생 필자에게 '동물의 한살이'라는 주제의 쓰기 과제를 부과하려면 먼저 '올챙이', '개구리', '동물의 한살이', '짝짓기', '알', '부화하다'와 같은 이차 어휘 학습을 통한 개념 습득이 선행되어야 한다. 이러한 이차

심으로 이루어져 왔다.

어휘는 학습자의 지식을 확장해 주고 쓰기 기능 자체를 신장하는 데 매우 유용한 도구로 기능하게 되는 것이다. 이렇듯 도구적 관점에 의한 어휘 교육 방법은 작문 교육 국면에서 새로운 개념을 학습하도록 함으로써 앎을 구축하고 이에 기반한 의미 구성 과정으로서의 쓰기를 가능하게 해 준다는 점에서 그 활용도가 매우 높다고 할 것이다.

어휘가 언어 사용 기능을 가능하게 해 주는 도구이기에 교육해야 한다는 도구적 관점과 달리 인지적 관점에서는 어휘가 인간의 인지 능력을 구성하는 핵심 요소이기 때문에 지도해야 한다는 입장을 취한다. 인지적 관점에 의한 어휘 지도법은 낱말의 의미를 고립적으로 보지 않고 여러 낱말과의 관련성 안에서 의미를 파악하도록 하는 데 초점을 둔다. 인지적 관점에 바탕을 둔 어휘 지도 방법은 읽기 지도 국면에서 어휘들의 개념 구조를 중시하면서 상·하위어, 속성, 인과 관계 등에 따라 속성이 같은 것끼리 묶는 범주화 원리[8]를 활용하여 낱말의 개념을 파악하고 일련의 의미망 안에서 어휘들을 학습하도록 해 왔다. 이렇게 일련의 의미망(意味網) 안에서 어휘 학습이 가능한 이유는 머릿속에 저장되어 있는 어휘들은 다른 단어들과의 관계를

알아보기　　**어휘들의 개념 구조**

머릿속에서 어휘는 독립적으로 저장되어 있지 않고 다른 단어들과의 관계를 중심으로 일정한 체계를 형성하고 있다. 동의어(synonymy)는 둘 이상의 언어 형태가 동일한 개념 혹은 명제적 의미를 나타내되 문체적 차이를 수반하는 경우로 낱말들이 양방향 혹은 대칭적 의미 관계를 이루는 것이고, 반의어(antonymy)는 둘 이상의 언어 형태가 의미적으로 대립적인 의미를 나타내는 경우이다. 하의어(hyponymy)는 특정 낱말이 보다 일반적인 낱말 의미 안에 포함되는 경우로 포섭성 혹은 계층적 관계를 이룬다.

8　범주화란 다양성 속에서 유사성을 파악하는 능력으로 사물과 사건을 비슷하다고 판단되는 것끼리 하나로 묶는 인지 활동이라 할 수 있다(임지룡b, 1997: 90).

중심으로 일정한 체계를 형성하고 있기 때문에 어떤 단어를 사용하는 순간 그 단어가 특정 어휘의 개념틀을 활성화시킴으로써 그 장면과 관련되는 어휘들을 연상하기 때문이다.

　서로 연관되어 있는 어휘의 의미에 기초해 어휘들을 교육하는 인지적 접근법은 작문 교육 국면에서도 매우 효과적으로 활용될 수 있다. '뭘 써야 할까'의 문제로 고민해야 하는 쓰기 전 단계에서 학생들에게 저장된 이전 지식을 기억해 낼 수 있도록 브레인스토밍이나 자유 연상, 의미지도 그리기 등의 활동 속에 학생들을 적극 참여시켜 능동적인 어휘 학습을 유도할 수 있기 때문이다. 특히 글쓰기와 관련된 특정 상황 맥락 안에서 하나의 주제어를 제시하고 이와 관련되는 어휘나 사실들을 열거하고 범주화한 후에 이 어휘들을 활용하여 글을 쓰도록 하면 어휘 부족에서 오는 글쓰기의 어려움을 극복할 수 있을 뿐만 아니라 이해 어휘를 표현 어휘로 전환해서 사용하는 데도 매우 효과적인 학습법이 될 수 있다. 어휘 사용 과정이라는 것이 근본적으로 머릿속 사전에 등재되어 있는 어휘들 중 특정 의미 덩어리를 선택하고 이를 구체적인 형태로 표현하는 과정(신명선, 2009b)이기에 특정 주제어를 중심으로 관련 어휘들을 떠올리고 이 어휘들을 의미를 중심으로 범주화하는 방식의 어휘 지도법은 아이디어를 초점화하고 이를 구체화시키는 쓰기 과정 속에서 매우 효과적으로 활용될 수 있다.

　요컨대 작문 교육 안에서의 어휘 지도 방법[9]은 글쓰기 과정을 통해 직

9　신명선(2009b)에서는 표현 행위를 근본적으로 의미를 구성하는 행위이면서 동시에 목적에 맞게 지식을 변형하고 구성하는 인지적 과정으로 전제하고, 이러한 표현 과정에서 필요한 어휘 사용 전략으로 자신이 말하고자 하는 경험이나 생각이 무엇인지를 되짚어보는 개념화 전략, 자신의 관점을 적절한 어휘를 통해 드러내기 위한 초점화 전략, 어휘의 음운적·형태적·통사적 구성 정보를 이용하는 언어화 전략, 자신의 표현 과정을 메타적으로 점검하고 조정하는 자기 조정 전략, 표현 맥락을 구체화하여 이를 쓰기 과제에 적용하는 맥락 이용 전략으로 구체화시키고 있다.

접 목표 어휘를 사용해 보게 함으로써 학습자 스스로가 능동적으로 표현 어휘 능력을 함양할 수 있는 방향에서 이루어져야 한다. 쓰기는 오직 쓰기를 통해서만 배울 수 있는 것처럼 진정한 의미의 어휘 학습 역시 표현의 경험을 통해서만 가능해지기 때문이다. 즉, 효율적인 작문 교육에서의 어휘 지도는 실제 쓰기 과정과 연계하여 도구적 관점과 인지적 관점을 적절히 통합함으로써 이해 어휘를 표현 어휘로 전환할 수 있도록 해야 한다는 말이다.

이 글에서는 작문 교육 안에서 어휘 능력을 강화하기 위해 쓰기 워크숍을 활용한 방법을 살펴보고자 한다. 어휘 학습을 위한 쓰기 워크숍은 어휘를 쓰기의 도구로 활용하는 도구적 관점과 쓰기 전 활동을 통해 학습자의 능동적 어휘 학습을 강조하는 인지적 관점을 통합할 수 있다는 점에서 매우 바람직한 교육 방법이 될 수 있다.

어휘력 신장을 위한 쓰기 워크숍 프로그램은 다음과 같은 특성을 갖는다. 쓰기 워크숍 활동에서 학생들은 미니 레슨과 쓰기 전 활동을 통해 여러 어휘에 대한 개념과 사용 전략을 습득할 수 있고, 습득한 어휘를 활용하여 한 편의 글을 생산하는 과정에서 자연스럽게 이해 어휘를 표현 어휘로 전환할 수 있게 된다. 어휘력 신장을 위한 쓰기 워크숍이라 하여 이 워크숍 안에 표현 어휘 쓰기라는 언어 활동만 일어나는 것이 아니다. 자기가 쓴 글에 대해 교사와 학생 간에, 학생과 학생 간에 피드백(feedback)하는 과정, 작가석에서 자신이 쓴 글을 발표하는 과정, 다른 학생들이 쓴 글을 듣고 이해하는 과정을 통해 듣기, 말하기, 읽기, 쓰기 활동이 통합적으로 일어나게 되는 것이다. 어휘력 신장을 위한 쓰기 워크숍 프로그램은 이처럼 어휘와 실제적인 언어 활동과의 연계를 지향한다.

아울러 어휘력 신장을 위한 쓰기 워크숍 프로그램에서는 보다 적극적이고 능동적인 학습자로서의 학생 역할을 강조한다. 미니 레슨 과정에서 학생들은 자신이 알고 있는 어휘를 교사 및 다른 학생들과 함께 나누는 '공유자'로, 한 편의 글을 생산하고 발표하는 과정에서는 자신이 알고 있던 어휘와 새롭게 학습한 어휘를 결합하여 자기 생각과 삶을 표현하는 '학생 필자'로, 다른 친구들의 글을 읽고 조언해주는 과정에서는 '독자, 조언자, 협력자'이자 '편집자'로서의 역할을 수행하게 된다.

어휘력 강화를 위한 쓰기 워크숍은 교사의 미니 레슨에 의한 쓰기 전 활동, 쓰기 활동, 고쳐쓰기와 같이 일련의 쓰기 과정을 중심축으로 하여 이루어진다.

1) 도입 단계

도입 단계는 교사가 학생들에게 교수·학습 목표와 쓰기 과제가 무엇인지를 인식시키는 단계이다. 학생들은 이 단계에서 자신들이 수행해야 할 쓰기 과제가 무엇인지 구체적으로 표상하게 된다.

2) 전개 단계

전개 단계는 워크숍 형태로 학생들이 일련의 쓰기 과정을 거쳐서 이해 어휘를 표현 어휘로 전환시키는 경험을 통해 한 편의 글을 완성해 나가는 단계이다. 이때 교사는 미니 레슨(mini-lesson)을 통해 차츰 과제 수행에 대한 주도권을 학생에게 이양하고 학생들에게 비계와 피드백을 제공해 주어야 한다. 학생들은 개별적으로 또는 모둠으로 쓰기 과정에 따라 과제를 해결해 간다.

(1) 쓰기 전 활동
이 단계는 교사의 미니 레슨을 통해 주제와 관련된 어휘들을 브레인스토밍을 통해 확장하고 양적으로 확장된 어휘들을 다시 다발 짓기 등을 통해 범주화하고 초점화해서 글쓰기에 활용할 수 있도록 준비하는 단계이다.

(2) 초고 쓰기

이 단계는 쓰기 전 활동을 통해 수집된 어휘들을 바탕으로 직접 초고를 쓰는 단계이다. 초고 쓰기 단계에서는 앞의 쓰기 전 활동 단계를 통해 수집된 어휘 목록에 기반하여 글을 쓰기 때문에 어휘 부족에서 오는 글쓰기의 어려움을 극복하고 머릿속 생각을 구체적인 어휘로 표현하는 데 집중하도록 한다.

(3) 고쳐쓰기

이 단계는 자신이 쓴 초고를 소집단 안에서 동료들과 공유하는 과정을 통해서 글을 고쳐 쓰는 단계이다. 동료들 앞에서 자신의 글을 발표해 보고 동료들로부터 어떤 표현이 좋은지, 어떤 어휘 사용이 어색한지, 어떤 점을 더 보완하거나 삭제해야 할지 등에 대한 피드백을 경험해 봄으로써 학생 필자들은 자신의 글을 표현 어휘를 중심으로 다시 다듬어 나갈 수 있게 된다.

3) 정리 단계

정리 단계는 학생들이 완성한 글을 최종적으로 편집 단계를 거쳐 포트폴리오로 정리하여 제출하는 단계이다. 이 단계에서 교사는 해당 차시의 쓰기 과제에 대한 평가기준표(rubric)를 개발하여 활용함으로써 학습자들의 쓰기 과정과 연계된 표현 어휘 사용 능력 정도를 평가한다.

수업 사례

쓰기 워크숍 활동에서 학생들은 교사의 미니 레슨을 통해 목표 어휘 및 어휘 사용 전략을 습득할 수 있다. 본 수업 사례는 톰킨스(Tompkins, 2012)에 소개된 묘사문 쓰기 수업 방법을 우리 수업 현실과 어휘력 학습을 위한 쓰기 워크숍 모형에 맞게 재구성한 것이다.

교사는 수업 도입 단계에서 관문 활동(gateway activity)[10]으로 시각적 이미지와 감각적 어휘들이 잘 묘사되어 있는 그림책『부엉이와 보름달(Owl Moon)』을 활용하여 묘사하기가 글을 통해 마치 그림으로 보여 주듯 말로 설명하는 것이 아니라 보여 주는 것이라는 것과, 학생들로 하여금 감각적 어휘들의 사용법을 자연스럽게 경험하게 해 준다.

교사는 이렇게 감각적 이미지와 어휘가 풍부한 그림책을 활용하여 묘사문 장르의 특성과 감각적 어휘들의 용법을 학습시킨 후 다음과 같은 그림책의 한 장면을 활용하여 쓰기 과제를 구성하여 학생들에게 제시한다.

〈쓰기 과제〉

여러분이 부엉이를 보기 위해 아버지와 숲속을 헤매다 새벽녘에 아버지 품에 안겨 집으로 돌아오는 작품 속 주인공이 되어 이 그림 속의 상황과 느낌을 생생하게 묘사하는 글을 써 봅시다.

* 그림 출처: 제인 욜런(Jane Yolen), 『부엉이와 보름달(Owl Moon)』, 시공주니어, 2000.

10　관문 활동(gateway activity)이란 근접발달영역 안에서 아동이 현재 수준보다 약간 높은 도전적인 수준의 활동 과제를 통해 쓰기 과정에 참여할 수 있도록 유도하는 탐구 학습 활동이다.

교사는 학습자들에게 위와 같은 시각 자료를 활용하여 추운 겨울, 부엉이를 보기 위해 눈 덮인 숲속을 헤매다 아버지 품에 안겨 돌아오는 소년이 되어 어두운 그림 속 장면을 표현할 수 있는 감각 어휘들을 자유롭게 떠올려 보도록 한다. 겨울밤이 얼마나 추운지, 손발은 얼마나 시린지, 달빛 아래 하얀 눈이 어떻게 보이는지, 아이의 목에 두른 털목도리의 느낌은 어떤지, 눈밭에서 사각사각 발걸음을 옮길 때마다 어떤 느낌인지, 바람은 얼마나 매섭고 서늘한지, 보름달은 또 얼마나 아름다운지, 어둠 속에서 맞닥뜨린 부엉이를 본 느낌은 어떤 것이었을지, 피곤하고 지쳐 돌아오는 길에 아버지에 안긴 느낌은 어떤 것인지, 그림 속의 나는 지금 무슨 생각을 하고 있을지 브레인스토밍을 통해서 그림 속 장면을 묘사하는 어휘들을 자유롭게 생각나는 대로 나열해 보게 함으로써 양적 어휘를 확장한다.

다음에는 학생들이 찾아낸 낱말들을 의미지도 그리기 활동을 통해 시각 어휘, 청각 어휘, 촉각 어휘 등으로 감각 어휘를 중심으로 범주화한다. 이때 교사는 감각 어휘의 나열에만 그치지 않고 그 어휘가 정확히 어떤 느낌을 표현하는 것인지, 그 어휘는 문장 속에서 어떻게 사용되는지 구체적인 용례와 함께 사용법을 경험할 수 있도록 설명을 해 주도록 한다.

경우에 따라선 교사 재량껏 시각 자료와 함께 추가적으로 묘사적 글쓰기에 필요하다고 판단되는 '-처럼 빛나다', '-만큼이나 어둡다', '-(으)ㄹ 뻔하다', '-지 않을 수 없다'와 같은 어휘 뭉치(lexical chunks)[11]와 '그런데', '그날 밤', '오랫동안' 등과 같이 텍스트의 응집력을 높여줄 수 있는 담화 표지들을 함께 제시하여 글쓰기에 활용할 수 있도록 지원해 줄 수 있다.

---

11 어휘적 접근법(lexical approach)에서는 단어를 개별 단위로 배우는 것보다 하나의 단위, 즉 어휘 뭉치(lexical chunks)로 배우는 것이 효율적이라고 주장한다. 루이스(Lewis, 1993)는 어휘 뭉치 자체가 어휘 교수법의 기본이 되어야 함을 주장하면서 이렇게 정형화된(pre-fabricated) 단어들을 사용함으로써 어휘 습득에 걸리는 시간을 단축할 수 있음을 강조하고 있다.

학습자들은 이렇게 쓰기 전 활동을 통해 학습한 어휘들의 목록을 바탕으로 초고 쓰기 단계에서 제시된 쓰기 과제를 중심으로 글을 쓰게 된다. 교사의 지원하에 경험한 어휘 학습은 쓰기 단계에서 흔히 겪게 되는 어휘의 빈곤 문제나 어휘의 사용법을 몰라서 겪는 어려움을 해소해 주고 이해 어휘를 실제 쓰기 상황에서 능동적인 표현 어휘로 전환하여 사용할 수 있도록 하는 질적 어휘력을 함양하는 데 도움을 줄 수 있다.

모둠별로 혹은 개인별로 초고를 완성한 후 학습자들은 자신이 쓴 글을 동료들과 공유함으로써 서로 피드백을 주고받으면서 사용 어휘의 선택과 표현은 적절한지, 더 효과적인 표현을 위해서는 어떤 부분을 수정하는 것이 좋을지 등에 대한 협의 과정을 통해 어휘의 질적 사용 능력을 정교화할 수 있다. 이렇게 공유하기와 협의하기가 이루어진 후, 학생들은 동료 작가들의 조언과 반응을 반영하여 자신의 글을 내용적인 부분은 물론 문법적·형식적인 부분의 오류를 바로잡는 고쳐쓰기 단계를 거쳐 작품을 완성하여 포트폴리오로 제출하도록 한다. 교사는 특히 어휘 사용 측면 및 묘사하기 기법을 중심으로 평가기준표를 마련하여 학습자의 글을 평가한다.

1. 작문 교육 안에서 어휘 교육을 실천해 오지 않았던 이유는 무엇이라고 생각하는가? 그 까닭을 생각해 보자.

2. 어휘에 대한 앎이 상대적인 정도성에 기반한 것이라는 슈미트(Schmitt, 1977)의 견해가 작문 교육에 시사하는 점에 대해서 생각해 보자.

3. 인지적 관점에서 작문 교육과 어휘 교육을 연계할 수 있는 방안을 생각해 보자.

4

문법 교육과 어휘 교육[*]

1. 들어가며

국어생활은 어휘에서 시작된다. 유아가 맨 처음 배우는 말이 어휘이고 아무리 성인이라도 완벽하게 배우지 못하는 것이 어휘이다. 어휘를 얼마큼 알고 있느냐가 지식이 얼마나 되느냐의 척도가 되기도 하고 어휘력이 지식력이라는 말도 있고 보니, 정말 어휘야말로 국어능력의 처음이자 끝이라고 할 수 있을 듯도 하다.

듣기, 말하기, 읽기, 쓰기와 같은 일상적 국어 생활을 다루는 언어 기능

---

[*] 이 글은 본래 『국어교육학연구』 제40집(2011. 4.)에 게재되었던 내용을 이 책에 맞게 수정·보완한 것이다. 그런데 2011년 8월에 새로운 국어과 교육과정이 나오고, 그에 따라 2014년 3월에 『독서와 문법』 검정 교과서가 6종 나왔다. 한편 2009 고등학교 선택과목 교육과정에 따라서 이미 2012년 3월에 『독서와 문법』 I·II 검정 교과서 4종이 새로이 나왔다. 이 변화의 양상은 대개 주(註) 부분에서 밝혀 두었다.

영역에서는 물론이고 예술적 국어 생활을 다루는 문학 영역에서도 어휘력이 갖는 가치는 매우 크다. 물론 국어 자체를 다루는 문법 영역에서도 국어의 기초적인 어휘에 대해서 관심을 쏟는 것은 당연하다. 결국 국어교육 전체에서 어휘가 갖는 가치는 지대하다고 하겠다.[1]

그렇다고 어휘 교육이 곧 국어교육이냐, 그런 건 결코 아니다. 어쩌면 어휘 교육은 국어교육의 범위를 벗어날지도 모른다. 과학 교육, 역사 교육에서도 어휘를 다룰 수 있기 때문이다. 하지만 어떤 이유에서든 그 매개 어휘가 국어라는 언어인 이상, 어휘 교육이 국어교육의 일부라는 데에는 의심의 여지가 없다.

어휘 교육은 국어교육에서 중요한 위치를 차지하며, 국어교육의 여러 영역에서 골고루 다루어져야 한다. 또한 국어 자체를 다루는 곳이 문법 영역인 이상, 어휘 교육이 문법 교육에서 중요하게 다루어져야 한다. 어휘 교육은 문법 교육의 여러 분야 가운데 하나라는 것이다. 이러한 어휘 교육, 문법 교육, 국어교육의 관계는 〔그림 1〕 '가'와 같이 나타낼 수 있다.

이에 비해서 '나'는 어휘 교육이 국어교육의 일부이며, 언어 기능이나 문학이나 다른 영역들에서도 다루어질 수 있다는 입장을 보여 준다. 즉, 어휘 교육은 문법 교육의 전유물이 아니라는 입장이다. 말하고 듣고 쓰고 읽는 과정에서 또 문학 교육을 하는 과정에서 어휘가 갖고 있는 중요성을 생각해 볼 때, 어휘 교육은 문법 교육 이외의 분야에서도 중요하게 취급될 필요가 있다. 어휘는 언어 기능 영역과 문학 영역에서도 다루어질 수 있다. 그

1 　문법이 갖는 외연은 학자마다 다르다. 만약 문법 연구와 어휘 연구를 대등한 입장에 본다면, 이때는 문법을 형태론과 통사론에 한정한다는 전제를 두어야 할 것이다. 그러나 현행 학교 문법에서는 음운, 단어, 문장, 담화, 의미 모든 단위를 다루고 있기 때문에, '문법'이 광의의 의미로 사용되고 있다고 할 수 있다. 이런 이유로 학교 문법 차원에서는 문법 연구와 어휘 연구를 대등하게 볼 수 없다. 이 장에서는 어휘가 단어의 집합이라는 점을 염두에 두면서, 즉 문법 교육의 일부로 어휘 교육을 보는 입장을 전제로 하고 그 논의를 전개해 나가도록 한다.

[그림 1] 어휘 교육, 문법 교육, 국어교육의 관계

가.

나.

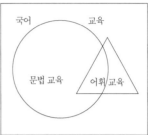

것은 기능이든 문학이든 근본적으로 국어 어휘를 사용하는 영역이기 때문이다. [그림 1]의 '나'는 어휘 교육이 단순히 문법 교육 속에서만 이루어지는 것이 아니라는 사실을 보여 준다.[2]

그렇다고 하여 문법 교육과 어휘 교육의 관계를 다른 영역 교육과 어휘 교육이 갖는 관계와 동일하게 그 중요도를 둘 수는 없다. 어휘(語彙)는 단어의 집합이라는 일반적 인식에서 보듯이 문법 교육과 어휘 교육은 밀접한 관련성이 있다. 여기서는 전체 문법 교육과 어휘 교육의 관계를 자세히 살펴보도록 한다. 문법과 어휘의 관계가 아닌 문법 교육과 어휘 교육의 관계라면 더구나 그렇다. 또한 어휘 교육에서 다룰 내용에는 무엇이 있을지, 어휘 교육을 하는 방법은 무엇일지, 어휘 교육을 통한 어휘 능력을 평가하는 방법은 무엇일지 등을 살펴보도록 하겠다.

---

2   김광해(1993: 324)에서는 다음과 같이 국어교육에서의 어휘 교육의 중요성을 강조하고 있다. "어휘 교육의 중요성을 감안한다면 어휘의 지도는 국어 교육과정의 커다란 영역 '말하기, 듣기, 읽기, 쓰기, 언어, 문학'의 6영역에 앞서서 제1의 영역을 구성할 만한 가치가 있는 것이다. 어휘력이란 이 6개의 언어 기능 영역들의 기저를 이루는 기본적인 지식이 되는 영역이기 때문이다."

2. 문법 교육에서 어휘 교육의 위상

1) 문법 교육의 단위

문법 교육에서 문법이란 모든 말의 법칙을 뜻한다. 다시 말하면 문법이라 하여 가장 좁은 의미로서 문장의 법칙을 뜻하는 게 아니라 음운, 단어, 문장, 담화와 같은 모든 국어 표현이 갖는 법칙을 뜻한다. 따라서 문법 교육은 곧 국어의 법칙을 교육하는 것을 뜻하며, 이는 흔히 국어에 대한 지식을 교육하는 것으로 이해되곤 한다.

(2) 문법 교육의 단위
ㄱ. 음운 – 단어 – 문장 – 담화
ㄴ. 음운 – 단어 – 문장 – 담화 – 의미
ㄷ.

ㄹ. 언어와 국어 – 말소리 – 단어 – 어휘 – 문장 – 의미 – 이야기 – 국어의 규범

외현적 국어 표현이라는 점에서 보면, 문법 교육의 단위는 (2ㄱ)에서처럼 '음운-단어-문장-담화'로 설정할 수 있다. 만약 문법 교육을 실제 국어 생활과 관련하여 본다고 한다면 (2ㄱ)처럼 문법 교육 단위를 주장할 수 있을 것이다.

그렇지만 외현적 표현 그 아래에는 내재적 의미가 전제되어 있다. 국어 표현이 교육적 의의가 있으려면 그 표현이 내재적으로 의미가 있어야 한다. 즉, '의미'라고 하는 것은 외현적 국어 표현의 전제라는 것이다. 이런 입장을 반영한 문법 교육의 단위 설정 방식이 (2ㄴ)이다. 즉, '음운 – 단어 – 문장 – 담화'와 같은 외현적 언어 단위에다가 각각을 떠받치는 내재적 단위로서 '의미'를 설정한다는 것이다. 이러한 뜻으로 문법 교육의 단위를 표시한 것이 (2ㄷ)이다.[3]

　사실 살아 있는 문법 교육을 지향하면서, 과연 눈에 보이지 않는 '의미'를 다루는 게 항상 바람직할지 하는 의구심이 있을 수 있다. 실제 국어생활에서 드러나는 표현을 다루는 것이 문법 교육이 살아 있는 국어교육에 이바지하는 게 아니겠느냐 하는 것이다. '의미'는 '음운 – 단어 – 문장 – 담화' 같은 국어 언어 단위들의 전제 요소이기 때문에 특별히 교수·학습의 문법 단위로 설정할 필요가 없을 것이라는 주장을 제기할 수도 있다.[4]

　외현적 국어 표현이 일정한 내재적 의미를 나타낸 것이라고 할 때, 그 설명의 내용으로서 '의미' 자체의 속성을 교육의 일환으로 살펴보는 것은 의미가 있다. 여기서는 국어 문법 교육의 단위를 크게 '음운 – 단어 – 문장 – 담화 – 의미'로 제시하도록 한다. 엄밀하게 말해서 '의미'에 문법 단위라는 명칭을 붙이지는 못할 것이며, 단지 문법 교육에서 '의미' 분야도 다룬다는 정도로 이해해야 할 것이다.

　(2ㄹ)은 7차 문법 교과서의 대단원 명칭이다. '언어와 국어', '국어의 규범'은 이질적이라 제외한다면, 결국 '말소리 – 단어 – 어휘 – 문장 – 의미 – 이야기'가 남는다. '말소리'는 '음운', '이야기'는 '담화'로 바꾸면 결국 '음운 – 단어 – 어휘 – 문장 – 의미 – 담화'라는 단위가 설정된다.

3　실제로 1985년에 나온 최초의 국정 문법 교과서에서는 '의미' 단원이 설정되지 않았었다. 그러다가 1991년에 나온 국정 문법 교과서에 '의미' 단원이 추가되었다.

4　2009 『독서와 문법』 I·II 교육과정에 나타난 내용 체계의 '실제' 부분을 보면, '음운 – 단어 – 문장 – 담화'라는 단위가 제시되어 있다. 거기에는 '담화/글'이라 하여, '담화'가 음성 언어 차원에서 문장 이상의 단위라는 뜻을 함축하고 있다. 그렇지만 본래 언어 단위라는 것이 문자 언어 아닌 음성 언어 차원의 것이므로 '음운-단어-문장-담화'라고 단위를 제시해도 큰 문제가 없다.

문제가 되는 것은 '어휘'와 '단어'가 독자적인 단원으로 나뉠 수 있느냐 이다. 본래 어휘는 단어의 집합이라는 의미를 지니고 있으니, 결국 '단어'와 '어휘'는 동일한 대상을 다루는 분야다. 따라서 '음운, 문장, 담화'와 계열이 같은 '단어' 속에 어휘 관련 내용을 충분히 담을 수 있을 것이다.[5]

2) 단어와 어휘의 관계

그렇다면 어휘와 단어는 구체적으로 어떤 관계에 있을까? 앞에서 어휘는 단어의 집합이라고 말하였다. 둘은 동일한 대상을 다른 각도에서 살펴본 용어라고 할 수 있다. 다음 7차 학교 문법 교과서(교육인적자원부, 2002)에서 각각은 무엇을 다루고 있는지 알아보자.

알아보기   단어와 어휘, 그리고 어휘소

형태론의 기본 단위가 형태소(morpheme)인 것처럼 어휘론의 기본 단위는 본래 어휘소(lexeme)이다. 어휘소는 공시론적으로 어휘부(lexicon) 또는 사전에 등재될 수 있는 형태(또는 형태소군)라고 하여 학교 문법에서의 단어와 다르게 파악하는 입장도 있다. 그 입장에서는 '보기싫다'에 대해 서 '보-', '-기', '싫-', '-다', '보기싫-'의 다섯 개 어휘소를 설정한다(김성규, 1987 : 13 참조).

그러나 학교 문법에서는 어휘소와 단어를 동일하게 보는 입장을 취한다. 즉, 단어의 집합을 어휘(語彙)로 보는 것이다.

---

5   관용어와 속담은 기존 어휘론에서 다루어 왔는데, 그렇다면 과연 이들도 단어론에서 다룰 수 있을 것인지 하는 문제 제기가 있을 수 있다. 관용어와 속담은 구나 절의 형식을 띠기는 하지만 마치 하나의 어휘처럼 행동하기 때문에 일반적으로 어휘론에서 다루어 왔다. 그러나 여기서처럼 단어론 속에 종래의 형태론과 어휘론을 모두 넣는다고 하더라도 이들 관용어와 속담은 특수 처리하여, 어휘 분야에서 다룰 수 있다고 생각한다. 이는 곧 '단어'의 외연을 넓혀 이들을 특수 처리한다는 것을 뜻한다.

(3) 7차 문법 교과서에서의 '단어'와 '어휘' 단원 내용

ㄱ. 단어 단원 체계

    1. 단어의 형성

    2. 품사 – 체언/관계언/용언/수식언/독립언

ㄴ. 어휘 단원 체계

    1. 어휘의 체계

    2. 어휘의 양상

(3)에서 보면, '단어' 단원은 형태론(形態論, morphology) 내용을 다루고 '어휘' 단원은 어휘론(語彙論, lexicology) 내용을 다루고 있음을 알 수 있다. 형태론은 흔히 형태소를 기본 단위로 해서 파생어와 합성어와 같은 단어가 형성되는 과정을 다루는 이론임에 비해서, 어휘론은 결과적인 단어의 집합으로서 어휘 전체를 다루는 어느 정도의 실천적 성격이 강한 분야이다.[6] 즉, 형태론은 단어의 형성 과정에 관심을 가짐에 비해서 어휘론은 결과로서의 단어의 성격에 관심을 가지고 있다고 구분해 볼 수 있다.

(3ㄱ) 단어 단원에서는 개별 단어의 특성을 품사별로 나누고 그 다음이 개별 품사로서의 단어가 접사나 어근을 통해서 파생어나 합성어가 형성되는 과정을 다루고 있다. 이에 비해서 (3ㄴ) 어휘 단원에서는 결과로서 어휘들의 특성을 기원적 어종(語種)과 공시적 단어 양상을 다루고 있다.

결국 단어 단원과 어휘 단원은 동일한 단어에 대해서 한 쪽은 형성 중 과정에 초점을 맞추고 있으며 다른 한 쪽은 형성 후 결과에 초점을 맞추고 있다고 할 수 있다. 이는 곧 문법 교육에서 단어 단원과 어휘 단원을 굳이 분

---

6   어휘를 어휘소의 집합이라고 볼 수도 있다. 이 어휘소에 접사, 어미, 조사, 어근은 물론이고 접사와 어근이 합쳐진 형태까지 포함할 수도 있다. 그렇지만 어휘론에서는 어디까지나 이들 어휘소의 양상을 다룰 뿐이지 그것들 간의 결합 방법 등을 다루지는 않는다. 특히 학교 문법에서는 '어휘'에 대해서 단어들의 집합이라는 입장을 고수하고 있다.

리할 필요가 없음을 보여 주고 있다.

3) 문법 단위로서의 의미

'어휘' 단원 문제를 깊이 다루기 전에 국어 전체를 다루는 국어학에서의 하위 분야를 좀 더 살피면서, 그 용어의 타당성 문제를 짚어 보기로 한다.

(4) 국어학의 하위 분야(1)

음운론, 형태론, 통사론, 의미론, 화용론

(4)는 이론으로서의 국어학에서 그 하위 분야를 다섯 가지로 나누어 본 것이다. (4)는 각각 음운론(音韻論, phonology), 형태론(形態論, morphology), 통사론(統辭論, syntax), 의미론(意味論, semantics), 화용론(話用論, pragmatics)이라 하여 실용적인 측면보다는 이론적인 측면에서 분야를 나눈 것이다.

음운(音韻, phoneme)은 음소(音素)와 운소(韻素)를 합한 용어로 분절 음운과 비분절 음운(혹은 초분절 음운, 초분절소)을 가리킨다. 음운은 본래 최소 의미 변별 단위로서 물리적인 음성(音聲, phone)과 구분되는 추상적인 특성을 갖고 있다. 그리하여 (2ㄷ)에서도 보았듯이 문법 교과서에서는 '말소리'라고 단원의 명칭을 정하고 있음을 볼 수 있다. 그렇지만 '음성'을 고유어로 표시한 '말소리'는 의미를 전제하고 있지 않은 용어이기 때문에, 필자는 최소 의미 변별 단위인 '음운'이라는 용어가 단원 명칭이 되어야 한다고 본다. 음운이라 하면 우리는 흔히 자음과 모음을 떠올리므로, 쉽게 음운 단원에서 무엇을 다루고 있는지 알 수 있기 때문이다. 더불어서 음운을 다루는 학교 문법에서의 연구 분야도 '음운론'이라고 쉽게 명명할 수

있다.[7]

한편 단어를 다루는 형태론에 대해서는 재고가 필요하다고 본다. 형태론이 본래 단어의 형태(形態, morph-)를 다루는 분야라 하여 명명된 것이기는 하지만, 흔히 '형태'라는 용어의 상대어로 '의미'를 떠올리기 때문에, 적절한 용어라고 보기 힘들다. 이에 연구자는 형태론 대신에 '단어론'이라는 용어를 제안한다. 즉, 단어론(單語論)은 단어를 연구하는 분야로 그 정체성을 잘 드러낸다. 단어론이라 학문의 영역을 명명하게 되면, 과정을 다룬 형태론과 결과를 다룬 어휘론을 모두 포괄할 수 있다는 이점이 있다. 단어 하나하나의 품사적 특성뿐만이 아니라 단어가 형성되는 과정을 모두 다룰 수가 있고 나아가 그 단어들이 모인 집합으로서의 어휘도 다룰 수 있다는 것이다.[8]

이와 마찬가지로 통사론(統辭論)도 문장론(文章論)이라는 용어로 바꾸어 사용하는 것이 타당하다고 본다. 본래 통사(統辭)라는 말은 소위 어절, 곧 최소의 문장 성분[辭]을 한 줄로 꿴다[統]는 의미를 갖고 있어서 문장이 형성되는 과정을 뜻하는 용어이다. 그런 차원에서 본다면 통사론이라는 용

---

7 '말소리'를 '음운'으로 단원 명칭을 바꾸는 것이 교육적으로 더 효과가 있느냐 하는 논의가 더 필요할 것이다. 사실 '말소리'가 자음, 모음, 장음 등과 같은 음운 관련 내용만을 담느냐 하면 그렇지는 않다. 말소리는 자음, 모음, 단어, 문장, 담화 등 모든 외현적 표현의 소리로 해석될 수가 있기 때문이다.

8 일찍이 어문학연구회 편(1965: 34-35)에서는 단어를 둘러싼 다양한 연구 분야를 아래와 같이 설명하고 있다. "單語는 音의 連結로서 形成된 獨立性 있는 言語의 有意的 單位로 言語研究의 가장 重要한 部分이라고도 할 수 있다. 이에서 單語의 組織的 總體인 語彙를 對象으로 語彙論(lexicology)이 成立되며 이 語彙의 意味를 研究하는 意味論(semantics)이 있다. 一般的으로 意味論이라 하면 이 語彙論的 意味論을 가리키게 된다. / 다음 單語의 語形을 對象으로 研究하는 形態論(morphology)이 있다. 이것은 單語의 構成要素를 分析 綜合함으로써 單語의 構造를 밝히는 것과 文章에서의 單語의 機能까지 考察함으로써 品詞論으로 發展한다. 品詞論은 形態論과 密接한 關係를 가진 것으로 態度에 따라 形態論에 包含시키기도 한다. / 다음 單語를 史的으로 研究하여 그 起源을 밝히는 語源論(etymology)이 있다."

어도 타당한 점이 있기는 하다. 그러나 실용적 교육이라는 점을 생각해 보면, 문장을 연구하는 학문이라는 의미를 지닌 문장론이라는 용어가 더 쉽게 다가온다. 음운론, 단어론과 함께 문장론도 그 위계를 잘 드러내 주는 용어라는 말이다. 이것들은 모두 문법 단위 명칭을 잘 드러내 준다는 면에서도 그 실용성과 함께 용이성 역시 확보된다고 하겠다.

화용론(話用論)은 담화의 사용을 연구하는 학문이라는 의미가 함축되어 있다. 그런데 화용은 담화의 사용이라는 뜻을 담고 있어서, 일정한 문법 단위 명칭으로는 다소 부적절해 보인다. 문장보다 더 큰 단위가 담화이니, 그냥 담화론(談話論)이라고 하는 게 낫지 않을까 한다. 실제로 2007, 2011 교육과정에서 '담화'라는 용어를 단위 명칭으로 제시하고 있기도 하다.

요컨대 '음운론 – 단어론 – 문장론 – 담화론'이라는 명칭이 실용성과 용이성을 확보해 준다고 할 수 있다. 학교 문법과 같이 실용성을 강조하는 학문 분야라면 더욱 그렇다.

'어휘' 단원 문제와 밀접한 관련을 가지고 있는 것이 '의미' 단원이다. 국어학적 논의에서 흔히 어휘론과 의미론은 밀접한 관련을 가지고 있다.

(5) 국어학의 하위 분야(2)
　ㄱ. 음운론, 문법론, 의미론
　ㄴ. 음운론, 문법론, 어휘론
　ㄷ. 음운론, 단어론, 문장론, 담화론
　ㄹ. 음운론, 단어론, 문장론, 담화론, 의미론

국어학의 하위 분야를 3분법으로 나눌 때 (5ㄱ)과 같이 '음운론, 문법론, 의미론'으로 하는 것이 일반적이다(김민수, 1981; 이익섭, 1986, 2000 참조).[9] 여기서 문법론은 형태론과 통사론을 함께 일컫는 것이며, 문장 이상을 다루는 담화론(혹은 화용론)은 1차적인 국어학의 분야에서 제외한 것이다. 한편 3분법으로 나눌 때 (5ㄴ)에서처럼 의미론 대신 어휘론을 설정하는 경우도 있다. 이때는 어휘론이 의미론을 대체한 것으로, 그 안을 살펴보면 어휘 의미론 내용을 다루고 있어서, 결국 (5ㄱ)과 큰 차이가 없다.[10]

이제 본격적으로 '의미' 단원에 대해서 살펴보도록 하자. 일반적으로 의미론은 어휘 의미론, 문장 의미론, 화용 의미론으로 3대별 하고 있다(김민수, 1980; 임지룡, 1992 등 참조). 어휘의 의미란 단어의 의미를 가리키고, 화용 의미도 문장 이상의 담화 의미를 가리킨다. 결국 의미론은 단어 의미론, 문장 의미론, 담화 의미론으로 나뉜다고 할 수 있겠다.

한편 음운 의미론이라는 용어는 거의 사용되고 있지 않은 것 같다. 이는 음운이 자체로 의미를 지니고 있는 것이 아니기 때문일 텐데, 그렇다고 해서 음운이 의미와 전혀 관련이 없는 것이냐 하면 그렇지도 않다. 주지하다시피 음운은 최소의 의미 변별 단위이다. 즉, 음운 자체가 의미를 지니고 있지는 않지만 그것 때문에 의미 차이가 생긴다. 그렇다면 음운도 의미와 관련이 있다고 할 수 있으며, 소위 음운 의미론이라는 것이 가능해질 수도 있다.

의미는 모든 외현적 언어 형식이 지니고 있는 내재적인 것이기 때문에, 언어 형식은 모두 일정한 의미를 지니고 있거나 최소한 의미와 관련이 있다고 말해야 할 것이다. 이를 통하여 음운 의미론, 단어 의미론, 문장 의미론, 담화 의미론의 설정 가능성을 타진해 볼 수 있다. 결국 모든 언어 단위에 의

---

9 이익섭(2000: 29)에서는 국어학을 '(음성학), 음운론, 문법론(형태론, 통사론), 의미론'으로 하위 구분하고 있다. '음성학'에 대해서는 음운론의 일부로 보는 입장이라 할 수 있다.

10 이충우(2006a: 43~49)에서는 언어 교육과 관련되는 언어학의 분야로 '어휘론, 음운론, 통사론, 의미론'을 들고 있는데, 이는 어휘론과 의미론을 다른 분야로 보는 입장이라 할 수 있다. 한편 이충우(2006a: 49)에서는 이 네 가지 분야 외에도 '화용론, 방언론, 문체론, 어문론, 언어 정책론, 언어 사용 이론' 등이 언어 교육에 도움을 줄 수 있다고 밝히고 있다.

미라고 하는 것이 함축되어 있어야 한다는 것인데, 이를 뒤집어 생각해 보면, 의미론은 따로 설정하지 않고 각 국어학 분야에 넣어볼 수도 있을 것이다. (5ㄷ)에서처럼 국어학의 분야를 외현적인 표현만 본다면 음운론, 단어론, 문장론, 담화론으로 4분하여 나눌 수도 있을 것이라는 말이다. 그렇지만 각 단위가 갖고 있는 내재적 의미를 독립적으로 다룰 필요가 있다고 한다면 (5ㄹ)에서처럼 '음운론, 단어론, 문장론, 담화론, 의미론'의 5분법으로 제시할 수도 있다."

물론 전통적으로 이론을 중시하여 음운론, 형태론, 통사론, 화용론, 의미론이라는 용어를 고수해야 한다고 할지 모르겠다. 그렇다면 음운, 단어, 문장, 담화와 같은 언어 단위에 따른 음운론, 단어론, 문장론, 담화론이라는 분야 명칭을, 실용성을 특징으로 하는 학교 문법에서라도 수용하는 것이 좋

쉬어가기 **국어학과 국어교육학에서의 어휘론**

어휘는 단어의 집합이라고 대개 정의되지만 국어학과 국어교육학에서 바라보는 어휘는 차이가 있는 것 같다. 국어학은 흔히 음운론, 형태론, 통사론, 의미론, 화용론으로 나뉘는데 어휘론은 이 가운데 의미론에 포함되곤 한다. 어휘 의미론이 곧 어휘론이라는 말이다.

국어교육학은 화법론, 독서론, 작문론, 문법론, 문학론으로 나눌 수가 있다. 문법론은 국어학 전체를 뜻하고 있으나, 흔히 그냥 '문법'이라고 부른다. 국어교육학에서는 어휘론이라는 용어를 그리 자주 사용하지는 않는다. 화법, 독서, 작문, 문학 영역이 어휘를 전제로 하고 있기 때문이기도 하고, 어휘 자체에 대한 지식은 문법 영역에서 알아서 다루는 것이라고 생각하기 때문이기도 하다. 여하튼 어휘에 대한 연구와 교육은 문법 영역에서 다루는 것이 일반적이다.

---

11 언어 단위를 '음운 – 단어 – 문장 – 담화'로 나누고, 그것들을 다루는 학문 분야를 '음운론 – 단어론 – 문장론 – 담화론'으로 나눈다고 해서, 이들 각각이 서로 관련이 없다는 것은 결코 아니다. '담화'를 다룬다고 해도, 그것을 구성하는 '문장, 단어, 음운'을 함께 염두에 두어야 할 것이며, '단어'를 다룬다고 해도 더 작은 음운과 더 큰 문장, 담화를 의식하지 않을 수 없다. 이렇게 언어 단위를 구분하고 연구 영역을 구분하는 것은 각각의 정체성을 드러내고자 하는 의도일 뿐, 각각 독립적인 성질만을 갖고 있다는 것을 의미하지는 않는다.

을 것이다. 나아가 음운, 단어, 문장, 담화의 외현적 단위의 근저를 이루는 의미를 중시하여 '의미론'도 학교 문법에서 설정할 수 있을 것이다.

이는 형식은 의미의 발현이며, 의미는 형식을 통해서 나타난다는 기본적 입장을 반영한 것이다. 또한 교육이라고 하는 것은 추상적 이론보다는 실제적 실용을 더 중시해야 한다는 생각이 들어가 있다.

3. 문법 교육에서 어휘 교육의 실제

1) 내용

앞서도 살펴보았듯이 어휘 교육은 국어교육 전체에서 행해져야 하는 분야이긴 하지만, 어휘가 단어의 집합이라는 점을 생각해 보면, 특히 문법 영역에서 깊이 있게 이루어질 필요가 있다. 여기서는 어휘 교육의 내용으로 무엇을 선정할 수 있을지 살펴보도록 한다.[12]

어휘 교육에서 교수·학습될 내용이라 하면 일단 어휘론에서 다루는 것들이 무엇인지 확인해 볼 필요가 있다. 그것들을 토대로 하여 무엇을 가르칠지 선정될 것이기 때문이다. 현재 어휘 교육에 가장 많은 영향을 끼치고 있는 연구로는 김광해(1993)를 들 수 있다.

---

12   손영애(1992a: 29)에서는 어휘 지도의 내용이라 하여 다음에서 보는 것처럼 그 폭을 넓게 잡고 있다.
"어휘 지도의 내용은 크게 낱말 자체의 의미와 용법에 관한 내용, 낱말 학습 방법에 관한 내용, 낱말 학습과 관련되는 태도 및 가치의 형성에 관한 내용으로 대별할 수 있다."
여기에는 어휘 교수·학습에 관한 내용과 학습과 관련되는 태도 및 가치에 대한 것도 들어가 있어서, 이것들이 문법 교육에만 한정된 것은 아님을 알 수 있다.

(6) 김광해(1993: 32)의 어휘 연구 영역[13]

분포 연구: 어휘의 계량, 어휘의 체계, 어휘의 위상적 양상, 어휘의 화용적 양상

관계 연구: 어휘의 공시적 관계, 어휘의 통시적 관계

정책 연구: 어휘의 교육과 정책

김광해(1993: 32)에서는 이들 7개 어휘론의 하위 영역들을 협의의 어휘론이라 하고, 이들 모두와 관계하여 '사전 편찬론'을 더해서 광의의 어휘론을 설정하고 있다. '어휘의 교육과 정책' 분야는 4가지 분포 연구와 2가지 관계 연구 모두와 관련이 있다고 보고 있다.

그렇지만 (6)의 어휘 연구 영역 구분은 언어 연구의 다른 영역들과 겹치는 경우가 상당히 많다. '어휘의 계량' 영역은 계량 언어학 일부, '어휘의 체계' 영역은 통사론과 형태론, '어휘의 위상적 양상'은 방언학과 사회언어학, '어휘의 화용적 양상'은 화용론과 겹치며, '어휘의 공시적 관계'는 의미론, '어휘의 통시적 관계'는 계통론과 겹치게 된다.[14]

겹치는 영역들은 (5ㄹ)의 '음운론, 단어론, 문장론, 담화론, 의미론' 각각에 소속시킨다고 할 때, 결국 '어휘의 계량, 어휘의 체계, 어휘의 위상적 양상, 어휘의 화용적 양상'의 분포 연구 정도가 진짜 좁은 의미의 어휘론 속에서 다루어져야 할 것이다. 당연히 '어휘의 교육과 정책'은 순수 어휘론 영역이라기보다는 응용 어휘론 영역에 해당한다.

---

13 김종택(1992: 18-20)은 국어어휘론의 개론서인데, 다음과 같이 장을 나누고 있다. "1. 어휘 자료론, 2. 어휘 체계론, 3. 어휘 형태론, 4. 어휘 형성론, 5. 어휘 어원론, 6. 어휘 의미론, 7. 어휘 변천사." 이것들 모두 어휘와 관련되어 있는 것은 분명하지만, 이것들 가운데 '1. 어휘 자료론, 2. 어휘 체계론' 정도가 구체적인 어휘론 분야라고 볼 수 있다.

14 어휘의 통시적 관계 분야는 사실 국어사라고 하는 이론 분야에서 다룬다. 어휘 교육을 통시적인 영역까지 확대해야 할지 여부에 따라서 이 분야는 어휘론, 혹은 어휘 교육론에서 그 가치가 결정될 것이다.

그러나 (6)에서는 7개 어휘 연구 영역이 모두 이론 연구와 조사 연구로 구분되기 때문에 이들 모든 영역이 어휘론에서 다루어질 수 있다고 보고 있다. 이는 어휘라고 하는 것이 기본적으로 단어의 집합으로서 언어를 다루는 모든 분야의 기초가 된다는 사실을 반영한 것이라 할 수 있다.

여기서는 이런 입장을 받아들이면서, 또한 '음운론 – 문장론 – 담화론 – 의미론'과 차별되는 '단어론'의 한 분야로서 어휘론을 다룬다는 점에서 '어휘의 계량, 어휘의 체계, 어휘의 위상적 양상, 어휘의 화용적 양상'을 어휘론에서 다루어야 한다고 본다.[15] 사실 '어휘의 위상적 양상, 어휘의 화용적 양상'은 문장 이상의 단위인 담화론과는 떼려야 뗄 수 없는 관계에 있다. 물론 문법 교육의 한 분야로서 어휘 교육 영역을 생각한다면 '어휘의 교육과 정책'도 포함할 수 있을 것이다.

김광해(1993)의 견해는 제7차 고등학교 문법 교과서에 거의 그대로 반영되어 있다. 일단 문법 교과서에서 어떤 내용들을 어휘 교육 차원에서 다루고 있는지 살펴보도록 한다. 제7차 문법 교과서에 제시된 어휘 단원의 내용은 (7)로 확인해 볼 수 있다.[16]

(7) 7차 고등학교 문법 교과서의 어휘 단원 체계

1. 어휘의 체계

    1. 어휘의 체계 2. 고유어와 한자어 3. 외래어

2. 어휘의 양상

    1. 방언 2. 은어, 속어 3. 금기어, 완곡어 4. 관용어, 속담 5. 전문어 6. 새말

---

15 물론 '어휘의 체계' 가운데 반의 관계, 유의 관계 같은 분야는 의미론에서 따로 다루어질 수 있다. 이는 어휘론 자체가 다른 언어 분야의 기초가 되기 때문이다.

16 2012년 3월에 고등학교 '독서와 문법' 교과서가 4종류가 나왔다. 이 검인정 교과서들은 2009년 '독서와 문법' 교육과정에 맞추어서 나온 것들이다. 문법 내용은 2002년 국정 문법 교과서를 그대로 따르고 있다.

(7) 7차 문법 교과서의 '어휘' 단원에 제시되어 있는 내용은 (6)의 '어휘의 체계'와 '어휘의 위상적 양상, 어휘의 화용적 양상' 부분과 거의 정확하게 일치한다. 물론 교과서의 내용이 (6)의 것을 모두 반영하고 있는 건 아니지만, 대체적인 얼개는 그대로 보여 주고 있다.

구체적으로 보면 '1. 어휘의 체계' 속에서는 개방 집합과 폐쇄 집합으로서 어휘의 체계와, 고유어·한자어·외래어와 같은 어종에 따른 어휘의 체계를 다루고 있다. 이는 수많은 기준에 따른 어휘의 체계 가운데 일부일 뿐이다.

'2. 어휘의 양상' 속에는 (6)의 '어휘의 위상적 양상, 어휘의 화용적 양상' 내용이 들어 있다. '방언, 은어, 속어, 금기어, 완곡어, 관용어, 속담' 부분이 '어휘의 위상적 양상' 내용이고, '전문어, 새말' 부분이 '어휘의 화용적 양상' 내용이다. 물론 이들도 어휘의 위상적 및 화용적 양상이 모두 반영된 것은 아니다.[17]

결국 (6)을 참조해 보면 '어휘의 계량, 어휘의 교육과 정책' 등이 어휘 교육 내용에 더 들어갈 수 있을 것이다.

교과서에 앞서 교육과정 속에 어휘 교육 관련 내용이 들어가 있는 것이 일반적이다. 여기서는 2007 교육과정에 들어 있는 어휘 교육 관련 내용을 살펴보도록 하자.[18]

---

17 '어휘의 위상적 양상'과 '어휘의 화용적 양상'이라는 명칭은 교육적인 측면에서 볼 때 썩 좋은 용어는 아니라고 본다. 그것이 함의하는 내용이 뚜렷이 드러나지 않기 때문이다. 자세한 논의는 후고로 미룬다.

18 2011년에 새로이 국어과 교육과정이 나왔다. 2007년 것을 제8차 국어과 교육과정이라 하면 2011년 것은 제9차 국어과 교육과정이라고 할 만하다. 8차 때는 251개 성취 기준이 있었는데, 9차 때는 151개 성취 기준으로 줄었다. 그런데 어휘 교육을 다룬 내용은 오히려 크게 늘었다. 그나마 (8)의 것은 10학년 것도 포함한 것이었다.
• 다양한 고유어를 익히고 소중히 여기는 태도를 기른다. 〈1·2-문-(2)〉
• 고운 말, 바른말을 사용하는 태도를 지닌다. 〈1·2-듣말-(8)〉

(8) 2007 개정 국어과 교육과정에 나타난 어휘 교육 관련 내용

ㄱ. 고유어, 한자어, 외래어, 외국어의 개념을 알고 국어 어휘의 특징을 이해한다. 〈6-문-(1)〉

ㄴ. 표준어와 방언의 사용 양상을 이해한다. 〈4-문-(1)〉

ㄷ. 남한과 북한의 언어 차이를 비교한다. 〈8-문-(1)〉

ㄹ. 지역 방언을 듣고 언어의 다양성과 소통의 의미를 이해한다. 〈9-듣-(3)〉

ㅁ. 관용 표현의 개념과 효과를 이해한다. 〈7-문-(2)〉

ㅂ. 여러 종류의 어휘를 비교하고 그 사용 양상을 설명한다. 〈8-문-(2)〉

ㅅ. 사회 방언을 듣고 언어적 다양성을 이해한다. 〈10-듣-(3)〉

(8)은 2007 개정 국어과 교육과정에 나타난 어휘 교육 관련 내용이다. (8ㄱ)은 '어휘 체계'에 해당하는 내용이고, (8ㄴ~ㅂ)은 '어휘의 위상적 양상'에 해당하는 내용이고, (8ㅅ)은 '어휘의 화용적 양상'에 해당하는 내용이다. 어휘의 체계, 어휘의 위상적 양상, 어휘의 화용적 양상 내용이 모두 들어간 것은 아니지만, 대체적으로 반영되고 있다.

한편 국어과의 각 영역별로 살펴보면 어휘 교육 관련 내용은 문법 영역에 대부분 들어가 있고 듣기 영역에 일부 들어가 있는 것을 확인할 수 있다. 즉, (8)에 제시된 것들 가운데 (8ㄹ, ㅅ)이 듣기 영역의 항목이고 나머지는

---

* 표준어와 방언의 가치를 알고 상황에 따라 효과적으로 사용한다. 〈3·4-문-(2)〉
* 국어의 낱말 확장 방법을 알고 다양한 어휘를 익힌다. 〈3·4-문-(2)〉
* 낱말들을 분류해 보고 국어사전에서 낱말을 찾아본다. 〈3·4-문-(2)〉
* 알맞은 낱말을 사용하여 설명하는 글을 쓴다. 〈3·4-쓰-(3)〉
* 낱말이 상황에 따라 다양하게 해석됨을 이해하고, 효과적으로 표현할 수 있다. 〈5·6-문-(2)〉
* 고유어, 한자어, 외래어의 개념과 특성을 알고 국어 어휘의 특징을 이해한다. 〈5·6-문-(2)〉
* 관용 표현의 특징을 알고 담화 상황에 맞게 사용한다. 〈5·6-문-(2)〉
* 비속어 사용의 문제점을 인식하고 품위 있는 언어 생활을 한다. 〈5·6-듣말-(9)〉
* 어휘의 유형과 의미 관계를 이해하고 활용한다. 〈7·8·9-문-(2)〉

모두 문법 영역의 항목인 데서 이를 확인할 수 있다.[19]

(9) 2009 개정 '독서와 문법' 교육과정에 나타난 어휘 교육 관련 내용[20]

ㄱ. 지역, 나이, 성별, 계층 등에 따른 다양한 언어 현상을 이해하고, 소통 장애를 해소하는 방안을 마련한다. 〈I-(2)-(다)-㉮〉

ㄴ. 진로와 관련된 다양한 직업어의 세계를 탐구한다. 〈I-(2)-(다)-㉯〉

ㄷ. 전통적 수사, 속담, 관용어 등에서 알 수 있는 선인들의 국어 생활을 이해하고 이를 실제 국어 생활에 응용한다. 〈II-(2)-(나)-①-㉮〉

ㄹ. 각 지역 방언의 특징을 탐구하고 상황에 맞게 효과적으로 발음한다. 〈II-(1)-(가)-③-㉮〉

ㅁ. 남북한 언어의 공통점과 차이점을 이해하고 동질성 회복 방안을 탐구한다. 〈II-(2)-(나)-㉮〉

(9)에서 볼 때 2009 개정 '독서와 문법' 교육과정에서는 '어휘의 위상적 양상' 내용으로 (9ㄱ, ㄷ, ㄹ)을 들 수 있고, '어휘의 화용적 양상' 내용으로 (9ㄱ, ㄴ)을 들 수 있다. '어휘의 체계' 내용은 보이지 않는다. 물론 (9)에

---

19 사실 어휘 교육은 문법 영역에서만 이루어지는 게 아니다. 듣기 영역도 물론이지만 말하기, 읽기, 쓰기 영역에서는 물론 문학 영역에서도 어휘 교육은 이루어질 수 있다. 이런 의미에서 본다면 다음의 교육과정 항목도 어휘 교육 관련 내용으로 포함할 수 있을지 모른다. "◎감정을 나타내는 낱말을 알맞게 사용하면서 대화한다. 〈10-말-(3)〉 ◎단어의 사전적 의미와 문맥적 의미를 구별하고 효과적으로 사용한다. 〈5-문-(2)〉"

20 2011 교육과정에서는 고등학교 국어과가 6개 선택 과목으로 나뉘었다. 아래에서 〈국어 I〉은 이전의 '국어(상)'에 해당하고 〈독서와 문법〉은 〈독서와 문법 I·II〉 두 권이 한 권으로 되었다. 〈독서와 문법〉은 2009 교육과정에서는 113개 성취 기준에서 32개 성취 기준으로 줄었다. 아래 제시한 것은 2001 교육과정에 제시된 어휘 교육 관련 성취 기준인데, (9)와 비교하면 절대적 숫자는 줄었지만 상대적 숫자는 준 것이 아니라고 해석할 수 있다.
  • 어휘의 체계와 양상을 이해하고 그것을 상황에 맞게 활용한다. 〈국어 I-(11)〉
  • 단어의 형성 과정을 이해하고 새말이 만들어지는 원리를 탐구한다. 〈독문-(8)〉
  • 남북한 언어의 차이점을 이해하고 동질성을 회복하는 방안을 탐구한다. 〈독문-(28)〉

제시되어 있는 것이 모든 어휘 교육 내용을 보인 것은 아니다.

특이한 것은 어휘 교육 내용을 제시한다고 해서, 해당 어휘를 이해한다는 것으로만 교육과정 내용이 제시되어 있지는 않다는 점이다. 즉, (9ㄱ)에서 보듯이 해당 어휘를 이해하는 것에 그치지 않고 소통 장애를 해소하는 방안을 마련하게 한다든지, (9ㄹ)에서 보듯이 지역 방언을 알고 효과적으로 발음한다고 하여 말하기 영역과 관련되어 있다. (9ㄴ, ㄷ)에서 보듯이 해당 어휘를 이해하고 그와 관련된 세계를 탐구하면서 실제 국어 생활에 응용할 것까지 포함하고 있다. (9ㅁ)에서는 남북한 언어를 이해하고 동질성 회복 방안을 탐구한다고 말하고 있는데, 이것 역시 넓은 의미에서 지역어를 이해하고 서로 간 이해를 할 수 있도록 하는 것을 목적으로 하고 있다.

요컨대 현행 국어과에서 사용되고 있는 어휘 교육의 내용은 김광해(1993)의 제안 내용에 대부분 기대어 있다고 할 수 있다. 그것은 대체로 어휘의 체계, 어휘의 위상적 양상, 어휘의 화용적 양상 등이라고 할 수 있다. '독서와 문법' 교육과정에는 이런 내용이 모두 들어가 있지는 않으며, 국어과 전체 교육과정에는 이것이 거의 모두 반영되어 있다는 것을 알 수 있다.

어휘 교육의 내용을 구체적으로 (8), (9)에서 제시한 것을 그대로 선정할 수도 있을 것이지만, 이것들은 대개 어휘 지식에 한정된다는 점에서 한계점이 있다고 볼 수도 있다.

국어교육에서 국어 능력의 신장을 목표로 하듯이, 어휘 교육에서는 어휘 능력의 신장을 목표로 해야 할 것이다. 단순히 어휘 지식을 아는 능력을 넘어서서 그 지식을 활용할 줄 아는 어휘 사용 능력 역시 중요한 어휘 교육의 목표가 되어야 할 것이다.

어휘 능력이란 과연 무엇일까? 흔히 어휘 능력은 어휘력, 즉 어휘를 아는 능력으로만 이해되는 경우가 많다. 그러나 진정한 어휘 능력이란 어휘를 아는 능력과 어휘를 사용하는 능력 모두를 가리킨다고 할 수 있다(9ㄱ, ㄷ,

ㄹ 참조). 어휘 이해력과 어휘 사용력은 차이가 난다는 말이다. 아는 것과 사용하는 것은 다르다. 진정으로 어휘 능력이 뛰어나다고 하면 어휘를 아는 능력과 어휘를 사용하는 능력이 모두 출중한 경우를 가리킨다.

2) 방법

어휘 교육을 어떻게 하는 게 좋은지에 대한 연구는 이미 많이 이루어져 왔다. 특히 현장 교육 차원에서 실용적 교수·학습 방법이 대상, 내용, 쓰임새에 따라서 다양한 방법으로 어휘 교육 방법이 제시되어 왔다.

> (10) 손영애(1992a: 42)의 어휘 지도 방법에 대한 논급어휘 지도 방법의 선정은 지도하고자 하는 낱말과 대상 학습자에 따라 달라야 한다. 낱말의 의미를 직접적으로 설명해 주는 방법, 낱말이 쓰인 문맥을 통해 낱말의 의미를 추론하게 하는 방법, 서로 관련되는 일군의 낱말들의 공통되는 의미 요소를 분석하는 방법, 하나의 주제와 관련되는 여러 어휘를 찾아보고 의미지도를 그리는 방법, 낱말의 개념 구조를 도식화하는 방법 등 여러 가지 어휘 지도 방법들을 활용하여 어휘를 지도하기 위해서는 각각의 방법들이 가장 잘 적용될 수 있는 낱말에는 어떤 것들이 있는지 연구하고 대상 학생에 맞는 어휘 지도 방법의 선택을 위한 연구가 필요하다.

(10)은 어휘 교육 방법과 관련하여 주목할 만한 연구 결과의 한 내용이다. 직접 설명 방법, 추론 방법, 공통 의미 요소 분석 방법, 의미지도 그리는 방법, 구조의 도식화 방법 등 어휘 지도의 여러 방법을 제시하고 있다. 그렇다고 해서 이런 방법이 꼭 문법 교육에 한정된 방법이냐 하면, 그렇지도 않다. 그야말로 일반적인 어휘 교육학적 방법일 뿐이다.

어휘를 교육하는 방법으로는 크게 실물을 갖고 직접적으로 설명할 수

도 있고 실물을 제시하지 않고 간접적으로 설명할 수도 있다. 간접적 방법
은 감각적으로 대용물을 통해서 교육하는 비언어적 방법과 개념적으로 국
어나 매개어를 통해서 교육하는 언어적 방법이 있다. 또한 국어를 사용하는
방법으로는 설명문, 문형, 예문 등을 사용할 수 있고, 매개어를 사용하는 방
법으로는 번역이나 설명을 할 수도 있다(김광해, 1993: 319 재인용). 그런데
사실 이러한 어휘 교육 방법도 순수하게 문법 교육에서 사용하는 방법이라
고 말하기는 어렵다.

문법 교육에서 어휘 교육 방법이 어떻게 제시되고 있는지 확인하는 방
법은 현재로서는 문법 교과서에 어떻게 어휘 부분이 제시되어 있는지를 확
인하는 것이다.

(11) 문법 교과서의 '방언' 교수·학습 방법 관련 항목(교육인적자원부, 2002: 128-129)

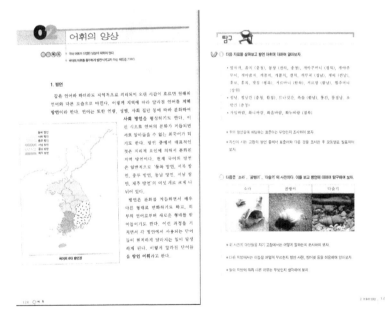

(11)의 어휘 교육하는 방법은, 결국 먼저 학습 목표를 제시하고 해당 어휘 범주(여기서는 '방언')에 대하여 설명을 한 다음, 이어서 탐구 문제를 제시하면서 그것을 푸는 방식으로 구성되어 있음을 볼 수 있다. 여기서 보면 설명문으로 제시된 방언 일반 내용과 이어지는 탐구 문제와는 직접적인 관련이 없는 것을 확인할 수 있다. 설명문은 직접 설명 방식, 탐구는 예문을 통한 활동 방식으로 제시되어 있다.

　　(11)에 제시된 어휘 교육 방법은 단순한 주입식 교수 방법과는 차이가 있다. 지역 방언에 대해서 학습하는 것이기 때문인지는 모르지만, 옆의 친구들과 상의해 볼 수 있고 나아가 집에 가서 주위 어른들에게 여쭈어 보거나 인터넷 등 각종 자료들을 통해서 확인해 볼 수도 있다. 사실 지역 방언으로서의 어휘는 내 것만 옳고 다른 사람 것은 틀리다는 식의 교수·학습은 이루어지지 않을 것이기 때문이다.

　　필자는 비록 (11)의 본문과 탐구 활동 내용이 밀접한 관련성이 없기는 하지만, 궁극적으로 학습자가 활동을 통해서 어휘 지식을 이해하고 학습하게 된다는 것이 가치가 있다고 본다. 소위 학습자 중심 수업을 지향하면서 학습자가 스스로 어휘에 대해서 탐구하고 정리하면서 해당 어휘의 의미와 가치를 알 수 있게 되리라 본다.

(12) 탐구 활동을 통한 어휘 교육 방법 예시
ㄱ. 다음 동요 가사를 학생들이 읽고 무슨 뜻인지 생각하게 한다.
　　　덕석 몰기
　　　몰자 몰자 덕석 몰자 비 온다 덕석 몰자
　　　풀자 풀자 덕석 풀자 볕 난다 덕석 풀자
　　　몰자 몰자 덕석 몰자 비 온다 덕석 몰자
　　　풀자 풀자 덕석 풀자 볕 난다 덕석 풀자

ㄴ. 동요 가사를 다음 악보에 붙여서 음을 맞춰 불러 보면서 뜻을 생각해 본다.

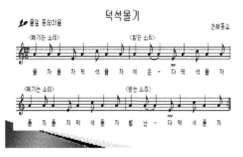

ㄷ. 동요 가사가 무슨 뜻일지 모둠별로 나누어 토론해 보고, 대표자가 나와서 칠판에 써 보도록 한다.

ㄹ. 표준국어대사전을 통하여 '덕석'과 '몰자'의 뜻을 확인해 본다.

ㅁ. 동요를 다시 불러 보면서 지역 방언이 갖는 문화적 가치를 이해하도록 한다. 이때 교사의 인도에 따라 2명의 학생이 문화적 가치를 발표하도록 한다.

ㅂ. 교사는 이 동요 혹은 동요 가사가 갖는 문화적 가치를 정리하여 설명해 준다.

문법 수업이라고 해서 항상 딱딱한 설명 방식으로만 진행할 수는 없다. '덕석 몰기'라는 동요의 방언 가사를 이용하여, 가락과 노랫말을 통해서 방언이 갖는 문화적 가치를 생각해 볼 수 있다. (12) 방식의 방언 학습 수업은 글과 소리가 어우러진 통합 수업이라고 할 수 있다. 말하기와 듣기와 읽기와 쓰기 영역은 물론이고, 동요라는 특성상 문학 영역과 문법 영역이 모두 어우러진 통합적 수업이 될 수 있다.[21]

사실 어휘 교육은 특정한 한 영역에서 독립적으로 이루어지기가 어렵다. (12)의 탐구 활동 수업 방법은 국어과 여섯 영역이 모두 관여한 통합 수업 방법이다. 이 장에서는 '덕석, 몰자'라는 지역 방언을 이해하는 문법 중심 수업이라고 해서 여기에 제시했을 뿐이다.

그렇지만 어쩌면 (12) 수업은 하나의 동요 작품, 즉 문학 작품을 이해하기 위한 문학 중심의 통합 수업이라고 말할 수도 있다. 만약에 (12ㄷ)의 모둠별 토론에 상대적으로 많은 시간을 투자한다고 하면 말하기·듣기 중심의 수업이라고도 말할 수 있다. 요컨대 어휘라고 하는 것은 모든 국어과 영역의 기초가 되기 때문에 어휘 교육이 통합적 수업 방식으로 진행되는 것이 바람직할 것이다.

알아보기 **어휘 교육은 언제 어디에서 하는가?**

어휘 능력이 지식 능력이라는 말이 있다. 많은 어휘를 알고 있으면 그와 관련된 분야에서 전문가로 인정받는다는 것을 의미한다. 모든 학문은 각기 전문어를 사용하고 있다. 전문어를 많이 알고 있다는 것은 바로 해당 분야의 전문가라는 것을 뜻한다. 이렇게 보면 국어과뿐만 아니라 모든 분야에서 어휘를 가르치고 배우는 교육이 이루어지고 있는 셈이다.

어휘 교육을 국어교육학에서만 고집할 필요는 없다. 근본적으로 우리 인간의 삶이 그렇듯이 언어생활 자체가 통합적으로 이루어진다. 따라서 전문어를 사용하는 모든 곳이 바로 어휘 교육의 장소가 된다. 궁극적으로 개별 학문을 나누는 것은 해당 목적에 따른 것이지 우리들의 삶 자체는 항상 통합적이고 전체적이기 때문이다.

---

21 '덕석'은 멍석의 경상도, 전라도 방언으로, 짚으로 만든 큰 자리를 말한다. '몰자'는 말자의 경상도, 전라도 방언이다.

3) 평가

문법 교육에서 어휘 교육을 평가한다는 것이 과연 무슨 뜻일까? 이 말은 어휘 교육의 성격을 평가하고 어휘 교육의 내용을 평가하고 어휘 교육의 방법을 평가하고, 나아가 어휘 교육의 평가를 평가하겠다는 것이니, 매우 난해한 문제가 되고 만다. 따라서 '어휘 교육의 평가'라는 말은 이 글에서 의도하지 않는 뜻을 파생시키므로 차라리 '어휘 능력의 평가'라는 뜻으로 이해해야 할 것이다.

그렇다면 어휘 능력을 평가한다고 할 때 어휘 능력은 과연 무엇일까? 쉽게 어휘 능력이라 함은 어휘를 아는 능력을 떠올릴 것이다. 어휘를 안다는 말은 어휘의 의미를 안다는 것이다. 그러나 최근 들어 살아 있는 국어교육을 지향하고 문법 교육에서도 살아 있는 문법 교육을 지향하는 시점에서, 단순히 어휘의 의미를 안다는 것으로 어휘 교육의 목표가 달성될 리는 없다. 즉, 그 어휘를 사용할 줄 아는 것이 어쩌면 진정한 어휘 능력을 학습했다고 할 수 있지 않을까? 곧 어휘를 알고 사용할 줄 아는 능력이 진정한 어휘 능력이라 할 것이다.

여기서는 어휘 능력을 평가하는 방법을 살펴보도록 하겠다. 어휘 능력을 평가하는 방법에는 어떤 것들이 있으며 어떤 것이 과연 효율성이 있을까? 어휘 의미를 잘 안다는 것을 어떻게 평가할 수 있을까? 또 그 어휘를 잘 사용할 줄 안다는 것은 어떻게 평가할 수 있을까?

평가라 하면 흔히 지필 평가와 구술 평가를 떠올린다. 지필 평가는 선다형, 연결형, 진위형, 완성형, 단답형, 서술형, 논술형 문항들을 가리키고 구술 평가는 개인발표형, 짝대화형, 면접형, 상황형 방식을 떠올린다(이관규, 2004 참조). 어휘 능력을 평가할 때도 이런 모든 평가 방법을 생각해 볼 수는 있다. 그러나 현실적으로 학교 수업에서 많이 사용되는 것은 지필 평가 방식이다. 그나마도 어휘를 아는 능력을 평가하는 방식이 많이 사용되고 있으며, 어휘를 사용하는 능력을 평가하는 방식은 뚜렷하게 제시되어 있는 것이 드물다.

여기서는 몇 가지 어휘 평가 문항들을 통해서 어휘를 아는 능력을 평가하는 문항과 어휘를 사용할 줄 아는 능력을 평가하는 문항에 대해서 살펴보도록 하겠다.

(13) 낱말의 뜻풀이가 적절하지 않은 것은?[22]

① 눈자위: 눈알의 언저리　　　　　② 눈두덩: 눈언저리의 두두룩한 곳

③ 눈살: 눈과 눈 사이에 있는 살　　④ 눈초리: 눈의 귀 쪽으로 째진 부분

⑤ 눈시울: 눈언저리의 속눈썹이 난 곳

(14) 밑줄 친 부분이 바르게 사용된 것은?

① 예전에 그는 김 선생님에게서 판소리를 <u>사사(師事)</u>했다.

② 날이 점점 더 어두워져 길을 찾기가 <u>막역(莫逆)</u>해지고 말았다.

③ 이번 인사에는 지방 출신자들을 <u>준용(準用)</u>할 것으로 예상된다.

④ 그 해결책은 자신이 처음 <u>야기(惹起)</u>한 것이라고 사장은 자랑하였다.

⑤ 안전 장비를 제대로 <u>휴대(携帶)</u>하지 않은 차량은 출입을 통제하고 있다.

(15) '돌가루'는 사라지고 '갓길'은 살아남은 언어 현상과 관련하여 〈보기〉와 같은 글을 썼을 때, [　]에 들어갈 알맞은 속담은?

┌〈보기〉────────────────────────────
"[　]"라는 속담도 있듯이, 말이란 사람들의 호응을 얻으면 살아남고 호응을 얻지 못하면 사라지고 마는 것이다. 외국어도 일단 들어와서 우리 국민들이 쓰기 시작하면 순화하기 어려우므로, 처음부터 우리말로 바꾸어 사용하려는 노력을 해야 할 것이다.
└──────────────────────────────────

22　(13)~(15) 문항은 모두 각종 국가시험 출제문항이었음을 밝힌다. 이관규(2008) 참조.

① 백지장도 맞들면 낫다.

② 소 잃고 외양간 고친다.

③ 발 없는 말이 천 리 간다.

④ 외손뼉이 못 울고, 한 다리로 못 간다.

⑤ 말은 해야 맛이요, 고기는 씹어야 맛이다.

(13)은 단어의 의미를 아는지 모르는지 단순히 평가하는 문항이고, (14)는 단어의 정확한 뜻을 알고 그것이 문장에서 제대로 사용되고 있는지 평가하는 문항이고, (15)는 일정한 문맥에서 일정한 속담이 제대로 사용되고 있는지 평가하는 문항이다.

(13)에서 ③의 '눈살'은 '두 눈썹 사이에 잡히는 주름'을 뜻하는데, 흔히 '눈살을 찌푸리다, 눈살을 모으다'처럼 사용된다. 그러나 이 (13) 문항은 평가의 타당도가 높지 않은데, 이는 해당 단어의 뜻만을 평가하는 것이고 그 단어가 사용되는 문장이나 맥락을 보여 주지 못하고 있다. 이에 비해서 (14)는 단어의 뜻을 알고 그것이 문장에서 적절하게 사용되고 있는지를 묻는 문항이며, 나아가 (15)는 속담의 뜻을 알고 있어야 하는 것은 기본이고 그것이 전체 맥락 속에서 제대로 어울려서 사용되는지를 알아야 풀 수 있는 문항이다.

(16) 다음 속담들을 통해서 제시된 활동을 해 보자.

> ㉠ 나가던 범이 몰려든다.
>
> ㉡ 마루 아래 강아지가 웃을 노릇
>
> ㉢ 말은 나면 제주도로 보내고 사람은 나면 서울로 보내라.
>
> ㉣ 낮말은 새가 듣고 밤말은 쥐가 듣는다.
>
> ㉤ 사나운 말에는 특별한 길마 지운다.

1. 속담에서 동물을 많이 사용하는 이유는 무엇일지 생각해 보자.
2. 이 표현들을 문자적 의미와 관용적 의미로 나누어 그 뜻을 파악해 보자.
3. 제시된 속담을 이용하여 최소 3문장 이상으로 이루어진 이야기를 만들어 보자.
4. 속담을 이해하는 데에 상황적 맥락이 중요하다는 것을 2, 3활동을 통해서 설명해 보자.

(16)은 단어 차원을 벗어나 담화 차원에서 해당 속담의 의미를 알고 있는지, 그리고 그것을 국어 생활에서 사용할 줄 아는지 평가하고자 하는 문항이다. 개별 속담 안에서도 사용되는 단어의 의미를 알아야 할 것인데, 특히 속담에서 동물이 왜 많이 사용되는지와 같은 사회 문화적 의미도 알아야 할 것이다. 3번 활동 같은 경우는 속담의 뜻을 완전히 이해한 상태에서 그것을 직접 응용하여 사용할 줄 아는 능력이 요구된다.[23]

사실 (16) 같은 것은 수업 방법으로 제시된 것인지 아니면 평가 방법으로 제시된 것인지 모호한 점이 없지 않다. 이런 활동을 통해서 수업을 진행해 나갈 수 있다는 말이다. 여기서는 평가의 한 방법으로 제시된 것인데 몇 가지 특징을 발견해 낼 수 있다. 이런 유형의 평가 방법에 대한 정답은 숫자로 나타내듯이 정확하게 제시될 수는 없다는 점이 첫째 특징이다. 둘째로는 이 평가 방법이 문법 교육에서의 평가 방법으로만 취급될 수 없다는 점이다. 즉, 읽기, 쓰기, 말하기, 듣기와 같은 일상적 언어 능력을 측정할 수 있는 방법이기도 하고 나아가서는 속담을 이용한 문학 작품을 염두에 둔다면 문학 영역과의 통합적인 성격도 있다는 것이다. 결국 어휘 능력을 측정한다는

---

23 (16㉠)은 위험한 일을 모면하여 막 마음을 놓으려던 차에 뜻밖에 다시 위험에 처하게 된 경우를 비유적으로 이르는 말이며, (16㉡)은 사나운 말은 여느 말과 다른 길마를 지워서 단단히 다룬다는 뜻으로, 사람도 성격이 거칠고 행실이 사나우면 그에 맞는 특별한 제재를 받게 됨을 이르는 말이다.

데에는 영역 통합적인 성격이 있다는 것이다.[24]

요컨대 어휘 능력은 어휘를 아는 능력과 어휘를 사용할 수 있는 능력 모두를 뜻한다. 따라서 어휘 능력 평가도 이 둘을 모두 평가할 수 있는 방법으로 이루어지는 것이 좋을 것이다. 그런 의미에서 (16)과 같은 방법은 주목할 필요가 있다. 물론 엄밀히 말하면 속담이라고 하는 관용 표현은 사회 문화적 배경도 알아야 정확히 그것을 알고 사용할 수 있을 것이다. 그렇지만 속담을 거대한 하나의 어휘로도 볼 수 있기 때문에 (16)과 같은 문항이 어휘 능력의 평가 방법으로 제시될 수 있을 것이다.

4. 나가며

지금까지 문법 교육에서 어휘 교육이 갖는 위상을 살펴보고 그 다음에 내용, 방법, 평가의 문제를 어휘 교육의 실제 차원에서 간략하게 검토하여 보았다. 그 내용들을 정리하면 다음과 같다.

첫째, 어휘 교육을 국어교육 속에만 한정할 수 있을 것인가의 문제는 국어로 된 모든 우리말은 국어교육의 대상이 될 수 있다는 점에서 국어교육에서 다루는 것이 맞다.

둘째, 어휘 교육을 문법 교육 안에서만 다룰 수 있을지의 문제를 제기해 볼 수 있다. 왜냐하면 문법 영역은 언어에 대해서 다루는 분야이기 때문이다. 그렇지만 어휘 교육이라는 것이 단순히 어휘에 대해서 알기만 하는 분야는 아니기 때문에 문법을 비롯해서 듣기, 말하기, 읽기, 쓰기, 나아가 문

---

[24]   (16)의 평가 활동은 Larry Andrew(2006)에서 제시하고 있는 여러 탐구 활동 가운데 하나를 응용한 것임을 밝혀 둔다.

학 영역에까지 그 범위를 확대해 볼 수 있다. 즉, 어휘 교육은 문법 교육에만 한정할 수는 없다.

셋째, 이 말은 결국 어휘 교육이라는 것이 교수·학습 방법에서도 그렇고 평가에서도 그렇고 통합적으로 이루어지는 게 이상적이라는 의미를 담고 있다. 이는 곧 어휘 교육의 목표가 어휘를 알고 사용하는 능력을 신장하는 데 있다는 데에서 그 근거를 찾을 수 있다.

넷째, 국어교육학이라는 측면에서 볼 때 국어학의 분야는 '음운론-단어론-문장론-담화론-의미론'으로 나누는 게 좋을 듯하다. 이는 문법 교육의 단위로 외현적 실체인 '음운-단어-문장-담화'를 설정할 수 있고 내면적인 전제로 '의미'를 설정할 수 있기 때문이다. 즉, '음운, 단어, 문장, 담화'라는 외적 형태에 '의미'라고 하는 내적 내용을 설정할 수 있기 때문이다.

다섯째, 어휘론은 단어론 속에서 그 일부로 설정될 수 있다. 단어론은 단어에 대하여 다루는 학문이며, 그 속에는 단어의 형성 중 과정을 다루는 형태론과 단어의 형성 후 결과를 다루는 어휘론이 포함될 수 있기 때문이다.

여섯째, 음운, 단어, 문장, 담화 할 것 없이 모두 어휘를 기본 요소로 한다. 어휘(語彙)가 단어의 집합인 이상 이것들이 보이는 공시적 혹은 통시적 특성은 어느 것 하나 어휘론과 무관한 것이 없다. 어휘 자체에 대해서 아는 능력뿐 아니라 학습된 어휘를 사용하는 능력도 어휘 교육에서 추구해야 할 것이다. 비록 어휘 교육의 내용으로 '어휘의 계량, 어휘의 체계, 어휘의 위상적 양상, 어휘의 화용적 양상'을 대표적으로 들고 있지만, 다른 분야들은 어휘 교육의 내용에서 제외되느냐 하면 결코 그렇지는 않다. 언어 생활 치고 어휘를 기본으로 하지 않는 것이 없기 때문이다.

일곱째, 이런 이유로 해서 어휘 교육의 방법을 어느 하나만 콕 집어서 제시할 수는 없다. 직접적 방법, 간접적 방법 등 다양한 방식이 존재할 터이고 그 안에서도 여러 방식이 존재할 것이다. 어휘 자체가 여러 영역에서 다루어지기 때문에 가장 이상적인 어휘 교육 방법은 통합적 교수·학습 방법일 것이다.

여덟째, 어휘 능력을 평가하는 방법 또한 다양한 방식이 있다. 직접적으로 아는지 모르는지를 물을 수도 있고 간접적으로 물을 수도 있다. 중요한 것은 어휘 교육의 목표인 어휘 능력 신장을 위해서는 어휘를 아는 능력뿐만 아니라 어휘를 사용하는 능력도 평가할 수 있어야 좋은 평가 문항이라고 할 수 있을 것이다. 이런 문항 역시 어휘 교육의 총체적 효과를 볼 수 있는 통합적 평가 방법으로 제시되는 게 바람직할 것이다.

1. 국어학의 하위 분야와 문법 교육학의 하위 분야를 나누어 보자. 특히 어휘 교육은 문법 교육에서 어떤 위치를 차지하고 있는지 알아보자.

2. 어휘는 문장에서 어떤 역할을 하는지 생각해 보고, 특히 단어와 어휘의 관계는 무엇일지 생각해 보자.

3. 문법 영역에서 어휘 교육을 하는 바람직한 방법은 무엇일지 구체적으로 생각해 보자.

5

문학 교육과 어휘 교육[*]

1. 문학의 어휘

1) 문학의 언어

일상적 맥락에서 우리는 다른 이들의 말의 용법과 가급적 어긋남이 없도록 자신의 말과 글을 사용하기 위해 애쓴다. 그리하여 오해를 줄이고 효과적으로 신속하게 자신의 의도를 전달하기 위해 노력한다. 이 가운데에서도 가장 중요한 것은 단어의 선택과 그 용법이다. 아주 특별한 경우가 아니고서는 기존의 단어에 혼자서만 아는 의미를 새로 붙여 쓰거나 아예 없던 새로운 단어를 스스로 만들어 사용하지는 않는다.

_* 이 글은 『국어교육학연구』 제40집(2011. 4.)에 게재되었던 내용을 이 책의 성격과 체제에 맞게 부분 수정한 것이다.

이에 비해 문학의 말은 일상에서 우리가 쓰는 말과 같은 말이기는 하지만 일상어와는 다른 원리에 의해 쓰이는 경우가 많다. 비슷한 음을 가진 상이한 단어들을 반복적으로 결합하여 말의 리듬을 형성하기도 하고, 일상어에서는 결합될 수 없는 단어들이 나란히 구나 문장을 형성하여 말의 참신성을 높이기도 한다. 감각적 묘사나 정서를 전달하기 위해 선택되는 단어 하나하나 역시 다른 단어로는 대체되기 어려운 그 자체의 질서 속에서 선택되고 배열된다. 작가의 개성을 담아 독특한 분위기를 만들고 언어의 말맛을 살리기 위해서도 단어들은 고심 끝에 선택되며, 작품 속에 형상화된 세계나 인물을 가장 적확하게 나타낼 수 있는 말들을 통해 언어적 형상화의 심미성을 높이게 된다.

이러한 차이는 문학이 '적확한' 언어 사용을 중시하기 때문이라고 할 수 있는데, 이때의 '적확함'이란 일상적으로 아무 생각 없이 자동화된 상태로 오가는 말들이 놓치고 있는 세계와 삶의 여러 국면들을 우리에게 확대하여 보여 주는 적확함이다. 그래서 작가들은 대부분 단어 하나를 선택하는 데에도 일상적인 언어 활동에 비해 몇 배의 수고를 들이며 장고(長考)를 거듭하기도 하고, 작품 속의 말들이 평소의 용법과 불일치하는 정도를 최대한 높이려 애쓰기도 한다. 익숙함에 균열을 일으켜 대상과 언어를 모두 다시 살펴보고, 그래서 대상과 언어의 관계, 그리고 그 언어로 매개되는 세계와 인간 간의 관계를 가장 적확하게 표현하기 위해 애쓰는 것이 문학의 언어이다.

자동화된 언어를 다르게 사용하기 위해서는 대상과 언어의 관계를 비판적으로 검토하고 새로운 시각으로 보아야 한다. 문학에서 말하는 새로운 시각이란 창조적인 문학적 상상을 통해 가지게 되는 것이므로, 결국 문학적인 '적확함'은 창조성과 상상력을 통해 획득되는 것이다. 문학은 언제나 도전이며, 그 도전을 통해 확장되는 미세한 새로움으로 그 언어를 통해 표현될 수 있는 세계의 범위를 넓힌다.

2) 언어의 특성과 문학 어휘의 중요성

작가는 참신한 표현, 창조적인 언어 사용을 통해 자신이 느끼고 경험한 새로운 세계를 형상화하고자 한다. 그렇지만 작가의 예술 행위 재료인 언어는 이미 수많은 사람들이 오랜 기간 동안 사용해 온 어휘들로 가득 차 있어 평범하고 진부하다.

언어 공동체의 다른 구성원들이 이미 다른 맥락과 의도로 사용한 흔적들이 남아 있는 말들로 자신의 개성적인 통찰과 느낌을 표현해야 하는 일은 언제나 곤혹스러운 일이고, 그래서 작가들은 끊임없이 새로운 어휘에 목말라 한다. 그러나 작가라고 해서 아무 말이나 마음대로 만들어 쓸 수 있는 권한을 부여받은 것은 아니다. 작가 역시 그 언어의 언중들이 언제 만들었는지도 모르게 만들어서 이렇게 저렇게 써 온 말들을 다르게 또는 새롭게 쓸 수 있을 뿐이다. 바로 이 제한성 때문에 문학에서 어휘는 매우 중요하며, 작가의 창작의 고통의 적지 않은 부분은 바로 이 어휘와의 싸움에서 비롯된다.

다음 두 구절을 비교해 보자.

㉠ 한줄기 빗도 향기도 업시 / 호올로 싸느란 衣裳을 입고

㉡ 한줄기 빗도 향기도 없이 / 호올노 차단 – 한 衣裳을 하고

김광균 시인의 시 「설야(雪夜)」의 한 구절이다. 1938년 조선일보에 처음 발표될 당시에는 ㉠처럼 '싸느란 의상을 입고'라고 되어 있었으나, 1939년 시집 『와사등』에 수록되면서 '차단 – 한 의상을 하고'라고 수정되었다. 아마도 일 년 사이에 시를 수정하면서, '싸느란'이라는 말로는 도저히 자신이 전하고자 하는 바를 온전히 그리고 적확하게 전할 수 없다고 생각했던 듯하

다. 그리하여 이 시인은 싸늘하거나 차가운 상태를 뜻하는 것으로 짐작되는 '차단하다'라는 단어를 스스로 지어 써서 이 작품뿐만 아니라 '차단 - 한 화분'(「밤비」), '차단 - 한 산맥'(「소년사모」), '차단 - 한 내 꿈'(「등」) 등으로 사용하였다. 물론 이 단어는 다른 작가들의 작품에서는 찾아볼 수 없으며, 현재 우리 사전에서도 그 용례를 볼 수 없는, 시인 개인의 조어(造語)라고 할 수 있다.

위의 예를 통해 작가들은 매우 예민한 언어 감각을 가지고 자신이 전하고자 하는 바를 가장 적확하게 전할 수 있는 어휘를 찾기 위해 애를 쓰며, 그 한계가 너무나 절박할 때에는 심지어 말을 만들어 쓰려 하기도 한다는 사실을 알 수 있다. 물론 극단적이고 드문 예이기는 하지만, 모든 사람들이 함께 사용하는 언어가 예술의 재료로 쓰이기에는 가소성(可塑性), 즉 예술가가

쉬어가기 **언어의 장인들의 고심**

시인들은 단어 하나도 무엇을 쓸까 고민에 고민을 거듭한다. 우리말을 발굴하고 조직하여 시어로 쓰는 데에 세심하게 공을 들인 시인으로 손꼽히는 정지용도 여러 차례에 걸친 개작을 통해 작품의 완성도를 높이려 애를 썼다.

　　비ㅅ방울 나리다 우박알노 구을너
　　한밤ㅅ중 잉크ㅅ빗 바다를 건늬다.

정지용이 1930년에 「겨울」이라는 제목으로 발표한 2행의 짧은 시이다. 이 시에서 '겨울'은 빗방울이 내리다 얼어서 우박이 되어 바다 위를 구르는 모습으로 형상화되었다.

첫 행을 가만히 소리 내어 읽어 보면, 우박알 구르는 모습을 '구을너'라는 단어의 뜻을 통해 전달하고 있지만, 동시에 '방울', '나리다' '구을너'와 같은 유음(流音) 'ㄹ'을 반복하여 시적 대상이 구르는 느낌을 소리의 흐름을 통해서도 전달하고 있음을 알 수 있다. 그런데 시인이 보기에 그런 첫 행 속에서 '우박'의 'ㅂ'과 'ㄱ'은 입술과 혀뿌리가 너무 꽉 막힌 느낌이 들었을까? 5년 후 자신의 시집에 수록하면서 시인은 우박을 뜻하는 충북 방언 '누뤼'를 골라 아래와 같이 '우박'을 '누뤼'로 바꾸었음을 볼 수 있다.

　　비ㅅ방울 나리다 누뤼알로 구으러
　　한밤중 잉크빛 바다를 건늬다.

우박을 '우박'이라 쓰고 영 흡족해 하지 못하는 시인의 모습이 떠오르는 듯하다. 시인의 이 예민함 덕분에 우리는 '누뤼'라는 예쁜 말을 잃지 않게 되었다.

마음대로 빚을 수 있는 여지가 얼마나 부족한지 확인할 수 있다. 역으로 그렇기 때문에 이 언어로 문학 작품을 창작하려 하는 작가에게 적절한 어휘를 찾아내는 것이 얼마나 어렵고 중요한 일인지도 짐작할 수 있을 것이다.

2. 문학 교육에서의 어휘 능력

문학 능력은 언어 능력 없이는 가질 수 없는 능력이며, 언어 능력은 기본적으로 어휘 능력에 기반하는 능력이라고 한다면, 문학 능력의 신장을 목표로 하는 문학 교육 역시 어휘 능력의 신장에 많은 관심을 기울여야 한다.

1부에서 어휘 능력에 대해 이미 설명이 된 바 있지만, 문학 교육에서의 어휘 능력을 살펴보기 위해 다시 한번 어휘 능력에 대한 몇 가지 사항을 검토할 필요가 있다. 신명선(2004a, 283)에 따르면 어휘 능력은 "어휘에 관한 지식(lexicon)과 지식 구조(scheme)를 바탕으로 상황을 전략적으로 파악한 후, 구체적으로 표현하고 이해하는 총체적인 과정"이다. 이 어휘 능력은 리차즈와 오그든(Richards & Ogden, 1959)에 의해 '세계'와 '개념'과 '기호'의 세 항 가운데 '기호'와 '개념'의 관계에 관련된 '상징 능력'과, '개념'과 '세계'의 관계에 관련된 '지시 능력'의 두 부분으로 이루어진다.

[표 1] 어휘 능력의 구성 요소(신명선, 2004a: 286)

상징 능력	지시 능력
단어(어휘)의 형식과 내용과의 관계	단어(어휘)의 내용과 세계와의 관계
정확성, 체계성, 과학성 중시	적절성, 비체계적, 일상적
탈맥락적(의사소통 상황과 거리)	맥락적(의사소통 상황 중시)
형태론, 음운론, 통사론, 의미론	의미론, 화용론
인지학술적 언어사용 능력	기초적 의사소통 기술

상징은 지시에 비해 정확성과 체계성이 중시된다. 동일한 기의에 여러 기표가 연결될 수 있는 상태에서 각 기표와 기의의 관계에 대한 엄밀하고 정확한 규정이 필요하고, 한 단어의 의미 규정이 다른 단어와의 관계나 체계 속에서 과학적으로 규정되는 것이다. 음운론, 형태론, 통사론, 의미론 등이 여기에 관여하게 되며, 이것을 점검하고 조절하는 메타언어 능력이 요구된다.

이에 비해 지시는 구체적인 의사소통 상황과 맥락이 수반된다. 의사소통 상황이나 맥락을 공유하고 있으므로 '이것', '저것'이라는 말만으로도 어떤 대상을 가리킬 수 있으며, 그렇기 때문에 기표와 기의의 관계에 대한 규정이 상징만큼 엄격하거나 체계적이지 않다. 의미론이나 화용론이 여기에 관여하게 되며, 이것을 점검하고 조절하는 능력은 메타화용(metacontexts) 능력이다(신명선, 2004a: 288).

문학에서의 어휘 능력 역시 기본적으로는 이 어휘 능력에 기반한다. 그렇지만 문학에서의 어휘 능력이 이것으로 다 설명되었다고 보기는 어렵다. 무엇보다도 문학에서의 단어들은 우리가 살고 있는 실제 세계를 지시하는 말로 쓰이는 동시에 실제 세계가 아니라 허구적인 세계, 작가가 창안해 낸 독자적인 세계를 지시하고 있기도 하다.

문학의 어휘는 일상언어에서의 정확성과 적절성이 동시에 요구되는 한편, 거기에 예술성의 문제가 더해진다. 또 작가-독자 의사소통이라는 텍스트 외적 소통의 맥락과 함께 텍스트 안의 화자-청자 의사소통이라는 복합적인 맥락도 가지게 된다. 관련되는 지식은 형태론, 음운론, 통사론, 의미론, 화용론의 지식을 포함하며, 아울러 시의 연과 행의 구성이나 서사의 구조에 관한 문예학 이론들이 포함된다. 또한 문학의 어휘가 지향하는 능력은 기초적 의사소통 기술과 인지 학술적 언어사용 능력 외에 문학적 수용 생산 능력 형성을 지향한다. 이를 정리하면 (표 2)와 같다.

[표 2] 문학 어휘 능력

상징 능력	지시 능력	문학 어휘 능력
단어(어휘)의 형식과 내용과의 관계	단어(어휘)의 내용과 세계와의 관계	단어(어휘)의 내용·형식과 실제+허구적 세계와의 관계
정확성, 체계성, 과학성	적절성, 비체계성, 일상성	정확성, 적절성+예술성, 고유성
탈맥락적(의사소통 상황과 거리)	맥락적(의사소통 상황 중시)	복합맥락적(작품 안+작품 밖)
형태론, 음운론, 통사론, 의미론	의미론, 화용론	형태론, 음운론, 통사론, 의미론, 화용론+시론, 서사론 등
인지학술적 언어사용 능력	기초적 의사소통 능력	복합적 문학 능력

문학 어휘의 이러한 특성은 아래와 같은 예를 통해 구체적으로 알 수 있다.

해야 솟아라, 해야 솟아라, 말갛게 씻은 얼굴, 고운 해야 솟아라(1연)
달밤이 싫여, 달밤이 싫여, 눈물 같은 골짜기에 달밤이 싫여(2연)
사슴을 따라 사슴을 따라, 양지로 양지로 사슴을 따라(4연)

— 박두진, 「해」 부분

이 시에서 해, 달, 사슴 등의 의미를 이해하기 위해서는 기본적으로 일상어에서 쓰이는 해, 달, 사슴이라는 단어의 의미, '상징'과 '지시'로서의 특성을 알아야 한다. 그렇지만 그 차원만으로는 이 시어들의 의미를 모두 이해할 수 없다. 우선 눈에 뜨이는 몇 가지만 보아도 금방 이 시의 시어들은 일상어와는 다르게 쓰였고, 그렇기 때문에 각 시어들을 대할 때 떠오르는 익숙한 의미만으로는 이 시를 온전히 이해할 수 없음을 알 수 있다.

'해'는 무정물로 '야'라는 호격 조사, '솟아라'라는 동작을 지시하는 명령문과 함께 쓰일 수 있는 대상이 아니다. 또 해가 '말갛게 씻은 얼굴'을 가질 리 만무하고, 그 얼굴과 동격이 될 수도 없다. 여기에 '해야 솟아라', '달밤이 싫여', '사슴을 따라'는 모두 AABA의 구조로 한 행에서 세 번씩 반복되면서 한국어를 모어로 하는 독자에게 익숙한 리듬감을 만들어 주고 있다.

그리고 이 시가 구현하고 있는 세계는 '해'가 "해야 솟아라"라는 명령문을 알아들을 것으로 기대되는 청자의 자리에 놓여 있는, 실제 세계에서는 있을 수 없는 허구적 세계이다. 시에 쓰인 단어들은 모두 우리에게 익숙한 일상적 의미들을 담고 있지만, 그것을 포함하면서 동시에 그것을 넘어서 더 많은 의미를 가진 세계를 창조하여 「해」라는 시 작품만의 독자적인 세계를 구현한다. 그것은 우리가 살고 있는 실제 세계와 완전 별개의 세상은 아니지만, 그렇다고 실제 세계와 동일한 세계는 아니다.

단어와 세계의 관계 면에서 보면, 일상어의 단어가 허구 세계의 대상

알아보기 **계열축과 통합축, 은유와 시**

하나의 문장을 완성하기 위해서는 단어들을 '선택'하고, 그 선택한 단어들을 '결합'해야 한다.

나 는 강아지를 길렀다.
철수 고양이 키웠다
영희 새

'나' 대신 쓸 수 있는 말이 있지만, 그 자리에 아무 말이나 쓸 수는 없다. '강아지' 자리도 그렇고, '길렀다'의 자리도 마찬가지다. 이때 세로로 축을 형성하고 있는 '나', '철수', '영희' 사이에는 '유사성'이 있고, '강아지', '고양이', '새' 사이에도 유사성이 있다. 이 유사성이 있는 단어들이 이루는 축이 '계열축'이고 이 계열축에 있는 단어들 사이에서 하나를 고르는 것이 '선택'이다.

'선택'한 단어들은 그 자체로는 문장이 되지 않는다. 그들은 '인접성'이 있는 말들끼리 모여 '결합'을 하여 '통합축'을 이룬다. 선택과 결합, 유사성과 인접성, 계열축과 통합축을 기억하며 다음을 보자.

호수는 평온하다.
내 마음은 평온하다.

'호수'는 '평온함'의 성질을 띠고 있고, '내 마음'도 그러하다. '호수'와 '평온함', '내 마음'과 '평온함'의 관계는 각각 인접성의 관계이다. 한편 '호수'와 '내 마음'은 위의 문장들을 통해 볼 때 '선택'의 축에 나란히 놓여 있으며 둘 사이에는 '유사성'의 관계에 있다. 그런데 다음과 같은 문장도 있다.

내 마음은 호수요

'내 마음'과 '호수'는 원래 유사성의 관계에 있어 '선택'의 축에 있었는데, 이렇게 만나 '결합'의 축에 놓인다. 물론 마음이 호수일 수는 없다. 그러나 이 '틀린' 문장이 가지는 묘한 힘이 있다. 야콥슨은 이렇게 유사성의 관계가 선택의 축에서 결합의 축으로 투사되는 데에서 시적 기능이 발생한다고 보았고, 시인은 이러한 은유를 통해 표현상의 참신함과 인식의 확대라는 효과를 얻는다.

을 나타내는 기호가 되고 있다. 단어의 특성 면에서 보면 일상어의 정확성, 적절성과 함께 은유, 상징, 리듬 등을 고려한 예술성을 가진다. 또 맥락 면에서 보면 〈화자-청자('해')〉의 소통 맥락과 〈시인-독자〉의 소통 맥락이 텍스트의 안과 밖에 복합적으로 존재한다. 이러한 다양한 특성들이 문학 텍스트 속 단어의 특성이라고 할 수 있다.

여기에 한 가지 덧붙일 것이 '고유성'이다. 문학 작품 속 세계는 환언(換言) 불가능한 세계이다. 예를 들어 이 작품의 '해'라는 단어가 품고 있는 뜻 중 하나가 '희망'이라고 한다고 해서, 이 시의 1연 "해야 솟아라, 해야 솟아라"를 "희망이 생길 것이다, 희망이 생길 것이다"라고 바꾸어 쓸 수는 없는 것이다. 일상어에서의 언어활동과 문학 텍스트가 다른 점 중 하나는 그 환언불가능성, 고유성이 문학 텍스트가 훨씬 더 강하다는 점이다. 작품 속에서의 '해'는 일상어의 맥락에서 '해'라는 단어가 가지고 있는 의미, 즉 해의 이글거리는 모습, 온 세상을 밝히는 거대한 빛, 세상의 만물을 움트게 하는 따뜻함, 인간이 감각할 수 있는 천체 현상 가운데 가장 크고 강력한 존재 등 '해'가 가지는 의미를 품고 있으면서, 거기에 더해 개별 작품에 구현된 세계 속에서의 고유한 의미, 다른 단어로는 대체될 수 없는 고유한 의미를 가지고 있다. 즉 문학 텍스트는 유사한 단어들이 형성하는 계열축 사이에서의 선택, 바로 그 단어여야만 하는 선택이 다른 단어로 대체되기 어려운 고유성을 가지고 있다.

이는 계열축에만 한정되는 것이 아니며, 문장(시에서의 행)을 구성하는 단어와 단어의 결합 관계인 통합축의 차원에서도 동일하게 적용된다. 일상어에서 의미적으로 서로 합치되는 단어들끼리만 함께 연결되어 사용될 수 있는 규칙이 문학에서는 위반되며, 그 위반은 해당 텍스트에 고유성을 부여한다. 예를 들어 '지조'라는 단어는 '높다'를 수반하고, '지조가 높다'는 다시 '선비'와 결합하는 것이 일반적이지만, 특수한 맥락을 가지는 시에서는 '선비'가 아니라 '개'가 '지조가 높다'와 결합할 수도 있다("지조 높은 개는 밤을 새워 어둠을 짓는다", 윤동주, 「또 다른 고향」).

　이처럼 문학 교육에서의 어휘 능력은 일상어에서의 어휘 능력과 별개의 능력이 아니라 전적으로 일상어에서의 어휘 능력을 포함하되, 작품에 구현된 허구적 세계를 지시하는 또 다른 층위의 지시와 상징, 작가-독자는 물론이고 작품 내 화자-청자 간 소통이 이루어지는 중층적 맥락, 그리고 개별 작품에 따른 고유성 등이 함께 고려되어야 한다.

3. 문학 교육에서의 어휘 교육의 지향

국어교육에서 어휘 교육은 그 성격을 어떻게 설정하는가에 따라 범주의 위상이 많이 달라질 수 있다. 그것은 쉽게 말해서 어휘 교육을 통해 학습자의 머릿속에 형성되는 사전이 '언어학적 사전'에 가까운가, 아니면 '일반 지식의 백과사전'과 유사한가 하는 관점의 차이(임지룡, 1997a)에 달려 있다. '언어학적 사전'을 염두에 둘 경우 어휘 교육은 국어교육의 기초적인 하위 범주가 된다. 음운이 결합한 형태이자, 문장을 이루는 기본 단위로서의 단어에 대한 이해와 앎이 어휘 교육의 내용이 될 것이다. 반면 '백과사전'을 염두에 둘 경우, 국어교육은 다른 교과와 함께 학습자가 그 사전을 만들어 가는 과정을 돕는 여러 분야 중 하나가 되며, 어휘 교육은 사회, 과학, 예술 등 인간의 생활 전 분야에 걸친 지식을 배우는 것이므로 전 교과에서 동시에 수행하는 교육이라고 할 수 있을 것이다.

　한편 어휘 교육에서 학습자의 머릿속에 형성되는 사전은 한국어, 영어, 중국어 등 개별 언어의 특수성이 어디까지 유지되는 사전인가의 문제도 있다. 어휘 교육에서 말하는 '언어학적 사전'에서 '백과사전'에 이르는 스펙트럼에는 그 개별 언어의 특수성이 전제되어 있는 것인가? 아니면 개별 언어의 차이를 염두에 두지 않는 보편적 앎의 상태를 '궁극적' 상태로 지향하고 있는 것인가? 이는 어느 한 쪽으로 쉽게 답을 내릴 수는 없는 문제이며, 시대적 상황이나 교육 주체들의 모어교육에 대한 관점, 교육철학 등의 여러 요인들이 복합적으로 작용하면서 다양한 스펙트럼 중 어느 한 지점에 초점을 맞추어 교육을 하게 될 것이다.

여기에 더하여 문학의 어휘 사전은 특정한 언어만이 가지는 번역 불가능한 영역을 고려해야 한다. '언어학적 사전'과 '백과사전' 사이에서 어휘 교육의 지향점을 가늠한다고 할 때, 문학 교육의 어휘 교육은 두 사전 사이에 있으면서 개별 언어의 특수성과 예술적 활용의 사례들을 함께 반영할 수 있는 '민족어 사전'이라고 할 수 있을 것이다.

이 '민족어 사전'은 교육의 지향점을 분명히 하기 위해 상정하는 가상의 사전이지, 구체적이고 물리적으로 편찬한 사전을 의미하는 것은 아니다. 대상 언어는 '국가'를 단위로 삼기보다는 소통 가능한 범위의 '언어 공동체'를 단위로 삼는 사전이며, 21세기 초 한국의 상황으로 보면, 대한민국이라는 국가 경계를 넘어서 북한은 물론이고, 다른 나라에 거주하는 사람들 가운데 한국어를 모어로 삼는 한민족의 언어를 대상으로 한다. 한민족의 문화적 관습이나 전통의 자장 안에서 성장하여 언어는 물론이고 민족의 감수성과 정서에도 쉽게 공감할 수 있는 공동체의 사전이되, 한국어를 외국어로 배우는 경우는 여기에 포함되기 어려울 것이다.

21세기 대한민국에서 사용되는 '민족'의 개념은 ① 대한민국이라는 국가의 구성원으로서의 민족, ② 전 세계에 흩어져 있는 재외동포들을 포함하는 종족으로서의 민족, ③ 남북한을 아우르는 통일국가를 지향하는 민족의 세 가지 개념을 가진다고 할 수 있다. 이는 영어의 'nation'으로는 다 포괄될 수 없는 특수성을 가진다(박명규, 2009). 이러한 민족 개념을 참고할 때, '민족어 사전'이라고 할 때의 '민족'은 한국어를 모어로 공유하는 사람들의 공동체이되, 이는 ①과 같은 대한민국 국민이라는 개념을 넘어서는 한편, 모어로 한국어를 배우지 않은 이들이 포함되지 않는다는 점에서 ②보다 다소 좁은 범위이며, ③을 지향하는 공동체라고 할 수 있다.

다른 한편 '언어학적 사전'에 비해 볼 때, '민족어 사전'의 특성이라면 '적확성'을 추구하는 동시에 '창조성'을 추구하는 것이 포함될 것이다. '적확성'이 사용자 모두에게 동일한 의미로 인정을 받는 구심성이라면, '창조성'은 그 구심성이 가져오게 되는 진부함, 빈곤함, 생기 없음을 극복하고, 민족의 언어에 새로움과 풍요로움과 생기를 불어 넣는 발산적 지향이다. 이는 이 언어의 전통과 정서를 공유하지 않는 사람들 사이에서는 소통되기 어려운, 번역 불가능한 요소들을 포함한다.

> 한국어에서 '눈'은 동형어다. 그것은 사물을 보는 감각 기관, 곧 '眼'이나 '目'이기도 하고, 겨울날 하늘에서 내리는 하얀 결정체, 곧 '雪'이기도 하다. '보는 눈'은 단모음을 지니고 있고, '내리는 눈'은 장모음을 지니고 있으니, 동음이의어라고는 할 수 없지만, 표기가 동일하니 동형어라고는 할 수 있다. 물론 눈에는 다른 뜻도 있다. 초목의 눈도 있고, 자나 저울의 눈도 있고, 그물의 눈도 있다. 그러나 이런 눈들은 '보는 눈'의 뜻이 번져나간 것이다. 즉 이런 눈들과 '보는 눈'은 동음이의어가 아니라, 본질적으로는 '보는 눈'이 다의어일 뿐이다. 그러니 한국어의 눈은 기원적으로 '보는 눈'과 '내리는 눈'이 있을 뿐이다. (중략)
> '내리는 눈'에 대한 가장 리듬감 있는 능변은 시인 김수영에 의해 이루어졌을 것이다: "눈은 살아 있다 / 떨어진 눈은 살아 있다 / 마당 위에 떨어진 눈은 살아 있다 // 기침을 하자 / 젊은 시인이여 기침을 하자 / 눈 위에 대고 기침을 하자 / 눈더러 보라고 마음 놓고 마음 놓고 / 기침을 하자 // 눈은 살아 있다 / 죽음을 잊어버린 영혼과 육체를 위하여 / 눈은 새벽이 지나도록 살아 있다 // 기침을 하자 / 젊은 시인이여 기침을 하자 / 눈을 바라보며 / 밤새도록 고인 가슴의 가래라도 / 마음껏 뱉자."(하략) (고종석, 1999: 13)

언어학적 사전이라고 할 표준국어대사전은 '눈[눈:]'을 "대기 중의 수증기가 찬 기운을 만나 얼어서 땅 위로 떨어지는 얼음의 결정체"라고 풀이하고 있고, 백과사전에서는 '눈'을 '기상학' 분야의 용어 중 하나로 규정한 후, 내리는 지역, 인간의 삶에 미치는 영향, 빙정(氷晶)의 형태와 종류, 강설의 조직과 밀도, 구름과의 관계 등을 상세하게 설명하고 있다. 그렇다면 민족어의 사전에서는 이 '눈'을 어떻게 기술할 수 있을까?

 ⓒ 눈 내리는 풍경 / 세상은 지금 묵념의 가장자리 / 지나 온 어느 나라에도 없었
  던 / 설레이는 평화로서 덮이노라 (고은, 「눈길」 부분)
 ⓓ 지금 눈 내리고 / 매화 향기 홀로 아득하니 (이육사, 「광야」 부분)

우리 민족어의 사전에는 아마도 모든 것을 덮어버리는 은백의 평화로서의 눈(ⓒ), 또는 움트는 생명에게 적대적인 차가운 시련으로서의 눈(ⓓ)이 대표적인 의미일 것이다. 이것은 민족의 역사와 거의 함께 한 오랜 시간 동안 형성되어 온 것이어서 '눈'에 대한 이러한 인식은 한국어 언어 공동체에게 보편적 수준의 것이라고 할 수 있다.

 ⓔ 이는 어느 잃어진 추억의 조각이기에 / 싸늘한 추회(追悔) 이리 가쁘게 설레
  이느뇨 (김광균, 「설야」 부분)
 ⓕ 기다리는 날에만 오시는 눈 / 오늘도 저 안 온 날 오시는 눈 (김소월, 「오시는 눈」
  부분)
 ⓖ 눈은 살아 있다 / 떨어진 눈은 살아 있다 / 마당 위에 떨어진 눈은 살아 있다
  (김수영, 「눈」 부분)

ⓔ은 추억의 눈을, ⓕ는 임과의 재회를 바라지만 그것을 가로막는 눈, 또는 임의 부재를 대신하여 오는 눈을 보여준다. 그리고 앞의 인용문에서

언급되었던 Ⓐ 김수영의 「눈」은, 기존의 '순수'라는 다소 진부한 개념 위에 "눈은 살아 있다 / 떨어진 눈은 살아 있다 / 마당 위에 떨어진 눈은 살아 있다"라는 유려한 시구의 반복을 통해 '순수'를 넘어서는 새로운 의미, 민족어의 사전에서 아직 경험하지 못했던 '생명력'이라는 새로운 의미를 '눈'에 결합시키고 있다. Ⓒ, Ⓔ의 다소 진부한 평화나 시련의 기호만 알고 있는 한국어 사용자에게 Ⓜ, Ⓗ, Ⓐ는 새로운 세계를 '눈'을 통해 경험하는 계기가 된다. 언어가 사고를 규정하는 것인가, 사고가 언어를 규정하는 것인가는 논하기 어렵지만, 적어도 문학을 통해 확장된 민족어의 지평만큼 민족어 사용자의 사고와 정서도 확장될 것이라는 점은 분명하다고 할 수 있을 것이다. 문학 작품은 민족어 사전 속 단어들의 정확한 사용례를 제공하는 한편, 끊임없이 그 영역을 확장한다.

이와 함께 이 사전은 '집단'이나 '공동체'만의 사전이 아니라 궁극적으로 자신의 문학 작품 독서 이력에 의해 부단히 갱신되는 개인의 사전으로서의 성격을 띠기도 한다. 문학 작품을 읽으면서 접하게 되는 작가의 개성과 새로운 인식, 창의성을 통해 기존의 세계를 새롭게 재구성하고 확대해 가는 한편, 자신의 경험에 근거한 해석과 능동적인 상상(김정우, 2006)을 통한 수용의 과정에서 부단히 자신의 어휘 목록을 확대해 가는 과정으로서의 사전이 될 것이다.

문학 교육에서 어휘 교육은 의도적이고 계획적인 교수-학습 과정을 통해 학습자로 하여금 이 민족어 사전을 풍부하게 해 가는 과정이라고 할 수 있다. 이 어휘 교육의 단기적 목표는 다양한 문학 작품들을 읽고 그 작품들의 적확하고 창조적인 어휘 사용을 경험하게 하여 학습자 역시 미묘하고 다양한 민족어 어휘들의 용법을 충분히 이해하고, 나아가 그 어휘들을 능동적·창의적으로 활용할 수 있는 어휘능력을 갖추게 하는 것이다. 이와 함께 장기적으로는 학교의 울타리를 넘어 성인이 되어서도 학습자 스스로 평생에 걸쳐 자신의 문학 독서를 일회적 소비 행위로 생각하지 않고 자신의 민족어 사전을 풍부하게 만드는 과정으로 발전시킬 수 있는 능력과 태도를 길러주는 것을 지향해야 한다.

4. 문학 교육에서의 어휘 교육의 내용

국어과 교육과정에 어휘 교육 관련 내용은 주로 문법 영역이나 읽기 영역 쪽에 마련되어 있으나 문학 영역에는 구체적인 내용이 설정되어 있지 않다. 제1차 교육과정 이래 2011 교육과정에 이르기까지 교육과정 문학 영역에 어휘 교육에 관한 사항이 명시적으로 언급된 것은 제5차 교육과정의 아래 부분이 유일하다.

문교부 고시 제88-7호 (1988. 3. 31. 개정 고시) 고등학교 교육과정

2. 국어과

  2-1. 국어

    다. 지도 및 평가상의 유의점

      1) 지도

(1) 국어 과목의 지도는 전달 내용으로서의 사고와 전달 매체로서의 언어를 정확하고 효율적으로 연결할 수 있는 지적 능력을 신장시키고, 표현 활동과 이해 활동을 효율적으로 할 수 있도록 지도한다.

(중략)

(8) '문학' 영역의 지도에서는 문학에 흥미를 가지고, 문학 작품을 즐겨 읽고, 이해하고, 감상하는 데 중점을 둔다. 문학 작품의 여러 요소(인물, 구성, 배경, 시점, 주제, **어휘**, 운율 등)에 대한 지도는 문학적 체험의 측면에서 이루어져야 한다.

* 밑줄과 강조는 인용자

국가 차원 교육과정 문서만을 놓고 볼 때 문학 영역에서는 특별히 어휘 교육에 관한 별도의 내용이 마련되지 않았다고 할 수 있다. 위 사항도 지도 상의 유의점일 뿐 특별히 어휘 교육에 관한 내용이라고 볼 수는 없다.

사정이 이러하므로 교과서 문학 단원의 어휘 교육에 관한 내용도 대개 어렵거나 낯선 단어들의 의미 풀이 정도이고, 간혹 시어의 효과에 대한 어휘적 차원의 분석 정도에 그치고 있다.

그렇지만 앞서와 같이 문학 교육의 어휘 교육이 '민족어 사전'의 형성 이라는 지향 또는 목표를 가진다면, 그 목표에 도달하기 위해 필요한 교육 내용을 명확히 설정해야 한다. 적합한 교육 내용으로는 앞서 살펴본바, 문학 어휘 능력의 형성에 관여하는 제 요소들이 반영된 다양한 교육 내용이 마련되어야 할 것이다. 특히 문학의 허구적 세계와 어휘와의 관련성에 대한 이해, 정확성과 적절성을 가지면서 예술성과 고유성을 구현하는 작품 속 어휘의 특징에 대한 이해, 문학 작품이 가지는 다층적인 소통의 맥락에 대한 이해 등이 그 구체적인 내용이 될 것이다. 이들 교육 내용의 설계와 교수학습의 실천은 전형적이고 대표적인 작품들을 사례로 선정하고, 그 작품들을 꼼꼼하게 살펴보면서 학습자의 독서 경험, 문학 능력에 대한 조정과 성찰이 함께 일어날 수 있게 하는 것이 바람직하다.

그 가운데에서도 특히 문학 교육의 어휘 교육에서는 고유어의 보존과 활용, 민족어의 경험과 정서의 표현, 그리고 창의적 어휘 사용 능력을 길러 주는 것이 핵심이라고 볼 수 있다. 상대적으로 이 부분들은 교육과정상의 '영역'으로 볼 때, 다른 영역의 어휘 교육에서는 다루기 어렵거나 그 지향이 기본적으로 다른 것들이다. 민족어 사전을 풍요롭게 하고, 단기적·장기적 어휘 능력 향상을 염두에 둔 어휘 교육의 내용을 다음과 같이 살펴볼 수 있을 것이다.

1) 고유어의 보존과 활성화

언어가 존재의 집이라고 할 때, 그 언어는 아마도 모어를 가리키는 것일 터이다. 외국어에 의한 언어생활은 '창조적 새로움'의 계기를 얻지 못하며, 기계적 숙달과 모방에 그치기 쉽다(김우창, 1993: 284). 모어를 통한 언어생활의 가능성이 곧 그 사용자들이 인식하는 세계의 경계가 된다.

한국어의 단어들은 고유어, 한자어, 외래어로 구성되어 있다. 이들은 한국어 낱말의 집단 속에서 공존하며, 서로 관계를 가지는 하나의 체계를 이룬다. 현재로서는 이 세 종류의 어휘 중 다른 두 가지를 완전히 배제하고 어느 하나에만 의존할 수는 없다.

이 가운데 고유어는 민족어 사전의 바탕을 이루며, 민족의 언어생활에 가장 중요한 부분이라 할 수 있다. 반면 외래어는 이 세계의 새로운 변화를 표현하기 위해 우리말에 불가피하게 들여올 수밖에 없는 것이다. 이미 한국어에 자연스럽게 정착했다고 볼 수 있는 한자어 역시도 고유어와 비교했을 때 동일한 가치를 가진다고 보기는 어렵다. 특히 고유어는 무엇보다도 뛰어난 정서적 호소력을 가진다.

고유어 어휘의 가치와 힘은 문학 텍스트 수용 과정에서 경험할 수 있는 중요한 어휘 교육적 측면의 교육 내용이다. 특히 고유어에는 개별 단어를 발음하는 것만으로도 그 음의 물리적 특성이 환기하는 어떤 느낌이 있다. 대개 일상적인 언어생활에서는 그러한 부분을 의식하지 않거나, 중요하게 여기지 않는다. 그러나 문학 텍스트에서는 그러한 부분이 의식적으로 구현되는 경우가 적지 않으며, 이는 민족어 사전을 공유하고 있는 모어 화자에게는 민감하게 감지된다.

땅 속 저 밑은 늘 음침하다.

고달픈 간드렛불.[1] 맥없이 푸르끼하다. 밤과 달라서 낮에 되우 흐릿하였다.

겉으로 황토 장벽으로 앞뒤 좌우가 꽉 막힌 좁직한 구뎅이. 흡사히 무덤 속같이 귀중중하다. 싸늘한 침묵, 쿠더부레한 흙내와 징그러운 냉기만이 그 속에 자욱하다.

곡괭이는 뻔질 흙을 이르집는다. 암팡스러이 내려쪼며,

퍽 퍽 퍼억 –

이렇게 메떨어진 소리뿐. 그러나 간간 우수수 하고 벽이 헐린다.

— 김유정, 「금 따는 콩밭」 부분

푸르끼하다, 되우, 좁직하다, 귀중중하다, 쿠더부레하다, 뻔질, 이르집다, 암팡스럽다, 메떨어지다 등의 단어들은 짧은 문장 속에서도 땅 속을 배경으로 하는 이 소설 속의 분위기를 매우 효과적으로 드러내어 주는 말들이다.[2] 예를 들어 사전에 '푸르께하다'라고 올라 있는 '푸르끼하다'는 열악한 조명 기구의 약한 빛을 물리적으로 나타내는 것은 물론이고, 이 상황에 대한 심리적 상태를 매우 섬세하게 표현하고 있다. 이러한 전달 효과는 고유어의 중요한 기능이라 할 수 있으며, 특히 문학 작품에서는 이러한 고유어들이 어떻게 쓰이는가를 매우 구체적인 상황에서 생생하게 경험할 수 있다. 문학 교육에서 어휘 교육의 내용을 설정할 때 일차적으로 이렇게 표현력 풍부한 고유어들에 대한 교육이 우선적으로 이루어져야 할 것이다.

느개 내리는 아침에
먼 길 떠나간 사람이 있다

---

1   '칸델라(candela)불'을 잘못 표기한 것. 광산의 갱내(坑內)에서 켜 들고 다니는, 카바이드를 원료로 하는 등불.

2   이 말들은 특정 지역의 방언이 아니라 '쿠더부레하다'를 빼면 모두 표준국어대사전에 표제어로 올라 있는 표준어이다.

동구 밖에 엎드려
흐느끼던
풀꽃들,

하늘 길 따라
밤새
멍머구리 소리 들린 날이었다

— 김용화, 「는개」(『비내리는 소래 포구에서』, 2009)

이 시의 제목인 '는개'는 "안개보다는 조금 굵고 이슬비보다는 가는
비"라는 뜻이다. '는개'는 '안개'와 '-개'의 유사한 형태를 취하고 있어서 안
개와 유사한 상태일 것으로 짐작이 되지만, '안개'는 '끼다'와 결합하는 반
면, '는개'는 동사 '내리다'와 결합하는, 다른 형태의 기상 현상이다.

안개는 공중에 떠 있고, 이슬비는 물방울이 내리는 것이므로 이 둘 간
의 차이는 웬만한 일반인들이면 누구나 구별할 수 있다. 그리고 그 중간 상
태라면 어떤 상태인지 대부분 짐작을 할 수 있다. 그렇지만 이 상태를 정확
하게 전달할 수 있는 고유어 '는개'는 이제 많은 사람들에게는 낯선 말이다.
만약 이 시인이 '는개'라는 단어를 모르는 사람이었다면 비 내리는 정도에
따라 '안개 낀 아침', 아니면 '이슬비 내리는 아침' 둘 중 하나로 시작했을 것
이다. 물론 그것도 틀린 것은 아니다. 그렇지만 '는개'라는 단어를 통해 전달
하려고 하는 대상을 더 정확히 표현할 수 있다. 고유어 '는개'는 대상을 정
확하게 가리키는 말일 뿐만 아니라, 말이 주는 어감 또한 텍스트의 전체 분
위기나 전체적으로 전달하려는 바를 해치지 않는다. 고유어의 가치를 알 수
있게 해 주는 한 예이다.

이 시의 '멍머구리'도 살펴볼 만하다. 국립국어원의 『표준국어대사전』
에는 '멍머구리'라는 항목이 없지만, 『우리말큰사전』(한글학회)에는 '멍머구

리'가 '멍매기(경기, 황해)'이고, 이 '멍매기'는 '맹꽁이'를 가리킨다고 되어 있다. 한편 집단지성(collective intelligence)의 시대를 맞아 적극적인 네티즌들은 인터넷 카페에 '멍머구리'를 '토종개구리'라고 하면서 직접 그 대상을 찍어 올리기도 하고, 인터넷 게시판에 특정 지역에서 개구리를 '멍머구리'라고 한다는 사실을 알리기도 한다.[3] '멍머구리'가 '개구리'인지 '맹꽁이'인지 섣불리 판단하기는 어렵고, 혹시 몸빛이 검은빛이 강해 '먹(黑)+머구리'가 소리가 변해 '멍머구리'가 됐을 수도 있지만, 어느 쪽이든 중요한 것은 '개구리 소리'나 '맹꽁이 소리'라는 말의 어감이 '멍머구리 소리'와는 다르다는 데 있다. '먼 길 떠나간 사람' 때문에 동구 밖에 핀 풀꽃도 흐느끼는 것처럼 느껴지는 이별의 상황에서 양성모음 'ㅐ'로 시작되는 '개구리'나 '맹꽁이'는 전체 시 분위기와 조화를 이루지 못하는 느낌이 있다. 가슴이 먹먹해지고, 밤새 잠 못 이루는 마음을 표현하기 위해서는 동일한 개구리라고 하더라도 '멍머구리'가 표현하려는 바에 더 가까운 기호일 수 있다. 또한 '먼 길 떠나간 사람'과 '멍머구리'의 '머' 음에 기반한 두운적 효과는 이 시의 먹먹한 분위기를 한층 강화한다. 민족어의 사전에 고유어가 풍부하다는 것은 이렇게 표현의 다양성을 높일 수 있고, 전하려고 하는 바에 가장 잘 맞는 단어를 선택함으로써 표현의 효과를 극대화할 수 있다는 것을 의미한다.

귀중중하다, 이르잡다, 암팡지다, 는개 등과 같은 고유어의 중요함은 고유어 표현의 한계가 곧 민족어 사용자의 표현의 한계에 연결이 되기 때문이다. 물론 고유어만으로는 언어생활이 현실적으로 불가능하고, 실제로 한

---

3 안전행정부 지정 정보화마을인 경북 군위군 부계면 능금마을의 홈페이지 자유게시판에 보면 외지에 살다가 이 지역에 정착한 지 15년 된 주민 원 모씨가 그 지역의 방언을 정리해서 올린 글이 있다(2008년 6월 4일). 군위 지역 방언으로 멍머구리(개구리) 외에도 깐채이(까치), 꼬내기(고양이), 산만댕이(산꼭대기), 거렁(냇가), 그렁지(그늘) 등 외지인이 언뜻 들으면 알기 어려운 단어들을 올려놓았다.

자어나 외래어를 통해 고유어의 한계를 잘 극복하고 있는 것이 우리의 언어 현실이지만, 그러나 고유어만이 세밀하게 표현할 수 있는 미묘한 뉘앙스의 차이나, 말 자체가 환기하는 느낌, 그리고 각 단어의 자음과 모음이 모여 빚어내는 울림 등은 대체가 어려운 부분이다. 이러한 점을 감안하여 고유어의 가치를 인식하게 하는 어휘 교육이 필요하며 이는 문학 교육의 어휘 교육에서 중요하게 다루어져야 할 부분이다.

대부분의 문학 작품은 다양한 고유어들을 활발히 살려 쓰고 있다. 작가는 자신이 전하고자 하는 바와 가장 잘 맞는 말을, 그것이 고유어든 외래어든 한자어든 가리지 않고 찾아서 쓰고자 하는데, 가장 '적확한' 표현과 어휘를 찾다 보면 자연스럽게 고유어 비중이 늘어날 수밖에 없기 때문이다. 문학의 이러한 특성을 어휘 교육에 충분히 반영하여 우리 고유어의 어휘량과 폭, 그리고 단어들의 다양하고도 적확한 쓰임새에 대해 문학 교육의 어휘 교육에서 충분히 다루어 주어야 한다.

2) 공동체의 경험과 정서 공유

어떤 단어를 '알고 있다'는 상태의 경계는 어떠한 것일까? 백과사전적 지식으로만 아는 것은, 그것을 구체적인 시공간에서 직접 만져보거나 바라보는 경험을 통해 형성된 기억, 그리고 그 기억을 통해 환기되는 어떤 정서와는 차이가 크다. 문학은 이러한 구체적인 기억과 경험, 그리고 그로부터 환기되는 정서를, 그 경험이 없는 민족어의 공동체에게 간접적으로 경험할 수 있게 해 준다.

도시 문명 속에서만 자라난 한 학생에게 '노루귀'라는 단어를 주고 이것의 의미를 물어보았다고 가정할 때, '노루귀'가 꽃의 이름이라는 것을 알지 못할 가능성이 매우 크다. '노루'만 알고 있는 상태에서 '노루귀'라는 단어를 보면, 특별히 다른 정보 없이 '노루'에 대한 지식만을 호출하여 하향식 읽기를 하게 될 것이기 때문이다.

> 봄이 오는 소리
> 민감하게 듣는 귀 있어
> 쌓인 낙엽 비집고
> 쫑긋쫑긋 노루귀 핀다
> 한 떨기 조촐한 미소가
> 한 떨기 조촐한 희망이다
> 지도에 없는
> 희미한 산길 더듬는 이 있어
> 노루귀에게 길을 묻는다.
>
> — 최두석, 「노루귀」

'노루귀'의 지시 대상을 모르는 학생에게 사진 없이 시가 제시된다면, '쫑긋쫑긋 노루귀 핀다'라는 구절은 포유동물 노루가 귀를 쫑긋거리는 모양을 꽃에 비유한 표현이라고 해석하는 오독을 범하게 될 것이다. 또 '노루귀'를 백과사전에서 찾아보고, "쌍떡잎식물 미나리아재비목 미나리아재비과의 여러해살이풀"로 그 지시 대상을 확인하여 아는 것과, 시 '노루귀'를 통해 알게 되는 것 사이에도 적지 않은 차이가 있다. 백과사전적 지식으로만아는 것은 구체적인 시공간에서 대상을 직접 만져보거나 바라보는 경험을 통해 형성된 기억, 그리고 그 기억을 통해 환기되는 어떤 정서를 포함하기어렵다. 문학은 이러한 구체적인 기억과 경험, 그로부터 환기되는 정서를그 경험이 없는 민족어의 공동체에게 간접적으로, 그렇지만 매우 구체적으로 경험할 수 있게 해 준다.

이것은 방언의 경우에서 보다 두드러진다. 근대 국가에서는 의사소통

비 내리는데
노천식당 앉아 밥 먹는데

여기는 작은 항구마을
조갑지 배들
채소찬 많은 밥상처럼 들어와 있는 곳

굴 내음 사무치면
서먹하게 해초무침 뒤집던 손
자꾸 물결로 가게 되는 곳

물결 건너 작은 섬 하나 있어
오십 년 전 전쟁 때 눈동자 없이 죽은이
그 눈동자가 먼 꽃에 든다

그가 다시 볼 수 있다고
말하지 마오,

비 내리는데
노천식당에 앉아 지나가는 새 보는데
　　　　　— 허수경, 「항구 마을」

비님 나리시는데
노천밥집 안조로미 밥 드는데

이데는 자근 항구말
조갑데기 배드리
푸성귀소 많은 밥상드럼 들어와 있는데

서콰내 사무드멘
서더먹케 싱경이무침 뒤더기던 손
들썩 들쏙 물회리 가게 되는데

물회리 너머가리 자근 셈 한도두이서
반백 허리 전장 적 눈동자 거이 없이
두어 두리머리 간 녁
그녁 눈동자, 먼 꽃 드누나

그녁 다신 볼 수 있다
말하지 말아여

비님 나리시는데
노천밥집 안조로미 드나가는 새낭구 보는데
　　　　　— 허수경, 「항구마을 –
　　　　　　　진주 말로 혹은 내 말로」

의 효율성을 목표로 어떤 특정 지역 혹은 계층이나 계급의 언어에 '표준'으로서의 지위가 부여되는데, 이는 동시에 비표준적인 방언들의 배제를 의미한다(Fairclough, 1989: 56-57). 의사소통의 효율성을 높임으로써 얻을 수 있는 이익은 불가피하게 각 방언들로만 표현 가능한 세부적 차이, 그 경험과 정서들의 사라짐을 대가로 한다. 물론 어느 정도까지는 표준어로의 '번역'이 가능하지만, 지시 대상이 동일하고, 그것이 무슨 내용인지 기본적으로 이해할 수 있다 하더라도, 구체적인 경험과 정서는 놓치게 될 가능성이 크다.

한 시인이 의도적으로 '동일 내용'의 '표준어' 형식과 '진주 말 혹은 내 말' 형식을 함께 창작하여 시집에 나란히 수록하였다. 표준어 어휘와 방언 어휘로 구성된 문학 텍스트는 같은 내용이지만, 사뭇 다른 세계이다. 두 텍스트 모두 "오십 년 전 전쟁"의 기억을 잊지 못하는 항구 마을을 형상화하였으나, 표준어 텍스트가 항구 마을의 삶에 대한 요약적 형상화라면, 방언 텍스트는 항구 마을에 살고 있는 사람들만이 알 수 있는 구체적인 기억, 그리고 그 기억으로부터 환기되는 정서가 고스란히 살아 있다.

그렇다면 텍스트 수용자의 입장에서 진주 말을 모르면 이 텍스트를 이해하는 것이 불가능한가? 물론 진주말을 공유하고 있는 사람들만의 세계, 특히 그 말의 느낌을 완전히 공유할 수는 없을 것이다. 그렇지만 문학의 힘은 놀라운 것이어서 이 시는 비밀스러운 그들만의 기억으로부터 독자를 소외시키지 않는다. 오히려 대부분의 민족어 사용자는 이 방언 텍스트를 입으로 낭송하고 어설픈 진주 방언 흉내를 내기 시작하면서, 비로소 그들의 세계에 함께 하게 되고, 그들의 기억을 조금씩 공유하게 되는 경험을 하게 되는 것이다.

이것은 아득한 녯날 한가하고 즐겁던 세월로부터
실같은 봄비속을 타는듯한 녀름 볏속을 지나서 들쿠레한 구시월 갈바람속을

지나서

　대대로 나며 죽으며 죽으며 나며 하는 이 마을 사람들의 으젓한 마음을 지나서
텁텁한 꿈을 지나서

　집웅에 마당에 우물든덩에 함박눈이 푹푹 싸히는 여늬 하로밤

　아배앞에 그 어린 아들앞에 아배앞에는 왕사발에 아들앞에는 새끼사발에 그득
히 살이워 오는것이다

　이것은 그 곰의 잔등에 업혀서 길여났다는 먼 녯적 큰마니가

　또 그 집등색이에 서서 자채기를 하면 산넘엣 마을까지 들렸다는

　먼 녯적 큰 아바지가 오는것같이 오는것이다

　아, 이 반가운 것은 무엇인가

　이 히수무레하고 부드럽고 수수하고 슴슴한것은 무엇인가

　겨울밤 쩡 하니 닉은 동티미국을 좋아하고 얼얼한 댕추가루를 좋아하고 싱싱
한 산꿩의 고기를 좋아하고

　그리고 담배내음새 탄수내음새 또 수육을 삶는 육수국 내음새 자욱한 더북한
삿방 쩔쩔 끓는 아르궅을 좋아하는 이것은 무엇인가

　이 조용한 마을과 이마을의 으젓한 사람들과 살틀하니 친한것은 무엇인가

　이 그지없이 枯淡하고 素朴한것은 무엇인가

— 백석, 「국수」 부분

　이 시는 눈이 많이 온 겨울날 국수를 먹기 위해 마을 사람들이 저마다 즐거워하며 들떠 있는 모습을 그리면서, 본문 속에는 '무엇'이라고만 표현된 '국수'의 의미를 계속해서 묻고 있다. 다양한 감각을 환기하는 말들 속에 어느 마을의 집단의 기억을 재현하고 있는 이 시는 단지 과거의 기억을 다시 떠올리는 데 그치는 것이 아니라, 그 안에 "조선의 모든 것이 사라져도, 우리들이 국수를 계속 먹는 한, 그 국수의 맛과 빛깔과 냄새 속에, 할머니와 할아버지의 넋, 정 많고 의젓하고 고담하고 소박한 마음 등 민족의 소중한

요소가 그대로 간직될 것이라는 믿음(이숭원, 2006: 223)"을 담고 있다. 이때 이 시에 쓰인 다양한 감각어와 방언들은 단순히 시의 표현상의 효과를 높이기 위해 쓰인 수단에 그치지 않고, 그 단어들이 하나의 텍스트를 구성할 때만 형성될 수 있는 독특한 분위기와 정서를 통해 그 자체로 하나의 주제의식을 전달하고 있다고 할 수 있다.

물론 이러한 낯선 방언들은 다른 지역 사람들이 읽는 데 어려움이 있다. 그렇지만 이 낯선 방언이 주는 해독의 어려움은 "해득하기 어려운 약간의 어휘를 그냥 포함한 채로 그 전체를 감미(鑑味)하는 데 아무 지장이 없다는 모어(母語)의 위대한 힘(박용철, 1936: 327)"을 깨닫게 하기도 한다. 서구 외래어나 한자어를 쓰는 데 '금욕적'인 모습을 보였던 김소월의 경우도 "시를 통한 민족어의 발견(홍기삼, 1999: 238)"에 주력하면서 고향의 언어를 시어로 발굴하였던 것처럼, 공동체의 경험과 정서를 함의한 말들의 시어적 가치와 민족어의 원천으로서의 가치는 문학의 어휘들이 가지는 중요한 덕목이다.

문학 교육에서의 어휘 교육은 바로 이러한 문학 작품 속 어휘의 특성을 충분히 살리고, 민족어 사용자들의 구체적인 경험, 그리고 그로부터 비롯된 정서의 차원을 다루는 것이 요구된다. 이는 개별 단어들에 대한 뜻풀이 차원을 넘어서는 일이며, 음성적으로 실현되는 단어의 어감을 경험하고 느끼기, 단어들의 미묘한 뉘앙스 구별하기, 정서적 공감과 기억을 환기하는 단어의 힘 인식하기 등으로 이어질 수 있다. 이러한 방향의 학습 내용들이 문학 교육의 어휘 교육에서 다른 영역과는 변별되는 내용으로 마련할 수 있는 것 중 하나가 될 것이다.

5. 맥락을 고려한 창의적 어휘 사용

학습자들은 하나의 어휘를 사용하여 개념이나 감정을 표현함으로써 사고의 체계를 형성해 나간다. 어떤 부분에 대하여 어휘를 정확하고 유창하게 구사할 수 있다는 것은 그만큼 그 부분에 대하여 구축된 사고의 체계가 깊고 풍부하다는 것을 의미한다. 단어를 안다는 것은 근본적으로 세상을 범주화하여 이해할 수 있다는 것이기 때문이다.

어떤 대상이나 개념을 자신이 선택한 단어로 표현한다는 것은 그 선택과 표현이 이루어지기 이전 단계와 비교했을 때, 그 단어가 구축하고 있는

알아보기   **방언의 미학**

일반적으로 방언은 향토적 정서를 전달하는 효과를 가진다. 여기에 더하여 방언은 표준어의 익숙함에서 비롯되는 말의 진부함을 깨뜨리고, 말 자체에 집중하게 하는 미학적 기능을 수행하기도 한다. 전라도의 시인 김영랑, 평안도의 시인 백석의 시를 잠깐 살펴보자.

「오-매 단풍들것네」
장광에 골불은 감닙 날어오아
누이는 놀란 듯이 치어다보며
「오-매 단풍들것네」
　　　　　- 김영랑, 「오-매 단풍 들것네」 부분

일상의 노동에 계절이 바뀌는 줄도 몰랐던 누이가 장독대에 올랐다가 떨어진 감잎을 보고 문득 온 천지에 가을이 온 것을 알고 놀라는 이 장면에서 '오-매'라는 전라도 방언의 감탄사는 '어머'나 '와' 등의 표준어권 감탄사로는 전하기 힘든 놀람의 크기와 느낌을 전한다.

밤이깊어가는집안엔 엄매는엄매들끼리 아르간에서들웃고 이야기하고 아이들은 아이들끼리 웃간한방을잡고 조아질하고 쌈방이굴리고 바리깨돌림하고 호박떼기하고 제비손이구손이하고 이렇게화디의사기방등에 심지를 몇번이나돋구고 흥게닭이 몇번이나 울어서 조름이오면 아릇목싸움자리싸움을하며 히드득거리다 잠이든다
　　　　　- 백석, 「여우난곬족」 부분

명절을 맞아 큰집에 모인 아이들이 한데 어울려 신나게 늦게까지 놀다가 간신히 잠자리에 든다. 딱지치기, 술래잡기, 제기차기 같은 익숙한 단어들이 등장했다면 다소 진부하기도 했을 이 장면에서 평안도 지역의 낯선 놀이 이름들이 나열됨으로써 독자에게 궁금증과 호기심을 유발한다. 아울러 아이들 놀이 이름이 나열되면서 만들어지는 즐거운 리듬은 쉴 사이 없이 놀이에 열중하는 아이들의 신나는 마음과 행동을 잘 표현하고 있다.

하나의 세계를 알게 되는 것과 같다. 하나의 작품이 구현하는 세계는 그 작품에 쓰인 여러 단어들이 빚어내는 새로운 조화라고 볼 수 있을 텐데, 그 단어들의 선택의 매 순간마다 각 단어로 표현되는 이 세상의 어떤 범주와 경험들에 대한 고려가 뒤따르게 된다. 어떤 때에는 의식적으로 해당 단어 선택의 이유가 분명하게 마련되는 경우도 있고, 또 어떤 때에는 이유는 딱히 뭐라고 말하기 어려우나 그냥 왠지 그 단어이어야만 할 것 같은 강렬한 욕망 같은 것에 이끌리기도 한다. 그러한 과정을 거치면서 문학 텍스트를 완성해 가는 과정은 각 단어들이 구축하고 있는 세계들이 나의 텍스트라는 새로운 맥락 속에 들어와 조화와 어긋남 속에서 새로운 하나의 세계를 완성해 가는 과정이라고 할 수 있다.

◎ 바닷가에 왔드니 / 바다와 같이 당신이 생각만 나는구려 / 바다와 같이 당신을 사랑하고만 싶구려 (백석, 「바다」 부분)

㉠ 입술이 부르튼 깃발을 달고 / 오래 시달린 자들이 지니는 견결한 슬픔을 놓지 못하여 / 기어이 놓지 못하여 검은 멍이 드는 서해 (안도현, 「군산 앞바다」 부분)

㉢ 바다가 가까워지자 어린 강물은 엄마 손을 더욱 꼭 그러쥔 채 놓지 않았습니다. 그러다가 그만 거대한 파도의 뱃속으로 뛰어드는 꿈을 꾸다 엄마 손을 아득히 놓치고 말았습니다. 그래 잘 가거라 내 아들아. 이제부터 크고 다른 삶을 살아야 된단다. 엄마 강물은 새벽 강에 시린 몸을 한번 뒤채고는 오리처럼 곧 순한 머리를 돌려 반짝이는 은어들의 길을 따라 산골로 조용히 돌아왔습니다.(이시영, 「성장」)

◎, ㉠, ㉢ 이 세 편의 시는 모두 '바다'가 중요한 텍스트들이다. 그렇지만 '바다'라는 단어가 가지고 있는 기존의 의미 위에 사랑(◎), 슬픔(㉠), 성장통(㉢)이라는 개별적 경험이 모두 '바다'를 통해 표현되고 있다. 이때의 바다는, 아마도 시인들이 자신의 개별 경험을 다른 이들과 소통 가능한 언

어구조물로 변환하고자 할 때 그 경험을 가장 잘 표현할 수 있다고 판단하였기 때문에 선택하였을 것이다. 보다 구체적으로 말하면 '바다'라는 단어에 형성되어 있는 여러 의미들 중 어느 한 부분 또는 여러 부분을 복합적으로 포함하여 자신의 경험을 나타내었을 것이되, 이제까지 구축된 '바다'의 의미 지평을 조금 더 확장하고, 조금 더 다채로우며 풍요로운 것으로 만들고자 하였을 것이다.

학습자들의 문학 창작은 이와 같이 자신의 구체적인 경험을 다른 사람과 나누고 공유할 수 있는 어떤 것으로 변환하는 과정이다. 그 변환 과정에 이제까지 쌓아 온 어휘 목록의 많은 항목들을 검색하면서 최적의 단어를 선택하되, 자신의 개별적 경험 또한 민족어 사전의 지평을 조금 더 확장하는 계기가 될 수 있음을 인식하면서 그 새로운 의미를 시도하는 것이 필요하다.

> 바람도 없는 공중에 수직의 파문을 내이며 고요히 떨어지는 오동잎은 누구의 발자취입니까
> 지리한 장마 끝에 서풍에 몰려가는 무서운 검은 구름의 터진 틈으로 언뜻언뜻 보이는 푸른 하늘은 누구의 얼굴입니까
> 꽃도 없는 깊은 나무에 푸른 이끼를 거쳐서 옛 탑 위의 고요한 하늘을 스치는 알 수 없는 향기는 누구의 입김입니까
> 근원은 알지도 못할 곳에서 나서 돌뿌리를 울리고 가늘게 흐르는 적은 시내는 구비구비 누구의 노래입니까
> 연꽃 같은 발꿈치로 가이없는 바다를 밟고 옥 같은 손으로 끝없는 하늘을 만지면서 떨어지는 날을 곱게 단장하는 저녁놀은 누구의 詩입니까
> 타고 남은 재가 다시 기름이 됩니다 그칠 줄을 모르고 타는 나의 가슴은 누구의 밤을 지키는 약한 등불입니까
> — 한용운, 「알 수 없어요」

이 시는 매 행마다 동일한 문장 구조로 유사한 은유들을 병렬시키면서

시의 의미를 점층적으로 발전시켜 간다.

> 오동잎 = 누구의 발자취
> 하늘 = 누구의 얼굴
> 향기 = 누구의 입김
> 시내 = 누구의 노래
> 저녁놀 = 누구의 시

이 다섯 문장은 모두 의문문으로 되어 있고, 표면적으로는 오동잎부터 저녁놀에 이르는 자연 대상이 각각 누구의 무엇이냐고 묻고 있는 형식이다. 화제의 초점이 문장의 주어인 '오동잎, 하늘, 향기, 시내, 저녁놀'에 있는 것처럼 보인다. 그러나 매 행마다 '누구'라는 말이 반복되면서, 그 반복을 통해 결국 이 '누구'는 동일한 존재이며, 이 시의 실제 초점은 문장의 주어인 대상들이 아니라 '누구'에 맞춰져 있다는 것을 알 수 있게 된다. '누구'의 발자취는 오동잎 같고, 얼굴은 하늘 같으며, 입김은 향기, 노래는 시내, 시는 저녁놀과 같다는 것이 이 시의 심층의 메시지이다.

물론 이처럼 '누구'의 모습이 어떤 것과 같다는 점을 발견했다고 해도 그 '누구'의 존재가 이 다섯 행을 통해 쉽게 밝혀지는 것은 아니다. 제목은 여전히 '알 수 없어요'이다. 게다가 다음 구절을 보면 이 다섯 행을 통해 깨닫게 된 것은 '누구'는 어떤 존재인가에 대한 명백한 하나의 답이 아니다. 깨닫게 된 것은 엉뚱하게도 "타고 남은 재가 다시 기름이 됩니다."라는 역설적 진리이다. '누구'라는 존재를 오동잎, 하늘, 향기, 시내, 저녁놀과 연관 지어 보았다고 해서 갑자기 타고 남은 재가 다시 기름이 된다는 사실을 어떻게 알게 된 것일까? 그것 역시 '알 수 없어요'이다. 그렇지만 그 과정을 거쳐 결국 화자는 '그칠 줄 모르고 타는' 가슴을 가지고 비로소 '약한 등불'을 켜서 '누구'의 밤을 지킬 수 있게 되었다. 이는 논리적이나 과학적으로는 설명하기 어려운 것이지만, 화자에게는 매우 중요하고 강렬한 체험이다.

결국 이 시는 '누구'에 대한 자신의 생각을 일상적인 언어로는 풀어낼 길이 없어 쓴 것이다. 이때 '누구'의 존재를 밝히기 위해 '그는 위대하다', '그는 반갑다', '그는 아름답다'라고 할 수도 있겠으나, 그 정도로는 도저히 자신이 느끼는 바를 전달할 수 없기에 매 행마다 은유가 필요했고, '누구'라는 대상에 초점을 맞추기 위한 의문문이 필요했으며, 동일한 문장 구조의 다섯 행 반복, 그리고 상식적으로 불가능한 역설까지 필요했던 것이다. 이러한 시의 효과를 만들어 내는 핵심은 역시 일차적으로 은유에 있고, 그 은유에 쓰인 단어들이 얼마나 '누구'의 존재를 새롭게 밝혀줄 수 있느냐에 달려 있다고 할 수 있다.

새로운 은유는 일종의 언어적 창조이다. 그리고 이 언어를 사용하는 공동체의 영향력 있는 집단이 이 창조된 언어의 의미를 채택한다면 그것은 일상적 의미가 되어 어휘론적 실재들의 다의성에 추가될 것이다(Ricoeur, 1981/윤철호 역, 2003: 301). 은유는 단지 문장을 꾸미기 위한 것이 아니며, 그러한 방식으로 이외에는 말하여질 수 없는 어떤 것을 말하기 위한 것이다. '은유를 통해 사고하는 언어의 힘', 은유의 긴장 안에 머물러 있는 이 언어의 힘이 중요한 것이다.

> 바람에 흔들리는 나무가 수백 가지 모양이다
> 나뭇잎 꺾이고 뒤집히는 순간의 순간들에
> 하나의 나무가 수천의 나무로 번진다
> 나뭇잎이 많으면 많을수록 늘어나는 생의 단면들
> 그러므로
> 나무는 나뭇잎만큼의 기억들을 가지고 산다

하여 바람이 분다는 것은
나무의 기억들을 흔드는 일
한 장씩 밀어올린 잎들이
사그락사그락 저들끼리 몸을 부벼
하나의 기억이 또 하나의 기억을 흔들고
그렇게 기억들이 이어지고 끊어지기를 반복한다
그러다 가을이 오면
나무는 기억들을 노릇노릇 익혀 내고 불긋불긋 삭여 내어
한 해의 기억들을 가만히 제 발밑에 내려놓는 것이다
그러므로 나무가 겨우 한 장 나뭇잎을 달고 서 있는 것은
제 생의 가장 소중한 기억을 그러쥐고 있는 것

— 김진선(필명 빨강머리앤, 광명고), 「나무 2」[4]

　　이 작품은 인터넷에 마련된 청소년 창작 게시판에 올라온 작품으로, 나뭇잎을 생의 단면이자 기억으로 표현하면서 나무의 생태 속에서 인간의 삶의 모습을 발견하고 있다. 마지막 두 행이 다소 불필요해 보이기도 하는 등의 한계도 있지만, 멋을 부리려 하지 않고 평범한 시어들의 어울림으로 새로운 생각을 펼쳐 보였다는 점이 인상적이다. 또 나뭇잎이 바람에 흔들려 소리가 나는 장면이나 계절의 변화를 나타내기 위한 감각적 표현 등도 무난하게 잘 되어 있다.

　　구체적으로 어휘 교육의 측면에서 본다면, '나뭇잎=기억'이라는 은유 도식에 자리한 단어 간 유사성의 발견, '기억이 흔들린다', '기억을 내려놓는다'와 같은 단어의 의미 범주의 변화, 그리고 '사그락사그락', '노릇노릇', '불긋불긋' 등의 감각어의 적절한 사용 등을 눈여겨볼 수 있다. 이러한 시도

4　사이버 문학광장 문장(www.munjang.or.kr)의 '제2회 문장 청소년문학상(2007)' 수상작.

들은 모두 작품의 맥락을 고려한 창의적인 어휘 사용이라고 할 수 있다. 이 것은 단지 장식적 효과에 그치는 것이 아니라 진지하게 나무를 통해 삶의 진실을 보고, 그것을 가장 적확하게 표현하기 위해 노력한 결과 구현된 새로운 세계라고 할 수 있다.

문학은 일상어와는 다른 차원의 소통을 열어주며, 그 소통의 깊이와 넓이를 가능하게 하는 총체적 가능성이다(황현산, 1999: 279). 이러한 점을 고려할 때, 문학 교육의 어휘 교육은 기존 작품을 해석하기 위한 정보 확인의 차원을 넘어서 이러한 소통의 가능성을 확장하는 교육으로 이어질 필요가 있다. 거창하지는 않더라도 자신의 새로운 인식을 담아내기 위한 단어들 간의 새로운 만남을 시도하고, 진부한 표현을 벗어나기 위해 노력하되 장식에만 치우치거나 지나치게 멋을 부리지 않도록 하면서 언어로 이루어진 자신만의 세계(텍스트)를 만들어 보는 것이 그 요체이다. "상황 맥락에 적합한 창의적이고 말맛 나는 표현 능력의 신장(전점이, 2007)"이란 바로 그러한 시도가 거듭 되고, 다시 그에 대한 성찰과 조정이 뒤따를 때 가능해질 것이다.

6. 문학 교육의 어휘 교육 활성화를 위하여

그동안 문학 교육에서 어휘에 관한 교육은 특별한 내용과 활동 없이 그저 작품에 쓰인 낯선 단어들의 사전적 의미를 확인하는 차원의 활동을 하거나 어휘에 관한 정보를 획득하는 수준에 그치는 경우가 많았다.

문학 교육에서 어휘 교육이 활발히 이루어지지 못한 데에는 여러 이유가 있을 수 있다. 그렇지만 앞서 본 대로 문학에서 어휘가 얼마나 중요한 것인지를 생각한다면 문학 교육 역시 작품 속의 어휘에 대한 이해, 작가의 창작과 어휘와의 관계, 작품을 수용하는 학습자의 어휘, 그리고 작가 – 작품 –

독자의 소통을 둘러싼 세계와 시대의 어휘들에 대해 문학 교육적 관점에서 교육 내용을 마련하고, 교육과정적 차원의 내용 선정, 교수·학습 방법 개발 등이 활성화되어야 할 것이다.

문학 교육에서의 어휘 교육은 결국 모어 사용자들의 머릿속에 이른바 '민족어 사전'이라고 할 수 있는 어휘들의 체계를 갖추고, 풍요롭고 개성적이며 창의적으로 어휘를 사용하며, 생애 전반에 걸쳐 지속적이고 능동적인 문학 활동을 통하여 어휘를 확대해 가는 것을 지향해야 한다. 그리고 그러한 방향의 교육을 위해 다른 영역과는 차별화되는 문학 교육 영역의 어휘 교육의 내용을 개발할 필요가 있으며, 앞서 본 '고유어의 보존과 활성화', '공동체의 경험과 정서 공유', '맥락을 고려한 창의적 어휘 사용' 등은 문학 교육의 어휘 교육 내용을 개발하는 데 하나의 지침이 될 수 있을 것이다.

이 밖에 고전문학 텍스트의 어휘에 대한 어학–문학 통합적 접근이라든가, 학습자의 수준에 맞는 교육 내용의 위계화, 학습자의 흥미를 유발할 수 있는 다양한 교수–학습 방법의 개발 등이 문학 교육 영역의 어휘 교육 활성화를 위한 과제이다. 이러한 과제의 해결을 위한 노력이 이론과 실천 면에서 다양하게 지속될 때 문학 교육의 어휘 교육이 실질적인 내용을 가지고 활발하게 이루어질 수 있을 것이다.

1. 문학에 쓰이는 어휘가 일상어의 어휘와 비교했을 때 어떤 특성이 있는지 생각해 보자.

2. 문학 작품을 다른 언어로 번역할 때 어휘 차원에서 어떤 어려움이 있을지 생각해 보자.

3. 고전시가 작품을 교과서에 실을 때 단어들을 현대어로 바꾸어 수록하는 것이 바람직한지, 이때 고려해야 할 사항으로 어떤 점들이 있을지 생각해 보자.

학교 교육 현장과
어휘 교육

03

1

초등학교에서의 어휘 교육

1. 초등학교 어휘 교육의 위상

초등학교 시기를 거치면서 학생들의 어휘 실력은 눈부실 정도로 발전한다. 초등학생의 어휘 능력 증가는 폭발적인 수준이라고 흔히 일컬어지는데,[1] 이는 초등학교 시기 학생들에 대한 어휘 지도의 중요성을 잘 말해 준다. 어휘 발달이 그 어느 때보다 왕성하게 일어나는 시기인 초등학교 학생들을 위한 어휘 교육은 체계적이고 지속적으로 이루어져야 할 필요가 있다. 어휘 능력은 학습자가 일상생활에서 다양한 경험을 쌓고 사회적 관계를 통해 언어생활과 학습을 해 나가면서 꾸준히 신장된다. 이렇게 학습자의 성장과 더불어 자연스럽게 이루어지는 어휘 능력 신장 외에도 교사에 의한 의도적인 어휘

---

[1] 이연섭 외(1980)에 따르면 우리나라 학생들이 초등학교에 입학할 무렵 어휘량이 2,500~3,000 정도, 만 12세 전후에는 1만 내지 1만 5천 정도라고 한다.

지도가 효과적으로 이루어진다면 학생들의 어휘 능력 발달을 더욱 촉진시켜줄 수 있을 것이다.

초등학교에서 이루어지는 어휘 교육의 목적 역시 초등학생들의 '어휘 능력 신장'이다. 어휘 능력이 풍부하면 국어교육이 목표로 하는 국어 사용 능력 신장 활동을 수행하는 데 필요한 원천을 풍부하게 마련하게 되는 셈이다. 따라서 국어의 이해, 표현 과정에서 학습자가 높은 수준의 어휘 능력을 갖추고 있다면 언어 사용 기능 신장에 도움이 될 것이라고 판단할 수 있다. 또한 질적·양적 어휘 능력의 신장은 학습자의 스키마를 더욱 조직적이고 정교하게 만드는 데 기여한다는 점에서도 어휘 능력의 중요성을 설명할 수 있다. 이렇게 어휘 능력 신장을 위한 어휘 교육은 국어 사용 능력 신장에 도움을 줄 수 있다는 측면뿐 아니라 인지적 구성 요소의 핵심이 된다는 측면에서도 중요한 의미를 지닌다.

2. 초등학교 어휘 교육의 내용

여기에서는 2007 개정 및 2011 개정 국어과 교육과정 및 교과서에 반영된 어휘 관련 교육 내용을 살펴봄으로써 초등학교에서의 어휘 교육이 '무엇'을 다루고 있는지 개괄해 볼 것이다.

1) 초등학교 국어교육과정에 반영된 어휘 교육 내용

초등학교에서 어휘 교육의 내용으로 무엇을 가르치고 있는가를 살피기 위해 국어과 교육과정에 제시된 '내용(성취 기준)'을 살펴보는 것은 의미가 있다. 교육과정에 제시되어 있는 내용 중 어휘 지도 요소를 추출하기 위해서는 먼저 어디까지를 어휘 교육의 범위 속에 포함시킬 것인가를 결정해야 하는데, 사실 이것을 결정하는 것이 결코 만만치 않은 문제이다. 이도영(2011)에서 지적한 것처럼 "어휘 능력 평가는 독립적으로 존재할 수 없거나, 모든 언어 평가는 어휘 능력 평가이거나 둘 중 하나"가 되는 딜레마에 빠지는 것과 같이 국어교육과정 내용 중 어휘 관련 부분을 추출하는 것 또한 마찬가지 문제에 봉착하기 때문이다. 즉, 어떤 면에서 보면 어휘 교육이 아닌 것이 없고, 또 명확한 기준이 없으면 특별히 어휘 교육이라 이름 붙일 만한 것은 무엇인지에 대한 확신을 갖기 어렵다는 문제가 있다. 이러한 고민을 안고, 여기에서는 초등학교 국어교육과정의 내용 성취 기준 중 어휘 교육과 직접 혹은 간접적으로 관련된 부분을 다음의 [표 1]과 같이 제시하고자 한다.

[표 1] 2007 개정 및 2011 개정 교육과정까지 어휘 관련 교육 내용

교육과정	영역	내용 성취 기준	관련 지도 내용	비고
2007 개정	듣말	1-말-3 감정을 나타내는 낱말을 사용하면서 대화한다.	• 감정 표현 어휘의 이해 및 사용	직접
		2-말-3 여러 가지 말놀이에 즐겨 참여한다.	• 스무고개, 수수께끼, 끝말 이어가기 등의 말놀이를 활용한 어휘력 신장	직접
		3-말-2 이야기나 속담을 활용하여 주장하는 말을 한다.	• 속담을 활용한 말하기	간접
	읽기	4-읽-2 글을 읽고 어휘 사용의 적절성을 평가한다.	• 사전적 의미와 문맥적 의미의 차이 이해 • 맥락에 따라 낱말 선택이 달라짐을 이해 • 어휘의 적절성을 평가하면서 읽는 태도 형성	직접
	쓰기	3-쓰-3 알맞은 낱말을 사용하여 감사하는 마음을 전하는 글을 쓴다.	• 알맞은 낱말 선택의 중요성 및 알맞은 낱말 선택 방법 이해	간접
	문법	2-문법-3 낱말과 낱말 간의 의미 관계를 이해한다.	• 유의 관계, 반의 관계 등의 낱말들 간의 의미 관계 이해	직접
		3-문법-1 국어사전에서 낱말 찾는 방법을 안다.	• 국어 품사의 기초 개념 이해 • 용언의 기본형 이해 • 국어사전 찾는 방법, 효용성, 가치 이해	직접

2007 개정	문법	3-문법-2 소리가 동일한 낱말들이 여러 가지 의미로 사용되는 현상을 분석한다.	• 동음이의어와 다의어의 개념 이해 및 사용	직접
		4-문법-1 표준어와 방언의 사용 양상을 이해한다.	• 표준어와 방언의 개념, 사용되는 상황의 이해 및 사용	간접
		4-문법 2 국어의 높임법을 이해한다.	• 높임말의 개념 및 써야 할 상황에 대한 이해 및 적절한 사용	간접
		5-문법-2 단어의 사전적 의미와 문맥적 의미를 구별하고 효과적으로 사용한다.	• 사전적 의미와 문맥적 의미의 구별 • 문장이나 글에서 단어의 의미 해석 및 사용	직접
		5-문법-3 시간 표현 방식을 이해한다.	• 시간을 나타내는 말의 표현 방식 이해 및 사용	간접
		6-문법-1 고유어, 한자어, 외래어, 외국어의 개념을 알고 국어 어휘의 특징을 이해한다.	• 고유어, 한자어, 외래어, 외국어의 개념 이해 및 국어 어휘의 특징 이해	직접
		6-문법-2 문장의 연결 관계를 이해한다.	• 이어 주는 말의 종류 이해 및 사용	직접
		6-문법-3 문장에 쓰인 호응 관계의 적절성을 판단한다.	• 문장의 호응 관계의 이해 및 표현	간접
	문학	1-문학-1 반복적으로 나타나는 말의 재미를 느낀다.	• 반복되는 말의 재미 요소 이해	간접
		2-문학-4 재미있는 말이나 반복되는 말을 넣어 글을 쓸 수 있다.	• 소리나 모양을 흉내 내는 말이나 직유 표현 등 재미있는 말이나 반복되는 말의 사용	간접
2011 개정	듣말	12-듣말-2 듣는이를 고려하며 자신의 기분이나 느낌을 말로 표현한다.	• 감정 상태를 나타내는 어휘 이해 및 활용	간접
		12-듣말-4 일이 일어난 차례를 생각하며 듣고 말한다.	• 일이 일어난 차례와 관련된 시간 표현, 접속 표현 이해 및 활용	간접
		12-듣말-5 상황과 상대에 알맞은 인사말을 알고, 공손하고 바른 태도로 인사를 나눈다.	• 인사와 관련된 어휘 이해 및 활용 • 감사, 사과, 위로, 격려와 관련된 어휘 이해 및 활용	간접
		12-듣말-6 여러 가지 말놀이에 즐겨 참여한다.	• 말놀이를 활용한 어휘력 신장	직접
		12-듣말-8 고운말, 바른말을 사용하는 태도를 지닌다.	• 욕설, 비속어에 대한 고운말, 바른말, 순화어 이해 및 활용	간접
		34-듣말-3 일의 원인과 결과를 생각하며 듣고 말한다.	• 인과 관계를 나타내는 말에 대한 이해 및 활용	간접
	읽기	34-읽-2 글쓴이의 마음이나 인물의 마음을 짐작하며 글을 읽는다.	• 감정을 표현하는 어휘의 이해 및 활용	간접

	읽기	56-읽-1 문맥을 고려하여 낱말의 의미를 파악하며 글을 읽는다.	• 문맥을 활용한 낱말의 의미 이해 • 동음이의어, 다의어의 의미 이해 • 유의어의 이해	직접
	쓰기	34-쓰-3 알맞은 낱말을 사용하여 설명하는 글을 쓴다.	• 상황에 알맞은 낱말의 이해와 사용 • 의미가 정확한 낱말의 이해와 사용	간접
2011 개정	문법	12-문법-2 다양한 고유어를 익히고 소중히 여기는 태도를 기른다.	• 국어 문화의 특성이 반영된 고유어 이해 및 활용	직접
		12-문법-3 낱말과 낱말의 의미 관계를 알고 활용한다.	• 비슷한 말, 반대말, 상위어, 하위어 등 낱말 간의 의미 관계 이해 및 활용	직접
		34-문법-2 표준어와 방언의 가치를 알고 상황에 따라 효과적으로 사용한다.	• 표준어와 방언의 개념, 특성, 의의, 가치 이해 및 효과적인 사용	간접
		34-문법-3 국어의 낱말 확장 방법을 알고 다양한 어휘를 익힌다.	• 낱말 확장 방법 이해 및 활용 • 고유어와 한자어 이해 및 사용	직접
		34-문법-4 낱말들을 분류해 보고 국어사전에서 낱말을 찾아본다.	• 품사에 대한 기초적 이해 • 용언의 기본형 이해 • 국어사전 찾는 방법 이해 및 활용 • 동음이의어와 다의어의 이해	직접
		34-문법-6 높임법을 알고 언어 예절에 맞게 사용한다.	• 높임의 뜻을 나타내는 어휘의 이해 및 활용	간접
		56-문법-2 낱말이 상황에 따라 다르게 해석됨을 이해하고, 효과적으로 표현할 수 있다.	• 상황에서 낱말의 의미 이해 • 상황에 맞는 낱말 사용 • 다의어와 동음이의어와 의사소통 상황의 관계 이해 및 사용 • 비유적 의미 생성의 이해	직접
		56-문법-3 고유어, 한자어, 외래어의 개념과 특성을 알고 국어 어휘의 특징을 이해한다.	• 고유어, 한자어, 외래어의 개념과 특성 이해 및 사용 • 국어 낱말의 세계 탐구 • 올바른 어휘 사용의 방향 토의	직접
		56-문법-4 절을 연결하는 다양한 방식을 알고 표현 의도에 맞게 문장을 구성한다.	• 다양한 연결 어미의 이해와 사용	간접
		56-문법-6 관용 표현의 특징을 알고 담화 상황에 맞게 사용한다.	• 관용어구나 속담의 이해와 상황에 맞는 사용	간접
	문학	12-문학-2 말의 재미를 느끼고 재미를 주는 요소를 활용하여 자신의 경험을 표현한다.	• 반복되는 말, 재미있는 말에 대한 이해 및 활용	간접
		56-문학-3 작품 속 인물, 사건, 배경의 관계를 파악한다.	• 비유적 표현의 효과 이해	간접

이상의 〔표 1〕에서 보면, 2007 개정 교육과정에 비해 2011 개정 교육과정의 초등학교 어휘 교육 내용은 양적으로 두드러지게 증가한 것을 확인할 수 있다. 2011 개정 국어과 교육과정이 기존의 6영역에서 5영역으로 축소되었고, 학년군 성취 기준으로 변화되면서 국어과 전체 성취 기준의 수가 30퍼센트 정도 감소했음에도 어휘 관련 성취 기준의 수는 2007 개정 교육과정에 비해 오히려 늘어났는데, 특히 문법 영역에서 어휘 관련 항목이 뚜렷하게 증가되었음을 알 수 있다.

그리고 영역별 성취 기준의 특징을 들면, 듣기, 말하기, 읽기, 쓰기와 같은 언어 기능 영역에서는 주로 어휘의 '사용'과 관련된 항목이, 그리고 문법 영역에서는 어휘와 관련된 '지식' 내용이 제시되어 있는 점이 있다. 영역별 비중 측면에서는 대체로 문법 영역에 많이 분포되어 있기는 하지만, 어휘 교육 내용이 전 영역에 걸쳐 고루 지도되고 있음을 볼 수 있다.

2) 초등학교 국어 교과서에 반영된 어휘 교육 내용

초등학교 국어 교과서에 반영된 어휘 교육 내용은 2007 개정 및 2011 개정 교과서를 중심으로 살펴볼 수 있다. 각 교육과정기별 국어 교과서의 어휘 교육 내용은 '성취 기준에 근거한 어휘 교육 내용'과 '성취 기준 이외의 요소'로 크게 나누어 살펴보고자 한다.

(1) 2007 개정 국어 교과서의 어휘 교육 내용

① 성취 기준이 반영된 교과서 단원의 어휘 교육 내용
다음은 2007 개정 교육과정 6학년 문법 영역의 성취 기준 '(1) 고유어, 한자어, 외래어, 외국어의 개념을 알고 국어 어휘의 특징을 이해한다.'가 반영된

6학년 1학기 읽기 교과서 중 일부를 나타낸 것이다. '우리말과 외국어'라는 글을 제시하여 학생들이 고유어, 한자어, 외래어, 외국어의 개념과 국어 어휘 체계의 특징을 이해할 수 있도록 하였고, 해당 어휘의 예를 직접 찾아볼 수 있는 학습 활동을 제시하고 있다.

(그림 1) '고유어, 한자어, 외래어, 외국어' 관련 성취 기준이 반영된 국어 교과서 단원

글을 읽고 고유어, 한자어, 외래어, 외국어를 알아봅시다.

1 고유어, 한자어, 외래어, 외국어의 뜻을 찾아보며 다음 글을 읽어 봅시다.

우리말과 외국어

고유어는 우리말에 본디부터 있던 말이나 그것에 기초하여 새로 만들어진 말을 일컫는다. 우리말의 어휘 중에서 한자어와 외래어를 제외한 부분이 바로 고유어이다. 고유어는 우리말의 기본 바탕을 이루고 있기 때문에 우리나라 사람들은 이 고유어에 대하여 특별한 애정을 가지고 있다. '어버이', '하늘', '땅', '아름답다' 등이 고유어이다. 고유어를 순우리말, 토박이말이라고도 한다.

한자어는 한자를 바탕으로 만들어진 말이다. 삼국 시대에 사람 이름, 땅 이름 등을 한자로 표기하면서 한자어가 우리말에 많이 생기게 되었다. 고려 시대 이후에는 일상어까지 한자어를 만들어 쓰면서 한자어가 우리말의 절반 이상을 차지하게 되었다. 한자어가 생기면서 고유어가 사라지기도 하였는데, '고뿔' 대신에 '감기', '샛바람' 대신에 '동풍', '즈믄 해' 대신에 '천 년'이라고 쓰는 경우가 이에 해당한다. 고유어와 한자어가 함께 쓰이는 말로는 '달걀'과 '계란', '오누이'와 '남매', '토박이말'과 '고유어' 등이 있다.

외래어는 다른 나라의 말이 들어와서 우리말처럼 쓰이는 말이다. 이러한 말을 차용어 또는 들온말이라고도 한다. 나라 사이의 교류에 따라 일본어, 영어 등의 말이 함께 들어오면서 빌려 쓴 말이다. '냄비', '라디오', '버스', '빵', '텔레비전' 등이 외래어이다. 외래어는 우리말을 더 풍성하게 해 주고, 고유어를 사라지게 하기도 하는데, 최근에는

영어에서 온 외래어가 너무 많아 문제가 되고 있다.

외국어는 다른 나라의 말이다. 한자어나 외래어는 처음에는 다른 나라의 말이었으나 지금은 우리말이 된 말이다. 그러나 외국어는 어디까지나 다른 나라의 말이다. 외국과의 교류가 활발해지면서 그 나라의 말이 그대로 들어와 쓰임에 따라 외국어의 사용이 점점 늘어나는 추세이다. '오렌지', '스시', '키보드', '홈페이지', '에어컨' 등이 모두 외국어이다. 이 말은 '어묵', '초밥', '자판', '누리집', '냉방기' 등으로 바로잡아 써야 한다.

2 '우리말과 외국어'를 읽고 고유어, 한자어, 외래어, 외국어를 알아봅시다.
(1) 옛날부터 사용하여 온 순우리말은 무엇입니까?
(2) 한자를 바탕으로 만들어진 말은 무엇입니까?
(3) 본래 다른 나라의 말이지만 우리말처럼 쓰이는 말은 무엇입니까?
(4) 우리말로 바꾸어 쓸 수 있는 다른 나라의 말은 무엇입니까?

3 '우리말과 외국어'에서 고유어, 한자어, 외래어, 외국어의 예를 찾아봅시다.

고유어	
한자어	
외래어	
외국어	

② '우리말 꾸러미'에 반영된 어휘 교육 내용

국어 학습 활동에서 미처 배우지 못했거나 더 알고 싶은 내용을 접할 수 있도록 한 2007 개정 국어 교과서의 '우리말 꾸러미'에도 어휘 관련 학습 내용이 포함되어 있다.

[그림 2] 2-2 읽기 교과서 '우리말 꾸러미'에 구현된 낱말 익히기 학습 내용

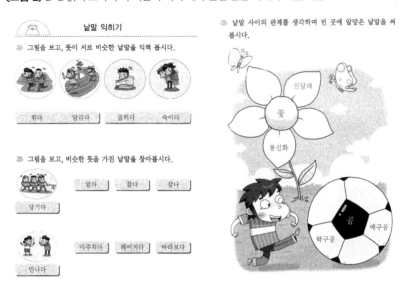

　　다음의 〔표 2〕와 같이 '우리말 꾸러미'에 제시된 어휘 관련 내용은 교육 과정에 제시된 성취 기준만으로 모두 충족시키기 어려웠던 어휘 관련 지도 요소를 짜임새 있게 구성하여 어휘 교육의 활성화에 기여한 바가 크다. 교과서에서 단원과 별도로 제시되어 있어도 교실 수업에서 학습 요소로 충분히 지도되었다면 학생들의 어휘 능력 촉진에 긍정적인 영향을 끼쳤을 것으로 생각할 수 있다. 이승왕(2010)에서 제시한 우리말 꾸러미의 어휘 관련 교육 내용은 〔표 2〕와 같다.

　　이상에서 살펴본 어휘 교육 내용은 성취 기준을 구현한 단원 외에도 별도로 어휘 지도를 위한 교과서 내의 코너에서, 부족했던 어휘 교육이 이루어질 수 있도록 했다는 점에서 일면 의의가 있다. 그러나 여전히 지식이나 기능적인 측면에 치우쳐 있는 경향을 보이고 있어 어휘 학습 방법에 대한 학습, 어휘 학습의 흥미 형성, 어휘에 대한 탐구심 고취 등과 관련된 내용이 부족한 점이 있다. 어휘 학습 방법 학습, 어휘 학습의 흥미 형성, 어휘에 대

[표 2] 2007 개정 교과서 '우리말 꾸러미'의 어휘 관련 내용

학년	학기	제목	관련 내용
1	1	낱말 익히기	의성어, 의태어
	2	낱말 익히기	단어 형성
2	1	낱말 익히기	반의어
	2	낱말 익히기	유의어, 상하위어
3	1	한 낱말의 여러 뜻 알아보기	다의어, 동음어
	2	기본형 찾아보기	기본형, 사전 찾기
		같은 글자 다른 뜻 알아보기	동음어
4	1	예사말과 높임말	공대어, 하대어
		여러 가지 뜻을 지닌 낱말	다의어
		아름다운 우리말	고유어
		여러 가지 사전	사전 찾기
	2	예사말과 높임말	공대어, 하대어
		여러 가지 뜻을 지닌 낱말	다의어
		아름다운 우리말	고유어
		여러 가지 사전	방언
5	1	시간을 나타내는 말	시간어
		신체와 관련된 낱말의 뜻	신체어
		아름다운 우리말	고유어
		바른말 고운말	어휘 사용
	2	낱말의 나이	어원
		비슷한 말과 반대말	유의어, 반의어
6	1	'노랗다'와 '샛노랗다'	색채어
		고유어의 유래	고유어의 어원
	2	우리말 만들기	단어 형성
		비슷한 글자, 서로 다른 뜻	최소대립쌍
		수나 양의 단위를 나타내는 말	단위
		우리말의 관용 표현	관용어

한 탐구심 고취 등과 같은 요소는 특정 단원에서만 지도되어야 할 것이 아니라 전 학년에 걸쳐 꾸준히 제시되어야 한다.

③ '놀이터'에 반영된 어휘 교육 내용

'놀이터'에서는 단원 학습 목표나 내용과는 별도로 언어적 사고력을 촉진할

쉬어가기　　　'다리'는 다의어일까, 동음이의어일까?

다의어(多義語)는 하나의 단어가 둘 이상의 관련된 의미를 지닌 것을 말한다. 이 경우 관련된 의미의 형성은 단어의 기본적이며 원형적인 의미를 바탕으로 그 용법이 확장된 것이라 할 수 있다. '다리'는 원래 '사람이나 짐승의 몸통 아래에 붙어서 몸을 받치며 서거나 걷거나 뛰게 하는 부분'을 가리키지만, '책상 다리', '지겟다리'처럼 '물건의 하체 부분'을 가리키기도 하는데, 이때 '다리'는 다의어이다. 이에 비해 동음이의어(同音異義語)는 의미가 다른 둘 이상의 단어가 우연히 동일한 형태(소리)를 취한 것이다. 예를 들면 배는 먹는 배와, 사람의 신체 일부인 배, 그리고 바다 위 선박을 의미하는 배로 형태는 같으나 그 뜻이 다양한데, 이때 배는 동음이의어이다.

다의어와 동음이의어는 본질적으로 구분되는 개념이지만, 다의어에서 확장 의미가 원형 의미와 연관성을 찾기 어려울 정도로 확장이 진행될 경우, 이를 하나의 단어인 다의어로 간주할 것인가 아니면 별개의 단어인 동음이의어로 취급할 것인가의 문제가 일어나게 되기도 한다. 사전에는 다의어의 경우 하나의 표제어로, 동음이의어의 경우 별개의 표제어로 기술한다(김광해 외, 2009: 263-268). 사전에서 다의어와 동음이의어를 찾아보면 다음 그림과 같이 그 차이를 알 수 있다.
〈국립국어원 표준국어대사전 '다리' 검색 결과〉

'다리01'과 '다리02', '다리03'은 동음이의어 관계이고, '다리01'에서의 「1」, 「2」는 각각 다의어들로서, 그 의미의 차이가 기술되고 있다.

다리01
「명사」
「1」 사람이나 동물의 몸통 아래 붙어 있는 신체의 부분. 서고 걷고 뛰는 일 따위를 맡아 한다. ≒각09(脚) 「1」.
「2」 물체의 아래쪽에 붙어서 그 물체를 받치거나 직접 땅에 닿지 아니하게 하거나 높이 있도록 버티어 놓은 부분.

다리02
「명사」
「1」 물을 건너거나 또는 한편의 높은 곳에서 다른 편의 높은 곳으로 건너다닐 수 있도록 만든 시설물.
「2」 두 사물이나 사람 사이를 이어 주는 역할을 하는 것.
「3」 중간에 거쳐야 할 단계나 과정.
「4」 지위의 등급.
【〈ᄃ리〈훈해〉】

다리03
「명사」
예전에, 여자들의 머리숱이 많아 보이라고 덧넣었던 딴머리. ≒월내이(月乃)·월자이(月子).
【〈ᄃ뤼〈돌외〈훈몽〉】

수 있는 내용을 선정하여 제시하였다. 특히, 학습자의 흥미를 유발할 수 있는 활동 위주의 구성으로 퀴즈나 놀이 형태를 취한 경우가 많다.

예를 들면, 2-1 '듣기·말하기·쓰기'에 제시된 '같은 점 찾기 놀이([그림 3])'는 어휘 지도 방법 중 하나인 '의미 자질 분석법'을 연습할 수 있도록 제시하고 있어 의미가 크다. 또한 5-1 '읽기'에 제시된 '낱말 사전([그림 4])'도 학습자 스스로 자신만의 사전을 만드는 활동을 제시하고 있어 '어휘 수집' 활동의 일환으로서 의의를 가진다.

[그림 3] 2-1 쓰기 '놀이터' 중 '같은 말 찾기 놀이'

[그림 4] 5-1 읽기 '놀이터' 중 '낱말 사전'

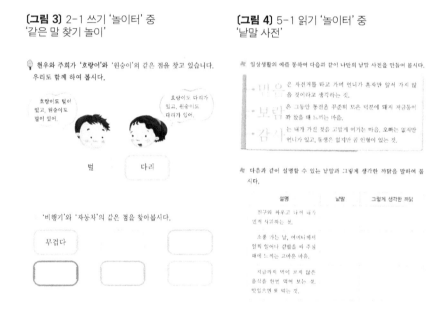

'놀이터' 학습에서 어휘 관련 내용 요소를 정리하면 [표 3]과 같다.

〔표 3〕 2007 개정 교과서 '놀이터'의 어휘 관련 내용

학년	학기	교과서	놀이터명	지도 요소
1	1	듣기·말하기·쓰기	글자 만들기 놀이 누가 누가 많이 모았나요?	낱말 연상 낱말 연상
		읽기	글자를 모아서 재미있는 끝말잇기	낱말 연상 말놀이
	2	듣기·말하기·쓰기	웃음소리가 재미나요 문장 속 동물 이름 찾기 길 따라가기	의성어, 의태어 말놀이 낱말 연상
		읽기	어울리는 말 흉내 내는 말	관련 낱말 찾기 의성어, 의태어
2	1	듣기·말하기·쓰기	돼지가 꿀꿀거리는 까닭은? 어울리지 않는 낱말은? 낱말 만들기 가운데 글자로 이어가기 놀이 끝말 이어 짧은 글 쓰기 재미있는 우리말 같은 점 찾기 놀이	의성어, 의태어 어휘 관계: 포함 관계 말놀이 말놀이 말놀이 고유어 의미 자질 분석
		읽기	수수께끼 알쏭달쏭 낱말 놀이	말놀이
	2	듣기·말하기·쓰기	낱말 만들기 우리말 간판 만들기 재미있는 끝말잇기	낱말 연상 고유어 말놀이
		읽기	한 글자 열쇠 글자를 찾아라	빈칸 채우기 낱말 형성
3	1	듣기·말하기·쓰기	'괜찮다'의 뜻 속담에 담긴 생활 모습 우리는 단짝	의미 파악 속담 관련 낱말
		읽기	이야기 십자말풀이 수수께끼 시	말놀이 말놀이
	2	듣기·말하기·쓰기	무엇처럼 어떠하다 말은 달라도 마음은 같아요	꾸며주는 말 북한어
		읽기	말, 말, 말놀이 재미있는 십자말풀이	말놀이 말놀이

4	1	듣기·말하기·쓰기	우리말 다듬기 우리말? 우리말!	고유어 방언
		읽기	십자말풀이 생각의 실타래 누구일까요?	말놀이 낱말 연상 말놀이
	2	읽기	어울리는 말, 어울리지 않는 말 같은 듯 다른 듯 순우리말로 설명해요	통합 관계 의성어, 의태어 고유어
5	1	듣기·말하기·쓰기	회문을 만들어 보자	말놀이
		읽기	낱말 사전 십자말풀이	어휘 수집 말놀이
	2	읽기	어떤 낱말이 있을까요? 나는 무엇일까요?	낱말 연상 말놀이
6	1	듣기·말하기·쓰기	우리말의 결합 순서 '과일단물'을 아시나요? 낱말 풀이로 되돌아보기	낱말 형성 북한어 낱말 풀이
		읽기	한 글자 퀴즈	낱말 형성
	2	듣기·말하기·쓰기	느낌을 나타내는 말 지킴이	의성어, 의태어 낱말 형성
		읽기	무엇이 될까요?	고유어, 외래어, 한자어

알아보기 **단어의 유형과 단어 형성법**

단어는 하나 이상의 형태소가 결합한 단위인데, '산, 강, 하늘'처럼 하나의 어근으로 이루어진 단어를 '단일어(單一語, simple word)'라고 한다. 한편, '풋사과'처럼 어근과 파생 접사가 결합하여 단어가 만들어지는 방식을 '파생법(派生法)'이라고 하며, 파생법에 의해서 만들어진 단어를 '파생어(派生語, derive word)'라고 한다. 그리고 '밤낮'처럼 둘 이상의 어근이 결합하여 단어가 만들어지는 방식을 '합성법(合成法)'이라고 하며, 합성법에 의해서 만들어진 단어를 '합성어(合成語, compound word)'라고 한다. 파생어와 합성어를 함께 묶어 '복합어(複合語, complex word)'라고 한다.

$$
단어 \begin{cases} 단일어 - 하나의 어근 \\ 복합어 \begin{cases} 파생어 \begin{cases} 어근 + 파생접사 \\ 파생 접사 + 어근 \end{cases} \\ 합성어 - 어근 + 어근 \end{cases} \end{cases}
$$

임지룡 외(2005: 143)

2007 개정 초등학교 국어 교과서에 반영된 어휘 교육 내용은 특정 단원뿐 아니라 단원 외의 우리말 꾸러미나 놀이터에서 풍부하게 찾아볼 수 있었다. 특히 우리말 꾸러미나 놀이터는 학생들이 다양한 어휘에 노출될 수 있도록 하고, 활동 위주의 구성으로 참여를 높일 수 있어 활용 가치가 높다. 그러나 필수 학습 요소가 아니라는 이유로 자칫 학생들에게 학습의 책임을 완전히 넘길 경우 교과서 활동의 가치에 비해 얻을 수 있는 효과는 훨씬 줄어들 가능성도 있기 때문에 이에 대한 교사와 학생들의 관심과 참여를 고취시킬 필요가 있다.

(2) 2011 개정 국어 교과서의 어휘 교육 내용

① 성취 기준이 반영된 국어 교과서 단원의 어휘 교육 내용

2011 개정 교육과정에 의한 초등학교 국어 교과서는 영역 통합적 외형을 취하여 '국어'와 '국어 활동'으로 분책되었다. 어휘 교육 내용의 반영 양상은 교육과정 성취 기준에 근거한 부분과 그렇지 않은 부분으로 나눌 수 있다. 영역 통합적 국어 교과서에서는 2007 개정 교과서와 달리 다양한 영역의 성취 기준들이 통합적으로 한 단원으로 묶이게 됨으로써 듣기·말하기, 문학 등 영역 간 통합적 어휘 교육 내용의 구현이 더욱 용이해졌다는 점이 특징적이다.

〔그림 5〕는 2학년 1학기 11단원의 말놀이 관련 교과서 단원 내용을 나타낸 것이다. 이 단원은 문학 영역의 성취 기준 '말의 재미를 느끼고 재미를 주는 요소를 활용하여 자신의 경험을 표현한다.'와 듣기·말하기 영역 '여러 가지 말놀이에 즐겨 참여한다.'가 통합된 단원으로 문학 작품과 말놀이 활동이 통합적으로 이루어지도록 제시하고 있다.

〔그림 5〕 말놀이 관련 성취 기준이 반영된 국어 교과서 단원

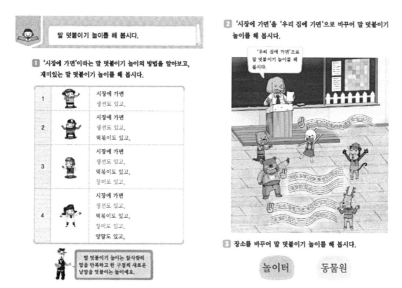

국어 교과서의 영역 간 통합이 유기적으로 이루어진 경우 기능 및 영역 간 학습 내용이 학습자에게 통합적으로 받아들여져 어휘 학습 효과를 기대할 수 있지만, 그렇지 못한 경우 통합 학습의 의미를 상실하게 되므로 주의가 필요하다. 특히 의미 있는 통합 요소를 고려하지 않고, 무리한 통합을 시도하는 경우 한 단원 내에서 다양한 내용이 분절적으로 제시되어 학습자의 입장에서는 방만한 학습 내용으로 오히려 혼란을 겪게 될 우려가 있으므로 어휘 학습 내용의 통합 시 기준의 정합성이 우선적으로 고려되어야 한다.

②국어 활동 교과서의 '우리말 다지기'에 반영된 어휘 교육 내용

2011 개정 초등학교 국어교과서 중 국어 활동 교과서는 다양한 기제와 장치를 활용하여 학습자들의 어휘 학습을 촉진하고자 하였다. '국어 활동' 교과서는 실천 지향적 성격을 지닌 자기 주도적 활동 중심의 보조 교과서로,

'생활 속으로', '더 찾아 읽기', '우리말 다지기', '놀며 생각하며', '글씨 연습'의 다섯 부분으로 구성되어 있다. 어휘 학습은 이 중에서 '우리말 다지기'[2]에 반영되었다.

[그림 6] '우리말 다지기' 어휘 학습의 예

2011 개정 초등학교 국어 교과서에 반영된 어휘 교육 내용은 성취 기준 외의 어휘 교육 내용이 다양하게 반영되어 있음을 확인할 수 있었다. 국어 교과서에서 학습한 내용과 연계된 단어들을 각 단원마다 지도할 수 있도록 국어 활동 교과서에 제시하였고, 제시되는 모든 단어는 읽기 자료나 학습 목표와 관련된 것들로 선정하였다. 이는 학습자들이 다양한 언어활동을 수행하는 과정에서, 맥락 속의 어휘들을 학습할 수 있도록 함으로써 유의미성을 더욱 높이고자 하는 의도가 반영된 것으로 볼 수 있다.

그동안 국어 교과서는 목표 중심 단원 구성의 특성상 활동의 흐름이 목

2　우리말 다지기는 발음 학습, 어휘, 맞춤법, 글씨 쓰기, 우리말 이해에 대한 학습 내용으로 구성되어 있다.

표를 중심으로 유기적으로 제시되어야 하기 때문에, 목표와는 다소 거리가 있는 낱말 학습을 구현하기에는 어려움이 한계가 있었다. 그래도 이번 2011 개정 국어 교과서에서는 국어 활동 교과서의 자기 주도적 장치의 하나로 '낱말 학습'을 설정하여 낱말 뜻과 예를 제시하고 있으며,[3] 국어 활동의 부록에도 '낱말 익히기'를 설정하는 등 어휘 학습을 강조하고 있다.

3. 초등학교 어휘 교육의 방법

초등학교 어휘 지도의 원리는 다음의 다섯 가지를 들 수 있다.

첫째, 해당 낱말에 대하여 사전을 통한 의미 지도와 문맥을 통한 의미 지도가 함께 이루어져야 한다.

둘째, 낱말의 의미를 심층적으로 이해할 수 있도록 지도하여야 한다.

---

3 국어 활동 교과서의 자기 주도적 장치의 하나로 설정된 '낱말 학습'과 국어 활동의 부록의 '낱말 익히기'의 예.

【그림 7】 3-1 국어 활동 '더 찾아 읽기'의 '낱말 학습'

【그림 8】 국어 활동 '낱말 익히기'

셋째, 낱말이 학습자에게 반복적으로 노출되어야 하고 다양한 문맥을 통하여 제공되어야 한다.

넷째, 학습자가 새로운 낱말을 학습할 때에는 학생의 사전 지식을 적극적으로 활용하도록 해야 한다.

다섯째, 새로운 낱말을 학습할 때에 학생에게 능동적인 참여의 기회를 주어야 한다.

이러한 원리를 기반으로 학습자의 어휘 학습 과정과 교수·학습의 효율성 측면을 고려하여 구체적인 어휘 지도 방법이 적용되어야 한다. 흔히 알려진 어휘 지도 방법으로는 사전적인 뜻 익히기, 문맥을 통한 뜻 익히기(실마리 낱말로 유추하기), 의미지도 그리기, 의미 구조도 그리기, 의미 자질 분석법 등을 들 수 있다(이경화, 2004).

어휘 지도 방법은 다양한 기준으로 분류할 수 있겠지만, 무엇보다 고려해야 할 것은 학습자에게 적합한 방법을 제시하는 일일 것이다. 특히 학습자의 어휘 학습 과정을 고려하여 그에 적절한 방법을 제시하는 것 또한 중요하게 고려해야 한다. 학생들이 어휘를 익혀 가는 과정을 어떤 특정 모형으로 일괄적으로 설명하기는 어렵겠지만, 경험적으로 대개 새 낱말을 처음 접하여 낱말의 기본적인 의미를 파악하고, 점차 낱말과의 접촉 횟수가 늘어남에 따라 다양한 맥락 속에서 낱말을 접하면서 정확하고 적절한 용법을 익혀갈 것으로 짐작할 수 있다. 이렇게 볼 때, 낱말 학습의 초기 단계는 '인식 중심의 지도 방법'을, 그리고 낱말에 익숙해지고 그 의미나 용법을 익히는 단계에서는 '숙달 중심의 지도 방법'을, 그리고 익힌 낱말의 정교한 쓰임에 익숙해지고 다양하게 활용하는 단계에서는 '확장 중심의 지도 방법'을 해당 단계 학습자들에게 맞게 전략적으로 제시해 주어야 한다.[4]

---

4   이경화 외(2012)에서는 어휘 교육의 PCK(교수내용지식) 중 '수업을 위한 교수 전략과 표상

초등학교 어휘 지도 방법으로는 일반적인 어휘 지도 방법도 있고, 읽기, 쓰기 등의 언어 기능 영역에서의 어휘 지도 방법 등 다양하다. 여기에서는 초등학교에서 흔히 활용할 수 있는 일반적인 어휘 지도 방법을 소개하고자 한다.

같은 어휘 지도 방법이라고 해도 위에 제시한 어휘 지도의 원리에 얼마나 부합되게 사용하느냐에 따라, 그리고 학습자의 어휘 학습 단계를 고려하여 어떤 형태로 제시하느냐에 따라 지도의 효과는 달라질 수 있다.

1) 사전 찾기를 활용한 지도 방법

사전 찾기 지도는 학생들이 뜻을 모르는 낱말이 있을 때 스스로 사전을 찾아볼 수 있도록 그 방법을 지도하거나, 교사와 함께 사전을 활용하여 낱말의 의미를 탐구해 볼 때 사용할 수 있다. 사전 찾는 방법과 관련된 교육은 교육과정 성취 기준 및 교과서 내용에도 잘 드러나 있다. 다만 학생들이 모르는 단어가 나올 때마다 모두 사전을 찾아 뜻을 파악하게 하기보다는 문맥적 의미에 대해 추측하기를 먼저 시도하게 하고, 그 다음에 사전을 보면서 확인하게 함으로써 학생들의 머릿속에 어휘를 더 오래 기억하게 할 수 있다.

국어사전뿐 아니라 유의어 사전도 학생들의 어휘 다양도를 높이도록 하는 데 효율적인 도구로 활용할 수 있다. 유의어 사전은 비슷한 뜻을 지닌 낱말들에 대해 학생들이 뉘앙스를 파악하는 데 도움을 주고, 유의 관계뿐 아니라 반의 관계 및 포함 관계와 관련된 정보도 다양하게 제시되어 있어 의미 관계를 파악하는 데에도 효과적이다. 특히 맥락이 제공된 빈칸을 제시

에 대한 지식'의 세부 기준으로 발견 중심 전략, 숙달 중심 전략, 확장 중심 전략을 제시하고 있다. 교수·학습 방법이 적용되는 교실 수업에서 이와 같은 어휘 교육의 PCK 또한 중요하게 고려되어야 할 사항이다.

하고, 유의어 사전에서 뜻이 비슷한 여러 낱말 중 어떤 낱말을 넣는 것이 가장 적절할지 찾아보게 하는 것은 어휘 사용의 적절성을 지도하는 방법으로 유용하다.

2) 맥락을 활용한 지도 방법

맥락은 학생들이 우연적으로 어휘를 학습하는 가장 큰 자원으로서의 역할을 한다. 또 맥락은 어휘의 정확한 쓰임을 익히는 데 활용되기도 한다. 즉, 맥락을 활용한 어휘 지도는 크게 두 가지 방향에서 이루어질 수 있다.

첫 번째는 모르는 낱말의 의미를 문맥의 실마리를 이용해 추측해 보는 것이다. 특히 이 방법은 읽기 시간에 많이 활용하는 방법으로, 글을 읽다가 모르는 낱말이 나와도 바로 사전을 찾는 것이 아니라 앞뒤 문장의 내용을 살펴보며 어떤 의미일지 추측해 보게 하는 것이다. 이로써 학생들은 글을 읽다가 모르는 낱말이 있다 하더라도 전체적인 의미를 파악하는 데 문제가 없도록 하는 기능을 연습하게 되는 셈이다.

두 번째 접근 방법은 같은 단어들이 쓰인 문장이라도 각 문장에서 낱말의 의미는 조금씩 다르다는 것과 뜻이 비슷한 낱말들이라도 맥락에 따라 흔히 사용되는 낱말이 정해져 있는 경우가 있음을 알고 적절한 어휘를 선택하여 사용할 수 있도록 가르치는 것이다. 어떤 어휘의 사전적인 뜻만으로는 실제로 문장이나 글에서 낱말의 뜻을 이해하거나 표현할 때 어려움을 겪게 되는 경우가 많다. 개별 낱말의 쓰임은 사전에 기술된 것보다 훨씬 다양하게 적용되기 때문이다. 따라서 학습자들이 같은 낱말이라도 다양한 상황에서 어떻게 다르게 쓰였는지 분석해 보게 하는 지도가 이루어져야 한다.

3) 의미 자질을 활용한 지도 방법

의미 자질 분석법은 낱말의 의미를 변별하는 데 바탕이 되는 자질을 중심으로, 해당 어휘가 그 자질을 가지고 있는지 없는지를 '+, -'로 표시하는 방법이다. 낱말과 낱말 사이의 정확한 의미 차이나 한 낱말의 개념을 분석적으로 접근할 수 있다는 점에서 의의가 있다. 초등학생들을 위해서는 학습자 수준이나 특성에 맞게 구현 방법을 달리할 필요가 있다. 의미 자질 분석법과 같은 방법의 경우, 흔히 알려진 방법 그대로 사용할 경우 추상적이고 개념적인 사고에 익숙하지 않은 저학년 학습자들에게 적합하지 않을 수도 있다. 또한 분석 방법 자체에 대한 학습이나 훈련이 따로 이루어진 후에야 사용할 수 있다는 점도 제약으로 작용할 수 있다. 그러므로 실제 적용 시에는 이야기를 읽고, 인물의 성격에 관해 특징표를 작성해 본다거나, 자신이 좋아하는 음식이나 동물에 대해 자질을 분석해 보는 등으로 제시할 필요가 있다. 이렇게 하면 개별 낱말의 의미에 대한 이해를 심화시킬 뿐 아니라 '의미 자질 분석법' 자체를 익히는 학습이 동시에 이루어지는 것으로서 의의가 있다.

4) 말놀이를 활용한 지도 방법

말놀이는 어휘에 대한 학습자의 관심을 높이고 어휘 능력뿐 아니라 추론 능력이나 사회적 상호작용 능력도 향상시킬 수 있다는 점에서 초등학교 어휘 교육에서 유용하게 활용될 수 있는 방법 중 하나이다. 어휘 지도 방법으로 활용할 수 있는 말놀이는 그 종류가 다양한데, 어휘 지식을 능동적으로 활용하면서 말을 주고받는 재미를 느낄 수 있는 놀이의 예로 스무고개, 수수께끼, 끝말 이어가기, 말 전하기, 새말 짓기, 빨리 발음하기, 어려운 문장 말하기 등이 있다.

국어 교과뿐 아니라 내용 교과의 개념 학습에서도 활용하는 '십자말풀이' 활동의 경우, '십자말 만들기'로 변형함으로써 이해 및 표현 기능을 아우르는 어휘 지도 방법으로 활용할 수 있다. 교과서 속 '놀이터'에서도 빈번하게 등장하였던 '십자말풀이'에 나오는 문제를 학생들이 스스로 만들어 보게 하는 것이다. 가로 열쇠와 세로 열쇠를 풀 수 있는 설명을 학생들이 직접 쓰게 하는데, 이때 사전 찾기에 대한 학습이 끝난 후라면 사전을 직접 활용

알아보기 **말놀이 활용 형태와 유형**

말놀이 활동은 문답형 말놀이, 연결형 말놀이, 전달형 말놀이의 세 가지 유형으로 구분하여 볼 수 있다(지청숙, 1999).

문답형 말놀이는 교사나 학생이 문제를 제시하면 다른 학생들이 그 문제의 답을 맞히는 형태의 말놀이 학습으로, 아동이 기존에 배운 어휘를 기억해 내어 활용하고, 또한 다른 아동과 상호작용을 통해 어휘를 익히거나 공고히 할 수 있다.

연결형 말놀이는 음소, 음절, 낱말, 어절, 문장, 문단의 언어 형식을 계속 연결해 가는 학습이다. 다양한 언어 형식을 머릿속으로 생각하면서 공통점이 있는 음소, 음절, 낱말, 어절, 문장, 문단을 생성해 나가는 말놀이 학습이다.

전달형 말놀이는 언어 형식이나 문법, 의미의 아무런 변화 없이 그대로 말을 전달하도록 하여 알아맞히는 말놀이이다.

형태	유형	내용
문답형	수수께끼	어떤 사물의 본질이나 속성을 비유하거나 빗대어서 그 말의 뜻을 알아맞히는 말놀이
	스무고개	어떤 사물을 모르는 상태에서 질문을 계속하여 그 사물을 알아맞히는 말놀이
	익은말 찾기	관용어나 속담, 격언과 관련된 문제를 제시하면 답을 알아맞히는 말놀이
연결형	소리 같은 말 찾기	음소, 음절, 낱말의 언어 형식이 부분적으로 동일한 말로 이어나가는 말놀이
	낱말 찾기	주어진 조건이나 상황에 맞게 낱말들을 연상하여 이어나가는 말놀이
	말잇기	앞 문장을 사용하여 다음 문장을 이어나가는 말놀이
전달형	말 전하기	말을 그대로 전달하여 내용을 재확인하는 말놀이

하여 문제를 만들게 할 수 있다. 참고서, 신문, 사전 등 다양한 자료를 이용하여 직접 '십자말풀이'를 만들고 친구들과 서로 바꾸어 문제를 풀어보게 한다.

또한 놀이를 좋아하는 초등학생의 특징을 고려하여 '보물 찾기' 놀이에 낱말 형성 원리를 접목시켜 교수·학습 활동으로 활용할 수 있다. 쪽지 크기의 종이에 글자들을 각각 써 넣고, 교실이나 강당 등의 특정한 장소에 숨겨둔 후 학생들에게 보물 쪽지를 찾게 한다. 호각을 불면 모둠끼리 모여 모은 보물 쪽지를 조합하여 되도록 많은 낱말을 만들어 내도록 한다. 무의미한 개별 글자를 조합하여 낱말을 만들게 할 수도 있고, 특정 접두사나 접미사를 쓰고 합쳐질 수 있는 다른 낱말을 써 넣으면서 새로운 낱말을 만들어 내는 과정을 체험해 보게 하는 등 학습 내용에 따라 다양하게 활용할 수 있다.

지금까지 초등학교 국어과 교육에서 어휘 교육이 차지하고 있는 위치와 자리를 점검하는 일에서부터 초등학교 어휘 교육의 내용, 방법에 이르기까지의 내용을 살펴보았다. 초등학교 학생들이 우리말에 대한 풍부한 지식을 바탕으로 어려움 없이 어휘를 구사하고, 어휘 학습에 흥미와 적극성을 지닌 학습자로 성장하는 데 도움이 되기를 바란다.

1. 교육과정 시기별로 초등 국어교육과정 '내용'에 반영된 어휘 교육의 특징적인 점은 무엇인지 설명해 보자.

2. 초등학교 국어 교과서에 반영된 어휘 교육 내용의 제시 방법과 그 특징에 대해 설명해 보자.

3. 초등학교에서 적용할 만한 어휘 교육 방법을 제시해 보자.

2

중학교에서의 어휘 교육

1. 중학교 어휘 교육의 목표

인간은 사회적 관계 속에서 생각, 감정, 의견 등을 주고받기 위하여 의사소통을 하며, 자신이 어떻게 생각하고, 무엇을 느끼며, 어떤 주장을 하고 싶은가를 의사소통 과정에서 언어적·비언어적으로 표현하게 된다. 표정이나 동작, 목소리 등으로 표현되는 비언어적 의사소통으로 인간이 느끼는 감정, 심리적 상태 등을 표현할 수 있으나 대부분 이것만으로 정확하고 자세하게 표현하고자 하는 것을 다 드러내기는 어렵다. 결국 표현하고자 하는 것을 어떤 어휘를 사용하여 어떻게 드러내는가 하는 것이 의사소통에서 매우 중요하다.

표현하고자 하는 바를 상황과 맥락에 맞게 적절한 어휘를 선택하여 정확하게 표현하는 능력과 언어로 표현된 것을 상황과 맥락에 맞게 제대로 이해하는 능력은 언어 교육의 핵심적인 내용이다. 언어 표현과 이해의 과정인 언어활동은 어느 정도의 어휘를 어떻게 사용하고 이해할 수 있는가에 따라 많은 개인차를 보인다. 어휘를 아는 것은 세계를 구성하고 있는 구체적인 사물을 인식하거나 추상적 사고 과정을 내면화하는 것이므로, 한 개인이 지닌 사고 능력의 수준은 그가 가지고 있는 어휘력에 따라 결정된다고 해도 과언이 아니다(임지룡, 2010: 260). 언어 교육에서 어휘력을 중요하게 생각하고 강조하는 것은 어휘력이 결국 이해력, 표현력, 사고력 등의 기반이 되기 때문이다.

이관규(2011), 구본관(2011a), 신명선(2011), 김정우(2011), 이도영(2011), 이종철(2011) 등 최근 국어교육에서 어휘 교육의 중요성에 대하여 재조명하고 국어과 각 영역별 어휘 교육의 내용을 다룬 여러 연구가 있었다. 언어의 네 기능인 듣기, 말하기, 읽기, 쓰기와 문법, 문학을 주요 교육 영역으로 설정하고 있는 국어교육에서 각 영역별 어휘 교육의 양상에 대하여 살펴보고 개선 방향을 모색하는 일은 언어활동에서 어휘가 차지하는 비중을 고려해 보더라도 매우 의미 있는 연구라 평가할 만하다. 이러한 연구 경향에 따라 지난 2011년 개정된 국어과 교육과정에서도 국어과 내 어휘 교육의 중요성에 대하여 강조하고 이를 반영하려 한 것을 교육과정 문서에서 찾아볼 수 있다.

국어과 교육이 듣기·말하기, 읽기, 쓰기, 문학, 문법 5개 영역으로 나누어져 있는 현 시점에서 각 영역별로 그 영역에서 어휘가 차지하는 의미와 이에 따른 어휘 교육의 내용을 살펴보는 것은, 어휘가 언어 사용과 분리될 수 없고 국어과 각 영역의 교육 목표를 성취하는 데 어휘에 대한 지식과 사용 능력이 기반 능력으로 작용을 하므로 실제 국어교육에서 영역별 교육의 타당성과 효과성을 제고할 수 있는 좋은 방법이 된다.[1]

---

1 교육 내용의 타당성은 교육 목표 성취에 필요한 교육 내용을 제공할 때 주어진다. 타당한 교육 내용을 제공함으로써 교육 목표의 성취가 가능하므로 이는 교육 목표 달성의 효과성과도 관련이 된다. 따라서 어떤 교육의 목표 도달에 필요한 적절한 교육 내용의 제공은 교육 내용

1) 중학생의 어휘 발달과 어휘 능력

어휘 능력이란 어휘를 이해하고 표현하는 데 필요한 형태, 의미, 화용 등에 관련되는 총체적인 능력을 말한다. 어휘 능력은 단순히 단어들에 관한 형태적·의미적 지식만을 의미하지 않는다. 어휘 능력의 개념은 손영애(1992b), 이영숙(1997), 이충우(2001) 등과 같이 어휘에 관련되는 총체적 지식으로 보던 것에서 최근 이 개념을 더 정교화하여 구본관(2011a), 신명선(2011) 등과 같이 어휘 능력이 어휘에 대한 지식, 어휘를 활용하는 능력뿐만 아니라 어휘에 대한 민감성의 문제를 포함하여 언어 의식 고양이나 국어 문화 능력 함양 등과 같은 어휘에 대한 태도 등을 포함하는 개념으로 이해되고 있다.

　　중학교에서의 어휘 교육의 위상을 탐색하기 위해서는 우선적으로 초등학생이나 고등학생과 비교하였을 때 중학생의 어휘 발달과 어휘 능력에 어떤 차이가 있는가에 대해 살펴볼 필요가 있다. 그러나 현재 국내의 언어 습득 혹은 발달과 관련된 연구는 유아, 아동이 특정 연령에서 어느 정도 수의 어휘를 사용하는가, 어떤 품사를 언제 사용하는가, 화행 규칙을 어느 시기에 사용하는가 등에 대한 연구들이 주를 이루고 있다. 또 이러한 연구의 상당 부분은 심리학, 유아교육학, 언어치료학 등에서 이루어지고 있다.[2] 이에

의 타당성을 높이며, 교육 목표의 실현과 직접적으로 관련이 있다. 어휘가 언어활동과 밀접한 만큼 국어교육 제 영역의 교육 역시 어휘와 관련이 없을 수 없다. 국어교육에서 어휘 교육의 필요성과 중요성에 대하여 재조명함으로써 그간 영역별 교육에서 그 영역 고유의 교육 내용에 대하여 집중하고 강조하느라 간과해 온 어휘의 교육적 가치와 중요성을 재인식하고 이를 영역별 교육에 적극 수용하여 교육하는 것은 결과적으로 학습자의 국어 사용 능력 신장에 긍정적으로 영향을 미칠 수밖에 없다.

2　어휘 발달에 대한 연구가 영유아들을 대상으로 한 것들이 대부분이고 초등 아동 대상 연구는 매우 부족한 이유를 강충열(1999: 1)에서는 언어 발달이 초등학교 입학 전에 이미 상당 수준 그 기초가 형성되는 것으로 밝혀진 까닭에 학자들이 초등학교 아동들을 대상으로 한 연구에는 큰 관심을 보이지 않기 때문이라고 기술하고 있다.

비해 국어교육 분야나 국어학 분야에서 어휘 발달, 어휘 능력에 관한 연구는 강충열(1999), 이필영·김정선(2008a, 2008b), 장경희·전은진(2008) 등으로 그리 많지 않은 실정이다. 어휘 교육에 대한 연구들도 이론적·방법론적 관점에서 접근을 하는 경우가 많아, 실제 초·중·고등학생의 어휘 능력에 대한 발달적 정보를 제대로 구하기가 어려운 실정이다. 앞서 언급하였듯이 어휘 능력은 어휘 이해와 표현에 관련된 총체적 능력이므로 이해하고 표현할 수 있는 어휘의 수가 어휘력의 절대적 지표가 될 수는 없다. 특히 현재 우리나라에는 초·중·고등학생의 어휘 양을 측정할 수 있는 평균 지표나, 어휘 능력을 어휘에 대한 지식, 이해를 벗어나 분석적으로 측정하는 표준적인 방법도 없는 실정이다. 따라서 이 글에서는 그나마 몇몇 연구에서 산발적으로 제시하고 있는 초·중·고등학생의 어휘 관련 이해나 표현 어휘 수를 바탕으로, 제한적으로나마 중학생의 어휘력 정도를 대략적으로 가늠해보고자 한다.

　　인간은 태어나서 자라며 무수한 어휘를 습득하게 된다. 일반적으로 인간이 언어적 의사소통을 하기 위해 배워야 할 것은 음운, 어휘, 통사, 의미, 화용적 지식 등이다. 어린이가 언어를 습득하는 과정에 대한 수많은 연구 결과에 의하면, 정상적인 환경에서 정상적으로 발달하는 경우 생후 10개월을 전후로 1단어를 사용하며(이상금, 1973), 생후 1년째에 6~7개 단어를 발음하고 30여 개의 어휘를 이해한다(김두현, 1978, 1981). 또 18개월에 50개 단어를 사용하며(Pae, 1993), 18~23개월 영아는 앞선 시기와 달리 '지시어, 의문사, 시간어, 색채어'를 사용하며(이준희, 2006), 24개월 이후 4세까지 어휘 수가 폭발적으로 늘어난다. 대략 3세경 음운, 통사 등 모국어의 기본 구조를 습득하게 되며, 어휘 습득은 일생 동안 지속이 된다고 보고하고 있다.[3]

3　영아의 언어 발달에 관한 연구의 경우, 국내 연구의 어휘 발달 연구와 해외 연구의 어휘 발달 연구를 비교해 보면 구체적인 시기나 습득 어휘의 수에서 다소간 차이를 보인다. 이는 연구 대상자의 언어가 동일하지 않으며, 연구의 시기와 방법, 연구 대상 영아의 특성 등이 연구마

초등학생의 범주별 어휘 사용 양상을 학년별로 살펴보면, 어휘 항목의 수가 꾸준히 늘어나 저학년에서 고학년으로 올라갈수록 다양한 어휘를 구사한다고 볼 수 있다(김한샘, 2012: 501). 초등학생의 어휘 이해도는 4학년까지 계속 증가하다가 5학년 때 하강하고 6학년 때 다시 상승한다고 보고하고 있다(강충열, 1999: 4-5). 또 여자 아동이 남자 아동들보다 전반적 어휘 이해도가 우수하며, 대도시 아동이 중소도시나 농촌 아동보다 어휘 이해도가 높은 것으로 나타났다. 품사별로는 명사에 대한 이해도가 동사와 형용사에 비해 높은 것으로 나타났다.

이필영·김정선(2008a: 232)은 초등학생의 표현 어휘 능력에 관한 연구로, '다른 어휘 수(NDW)'가 1·2학년과 3학년, 3학년과 4학년 사이에 유의미한 차이를 보였고, 4~6학년 사이에 차이가 없어 저학년과 고학년 사이에 발달 속도 면에서 차이가 있다고 보고하고 있다. 이 연구에서는 4학년의 '다른 어휘 수'와 '전체 어휘 수(TNW)'가 3학년과 큰 차이가 있고 어휘 능력의 발달이 3학년과 4학년 사이에 급격히 이루어지고 있다고 분석하고 있다. 또

[알아보기] **다른 어휘 수(NDW) 대 전체 어휘 수(TNW)**

국내 어휘 능력에 대한 연구는 장애아의 판별과 치료를 목적으로 한 것들이 많은데, 이 가운데 대표적인 것이 어휘 양의 척도인 다른 어휘 수(Number of Different Words: NDW)와 전체 어휘 수(Total Number of Words: TNW)이다. '다른 어휘 수'는 고정된 길이의 언어 샘플에서 발생하는 다른 어휘의 수를 측정하는 지표이고, '전체 어휘 수'는 고정된 길이의 언어 샘플에서 발생하는 총어휘 수를 측정하는 지표로, 두 척도 모두 생활 연령과 강한 상관관계가 있는 것으로 보고 있다(이필영·김정선, 2008a: 220).

다 다르기 때문이다. 그러나 언어 발달의 대체적 경향은 유사하다. 이 글에서는 가급적 우리나라의 연구에서 밝혀진 결과를 사용하려 하였다.

'다른 어휘 수'와 '전체 어휘 수' 모두 5학년의 수치가 4학년보다 낮아지는 '5학년 슬럼프' 현상이 나타났다고 보고하고 있다.

중학생의 어휘 사용, 어휘 발달, 어휘 능력 등에 관한 연구는 초등학생을 대상으로 한 연구보다 더 드물다. 장경희·전은진(2008)은 중·고등학생들을 대상으로 같은 수의 발화 안에서 '전체 어휘 수', '다른 어휘 수', '어휘 다양도(TTR)'를 분석한 연구로 우리나라 청소년의 어휘 사용을 실제 구어 자료를 토대로 연구하였다는 점에서 매우 의의가 있다.[4] 이 연구에 따르면 중학생에서 고등학생으로 올라가면 전체 어휘 가운데 다른 어휘 수가 차지하는 비율이 유의미하게 증가하는데, 이것은 전체 어휘 수와 다른 어휘 수에 있어서는 중학생이 고등학생보다 많지만, 비율로 환산해서 어휘 다양도를 따지면, 고등학생이 중학생보다 더 다양한 어휘를 사용하고 있음을 말해 준다(장경희·전은진, 2008: 239-240). 성별에 따른 분석에서는 '전체 어휘 수', '다른 어휘 수', '어휘 다양도'가 남학생과 여학생 간 계량적인 차이를 보였으나 통계적으로 유의한 정도는 아니었다. 중학교와 고등학교 시기의 남학

알아보기 **어휘 다양도(Type-Token Ratio: TTR)**

어휘 다양도는 사용하고 있는 어휘가 얼마나 다양한가를 측정하기 위한 개념으로 전체 어휘 수(TNW)와 다른 어휘 수(NDW)를 대비하여 산출한다. 즉, 정해진 시간 내 생성된 발화에 나타난 전체 어휘 수 중 다른 어휘의 수가 어느 정도인가를 측정하여, 언어 표현에 드러난 어휘 사용의 다양성 정도를 계량적으로 파악하는 것이다. 어휘 다양도 분석은 어휘 능력 평가를 위한 방법으로 사용되기도 한다.

---

4   장경희·전은진(2008)에서는 '다른 어휘 수'를 '다른 낱말 수'로, '전체 어휘 수'를 '총 낱말 수'로 번역해서 사용하고 있으나, 본고에서는 용어 사용의 통일을 위해 이들 각각을 '다른 어휘수', '전체 어휘 수'로 표현하였다.

생과 여학생은 어휘의 양적 크기나 어휘 다양도 면에서 모두 구분할 만한 차별성을 지니지 않는다고 보았다(장경희·전은진, 2008: 240).

초등학교에서 중학교, 고등학교로 갈수록 학생들이 사용하는 어미류는 증가하고 접속 부사류는 감소하는데 이를 통해 학생들이 사용하는 문장의 길이가 길어지고 있다는 것을 알 수 있다(임유종·이필영, 2004a: 197). 또 연결어미와 관용적 연결 표현의 경우 학교급이 높아질수록 사용 빈도가 증가하고 특히 초등학교 고학년과 고등학교 시기에 좀 더 뚜렷한 발달이 이루어지는 것 같다고 분석하고 있다. 중학교 단계에서 부정 표현과 호응하는 부사 중 '딱히, 그리, 도무지'가 출현하며, '별로'를 잘못 사용하는 오류 표현이 중학교 1학년 시기 이후 거의 발견되지 않는 것으로 보아 중학교 1학년 시기에 습득이 완료되는 것으로 보고 있다(임유종·이필영, 2004b: 246-247).

중학생이 어느 정도의 어휘를 사용할 수 있는가에 대한 직접적인 연구는 없어 알 수 없으나, 임지룡(1998), 김광해(2003a), 국립국어원(2009, 2010a) 등의 연구를 통해 시사점을 도출할 수 있다. 임지룡(1998: 20-21)에서는 취학 전 단계에서부터 고등학교까지 이해 어휘의 양적 권역을 설정한 바 있는데, 중학교에서는 개별 어휘 1만 5천 개, 누적 어휘 3만 개의 어휘를 제시하고 있다.[5] 김광해(2003a)는 메타 계량 방법을 사용하여 국어교육용 등급별 어휘량을 제시하고 있는데, 급격한 지적 성장이 이루어지는 사춘

---

5   임지룡(1998: 20-21)에서 제시하고 있는 권역을 모두 제시하면 다음과 같다.

권역　　　　　　　어휘력	개별 어휘	누적 어휘
1차 권역(취학 전)	3,000	3,000
2차 권역(초등학교 1~3학년)	5,000	8,000
3차 권역(초등학교 4~6학년)	7,000	15,000
4차 권역(중학교)	15,000	30,000
5차 권역(고등학교)	20,000	50,000

기 이후 1만 9,377개의 어휘를 익혀 누계 3만 3,825개 어휘를 교육용 어휘로 제안하고 있다. 국립국어원(2009)에서는 7차 교육과정 초등학교 교과서 13개 과목의 18종 교과서 총 127권을 '표준국어대사전'의 동형어 정보를 기준으로 분석하여 초등학교 교과서에 약 2만 4천 개의 어휘가 사용되었음을 밝혔다.[6] 또 국립국어원(2010a)에서는 서울·경기 지역 초등학교 학생들의 일기, 글짓기, 독서록 약 55만 어절을 수집하여 원문 그대로 입력하고 어휘를 분석한 결과 약 1만 7천 개의 어휘가 사용되었음을 밝힌 바 있는데 이는 초등학생이 작문에서 사용할 수 있는 어휘량에 대한 간접적인 정보가 된다. 일반적인 학생이 초등학교 교과서에 사용된 어휘를 초등학교 교육을 마치는 시점에서 다 이해한다고 보기는 어려우나, 적어도 중학교 과정이 끝날 때쯤에는 초등학교 교과서 어휘를 거의 이해한다고 가정한다면, 중학생은 작문에서 약 1만 7천 개 이상의 표현 어휘를 사용할 수 있다고 볼 수 있다. 또 초등학교 교과서에 사용된 어휘량인 2만 4천 개 이상의 어휘에서 기존 연구에서 제시하는 중학교 시기의 최소 이해 어휘량인 3만 개 정도의 어휘를 이해할 수 있다고 볼 수 있다.[7]

---

6 玉村文郎 編(1987: 159)에 제시된 이해 어휘량의 발달에 관한 조사 자료를 보면 우리의 중학교 1학년에 해당하는 만 12세에 남학생은 2만 3,085단어, 여학생은 2만 5,254단어를 이해하는 것으로 제시하고 있다(김광해, 2003: 26 재인용). 이 양은 우리나라 초등학교 교과서 전체에 사용된 어휘 약 2만 4천여 개인 것과 비교해 봤을 때 어휘량에서 비슷한 점이 매우 흥미롭다.

7 교육용으로 권장되는 어휘는 실제 학생들이 표현·이해할 수 있는 양보다는 많게 제시되는 경향이 있다. 실제 중학생이 어느 정도 양의 어휘를 이해하고 표현할 수 있는가에 대한 연구를 수행하는 것은 현실적으로 매우 어려우므로 이것을 메타적인 방법으로 추정하는 수밖에 없는 한계가 있다.

2) 국어교육 내 어휘 교육의 위상

어휘 교육의 목표는 어휘 능력을 신장하는 것이다. 1차 국어과 교육과정에서부터 현 교육과정에 이르기까지 국어과 교육과정에서 어휘 교육을 별도의 영역으로 설정하지는 않았지만 어휘 교육과 관련된 내용들은 국어과 여러 영역에 걸쳐 제시되어 왔다. 이는 국어교육이 학습자의 국어 사용 능력 신장을 목표로 하기 때문에 언어 사용에서 중요한 요소인 어휘의 학습에 대하여 간과할 수 없으며, 어휘가 어느 한 영역만의 고유한 내용으로도 볼 수 없기 때문이다. 언어 표현은 결국 단어들의 결합에 의하여 이루어지므로 표현에 사용된 단어들이 얼마나 생각을 정확하게 반영하며 언어 사용 맥락에 비추어 적절한가에 따라 표현의 질이 좌우된다. 언어 이해 역시 텍스트 표현에 사용된 단어의 이해로부터 출발된다. 김광해(1988a: 51)에서는 새로 학습하는 단어는 단순한 하나의 단어 이상의 것으로 국어교육의 중요 내용을 말하기, 듣기, 쓰기, 읽기로 나눌 때 그 담화력, 청취력, 작문력, 독해력 자체를 일컫는 것이라고 어휘 학습의 중요성을 역설한 바 있다.

그러나 어휘에 관련된 지식은 언어 능력을 구성하는 요소들과 관련을 맺고 있는 기반 지식이어서 언어활동에서 '어휘 능력'이라는 부분만을 따로 분리하는 것이 불가능하다. 이도영(2011: 109)에서는 어휘력 또는 어휘 능력과 관련한 논의들이 어휘력을 협소하게 보면 어휘 교육의 위상이 낮아지거나 입지가 좁아지게 되고, 어휘력을 넓게 보면 일반 언어 능력과 큰 차이를 보이지 않거나 어휘력이 곧 언어 능력이 되는 결과를 빚는 딜레마에 빠져 있다고 지적하고 있다. 언어활동에서 어휘가 가진 위상이 이러하다 보니 국어교육의 하위 영역으로 설정하고 있는 모든 영역의 교육이 어휘 교육과 무관할 수 없는 실정이다.

듣기·말하기, 읽기, 쓰기, 문법, 문학 영역의 교육이 어휘와 무관할 수는 없지만 각 영역은 그 영역 특성을 반영하는 고유의 교육 내용이 주가 될 수밖에 없다. 특히 지난 2011 교육과정 개정 때와 같이 국어과의 학습량이 제한받을 수밖에 없는 상황이라면 어휘에 관한 교육이 아무리 중요하다고 하더라도 각 영역의 고유 지식과 기능에 대한 교육에 집중할 수밖에 없게 된다. 결국 국어과 교육 내 어휘 교육은 교육의 중요성을 고려하면 이를 국어과 내 다른 영역과 대응되는 하나의 영역으로 세워야 한다는 입장보다는 (김광해, 1993: 324), 어휘가 현행 교육과정에서 국어과의 하위 영역으로 독립된 것이 아니므로 각 영역의 특성에 맞게 어휘 교육이 이루어져야 한다고 보는(이관규, 2011: 152; 구본관, 2011a: 51; 신명선, 2011: 93 등) 현실적인 입장이 지배적이다.

그런데 이 같은 현실적인 입장은 범영역적 관점에서 어휘 교육의 목표와 내용에 대한 인식 전환과 연구가 기반이 되지 않는다면 어휘 교육을 문법 영역 내에서만 다루게 되는 위험을 태생적으로 안고 있다. 단어 혹은 어휘 그 자체에 관한 학습은 문법 영역에서 다루어야 함은 분명하지만, 어휘의 표현과 이해와 같이 사용에 관한 학습은 국어과의 모든 영역에 관련되므로 그 학습이 어떤 영역에서 반드시 이루어져야 한다는 책임 소재가 불분명하다. 그러므로 문법 이외 각 영역 고유의 학습 목표를 달성하는 데 유용한 어휘 교육의 내용을 추출하여 제시하고 국어교육 공동체가 이것의 교육적 필요성과 실천의 중요성을 인식하여 실행할 때 문법 영역을 벗어나 국어교육 내에서 어휘 교육의 위상을 명확히 할 수 있다.

3) 학년군 성취 기준을 통해 본 어휘 교육 목표의 위계

중학교에서의 어휘 교육이 어떠한 위상을 가지고 있는가에 대한 것은 크게 두 가지 방향으로 살펴볼 수 있다. 하나는 앞서 살펴본 바와 같이 국어교육 내 영역 간의 관계에서 어휘 교육이 어떤 위치를 가지고 있는가를 점검하는 것이고, 다른 하나는 초·중·고등학교로 이어지는 각 학교급의 국어교육 내에서 중학교의 어휘 교육이 어떤 위치를 가지고 있는가를 점검하는 것이다. 전자가 어휘 교육의 국어교육 내의 위상이라면 후자는 어휘 교육 내 학교급에 따른 목표의 위계와 관련된 것이다.

어휘 교육의 목표는 어휘 사용 능력의 신장이다. 구본관(2011a: 37)에서는 기존 논의와 교과서 및 교육과정 등의 분석을 통하여 이를 '국어 활동의 기반이 되는 어휘에 대한 지식을 확충하고, 표현과 이해 양 측면에서 어휘를 사용하는 절차와 방법을 익혀 적절하게 사용할 수 있게 하며, 국어 어휘에 대한 올바른 인식과 태도의 함양을 통해 국어 문화의 발전에 기여하는 태도를 기른다.'로 상술한 바 있다. 이는 어휘 교육의 목표를 어휘에 대한 지식으로 한정하지 않고, 어휘 사용, 어휘 태도 등으로 설정함으로써 어휘 교육 목표를 세분하고 교육 내용의 범위를 분명히 해 줄 뿐만 아니라 현재 국어과 교육과정의 목표 진술과 체계를 같이한다는 점에서 장점이 있다. 그러나 어휘 교육의 전체 목표를 이같이 정한다 하더라도 학교급별로 어휘 교육의 목표와 내용은 학습자의 발달 상황에 맞추어 별도로 설정할 필요가 있다.

2011 개정 국어과 교육과정의 특징 중 하나는 '학년군제'를 도입했다는 점인데, 학년군별 성취 기준을 살펴보면 이번 교육과정에서 어휘 교육의 목표 위계를 어떻게 설정하고 있는지 짐작 가능하다. 이번 교육과정에 제시된 '학년군 성취 기준'은 다음 〔표 1〕과 같다. 이 교육과정에는 학년군별로 국어 능력을 '초보적 국어 능력(1~2학년군)'→'기초적 국어 능력(3~4학년군)'→'핵심적 국어 능력(5~6학년군)'→'통합적 국어 능력(중1~3)' 등으로 위계화하고 있다. 이 같은 국어과 교육과정에서 국어 능력에 대한 위계화에 대하여, 국어교육학계 내의 진지한 논의와 합의가 없었다는 비판이 있었다.[8] 이러한 비판의 핵심에는 이러한 위계화가 과연 국어 능력의 발달 단

[표 1] '학년군 성취 기준'에 나타난 어휘 교육의 내용

1~2학년군	일상생활과 학습에 필요한 **초보적 국어 능력**을 갖춘다. 자신의 경험을 바탕으로 국어 생활에 즐겁게 참여하며 국어 생활에 대한 관심을 자기 주변에서 찾는다. 대화와 발표 상황에 바른 자세로 즐겁게 참여하고, 글을 정확하게 소리 내어 읽으며, 자기의 주변에서 보고 느낀 것을 글로 쓴다. **기초 어휘를 익히면서** 국어에 대해 관심을 가지고, 문학이 주는 즐거움을 경험한다.
3~4학년군	일상생활과 학습에 필요한 **기초적 국어 능력**을 갖춘다. 대상과 상대를 고려하여 국어 생활을 효과적으로 수행하며 국어 생활에 대한 관심을 일상생활과 이웃으로 넓혀 간다. 공적인 상황에서 분명하게 의사소통하고, 글의 내용을 명확하게 파악하며, 자신의 생각이 잘 드러나게 글을 쓴다. **어휘의 다양한 특성을 이해하고** 문장을 자연스럽게 쓰며, 문학 작품을 읽고 자신의 말로 표현한다.
5~6학년군	일상생활과 학습에 필요한 **핵심적 국어 능력**을 갖춘다. 상황과 목적을 고려하여 국어 생활을 능동적으로 수행하며 국어 생활에 대한 관심을 다양한 사회 현상으로 넓혀 간다. 여러 상황에서 목적에 맞게 의사소통하고, 글의 의미를 능동적으로 구성하며 읽고, 독자와 목적을 고려하여 글을 쓴다. **어휘 의식을 높이고** 국어 문화의 특성을 이해하며, 문학 작품에 대한 해석의 근거를 찾아 구체화하고 문학 작품이 지닌 개인적·사회적 의미를 이해한다.
중1~3학년군	일상생활과 학습에 필요한 **통합적인 국어 능력**을 갖춘다. 상대의 의도를 고려하여 상호 작용하고 국어 생활에 대한 관심을 다양한 국어 문화의 세계로 넓혀 간다. 여러 상황에 적합하게 효과적으로 의사소통하고, 여러 유형의 글을 비판적으로 읽으며, 표현 효과를 고려하면서 글을 쓴다. **어휘 능력을 확장하고** 국어 문법의 주요 내용을 종합적으로 이해하며, 문학 작품을 다양하면서도 주체적인 관점으로 해석한다.

*국어 능력의 위계와 학년군별 어휘 교육 관련 내용 아래의 밑줄은 필자가 임의로 표시한 것임.

계를 잘 표상하는가와 국어과의 하위 영역 모두가 이 발달 단계의 위계에 부합하는가가 있다. 어휘 교육의 경우를 보면, 학년군이 높아짐에 따라 기초 어휘 학습 → 어휘의 다양한 특성 이해 → 어휘 의식 고양 → 어휘 능력 확장으로 교육 목표의 위계를 세우고 있다. 즉, 현 국어과 교육과정에서는 초등학교 어휘 교육에서 기초 어휘를 익히고 어휘의 다양한 특성을 이해하며, 어휘 의식을 높이는 등의 학습을 하고 난 뒤, 중학교 어휘 교육에서는 어

---

8   국어과 교육과정 개정 연구보고서에도 "초보적, 기초적, 핵심적, 통합적이란 용어가 유의어로 비쳐 변별이 쉽지 않고 (중략) 발달 단계의 연구가 불비한 현실에서 이들 용어는 상대적으로나마 변별의 근거가 되고 각 영역마다 이 용어들의 개념에 맞추어 성취 기준을 설정하고 위계화하는 토대가 되었다."(민현식 외, 2011: 215)고 밝히고 있다.

휘 능력 확장에 주력해야 한다는 것이다. 결국 현 교육과정에서 초등학교와 중학교의 어휘 교육의 가장 큰 차이는 초등학교에서는 기초 어휘 학습이 완성되고 중학교에서는 어휘 능력을 확장해야 한다는 것이다.

그러나 현행 국어과 교육과정에서는 어휘 교육에서 어떤 어휘가 '기초 어휘'이고 어휘 능력의 확장이 어떤 방향이 되어야 하는가에 대한 구체적인 언급은 없는 실정이다. 서상규 외(2009: 144)에서는 기초 어휘의 개념을 "인간 생활 영위에 가장 필수적이고 핵심적이고 일상적인 최소한의 어휘, 시대나 사회의 변화에 영향을 덜 받는 어휘, 형태적으로 파생이나 합성의 근간이 되는 어휘"로 정의하고 있다. 이에 비해 '기본 어휘'는 "어떤 목적에 따라 특정 기준에 따라 선정된 주요 어휘, 어휘 빈도 자료에 근거하여 목적 지향적으로 선정된 어휘"로 생활 기본 어휘, 초등학생용 기본 어휘, 중학교 수학 교육을 위한 기본 어휘' 등과 같이 '특정한 목적, 특정한 분야를 위한 ○○기본 어휘'라는 식의 표현이 가능하며, 교육용 어휘에 대해서는 '교육용 기본 어휘'라는 용어가 적합하다고 기술한 바 있다. 이러한 관점은 김광해에서도 살펴볼 수 있다. 김광해(2003a)에서는 국어교육용 어휘를 7등급화하여 아래와 같이 제시하고 있는데, 1등급을 기초 어휘로 기술하고 있다.

〔표 2〕에서 살필 수 있듯이 국어교용용 어휘 중 1·2등급은 정규 교육 이전에 습득해야 할 어휘이다. 3등급은 사춘기 이전이므로 초등학교 시기, 4등급은 사춘기 이후이므로 중학교 시기의 교육용 어휘로 볼 수 있다. 그러므로 김광해(2003a)에서도 '기초 어휘'는 정규 교육 이전 일상생활에서 사용하는 필수의, 최소한의 어휘의 개념이므로 서상규 외(2009)의 '기초 어휘' 개념과 같다고 볼 수 있다. 이처럼 기존 연구물에서 사용하는 '기초 어휘'의 개념과 현 교육과정에서 사용하는 개념이 다른 것은 교사와 연구자들에게 큰 혼란을 주게 된다.

또 1~2학년군의 어휘 교육 목표에 해당하는 진술에 '기초 어휘를 익힌

[표 2] 국어교육용 등급별 어휘의 상황(김광해, 2003a: 27)

어휘량	누계	국어교육용	
		등급	개념
1,845	1,845	1	기초 어휘
4,245	6,090	2	정규 교육 이전
8,358	14,448	3	정규 교육 개시, 사춘기 이전, 사고도구어 일부 포함
19,377	33,825	4	사춘기 이후, 급격한 지적 성장, 사고도구어 포함
32,946	66,771	5	전문화된 지적 성장 단계, 다량의 전문어 포함
45,569	112,340	6	저빈도어: 대학 이상, 전문어(기존 계량 자료 등장 어휘+누락어 14,424어 추가)
125,670	238,010	7	누락어: 분야별 전문어, 기존 계량 자료 누락 어휘

다.'는 표현을 쓰고, 3~4학년군 성취 기준으로 '기초적 국어능력을 기른다.' 는 표현을 사용함으로써 '기초'라는 동일한 단어를 다른 층위에서 반복 사용함으로써 위계화되었다고 보기 어려운 혼란을 초래하고 있다.

이 밖에 [표 1]에서 나타나 있듯이 현 교육과정에서 중학교 어휘 교육의 목표(성취 기준)가 '어휘 능력의 확장'으로 되어 있다. 그러나 '어휘 능력의 확장'은 성취 기준으로서의 역할을 할 수가 없는 표현이다. 어떤 학년군이든 어휘 능력은 확장이 되어야 하므로 이것은 중학생의 수준에서 성취해야 할 목표가 무엇인지 아무런 정보를 주지 못한다. 이처럼 현 교육과정에서 사용하고 있는 어휘 교육 목표에 대한 위계 표현은 수정되어야 한다.

그러나 현 교육과정에서 초등학교 3개군, 중학교 1개군으로 설정한 위계화는 위계 표현의 타당성에는 문제가 있지만 위계 구분 그 자체는 교육적으로 유용한 점이 많다. 앞서 언급한 바와 같이 김광해(2003a)에서는 국어교육용 어휘를 7등급화하고 있고, 임지룡(1998: 20-21)에서도 취학 전 단계에서부터 고등학교까지 이해 어휘를 5개 등급으로 구분하여 제시한 바 있다. 흥미로운 것은 이 두 연구에서 중학교에 해당하는 시기의 등급에서 설정한 어휘량이 그리 큰 차이가 나지 않는다는 점이다. 임지룡(1998)에서는 중학교에 해당하는 4권역에서 개별 어휘 1만 5,000개, 누적 어휘 3만 개의 어휘 학습을 권장하고 있고, 김광해(2003a)에서는 1만 9,377개, 누적 3만 3,825개이다. 각 학교급 어휘 학습에 필요한 어휘 목록과 어휘량은 추후 심도 깊은 연구 후 교육적 판단을 거쳐 결정되어야 한다. 이때 초등학생과 중학생이 배워야 할 교육용 어휘를 선정한 뒤 이를 빈도, 난이도 등을 고려하여 학년군에 따라 4등급화하고, 각 학년군의 성취 기준에서 몇 등급에 속하는 어휘를 익혀야 하는지를 밝히는 방법을 고려해 볼 만하다.

이상과 같이 중학교 어휘 교육은 국어과의 어느 한 하위 영역에서만 다루어지는 것이 아니고 국어과 전 영역과 관련 있는 범국어과 교육의 내용이라는 위상을 가지고 있다. 특히 중학교의 어휘 교육은 초등학교 교육에서 학습된 어휘 능력을 바탕으로 이를 확장하여, 고등학교에서 심화된 교과 내용을 배우고 전문화된 지적 성장을 이룰 수 있는 기반을 닦을 수 있게 뒷받침해야 하는 목표를 가지고 있다고 볼 수 있다.

2. 중학교 어휘 교육의 내용

1) 중학교 어휘 교육 내용의 현황

'어휘'는 '단어'의 집합을 말한다. 문법 교육에서 '단어'에 대한 교육은 단어의 형성, 품사 등 주로 '형태론'의 내용을 다루고, '어휘'에 대한 교육은 어휘의 체계와 방언, 은어, 속어, 금기어, 완곡어, 관용어, 속담, 전문어, 새말 등 어휘의 양상을 비롯한 '어휘론'의 내용을 다룬다. 이관규(2011: 133)에서 단어 단원과 어휘 단원은 동일한 단어에 대해서 한쪽은 형성 중 과정에 초점을 맞추고 있으며 다른 한쪽은 형성 후 결과에 초점을 맞추고 있으므로 문법 교육에서 단어 단원과 어휘 단원을 굳이 분리할 필요가 없다고 문제를 제기한 바 있다. 문법 영역의 내용을 교과서로 구현할 때 단어와 어휘 단원을 분리하는가 혹은 함께 다루는가 하는 문제는 교육의 효과성 차원에서 결정할 수 있는 부분이지만 이러한 논의를 통해 문법 영역에서의 단어와 어휘 교육의 내용이 지극히 국어학적 지식 중심의 교육이라는 것을 확인할 수 있다.

앞서 살펴보았듯이 어휘 교육이 문법 영역에서만 다루어질 성격의 것이 아니라 국어과 전 영역에서 교육되어야 할 것이라면 듣기·말하기, 읽기, 쓰기, 문학 영역에는 어떤 내용으로 어휘 교육을 하고 있으며 해야 하는가? 또 중학교에서의 어휘 교육의 내용은 초등학교와 비교하여 어떤 차이가 있는가? 2011 개정 국어과 교육과정에 제시된 어휘 관련 교육 내용 중 초등학교와 중학교에 해당하는 것을 정리해 보면 각 영역별 교육에서 어휘 관련 지도 내용을 살펴볼 수 있다. 특히 초등학교와 중학교의 교육 내용을 비교해 봄으로써 중학교 어휘 교육 내용의 경향성과 타당성, 문제점 등을 살펴볼 수 있다. 이를 위해 이 절에서는 현행 국어과 교육과정의 1학년에서 9학년까지 전 영역에 걸쳐 '내용 성취 기준' 중 진술에 '낱말 혹은 단어', '어휘' 등의 표현이 사용된 것과 표면적으로는 그러한 표현이 없더라도 '내용 성취 기준' 해설에 해당 성취 기준이 어휘와 관련 있게 진술된 것을 분석해 보았다. 분석시 해당 내용 성취 기준이 어휘 교육에 대한 것인 경우는 '직접적'인 것으로, 내용 성취 기준의 도달을 위한 하위 내용 요소 중 일부에 어휘 관련 교육 내용을 연결 지을 수 있는 경우는 '간접적'인 것으로 처리하였다. 어휘 관련 교육 내용을 영역별로 초등학교에 해당하는 것을 정리해 보면 다음과 같다.

〔표 3〕에서 살펴볼 수 있듯이, 현재 초등학교 내용 성취 기준 중 어휘 교육에 직접적으로 관련된 것이 가장 많은 영역은 단연 '문법'이다. 문법 영

[표 3] 2011 개정 국어과 교육내용 중 어휘 관련 교육 내용(초등)

영역	직접	간접
듣기·말하기	5-(9) 비속어 사용의 문제점을 인식하고 품위 있는 언어생활을 한다.	1-(1) 다른 사람의 말이나 이야기를 귀 기울여 들으며 내용을 확인한다. 1-(2) 듣는 이를 고려하며 자신의 기분이나 느낌을 말로 표현한다. 1-(4) 일이 일어난 차례를 생각하며 듣고 말한다. 1-(6) 여러 가지 말놀이에 즐겨 참여한다. 1-(8) 고운 말, 바른말을 사용하는 태도를 지닌다. 3-(3) 일의 원인과 결과를 생각하며 듣고 말한다. 5-(8) 자신의 말이 상대에게 미칠 영향이나 결과를 예상하여 신중하게 말한다.
읽기	1-(2) 낱말과 문장을 정확하게 소리 내어 읽는다. 5-(1) 문맥을 고려하여 낱말의 의미를 파악하며 글을 읽는다.	1-(6) 글을 읽고 중요한 내용을 확인한다. 3-(2) 글쓴이의 마음이나 인물의 마음을 짐작하며 글을 읽는다.
쓰기	3-(3) 알맞은 낱말을 사용하여 설명하는 글을 쓴다.	3-(1) 맞춤법에 맞게 문장을 쓴다.
문법	1-(2) 다양한 고유어(토박이말)을 익히고 소중히 여기는 태도를 기른다. 1-(3) 낱말과 낱말의 의미 관계를 알고 활용한다. 3-(1) 소리와 표기가 다를 수 있음을 알고 낱말을 바르게 발음하고 쓴다. 3-(2) 표준어와 방언의 가치를 알고 상황에 따라 효과적으로 사용한다. 3-(3) 국어의 낱말 확장 방법을 알고 다양한 어휘를 익힌다. 3-(4) 낱말들을 분류해 보고 국어사전에서 낱말을 찾아본다. 5-(1) 발음과 표기, 띄어쓰기가 혼동되는 낱말을 올바르게 익힌다. 5-(2) 낱말이 상황에 따라 다양하게 해석됨을 이해하고 효과적으로 표현할 수 있다. 5-(3) 고유어, 한자어, 외래어의 개념과 특성을 알고 국어 어휘의 특징을 이해한다. 5-(6) 관용 표현의 특징을 알고 담화 상황에 맞게 사용한다.	5-(4) 절을 연결하는 다양한 방식을 알고 표현 의도에 맞게 문장을 구성한다.
문학	없음	3-(2) 재미있거나 감동적인 부분에 유의하며 작품을 이해한다. 5-(3) 작품에 나타난 비유적 표현의 특징과 효과를 이해한다.

*학년군의 첫 학년을 따라 1~2학년군은 1로, 3~4학년군은 3으로 표기하였고, 해당 학년군 영역에 제시된 성취 기준의 번호를 그대로 나타냈다. 듣기·말하기 1-(8)은 듣기·말하기 영역 1~2학년군의 성취 기준(8)을 의미한다.

역은 언어의 특성, 국어의 구조와 규범 등의 지식과 이러한 지식을 적용한 국어 생활, 국어의 분석과 탐구, 국어의 가치와 의식, 사랑 등에 대한 것을 지도 내용으로 하므로 단어, 어휘에 대한 교육이 빠질 수 없다. 초등학교 문법 영역의 교육에 낱말(단어)에 대한 것이 많을 수밖에 없는 이유는, 단어가 실 언어생활에서 의미 차이를 유발하는 데 관여하는 언어 단위 중 가장 수가 많고 초등학교의 학령에서 다룰 만한 수준의 내용이기 때문이다. 즉, 음운, 단어, 문장, 담화 등 언어의 단위에 대한 학습 중 '음운 체계', '음운 변동' 등 음운에 해당하는 내용은 초등학생에게 어렵기 때문에 초등학생 수준에서 이해하고 분석할 수 있는 단어에 관한 것을 먼저 배우도록 내용을 조직했기 때문이다. 이 밖에 〔표 3〕 문법 영역의 5-(4)처럼 '문장'에 대한 교육 내용이라 하더라도 문장 구성을 위한 하위 단위가 단어이므로 이 내용 성취 기준의 학습 역시 간접적으로 어휘 교육과 관련된다고 파악할 수 있다.

　듣기·말하기, 읽기, 쓰기 영역은 언어의 이해와 표현에 대하여 교수·학습하므로 이는 어휘의 사용과 관련이 된다. 즉 어휘에 대한 지식을 적용하여 의사소통 상황에 맞게 사용할 수 있도록 해야 하므로 이들 영역의 교육에서 어휘에 대한 교육을 결코 간과할 수 없다. 그러므로 〔표 3〕에 제시하였듯이 언어 사용과 관련된 영역의 내용 성취 기준을 어휘 교육과 직접 관련이 있는 부분과 간접적으로 관련되는 부분으로 구분할 수 있다. 즉, 이들 영역의 성취 기준 내용이 그 영역 고유의 지식과 기능, 태도를 익히는 것에 대한 것이라도 듣기·말하기 영역의 5-(9), 읽기 영역 1-(2), 5-(1), 쓰기 영역 3-(3)과 같이 이를 성취하는 데 결정적 역할을 하는 요소가 어휘라면 그 내용은 어휘 교육과 직접적 연관이 있다고 볼 수 있다. 이에 반해 토론의 방법, 건의문 쓰기 등과 같이 성취 기준 내용이 영역 고유의 학습 내용에 대한 것이라면 이는 어휘 교육과 관련을 짓기가 어렵다. 그러나 듣기·말하기 영역

1-(1), 읽기 영역 1-(6), 쓰기 영역 3-(1) 등과 같이 성취 기준 도달에 어휘에 대한 지식이 영향을 미치는 경우라면 그 내용은 어휘 교육과 간접적 연관이 있다고 볼 수 있다. 결국 [표 3]과 같이 현재 국어과 교육과정의 초등학교 내용 성취 기준 중 어휘 교육 관련 내용은 여러 영역과 직·간접적으로 결합이 되어 있는 양상을 띠고 있다. 그러나 문학 영역의 경우 어휘 교육과 직접적으로 관련이 있는 내용 성취 기준이 나타나지 않는다. 이는 문학 작품의 생성보다는 기존의 작품에 대한 이해와 감상이 학습의 주 내용이며, 이해와 감상 역시 낱말, 어휘에 대한 직접적인 것보다는 비유에 대한 것이라서 간접적으로 어휘 교육과 관련이 있다고 볼 수 있기 때문이다.

　　중학교의 성취 기준 중 어휘 관련 교육 내용을 초등학교와 동일한 방식으로 정리해 보면 다음과 같다.

[표 4] 2011 개정 국어과 교육내용 중 어휘 관련 교육 내용(중학교)

영역	직접	간접
듣기·말하기	없음	(3) 인물이나 관심사를 다양한 방법으로 소개하거나 설명한다. (7) 대화의 상황과 맥락을 이해하고 상대의 이야기에 공감하며 듣고 말한다.
읽기	없음	(8) 글의 표현 방식을 파악하고 표현의 효과를 평가한다.
쓰기	없음	(7) 자신의 삶을 성찰하고 계획하는 글을 쓴다.
문법	(5) 단어의 짜임을 분석하고 새말이 만들어지는 원리를 이해한다. (6) 품사의 개념과 특성을 이해하고 단어를 적절하게 사용한다. (8) 어휘의 유형과 의미 관계를 이해하고 활용한다.	(3) 어문 규범의 기본 원리와 내용을 이해한다. (9) 문법적 기능을 담당하는 요소들의 특징을 이해하고 담화 상황에 맞게 사용할 수 있다.
문학	없음	(1) 비유, 운율, 상징 등의 표현 방식을 바탕으로 작품을 이해하고 표현한다.

〔표 4〕에서 살펴볼 수 있듯이 중학교의 경우도 어휘 교육과 직접적으로 관련이 있는 성취 기준이 많은 것은 단연 문법 영역이다. 중학교 문법 영역에서는 초등학교 문법 영역에서 배웠던 낱말(단어)에 대한 학습을 기반으로 단어의 짜임, 품사의 개념과 특성, 어휘의 유형과 의미 관계에 대하여 학습하도록 하고 있다. 중학교 문법 영역에서는 초등학교와 달리 언어의 본질, 음운, 담화, 국어의 역사 등에 대해서도 배워야 하므로 상대적으로 초등학교에 비하여 어휘 교육에 대한 직접적인 학습 내용은 적을 수밖에 없다.[9] 중학교 어휘 교육 내용이 초등학교와 비교했을 때 가장 큰 차이를 보이는 점은 듣기·말하기, 읽기, 쓰기, 문학 영역에서 어휘 교육과 직접적으로 관련되는 내용이 없다는 점이다. 〔표 4〕에 나타나 있듯이 중학교에서 이들 영역 성취 기준 중 어휘 교육과 간접적으로 관련된 내용은 있으나 직접적으로 관련된 교육 내용이 없는 것은 중학교에서는 영역 고유의 지식, 기능, 태도를 지도하는 데 중점을 두고 있기 때문으로 보인다. 결국 현재 국어과 교육과정 수준에서 살펴볼 수 있는 중학교에서 어휘 교육은, 문법 영역에서 국어학적 지식 중심으로 주로 교육을 하고 있으나 초등학교에 비하여 많지 않으며, 다른 영역에서는 언어의 이해와 표현을 위한 교육 내용 성취에 필요한, 주변적 학습 요소 수준에서 어휘를 다루는 간접적 어휘 교육의 양상을 띤다고 볼 수 있다.

---

9 현행 국어과 교육과정의 문법 영역에 제시된 어휘 교육 내용은 다음과 같이 위계화되어 있다.

문법 영역 내 어휘 교육 내용 위계

	1~2학년군	3~4학년군	5~6학년군	7~9학년군
낱말(단어)·어휘	• 고유어 익히기 • 낱말의 의미 관계	• 표준어와 방언 • 국어의 낱말 확장 방법 • 국어사전(품사 분류, 동음이의어와 다의어)	• 고유어, 한자어, 외래어 • 낱말의 의미(다의어, 동음이의어) • 관용 표현	• 어휘의 유형과 의미 관계 • 단어의 짜임 • 품사의 개념과 특성

이와 같이 중학교 국어과 내용 성취 기준 중에서 직접적으로 어휘와 관련되는 것이 많지 않고, 그 성취 기준 도달에 어휘 지식, 기능, 태도 등이 일부 영향을 미치는 정도의 것이 많다는 점은 국어과 교육과정의 내용이 하위 영역을 중심으로 학습 내용을 선정하기 때문에 아무래도 어휘 교육은 등한시될 가능성이 크다는 것을 암시한다. 문법 영역에서의 어휘 교육처럼 직접적으로 어휘와 관련된 것은 성취 기준으로 명시되어 있기 때문에 당연히 교육을 하겠지만, 성취 기준의 내용이 어휘와 조금 관련이 있는 정도의 간접적인 것이라면, 교사가 어휘 교육의 필요성, 중요성을 인식하지 못하거나 성취 기준 도달에 핵심적인 내용만 초점을 맞추어 교육을 해야 하는 상황이라면 어휘 교육은 제대로 안 될 가능성이 크다.

또 현재 국어과 교육과정에 학년군 성취 기준과 함께 제시되어 있는 '국어 자료의 예'에 어휘 관련 내용은 1~2학년군에 '우리말 자음과 모음의 짜임을 다양하게 보여 주는 낱말', '친숙하고 쉬운 낱말과 문장, 짧은 글'이라는 부분밖에 없고, 대부분의 '국어 자료의 예'는 학습에서 사용할 담화 자료, 글, 문학 작품의 내용이나 특징, 상황, 유형 등을 나타내 주고 있다. 결국 중학교의 경우 역시 '문화, 역사, 전통의 차이로 인해 발생한 지역 방언, 사회 방언 관련 자료'를 국어 자료로 사용하라는 것 이외에는 초등학교와 별다른 차이점이 없다. 결국 국어 자료의 예로 제시된 대부분의 것은, 어떤 어휘를 반영한 담화 자료, 글, 문학 작품이 되어야 하는가에 대한 안내가 없는 실정이어서, 교사와 교과서 집필자의 경험과 직관에 의존하여 텍스트에 사용된 어휘와 학습자의 수준이 서로 부합되는지 결정하고 이러한 과정의 총합이 학습자에게 지도되는 어휘의 수준과 양을 결정하게 되는 비합리적 양상을 띤다고 볼 수 있다.

2) 중학교 어휘 교육 내용의 개선 방향

앞서 살펴보았듯이 현행 교육과정 내에서의 중학교 어휘 교육은 초등학교에서 학습하지 않았던 어휘와 관련된 국어학적 지식을 더 배우는 정도이고 어휘 사용 능력의 신장에 초점이 놓인 교육 내용이 적절히 제공되었다고 보기 어려우므로 7~9학년군 성취 기준에 제시된 '어휘 능력 확장'은 제대로 성취되었다고 보기 어렵다. 국어교육에서 어휘가 별도의 영역으로 설정되지 않고 현재의 국어교육 영역 내에서 교육되기 위해서는 다음과 같은 교육 내용 범주를 생각해 볼 수 있다.

① 어휘에 대한 국어학적 지식, 어휘 사용, 태도 등에 대한 학습
② 들을 때 상황과 맥락에 맞게 어휘를 이해하는 학습
③ 말할 때 상황과 맥락에 맞게 적절하고 정확하게 어휘를 사용하는 학습

쉬어가기 · **중학생 '황금사전 선발 대회'를 아시나요?**

'황금사전 선발 대회'는 중학생을 대상으로 한 기본 어휘, 북한 어휘, 방언 어휘, 토박이말 등 다양한 분야의 국어 어휘 실력 겨루기 대회이다. 이 대회는 문화체육관광부가 주최하고 '국어문화원연합회' 등에서 주관하는 것으로, 중학생들이 갖추어야 할 기본적인 어휘 능력과 함께 더 수준 높은 어휘력을 기르도록 하는 것을 목적으로 하고 있다. 전국의 국어문화원에서 지역별 예선을 거쳐 선발된 100~200명의 학생을 대상으로 본선 대회를 실시하여 으뜸상(문화체육관광부장관상), 우수상(국립국어원장상), 장려상(전국국어문화원연합회장상) 등을 수여한다(http://www.koreancontest.org 참조).

④ 글을 읽을 때 맥락에 맞게 어휘를 이해하는 학습

⑤ 글을 쓸 때 상황과 맥락에 맞게 적절하고 정확하게 어휘를 사용하는 학습

⑥ 문학 작품을 읽을 때 작품의 사용된 어휘를 맥락에 맞게 이해하는 학습

⑦ 이 밖에 국어 자료에 사용된 어휘를 이해하는 학습

이 중 ①이 문법 영역에서 주로 이루어지고, ②와 ③이 듣기·말하기, ④가 읽기, ⑤가 쓰기, ⑥이 문학 영역에서 이루어질 수 있는 어휘 교육이다. ②~⑥의 학습은 어휘 표현, 이해 등 어휘 사용에 대한 이해와 적용에 관한 것으로 그 영역의 목표 도달에 이러한 어휘 학습이 기여하는 바가 크나 영역 고유의 학습 내용에 우선순위를 두다 보면 제대로 교육되지 않을 수도 있는 부분이다. ⑦은 ①~⑥의 학습에 사용된 국어자료의 어휘에 대한 학습으로 국어과 모든 영역의 교육에서 어휘 학습이 이루어질 수 있음을 보여주는 부분이다. 그러므로 ①~⑦을 위하여 어떤 내용으로 어떻게 교육하는 것이 어휘 능력의 신장, 궁극적으로 국어 능력의 신장에 효과적인가에 대한 체계적인 연구와 적용이 필요하다.

3. 중학교 어휘 교육의 방법

1) 중학교 어휘 교육 방법의 현황

중학교에서 어휘 교육을 할 때 어떤 방법으로 하는가는 국어과 교육과정상 제시된 교수·학습 방법이 무엇인지 살피고, 국어 수업을 직접 관찰 분석하며, 동시에 현행 국어과 교과서에서 어휘 관련 단원의 학습 활동의 방법을 분석하는 등 다면적 방법을 통해 실상을 살펴볼 수 있다. 이 절에서는 2011

개정 국어과 교육과정에서 어휘 교육의 방법에 대하여 어떻게 제시하고 있는지, 또 이 교육과정을 적용한 중학교 국어 교과서에서 어휘 교육을 어떤 방법으로 구현하고 있는지를 중심으로 어휘 교육 방법의 현황과 문제점을 살펴보고자 한다.

2011 개정 국어과 교육과정 '교수·학습 방법'의 '교수·학습 운용' 부문에는 어휘 교육의 방법과 관련하여 다음과 같은 부분만 제시되어 있다.[10]

> '국어 자료'를 다룰 때는 기본적으로 어휘와 어법에 유의하여 지도한다. 어휘와 어법은 '듣기·말하기', '읽기', '쓰기', '문법', '문학' 영역의 매 단원에서 새로 등장하는 단어의 발음, 뜻, 표기를 정확히 알고 어법에 맞게 사용하는 것을 생활화하도록 지도한다(교육과학기술부, 2011a: 72).

이는 국어과의 전 영역에 걸쳐 어휘 학습이 이루어져야 한다는 전제 아래, '국어 자료'에 제시된 어휘를 관심 기울여 지도해야 한다는 것으로 이 교육과정이 어휘 교육의 위상을 문법 영역에만 두고 있지 않으며, 어휘 교육이 범영역적으로 교과서 텍스트에 나오는 어휘의 이해와 바른 사용에 초점을 두고 있다는 것을 확인할 수 있는 부분이다. 특히 국어 교과서의 매 단원에 새로 나오는 단어의 발음, 의미, 표기를 이해하여 어법에 맞게 사용할 수 있도록 지도해야 한다는 지침을 명시화함으로써 모든 영역에서 어휘 교육

---

10 이 부분은 초등학교와 중학교 모두에 걸쳐 적용되는 내용이다. 고등학교 선택 교육과정에 해당하는 '국어 I'의 교수·학습 운용에도 이와 동일한 의미의 내용이 나오며, "특히 개념어들에 대하여 정확히 알고 사용하도록 유의하여야 한다"(교육과학기술부, 2011a: 87)는 내용이 추가되어 있다. '국어 II'에는 "특히 급증하는 개념어들에 대하여 정확히 알고 사용하도록 유의하여야 한다"(교육과학기술부, 2011a: 8101)고 기술되어 있다. 초등학교와 중학교 역시 개념어를 정확히 이해하고 사용하는 것은 중요하므로 이 내용을 굳이 고등학교 선택교육과정에만 제시할 이유는 없다.

을 실천할 수 있도록 적극적으로 유도하고 있다.

그러나 국어과 교육과정에 어휘 교육 방법에 대한 이러한 안내는 국어 자료를 통한 어휘 학습 방법이라는 매우 제한적인 면만 제시했다는 문제점을 가지고 있다. 또 앞서 언급한 바와 같이 교수·학습 자료로 사용되는 텍스트의 어휘에 대한 구체적 교육 계획은 세우지 않은 채, 텍스트에 사용된 새로 나온 어휘는 사용할 수 있도록 교육하라고 한다는 점에서 매우 비합리적이다. 이 밖에 텍스트에 사용된 새 어휘에 대한 의미 이해와 사용에만 초점을 두고 있을 뿐, 어휘 능력 확장을 위한 구체적인 교수·학습 방법에 대한 안내는 제시되어 있지 않았으며, 초등학교와 어휘의 발달 수준, 어휘 능력 등에 차이가 있는 중학교에서 어휘 교육이 어떤 방법적 차이를 보여야 하는가에 대해서도 제시되어 있지 않다. 결국 현 상태에서 어휘 교육은 교사의 경험과 직관에 따라 교육 방법을 임의로 선택할 수밖에 없는 문제점을 안고 있다고 볼 수 있다.

2) 중학교 어휘 교육 방법의 예

어휘 교육의 내용은 어휘에 대한 지식, 적절한 어휘 사용 방법, 어휘 태도 등이다. 그러나 중학교 국어과 교육에서는 문법 영역에 한정되지 않고 범영역에 걸쳐 학습자의 어휘 능력 확장을 이루기 위한 노력이 필요하다. 어휘 능력은 어휘를 이해하고 표현하는 데 필요한 총체적인 능력이므로, 이러한 능력 확장의 근간은 역시 이해하고 사용할 수 있는 어휘의 수를 늘리는 것이다. 중학교 학습자의 어휘 능력 확장을 위해서 범영역적으로 다음과 같은 방법을 사용할 수 있다.

① 뜻을 전혀 모르는 새로운 단어를 가르치는 방법

② 알고 있는 개념을 나타내는 새로운 단어를 가르치는 방법

③ 알고 있는 단어를 문맥 속에서 정확하게 이해하게 하는 방법

④ 알고 있는 단어를 다른 단어와 비교를 통해 정교하게 이해하게 하는 방법

⑤ 알고 있는 단어의 새 의미를 파악하게 하는 방법

⑥ 알고 있는 단어와 관련이 있는 다른 단어(동의어, 유의어, 반의어, 파생어, 합성어 등)를 학습하게 하는 방법

⑦ 이해한 단어를 사용하여 글쓰기

⑧ 이해한 단어를 사용하여 말하기

①과 ②는 새로운 단어를 가르칠 때 사용할 수 있는 방법이다. ③~⑥은 학습자가 이미 알고 있는 단어를 기반으로 어휘 능력을 신장하는 방법으로 ③과 ④는 단어를 정확하고 정교하게 이해하게 하고, ⑤는 단어의 새 의미를 알게 함으로써 단어의 새로운 사용을 이해하게 하며, ⑥은 알고 있는 단어의 동의어, 유의어, 반의어, 파생어, 합성어 등을 학습함으로써 효과적으로 어휘력 확장을 꾀할 수 있는 방법이다. 이해하고 있는 단어를 모두 표현할 수 있는 것은 아니므로 ⑦과 ⑧같이 학습자가 익힌 단어를 말하기와 쓰기에서 직접 표현할 수 있도록 하는 방법 역시 학습자의 표현 어휘 능력 확장에 필요한 방법이다.

앞서 언급된 2011 개정 교육과정에 제시된 어휘 교육의 방법이 실제 이 교육과정을 적용한 중학교 국어 교과서에 어떻게 구현되고 있는지 한 교과서를 예로 들어 살펴보면 다음과 같다.[11]

---

11   박영목 외(2013)는 ㈜천재교육에서 출판된 중학교 국어 교과서이다.

[표 5] 중학교 1학년 1학기 국어 교과서에 실행된 어휘 교육 방법의 예(박영목 외, 2013)

단원	소단원명	어휘	어법
1-(1)	자기소개하기	'이'로 끝나는 동물 이름 쓰기	'~데'와 '~대'의 쓰임 구분
1-(2)	글쓰기의 계획과 점검	단어 넣어 짧은 문장 지어 보기	맞춤법(생선찌개/생선찌게, 삼개탕/삼계탕, 육개장/육계장)
2-(1)	해/ 오우가	문장의 빈칸에 알맞은 어휘 넣기	시구를 원고지에 쓰기
2-(2)	시 창작 시간	'-터'로 끝나는 말 더 써 보기	맞춤법(빚어/빗어, 빚어/빗어)
2-(3)	고무신	단어와 그 뜻을 연결해 보기	맞춤법(아지랭이/아지랑이, 설거지/설겆이, 베개/베게)
2-(4)	별명을 찾아서	'-쟁이'로 끝나는 말 더 써 보기	맞춤법(산봉오리/산봉우리, 꽃봉오리/꽃봉우리)
3-(1)	언어의 본질과 기능	빈칸에 공통적으로 들어갈 말 써 보기	맞춤법(가리키는/가르치는, 가리킨/가르친)
3-(2)	국어의 음운 체계	자음과 모음을 바꿔 보기	빈칸에 들어갈 알맞은 어휘 고르기(졸졸/쫄쫄/줄줄)
4-(1)	요약하기	단어 넣어 짧은 문장 지어 보기	빈칸에 들어갈 알맞은 어휘 고르기(반드시/반듯이, 반드시/반듯이)
4-(2)	효율적인 의사소통	한자의 음과 뜻 이용해서 단어의 의미 쓰기	맞춤법(역할/역활, 원활/원활)
5-(1)	하늘은 맑건만	빈칸에 들어갈 알맞은 흉내말 고르기	맞춤법(배어/베어, 배어/베어)
5-(2)	예측하며 읽기	단어와 그 뜻을 연결해 보기	표준 발음(일자리, 잠자리)

　　이 교과서에는 매 소단원 뒤 그 소단원 텍스트와 관련된 어휘 학습을 위와 같이 어휘 지도와 어법 지도로 구현하고 있어, 국어과 전 영역에서 어휘 교육이 이루어지도록 하고 있다. 결국 교육과정의 교수·학습 운용에 교과서 매 단원에서 어휘 학습을 강조한 것이 교과서에 실현됨으로써 어휘 교육이 실제로 이루질 가능성을 높였다고 평가할 수 있다. 그러나 국어과 교과서에 이처럼 어휘 학습을 위한 활동이 구성되어 있더라도 이것의 실행은 궁극적으로 국어과 교사의 교육적 판단에 달려 있으므로 어휘 교육의 중요성을 교사가 인식하고 이를 실천할 수 있도록 하는 교사 교육이 필요하다.

4. 중학교 어휘 교육의 개선 방안

지금까지 이 장에서는 중학생의 어휘 발달과 어휘 능력을 대략적으로 살펴보고, 국어교육 내 어휘 교육의 위상과 중학교 어휘 교육의 목표에 대하여 점검해 보았다. 또 현행 국어과 교육과정의 중학교 어휘 교육 내용과 방법의 문제점을 지적하였다. 국어과에서 어휘 교육은 어휘가 별도의 하위 영역으로 설정되어 있지 않은 채 문법 영역에서 어휘와 관련된 국어학적 지식 이해와 적용 중심으로 이루어져 왔고, 이는 초등학교와 중학교 간 큰 차이가 없다. 단지 중학교에서는 문법 이외 영역에서 해당 영역 고유의 학습에 치중하다 보니, 간접적으로라도 어휘와 관련이 되는 교육 내용이 초등학교에 비하여 현저히 적다는 차이가 있다. 또 현행 국어과 교육과정에는 중학교 어휘 교육을 위한 교수·학습 방안이 별도로 제시되어 있지는 않으며, 전 영역에 걸쳐 국어 자료에 제시된 새 단어의 발음, 뜻, 표기 등을 유의해 지도할 것을 강조하고 있다.

중학교에서 학년군 성취 기준에서 제시하고 있는 것처럼 '어휘 능력 확장'이 이루어지기 위해서는 종래의 문법 영역 중심의 어휘 교육에서 벗어나 듣기·말하기, 읽기, 쓰기, 문학 등의 영역에서도 어휘 사용 능력 신장에 필요한 교육이 적절히 이루어져야 한다. 중학교 어휘 교육이 학습자의 어휘 능력 확장이라는 목표에 부합하기 위해서 다음과 같은 점을 지향해야 한다.

첫째, 중학교 수준에 맞는 어휘량과 어휘 수준이 설정되어야 한다. 앞서 언급한 바와 같이 어휘 능력은 어휘를 이해하고 표현하는 데 필요한 형태, 의미, 화용 등에 관련되는 총체적 능력으로 매우 추상적인 개념이다. 중학교에서 어휘 능력의 확장이 이루어져야 한다면 이를 구체적인 수준에서 접근할 수 있는 한 방안이, 중학생이 어휘에 대한 총체적 지식을 적용하여 맥락에 맞게 어휘를 이해하고 표현할 수 있는 수준과 양을 설정하고 이를 성취하기 위한 교육을 하는 것이 될 수 있다. 즉, 중학교에서 초등학교에 비하여 어휘 능력이 확장되기 위해서는 중학생이 어떤 수준의 어휘를 어느 정도 학습해야 하는지에 대한 기준이 필요하다. 물론 이는 중학교 수준에서만뿐만 아니라 초등학교 이후 고등학교, 대학교를 마칠 때까지 학교생활과 교양 있는 사회생활, 전문적 직업 생활 등에 필요한 어휘량과 수준에 대한 기준이 제공되는 것이 가장 이상적이다. 이에 대한 체계적인 연구를 통하여 합의된 수준의 기준이 마련된다면 어휘 교육의 목표를 실현할 수 있는 구체적인 수준의 교육 내용을 설계하는 데 매우 유용할 것이다.

둘째, 어휘 이해 교육, 어휘 표현 교육, 어휘 태도 교육이 제대로 이루어져야 한다. 현재 중학교 국어과 교육 내의 어휘 교육은 문법 영역 중심의 어휘에 관한 국어학적 지식 교육이 주를 이룬다. 이러한 어휘에 대한 국어학적 지식이 실제 어휘 이해와 표현에 적용되어 어휘를 적절히 사용할 수 있게 하고, 어휘에 대한 민감성과 어휘에 대한 태도 등을 기를 수 있게 하는 교육 내용이 포함되어야 한다.

셋째, 영역별로 영역 고유의 학습 내용과 관련이 되는 어휘 교육 내용을 별도로 선정하여 제시해야 한다. 중학교 국어과 교육은 위계적으로 보아도 초등학교에 비하여 각 영역의 고유 지식과 기능, 태도 등에 대한 교육의 심화가 이루어질 수밖에 없다. 어휘가 별도의 영역으로 설정되어 있지 않은 상황에서 중학교 국어과에서 어휘 교육이 제대로 이루어지기 위해 영역 고유의 학습 내용과 이와 관련된 어휘 학습 내용을 추출하여 별도로 제시한다면, 어휘 교육 내용을 분명히 할 수 있을 뿐만 아니라 교육 실천가의 어휘 교육에 관한 인식을 제고할 수도 있다. 국어과 교육에서 이루어지는 국어의 이해와 표현의 과정에 어휘가 반드시 필요하고 사용되지만, 그렇다고 해서 어휘 교육이 실현되는 것은 아니다. 어휘와 관련된 교육의 실현 여부는 결국 교육을 행하는 사람의 실천 의지가 있어야 가능하다.

넷째, 국어 자료의 예를 담화, 글, 문학 작품과 관련된 사항만 제시할 것이 아니라 국어 자료에 사용될 어휘에 대한 것도 함께 제시되어야 한다. 국어과 교수·학습에서 매우 중요한 문제 중의 하나가 어떤 텍스트를 사용하여 성취 기준에 도달하게 할 것인가이다. 그래서 교육과정에 국어 자료의 예를 제시하고 있는데, 앞서 살펴본 바와 같이 주로 담화, 글, 문학 작품 등의 내용과 상황, 유형 등에 대한 것이다. 그러므로 중학교에서 어휘 교육을 통하여 어휘 능력을 확장하고자 한다면 국어 자료에 사용될 어휘에 대한 정보를 제시하는 것도 한 방안이 될 수 있다. 예를 들어 고유어의 아름다움을 느낄 수 있는 문학 작품, 창의적으로 어휘를 사용한 글, 방언의 가치를 느낄 수 있는 문학 작품, 관용 표현이 적절히 사용된 담화 등과 같이 국어 자료의 정보를 제공하게 된다면 교과서 제작과 국어과 수업에서 어휘 교육이 실현될 수 있게 하는 장치가 될 것이다.

다섯째, 교과서에 어휘 학습을 구현할 수 있도록 적극적으로 유도해야 한다. 현재 교육과정에서 '국어 자료'를 다룰 때 기본적으로 어휘를 유의하여 지도해야 한다고 제시되어 있으나, 이것의 실행 여부는 전적으로 교육 실천가의 판단으로 결정된다. 일반적으로 국어과 교수·학습의 가장 중요한 매개체가 바로 국어과 교과서이다. 따라서 이것을 보다 적극적으로 실현하기 위해서는 국어 교과서 검정 기준에 매 단원에 단원 관련 어휘 학습을 넣도록 권고하는 것이 한 방안이 될 수 있다. 또 이때 어휘 학습이 새로운 어휘의 이해와 사용을 균형적으로 이루어지도록 한다면 이 역시 도움이 될 것이다.

여섯째, 어휘를 평가에 반영하게 하고, 다양한 어휘 평가 방안을 강구해야 한다. 어휘 학습이 제대로 이루어지기 위해서는 어휘 학습의 내용을 평가에 반영할 수 있는 방안이 마련되어야 하는데, 학교 수준, 국가 수준의 성취도 평가에서 어휘 학습을 통해 어느 정도의 성취를 하였는가를 측정한다면 이 역시 학교 현장에서 어휘 교육의 중요성을 재인식하게 하는 장치가 될 것이다. 또 주어진 텍스트에 사용된 어휘의 의미를 이해하는 수준을 벗어나 학습자의 학령에 맞는 어휘 이해력, 어휘 표현력 등을 측정하는 것도 한 방안이 될 수 있을 것이다.

이러한 방안들은 어휘 교육의 목표, 내용, 방법, 평가 등에 관련된 것으로 각각이 독자적으로 실현될 수 있는 방안은 아니다. 결국 중학교에서 어휘 교육이 제자리 매김을 하기 위해서는 중학생에게 요구되는 어휘 능력을 구체화하고, 이를 기반으로 기존의 영역 교육과 통합적으로 지도할 수 있는 교육 내용이 선정이 되고, 어휘 학습을 강조하고 효과적으로 할 수 있는 교육 방법과 평가 방안의 마련되어야 한다. 이는 어휘 교육을 설계하는 일련의 과정으로 상호 영향을 미칠 수밖에 없다.[12]

---

12 이것은 비단 중학교에 국한된 내용이 아니다. 초등학교와 고등학교에서의 어휘 교육 역시 교육 설계의 전 과정에 대하여 면밀히 연구되고, 이것이 실제 교육에 투입되는 것이 바람직하다.

1. 중학교 국어과 교육에서 추구해야 할 어휘 능력 확장의 방향에 대하여 생각해 보자.

2. 중학생이 이해할 수 있는 어휘량과 사용할 수 있는 어휘량이 어느 정도가 되어야 하는가에 대하여 이야기해 봅시다. 또 그렇게 생각하는 이유에 대하여 말해 보자.

3. 중학생에게 어휘를 지도할 때 '학습자가 이미 알고 있는 단어를 다른 단어와 비교를 통해 정교하게 이해하게 하는 방법'의 예를 들어 보자.

3

고등학교에서의 어휘 교육

1. 고등학교 어휘 교육의 목표와 위상

1) 고등학교에서 어휘 교육이 왜 필요한가

어휘는 언어생활의 기본이다. 김광해(1997)가 강조한 대로 어휘는 언어 자산이며, 지식이고, 사고 능력이며, 표현의 수준을 결정한다. 또한 어휘는 신개념의 공급원이며, 문화 유산이기도 하다. 외국어 학습의 상당 부분이 어휘 학습에 할애되는 것도 어휘가 목표 언어의 실체를 담고 있기 때문이다. 문법이 엉터리라도 어휘가 정확하면 상황과 문맥을 참고하여 의미를 이해할 수 있지만, 그 반대는 어려운 것도 어휘의 중요성을 방증한다.

어휘 교육에 대해서도 마찬가지 이야기를 할 수 있다. 모어교육이든 제2언어 교육이든, 어휘는 언어 교육의 출발점이자 지향점이 된다.[1] 하지만 그 중요도에 비해 국어교육에서의 위상은 다소 애매하여, 교과 안에서 별도의 지분을 인정받지 못한 채 텍스트 이해 및 표현 활동의 부수적 활동에 그치고 있다.[2] 어휘 교육에 대한 연구 역시 대부분 어휘 교육 일반론 및 형태·의미·기능에 따른 어휘 목록의 체계화에 몰려 있고, 교육 방법론은 단어의 구조, 어휘 간의 관계, 텍스트 내에서의 의미 작용 등에 바탕을 둔 기술적 접근에 치중하고 있다. 특히 학교 급별로 어휘 교육의 본질을 규정하고 차별화된 방법론을 구안한 연구는 많지 않다.

고등학교로 범위를 좁혀 보자. 현실적으로 어휘 교육에 대한 관심은 학교 급이 높아질수록 낮아진다. 이와 관련하여 성용근(2005)은 인문계 고등학교에서 어휘 교육이 뒷전으로 밀리는 이유로 ① 내용 위주의 학습량이 많아 어휘 교육에 할애할 시간적 여유가 없다, ② 교사 주도의 어휘 교육은 이미 중학교 과정에서 마무리된 것으로 여기는 경향이 지배적이다, ③ 현재 사용하고 있는 교과서로는 어휘 교육이 쉽지 않다는 점을 들었지만, 여기서 '어휘' 대신 '듣기·말하기', '쓰기'와 같은 국어과의 다른 영역을 대입해도 상황은 마찬가지라는 점에서 문제를 완벽하게 드러내지는 못하였다. 고등학교 어휘 교육의 본질에 대한 재인식이 필요한 것이다.

여기서 질문을 하나 해 보자. "왜 고등학교에서'까지' 어휘 교육을 해야 하는가?" 혹은 "고등학교 수준에서 어휘 교육을 잘 받았다는 것은 무엇을 의미하는가?" 이에 대한 답이 대강이라도 그려져야 고등학교 어휘 교육의 방향을 정하고 내용과 방법을 구체화할 수 있을 것이다. 우리가 지향하

---

1   유아의 언어가 'one word sentence → two word sentence → 전보문(電報文)' 순으로 발달해 가는 데서 어휘가 언어 습득의 출발점이 됨을 알 수 있다. 어휘가 언어 교육의 지향점이 된다는 말은, 언어 능력의 다른 영역과 달리 어휘는 평생 학습할 수 있으며/학습해야 하며, 사용하지 않으면 잊힌다는 점을 강조한 것이다.

2   2011 교육과정 개정 작업에서도 내용 체계에 '어휘' 영역을 설정하고 매 학년군의 내용 성취 기준에 어휘 관련 항목을 두자는 아이디어가 나왔으나 논의 과정에서 거부되었다. 이에 대해서는 김창원(2012) 참고.

는 것은 어휘력이 풍부한, 다시 말해 이해하거나 표현할 수 있는 단어의 수가 많은 학생인가? 아니면 처음 보는 단어라 할지라도 문맥과 단어의 구조를 바탕으로 정확하게 의미를 추리해 내는 학생인가? 어휘의 역사와 구조에 대한 지식이 풍부하거나, 가능하면 정확하고 아름다운 어휘를 구사하려 노력하고 우리말 어휘를 가꾸는 데 관심이 많은 학생은 어떤가? 나아가, 대학이나 직장에서는 고등학교 졸업생들에게 어떤 어휘 능력을 요구하는가? 이러한 질문들을 의식하지 않고 어휘 교육에 대해 논의하면 자칫 방향 감각을 잃을 수 있다.

이러한 관점에서 본 장에서는 고등학교 어휘 교육의 본질에 대해 살펴보고, 초·중학교 및 대학, 평생교육에서의 어휘 교육과 차별화되는 지점을 찾아보려고 한다. 그 과정에서 현재의 고등학교 교육과정에 반영된 어휘 교육의 내용에 대한 검토도 이루어질 것이다. 나아가 고등학교 어휘 교육의 내용과 방법을 구상하기 위한 사고 틀을 체계화하려고 한다. 그 방법은 어휘 교육의 내용 구조와 실천 양상에 관해 구체적인 질문을 던지고 그에 대한 답을 찾아가는 방식을 취한다. 이를 통하여 '고등학교'라는 특정 시기의 어휘 교육이 지니는 특성을 이해하고 그에 걸맞은 비중과 내용, 방법으로 어휘 교육을 할 정당성을 확보하는 것이 본 장의 목표이다.

2) 고등학교 어휘 교육은 어떠해야 하는가

당연한 이야기지만, 고등학교의 어휘 교육은 초·중학교의 어휘 교육과 성격 및 수준이 달라야 한다. 문제는 '고등학교'로 최적화된 어휘 교육이 현실에서 구현되지 않았거나 구현하기 어렵다는 점이다. 생활 어휘·기능 어휘 중심의 기초·기본 어휘 교육 단계를 지나 개념 중심의 교양 어휘·전문 어휘를 습득하고, 사전적·문맥적 의미 이해를 넘어선 함축적·문화적 의미의 활용 단계로 나아가며, 한자어와 외국어를 포괄하는 확산적 어휘 교육이 이루어지는 단계가 고등학교 교육이다. 그 핵심에 '어휘 능력'이 있다.

어휘 능력(lexical competence)이란 무엇인가? 일반적으로 '어휘력(vocabulary)'이라는 말을 많이 쓰는데, 어휘력과 어휘 능력은 어떻게 다른가? 어휘력에 관한 전통적인 논의에서는 ① 이해 어휘·표현 어휘, ② 기능 어휘·개념 어휘, ③ 고유어·한자어·외래어, ④ 양적 어휘력 및 질적 어휘력과 같은 개념을 많이 사용하였다. 언어관의 확장에 따라 ⑤ 문화 어휘와 같은 특정 어휘장을 거론하는 사례도 늘었고, 어휘 교육과 관련해서는 ⑥ 1차 어휘 및 2차 어휘, ⑦ 기본 어휘 및 교과 어휘 등의 분류도 중요하게 거론되었다. 이들은 모두 어휘의 의미와 기능을 이해하고 어휘를 적절하게 사용하는 능력을 중시한다는 공통점을 지닌다. 이른바 도구적 관점이다.

그에 대해 최근 들어 '어휘 능력'이라는 용어를 사용하며 어휘력의 개념을 넓히려는 시도가 계속되었다.[3] 그에 따르면 어휘 능력은 어휘에 대한 지식, 어휘 사용 기능, 어휘에 관한 태도 등의 복합 능력으로 정의된다. 교육적 관점에서 지식·기능·태도를 어휘 능력의 개념 규정에 활용한 것이다. 이

쉬어가기   어휘장

단어는 혼자 존재하거나 기능하지 않고 다른 단어들과 관련을 맺으며 존재·기능한다. '위'라는 말은 '아래, 옆'과 같은 개념을 상정하지 않고서는 이해할 수도 사용할 수도 없는 것이다. 각각의 단어는 여러 기준에 따라 서로 다른 단어들과 연관을 맺는데, 그처럼 서로 관련이 깊은 단어들을 한데 묶어 서 처리하면 그 의미와 기능을 이해하기 쉬운 경우가 많다. 이를 어휘장(語彙場) 또는 낱말밭이라 한다. 한국어가 영어에 비해 친족어가 발달했다거나 다양한 색깔들을 색채어로 묶는 것이 전형적인 예이며, 이를 활용해서 학생들의 어휘량을 늘리는 전략이 다양하게 개발되어 있다.

---

3   이에 대해서는 신명선(2004a) 참조.

관점에서는 어휘를 적절하게 사용하는 능력뿐 아니라 어휘에 대한 메타적 지식 및 어휘를 활용하여 이루어지는 다양한 탐구 능력도 어휘 능력에 포함된다. 예컨대 어원 및 어휘사에 대한 지식은 전통적인 어휘력에는 포함되지 않지만, 새로 규정된 어휘 능력에는 포함된다. 도구적 관점에 인지적 관점을 추가한 것으로 볼 수 있다.

본 장에서는 '어휘 능력'이라는 용어를 수용하되, 지식·기능·태도의 축에 사고·소통·문화라는 또 하나의 축을 교차하고자 한다. 어휘를 매개로 하여 사고하고(반대로 사고의 과정과 결과를 어휘화하고), 어휘를 활용하여 소통하며(반대로 소통의 과정과 결과를 어휘화하고), 어휘를 통해 문화를 이해하고 향유하는(반대로 문화적 실천의 과정과 결과를 어휘화하는) 일과 관계된 지식·기능·태도를 어휘 능력으로 정의하는 것이다.[4]

이러한 논의는 기존의 '도구적 관점 대 인지적 관점'의 대비에 제3의 관점을 추가해야 한다는 결론으로 나아간다.[5] 인지적 관점은 기존의 도구적 관점이 지니는 한계―대표적으로 어휘를 사용하는 '인간'의 문제를 배제한 점―를 효과적으로 극복했으나, 수사학적 관점에서 의사소통적 관점으로,

---

4   명명(命名)과 번역을 예로 들어 보자. 기존 어휘로 나타낼 수 없는 개념을 명명하고 해당 단어를 찾기 어려운 외국어를 적절하게 번역하는 능력은 매우 고급의 어휘 능력인데, 이 과정은 도구적 관점이나 인지적 관점만으로는 설명하기 어렵다. 데리다가 'différance'라는 단어를 만들거나 그것을 '차연(差延)'이라고 번역한 과정을 예로 들 수 있다.

5   신명선(2011)은 어휘를 바라보는 기존의 관점들을 다음과 같이 정리했는데, 최근의 주류는 도구적 관점보다 인지적 관점에 더 가까운 편이다. 멀리는 손영애(1992b)에서 최근의 주세형 (2005a), 구본관(2011a)에 이르기까지 다수의 연구자가 이에 동의하고 있다.

	인지적 관점	도구적 관점
기본 단위	어휘는 사고의 기본 단위	어휘는 의사소통의 기본 단위
강조점	어휘는 국어 문화의 소산 개념의 정확성	어휘는 의사소통의 원천 사용의 적절성
범위	주로 개인	주로 사회

다시 인지주의적 관점을 거쳐 사회·문화적 관점으로 변화하는 국어교육의
거시 담론과는 다소 거리가 있다.[6] 따라서 '도구 대 인지'의 이원 대립 체계
보다는 아래와 같은 대비가 국어교육의 철학과 관점을 더 잘 반영할 것이
다. 이는 어떤 단어를 아는 사람은 그 공동체의 다른 구성원들과 관념을 공
유하게 되며, 공유된 어휘는 구성원들을 결속하고 고유한 문화를 창조케 하
는 접착제 역할을 한다는 주장(Miller, 1991; 임지룡, 2010: 260에서 재인용)과
도 상통한다.

(표 1) 국어교육의 맥락에서 재구조화한 어휘관

	인지적 관점	도구적 관점	사회·문화적 관점
기본 관점	어휘는 사고의 기본 단위	어휘는 의사소통의 기본 단위	어휘는 사회·문화적 소통의 기본 단위
사용 주체의 성격	언어로 구성된 세계 내에서의 개인	의사소통 주체로서의 개인	사회·문화적 실천 주체로서의 개인
강조점	개념의 정확성	사용의 적절성	소통의 효과성
교육 목표	어휘에 대한 탐구와 성찰	어휘의 양적 확대와 질적 정교화	어휘를 매개로 한 인간과 세계의 이해

　　어휘 능력을 '사고·소통·문화 측면에서의 어휘에 관한 지식·기능·태
도'로 규정하면 어휘 교육의 방향도 그에 따라 정해질 것이다. 어휘 교육은
어떤 성격을 지녀야 하는가? 그레이브스(Graves, 1987)는 의도적인 어휘 지
도 프로그램에서 다루어야 할 내용으로 '어휘 학습, 어휘 학습 방법의 학습,
어휘에 대한 학습'을 제시한 바 있다(신명선, 2011: 88에서 재인용). 이와 비슷
하게 문학 교육 연구에서 한동안 유행했던 구분법을 차용하면, 어휘 교육의
성격은 '어휘의 교육, 어휘에 대한 교육, 어휘를 통한 교육, 그리고 어휘를

6　이에 대해서는 국어교육미래열기(2009)의 제1장 참조.

위한 교육'으로 나누어 살펴볼 수 있다. ① '어휘의 교육'은 양·질·사용 면에서 어휘 능력을 늘리기 위한 교육이고, ② '어휘에 대한 교육'은 어휘 일반 이론, 한국어의 어휘 체계, 한국 어휘사, 방언 등에 관한 메타지식의 교육이다. ③ '어휘를 통한 교육'은 어휘 활동을 통하여 사고력, 의사소통 능력, 문화적 문식성을 신장·함양하는 교육이고, ④ '어휘를 위한 교육'은 교육을 통하여 어휘 의식을 높이고 한국어의 어휘를 순화·확충하기 위한 교육이다. '지식, 기능, 태도'의 체제와 굳이 대응시키면 '어휘의 교육'은 기능 쪽에, '어휘에 대한 교육'은 지식 쪽에, '어휘를 위한 교육'은 태도 쪽에 가깝겠으나 이들이 일대일로 대응하는 것은 아니다. 또한 '어휘를 통한 교육'은 기존의 관점에서는 찾기 어렵다. 그러나 교육의 거시 목적과 교과 통합 이론을 고려하면 '어휘를 통한 교육'에도 일정 지분을 줄 필요가 있다.

이쯤 해서 고등학교 어휘 교육이 무엇에 초점을 두어야 하는지 생각해 보자. 임지룡(2010: 264)은 어휘 교육의 목표를 1단계(초등학교)에서는 기초적인 의사소통에 불편함이 없게, 2단계(중학교)에서는 감성과 지성을 풍부하게, 3단계(고등학교)에서는 슬기로운 삶을 누리며 언어 문화의 창조에 이바지하게 각각 '필수적 어휘'와 '확장된 어휘'를 학습하는 것으로 정리하였다. 위계화를 고려하여 어휘 교육의 목표를 구분한 것은 의미가 있으나, 조작적인 정의라고 하기에는 다소 부족하다. 구본관(2011a: 37)은 공식 교육과정의 체재를 모방하여 어휘 교육의 목표를 전문(前文)과 '지식, 어휘 활용 능력, 태도와 문화'의 세부 목표로 정리했는데, 고등학교로 최적화된 것은 아니다.

다른 문제는 접어 두고 오로지 교육의 제도만을 고려한다면, 고등학교의 국어교육은 세 측면에서 그 목적을 찾을 수 있다. ① 대학에 진학할 경우 대학 수학에 필요한 기초 능력 신장, ② 진학을 하지 않고 취업할 경우 직무 수행에 필요한 기초 능력 신장, ③ 진학도 취업도 하지 않을 경우 일상생활에 필요한 기본 능력 신장이 그것이다. 물론 세 경우 모두 언어를 매개로 한 자아와 세계의 이해나 교양 함양과 같은 일반 목적을 함께 지닌다. 어휘 교육 역시 같은 맥락에서 ① 학문 어휘, ② 직업 어휘, ③ 교양 어휘라는 목표를 설정할 수 있을 것이다. 구본관(2011a)이 정리한 것과 같은 어휘 교육의 일반 목표 아래, 고등학교 어휘 교육은 고등학교 교육에 대한 교육 공동체의 요구를 반영하여 세 측면으로 초점화할 수 있다. 다만 이러한 특화가 어휘 영역론으로 바뀌는 것은 경계해야 한다. 여기서의 초점은 예를 들어 '학문 영역에서 자주 쓰이는 어휘들을 학습한다.'가 아니라 '학문 영역에서 요구하는 어휘 능력을 신장한다.'에 있다.

지금까지의 논의에서 거론한 기본 명제들은 다음과 같다. 이들 개념을 하나의 문장으로 종합 기술하지 않는 것은, 그렇게 하기가 어려울 뿐 아니라 그렇게 할 경우 의미가 오히려 혼란스러워지기 때문이다.

① 어휘 교육은 어휘에 관한 '인지적 관점, 도구적 관점, 사회·문화적 관점'을 균형 있게 고려해야 한다.

② 어휘 능력은 '지식, 기능, 태도'의 축과 '사고, 소통, 문화'의 축을 교차하며 규정해야 한다.

③ 어휘 교육은 '어휘의 교육, 어휘에 대한 교육, 어휘를 통한 교육, 어휘를 위한 교육'의 종합적 관점에서 접근해야 한다.

④ 고등학교 어휘 교육은 일반 어휘 교육의 목표를 지향하되, '학문, 직업, 교양'의 측면에서 최적화·초점화해야 한다.

2. 어휘 교육의 내용과 교육과정

1) 어휘 교육의 내용은 어떻게 구조화되는가

어휘 교육이 학습자의 어휘 능력을 신장하는 데 목표를 둔다면 먼저 어휘 능력의 내용 구조를 명료화해야 한다. 그에 대해 김광해(1993), 이영숙(1997), 이기연(2011) 등은 양적 어휘력과 질적 어휘력으로 나눈 뒤 질적 어휘력을 다시 하위 분류하는 방법을 취했고, 신명선(2004a)은 상징 능력과 지시 능력으로 나눈 뒤 그것들을 상호 대조하는 방식으로 접근하였다. 김정우(2011)는 문학 교육적 관점에서 신명선(2004a)의 분류를 발전시켜 어휘 능력을 지시 능력·상징 능력·문학 어휘 능력으로 분류하였으나, 세 범주로 나누는 기준이 다소 이질적인 문제를 안고 있다. 김소영(2005)은 어휘 지도의 내용을 지적 요소와 정의적 요소로 나누어 설명하였는데, 이때 정의적 요소에는 가치와 태도, 문화적 요소가 모두 포함된다. 전점이(2007) 역시 어휘 교육의 범주를 인지적 관점과 정서적 관점으로 나누어, 각각 교육 목적과 내용, 대상 어휘의 특징을 비교하였다.

이들의 공통점은 어휘 능력의 구조를 '사용'의 측면에서 분석한다는 점이다. 이는 교육적 관점에서 어휘 능력을 분석할 때 자연스러운 선택이나, 지나치게 분류학에 치우쳐서 어휘 교육에 접근하는 틀이 형식적이고 단선적이라는 문제를 안고 있다. 제도로서의 학교교육은 다층적이고 다양한 요구를 수용해야 하며, 어휘 교육의 내용 구조 역시 더 입체적일 필요가 있다. 이와 관련하여 신명선(2011)은 어휘 교육 내용 범주화의 틀로 ① 어휘 지식·어휘 기능·어휘에 대한 태도에 관한 내용, ② 정확한·적절한·타당한·창의적인 어휘 사용에 관한 내용, ③ 인지 중심적, 정의 중심적 사고력에 관한 내용, ④ 어휘·어휘 활동·어휘 학습 방법에 관한 내용을 제시한 바 있는데, 이 모두를 동시에 적용하기에는 너무 복잡하므로 과목에 따라, 목표에 따라, 또는 수준이나 투입 시기에 따라 유연하게 내용을 구조화하는 것이 현실적이다. 예컨대 다음과 같은 접근이 가능하다.

① 학습자의 요구에 따른 내용 구조: 고등학생은 졸업 후 크게 세 가지의 길을 가게 된다. 앞에서 보았던 학문·직업·교양이 그것이다. 여기서 교양을 위한 어휘 능력은 다른 두 경우의 기초가 된다고 전제하고, 크게 보아 학문을 위한 어휘 교육과 직업을 위한 어휘 교육의 내용 구조가 필요하다. 이들은 대상 어휘뿐 아니라 어휘에 접근하는 방식이 다르다. 예컨대 학문을 위한 어휘 교육은 사고의 측면에, 직업을 위한 어휘 교육은 소통의 측면에 무게 중심을 둘 것이다.

② 학교 교육의 체계에 따른 내용 구조: 학교 교육은 크게 교과 활동과 비교과 활동으로 구성되고, 고등학교의 교과는 다시 여러 개의 선택 과목으로 이루어진다. 어휘 교육이 범교과적 성격을 띤다면 비교과 영역에서의 내용 구조와 교과 영역에서의 내용 구조를 모두 필요로 하고, 각 교과 또는 선택 과목과 관련한 내용 구조도 있어야 한다. 국어과로 범위를 좁혀 보면, '화법과 작문', '독서와 문법' 과목과 '문학', '고전' 과목의 어휘 교육 내용 구조는 달라야 한다.

③ 어휘 교육에 대한 접근 체제에 따른 내용 구조: 고등학교 어휘 교육은 듣기·말하기, 읽기, 쓰기의 국어 활동과 통합하여 이루어지는 경우가 대부분이다. 그럴 경우 해당 자료와 연관된 어휘 또는 어휘 능력 중심으로 어휘 교육이 이루어지고, 이는 어휘 교육 전체의 관점에서 볼 때 균형감을 보장하기 어렵다. 말하자면 국어 활동과 별개로, 어휘 능력만을 위한 어휘 교육이 필요한 것이다. 그럴 때의 어휘 교육 내용 구조를 국어 자료들과 대조하며 설계해야 한다.

④어휘 영역에 따른 내용 구조: 어휘 교육에서 자주 부딪히는 문제가 고유어·한자어·외래어나 개념어·전문어, 신어, 방언 등의 특수한 어휘 영역 문제이다. 고유어를 위한 어휘 교육 내용 구조와 한자어를 위한 내용 구조는 다를 것이다. 각 어휘 영역의 특성을 고려한 내용 구조가 필요한 이유이다.

어휘 교육의 내용 구조 설계에서 중요한 것은 내용들의 배열 문제다. 어휘 교육 내용을 수준에 따라 배열하는 기준은 ① 개념의 복잡도 및 학령에 따른 사용 빈도 조사를 바탕으로 단어마다 등급을 부여하고 그를 기준으로 하여 배열하는 방식, ② 연어, 관용어, 고유어와 한자어, 개념어, 사고 도구어, 중세어, 방언, 북한의 문화어, 전문어 등 형태·의미·기능적 특성에 따라 어휘를 분류하고 각각의 난도에 따라 배열하는 방식, ③ 어휘 숙달도(또는 유창성), 어휘 사용의 정확성과 적절성, 표현 의도와 수사적 기법의 통합, 문화적·상황적 맥락 활용 등을 기준으로 하여 어휘 사용의 수준을 정하고 그에 따라 배열하는 방식, ④ 단어의 형태와 의미 분석, 단어 간의 관계 분석, 단어 형성 원리 이해, 어휘의 변화 및 어휘사 이해 등 교수·학습 활동의 난도와 심도를 고려하여 배열하는 방식이 있다. 이 중 ①과 ②는 어휘 자체를 기준으로 한 배열이고 ③과 ④는 어휘의 사용과 활용을 기준으로 한 배열이다. 초·중학교 단계에서는 ①과 ②에 무게 중심이 놓이고 고등학교 단계에서는 ③과 ④에 무게 중심이 놓일 것으로 예단할 수 있으나, 실제 배열에서 어떤 문제가 생길지는 예측하기 어렵다.

이러한 문제들을 해결하기 위해서는 어휘 교육의 내용 구조에 대해 본질적인 질문부터 던져야 한다. 어휘 능력이 무엇인지, 어휘 능력의 구조를 어휘 교육에 어떻게 투사할 것인지에 관한 사전 합의가 필요한 것이다. 어휘 교육의 내용 구조화를 위해 논의해야 할 논점들은 다음과 같다.

(1) 고등학교 교육에서 요구/기대하는 어휘 능력 수준은 어느 정도인가

고등학교 교육은 "중학교에서 받은 교육의 기초 위에 중등교육 및 기초적인 전문교육을 하는 것"(초·중등교육법 제45조)을 목적으로 하고, "중학교 교육의 성과를 바탕으로, 학생의 적성과 소질에 맞는 진로 개척 능력과 세계 시민으로서의 자질을 함양"(2011 개정 교육과정)하는 것을 목표로 한다. 여기서의 핵심은 '진로 개척 능력'과 '세계 시민으로서의 자질 함양'일 텐데, 후자가 다소 모호하고 일반적인 목표를 내세우는 데 비해 전자는 구체적이고 실용적인 목표를 내세우고 있다. 국어과에서 상정할 수 있는 고등학생의 진로 개척 능력이란 대학에 진학하여 효과적으로 학습할 수 있는 '학문 언어 능력'과 취업을 해서 직장 생활을 원만하게 할 수 있는 '직무 언어 능력'이 될 것이다. 일상 생활과 자아 성장, 문화 향유를 위한 언어 능력이 그 바탕이 되겠지만, 제도교육으로서의 학교에서 추구하는 것은 학문과 직업의 두 축이다. 이론적으로 일반고와 대부분의 특목고는 학문 언어를, 특목고 중 마이스터고와 특성화고는 직무 언어를 다루도록 제도화되어 있지만, 그런 것을 의식하는 학교도 없고 교사도 드문 편이다. 또한 대학이나 기업에서 고등학교에 요구하는 어휘 능력 수준에 대한 조사도 없다.

(2) 어휘 지식에는 무엇이 포함되어야 하는가

어휘 지식은 어휘 능력의 주요 구인이다. 어휘 지식은 1차 지식과 2차 지식으로 나누어 살펴야 하는데, 1차 지식은 전통적 의미의 '어휘력', 곧 학생이 이해하고 표현할 수 있는 어휘의 형태·의미·기능에 관한 지식을 가리킨다. 어휘 수준의 등급화·목록화나 외국어 학습에서 자주 접하는 'vocabulary/ word power'를 늘리는 문제는 1차 어휘 지식과 연관된다. 구본관(2011a)에 따르면 이 1차 지식은 규범교육과 밀접하게 연관되며, 학습자의 머릿속 사전을 반영한다. 2차 지식은 1차 지식에 대한 메타지식을 가리킨다. 가장

많이 거론된 것이 '어휘사'에 관한 지식이거니와, 그 외에도 어휘를 매개로 하거나 자료로 하는 탐구에 필요한 지식, 여러 기준에 따른 방언에 대한 지식, 한국어와 외국어의 어휘 체계에 관한 지식 등이 2차 어휘 지식이 된다. 1차 지식을 바탕으로 하여 모르는 단어의 의미를 유추하거나 신어를 만드는 데 필요한 지식도 2차 지식이다.

어휘 교육의 초급 단계에서는 1차 지식을 늘리는 데 주안점을 둔다. 모어 발달이나 외국어 학습에 대한 연구에서 '어휘량'을 중시하는 것도 초급 수준에서는 어휘에 대한 1차 지식이 어휘 능력을 대표하기 때문이다. 그러나 고급 단계로 가면서 2차 지식의 중요성이 부각된다. 도구적 관점에서 어휘를 정확하고 적절하게 사용하는 것뿐 아니라, 어휘의 체계, 어휘의 역사, 한국어 어휘의 특징, 더 본질적으로 어휘 능력의 중요성에 대한 지식이 강조되는 것이다. 특히 어휘 능력의 중요성에 대한 지식은 자연스럽게 어휘 의식으로 연결되는데, 어휘 의식은 지식과 별개의 범주이므로 따로 살펴볼 가치가 있다.

쉬어가기 **어휘량**

동물이 언어를 사용하느냐의 문제는 오랫동안 호사가들의 관심거리였다. 여러 연구 결과 포유동물은 20~60개, 조류는 10~20개 정도의 어휘를 이해하는 것으로 알려져 있다. 그렇다면 사람은 몇 개의 어휘를 알고 있을까?

웹스터영어사전에는 90만 개 이상, 표준국어대사전에는 50만 개 이상의 단어가 수록되어 있지만 (매년 늘어난다) 그것을 모두 구사하는 개인은 없다. 일반적으로 성인은 5만 개 정도의 어휘를 구사한다고 알려져 있는데, 그 대부분은 이해 어휘이며 그나마 반 이상은 인명이나 지명 같은 고유명사이다. 고유명사를 빼면 보통 사람의 표현 어휘는 5,000~6,000개 정도이며, 일상생활에서는 3,000개 내외의 어휘만을 사용한다. 냉전 시대에 'Voice of America'라는 방송은 1,500개 미만의 어휘만으로 공산권에 영어 방송을 했는데, 의미 전파에 아무 문제가 없었다. 학자나 작가같이 어휘에 민감한 사람은 20,000개 정도까지 표현 어휘의 수가 늘어나고, 다중언어 사용자들은 서로 다른 언어에 대해서 다른 어휘 체계를 지니고 있기도 하다. 어쨌든 어휘가 그 사람의 지식의 양과 사고의 민감성을 보여준다는 점은 어디에서나 마찬가지다.

(3) 어휘 의식은 어휘에 대한 태도와 어떤 관련을 맺는가

신명선(2004a), 구본관(2008; 2011a) 등은 제2언어나 외국어가 아닌 국어교육에서의 어휘 교육은 언어 의식(language awareness) 고양과 국어 문화 능력 함양, 그리고 국어적 사고력 신장 등을 폭넓게 포괄하는 가치를 지니는 것으로 규정해야 한다고 주장한다. 임지룡(2010) 역시 어휘 교육의 내용 요소로 '어휘 사용 능력', '어휘 지식'과 함께 '어휘 인식'을 제시하였다. 그는 어휘 인식의 하위 내용 요소를 '어휘 순화, 남북한 어휘의 동질성 회복, 어휘와 인간·사회·문화의 상관성, 국어 어휘의 어제·오늘·내일'로 정리하였는데(임지룡, 2010: 270), 앞의 두 항목은 어휘에 대한 태도와, 뒤의 두 항목은 어휘 지식과 상당 부분 유사하다.

　　과연 고등학교 수준에서 학생들에게 가르쳐야 할 어휘 의식이란 무엇인가? 초등학교라면 '바른말 고운말' 수준에서 어휘 의식을 거론할 수 있겠지만, 고급 수준의 어휘 의식이라면 그 수준을 넘어야 할 것이다. 또한 어휘 의식을 교육의 장에 끌어들이려면 의도적인 교수·학습이 가능하고 객관적으로 평가할 수 있어야 한다. 이 부분에 대한 연구는 아직 미비한 상태다.

(4) 어휘와 관련되는 사고, 문화 요소는 무엇이며 어떻게 관찰·측정할 수 있는가

어휘 능력을 전통적인 '어휘력'을 넘어서는 어떤 것으로 규정한다면, 이 둘의 차이는 사고력·지식·문화·의식 등의 키워드로 나타난다. 지식과 의식에 대해서는 앞에서 이야기했거니와, 그렇다면 고등학교 수준에서 어휘와 관련되는 사고 및 문화 요소는 무엇일까? 어휘와 관련되는 사고/문화 능력은 다른 국어 능력 영역의, 혹은 일반적인 사고/문화 능력과 다른가? '어휘력'은 뛰어나지만 사고/문화 능력이 떨어지는 경우가 있는가? 어휘 교육에서 사고와 문화 요소를 가르치고 평가할 수 있는가? 이러한 물음에 명확하게

답하지 않는다면 어휘 능력론의 토대 중 큰 부분이 무너지게 된다.

어휘와 관련되는 사고는 크게 ① 자료로서의 어휘에 대한 분석·분류·해석·종합 능력, ② 신어나 어휘의 새로운 용법을 만드는 유추·결합·창조 능력, ③ 어휘를 활용하거나 매개로 하여 현상을 이해·분석·판단하는 능력, ④ 어휘 및 어휘 행위에 대한 메타적 성찰 능력으로 범주화할 수 있다. 여기서 ③의 '현상'은 다시 ③-㉠ 자연 현상, ③-㉡ 인간의 사고 현상, ③-㉢ 공동체 수준의 사회·문화 현상으로 세분된다. 각각의 사고가 작용한 예를 들어 보자.

> ① 단어의 짜임과 구성 성분을 활용하여 의미 추리하기(예: 낚시글=낚시+글 → 독자를 끌어들이기 위해 제목 등을 선정적으로 내세운 글)
> ② 기존 조어법을 응용하거나, 줄이거나 합쳐서 새말 만들기(예: 똑똑이/재떨이 → 도우미/날적이, 재무+테크놀로지 → 재테크)
> ③-㉠ '춥다, 쌀쌀하다, 선선하다……포근하다, 따뜻하다, 덥다'로 이어지는 날씨(기온) 어휘를 활용하여 기상 현상을 이해한다.
> ③-㉡ '좋아하다, 사랑하다, 싫어하다, 미워하다'의 어휘 체계를 활용하여 타인에 대한 감정에 대해 성찰한다.
> ③-㉢ '모, 벼(나락), 쌀, 밥, 누룽지'와 'cattle, cow, bull, ox, steer'의 대비를 예로 들어 한국어권과 영어권의 음식 문화를 비교한다.
> ④ 이 책의 서술 행위 자체

문제는 이러한 '어휘적 사고력'이 국어 사용과 실제로 연결되는 지점, 일반 사고력과 구별되는 지점, 국어 지식 및 문화적 소양과 구별되는 지점 등이 모호하다는 점이다. '사고'를 강조하다 보니 도처에 편재하는 '사고' 안에서 길을 잃은 형국이다.

이러한 논제들은 기본적으로 어휘 교육에서 무엇을 가르쳐야 하는지에 관한 사전 합의에 필요한 것들이다. 어휘 교육의 목표를 지식·기능·태도 측면에서 살핀다면 어휘 지식이나 어휘 태도가 무엇인지에 관해 먼저 해결할 문제가 있는데, 그동안의 어휘 교육 연구는 그 부분을 생략하고 진행해 온 것이다. 사고·소통·문화의 축에 대해서도 마찬가지 지적을 할 수 있다. 기능과 소통 중심으로 발전해 온 어휘 교육론을 다른 측면에서 보완하는 작업이 필요하다.

2) 어휘 교육을 위한 교육과정

학교 교육에서 국어교육을 담당하는 것은 국어 교과이지만, 국어교육과 국어 교과가 그대로 일치하는 것은 아니다.[7] 곧, 어휘 교육이 국어교육의 부분이라고 해서 국어 교과의 부분이라고 자동적으로 말하기는 어렵다.[8] 고등학교의 경우 학생들이 국어과를 통해 습득하는 어휘의 양은 아무리 높게 잡아도 학교 교육을 통해 습득하는 전체 양의 절반을 넘지 못할 것이다.

그럼에도 불구하고 국어 교과의 관점에서 어휘 교육을 문제 삼는 이유는 국어과에서의 어휘 교육이 가장 의도적·체계적일 뿐 아니라, 오로지 국어과만이 어휘 교육에 대해 관심과 노력을 보이고 있기 때문이다.

고등학교 국어과에서 어휘 교육이 이루어지는 양상을 알아보기 위해 2011년 고시된 교육과정 내용 중 어휘와 관계된 부분을 추출해서 정리해 보자. 고등학교 국어과에서 기초 과목 역할을 하는 〈국어 I〉, 〈국어 II〉에는 어휘 교육 관련 내용이 다음 [표 2]와 같이 반영되어 있다.

교육과정을 살펴보면 〈국어 II〉는 어휘 교육을 심도 있게 고려하지 않

---

7   이에 대해서는 김창원(2009) 참조.
8   신명선(2004a: 265)은 국어교육의 목표가 국어 사용 능력 신장이라고 해서 어휘 교육의 목표 또한 국어 사용 능력 신장이라고 봐서는 안 된다고 말했다고 말했는데, 맥락은 다르지만 발상은 비슷한 진술이다.

[표 2] 국어 I, 국어 II 과목에 반영된 어휘 교육 관련 내용

	국어 I	국어 II
3. 목표	'문법' 영역에서는 음운과 음운 체계에 대해서 이해하고 국어 생활 속에서 이용되는 어휘의 체계와 양상을 이해하고 활용하며, 말소리를 표기하는 한글 맞춤법을 익혀서 올바른 국어 생활을 영위하도록 한다.	(없음)
4. 내용의 영역과 기준	가. 내용 체계 | 문법	음운과 어휘의 이해	음운과 어휘 지식의 활용	올바른 국어사용의 생활화 | 나. 세부 내용 [문법] (11) 어휘의 체계와 양상을 이해하고 그것을 상황에 맞게 활용한다.	(없음)
5. 교수·학습 방법	가. 교수·학습 계획 (다) '국어 자료'를 다룰 때는 기본적으로 어휘와 어법에 유의하여 지도한다. (…) 특히 개념어들에 대하여 정확히 알고 사용하도록 유의하여야 한다.	나. 교수·학습 운용 (다) '국어 자료'를 다룰 때는 기본적으로 어휘와 어법에 유의하여 지도한다. (…) 특히 급증하는 개념어들에 대하여 정확히 알고 사용하도록 유의하여야 한다.
6. 평가	나. 평가 운용 (라) '문법' 영역의 평가 목표는 국어의 탐구와 이해 및 그 지식의 적용에 중점을 두며, 학습자의 이해력, 사고력, 창의력 신장에 주목하도록 한다. 어휘와 어법 관련 평가 목표는 개별 단어의 발음, 표기, 뜻에 대한 정확한 이해, 의사소통 상황에서 어휘 사용의 적절성, 창의적인 어휘 사용 능력, 올바른 어법에 따른 문장 구사 능력에 중점을 두어 설정한다.	나. 평가 운용 (라) '문법' 영역의 평가 목표는 문법 지식의 이해와 탐구 및 적용 능력에 중점을 두어 설정한다. 어휘와 어법 관련 평가 목표는 개별 단어의 발음, 표기, 뜻에 대한 정확한 이해, 의사소통 상황에서 어휘 사용의 적절성, 창의적인 어휘 사용 능력, 올바른 어법에 따른 문장 구사 능력에 중점을 두어 설정한다.

은 것으로 보인다. 내용 성취 기준(5)의 해설에서 독서와 연계하여 간단하게 언급했을 뿐이며,[9] '5. 교수·학습 방법'과 '6. 평가'의 기술 내용도 〈국어

9　"국어 II-(5) 문제 해결적 사고 과정으로서 독서의 특성을 이해하며 다양한 유형의 글을 읽는다.
　　독서 행위는 (…) 단어와 문장의 의미 파악, 글의 전개 과정 이해, 필자의 주장이나 생각의 추

I)의 내용을 반복하고 있다. 그에 비해 〈국어 I〉은 '목표 – 내용 – 방법 – 평가' 체제에서 일관되게 어휘 관련 내용을 명시하였다. 여기서 어휘를 담당한 영역은 '문법'으로,[10] 그 핵심은 '어휘의 체계, 어휘의 양상, 어휘의 활용'으로 요약된다. 또한 '5. 교수·학습 방법'과 '6. 평가'에서 어휘 교육의 초점을 ① 개별 단어의 발음, 표기, 뜻에 대한 정확한 이해, ② 적절하고 창의적이며 어법에 맞는 어휘 사용에 두고 있음을 알 수 있다. 〈국어 I〉과 〈국어 II〉 교육과정에서는 특히 개념어를 강조했는데, 이는 고등학교 어휘 교육의 특징을 보여 주는 예이다.

〈화법과 작문〉 과목에서는 세부 내용 중 '설득을 위한 작문'에서 한 항목에 어휘가 언급되나, 작문 활동과 연계하여 해설에 부분적으로 등장할 뿐이다.[11] 이는 〈독서와 문법〉 과목의 (15)번도 마찬가지여서, 글의 구성 요소 중 하나로 단어를 언급하는 수준이다.[12] 〈문학〉, 〈고전〉 과목에서는 어휘 관련 내용을 직접 언급하지 않았다. 결국 고등학교 국어과에서 어휘 관련 내용을 가장 풍부하게 담고 있는 과목/영역은 〈독서와 문법〉의 '문법' 영역이다.

〈독서와 문법〉의 '문법' 영역은 내용 범주를 '음운, 단어, 문장, 담화'로

론 및 타당성 판단 등 독서 과정의 매 순간이 문제를 해결해 나가는 인지적 사고 과정의 연속이다."

10 국어 II의 (5)와 마찬가지로 국어 I에서도 해설에 어휘를 언급한 사례가 있다.
"국어 I-(9) 여러 가지 표현 기법과 적절한 문체를 사용하여 글을 쓰고 자신이 쓴 글을 점검하며 고쳐 쓴다.
독자에게 의미를 잘 전달하기 위해서는 (…) 단어와 문장을 정확하고 적절하게 사용하여야 한다."

11 "화법과 작문-(25) 논거의 타당성, 조직의 효과성, 표현의 적절성을 점검하여 고쳐 쓴다.
(…) 기본적으로 어휘나 어법을 바르게 고치려면 어휘와 문장에 대한 기본 지식을 알고 어휘나 문장의 오용 유형을 알고 대처할 필요가 있다."

12 "독서와 문법-(15) 글의 구성 요소를 이해하고, 글의 담화적 특성을 판단하며 읽는 능력을 기른다.
(…) 한 편의 글 속에서 단어와 문장, 문단 등 담화의 구성 요소들의 관계와 작용을 이해한다."

[표 3] 〈독서와 문법〉 과목의 '문법' 영역에 반영된 어휘 교육 관련 내용

가. 내용 체계	국어 구조의 이해	• 음운 • 단어 • 문장 • 담화

나. 세부 내용	[국어 구조의 이해] – 단어 – (7) 품사 분류를 통해서 개별 단어의 특성을 이해한다. (8) 단어의 형성 과정을 이해하고 새말이 만들어지는 원리를 탐구한다. (10) 단어의 의미 관계와 의미 변화의 양상을 탐구하고 이해한다. [독서의 실제와 국어 자료의 탐구] – 국어 자료의 탐구 – (26) 국어 자료를 읽고 국어의 변천을 탐구한다. (…) 고대 국어, 중세 국어, 근대 국어의 시대에 걸친 음운과 표기, 단어와 문장의 주요 변천 양상을 간략하게 이해할 수 있다. (28) 남북한 언어의 차이점을 이해하고 동질성을 회복하는 방안을 탐구한다. (…) 남북한 언어가 표기법, 어휘, 문장, 담화 차원에서 차이 나는 것을 탐구하면서 남북한 언어의 동질성 회복 방안을 모색해 보도록 한다.

5. 교수·학습 방법	가. 교수·학습 계획 (나) 음운, 단어, 문장, 담화와 같은 언어 단위의 이해를 통해서 국어 지식을 신장하게 하되, 특히 실제적인 국어 생활 속의 자료를 교수·학습에서 많이 사용하도록 한다. 나. 교수·학습 운용 (가) 실제 국어 자료나 현상을 제시하고 학습자가 원리나 규칙을 스스로 도출하도록 지도한다. 음운, 단어, 문장 차원에서뿐만 아니라 실제 담화 차원에서도 교수·학습이 이루어지도록 한다.

6. 평가	나. 평가 운용 (나) '국어 구조의 이해'에 관한 평가는 국어의 여러 단위인 '음운, 단어, 문장, 담화'가 가지는 특성을 이해하였는지 지식 차원으로 평가할 수 있고 실제적인 기능과 가치관적 태도 차원에서도 평가할 수 있다. 음운, 단어, 문장 자료뿐만 아니라 실제적인 담화 자료 및 매체 자료를 활용하되 교과서의 것과 교과서 밖의 것을 균형 있게 사용하며, 표현과 이해 활동을 통해서도 문법 능력을 평가한다.

대별하고 '단어' 영역에 품사, 단어의 형성, 단어의 의미 관계와 의미 변화를 배치하였다. 그리고 '국어 자료의 탐구' 영역에 어휘사, 남북한 어휘를 배치하였다. 이는 품사론의 출발점이 되는 단어의 형태·의미·기능에 대한 이해에서 출발하여 신어 형성, 어휘사, (남북한을 포함하는) 방언까지 확장하는

구조로서 어휘 교육에서 요구하는 내용들을 간단하지만 포괄적으로 담은 것이다.

여기서의 문제는 〈국어 Ⅰ·Ⅱ〉든 〈화법과 작문〉 및 〈독서와 문법〉이든, 모든 과목이 어휘를 문법의 범주로만 바라보고 다른 영역들과는 간접적으로 연결된다고 보는 점이다. 나아가 〈문학〉, 〈고전〉 과목은 어휘에 대한 고려가 전혀 없는데, 이는 국어과 내에서 어휘 교육의 위치와 위상이 어떠한지를 보여 주는 반례라 할 수 있다. 앞에서 말했듯이 어휘 교육은 국어과뿐 아니라 모든 교과와 비교과 학습에서 지속적으로 다뤄야 할 내용이기 때문이다. 교과나 선택 과목의 교육과정에 어휘를 안배할 공간이 없다면 총론 차원에서 강조하는 방안이라도 필요하다.[13]

3. 어휘 교육을 위한 방법

한국의 교육 현실에서 고등학교 수업 시간에 어휘만을 따로 떼어 내 수업하기는 쉽지 않다. 교육과정이나 교과서의 단원에서 어휘가 독립되어 있다면 문제가 다르겠지만 이론적으로, 그리고 현실적으로 구현하기가 어려운 일이다. 결국 어휘 교육은 국어과의 다른 영역, 나아가 다른 교과나 비교과 활동에 기생하는 형태로 이루어지는데, 접근하기에 따라서는 이 방법이 오히려 어휘 교육의 본질에 더 가까울 수도 있다. 어휘 자체가 국어 활동 속에서 인식되고 사용되는 것이기 때문이다. 단, 이때는 하나의 교육 단위, 예컨대 한 선택 과목 안에서 어휘 교육 관련 내용이 독자적인 체계를 이뤄야 한다

---

13   2009년에 고시한 교육과정 총론에는 '어휘, 단어, 용어' 같은 말은 나오지 않고 '개념'만 한 차례 등장한다.

는 전제를 지켜야 한다. 외형상 어휘 학습이 다른 활동에 부수된다 할지라도 매번 해당 단원의 제재에 종속돼서 임의적으로 어휘 학습 내용이 정해지는 것은 바람직하지 않다.

이러한 현실과 조건을 인정한다면, 고등학교 어휘 교육은 다음과 같은 장(場) 구조를 통해 접근할 수 있다.

[그림 1] 어휘 교육의 장(場)

① 학교 밖에서의 어휘 교육: 비의도적이고 비체계적이어서 '교육'이라기보다 '발달'에 가깝다. 때에 따라서 의도적인 '학습'이 이루어지기도 한다.

② 학교 안/비교과 영역에서의 어휘 교육: 교사와 동료들의 어휘 사용 양상을 모방하거나 비판하면서 어휘 능력이 신장되는데, 전체적으로 '교육적'이라는 틀 안에서 이루어진다.

③ 교과 영역/비국어과에서의 어휘 교육: 해당 교과 어휘와, 교수·학습 과정에서 교육적으로 구조화된 어휘 능력을 학습한다.

④ 국어과/비어휘 단원에서의 어휘 교육: 국어 활동 및 문법·문학교육 과정에서 통합적인 어휘 교육이 이루어진다.

⑤ 국어과/어휘 단원에서의 어휘 교육: 어휘 능력 신장에 목표를 둔 압축적 교육이 이루어지나, 시간상 포괄하는 범위가 좁다.

어휘 교육 연구는 이 중 ④ 국어과/비어휘 단원에서의 교육에 치중해왔는데, ③ 이상의 차원에 대해서도 연구와 계몽이 필요하다. ⑤는 현실적으로 구현이 어려운 만큼 다른 영역과 연계하여 소단원 수준에서 다룰 수밖에 없다.[14]

④ 중에서도 어휘 교육은 특히 읽기와 연계하여 많이 연구되었다. 읽기 연구 분야에서는 어휘의 기능과 관련하여 크게 세 가지 가설이 제안되었다. 첫째, 도구 가설(instrumental hypothesis)은 개별 어휘 의미에 대한 지식이 독해에 일차적으로 관여하는 요소라고 가정하고, 더 많은 어휘를 알면 알수록 학습자의 독해는 증진될 것으로 본다. 둘째, 언어 적성 가설(language aptitude hypothesis)은 어휘력과 사고 능력을 별개로 보기에, 어휘 지도가 학습자의 사고력이나 언어 능력에 큰 영향을 끼치지 못한다고 본다. 셋째, 지식 가설(knowledge hypothesis)은 단어 의미에 대한 지식은 다른 단어의 지식과 서로 연결되어 생각의 망을 형성하고 있으리라고 본다. 따라서 어휘 지도는 학습자의 선행 경험과 결부시키고 단어들 간의 관계를 지어 주는 방향으로 이루어져야 한다고 본다(박수자, 1998: 90).

이 가설을 국어교육으로 확장해 보자. 그러면 첫째, 도구 가설은 국어 능력이 어휘 능력을 기반으로 발휘되며, 어휘 능력이 뛰어날수록 국어 능력도 뛰어날 것이라고 예측할 것이다. 이 가설에 따르면 어휘 교육은 국어교육의 부분으로서, 다른 부분들(예컨대 읽기교육)과 통합 지도하는 것이 효과적이다. 둘째, 언어 적성 가설은 좁은 의미의 국어사용 능력(=언어적 의사소통 능력)과 어휘 능력은 서로 별개의 능력으로, 국어사용 능력 교육과 무관하게 어휘 교육이 가능하다고 볼 것이다. 마지막으로 지식 가설은 어휘 지식의 관계망과 역동적인 작용을 강조하고, 사고 교육의 관점에서 어휘 교육에 접근하려고 할 것이다. ④ 중심으로 어휘 교육을 한다는 것이 얼른 생각하면 매우 자명한 듯이 보이지만, 실상은 그렇지가 않다는 뜻이다.

그렇다면 그동안 어휘 교육에 관해 암묵적으로 동의해 온 방법론들을

---

14 예를 들어 국어사 단원에서 어휘사를 일부 다루거나 문법 단원에서 단어와 어휘를 언급하는 방식이다.

재고해 볼 필요가 생긴다. 고등학교 수준에서 과연 어휘 교육을 어떤 식으로 해야 하는가? 고등학교 어휘 교육의 방법과 관련한 몇 가지 질문들을 던져 보자.

(1) 어휘 학습의 비중을 어느 정도로 정해야 하는가

학교 교육 또는 국어과 교육에서 어휘 학습에 어느 정도의 비중을 안배해야 하는지에 대해서는 두 관점이 있을 수 있다. 어휘가 학생들의 지식과 세계 인식을 반영한다는 점에서 지식·개념 교육을 어휘 교육과 동일시하는 입장에서는 어휘 학습의 비중을 높여야 한다고 주장할 것이다. 그렇지 않고 어휘를 사고 및 의사소통의 기본 단위 정도로 인식하는 입장에서는 어휘 학습에 지나치게 시간과 노력을 투자하는 것을 반대할 수 있다. 국어과 내에서도 현재와 같이 어휘 학습을 국어 활동의 부수 영역 정도로 이해하면 어휘 학습의 비중을 더 높이기 어렵다. '중요성은 인정하되 비중을 높이는 것에는 소극적인' 이러한 상황을 타개하려면 어휘 능력과 어휘 교육의 의의에 대한 더 치열한 논쟁이 필요하다.

(2) 대상 어휘를 어떻게 선정, 제시할 것인가

외국어 학습에서는 좁은 의미의 '어휘력'을 매우 중시한다. '천 단어 → 만 단어 → 2만 단어…'로 어휘의 범위를 넓혀 가며 학습하고, 그 목록은 대체로 정해져 있다.[15] 하지만 국어교육에서 어휘 목록을 분명하게 제시한 경우는 없다. 제재로 선택한 글이나 자료에 나오는 어휘 중 경험적으로 중요하다거나 어렵다고 생각되는 어휘들을 강조하는 정도에 머물 뿐이다. 학습 어

---

15   현재의 교육과정에서도 한문과와 제2외국어의 각 과목들은 급별로 학습할 어휘를 정해 두었다.

휘의 제시 방법도 여러 가지여서, 해당 단어가 노출된 페이지의 옆 또는 아래에 제시하는 경우와 학습할 어휘를 전부 모아서 제재 시작 전 또는 후에 제시하는 경우, 아예 교과서 말미에 학습할 어휘를 모두 모아서 제시하는 경우 등 그때그때 교과서 편찬자의 의향에 따라 임의적으로 결정되었다. 이러한 임의적 선정과 제시 방법을 개선하려면 교육과정에서 어휘 관련 목표 또는 내용 성취 기준을 독립시키는 것이 가장 효과적이지만 그러려면 어휘 교육에 대한 전문가들의 인식 전환이 필요하다.

(3) 교재 구성에서 별도의 '어휘' 영역을 둘 것인가, 둔다면 그 위치는 어디여야 하는가

어휘 학습을 위한 별도의 지면이나 부분을 할애하는 문제는 교재 개발 과정에서 늘 나오는 문제이다. 크게 보아 단원 구성 체제에서 '어휘' 파트를 독립시켜서 단원 학습의 전이나 후에 배치하는 경우와 제재의 옆 또는 아래에 날개나 각주로 제시하는 경우, 제재 안에서 학습 대상 단어를 색이나 글꼴, 첨자 등으로 표시하고 해설하는 경우가 가능한데, 최근의 추세는 둘째 방법으로 모이고 있다. 하지만 이렇게 제시한 어휘들에 대한 학습이 전혀 이루어지지 않는다는 것이 문제이고, 그보다 더 큰 문제는 이러한 방식이 교수·학습 과정을 전혀 고려하지 않고 있다는 점이다. '어휘' 영역의 위치 못지않게 중요한 것이 교수·학습 과정에서 어휘 학습을 언제 하느냐의 문제인 것이다. 읽기의 과정과 관련지어 예를 들면 읽기 전 활동으로 어휘 학습을 하는 경우와 읽는 중 활동으로 하는 경우, 그리고 읽은 후 활동으로 하는 경우가 있고, 각각의 경우에 어휘 학습의 목표와 내용이 달라진다. 말하자면 목표에 따라 또는 요구하는 국어 활동의 특성에 따라 어휘 영역을 두는 위치가 달라야 하는 것이다. 통일성 기준으로 전체를 똑같이 구성하는 현재의 교과서 구성 방식을 재고할 필요가 있다.

(4) 평가의 문제: 어휘 능력을 어떻게 평가하고 피드백할 것인가

우리나라 현실상 평가의 문제를 빼고 어휘 교육 문제를 이야기하기는 어렵다. 평가 원론에서는 진단을 위한 평가나 교수·학습과 통합된 평가 등을 강조하지만 현실에서는 현재의 어휘 능력에 대한 객관적 평가가 주요 관심사이다. 어휘의 양에 대해서는 객관적 평가가 가능할 수 있다. 교과 어휘를 포함하여 고등학생들에게 기대되는 어휘들에 어떤 기준을 활용하든 등급을 매기고, 등급에 따른 수준을 부여하면 된다. 하지만 사용할 수 있는 어휘의 양만을 기준으로 삼는 것은 고등학교 어휘 교육의 목표와 부합하지 않는다. 어휘에 대한 지식, 태도를 사고 및 문화까지 고려하며 평가해야 하는 것이다. 이것이 가능할까?

신명선(2012b)은 고등학교 평가의 정점을 이루고 있는 수능시험에서 어휘 능력을 어떻게 평가했는지 알아보기 위해 1994년부터 2012년까지의 문제들을 분석했는데, 그 초점은 단어의 사전적 의미와 문맥적 의미에 놓여 있다. 사실상 어휘력 평가에서 객관성을 추구하다 보면 사전적 의미, 아무리 넓게 잡아도 문맥적 의미의 파악에 머물게 되는 것이다. 이른바 '탐구형' 문항도 그 목표는 사전적·문맥적 의미의 파악이다. 그러나 어휘 능력이 문맥적 의미 파악으로 한정되지 않는다는 것을 전제한 이상, 그것을 넘어서는 영역에 대한 평가가 필요하다. 예를 들어 어휘사와 어휘 의식에 관한 평가가 필요한데, '단순 지식 평가'라는 비판을 피하면서 객관적으로 그것들을 평가할 수 있는 방법론이 아직 부족하다.

(5) 한자·외국어 능력과의 연계 문제

한자를 알면 한국어 어휘 의미의 이해에 도움이 된다는 것은 부정할 수 없는 사실이다. 문제는 한자 학습에 시간과 노력이 든다는 점과, 한자를 표시하지 않아도 대부분의 경우 문맥과 형태의 유사성 등을 활용하여 한자를 아

는 것에 버금가게 의미를 추리할 수 있다는 점, 굳이 한자 어의까지 따지지 않더라도 단어의 의미를 아는 데 불편함이 없다는 점 역시 사실이라는 것이다. 말하자면 어휘 능력에서 한자 능력은 반드시 필요한 조건이라기보다는 있으면 더 좋은 '플러스알파'에 해당한다. 어휘 교육에 한자 교육을 연동해야 할까?

'한글의 얼'이나 한자 문화론에 대한 주장은 접어 두고, 오직 교육적 효과에 초점을 둔다면 결론은 '투자 대비 효과'에서 찾아야 한다. 고등학교 선택 과목 하나에 배당된 시간은 85시간(5단위) 내외이다. 그 시간을 몽땅 한자 교육에 투자한다면 한자 능력은 크게 신장될 것이다. 하지만 한자 능력만으로 듣기·말하기, 읽기, 쓰기, 문법, 문학 능력을 보장할 수는 없다. 한문과가 별도로 있으니 한자 교육은 거기에 맡기면 된다는 논리도 극단적이기는 마찬가지다. 이러한 문제의식은 외래어가 점점 늘어나는 상황에서 외국어 능력에 대해서도 똑같이 적용할 수 있다. 외국어 능력이 한국어 어휘 능력에 긍정적 영향을 끼친다면, 그것을 국어교육에서 어느 정도까지 수용해야 할지에 대한 결정이 필요하다.

4. 고등학교 어휘 교육의 방향

가장 이상적인 국어교육의 외형은 어휘 교육과 문법 교육이 기반이 되고 거기에 국어 활동이 통합되며 문학을 포함한 문화로써 외연을 풍부하게 하는 국어교육이다. 그런데 초·중학교 국어교육이나 외국의 자국어 교육과 비교하면 고등학교의 어휘 교육은 그 위상이 매우 취약하다. 어휘 교육의 중요성에 관한 교사·학생의 인식을 제고하고 내용 체계화와 방법을 정교화해야 하는 이유다. 특히 국어교육의 전체적 관점에서 어휘 교육의 독립성을 강조하는 방향과 다른 영역과의 통합을 강조하는 방향의 조화가 요구된다. 이도영(2011: 109)이 말한 대로 어휘 능력과 관련한 논의들은 일종의 딜레마에 빠져 있다고 할 수 있다. 즉, 어휘력을 협소하게 보면 어휘 교육의 위상이 낮아지거나 입지가 좁아지게 되고, 어휘 능력을 넓게 보면 일반 언어 능력과 큰 차이를 보이지 않거나 어휘 능력이 곧 언어 능력이 되는 결과를 빚게 된다.

이러한 딜레마는 어휘 교육 연구의 심화와 확장을 통해 해결할 수 있다. 그동안의 어휘 교육 연구가 학교 급이나 구체적인 교육 목표를 상정하지 않고 추상적·일반적 수준에 머문 데서 벗어나, 여러 경우를 상정하고 그 각각에 최적화된 연구를 해야 하는 것이다. 예컨대 구체어·생활어와 추상어·개념어의 교육 방법은 달라야 하고, 일반 어휘에 대한 교육 방법과 교과 어휘에 대한 교육 방법도 달라야 한다. 특히 교과 학습에서는 해당 어휘 그 자체를 아는 것이 중요한 경우가 있고, 어휘의 의미·형태·기능 등에 대한 탐구와 유추, 신어 생산 능력이나 경험이 중요한 경우가 있다. 전자를 '물고기'에, 후자를 '낚시하는 방법'에 비유할 수 있을 터인데, 이 둘이 대비되면 우리는 자동적으로 '낚시하는 방법'을 가르치는 것이 중요하다고 반응한다. 하지만 고등학교 교육에서는 어휘의 개념 학습이 해당 수업의 목표인 경우도 있으므로 일도양단 식으로 좋고 나쁨을 가를 수 없다. 대다수의 교과 어휘는 어휘 자체가 학습 대상이 된다.[16]

어휘 교육이 국어과의 몫이라고 한정해서도 안 된다. 물론 교과 어휘에 대해서는 각 교과가 책임을 지고 가르치게 되어 있다. 그에 따라 사회나 과학과의 교과서에도 '주요 용어' 해설이 제시된 경우가 많다. 국어과는 국어 교과의 어휘와 (특정 교과에 속하지 않거나 여러 교과와 관련되는) 일반 어

---

16   수학과의 '집합'과 '원소', 사회과의 '과반수'와 '종다수', 과학과의 '물질'과 '물체', 음악과의 '단선율'과 '다선율' 등 교과 학습의 상당 부분은 사실상 용어와 그 개념에 대한 학습이다.

휘를 다루게 되는데, 그렇다고 해서 그 '일반 어휘'들을 다른 교과에서 다루지 말라고 할 수는 없다. 그렇게 할 수도 없을 것이다. 어휘 능력은 모든 교과는 물론이고 비교과 활동을 통해서도 지속적으로 신장되며, 그런 점에서 초-교과의 영역이라고 할 수 있다. 듣기·말하기·읽기·쓰기가 도구적 성격을 지니듯이[17] 어휘도 도구적 성격이 있으며, 당연히 모든 교과에서 가르쳐야 한다.

그렇다면 국어 교과 어휘는 어떻게 처리해야 할까? 오래된 조사이기는 하지만 윤야중(1964: 75)에 따르면 고등학교 국어 교과서에 사용된 어휘 중 '문학', '작품', '국어'가 각각 빈도수 기준 28, 32, 34위에 올라 있는데 문교부가 조사한 일반 어휘 빈도 조사에서는 이들이 모두 1,500위 밖에 위치해 있다. 이는 무엇을 의미하는가? 국어 교과 어휘와 일반 어휘 사이의 관련을 명확하게 규정해야 하는데, 일방적으로 국어 교과 어휘의 중요성을 강조하거나 일반 사용 빈도를 근거로 해서 그 중요성을 폄하하는 자세 모두 바람직하지는 않다. 국어과를 사고·소통·문화의 방향으로 확대된 도구 교과로 인정해야 하듯이 국어 교과 어휘 역시 일종의 '도구 어휘'로 자리를 정해 줘야 하는 것이다. 같은 교과 어휘라도 사회과나 과학과의 그것과 국어과의 그것이 국어 생활에서 차지하는 의의는 다르다. 앞에서 강조했듯이 어휘 교육은 교과를 넘어서 학교 교육 전반에 걸치는 문제이지만, 그 중요성을 인식하고 방법론을 고민하는 교과는 국어 교과이다.

---

17 이때의 '도구'는 의사소통의 도구라는 협소한 의미가 아니라 사고·소통·문화의 도구라는 확장된 의미로 쓴 것이다.

1. 본 장에서는 어휘 교육의 내용과 관련하여 4개, 방법과 관련하여 5개의 본질적인 질문을 제시
   하였다. 이들에 대하여 자신의 견해를 정리해 보자.

2. 고등학교를 졸업하면 취업을 하거나 대학에 진학하여 전문적인 내용을 학습하게 된다. 의무
   교육과 취업 · 진학의 중간 단계에서 고등학교 어휘 교육은 어디에 초점을 두어야 하는지 의
   견을 말해 보자.

3. 2015 개정 교육과정의 '문법' 영역에서 어휘 능력과 직접 관련되는 내용 성취 기준을 선별하
   여 정리해 보자.

4. 대학수학능력시험에서는 '작문', '독서', '문법', '문학' 영역에서 어휘 능력을 평가하는 문항을
   출제하고 있다. '어휘' 영역을 독립시켜서 평가하는 방법과 다른 영역과 통합하여 평가하는 방
   법의 장단점은 무엇인지 평가해 보자. 또 위의 각 영역이 어휘 능력 평가의 측면에서 어떻게
   다른지도 설명해 보자.

5. 외국어 교육에서는 문법과 함께 어휘 교육이 매우 중요하다. 외국어 학습이 국어 어휘 능력에
   어떤 영향을 끼칠지 조사해 보자.

4

북한이탈주민 대상 어휘 교육

1. 들어가며

2020년 12월 현재 북한이탈주민¹의 수가 33,000명을 넘었다. 북한이탈주민의 수는 한국 전체 인구의 0.1%가 안 되지만 북한의 정치·경제적 상황과 남북 관계, 주변국 정세에 따라 그 수가 급격하게 늘어날 수 있다는 특징이 있다. 또한 지금도 수십만에 이르는 북한이탈주민들이 중국 등 제3국에 체류하면서 남한 입국을 계획하고 있다는 점에서 우리 사회에 정착하는 북한이탈주민의 수가 계속해서 증가할 것으로 보인다. 이에 북한이탈주민들이 낮

---

1   '북한이탈주민'은 '북한에 주소·직계가족·배우자·직장 등을 두고 있는 자로서 북한을 벗어난 후 외국의 국적을 취득하지 아니한 자'를 가리키는 법률 용어이지만 일반적으로 북한을 탈출하여 남한에 정착한 사람들을 말한다. '북한이탈주민'이라는 용어 외에도 '탈북자', '새터민' 등의 용어가 자주 사용되고 있다. 이 글에서 참고한 자료 중에는 '새터민'이라는 용어를 사용하고 있는 자료들이 많았는데 용어의 불일치가 주는 혼란스러움을 피하기 위하여 참고 자료들에서 사용된 '새터민'을 '북한이탈주민'으로 바꾸어 인용하였다.

선 남한 사회에 잘 정착하여 남한 사람들과 더불어 살아갈 수 있도록 우리 사회가 적극적으로 지원할 필요가 있다.

북한이탈주민들은 정착 과정에서 여러 가지 어려움을 겪는데, 그중 하나가 남북한의 언어 차이로 인한 어려움이다(문금현 외, 2005). 남북한의 언어 차이는 주로 발음과 억양,[2] 어휘, 화행[3] 등에서 나타나는데, 이 중 남북한의 어휘 차이는 북한이탈주민과 남한 사람들 사이에서 발생하는 의사소통의 단절

(표 1) 정경일(2001)의 실태 조사 결과

설문 항목	응답	추가 응답
말하기 적응도	내 말을 남한 주민이 　이해 못함: 41.6퍼센트 　이해함: 16.9퍼센트	이해하기 어려운 이유 　발음과 억양: 34.3퍼센트 　생소한 단어: 29.4퍼센트 　단어 의미 차이: 25.9퍼센트
듣기 적응도	나는 남한 주민의 말을 초기에 　전혀, 거의 이해 못함: 44.8퍼센트 　충분히 제법 이해함: 24.1퍼센트	이해하기 어려운 이유 　생소한 단어: 33.9퍼센트 　발음과 억양: 27.4퍼센트 　단어 의미 차이: 19.6퍼센트
영어에 대한 적응도	적응 안 됨: 75.9퍼센트	
외래어 표기 간판 및 상표	"물건 살 때 알아들을 수가 없다(특히 화장품 가게), 음식 이름이 북과 달라 애로점이 많다"(여, 51세) "간판 명칭을 영어로 쓰니 이해하기 어렵다"(남, 63세)	
한자에 대한 적응도	적응 안 됨: 69.6퍼센트	

*밑줄은 연구자

2　북한이탈주민들은 자신들의 발음과 억양, 특히 억양이 남한과 다른 것 때문에 큰 부담감을 느끼고 남한 사람들과의 의사소통에서 어려움을 겪는다(조정아·정진경, 2006 참조).

3　북한이탈주민들은 남한 사람들이 의례적으로 하는 인사 표현을 잘 이해하지 못하며, 상대가 기분 나빠하지 않게 최대한 배려하면서 거절을 하기보다는 자신의 생각을 직접적으로 나타내는 경향이 있다. 또한 사과 표현과 감사 표현을 자연스럽게 하지 못하며 칭찬을 주고받는 것도 어색해 한다(문금현 외, 2006).

및 갈등의 주된 원인이 된다.[4] 정경일(2001)에서는 남한 입국 5년 이내의 남녀 북한이탈주민 90명을 대상으로 설문 조사를 실시하여 다음의 결과를 얻었다.

〔표 1〕을 보면, 남북한의 어휘 차이로 인해 북한이탈주민의 말을 남한 사람이 이해하지 못하거나, 북한이탈주민이 남한 사람의 말을 이해하지 못하는 경우가 많으며, 북한이탈주민들은 외래어로 표기된 간판 및 상표를 이해하는 데 어려움을 겪고 있음을 알 수 있다. 문금현 외(2005)에서 북한이탈주민 30명을 대상으로 실시한 설문 조사 결과에서도 북한이탈주민이 남한 사람의 말을 이해하지 못한 이유는 '생소한 단어, 다른 의미, 다른 발음과 억

쉬어가기 **북한이탈주민 현황**

총 33,752명(남자: 9,435명, 여자: 24,317명) 입국   단위: 인원(명)

~'98	~'01	'02	'03	'04	'05	'06
947	1,043	1,142	1,285	1,898	1,384	2,028
'07	'08	'09	'10	'11	'12	'13
2,554	2,803	2,914	2,402	2,706	1,502	1,514
'14	'15	'16	'17	'18	'19	'20
1,397	1,275	1,418	1,127	1,137	1,047	229

*출처: 통일부 홈페이지(http://www.unikorea.go.kr)

---

4   북한이탈주민이 느끼는 남북한 언어의 가장 큰 차이점은 '외래어, 발음 및 억양, 한자어, 언어 예절'의 순으로 나타났다(문금현 외, 2005: 50). 또한 북한이탈주민이 남한 정착 과정에서 겪은 일화를 기록한 책에는 어휘 차이로 인해 겪은 어려움들이 공통적으로 소개되어 있다(김현식, 2007; 림일, 2009; 김유경, 2012 참조).

양, 이해하지 못한 대화 상황'의 순으로 나타났는데, 이는 남북한 어휘 차이가 북한이탈주민의 남한 사회 정착을 어렵게 만들고 있음을 보여 준다.

남북한 어휘의 차이는 북한이탈청소년들이 남한에서 학업을 수행하는 데도 부정적인 영향을 끼친다. 북한이탈청소년들은 단어 자체의 의미가 북한과는 확연히 다르거나 남한에서 사용하는 단어의 정확한 의미나 사용 맥락을 잘 이해하지 못하여 학습에 어려움을 겪는 경우가 많다(이수연, 2008).

국립국어원(2008a)에 따르면 남북의 교과서를 바꿔 읽을 때 학생들의 용어 이해도는 50퍼센트 이하로 예상된다고 한다. 교과서에는 학술 용어만이 아닌 일반 용어도 등장하는데, 이 역시 읽기가 쉽지 않다. 예를 들어 남한에서는 '사주(使嗾)하다', '왜곡(歪曲)'으로 사용하지만 북한에서는 '사촉하다', '외곡'으로 사용하기 때문에 '사주하다', '왜곡'은 북한이탈청소년에게 생소하게 여겨진다. 이 때문에 북한이탈청소년의 학업 성취는 남한의 학생보다 불리할 수밖에 없다(국립국어원, 2008a; 2008b 참조).

이처럼 북한이탈청소년을 포함하여 북한이탈주민들은 남한의 어휘(특히 외래어)를 이해하는 데 많은 어려움을 겪고 있으며, 이는 남한 사람들과의 의사소통 단절, 학력 결손 등의 문제로까지 이어진다. 따라서 북한이탈주민들이 남한 사회에 잘 정착할 수 있도록 남한 어휘[5]를 잘 이해하고 학습할 필요가 있다.

---

5   '남한의 어휘'에는 사전에 등재되지 않은 어휘도 포함된다. 북한이탈주민들이 남한 사회에 적응하기 위해서는 비록 사전에는 없지만 남한에서 자주 사용되는 어휘(예를 들어 외국어, 신조어, 유행어 등)도 알아야 한다.

남북한 교과서의 학술 용어를 비교해 보면 다음과 같은 차이를 보인다(국립국어원, 2008a; 국립국어원, 2008b).

과목명(남/북)	용어 비교(남/북)
국사/ 조선력사	• 갑오개혁/1894년부르죠아개혁, 6·25전쟁/조국해방전쟁, 만적의 난/개경노비들의 투쟁, 임진왜란/임진조국전쟁, 통일신라/후기신라, 6·10만세운동/6·10만세시위투쟁, 군장국가/노예소유자국가, 김사미·효심의 난/경상도 농민군의 투쟁, 임술농민봉기/1862년 전국농민폭동, 조위총의 난/평양농민군의 투쟁, 홍경래의 난/1811-1812년 평안도 농민전쟁(홍경래농민전쟁), 입헌군주제/부르죠아 립헌군주제 • 노량해전/노량바다싸움, 보부상/보짐장사군, 세형동검/검은놋단검, 자격루/자동물시계 • 몽유도원도/꿈에-본-동산, 왕오천축국전/다섯 개의 천축국에 갔다온 이야기
세계사/ 세계력사	• 볼셰비키/볼쉐비크, 부르주아지/부르죠아지, 폴란드/뽈스까, 미얀마/먄마 • 헝가리/웽그리아(마자르), 시베리아/씨비리, 바르샤바/와르샤와, 바이샤/와이샤, 멕시코/메히코
수학	• 가감법/더덜기법, 고차부등식/고차안같기식, 공배수/공통곱절수, 감소함수/주는함수, 교각/사귄각, 치역/값구역, 수렴성/가다듬성, 대우/거꿀반명제, 대분수/데림분수 • 마이너스/미누스, 스펙트럼/스펙트르, 탄젠트/탕겐스, 플러스/플루스
물리	• 양성자/프로톤, 중성자/뉴트론, 중입자/바리온, 밝기/빛낼도, 돌림힘/회전모멘토 • 가청음/들림소리, 인력/끄는힘
화학	단일단계반응/기본반응, 연쇄운반체/련쇄담체, 끓임쪽/비등목편, 단백질분해효소/프로테오즈
생물	세크레틴/분비소, 시냅스/신경련접, 헤모사이아닌/혈청소, 락테이스/젖-당분해효소
지구과학/천문학	율리우스력/구력, 원일점/해먼점, 그레고리력/신력, 블랙홀/검은구멍, 일식/해가림
체육	스파링/자유대상훈련, 테니스/정구, 패스/련락, 리베로/자유방어수, 펜싱/격검, 듀스/결승전동점, 오프사이드/공격어김, 윈드서핑/돛배식파도타기, 아이스하키/빙상호케이

2. 북한이탈주민 대상 어휘 교육의 내용[6]

이 절에서는 북한이탈주민 대상 어휘 교육 내용의 핵심이 되는 어휘, 즉 북한이탈주민들에게 필요한 교육용 어휘는 무엇인지를 중심으로 논의를 진행한다. 이를 위해 교육용 어휘의 유형과 선정 방법에 대해 구체적으로 살펴본다.

1) 교육용 어휘의 유형

북한이탈주민 대상 교육용 어휘는 기본적으로 남북에서의 사용 차이를 반영하는 어휘이다. 남북에서 공통적으로 이해되고 표현되는 어휘는 교육의 필요성이 상대적으로 적으며 남북에서의 쓰임이 다른 어휘가 일차적으로 교육용 어휘의 목록에 포함된다.[7] 남북에서의 쓰임이 다르다는 것은 동일한 단어가 남북에서의 형태(form), 의미(meaning), 사용(use) 중 일부가 다르다는 것을 의미한다(Nation, 2001 참조).[8] 또한 북한에서는 사용되지 않는 남한의 특수한 어휘도 의사소통 능력 신장을 위해서는 교육용 어휘의 핵심 내용이 되어야 한다. 따라서 북한이탈주민 대상 교육용 어휘의 유형은 남북에서

---

6 강보선(2013) 참조.

7 남북에서 동일하게 사용되는 어휘가 교육의 필요성이 전혀 없는 것은 아니다. 북한에서 자주 사용한 어휘가 남한에서도 동일하게 사용된다는 것을 알려줌으로써 북한이탈주민들이 그 어휘를 의사소통 과정에서 자신감 있게 사용할 수 있도록 안내할 필요도 있다. 본인이 사용하는 단어가 남한에서도 사용하는 단어인지에 대한 확신이 없어 그 단어를 사용하는 데 소극적인 경우가 있기 때문이다. 다만 제한된 교육 시간을 고려할 때, 교육용 어휘는 주로 남북의 차이가 드러나는 어휘가 되어야 할 것이다.

8 네이션(Nation, 2001)에서는 하나의 단어를 알기 위해 단어의 형태, 의미, 사용에 관한 지식이 필요함을 강조하였다. 이는 단어의 형태, 의미, 사용이 단어와 관련된 핵심 요소임을 의미하는 것으로서, 남북 단어를 비교할 때 이 세 가지 요소를 비교 기준으로 삼을 수 있을 것이다.

형태가 다른 어휘, 남북에서 의미가 다른 어휘, 남북에서 사용이 다른 어휘, 남한에서 처음 접하는 어휘로 구분하여 살펴볼 수 있다.[9]

(1) 남북에서 형태가 다른 어휘
남북에서 의미와 사용은 동일하지만 형태가 다른 단어들이 존재한다. 이들 단어는 북한이탈주민이 이미 그 의미와 사용을 알고 있는 경우가 많기 때문에 남한 단어의 형태만 새롭게 학습하면 된다. 형태가 다른 어휘는 다시 형태의 차이가 작은 어휘와 형태의 차이가 큰 어휘로 나눌 수 있다(괄호 안은 북한어. 이하 동일).[10]

남북 형태의 차이가 작은 어휘
날짜(날자), 노인(로인), 달러(딸라), 라디오(라지오), 리본(리봉), 마라톤(마라손), 버스(뻐스), 빛깔(빛갈), 스케이트(스케트), 시냇물(시내물), 아파트(아빠트), 여자(녀자), 일꾼(일군), 킬로그램(키로그램), 토마토(도마도), 탱크(땅크), 텔레비전(텔레비죤) 등

남북 형태의 차이가 큰 어휘
거위(게사니), 도시락(곽밥), 사인(수표), 에어컨(랭풍기), 코너킥(구석차기), 콘센트(접속구) 등

---

9   여기에서의 '어휘'는 '어휘소들의 집합'으로서 '개별 단어'와 '관용 표현'을 모두 아우르는 개념이다(김광해, 1993 참조). 따라서 각 유형의 어휘에는 개별 단어와 관용 표현(연어, 숙어, 속담) 등이 포함된다. 다만 이 글에서는 각 유형의 대표적인 예를 보여 주는 데 의의가 있기 때문에 주로 개별 단어 차원의 예만을 제시하였다. 그러나 실제 교육에서는 개별 단어뿐만 아니라 관용 표현도 중요하게 다루어져야 할 것이다. 또한 '어휘'는 집합적 개념이라는 점에서 '단어'와 구별해서 사용하는 것이 맞으나 이 글에서는 '단어'와 '어휘'를 엄격히 구분하기보다는 문맥에 좀 더 자연스러운 용어를 사용하였음을 밝혀 둔다.
10   여기에서 예로 든 단어들은 신명선 외(2012), 강보선(2011), 하나원(2011)에서 일부 가져왔다.

형태의 차이가 작은 어휘의 경우, 북한이탈주민이 남한 어휘를 처음 보더라도 곧바로 그 의미를 파악할 수 있기 때문에 학습 부담이 매우 적으나 형태의 차이가 큰 어휘의 경우, 북한이탈주민이 남한 어휘를 처음 보고 곧바로 그 의미를 파악하는 것은 어렵거나 불가능하다.

남북에서 형태가 다른 어휘들이 나타나게 된 주된 원인은 남북의 독자적인 순화 사업과 표기법의 차이 때문이다.[11] 특히 북한은 말다듬기 운동을 통해 수많은 외래어를 고유어로 바꾸어 왔으며,[12] 어려운 한자어도 쉬운 말로 바꾸어 사용하고 있다. 이로 인해 남한의 외래어와 외국어가 북한에서는 그 형태가 많이 다르며, 이는 북한이탈주민들이 남한 어휘 적응에 큰 어려움을 가져다주는 요인으로 작용하고 있다.

이처럼 북한이탈주민들은 동일한 단어가 남북에서 형태가 일부 다르거나 전혀 다르게 사용된다는 것을 이해하고 남북 형태의 차이가 큰 어휘를 중심으로 남한 어휘를 학습할 필요가 있다.

(2) 남북에서 의미가 다른 어휘

남북에서 의미가 다른 어휘는 북한이탈주민 대상 어휘 교육에서 핵심적으로 다루어질 필요가 있다. 남한에서의 의사소통 과정에서 오해와 갈등이 발생하는 주된 이유가 동일한 어휘를 서로 다른 의미로 이해하고 사용하기 때문이다. 따라서 북한이탈주민들은 남북에서 형태는 동일하지만 의미가 다른 어휘를 집중적으로 학습하여 의사소통 시 오해가 발생할 수 있는 여지를

---

11 표기법 중에는 두음법칙, 사이시옷 표기, 외래어 표기법의 차이 등이 남북의 어휘 형태에 큰 영향을 끼쳤다. 따라서 북한이탈주민들이 남한 표기법의 주요 원리를 대략적으로나마 알고 있으면 남한의 어휘 표기를 이해하고 표현하는 데 많은 도움이 된다.

12 물론 모든 외래어를 고유어로 바꾼 것은 아니다. 외래어를 어느 정도 쓰는 것은 피할 수 없음을 인정하였고, 특히 과학 기술 용어는 외래어를 그냥 쓰는 것이 좋다고 하였다(조오현 외, 2002).

없앨 필요가 있다.

　동일한 단어가 남북에서 의미가 다르다는 것이 남북 사전에서의 뜻풀이가 다르다는 것만을 가리키지는 않는다. 리치(Leech, 1981: 23)에 따르면 의미는 개념적 의미, 연상적 의미(내포적 의미, 사회적 의미, 정서적 의미, 반사적 의미, 연어적 의미), 주제적 의미 등으로 세분화할 수 있는데, 이 중 어느 하나의 의미만 달라도 남북에서의 의미가 다른 어휘로 분류될 수 있다. 만약에 하나의 단어가 남북에서 개념적 의미, 연상적 의미, 주제적 의미가 동일하며 모든 문맥에서 치환이 가능하다면 이는 남북에서의 의미 차이가 없는 것인 반면, 제한된 문맥에서만 개념적 의미, 연상적 의미, 주제적 의미가 동일하고 치환이 가능한 경우에는 의미 차이가 존재한다고 할 수 있다 (임지룡, 1992 참조). 이 중 주제적 의미는 문 중에서 나타나는 통사적 의미이지 단어 의미의 일종으로 보기는 힘들기 때문에(구니히로, 1987: 86-87; 홍사만, 2008: 52에서 재인용) 개념적 의미 또는 연상적 의미 중 일부가 다를 때 그 단어는 남북에서의 의미 차이를 보이는 단어라 할 수 있다.[13]

　만약 북한이탈주민들이 어떤 단어가 남북에서 개념적 의미 또는 연상적 의미 차이가 있다는 사실을 정확히 이해하지 못하고 그 단어를 사용한다면 남한 사람들과의 소통에서 오해가 발생하게 될 가능성이 높다. 따라서 북한이탈주민 대상 어휘 교육에서는 이 유형에 속하는 단어들에 대한 교육이 중요하게 이루어져야 할 것이다.

(3) 남북에서 사용이 다른 어휘
어휘 중에는 남북에서의 형태와 의미는 동일하지만 사용이 다른 단어들이

13　『표준국어대사전』의 집필 기준에서도 동의어를 '개념적 의미, 연상적 의미가 같고 모든 문맥에서 교체 가능한 말'이라고 정의하고 이 중 어느 것 하나라도 차이가 드러나면 비슷한 말로 처리하고 그 차이를 설명하도록 하였다.

존재한다. 남북에서 사용이 다른 어휘도 의미가 다른 어휘와 마찬가지로 남한에서의 원활한 의사소통을 위해 북한이탈주민들이 학습해야 한다. 여기서 사용은 '사용 범위'와 '사용 빈도'로 나누어 살펴볼 수 있다.

① 사용 범위가 다른 어휘

남북에서 의미와 형태가 동일한 어휘 중에는 사용 범위가 다른 어휘가 존재한다. 북한에서보다 남한에서 더 넓은 범위에서 사용되는 어휘가 있으며, 반대로 북한에서보다 남한에서 더 좁은 범위에서 사용되는 어휘가 있다. 남한에서의 사용 범위가 넓은 어휘의 예로, '머리'가 있다. '머리'의 경우, 북한에서는 '머리'를 사람에게 주로 사용하는 반면 남한에서는 사람과 동물에게 두루 사용하고 있다. 실제로 북한이탈주민들은 '돼지머리 국밥', '소머리 곰탕'처럼 '동물'에게 '머리'를 사용하는 것을 매우 이상하게 여기는데, 이는 북한에서 '머리'는 사람에게만 쓰고 동물의 '머리'는 철저히 '대가리'라고 부르기 때문이다(강보선, 2012).

　　남한에서의 사용 범위가 더 좁은 어휘의 예로는 '소행(所行)'이 있다. 다음은 '소행'이 사용된 북한 소설 중 일부인데, '소행'의 용법을 잘 보여 준다.[14]

- 이 아릿다운 처녀의 소행 앞에서 어머니는 눈앞이 흐려진 채 언제까지나 고개만 끄덕였다.
- 그 체신분소아바이의 소행도 감동적이고 또한 그 청년의 마음도 기특하여 나는 자전거를 탈줄 모르지만 내색하지 않고 넘겨받았지요.
- 하나같이 집단체조에 참가한 학생들의 들끓는 열의와 아름다운 소행들을 찬양하고 있었다.

14　겨레말큰사전 남북공동편찬사업회에서 구축한 북한 소설 말뭉치에서 '소행'을 검색한 결과 중 일부를 제시하였다.

- 동무의 그 <u>무책임한 소행</u> 때문에 갈비뼈 한대가 절골되고 이마에는 끔찍한 상처를 입었단 말이요!
- 이런 더위 때 참외 밭을 보고 좋아하며 달려드는 것은 꼭 <u>나쁜 사람들의 소행</u>만도 아니다.(밑줄은 연구자)

밑줄 친 부분에서 확인할 수 있듯이 '소행'은 북한에서 부정적인 맥락에서뿐만 아니라 긍정적인 맥락에서도 두루 사용된다. 그러나 남한에서는 주로 부정적인 맥락에서만 '소행'을 사용한다. 그래서 북한에서는 '아름다운 소행'과 '무책임한 소행'이 모두 자연스러운 반면 남한에서는 '아름다운 소행'은 부자연스럽다.

② 사용 빈도가 다른 어휘

어휘 중에는 남북에서 사용되는 빈도가 다른 어휘가 존재한다. 예컨대 '끝물', '싸다'는 남한에서는 많이 사용되나 북한에서는 거의 사용되지 않는 반면에, '끝물', '싸다'의 동의어인 '막물', '눅다'는 남한에서는 거의 사용되지 않으나 북한에서는 자주 사용된다. 이외에도 '휴일에 일한 대신으로 얻는 휴가'라는 뜻을 지닌 '대휴', '불법'이라는 뜻의 '비법', '자신감'을 뜻하는 '자신심'의 경우 남한에서보다 북한에서 훨씬 사용 빈도가 높다(강보선, 2012).

이처럼 남북에서의 형태와 의미가 동일한 어휘 중에는 남북 어느 한 쪽에서 넓거나 좁은 사용역을 지니거나, 상대적으로 많이 사용되는 어휘가 존재하는데, 이들 또한 남한에서의 정확한 의사소통을 위해 북한이탈주민들이 학습해야 할 어휘에 속한다.

(4) 남한에서 처음 접하는 어휘

북한이탈주민들이 남한에서 처음 접하는 어휘는 크게 두 가지 유형으로 나누어 볼 수 있다. 첫째는 북한에도 동일한 개념을 지닌 어휘가 존재하고 그 형태도 남한과 동일하거나 유사하지만 북한이탈주민들이 북한에서는 접해 본 적이 없는 어휘이다. 비록 동일한 형태와 의미를 지닌 단어가 북한에 있다고 하더라도 북한이탈주민들이 북한에서 그 단어를 듣거나 말할 기회가 전혀 없었다면 그 단어는 교육용 어휘에 포함되어야 한다. 북한이탈주민 대상 어휘 교육에서는 해당 어휘가 북한에 존재하는지 여부가 중요한 것이 아니라 북한이탈주민들이 북한에서 그 어휘를 접해 보았는지 여부가 더 중요하게 고려되어야 하기 때문이다.

둘째는 북한에는 해당 개념이 없기 때문에 북한이탈주민들이 남한에서 처음 접해 본 단어들이다. 이들 단어는 주로 남한의 정치·경제, 사회·문화와 관련된 것들로서 남북의 체제와 문화가 다르기 때문에 생겨난 단어들이다. 다음과 같은 단어들이 이러한 유형에 속한다고 할 수 있다.

검정고시, 공인인증서, 대리운전, 대학수학능력시험, 웨딩 플래너, 인터넷 뱅킹, 신용카드, 재수생, 퀵서비스 등

북한이탈주민들이 남한에서 처음 접하는 어휘는 어휘의 형태, 개념, 사용 맥락 등에 대해 구체적인 교육이 필요하다. 최근에는 한국의 드라마와 영화를 많이 접하고 남한에 입국하는 북한이탈주민들이 늘어나면서 남한에서 처음 접하는 어휘가 줄어들기는 하였으나, 여전히 이 유형에 속하는 어휘가 북한이탈주민들에게 매우 낯설고 어려운 어휘임에는 틀림없다.

(5) 관용 표현

관용 표현을 구성하는 개별 단어의 의미를 안다고 해서 해당 관용 표현의 의미를 이해할 수 있는 것은 아니기 때문에 주요 관용 표현은 어휘 학습 내용에 포함되어야 한다. 박영준(2000)에서는 남북의 관용 표현을 동일형, 유사형, 남북 특수형 등 세 가지로 분류하고 있다.

> ① 동일형: 가슴에 못을 박다, 가슴에 맺히다, 가슴을 불태우다, 가슴을 앓다, 가슴을 조이다, 가슴을 치다, 가슴을 태우다, 가슴이 내려앉다, 가슴이 답답하다, 가슴이 덜컹하다, 가슴이 뜨끔하다, 가슴이 뿌듯하다, 가슴이 선뜩하다, 가슴이 아프다, 가슴이 찔리다, 가슴이 타다, 가슴이 터지다, 가슴이 후련하다 등
> ② 유사형: 표기상 유사형과 어휘적 유사형으로 나눌 수 있다(괄호 안은 북한의 관용 표현).
> 표기상 유사형: 낙인을 찍다(락인을 찍다), 폐부를 찌르다(페부를 찌르다), 가슴이 미어지다(가슴이 미여지다), 가시가 돋치다(가시가 돋히다), 콧노래를 부르다(코노래를 부르다)
> 어휘적 유사형: 재갈을 물리다(자갈을 물리다), 양다리를 걸치다(두 다리를 걸치다), 뒤를 보아주다(뒤를 싸주다), 짬밥을 먹다(군대밥을 먹다), 한솥밥을 먹다(한가마밥을 먹다)
> ③ 남한과 북한에서 독자적으로 사용되는 관용 표현([표 2]와 [표 3] 참조)

북한이탈주민은 남한 언중의 의식과 문화가 반영된 관용 표현들을 이해하기 어렵기 때문에 이에 대한 별도의 학습이 필요하다. 그리고 남한 사람과의 원활한 의사소통을 위해서는 남한에서 사용되지 않는 북한의 관용 표현과 그에 대응되는 남한의 관용 표현이 무엇인지를 알고 있어야 한다.

[표 2] 북한 관용어의 예

관용어	의미
가지가 벌다	서로 사귀던 사이가 멀어지거나 나빠지다
감투를 벗다	억울하게 쓴 루명을 벗다
귀를 강구다	귀를 기울여 주의하여 듣다.
뚜껑을 떼다(열다)	(모임에서 주로 노래, 토론, 발언 같은 것을) 첫 번으로 시작하다.
선코를 차다	(어떤 행동을) 남보다 제일 먼저 하다.

[표 3] 남한 관용어의 예

관용어	의미
고무신을 거꾸로 신다	변심하다
베일(에) 가리다	알려지지 않다
부도 수표(를) 남발하다	근거 없는 허세를 부리다
브레이크(를) 걸다	진행을 막다
삼천포로 빠지다	엉뚱한 방향으로 일이 진행되다

2) 북한이탈주민 대상 교육용 어휘의 선정 방법

앞서 살펴본 유형에 속하는 남한 어휘는 그 수가 매우 많기 때문에 이 중 북한이탈주민들에게 우선적으로 필요한 교육용 어휘를 선정할 필요가 있다. 여기에서는 기존 교육용 어휘 선정 방법을 비판적으로 고찰하고 이를 토대로 교육용 어휘의 선정 방향을 제안하고자 한다.

(1) 교육용 어휘 선정 방법에 대한 비판적 고찰

지금까지 교육용 어휘 선정과 관련된 대표적인 연구로는 국립국어원(2000b), 문금현 외(2005), 문금현 외(2006), 문금현(2007), 신명선 외(2012)

등이 있는데, 이들의 특징과 방법론적 한계를 살펴보면 다음과 같다.

먼저 국립국어원(2000b)에서는 북한이탈주민이 모르는 남한 어휘를 고유어, 한자어, 외래어로 분류하여 정리하였다. 이 연구는 북한의 대학 강단에서 40년을 가르친 한 북한이탈주민의 자료 제공에 기반하고 있다. 즉, 대학 교수 출신 북한이탈주민이 남한의 일간 신문과 텔레비전, 일상 대화에서 북한 주민들이 모르는 남한말을 수집하여 정리한 것이다(국립국어원, 2000b 참조). 북한이탈주민이 자신의 경험을 바탕으로 귀납적으로 어휘를 정리하였기 때문에 선정된 어휘는 북한이탈주민들에게 실제로 필요한 어휘일 가능성이 높다. 그러나 신명선 외(2012)에서 지적하였듯이 한 사람에게 의존하여 어휘 목록을 선정하다 보니 군데군데 오류가 나타나며, 개인적인 관점과 관심사가 많이 반영되어 보편적인 어휘 목록이라고 보기에는 한계가 있다.

문금현 외(2005), 문금현 외(2006)는 일련의 연속된 연구로서 이들이 사용한 어휘 선정 방법을 살펴보면 다음과 같다.

> 문금현 외(2005)에서는 먼저 임지룡(1991)에서 기초 어휘 목록을 확인하고, 김광해(1993)에서 어휘 목록 선정 및 통계 처리 방법을 익힌 후 드라마 중심의 구어 텍스트에서 선정해 놓은 문금현(2000)의 부록 어휘 목록에서 1차적인 선정 작업을 하였다. 2차적으로는 조남호(2002)에서 현대국어 사용 빈도수를 확인하면서 3차 추가 작업을 하였다. 이후 국립국어원(1993)의 국어 어휘의 분류 목록을 다시 한 번 확인한 후에 문금현 외(2005)의 최종 어휘 목록을 선정하였다. 문금현 외(2006)은 여기에다 한국어 학습용 어휘 선정 결과 보고서(국립국어원, 2003)에 나오는 목록 789개를 추가하고, 하나원(2003)에 나오는 '분야별 용어' 중에서 '가. 생활용어' 157개를 추가하여 중복되는 항목들을 제외한 총 705개를 조사 대상으로 하였다. 그리고 이들 어휘를 북한이탈주민 100명에게 각 234개씩 조사하여 반응 시간과 정확도를 측정한 후 그 결과를 바탕으로 문금현(2007)에서 어종별, 난이도별, 학습 단계별 어휘 항목을 제시하였다(문금현, 2007: 143-144).

이들 연구는 기존의 다양한 연구 결과를 토대로 교육용 어휘 목록을 체계적으로 선정하였다는 점에서 의의가 있으나, 기존 연구 결과에 포함되어 있지 않은 어휘는 그 중요성에도 불구하고 교육용 어휘로 선정될 가능성이 없다는 점에서 한계를 지닌다. 즉, 북한이탈주민들에게 필요한 어휘임에도 불구하고 기존 연구에서 미처 다루어지지 않았다면 문금현 외(2005), 문금현 외(2006), 문금현(2007)에서의 선정 방법으로는 이들 어휘가 교육용 어휘에 추가적으로 선정될 가능성이 없다. 북한이탈주민들에게 가장 큰 어려움이 되는 외래어와 외국어 목록은 시간의 흐름에 따라 계속해서 변한다는 점에서 기존 연구 결과에 기초하여 교육용 어휘를 선정하는 방법론은 한계가 있다.

교육용 어휘 선정과 관련하여 가장 체계적인 논의는 신명선 외(2012)에서 보인다. 신명선 외(2012)에서는 남한 정착 기간이 2년 미만인 북한이탈주민이 알아야 할 남한 어휘를 조사하기 위해 연역적인 방법과 귀납적인 방법을 함께 사용하였다.[15] 즉, 선행 연구[16]와 연구자들의 주관적 조사[17]를 토대로 각 주제별 어휘 목록을 먼저 확보하고, 이 어휘 목록을 북한이탈주민

---

15 신명선 외(2012)에서는 연역적 방법론과 귀납적 방법론을 함께 사용한 이유를 다음과 같이 설명하고 있다. "북한이탈주민이 직접 자신들에게 필요한 어휘를 조사하는 귀납적 조사 방법은 북한이탈주민의 특성에 따라 편향된 결과가 나올 수 있다는 단점이 있으며, 선행 연구와 연구자의 주관적 조사만을 토대로 한 연역적 조사 방법은 선행 연구 결과가 빈약하고, 연구자의 주관이 개입하게 되어 북한이탈주민들에게 정말 필요한 어휘를 제외시킬 가능성이 있다는 점에서 한계를 지닌다. 따라서 본 연구에서는 연역적 방법으로 확보한 어휘 목록을 북한이탈주민이 귀납적으로 검증하는 방법을 이용함으로써, 연역과 귀납적 조사 방법이 지닐 수 있는 한계를 해결하고자 하였다."

16 국립국어원(2000b), 정종남(2000), 국립국어원(2003), 김광해(2003b), 문금현(2007), 오미정 외(2007), 하나원(2003) 등의 선행 연구를 의미한다.

17 연구자들이 해당 의사소통 및 주제 영역에서 꼭 알아야 할 필요가 있는 어휘를 조사하기 위해 인터넷, 광고지, 관련 문서 등을 조사한 것을 의미한다.

들이 검증한 것이다.[18] 검증 과정에서 남북한이 동일하게 사용하는 어휘는 삭제하고, 북한이탈주민들이 알아야 하지만 목록에서 빠져 있는 어휘를 추가하였다. 이러한 절차를 통해 총 1,645개의 어휘를 주제별로 다음과 같이 선정하였다.

공공 생활: 관공서(46), 교육(112), 금융(139), 사회(106), 의료(68), 직장(145)
문화 생활: 교통(104), 통신(97), 매체(79), 여가(129), 인간관계(73), 개념어/기호, 단위명/색상, 크기, 숫자(52/13/20)
개인 생활: 의복(69), 음식, 식당(148), 주거(94), 쇼핑(88), 화장품(37), 미용실(26)
(괄호 안은 어휘의 개수)

신명선 외(2012)에서는 연역적 방법과 귀납적 방법을 혼용하여 방법론적 한계를 극복하려고 노력하였다는 점에서 기존의 방법보다 진일보하였으나, 검증에 참여한 북한이탈주민의 검증 능력에 따라 어휘 목록이 많이 달라질 수 있다는 점에서 한계가 있다. 또한 남한에 정착한 지 2년 미만의 북한이탈주민만을 대상으로 어휘를 선정하였다는 점에서 북한이탈주민에게 필요한 교육용 어휘를 총체적으로 선정하는 데 한계가 있다.

(2) 북한이탈주민 대상 교육용 어휘 선정의 방향
선행 연구들을 참조할 때 북한이탈주민을 대상으로 한 어휘 선정을 위해서는 객관적 방법과 주관적 방법이 모두 필요하다. 객관적 방법은 남한 사회에서 살아가기 위해서 반드시 알아야 할 어휘를 이론적으로 선정하는 방법

---

18   검증의 절차는 일반 북한이탈주민과 북한이탈주민 검증단(남북 어휘에 대해 일반 북한이탈주민보다 더 많이 아는 사람들)으로 나누어 수차례 진행되었다. 일반 북한이탈주민들이 자신의 경험을 바탕으로 어휘 목록의 타당성을 검증한 것을 북한이탈주민 검증단이 전문성을 가지고 이를 재차 검증한 것이다(신명선 외, 2012 참조).

이고, 주관적 방법은 객관적 방법에서 선정된 교육용 어휘를 북한이탈주민들이 검증하는 것과, 객관적 방법으로는 선정될 수 없는 어휘를 경험에 근거해 찾아내어 교육용 어휘 목록에 추가하기 위한 방법이다. 이 과정에서 북한이탈주민의 주관적 판단과 경험이 매우 중요하게 작용하게 된다.

① 교육용 어휘 선정 시 고려 요소

북한이탈주민에게 필요한 교육용 어휘를 선정하기 위해서는 다음 세 가지를 고려해야 한다.

첫째, 남한에서의 사용 빈도이다. 단어의 사용 빈도가 높다는 것은 북한이탈주민들이 그 단어를 의사소통 과정에서 접하게 될 가능성이 높다는 것을 의미한다. 그러나 일반적인 사용 빈도가 높다고 하여 특수한 영역에서도 사용 빈도가 높은 것은 아니다. 예컨대, 남한에서 사람들은 여가와 관련된 이야기를 자주 나누는 반면, 북한이탈주민들은 상대적으로 여가를 누릴 만큼의 여유가 많지 않기 때문에 이와 관련된 이야기는 적게 하게 된다(신명선 외, 2012: 157 참조). 이는 남한에서의 여가 관련 어휘 사용 빈도에 비해 북한이탈주민들이 접하는 빈도가 현저히 낮을 수 있음을 의미한다. 이는 반대의 경우도 존재한다. 즉, 남한에서의 사용 빈도는 높지 않으나 북한이탈주민들이 접하는 빈도가 높을 수 있다. 따라서 교육용 어휘의 각 유형에 속하는 어휘 중 남한에서의 고빈도 어휘를 우선적으로 고려하되 북한이탈주민의 접촉 빈도도 고려하여 교육용 어휘를 선정해야 할 것이다.

둘째, 의사소통 장애의 정도이다. 북한이탈주민들이 해당 남한 단어를 정확히 알지 못하였을 때 발생하게 되는 소통 장애의 정도는 단어마다 다를 것이다. 단어의 형태, 의미, 사용을 정확히 이해하거나 표현하지 못하더라도 의사소통에 별다른 문제가 없는 단어가 있는 반면, 의사소통에 큰 문제를 일으키는 단어 또한 존재한다. 따라서 각 유형에 속하는 남한 어휘 중 의사소통 장애의 정도가 큰 어휘를 교육용 어휘에 우선적으로 포함해야 할 것이다. 그러나 현재 남북 어휘의 의미, 사용의 차이에 대한 연구가 많지 않고 단어를 전혀 모르는 경우 발생하는 의사소통 장애의 정도를 단어마다 파악하기 힘들기 때문에 단어들의 의사소통 장애 정도를 객관적으로 파악하는 것은 한계가 있다.

셋째는 학습의 난도이다. 북한이탈주민들이 학습해야 하는 남한 어휘 중에는 학습이 용이한 어휘도 있지만 학습에 많은 시간이 걸리는 어휘도 존재한다. 단순히 단어의 형태만 새로 익히면 되는 단어의 경우는 학습의 난도가 매우 낮지만, 단어의 형태·의미·사용의 측면을 모두 새롭게 익혀야 하는 단어는 학습의 난도가 매우 높다. 학습의 난도가 낮은 어휘는 일상에서 자연스럽게 학습할 수 있는 가능성이 크다는 점에서 난도가 낮은 어휘보다는 난도가 높은 어휘를 교육용 어휘에 우선적으로 포함해야 할 것이다. 그러나 학습의 난도가 높은 단어의 경우에도 단어의 개념, 사용역 등에 따라 북한이탈주민들에게 난도가 달리 느껴질 수 있다는 점에서 단어마다 학습의 난도를 객관적으로 파악하는 것은 쉽지 않다.

요컨대 북한이탈주민 대상 어휘 교육에서는 남한에서의 사용 빈도, 의사소통 장애를 일으키는 정도, 학습의 난이도가 교육용 어휘를 선정하는 데 고려되어야 하지만 이를 객관적인 방법으로만 파악하기에는 한계가 있어 주관적 방법의 도입이 요구된다.

② 교육용 어휘 선정의 방향

앞서 제시한 고려 요소를 참고할 때 교육용 어휘의 선정을 위해서는 객관적 방법과 주관적 방법이 함께 이용될 필요가 있다. 이를 전제로 교육용 어휘 선정의 방향을 다음 세 가지로 살펴보자.

㉠ 남북 사전을 통한 어휘 비교

교육용 어휘는 기본적으로 남북한 차이를 전제한다는 점에서, 선행돼야 하는 작업은 남북 사전을 통한 어휘 비교이다. 남북 사전 비교를 통해 남북에서 형태가 다른 단어, 남북에서 의미가 다른 단어, 남한에서만 사용되는 단어 등을 추출할 수 있으며 이들 단어는 북한이탈주민 대상 교육용 어휘의 목록에 기본적으로 포함된다.

㉡ 북한의 실제 언어 자료 분석

교육용 어휘 선정을 위해서는 남북 사전 비교만으로는 한계가 있다. 그 이유로 세 가지를 들 수 있는데, 첫째, 남북에서 의미가 다른 단어의 경우 사전 비교를 통해서 개념적 의미가 다른 단어는 확인할 수 있으나 연상적 의미가 다른 단어를 확인하기는 힘들다. 둘째, 사전 비교로는 남북에서의 사용 차이를 확인할 수 없다. 사전에는 사용 범위와 사용 빈도가 나와 있지 않기 때문이다. 셋째, 남한에서만 사용되는 어휘 유형에 속하는 단어들 중 상당수는 외국어·신어·유행어 등인데, 이들은 사전에 등재되어 있지 않기 때문에 사전을 통해 확인할 수 없다.[19]

남북 사전 비교의 한계를 극복하기 위해서는 북한의 실제적인 언어 자료를 바탕으로 남북 어휘의 의미·사용 차이를 구체적으로 파악할 필요가 있다. 일례로 강보선(2012)에서는 남북 동형동의어에 속하는 것으로 분류되는 단어를 대상으로 남북 사전 비교를 통해서는 알 수 없는 의미·사용의 차이를 분석하기 위해 다음의 방법을 사용한 바가 있다.

---

19 사전을 통해서는 구(句)를 비교할 수 없는 것도 사전 비교의 한계이다. 예컨대 '일없다'의 경우는 남북이 전혀 다른 의미로 사용하는 대표적인 예인데(남한에서는 '필요 없다'의 의미, 북한에서는 '괜찮다'의 의미), 북한에서는 단어가 아니라 구로 처리하였기 때문에 북한 사전에 등재되어 있지 않다. 즉, '일없다'는 북한 사전에서 그 의미를 확인할 수 없는 것이다.

ⓐ 연구자가 북한의 문학 작품, 교과서, 영화, 신문, 잡지, 북한이탈주민이 쓴 글 등을 직접 접하면서 남한에서의 쓰임과 차이를 보이는 어휘들을 직관적으로 추려 내었다.

ⓑ 이들 어휘 중 남북 사전의 뜻풀이 비교를 통해서도 의미·사용의 차이를 쉽게 파악할 수 있는 어휘는 목록에서 제외하였다.

ⓒ 사전 뜻풀이 비교를 통해서는 의미·사용의 차이를 확인할 수는 없으나 단어 사용 용례를 통해 남북에서의 쓰임이 다른 것으로 추정되는 단어들을 대상으로, 겨레말큰사전에서 구축한 남북 소설 말뭉치를 활용하여 남북에서의 의미·사용 차이를 확인하였다.

ⓓ 말뭉치를 통해서도 파악하기 어렵거나, 의미·사용의 차이가 분명하지 않은 어휘들은 고학력 북한이탈주민의 자문을 받아 남북에서의 의미·사용 차이를 검증하였다.

앞으로 북한 말뭉치가 대량으로 구축되고 각 단어에 대하여 북한에서의 실제 사용을 검증해 줄 수 있는 북한이탈주민 검증단의 신뢰도를 높인다면 이와 같은 방법을 남북 동형이의어, 남북 이형동의어 등에까지 확대할 수 있다. 이렇게 확보된 어휘를 대상으로 남한에서의 사용 빈도와 학습 필요성을 고려하여 교육용 어휘를 선정하는 것이 필요하다.

ⓒ 북한이탈주민의 주관적 경험 사례 수집

교육용 어휘 선정을 위해서는 북한이탈주민들의 주관적 경험을 적극적으로 수집해야 한다. 즉, 북한이탈주민들이 남한에 정착하는 과정에서 남북의 형태, 의미, 사용이 달라서 어려움을 겪었거나 단어의 의미를 몰라 어려움을 겪은 실제 사례를 수집할 필요가 있다. 특히 앞서 살펴본 것처럼 객관적 방법으로 교육용 어휘를 선정하는 것이 많은 한계가 있음을 고려할 때 주관적 경험을 적극적으로 이용하는 것은 매우 중요하다.

일부 북한이탈주민이 어려움을 겪은 어휘는 다른 북한이탈주민들에게 북한이탈주민들이 남한 생활에서 겪게 되는 어휘 적응의 어려움은 북한이탈주민이 쓴 책에서 소개되는 경우가 많다. 다음의 내용도 북한이탈주민이 실제 겪은 일화로서, 이러한 경험담을 모으는 작업 또한 북한이탈주민 대상 어휘 교육에서 매우 중요한 일이다.

서울생활의 가장 큰 어려움은 어이없게도 말이 통하지 않는 것이었다. 한 나라 한 민족인데 말이 통하지 않는다는 게 말이나 되는가. 그런데 실상은 그러했다. 나는 조선 땅에서 조선말을 못 알아먹는 한심한 조선 사람이었다. …(중략)… 골목을 나서서 곳곳에 '슈퍼'라는 간판이 눈에 뜨였다. 슈퍼란 도대체 뭐 하는 곳일까. 물건을 파는 곳 같기는 한데 정확한 뜻이 무언지 궁금해서 내가 정보일꾼에게 물었다.

"저기, 슈퍼란 말은 무슨 뜻이오?"

"슈퍼가 슈퍼지 무슨 다른 뜻이 있겠습니까?"

"그럼 상점이란 말입니까? 그럼 상점이라고 하지 왜 슈퍼라 하는 거요?"

"서울에서는 가게를 보통 슈퍼라고 합니다."

"가게요? 가게는 또 무슨 말이요?"

"가게는 가게지요. 상점이 가게 아닌가요?"

…(중략)… 우리가 가게에 들어서도 아무도 나타나지 않자 정보일꾼이 두리번거리며 주인을 찾았다.

"사장님!"

나는 또 어리둥절했다. 사장이라니, 이런 조그만 상점에 무슨 사장이 있단 말인가. 북한에서는 중앙통신사 사장과 교육도서출판사 사장, 외국문출판사 사장 등 몇 명의 아주 높은 간부들만 사장이라고 불렀다. 그런데 정보일꾼은 조그만 상점에서 사장을 찾지 않는가. 잠시 후에 상점의 뒷문이 열리면서 할머니가 들어섰다.

"어서 오세요. 무얼 드릴까요?"

그제야 나는 '아마도 상점 책임자를 사장이라고 부르는가 보다'고 혼자 생각했다. 나는 상점을 휘휘 둘러보다가 할머니에게 물었다.

"할머니, 여자들이 신는 긴 양말 있습니까?"

"여자들이 신는 긴 양말이요? 스타킹 말씀이요?"

"아니요, 할머니. 축구선수들이 신는 스타킹 말고 여자들이 신는 긴 양말 말입니다."

"아니 이 양반이 장난치는 것도 아니고. 대체 어디서 오신 양반이시오?"

"아, 저……중국에서 왔습니다."

나는 그 순간에도 차마 북한에서 왔다고 말하지 못했다. 왠지 북한을 욕 먹이는 거 같아서 얼른 중국으로 둘러댔다.

"아, 그럼 조선족이시구먼. 그럼 이 참에 배워두시오. 서울에서는 여자들이 신는 긴 양말을 스타킹이라고 합니다. 아시겠소?"

…(중략)…

"아니요, 할머니. 싸지 않아도(포장하지 않아도) 됩니다. 그냥 주십시오. 여기 돈 받으십시오."

"현찰이요? 우리 가게는 카드도 된다우."

"카드요? 그게 뭡니까?"

"카드도 모르시는구먼. 그럼 현찰로 내시오."

"할머니, 현찰이 뭡니까?"

"아이고 이 양반이……현찰이 뭐긴 뭐요, 바로 그 돈이지!"

할머니한테 지청구를 들으며 겨우 스타킹을 산 나는 위생대 때문에 고생하던 아내와 딸들이 생각나서 다시 할머니를 찾았다.

"할머니, 저……여자들이 쓰는 위생대가 있습니까?"

"위생대가 뭐요?"

할머니는 짐짓 나를 무시하는 어투로 되물었다. 그러자 옆에 섰던 정보일꾼이 할머니 귀에 대고 뭐라 귓속말을 했다.

"중국에서는 생리대를 별나게도 부르는구려. 자, 여기 있소."

…(중략)… 상점 구석에 '화장실'이라고 쓰인 문이 보였다. 화장실? 저건 또 뭘까. 아, 여자들이 물건

도 어려움을 느끼게 만드는 어휘일 가능성이 많다. 따라서 북한이탈주민들이 의사소통 과정에서 어려움을 겪은 어휘를 모두 수집할 수만 있다면 이들 어휘는 교육용 어휘로 매우 귀중한 가치를 지닐 것이다. 일례로 한 북한이탈주민은 '밀다'로 인해 다음과 같이 큰 곤란을 겪었는데, 이는 다른 북한이탈주민들도 '밀다'로 인해 어려움을 겪을 수 있음을 의미한다.

> 북한이탈주민 A는 주차 문제로 인해 남한 노인 B와 실랑이를 하게 됐다. 당시 B는 만취한 상태에서 A의 멱살을 잡으려고 하였으나 A가 B의 손을 뿌리치는 과정에서 B가 실수로 뒤로 넘어졌고 이로 인해 뇌진탕을 일으켰다. B는 바로 병원으로 옮겨졌으나 만취로 인해 술이 깰 때까지 수술을 못하고 있다가 이내 사망하고 말았다. A는 경찰서에서 "당신이 B를 밀었습니까"라는 경찰관의 질문에 "네"라고 대답하였다. 나중에 남한에서는 '밀다'와 '뿌리치다'가 전혀 다른 의미로 사용된다는 것을 안 A는 재판 과정에서 B를 민 것이 아니라 뿌리친 것이라고 다시 진술하였다. 함경도가 고향인 A는 자신의 고향에서는 '밀다'를 '뿌리치다'는 의미로도 사용하기 때문에 경찰관의 "밀었습니까"라는 질문에 "네"라고 대답한 것이라고 진술하였다.[20]

---

20 실제 일어난 사건을 간략히 재구성한 것이다. 함경도에서 '밀다'가 '뿌리치다'의 의미로 실제 사용되는지에 대해서는 아직까지 연구된 바가 없다. 다만 연구자가 개인적으로 북한이탈주

북한이탈주민들은 이와 같이 남북 어휘 차이로 인해 크고 작은 곤란을 겪은 경험들을 다수 가지고 있다. 그러나 대부분의 북한이탈주민들은 어려움을 겪게 만든 어휘를 따로 메모하지 않기 때문에 해당 단어들이 기록으로 남아 있지 않다. 따라서 북한이탈주민들에게 곤란을 끼친 어휘를 최대한 많이 수집하여 이를 교육용 어휘에 적극적으로 반영해야 할 것이다.[21]

3. 북한이탈주민 대상 어휘 교육의 방향 및 방법

북한이탈주민 대상 어휘 교육의 목표는 북한이탈주민이 어휘로 인한 어려움을 극복하여 남한 사회에 잘 적응하도록 돕는 것이다. 이러한 목표를 실현시키기 위해 효과적인 어휘 교육의 방향과 방법에 대해 살펴보자.

1) 어휘 교육의 방향[22]

어휘 교육의 방향으로 크게 세 가지를 생각해 볼 수 있다. 첫째, 단계별로 어휘를 재교육해야 한다. 현재 북한이탈주민에 대한 어휘 교육은 하나원[23]에

민 10명에게 물어본 결과 A와 같이 '뿌리치다'의 의미로 '밀다'를 사용한다고 대답한 사람이 과반수였음을 밝혀 둔다.

21 국립국어원에서 운영하는 '온라인 가나다 전화'와 같은 성격의 국어 상담 기관을 북한이탈주민을 대상으로 운영한다면 많은 사례를 수집할 수 있을 것으로 보인다. 즉, 북한이탈주민들이 남한에서 언어로 인해 겪는 어려움이 생길 때마다 전화나 온라인을 통해 해당 기관에 문의하게 하고 기관에서는 이를 잘 기록하고 축적해 둔다면 북한이탈주민들이 자주 하는 질문을 추려 낼 수 있을 것이다. 이는 북한이탈주민을 위한 교육용 어휘로 매우 귀중한 자료가 될 것임에 틀림없다.

22 문금현(2007) 참조.

23 북한이탈주민들의 사회 정착 지원을 위하여 설치한 통일부 소속 기관이다. 북한이탈주민들

서만 일회성으로 실시되고 있다. 북한이탈주민의 남한 정착 기간이 늘어나면서 개별적으로 요구하는 어휘 교육의 내용이 다를 수 있고 종사하는 직업이나 거주지에 따라서 필요한 어휘가 다를 수도 있다. 따라서 정착 기간별로 필요한 어휘를 조사하고 그에 따라 적절한 교육이나 지원 프로그램을 제공하는 것이 북한이탈주민이 어휘를 학습하는 데 도움이 될 것이다. 특정 기간에만 이루어지는 일회성 교육이 아닌 단계별로 여러 차례에 걸친 다단계 교육이 필요하다.

둘째, 학습자 중심 교육을 해야 한다. 북한이탈주민의 교육이 단계적으로 이루어지면서 동시에 학습자인 북한이탈주민의 개인 사정에 맞는 개별적이고 다양한 교육이 필요하다. 그러므로 재교육이 이루어질 때에는 북한이탈주민의 세부 정보에 따라서 세대별, 남한 거주 기간별, 직업별로 세분화된 어휘 교육이 이루어져야 할 것이다.

셋째, 자가 학습이 가능하도록 해야 한다. 북한이탈주민들은 남한에서 경쟁력을 갖추기 위해 직업 능력을 개발하고 직장 생활에 적응하느라 바쁘게 살아간다. 별도로 시간을 내어 어휘 교육을 받기에는 시간적, 공간적으로 한계가 있는 것이다. 따라서 북한이탈주민 대상 어휘 교육은 어휘 교육에 참여할 수 없는 사람들을 위해 자가 학습이 가능한 교육이 되어야 한다.

2) 어휘 교육의 방법[24]

어휘 교육의 구체적인 방법으로는 다음 여섯 가지를 생각해 볼 수 있다. 첫째, 의사소통 상황 속에서 어휘를 가르친다. 어휘의 형태, 의미, 의사소통적

은 의무적으로 하나원에서 평균 3개월의 정착 훈련을 받게 되는데 정착 프로그램 중 하나가 언어 적응 교육이다.

24   신명선 외(2012) 참조.

기능을 고려하지 않고 개별적인 어휘를 연관성 없이 제시한 후 뜻풀이와 예문으로 그치는 교수 방법은 어휘가 실제 사용되는 의사소통적 맥락을 보여주지 못한다. 어휘를 언어 표현 영역에서 능동적으로 사용해야 하는 북한이탈주민의 입장에서는 의사소통적 어휘력을 향상하는 것이 중요하므로, 어휘들을 의사소통적 맥락 안에서 제시해야 한다.

둘째, 어휘장을 이용한다. 하나의 단어를 다른 단어와의 관계 속에서 제시하는 것이 매우 효과적이다. 이는 어휘장을 활용한 방법으로서 하나의 단어가 관련되는 다른 단어들과 어떤 공통점과 차이점을 지니고 있는지를 알 수 있으며, 같은 어휘장에 속한 다른 단어를 학습할 수 있는 기회를 제공한다. 예를 들어, '슈퍼'를 교수 학습할 때 '슈퍼'만 단독으로 제시하는 것이 아니라 '슈퍼'와 같은 '상점 어휘장'에 속하는 '바자회', '마트', '쇼핑몰', '편의점', '상설 할인 매장' 등을 하나의 어휘장으로 묶어 제시하면 '슈퍼'의 의미가 다른 어휘들과의 비교 속에서 더 확연히 드러나며, 어휘장에 속하는 다른 어휘들을 학습할 수 있는 기회를 제공하게 되는 것이다.

셋째, 남한의 국어 문화[25]에 대한 정보를 함께 제공한다. 북한이탈주민들은 경제생활, 직업 및 구직 생활, 쇼핑, 인터넷, 통신, 매체, 교육 등에서 북한과 상이한 남한의 국어 문화에 낯설어하며 쉽게 적응하지 못하고 있다. 남한의 어휘가 담고 있는 남한의 제도, 문화에 대한 이해를 전제하지 않고 그 어휘를 학습한다는 것은 불가능하다.

---

25 국어 문화는 언어문화와 생활 문화로 나누어 볼 수 있다. 언어문화는 어휘 속에 녹아 있는 우리의 언어적 특성을 일컫는 것이다. 남북한의 언어문화는 대체로 일치하는 것이 많으나 차이를 보이는 언어문화 또한 존재한다. 예를 들어 남한이 친족어를 친족 관계에서뿐만 아니라 흔히 호칭어로도 자주 사용하는 것은 북한과 차별을 보이는 경우이다. 생활 문화는 남한의 정치·경제·사회 등과 관련된 문화라 할 수 있는데, 북한이탈주민이 남한의 민주주의·자본주의·자유주의 문화를 잘 이해하게 되면 이들의 특성을 반영하는 어휘 또한 이해하는 것이 쉬워진다(신명선 외, 2012: 193).

넷째, 북한 단어와의 대응을 활용한다.[26] 북한이탈주민이 학습해야 할 남한 단어 중에는 북한에 이미 그와 유사하거나 동일한 의미의 단어가 형태를 달리하여 존재하는 경우가 많다. 따라서 해당 남한 단어를 교수 학습할 때, 대응되는 북한 단어를 제시하면 북한이탈주민이 어휘를 학습하는 데 효과적이다. 다만 여기서 주의해야 할 것은 남북 단어 대응 시 미묘한 의미, 용법 차이를 알려줘야 한다는 것이다. 예를 들어 남한의 '촌지'를 설명할 때 대응 북한어로 '뢰물'[27]을 제시한다면, 반드시 남한의 '촌지'는 뇌물 중 주로 선생님에게 주는 돈을 일컫는다는 것을 밝혀 북한이탈주민으로 하여금 '촌지'와 '뢰물'의 공통점과 차이점을 정확히 이해하도록 하는 것이 중요하다.

다섯째, 북한이탈주민의 학습 동기와 흥미를 유발한다. 북한이탈주민 중에는 왜 어휘 학습을 해야 하는지를 잘 깨닫지 못하는 경우가 많다. 또한 북한에서 양질의 교육을 제대로 받지 못한 경우가 많기 때문에 무엇인가를 학습한다는 것 자체를 힘겨워하기도 한다. 따라서 어휘 학습에 대한 동기 부여와 학습 의욕을 불러일으키는 것이 중요하다. 이를 위해서는 다양한 시각 자료(사진, 그림, 만화, 삽화, 동영상 등)를 활용하는 것이 효과적이다.

여섯째, 특정 어휘가 맞춤법에 어긋난 형태로 실생활에서 자주 사용된다면 이를 있는 그대로 보여 준다. 남한 학습자를 대상으로 한 어휘 교육은 맞춤법에 맞는 어휘를 교육 내용으로 삼는 것이 당연하다. 그러나 북한이탈주민은 남한에서의 적응이 가장 중요하기 때문에 남한 사람들이 자주 틀리

---

26   남북 단어 대응 방식은 주의 깊게 사용할 필요가 있다. 강보선(2011)에서는 남한 단어와 북한 단어의 대응쌍 제시 방식이 가져다 줄 수 있는 오해를 지적하였다. 즉, '남한 단어(A) 대 북한 단어(B)' 대응쌍 제시 방식은 실제로 '① 남한에서는 A, 북한에서는 B만 있다, ② 남한에서는 A와 B, 북한에서는 B만 있다, ③ 남한에서는 A만, 북한에서는 A와 B가 모두 있다, ④ 남한과 북한에서 A와 B가 모두 있다'와 같이 네 가지 의미로 해석될 수 있음에도 불구하고 주로 ① 번의 의미로 해석되고 있음을 지적한 것이다.

27   비법적인 리익을 얻기 위하여 관계자에게 비밀히 주는 부당한 재물(조선말대사전).

게 사용하는 어휘를 있는 그대로 보여 줌으로써 북한이탈주민의 어휘 적응 력을 높여 주는 것이 중요하다. 특히 외래어의 경우 마사지, 액세서리, 플래 카드, 워크숍, 앙코르, 파이팅 등과 같이 맞춤법에 맞는 어휘를 먼저 제시하 되, 맛사지, 악세사리, 플랜카드, 워크샵, 앵콜, 화이팅 등과 같이 맞춤법에 어긋나지만 남한 사람들이 자주 사용하는 형태 또한 함께 보여 줄 필요가 있다. 맞춤법에 맞게 어휘를 이해하고 표현할 수 있을 뿐만 아니라 맞춤법 에 어긋난 어휘도 정확히 이해할 수 있어야 하기 때문이다.

4. 북한이탈주민 대상 어휘 교육의 실제

지금까지 북한이탈주민 대상 어휘 교육은 크게 두 가지 방향에서 이루어지 고 있다고 할 수 있다. 첫째는 북한이탈주민에게 직접적으로 어휘를 교육하 는 것이고 둘째는 북한이탈주민이 스스로 어휘 학습을 할 수 있도록 어휘 교재를 개발하는 것이다. 여기에서는 두 가지 유형의 대표적인 사례를 살펴 본다.

1) 면 대 면 교육을 통한 직접적인 어휘 교육

북한이탈주민들에게 직접적으로 어휘를 가르치는 대표적인 기관은 하나원 이다. 북한이탈주민들은 3개월 동안 하나원에 머무르면서 남한 사회 적응 교육을 받는데, 이 과정에서 어휘 교육을 포함하여 언어 적응 교육을 받게 된다. 2011년 4월 개편된 하나원의 언어 적응 교육 프로그램은 〔표 4〕, 〔표 5〕와 같다(신명선 외, 2012 참조).

[표 4] 하나원의 언어 적응 교육 프로그램(필수, 기초 학습)

구분		과목명	시간	내용
국어 능력 향상 프로그램 (30시간)	어휘·표현 학습	남북한 언어 비교	8	남북한 어문 규정 차이 남북한 어휘·표현 비교
		외래어	14	
	발음·억양 교정	표준발음 연습	4	발화 문제점 파악하기 발음·억양 교정 방법 연습
	사회 언어 학습	언어와 문화	4	언어 예절 상황별 인사 및 대화법 호칭·지칭어 익히기

주교재:『새로운 언어생활』, 2011. 5.(개정판)

기타: 기초 영어(2시간)

* 밑줄은 연구자

[표 5] 하나원의 상담 프로그램(선택, 심화 학습)

구분	내용
어휘·표현 학습(22시간)	• 〈우리말 교실〉(매주 월~수 0교시[8~9시 사이], 총 22시간) 　–'대화 속에 자주 등장하는 영어식 표현 200' 　–'남한 말, 그 숨은 의미를 찾아서'(관용구 익히기) 　–'문장 부호·기호 익히기' 　–'생활 문화 관련 어휘 100선' 　–분야별 어휘풀이 보충 　–뉴스 속 어휘 익히기(주 1회) • 견본 및 모형을 통해 어휘 익히기(상담실 내 비치) • 교재 및 사전 대여제 실시 • 원내 게시판에 〈우리말 우리글〉(주 1회 교체) 게시 • 식당 배식대에 〈오늘의 외래어〉(1일 1회 교체) 게시
발음·억양 교정(3시간)	• 맞춤형 발음 교정(1:1 혹은 집단) • 상담실 내 Lab실 운영, 음원 이용 반복 학습
사회 언어 학습	• 상담 신청 접수, 1:1 상담 　–면접 화법, 직장 화법 등 상황별 대화법 심화 학습 및 상담 　*면접, 직장 예의, 이력서·자기소개서 클리닉은 진로 분야에서 1차적으로 다루고 있음 • 화법 관련 도서 대여제 실시

기타: 한글 교실(1:1 학습, 주 3~4회)

* 밑줄은 연구자

정규 프로그램과 상담 프로그램에서 북한이탈주민들은 '남북한 어휘–표현 비교', '호칭–지칭어 익히기', '대화 속에 자주 등장하는 영어식 표현 200', '남한 말, 그 숨은 의미를 찾아서'(관용구 익히기), '문장 부호·기호 익히기', '생활 문화 관련 어휘 100선', '분야별 어휘 풀이 보충', '뉴스 속 어휘 익히기'(주 1회), '견본 및 모형을 통해 어휘 익히기'(상담실 내 비치), '원내 게시판에 〈우리말 우리글〉(주 1회 교체) 게시', '식당 배식대에 〈오늘의 외래어〉(1일 1회 교체) 게시' 등을 통해 남한 어휘를 학습하고 있는데, 특히 정규 프로그램에서 가장 많은 시수를 차지하는 것이 '외래어' 학습임을 알 수 있다.

또한 하나센터[28]에서도 북한이탈주민을 대상으로 직접적인 어휘 교육이 이루어지기도 한다. 일부 하나센터는 주변 지역에 거주하는 북한이탈주민을 대상으로 표준 어휘를 포함한 표준어를 교육한다. 하나원에서는 북한이탈주민이 의무적으로 남한 어휘를 학습해야 하지만 하나센터에서는 자원하는 사람에 한해 어휘 교육을 실시한다는 차이점이 있다. 따라서 아직까지 표준화된 어휘 교육 내용이나 교재가 마련되어 있지 않다. 또한 기관의 사정에 따라 어휘 교육의 내용과 시수가 정해지고 있기 때문에 하나센터에서의 어휘 교육 표준 모델을 제시하기는 힘들다. 이외에도 공공 기관, 종교 기관, 주민센터, NGO 등에서 북한이탈주민을 대상으로 어휘 교육을 실시하고 있으나 전체 교육 프로그램 중 일부로 진행되는 경우가 많은 것이 특징이다.

---

28 하나센터는 북한이탈주민이 거주지에서 지역 적응을 잘 할 수 있도록 종합적으로 지원하는 기관이다. 하나원에서 지역으로 전입하는 북한이탈주민을 대상으로 3주간의 초기 집중 교육과 1년간의 밀착된 사후 관리 서비스를 실시한다.

남북한 언어 비교의 실제 중 일부

하나원 교재로 사용되고 있는 『새로운 언어생활』(2011. 5. 개정판)의 일부를 보이면 다음과 같다.

북한말	남한말	비고
가극	뮤지컬, 오페라	(남)성악창법의 경우는 오페라 일반창법의 경우는 뮤지컬 민요창법의 경우는 창극
가급금	상여금, 보너스	상금 → 성과금
가는 뱔	작은 창자, 소장	큰뱔 → 큰창자, 대장. (남)뱔도 없다.
가루분	파우더	돌분 → 파우더팩트 피아쓰, 피어쓰 → 파운데이션
가슴띠, 젖가슴띠, 유방대	브래지어	젖암 → 유방암
가맹(하다)	입회(하다), 가입(하다)	
가위주먹, 장깨이보, 돌가보, 꾸찌파	가위바위보, 묵찌빠	
가마치	누룽지	
가시집	처갓집	가시아버지, 가시어머니 → 장인, 장모
감정제대	의가사제대	생활제대 → 불명예제대 병실(兵室) → 내무반
건넘길, 건늠길	횡단보도, 건널목	기차 건넘길 → 건널목 도로 건넘길 → 횡단보도
건늠굴길, 지하도	지하도	
걸린문제	해결해야 할 문제, 현안문제	
게사니	거위	북한 오리 '빡빡' 울고, 남한 오리 '꽥꽥' 운다.
경무원	헌병	군관 → 장관, 병사 → 사병
고려약, 동약, 동의학	한약	고려의사, 동의사 → 한의사
곡선미	각선미	
곱등어	돌고래	
공민증	주민등록증	

2) 어휘 교재 개발을 통한 간접적 어휘 교육

문금현(2007)에서 지적하였듯이 북한이탈주민은 남한 정착에 대한 부담과 생계 해결 문제 때문에 남한 어휘를 별도로 학습할 수 있는 시간을 내기 힘든 것이 사실이다. 따라서 북한이탈주민들이 필요할 때마다 쉽게 찾아보고 스스로 학습할 수 있는 교재를 개발하여 보급하는 것이 매우 중요하다. 이러한 필요에 맞춰 정부 기관을 중심으로 북한이탈주민들을 위한 어휘 학습 교재가 최근에 계속해서 개발되고 있는 중이다. 국립국어원에서는 2012년에 북한이탈주민의 어휘 적응을 돕기 위해 3권의 교재를 발간하였고,[29] 이를 토대로 북한이탈주민들이 쉽게 휴대하여 언제든지 참고할 수 있도록 필수 생활 어휘 자료집을 2013년에 개발하였다. 또한 중소기업중앙회에서는 제조업에 종사하는 북한이탈주민들이 제조업 관련 용어를 쉽게 학습할 수 있도록 어휘 학습 교재를 2013년에 개발하였다.[30]

이처럼 어휘 학습을 위한 시간을 별도로 내기 어려운 북한이탈주민들을 위해서 자가 학습용 어휘 학습 교재들이 하나씩 개발되고 있는 것은 고무적인 일이다. 앞으로도 다양한 연령, 직업, 고향, 학력 등으로 구성된 북한이탈주민들의 특성을 고려하여 이들이 남한 어휘 학습을 효과적으로 학습할 수 있도록 도와줄 수 있는 어휘 학습 교재들이 계속해서 개발되어야 할 것이다. 이외에도 인터넷을 통해 어휘 학습을 하거나 스마트폰의 어플리케이션을 통해 어휘 학습을 할 수 있도록 다양한 형태의 교재가 개발될 필요

---

29 이 교재는 신명선 외(2012)의 연구를 바탕으로 개발되었다. '북한이탈주민의 대한민국정착을 위한 생활 어휘'라는 이름으로 총 3권으로 구성되어 있으며, 1권은 '공공 생활', 2권은 '문화 생활', 3권은 '개인 생활' 관련 어휘를 다룬다.

30 교육부·인천광역시교육청·한국교육개발원에서는 2012년부터 탈북 학생(북한이탈청소년)을 위한 보충 학습용 국어 교재를 연속적으로 개발하고 있다. 교재 내용 중 일부로 '어휘 학습'이 다루어지고 있어 탈북 학생의 어휘 학습에 도움을 주고 있다.

가 있다.

5. 나오며

우리는 남북의 적대적인 대결 관계를 청산하고 한반도에 영구한 평화와 번영을 정착시킬 통일 시대를 준비해야 한다. 이에 국어교육 또한 통일 시대를 준비하는 국어교육이 되어야 하며, 역사적 유산을 계승하여 민족의 미래를 능동적으로 개척하고 준비하는 교과가 되어야 한다. 이와 직접적으로 연관된 일이 바로 북한이탈주민의 남한 언어 적응, 특히 남한 어휘 적응을 돕는 것이다. 이런 면에서 북한이탈주민 대상 어휘 교육은 어휘 교육의 한 부분임과 동시에 통일을 준비하는 미래 지향적 국어교육의 한 실체라 할 수 있다.

그러나 북한이탈주민 대상 어휘 교육이 효과적으로 이루어지기 위해서는 앞으로 더 많은 연구와 교재가 필요하다. 남한 정착 2년 이내의 북한이탈주민을 대상으로 한 어휘 교육은 나름대로 활발하게 논의되고 있고 이들을 위한 어휘 교재도 개발되었으나 정착한 지 2년 이상이 되는 북한이탈주민을 대상으로 한 정착 기간별, 연령별, 직업별 어휘 교육 논의는 아직 걸음마 수준이다. 특히 초·중등 국어교육에서 더 많은 관심을 가져야 할, 북한이탈청소년을 대상으로 한 어휘 교육은 그 중요성에 비해 연구가 많이 부족한 실정이다. 북한이탈청소년 학력 결손의 주된 원인이 어휘 때문이라는 사실을 고려할 때 이들을 대상으로 한 어휘 교육의 내용, 방법, 평가 등이 앞으로 활발하게 연구되어야 할 것이다.

북한이탈주민이 남한의 어휘에 적응하는 과정에서 발생하는 여러 문제들은 통일 전후에 발생할 수 있는 언어 문제를 반영하고 있다. 따라서 북한이탈주민을 대상으로 어휘를 교육하면서 통일 전후에 어떤 언어 문제가 발생할 수 있는지, 그 문제를 해결하기 위해서는 어떤 노력이 필요한지를 예견하고 준비할 수 있다. 이러한 통찰과 경험들이 축적되어 나간다면 남북 언어 차이로 인한 갈등은 최소한으로 줄이고 동질성은 최대한 회복하여, 향후 통일 시대 국어교육의 기틀을 마련하는 데 큰 도움을 얻을 수 있을 것이다.

1. 북한이탈주민을 대상으로 어휘 교육을 할 때 어떤 어휘를 교육용 어휘로 선정해야 할지 정리해 보자.

2. 북한이탈주민에게 효과적인 어휘 교육 방법은 무엇이며 교수 학습 시 유의해야 할 점은 무엇인지 생각해 보자.

3. 북한이탈주민을 대상으로 한 어휘 교육과 외국인을 대상으로 한 한국어 어휘 교육의 공통점과 차이점은 무엇일지 설명해 보자.

4. 북한이탈주민 대상 어휘 교육이 국어교육에서 차지하는 위상에 대해 생각해 보자.

5

다문화 가정 자녀의 어휘 교육

1. 들어가며

결혼이민자 증가(2010년 현재 18만 1,671명)[1]에 따라 다문화가족[2] 자녀수가 급격하게 증가하고 있다. 2010년 1월 기준으로 다문화가족 자녀수는 총

---

[1] 2012년 전국 다문화가족 실태 조사에 따르면, 전국에는 다문화가족 266,547가구, 결혼이민자 및 귀화자 등 283,224명, 만 9세~24세 다문화가족 자녀 66,535명이 있다.

[2] 다문화 가정과 다문화가족은 다른 개념이다. 유사 개념에 대해 설명하면 다음과 같다(행정안전부 2010: 1).
   · 외국인: 대한민국의 국적을 가지지 아니한 자(출입국관리법 제2조)
   · 재한외국인: 대한민국의 국적을 가지지 아니한 자로 대한민국에 거주할 목적을 가지고 합법적으로 체류하고 있는 자(재한외국인 처우 기본법 제2조 제1호/법무부)
   · 다문화가족: 출생 시부터 대한민국 국적을 취득한 자와 결혼이민자 또는 귀화를 통한 국적 취득자로 이루어진 가족(다문화가족지원법 제2조 제1호/여가부)
   · 다문화 가정: 다른 민족·문화적 배경을 가진 가정으로 다문화가족 외에 외국인 근로자 가족 등도 포괄(법률상 용어 아님/교육부)

12만 1,935명이다.[3] 이들 중 만 6세 이하 영유아가 62.1퍼센트[4]를 차지한다. 앞으로도 결혼이민자 증가가 예상[5]되므로 영유아는 물론 학령기 자녀수가 크게 증가할 것으로 예상된다.

[표 1] 결혼이민자 및 혼인귀화자 현황(외국인주민현황조사, 행안부, 2010년 1월)

(단위: 명)

결혼이민자								
계			국적 미취득자			국적 취득자		
계	남	여	계	남	여	계	남	여
181,671	19,672	161,999	125,087	15,876	109,211	56,584	3,796	52,788

[표 2] 결혼이민자 및 귀화자 자녀의 연령별 현황(외국인주민현황조사, 행안부, 2010년 1월)

(단위: 명, %)

자녀 현황			자녀의 연령별 현황				
계	남	여	계	만 6세 이하	만 7~12세	만 13~15세	만 16~18세
121,935	61,734	60,201	121,935	75,776	30,587	8,688	6,884
비율(%)	50.6	49.4	비율(%)	62.1	25.1	7.1	5.6

다문화 가정에는 국제결혼 가정, 외국인 근로자 가정, 북한이탈주민 가정, 재외동포 중 역이민 온 가정[6] 등이 있다. 외국에 장기 체류한 후 귀국한

---

3   행정안전부, 2010: 8.

4   2012년 다문화가족 자녀의 연령별 분포에서 6세 이하 영유아가 52.4퍼센트를 차지하고 있다.

5   향후 농어촌 총각의 감소와 농어촌 총각의 기혼인으로 인하여 결혼이민자 수가 감소할 것이라는 예측도 있다. 「장가 갈 농촌 총각 10년 새 33퍼센트 급감」,『동아일보』, 2012년 6월 7일자 참고.

6   재외동포의 가정이 한국에 역이민한 경우와 같이 귀화를 통해 국적을 취득한 자를 다문화가족에 포함시키도록 2011년 3월 11일 「2011년 다문화가족지원정책 시행계획」에서 밝히고 있다. 또한 2011년 다문화가족지원법 개정으로 결혼이민자 가구뿐 아니라, 일반 귀화자 가구도

가정[7]도 교육적 측면에서는 다문화 가정 자녀와 동일한 혜택을 받아야 한다. 그러나 이들을 포함할 법적인 장치는 없는 게 현실이다.

요즘에는 다문화 가정 자녀의 유형이 더 세분화되고 있다. 국제결혼 중 재혼 가정이 늘어나면서 재혼하기 전에 낳은 아이를 입양하는 경우가 있는데 이 자녀를 '중도입국 자녀'라 한다. 중도입국 자녀 수는 약 4,000명으로 파악되고 있다. 또한 북한이탈주민 가정의 자녀 중에는 북한에서 출생하지 않고 중국이나 제3국에서 출생한 자녀가 있는데 이들은 탈북한 경우가 아니어서 북한이탈주민으로 분류되지 않고 있다. 북한이탈주민 가정의 자녀 중 중국이나 제3국에서 출생한 자녀를 명명할 마땅한 법적 용어가 없는 형편이다. 학계와 북한이탈주민 관련 단체 실무자들은 이들을 '비보호 청소년'으로 명명하고 있다. 비보호 청소년에 대한 정확한 통계[8]조차 안 되어 있는 형편이다.

외국인 근로자의 유입도 증가하고 있다. 우리나라는 세계 최저의 출산율(2012년 현재 1.23명, 세계 222개국 중 217위[9])을 나타내고 있으며 고

다문화가족 지원 정책의 대상에 포함되었다. 권순희(2009a)에서 이들도 다문화가족 자녀로 취급해야 한다고 논의한 바 있었는데 다행스러운 일이다. 국가 간의 경제 여건 변화 등으로 이민 간 사람들이 본국으로 귀화하는 사례가 있다. 예를 들어 일본에서도 한때 브라질로 이민(2008년 현재 브라질 이민 100주년) 간 사람들이 일본 경제가 좋아지자 다시 본국으로 귀국하여 마을을 형성하며 살고 있다. 우리나라의 경우도 남해군에 '독일인 마을'이 형성되어 있다.

7   지금까지 다문화 가정 자녀 대상 프로그램에서 제외되었다. 예를 들면, 귀국자녀가 전통문화 체험 프로그램에 참여할 필요성이 높은데도 불구하고 다문화 가정 자녀가 아니라는 이유로 다문화 가정 교육 프로그램이나 행사에서 제외되곤 하였다. 다문화가족지원법에 포함되지 않는 부류이기 때문에 예산 집행에서도 제외된 것이다. 그러나 교육적인 면에서 바라볼 때 학습 대상으로 포함해야 한다.

8   2011년 4월 교육과학기술부가 처음 집계한 비보호 청소년 현황 자료에 따르면 초등학교에 585명, 중학교에 13명, 고등학교에 10명 등 총 608명이 재학하고 있다(「한반도 리포트: '비보호 청소년' 실태·문제점」, 『세계일보』, 2012. 1. 24).

령인구의 증가[10]로 인해 경제활동인구가 감소하고 있다. 또한 고학력화, 국민정서 변화로 3D업종 및 소규모 사업장 기피 현상이 두드러지고 있다. 이로 인하여 인력난이 심화되면서 외국인 근로자 수요가 증가하고 있다. 또한 1990년대 초반 이후에는 여성들이 주로 담당해왔던 육아, 요리 및 가사노동, 간호, 건강을 포함한 재생산 영역으로의 이주[11]가 확장되고 있다. 유네스코는 우리나라가 2050년까지 약 200만 명의 외국 인력을 필요로 할 것이라고 전망했다(행정자치부, 2007: 22).

2011년 교육과학기술부 자료에 따르면, 재학 중인 다문화 학생 수는 〔표3〕과 같다.

다문화 가정 학생이라 하더라도 결혼이민자 가정 자녀인지, 외국인 근로자 가정 자녀인지, 북한이탈주민 가정 자녀인지 등에 따라 서로 다른 언어적 환경을 가지고 성장하기 때문에 언어 교육 방향 또한 다르게 설정할 필요가 있다. 결혼이민자 가정 자녀, 북한이탈주민 가정의 자녀는 상대적으로 한국어가 많이 노출된 가정의 환경과 분위기 속에서 자란다. 그러나 외국인 근로자 가정 자녀나 중도입국 자녀, 비보호 청소년[12]은 한국어를 제2언

---

9   『보건 뉴스』, 2012. 6. 9.
     http://www.bokuennews.com/news/article.html?no=61423

10   국제금융센터에 따르면 영국 투자은행인 로열뱅크오브스코틀랜드(RBS)는 2012년 6월 18일
     『인구 고령화가 한국 경제에 미치는 영향』이라는 보고서를 발표했다. 한국 노동인구의 평균
     연령은 최근 미국을 넘어섰으며 2020년에는 유럽을 앞지를 것으로 전망된다. 특히 2045년에
     는 평균연령이 50세로 세계에서 가장 높을 것으로 관측된다고 밝히고 있다(「韓노동인구 2045
     년 평균연령 50세…세계 최고령」, 인터넷 조선일보, 2012. 6. 19. 참고).

11   재생산 이주의 급격한 증가는 서구를 비롯한 아시아의 경제 발전 국가에서 나타나는 현상으
     로, 자본주의 체제의 전환, 즉 상품을 생산하던 생산 영역에서 일상생활의 재생을 가능하게
     하는 사회적 재생산 영역으로 자본이 확장되고 있는 현상과 관련이 있다(김현미 2012: 3).

12   북한이탈주민지원재단이 학교에 다니는 비보호 청소년 435명을 대상으로 실시한 조사 결과
     에 따르면 응답자의 76.3퍼센트가 학생에게 향후 필요한 지원으로 학습 및 학업 지원을 꼽았
     다. 이어 교육비 등 경제적 지원(69.0퍼센트), 진로상담 지원(20.9퍼센트), 친구교류 등 적응 지

〔표 3〕 다문화 학생 수 현황(학교급별/도농별)

(단위: 명, %)

구분	학교급			도시/농촌		
	초	중	고	도시(A)	농촌(B)	합계(A+B)
한국 출생	25,615	6,574	1,810	20,340	13,659	33,999
중도입국	1,592	624	324	2,053	487	2,540
외국인자녀	1,460	436	243	1,894	245	2,139
계	28,667	7,634	2,377	24,287	14,391	38,678
비율	74.1	19.7	6.2	62.8	37.2	100.0

* 출처: 2011년 교과부 자료

어로서 접근해서 배워야 하는 환경에 놓여 있기 때문이다.

　다문화 가정 학생이 자라온 언어 환경에 따라 언어 교육의 방향은 달라진다. 다문화 가정 학생을 위한 언어 교육의 방향은 대체로 자국어교육의 관점, 제2언어 교육의 관점, 이중언어 지원의 관점으로 대별할 수 있다. 자국어교육의 관점이란 한국어를 모어로 사용하고 있는 한국인을 대상으로 한 국어교육과 같은 관점으로 언어 교육을 바라보는 것이다. 제2언어 교육

알아보기　북한이탈주민 대 새터민

북한이탈주민이란 조선민주주의인민공화국에 주소, 직계 가족, 배우자, 직장 등을 두고 있는 대한민국 사람으로서 조선민주주의인민공화국을 벗어난 후 대한민국 이외의 국적을 취득하지 않은 사람을 뜻한다. 북한이탈주민이라는 용어는 법률적인 용어로 2011년 말부터 공식적인 용어로 채택된 용어이다. 그 전에는 주로 새터민이라는 용어를 사용하였다. 새터민은 '북한을 탈출하여 새로운 터전에서 삶을 시작하는 사람들'의 의미로 2005년부터 사용하기 시작한 우리말이다.

　원(10.6퍼센트), 의료지원(7.1퍼센트) 등의 순으로 나타났다.

의 관점은 제1언어인 모국어가 있고 한국어가 제2언어로 작동하는 경우로서, 언어적 소수자가 한국 사회에 적응하고 소통할 수 있도록 한국 사회에서 통용되는 주류 언어인 한국어를 교수·학습하는 경우이다. 이중언어 지원의 관점이란 한국어를 전혀 모르거나 한국어의 수준이 너무 낮아서 한국어로만 학교 교육을 받을 수 없는 조건의 학생들을 이중언어 강사가 조력하여 학교 교육에 적응할 수 있도록 하거나 특별학급이나 특별 교육 기관을 두어 일정 기간 교육하고 그 후 학교 교육에 적응할 수 있도록 도와야 한다는 관점이다. 학습자의 개별 사정에 따라 그 유형은 더 세분할 수 있겠지만 대략적으로 세 가지 관점으로 언어 교육을 바라볼 수 있다.

언어 교육에서 중요한 기초가 되는 분야가 어휘 교육이다. 어휘 교육은 다문화 가정 자녀의 언어 능력을 키우기 위해 필수적이고 급선무인 사안이다. 이렇게 복잡화되고 있는 다문화 가정 자녀의 유형만큼이나 어휘 교육 방향도 이들 간의 차이를 고려하여 설정할 필요가 있다. 이 글에서는 다문화 가정 자녀의 어휘 능력 실태를 살펴보고, 다양한 어휘 교육 방안을 모색하고자 한다.

알아보기 **모어 대 모국어, 제1언어 대 제2언어**

모어(母語)와 모국어(母國語)는 의미 구별 없이 혼용되어 쓰이는 일이 많으나, 엄밀한 의미에서 모어와 모국어는 다르다. 한국에서는 모어＝모국어＝한국어라는 등식이 성립하지만 인도나 중국, 캐나다, 미국 등 복수언어 공존 국가에서는 국민 중 모어와 모국어가 일치하지 않는 사람들이 다수 있다. 모어는 영어 'Mother Tongue'의 역어인데 반드시 어머니로부터 말을 배웠을 경우만을 가리켜 모어라고 하지는 않는다. 아버지나 다른 친척 또는 다른 사람에게 말을 배울 수도 있기 때문이다. 이 모어의 모(母)는 'native'와 가까운 의미로 사용되고 있다. 모국어라는 표현에는 언어와 국가를 동일시하거나 언어에 국가정체성을 결부시키는 의미가 강하다.

제1언어(First Language)란 첫 번째로 습득한 언어라는 뜻으로 언어학 용어이다. 제2언어란 이주를 통해 새로운 곳에 살게 되었을 때 그곳에서 말해지는 언어를 일컫는 것으로 넓게는 일상적인 외국어 학습까지를 포괄하기도 한다.

2. 다문화 가정 자녀의 어휘 능력 실태

강진숙(2009)에서는 일반 가정 자녀 66명과 다문화 가정 자녀 66명을 대상으로 한 어휘력의 차이를 조사하였다. 도시와 농촌으로 나누어 초등학교 1·2학년 학생을 대상으로 한 연구였다. 그 결과는 〔그림 1〕과 같다.

[그림 1] 전체 어휘력, 문어체 어휘력, 구어체 어휘력 비교(강진숙, 2009: 57)

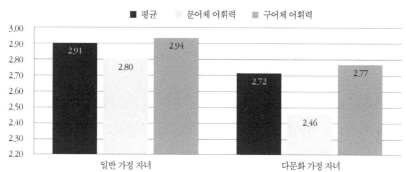

〔그림 1〕에서 보는 바와 같이 다문화 가정 자녀는 어휘력 중에서도 구어체 어휘력보다는 문어체 어휘력 부분에서 부진의 정도가 심하다. 일대일의 관계로 보기는 어렵지만 구어체 어휘는 대체적으로 일상생활에서 사용하는 어휘라고 볼 수 있으며, 문어체 어휘는 학습 어휘, 인지 어휘라고 볼 수 있을 것이다.

〔그림 2〕는 다문화 가정 아동 1, 2, 3, 4, 5, 6학년 30명과 일반 가정 아동 1, 2, 3, 4, 5, 6학년 총 30명을 대상으로 한 구어 담화 분석 결과로 얻은 한 문장당 어휘 개수의 연구 결과(배예연, 2011)이다. 그림을 이용한 면담 방식으로 자료를 수집하였으며, 표본 수가 적기는 하지만 기존의 연구를 뒷받침하는 연구이다.

배예연(2011)의 연구 결과에 대한 비교 대상을 삼기 위해 연구자는 현

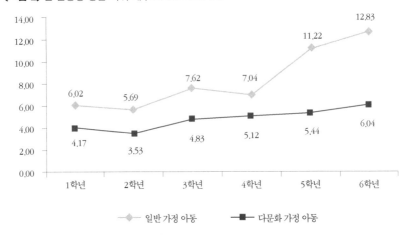

(그림 2) 한 문장당 평균 어휘 개수(배예연 2011: 71)

일반 가정 아동: 6.02, 5.69, 7.62, 7.04, 11.22, 12.83

다문화 가정 아동: 4.17, 3.53, 4.83, 5.12, 5.44, 6.04

1학년 2학년 3학년 4학년 5학년 6학년

◆ 일반 가정 아동　■ 다문화 가정 아동

행 초등학교 1, 3, 5학년 읽기 교과서에서 한 문장을 이루는 어절 수[13]를 조사하였다. 1, 3, 5학년의 읽기 교과서 중 각각 4개 단원의 지문, 총 12개 단원의 지문을 분석하였다. 2007 개정 교육과정 내용 체계표 실제 영역에 토대를 둔 단원 구성 원리에 따라 '사회적 상호작용, 정보전달, 설득, 정서 표현' 등으로 세분화하고, 네 가지 담화 유형을 대표할 만한 단원 1개씩을 분석 자료로 선정하였다. 분석 결과는 각 단원의 평균치, 세 단원의 자료를 토대로 산출한 학년별 평균치로 세분화하여 나타내었다. 분석 결과 1학년 읽기 교과서는 평균 5.38어절, 3학년은 9.17어절, 5학년은 11.67어절로 한 문장이 구성된 것으로 나타났다. 분석 결과를 제시하면 [표 4]와 같다.

　[표 4]의 분석 결과에서 흥미로운 사실은 1학년과 5학년의 어절 수는 배예연(2011)에서 살펴본 어휘 수와 유사하나 3학년 교과서에 드러난 어절 수가 실제 발화 어휘 수보다 차이 나게 많다는 것이다. 이 결과로 추정해 볼

13　어휘 수를 조사하지 않고 어절 수를 조사한 것은 '조사'나 '어미'의 처리 문제를 해결하기 위한 방안이다. 어절 수 조사는 서울교대 문수연의 도움을 받았다.

〔표 4〕 '한 문장을 이루는 어절 수' 학년별 자료

단원 / 학년	사회적 상호작용	정보전달	설득	정서표현	전체 평균
1학년	4.25 (3단원)	3.9 (1단원)	8.00 (5단원)	6.96 (6단원)	5.38 457어절/85문장
3학년	9.50 (4단원)	9.00 (5단원)	10.8 (3단원)	8.21 (1단원)	9.17 541어절/59문장
5학년	15.29 (4단원)	11.71 (2단원)	14.53 (3단원)	7.96 (7단원)	11.67 992어절/85문장

* 반올림하여 소수점 둘째 자리까지 나타냄

때 다문화 가정 자녀가 3학년 때부터 학습의 어려움을 접하게 될 가능성이 높다는 것을 알 수 있다.

김의수·김혜림(2012)에서는 다문화 가정 아동 1, 3, 5학년 총 15명과 일반 가정 아동 1, 3, 5학년 총 15명을 대상으로 한 구어 담화 분석 결과를 제시하고 있다. 다문화 가정 아동이 일반 가정 아동에 비해 학년이 올라가면서 내포문의 통사적 복잡성과 다양성이 낮고 내포문+모문으로 이루어진 한 문장의 통사적 복잡성과 다양성이 낮은 것으로 나타났다. 이를 그림으로 제시하면 〔그림 3〕, 〔그림 4〕, 〔그림 5〕와 같다.

이상의 연구 결과로 볼 때 다음과 같은 시사점을 이끌어 낼 수 있다. 첫째, 지금까지의 다문화 가정 자녀의 어휘 능력 실태 조사는 국제결혼가정 자녀를 중심으로 이루어졌고 논의되었다. 향후 연구에서는 중도입국 자녀, 외국인 근로자 자녀의 어휘 능력 실태에 대한 연구가 이루어져야 할 것이다. 중도입국 자녀, 외국인 근로자 자녀에게 한국어교육을 실시한 후 어느 정도의 어휘 능력의 향상이 이루어졌고, 시기별 학습할 어휘는 무엇인지에 대한 연구가 이루어져야 할 것이다. 둘째, 초등학교 1학년 단계에서 두 가정 아동이 비슷한 언어발달 양상을 나타낸다 하더라도 초등학교 입학 후 학년이 올라갈수록 두 가정 아동의 언어발달의 차이가 크게 벌어진다. 초등학교 저

[그림 3] 내포문의 평균적인 통사적 다양성 비교(김의수·김혜림, 2012: 53)

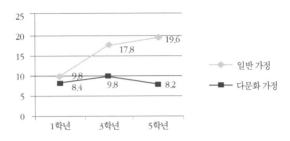

[그림 4] 한 문장의 통사적 복잡성(김의수·김혜림, 2012: 57)

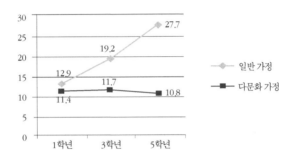

[그림 5] 한 문장의 통사적 다양성(김의수·김혜림, 2012: 57)

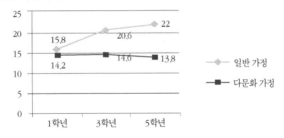

학년 단계에서뿐만 아니라 중학년·고학년 단계에서도 다문화 가정 아동들의 언어발달을 촉진하여 일반 가정 아동의 수준으로 끌어올릴 수 있는 방안 모색이 시급하다. 생활 한국어 차원이 아니라 학습 한국어 차원의 학습 지도가 마련되어야 함을 시사한다. 초등학교 교육과정 안에서 다문화 가정 아동의 언어 지체가 중학교 단계로 넘어가면 그 문제는 더 커지고 복잡해질 것이다.

김수진·임은해(2011)에서는 고유어, 한자어, 외래어 어휘에 대한 다문화 가정 자녀 5세 아동의 반응을 살펴보고 있다. 김수진·임은해(2011)에서는 5세 일반 가정 아동의 어휘 수준을 100점으로 기준 점수를 두었을 때 다문화 가정 아동 어휘 수준의 상대 점수는 한자어가 53.66점, 외래어와 고유어가 각각 62.64점, 63.06점으로 나타났다. 다문화 가정 아동과 일반 가정 아동이 공히 한자어 > 고유어 > 외래어 순으로 평균 점수가 낮았다. 이로 보아 어휘 전반에 관한 것을 가르치되 다문화 가정 아동들이 한자어에 친숙하게 접할 수 있는 기회를 제공할 필요가 있음을 알 수 있다.

〔표 5〕 두 집단의 단어 기원별 정반응 평균, 표준편차 및 상대 점수

	다문화 가정 아동		일반가정 아동	
	평균(SD)	상대점수	평균(SD)	상대점수
고유어	7.62(2.66)	63.06	12.08(2.25)	100
한자어	5.08(2.29)	53.66	9.46(2.26)	100
외래어	8.38(3.04)	62.64	13.38(1.80)	100
어휘 합	21.08(6.75)	60.35	34.92(5.47)	100

출처: 김수진·임은해, 2011 : 341.

일상생활에서 흔히 접하지 않는 어휘에 다문화 가정 자녀들의 오반응이 많은 것으로 보아 문화 어휘, 학습 어휘, 추상 어휘에 대한 지도가 필요함을 도출해 낼 수 있다. 이 연구에서 다룬 어휘는 대부분 구상 어휘이다. 그러나 학년을 달리하여 학습 어휘나 추상 어휘를 조사하게 되면 일반 가정 아동과 다문화 가정 아동의 차이가 더 나타날 것이다. 〔표 6〕은 다문화 가정 자녀들이 어휘를 대치하여 표현하거나 오반응한 사례를 정리한 것이다.

다문화 가정 자녀의 어휘 능력 실태 분석으로 보듯이 기본적인 어휘

[표 6] 어휘 표현 오반응 사례

어휘 종류	조사 대상	반응한 표현 및 양상	분석
고유어	가재	새우	관련 의미의 단어로 대치하여 표현
	장구	북	
	고드름	얼음	
	주사위	주사기	비슷한 음소가 포함된 어휘로 대치하여 표현
	고드름	고등어	
	뗏목	오반응	일상생활에서 흔히 접하지 않는 어휘
	굴뚝		
한자어	어부	오반응	일상생활에서 흔히 접하지 않는 어휘
	인어		
	용		
	백조		
	분수		
	조종사		
	분수대	물 나오는 거	어휘를 알지 못하고 관련된 풀이로 설명
	소화기	불할 때 하는 거	
	조종사	비행기 하는 사람	
	수갑	경찰서에 가면 있는 거, 도둑 잡는 거	
외래어	선글라스	안경	관련 의미의 단어로 대치하여 표현 흔히 접하는 어휘로 대치
	코스모스	꽃	
	레몬	오렌지	
	넥타이	오반응	일상생활에서 접하는 어휘이지만 사회 문화적 차이에 따라 영향 받는 어휘
	바이올린		
	스케이트		
	실로폰		
	립스틱	엄마가 쓰는 거, 여자들 하는 거	어휘를 알지 못하고 관련된 풀이로 설명
	휠체어	병원 갈 때, 다리 다쳐서 타	

이해 능력이 일반 아동에 비해 떨어지고 있다. 이를 지도하기 위해 곽철호 (2009)에서는 어휘 개체 수 확장 단계, 어휘 뜻 넓히기 단계, 어휘 깊이 파

기 단계, 담화 상황 표현 단계와 같이 단계형 어휘 지도 방법을 제안하고 있다.

[표 7]은 다문화 가정 자녀의 쓰기 오류 사례[14]를 통해 살펴본 어휘 교육 항목이다. 다음과 같은 오류의 대표적인 원인으로는 정확한 발음에 대한 인식 부족, 형태소에 대한 인식 부족을 들 수 있다.

다문화 가정 자녀를 대상으로 한 어휘 교육에서는 그동안 국어과 교육 과정에 근거하여 국어 보충 교육 차원에서만 논의해 온 감이 있다. 그러나 다문화 배경 학습자가 다양화됨에 따라 한국어 능력이 현격하게 부족한 학

[표 7] 다문화 가정 자녀의 쓰기 오류 사례

대상	틀린 표기	올바른 표기	어휘 교육 항목
ㅐ/ㅔ	내모	네모	정확한 모음 발음과 표기
	볼팬	볼펜	
	조개껍대기	조개껍데기	
	술레잡기	술래잡기	
	개시판	게시판	
	신나개	신나게	
	앉은벵이 꽃	앉은뱅이 꽃	
	재비가 돌아오는 봄	제비가 돌아오는 봄	
	친구와 심하개 싸웠습니다.	친구와 심하게 싸웠습니다.	
	채험학습	체험학습	
	고개 하나만 넘으면 동내입니다.	고개 하나만 넘으면 동네입니다.	
	하마터면 공부하느라고 밤을 세울 뻔 했다.	하마터면 공부하느라고 밤을 새울 뻔 했다.	
ㅗ/ㅜ	오뚝한 코의 사나이는 반드시 이 자리에 올 거야	오뚝한 코의 사나이는 반드시 이 자리에 올 거야.	
ㅏ/ㅘ	소방간	소방관	이중모음의 표기
ㅓ/ㅝ	누었다 이러나려면	누웠다 일어나려면	형태소에 대한 인식 교육

14 권순희(2009b)와 박정태(2012: 34)를 참고하여 정리한 것이다.

	나의 가족은 한상 행복합니다.	나의 가족은 항상 행복합니다.	
받침	색종이를 안 갔고 와서 선생님이 빌려줬다.	색종이를 안 갖고 와서 선생님이 빌려줬다.	형태소에 대한 인식 교육
	붗도 먹도 외국 것이면 좋다하고서	붓도 먹도 외국 것이면 좋다하고서	7개 대표음 발음과 받침
	잉어를 고아서 어머니께 드렸더니 깨끄시 낮게 되었습니다.	잉어를 고아서 어머니께 드렸더니 깨끗이 낮게 되었습니다.	형태소에 대한 인식
겹받침	첫다 우는 소리가 들렸습니다.	첫닭 우는 소리가 들렸습니다.	
연음	달마지	달맞이	소리나는 대로 표기, 형태소 인식
경음	할 쑤 없시 부탁하였습니다.	할 수 없이 부탁하였습니다.	된소리 되는 조건과 연습
형태소	전부떼	전봇대	
	사모람	사물함	
연음, ㅎ탈락	가지 안는 까달기	가지 않는 까닭이	
첨가	송편 속에 넌는 소	송편 속에 넣는 소	

생을 중심으로 한국어교육과정을 따로 두어 다문화 배경 학습자를 교육해야 한다는 새로운 연구 흐름이 나오고 있다.

3. 현행 한국어교육과정에서 살펴본 어휘 교육

다문화 배경을 가진 학생이 한국어로 의사소통할 수 있는 능력을 기르고, 이를 바탕으로 여러 교과의 학습을 수행할 수 있는 역량을 기름으로써 장차 한국 사회의 일원으로서 주체적인 삶을 영위하는 데 필요한 소양을 갖추게 할 목적으로 한국어교육과정이 2012년 7월 고시되었다.[15] 다문화 배경을 가진

---

15   교육과학기술부(2012), 한국어교육과정, 교육과학기술부 고시 제2012-14호.

학생이란 중도입국 학생, 외국인가정 자녀 등과 같이 한국에서 태어나지 않았거나 한국어가 아닌 다른 언어를 모어로 하는 학생, 한국에서 태어나고 자랐지만 외국인 어머니의 제한된 한국어 수준으로 인해 한국어 능력이 현격하게 부족하여 학교 수업에 적응이 어려운 학생, 제3국 등을 통한 오랜 탈북 과정으로 인해 학교생활 적응에 어려움을 보이는 탈북학생, 또는 오랜 해외 체류 후 귀국한 학생 중에 한국어 의사소통 능력의 부족으로 학교생활 적응이나 한국어로 이루어지는 수업 참여에 어려움을 겪는 학생 등을 의미한다. 일상 의사소통에 어려움이 없고, 학교생활에 적응 잘하는 국제결혼가정의 자녀의 경우는 한국어교육 대상자로 삼을 필요가 없는 경우가 더 많기도 하다.

우선 현행 한국어교육과정에서 논의되고 있는 어휘 교육은 크게 일상생활 어휘와 학습 어휘로 대별할 수 있다. 〔표 8〕처럼 내용 체계에서 다루고 있는 언어 재료를 보면 생활 한국어 어휘와 학습 한국어 어휘로 대별된다.

내용 성취 기준의 구성 원리에서 밝힌 어휘 범주에서는 좀 더 세분화하여 〔표 9〕와 같이 밝히고 있다.

〔표 8〕 한국어교육과정의 언어 재료

생활 한국어	학습 한국어
언어 기능 – 듣기 – 말하기 – 읽기 – 쓰기	언어 기능 – 듣기 – 말하기 – 읽기 – 쓰기
언어 재료 – 주제·의사소통 기능 – 어휘·문법·발음 – 텍스트 유형	언어 재료 – 국어·수학·사회·과학 주제별 핵심 어휘 – 학습 의사소통 기능 및 전략
문화 의식과 태도 – 문화 인식·이해·수용 – 긍정적 자아정체성·공동체 의식	

〔표 9〕 숙달도 중심의 한국어교육과정 구성 원리

구성 범주	구성 요소	1급	→	6급
어휘	일상생활 어휘/ 교수·학습 어휘 (학습 기초 어휘, 교과 학습 어휘)	고빈도 어휘 일상 어휘 〉 교과 학습 어휘 구상적 아이디어와 개념	→	저빈도 어휘 일상 어휘 〈 교과 학습 어휘 추상적 아이디어와 개념

〔표 10〕 언어 영역별 교수 · 학습 방법에 따른 어휘 교육

범주		내용
생활 한국어 영역	듣기	• 대화가 일어나는 상황, 전후 관계, 배경 지식 등을 활용하여 의미를 파악하도록 지도한다. • 음소, 낱말, 어구, 억양과 같은 구성 요소를 고려하여 의미를 파악하도록 지도한다.
	말하기	• 교사는 학습자의 수준을 고려하여 한 단어 발화, 짧은 문장 발화를 사용하고, 천천히 반복하여 말해 주다가 점차 일상적 속도로 말하는 쪽으로 한국어를 구사한다.
	읽기	• 읽기 학습의 초기 단계에는 소리와 철자의 관계를 자연스럽게 익혀 문자 언어에 익숙해지도록 지도한다. • 의미지도, 벤 다이어그램, T차트, 시간 연대기, 그래프 등 그래픽 조직자를 이용하여 복잡한 정보를 알기 쉽게 제시한다. • 그림으로 표현된 단어, 간단한 광고, 포스터 등을 활용하여 그림과 문자의 상징성과 기호의 특성을 이해하도록 지도한다. • 어휘는 가급적 실물, 그림, 동작, 멀티미디어 자료 등 다양한 자료를 활용하여 이해하도록 지도한다.
학습 한국어 영역	교과별 교수·학습 방법	• 모어 사전을 활용하여 스스로 찾은 교과별 학습 개념어를 목표어로 전이함으로써 개념을 정립하도록 지도한다.

교수·학습 면에서는 〔표 10〕과 같이 언어 영역 안에서 어휘를 지도하도록 권장하고 있다. 영역 면에서는 읽기에서 어휘 교육을 많이 언급하고 있으며 듣기, 말하기에서도 다소 언급하고 있다. 그러나 쓰기에서는 언급하고 있지 않다. 쓰기 교수·학습 방법에서 언급하지 않았다고 하여 어휘 교육을 무시했다고 단언하기는 어렵다. 왜냐하면 단계별 성취 기준에는 각 영역

별로 어휘 교육을 제시하고 있기 때문이다.

한국어교육과정의 부록에는 생활 한국어 영역 어휘 목록으로 초등학교 1100개 어휘, 중학교 1300개 어휘, 고등학교 1500개 어휘가 제시되어 있으며, 국어·수학·사회·과학 등 교과별 핵심 주제별로 학습 어휘 목록이 제시되어 있다.

4. 어휘 지도 방법

국제결혼가정 자녀의 경우는 학습 부진 차원이나 보충 차원으로 어휘 지도를 해야 할 것이고, 중도입국 자녀와 외국인 근로자 자녀의 경우는 제2언어나 외국어로서의 한국어교육 차원에서 어휘 지도를 해야 할 것이다. 어휘 지도 방법을 유형별로 범주화하여 간략하게 제시하면 〔표 11〕과 같다. 이 절에서는 대표할 만한 어휘 지도 방법 위주로 살펴보겠다.

1) 어휘장을 활용한 어휘 지도

어휘들이 어떤 식으로든지 각각 개념적으로 또는 연상 관계에 의해서 다른 어휘소들과 더불어 어떤 밭, 즉 장이라는 구조를 이루게 된다. 이것을 어휘장(김광해 1993: 223)이라고 한다. 어휘장은 흔히 의미장이라고도 하는데, 이와 같이 의미적으로 연상 관계에 있는 어휘와 결합 관계에 의한 어휘의 확대를 아울러 지도하는 방식을 어휘장을 활용한 어휘 지도라고 명명해 보았다.

하나의 어휘를 배우면서 어휘 능력을 효과적으로 확대하기 위해서는 여러 의미 구조를 활용한 어휘 확대 방법을 사용하는 것이 좋다. 동의어, 유의어, 반의어, 상위어, 하위어, 결합 관계 등 의미 구조에서 관련되는 어휘들

〔표 11〕 유형별 어휘 지도

유형	어휘 지도 대상 및 방법		지도상의 유의점
범주 측면	일상생활 어휘 문어 표현 어휘 메타 학습 어휘(사고 도구어) 학습 어휘 문화 어휘		
방법 측면	구성적 관점	어휘장 문장 구사 능력 화용 문화적 응용	개념어, 추상어, 한자어에 중점을 두어 지도한다. 상위어, 하위어의 관계에 중점을 두어 지도한다. 어휘 자체보다는 어휘 활용에 중점을 두어 지도한다. 어휘를 통해 언어문화를 이해하도록 지도한다. 문화 맥락 공유에 중점을 두어 지도한다. 학습 어휘를 통해 교과 지식의 기초를 마련한다. 언어에 대한 감각을 높여 언어 인식(awareness)을 키운다.
	도구적 관점	사전적 뜻 익히기 문맥적 뜻 익히기	
	인지적 관점	어휘의 형식 파악하기 어휘 지도 그리기 어휘 구조도 그리기 의미 자질 분석	
제도 측면	실용사전 개발(유의어 반의어 사전, 어휘망 사전, 문화 어휘* 사전, 학습 한국어 사전) 어휘 학습 자료 개발(교재) 교육 콘텐츠 제공(온라인) 교사 연수 교수 학습 방법 개발 교과 내에서의 학습 어휘		

*표준어에 대응되는 개념으로 북한의 문화어라는 용어가 있다. 이와 변별하기 위해 문화 어휘라는 용어를 선택하였다.

을 연결하여 학습하도록 하는 것은 어휘 확대와 의미를 정확하게 파악하는 데 도움이 된다.

첫째, 동의어, 유의어를 사용하여 어휘를 확대하는 방법이다. 두 단어의 의미가 완전히 같을 경우에는 동의어, 부분적으로 같을 경우에는 유의어라고 한다. 그런데 엄격한 의미에서 완전한 동의어는 존재하지 않는다고 보는 것이 일반적이다. 동의어, 유의어를 활용하여 어휘를 교육하고 단어의 의미를 설명하는 것은 아주 일반적이고 가장 오래된 어휘 교육 방법이다.

둘째, 반의어를 사용하여 어휘를 확대하는 방법이다. 반의어는 의미관계가 없는 단어들끼리의 관계가 아니라 의미 요소의 다른 성분은 같고, 어느 한 성분이 서로 반대이거나 정도 차이를 보일 때 나타나는 대립어이다. 대립어는 상보 대립어, 정도 대립어, 방향 대립어 등으로 나누어진다. 대립어는 특정한 단어하고만 일정한 대립 관계를 형성하는 것이 아니라 대립을 보이는 의미 성분에 따라 다른 단어와 대립 관계를 형성하기도 한다. 예를 들면, 처녀의 대립어는 총각이 될 수도 있지만 대립 성분이 결혼 여부에 따른 경우라면 유부녀가 처녀의 대립어가 된다.

셋째, 상위어, 하위어를 사용하여 어휘를 확대하는 방법이 있다. 상위어는 하위어보다 의미성분이 하나 더 적은 개념의 어휘이다. '부모'는 '어머니',

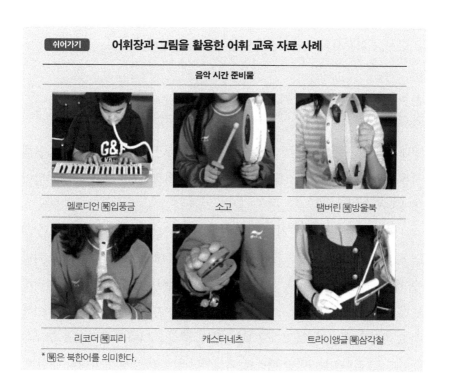

쉬어가기 **어휘장과 그림을 활용한 어휘 교육 자료 사례**

음악 시간 준비물

| 멜로디언 북입풍금 | 소고 | 탬버린 북방울북 |
| 리코더 북피리 | 캐스터네츠 | 트라이앵글 북삼각철 |

* 북은 북한어를 의미한다.

'아버지'의 상위어가 된다. '얼굴'은 '눈, 코, 입, 이마 볼, 턱' 등과 전체와 부분의 관계를 형성하여 얼굴이 '눈, 코, 입'의 상위어가 된다. 상하위어는 아니지만 하나의 단어의 의미를 설명하려면 기본적으로 전제가 되는 개념의 단어들이 있다. 특히 교과에 관한 학습 한국어를 배울 때 이들 단어를 함께 배우는 것이 필요하다. 예를 들면, 삼각형의 '빗변'을 알려면, '직각삼각형', '밑변' 등의 단어와 함께 배우는 것이 개념을 이해하기 편하다. 이런 의미에서 어휘 구조도를 그려 의미망 중심으로 어휘를 지도하는 것이 필요하다.

넷째, 통사적 결합 관계를 사용하여 어휘를 확대하는 방법이 있다. 예를 들면, 사과는 식물의 한 부분인 열매이기도 하면서 먹을 수 있는 음식물로서의 과일이라는 의미를 갖는다. 전자의 의미로 사용될 때, 사과는 '따다, 재배하다, 수확하다' 등의 동사들과 자연스럽게 결합 관계를 가지고, 후자의 의미로 사용될 때, 사과는 '먹다, 달다, 시다, 새콤하다, 달콤하다' 등과 같은 동사나 형용사와 자연스럽게 결합 관계를 가진다.

2) 어휘의 형식 파악하기

형태론적 접근 방법의 일종으로 기본 어휘의 어근이나 어간을 바탕으로 해서 파생어, 합성어의 구조를 파악하고 어휘를 확장하도록 지도하는 방법이 이에 해당한다.

인간의 언어 이해와 기억이라는 심리적 과정을 설명하는 데 중요한 개념 중 하나가 스키마이다. 스키마는 일반적으로 내용 스키마와 형식 스키마 두 가지 유형으로 나뉜다. 카렐(Carrell, 1987)에서는 텍스트 이해를 설명하면서 내용뿐만 아니라 구조를 인식할 수 있도록 지도해야 텍스트를 잘 이해하고 기억을 촉진할 수 있다고 보고 있다. 형식 스키마의 중요성을 강조한 것이다. 그러나 이는 비단 텍스트 이해에만 국한된 문제가 아니라 어휘 이해에도 적용할 수 있는 사안이다. 어휘의 형식 구조, 즉 형태적 특성을 이해하면 어휘를 매우 효율적으로 학습할 수 있다. 예컨대 '풋과일'에서 '풋-'이 '덜 익은'이라는 뜻의 접두사임을 알면 '풋사과, 풋고추' 등의 의미도 쉽게 파악할 수 있고, 더 나아가 '풋사랑, 풋내기' 등의 뜻도 유추할 수 있다. 어휘의 형태적 구조에 대한 지식은 어휘 습득에 효율성을 높이는 데 큰 도움이 된다. 다만 교사는 합성어와 파생어 교육에서 생산성이 높은 형태적 구조와 생산성이 낮은 형태적 구조의 경중을 고려하여 교수할 필요가 있다. 예컨대 '기와집, 짜장밥'과 같은 '명사+명사' 유형의 합성어는 매우 생산적이지만 '살짝곰보'와 같이 '부사+명사' 유형의 합성어는 비생산적이다. 후자의 경우는 형태적 구조를 일반화하여 교수할 필요가 적은 것이다(한재영 외, 2011: 52). 어휘의 형식을 제시하고 이를 활용하여 어휘를 확장할 수 있도록 제시하는 방안이 필요하다.

> (예) -개/게: 덮개, 지우개, 찌개, 지게, 집게
> -기: 달리기, 더하기, 곱하기, 보기
> -꾸러기: 잠꾸러기, 욕심꾸러기, 심술꾸러기, 말썽꾸러기
> -이: 넓이, 길이, 놀이, 먹이, 개구리, 뻐꾸기
> 맨-: 맨눈, 맨땅, 맨몸, 맨발, 맨손, 맨입, 맨주먹
> 한-: 한낮, 한겨울, 한여름
> 헛-: 헛고생, 헛기침, 헛걸음

3) 어휘 구조도

어휘 구조도는 어떤 개념들 간의 관련성을 범주화하여 시각적으로 표현하는 것이다. [그림 6]과 같이 빵의 모양, 재료, 용도, 응용과 같은 범주를 두어 빵을 범주화해 보는 작업으로 어휘 구조도를 그리게 한다. 빵이라는 생산물

〔그림 6〕 어휘 구조도의 예 1

모양	재료	용도	응용
국화빵 붕어빵 곰보빵 크루아상(반달빵) 바나나빵 바게트(젓가락빵)	초코빵 단팥빵 크림빵 슈크림빵 호두빵 흑미빵	모닝빵 식빵	케이크 화과자 샌드위치 피자

에 대한 확장적 개념도를 가지고 문화 창조라는 발상까지 키워주기 위해 만들어 본 사례이다.

케이크는 빵에 특별한 장식을 하고 기념일같이 특별한 의미가 있는 날에 먹는 것으로 문화적 산물이다. 빵에 의미와 가치를 부여하여 문화적 생산물로 재창조한 것이 케이크이다. 화과자, 샌드위치, 피자 역시 단순히 배고픔을 채워줄 음식으로서의 개념보다는 문화적 의미가 부여된 창조물이다.

또한 교과 학습을 할 때 이 방법은 매우 유용한 방법이 될 수 있다. 심도 있는 교과 학습 어휘는 복잡한 그래픽 조직자를 통해 제시할 수도 있다. 〔그림 7〕은 맛이라는 단원을 학습하기 쉽게 어휘 구조도로 표현해 본 것이다.

〔그림 8〕은 서사를 이용하여 어휘 구조도를 그리거나 어휘 구조도를

[그림 7] 어휘 구조도의 예 2

맛		
맛의 종류		**맛을 나타내는 재료**
달다	달콤한 맛	설탕, 사탕, 초콜릿, 꿀
짜다	짠맛	간장, 소금, 젓갈
맵다	매운맛	고추, 겨자, 김치
시다	신맛	식초, 레몬
쓰다	쓴맛	한약, 가루약

[그림 8] 서사를 이용한 어휘 구조도의 예

밥 관련 어휘			
식물	**다양한 재료**	**재료 응용 요리**	**시판 상품**
벼, 모, 나락, 이삭 등 관쌀가마니	쌀, 흰쌀, 현미쌀, 보리쌀, 멥쌀, 찹쌀, 겉보리 등	쌀밥(북이밥), 찰밥, 오곡밥, 흑미밥, 보리밥 등	햇반, 햇반 전복죽, 저단백밥 등

*관은 관련어 , 북은 북한어를 의미한다.

그린 후 서사적으로 표현해 보기를 할 수 있도록 구안한 예이다. 밥과 관련된 어휘로 쌀을 생산하는 단계의 벼부터 시작하여 밥의 재료, 응용 요리, 시중에서 판매되는 밥에 관한 상품을 알아가는 과정 속에서 사건, 인물, 배경 등을 설정한 후 서사를 만드는 차원으로 어휘를 습득하게 할 수 있다. 특히 저단백밥[16]은 단백질을 소화해 내지 못하는 사람을 위해 시판되는 제품이다. 이 부분을 서사에 포함하여 어휘를 활용하게 한다면 기억에 남는 어휘 교육이 될 것이다.

4) 담화 중심의 어휘 지도

다문화 가정 자녀의 어휘 이해 능력이 부족한 이유를 다양한 담화 상황에서의 언어생활이 부족한 것에서 찾는 입장이 있다. 어휘 이해 능력은 언어 사용 능력과 긴밀하게 연결되어 있다고 믿어 왔다. 즉, 어휘 이해 능력이 증가할수록 언어 사용 능력 또한 증가할 것이라고 생각한 것이다. 그러나 1980년대 이후 어휘 이해 능력과 언어 사용 능력이 동일하지 않다는 사실이 드러났다. 다문화 가정 자녀의 어휘 이해 능력이 부족한 것은 다양한 담화 상황에서 언어생활이 부족했기 때문이므로 다양한 담화 상황에서의 어휘 교육을 통해 어휘 이해 능력과 나아가 어휘 사용 능력을 지도해야 할 것이다.

---

16 저단백밥은 소량 판매되기 때문에 기업의 이득 측면에서는 효자 상품이 아니다. 이 상품은 소수자에 대한 배려 차원에서 생산된다. 많은 이익을 창출하지 못하면서도 이 상품을 생산하는 기업이 있는데 이 기업을 사회적 기업으로 볼 수 있다. 이 상품을 통해 사회적 기업의 역할에 대해서도 논의할 수 있다.

5) 이중언어 활용 어휘 지도

학습자의 모국어로 된 텍스트를 한국어로 번역하고, 또 그 내용을 익히게 하여 어휘를 확대하는 방법이다. 학습자가 잘 알고 있는 유명 텍스트를 활용할 수 있을 것이다. 의미를 모국어로 정확하게 이미 알고 있기 때문에 의미 혼동을 방지하고, 단어의 발음과 형태만 익히면 어휘 학습이 가능하다는 장점이 있다. 그러나 모국어의 의미에 의존함으로써 단어의 의미와 용법에서 착오를 빚을 수 있다는 단점이 있다.

6) 학습 어휘 지도

학습에 직접적인 영향을 주는 학습 어휘를 따로 묶어 정리해 주는 것도 하나의 좋은 방법이다. 예를 들면 과학과의 경우는 온도, 습도, 기온, 날씨, 강수량 등과 같은 어휘를, 국어과의 경우는 운율, 서정시, 감성, 리듬, 직유법, 은유법 등과 같은 어휘들을 묶어내어 학생들에게 지도하는 것이다.

어휘 교육에 대한 책임을 학교에만 맡기기에는 무리가 있다. 가정에서도 어휘 교육이 이루어지는 것이 바람직하기 때문에 부모랑 함께 어휘 교육을 하는 방안이 있다. 다문화 가정의 부모가 자녀를 잘 지도할 수 있도록 자녀와 함께 어휘 교육을 받을 수 있는 기회를 제공한다든지, 다문화 가정의 언어적 배경을 고려하여 이중언어로 어휘를 알려주는 교재를 통해 어휘 교육을 돕는 방안이다. 특히 어려운 학습 한국어의 경우 다문화 가정의 배경 언어와 한국어의 대조표와 같은 교재를 만들어 가정에 보급하는 방안을 추진해야 한다. 더 나아가 이중언어를 활용하여 학습 어휘를 정리한 교육 자료나 사전이 필요하다. 이에 대한 향후 연구가 이루어져야 할 것이다.

[그림 9] 미국 초등 사회 교과서(Harcourt, 2005; 최선아, 2011)

7) 교과 내에서 학습 어휘 지도

미국의 한 사회 교과서에서는 [그림 9]와 같이 어휘 풀이를 포함하고 있다. 이와 같이 다양한 교과 내에서 학습 어휘의 풀이와 쓰임을 다루어줌으로써 학생들에게 실질적으로 학습 어휘를 교육할 수 있다.

다문화 가정 학생을 지도할 때 겪게 되는 '문화적 차이로 인한 공감대 형성의 어려움'은 문화 어휘 지도로 유의미하게 극복할 수 있다. 문화 어휘를 정의하는 것은 쉽지 않다. 그 정의를 기존 연구에서 찾아보면, 성기철(2004: 140)에서는 언어문화가 형성되는 배경을 제시하고 있으며, 언어에 문화가 반영된다는 것은 단어 또는 표현의 의미에 영향을 주는 것으로서 '설, 추석, 제사, 주말 부부' 등과 같이 단어 자체가 송두리째 문화를 대변하는 것이 있는가 하면, '소년 가장, 한잔하다'와 같은 표현에서 현대 사회의 생활 형

〔그림 10〕 옛 물건

가마솥	펌프	맷돌
가마	봉화대	주판
빨래판	빨래방망이	빗자루

태 또는 생활 문화의 모습을 발견할 수 있다고 하였다. 국립국어원(2000a)에서 제시한 문화 어휘들은 음식, 의복, 주거, 명절, 신앙, 놀이, 음악, 미술, 문학, 무용, 문화재, 제도, 특산물, 상징 등 한국 고유의 문화 14가지 분야에 걸쳐 있다. 국립국어원(2000a)에서는 한국인이 익히 알고 있고 문화적 의미가 크며 용어의 고유성이 있어서 그대로 한국어의 형태로 보급할 수 있는 어휘를 문화 어휘로 정의하였다. 이상에서 볼 때 문화 어휘란 한국과 한국어의 문화적 요소를 포함하고 있고, 한국어로 표현되는 어휘라 할 수 있다.

〔그림 10〕은 한국의 전통 문화에서 찾을 수 있는 물건들이다. 한국의

전통 문화도 알고 현대에는 어떤 식으로 변모하였는지를 고찰하면서 해당 어휘를 익히도록 지도한다.

옛 물건이 현대에 어떻게 변화되었는지 알게 함으로써 〔표 12〕와 같이 변화 과정을 정리하게 한다. 규칙화될 수는 없지만 일반적인 경향성을 알게 한다는 점에 주안점을 두어 지도한다. 문화 어휘에서 다루어야 할 어휘 범주에 대한 시사점을 얻기 위해 〔표 13〕, 〔표 14〕와 같이 오나영(2011: 31-32)에서 제시한 문화 어휘 분류 기준을 살펴볼 수 있다.

문화 체험 활동을 통한 문화 어휘 지도도 제안할 수 있다. 한국 문화에

〔그림 11〕 현대 물건

전기밥솥	수도	믹서
자동차	송신기	전자계산기
세탁기	드럼세탁기	진공청소기

익숙하지 않은 학생의 경우는 구체적인 문화 체험을 통해 이와 관련된 어휘를 학습하게 하는 방법이 좋을 것이다. 예를 들면, 강강술래 놀이를 해보는 것이다. 좀 더 확장된 활동으로는 예를 들어, 서당의 훈장님이나 학생 역할 놀이 등을 통해 학생들이 한데 모여 훈장님의 말씀을 따라 반복하고 공부하

[표 12] 옛 물건과 현대 물건의 관계

옛 물건		현대 물건
가마솥		전기밥솥
펌프		수도
맷돌		믹서
가마		자동차
봉화(또는 봉화대)	⇒	방송 송신기, 통신 송수신기, 휴대전화, 텔레비전, 라디오 등
주판		계산기, 컴퓨터
빨래판, 빨래방망이		세탁기, 드럼세탁기
빗자루		진공청소기

[표 13] 성취 문화

	의	전통	짚신, 나막신, 갓, 한복 등
		현대	운동화, 구두, 교복, 유니폼, 양복 등
	식	전통	김치찌개, 불고기, 비빔밥 등
		현대	라면, 자장면, 탕수육 등
	주	전통	초가집, 온돌, 한옥 등
		현대	아파트, 빌라, 전원주택 등
일상 생활	도구	전통	호미, 낫, 장작불, 맷돌 등
		현대	트랙터, 전기, 믹서기 등
	여가	전통	강강술래, 윷놀이, 줄다리기 등
		현대	인라인 스케이트, 컴퓨터 게임 등
	통과의례, 기념일, 풍습, 민속	전통	성인식, 설, 돌, 제사 등
		현대	어린이날, 어버이날, 스승의 날 등
	생산	전통	농업, 어업, 임업 등
		현대	서비스업, 기계 산업 등
	신앙	전통	장승, 솟대, 굿, 서낭당, 절 등
		현대	교회, 성당 등

제도	신분제도, 직급	전통	양반, 머슴, 왕, 이방 등
		현대	시민, 대통령, 국회의원 등
	교육	전통	훈장님, 서당 등
		현대	학원, 도장, 교육방송, 검정고시 등
	행정제도	전통	조정, 과거시험 등
		현대	행정기관, 군대, 민방위 등
	생활, 사회, 경제, 제도	전통	보부상, 지게꾼 등
		현대	주5일근무제, 근로기준법 등
	문화재	유형문화재	석굴암, 경복궁, 불국사 등
		무형문화재	장인, 줄타기 등
	통신	전통	파발, 봉수, 말타기 등
		현대	이메일, 인터넷, 메신저 등
	교통	전통	가마, 인력거 등
		현대	버스, 지하철, 기차(KTX, 새마을호), 택시 등
	단위	전통	엽전, 냥, 되, 근 등
		현대	원, kg, ml, km 등
예술	음악, 공연	전통	가야금, 태평소, 탈춤 등
		현대	사물놀이, 난타 등
	미술, 공예	전통	빗살무늬토기, 고려청자 등
		현대	백남준의 작품 등
상징	자연물	전통	무궁화, 한우, 진돗개, 호랑이 등
	일반상징물	전통	숫자, 색깔 등
		현대	붉은 악마 등
과학	산업기술	전통	해시계, 물시계, 측우기 등
		현대	IT, 반도체, 조선 등
역사	사건	근대사 이전	임진왜란 등
		근현대사	일제강점기, 6·25전쟁 등
	인물	근대사 이전	광개토대왕, 세종대왕, 이순신 등
		근현대사	방정환, 유관순 등

*오나영(2011:31-32)을 일부 수정함.

[표 14] 관념 문화

가치관	남아선호사상, 인과응보, 경로우대, 상부상조 등
민족성	정, 멋, 체면 등
정서	은근, 끈기, 한, 흥 등
사상	충효, 애국, 선비, 삼강오륜 등
신앙	샤머니즘, 토테미즘, 신선사상 등

*오나영(2011:31-32)을 일부 수정함.

여 본다든지, 훈장님의 엄한 태도를 느껴보도록 한다.

오나영(2011)에서는 문화 어휘들을 좀 더 효과적이고 효율적인 방법으로 교수하기 위해서 그림이나 사진으로 제시하는 방법, 백과사전식으로 설명하는 방법, 실질적인 다양한 예문을 제시하는 방법, 문화 수업 교재용으로 문화 어휘 중심으로 텍스트를 재구성하는 방안을 제안한다.

5. 나오며

다문화 가정 자녀의 유형이 다양화되는 교육 현장을 반영하여 어휘 교육을 생각해야 할 것이다. 다문화 가정 자녀의 어휘 교육은 크게 결혼이민자 자녀 등의 모국어로서의 한국어교육, 즉 부진의 정도로 보고 접근하는 국어교육적 측면과 중도입국 자녀, 외국인 근로자 가정의 자녀 등을 대상으로 한 제2언어로서의 한국어교육, 외국어로서의 한국어교육 측면으로 나누어 살펴볼 필요가 있다.

어휘 교육은 국어교육을 위한 기본 단위의 교육이며 주요 교육 부분이다. 어휘 교육만을 떼어서 지도하는 것이 능사는 아니다. 궁극적으로는 문학 작품과 같은 텍스트, 구어 담화 차원의 종합적 언어 자료를 활용하여 어휘 교육을 지도하는 쪽으로 나아가야 할 것이다.

다문화 가정의 자녀들은 한국어에 대한 언어 자극을 일반 아동들보다 덜 받는다. 언어 자극을 주기 위해 한 가지 예로 문학작품을 이용하는 방안이 있다. 가정에서 독서 환경을 만들어 주기 어려울 수 있기 때문에 사회적 차원에서 독서 환경을 개선하고 제도적 뒷받침을 이루어내는 방안이 필요하다. 도서관을 통해 제도화될 수 있다. 도시 지역에 비하여 상대적으로 열악한 문화 여건 개선, 도심에서 떨어진 곳은 이동하는 도서관을 이용하여 활성화할 수 있다.

지역 도서관에서 학생들을 위한 프로그램을 활성화하고, 성인을 대상으로 한 독서를 권장함으로써 평생교육 차원의 교육 효과를 거두는 방안을 모색하는 것이다. 가정과 학교, 사회가 교육 공동체의 차원에서 독서를 활성화하고 이를 통해 전반적인 어휘 능력도 향상할 수 있도록 돕는 것이다. 도서관은 지역 주민이 가난해도, 소외된 지역이어도 지식 자본과 문화 자본을 접할 수 있도록 하는 데 크게 기여할 수 있는 기관이다. 이제 교육 공동체 차원에서 교육을 바라보아야 하며, 사회 복지 차원 이상의 의미로 교육을 바라보는 차원의 제도화가 필요하다.

1. 다문화 가정 자녀의 어휘 능력을 향상할 수 있는 구체적 방안을 생각하여 어휘 교육 자료를 만들어 보자.

2. 한국어교육과정에서 밝히고 있는 어휘 교육의 범주를 말해 보자.

3. 국어 이외의 과목에서 학습 어휘 교육이 필요한지, 필요하다면 어떤 방법이 바람직한지에 대해 자신의 생각을 말해 보자.

외국에서의 어휘 교육과
외국어교육에서의
어휘 교육

1
일본의 어휘 교육

1. 들어가며

이 글은 일본의 초등학교와 중학교 국어교육 중 어휘 교육에 대해 개관하는 것을 목적으로 한다. 일본의 국어 교과서는 한국과 마찬가지로 검정교과서이다. 검정교과서를 편찬하는 데 있어서 기준이 되고 있는 것은 일본의 문부과학성에서 작성한 학습지도요령이다. 한국의 교육과정과 같은 역할을 하는 것으로 보면 된다.

이 글에서는 학습지도요령에서 어휘 교육이 어떻게 다루어지고 있는 가를 살펴보고, 그 구체적인 실현체라고 할 수 있는 교과서에서 어떻게 어휘가 교육되고 있는지를 살펴본다. 나아가 어휘 교육을 위한 교육용 어휘 선정에 대한 연구가 어떻게 이루어져 있고 교과서에는 이러한 연구가 어떻게 반영되고 있는가에 대해 살펴본다. 특히 일본어의 경우 한국어와는 달리 고유어도 한자로 표기하는 경우가 많다는 점에서 한자 교육과 어휘 교육을 함께 살펴보기로 한다.

2. 위상: 학습지도요령

한국에 교육과정이 있다면 일본에는 학습지도요령이라는 것이 있다. 초등학교는 2011학년도부터 기존 지도요령의 개정판이라고 할 수 있는 '신학습지도요령'에 의한 교육이 실시되었다. 중학교는 2012학년도부터 실시가 되었다. 국어과 지도요령의 목표는 다음과 같은데 초등학교와 중학교가 같은 내용으로 되어 있다.[1]

> 국어를 적절히 표현하고 정확히 이해하는 능력을 육성하여 상호 소통하는 능력을 향상시킴과 동시에 사고력이나 상상력과 언어 감각을 길러, 국어에 대한 관심을 높여 국어를 존중하는 태도를 기른다.

이러한 목표는 일본 국어교육의 목적이 적절한 표현과 이해를 통한 상호 소통 능력의 향상에 있음을 보여 주고 있다. 이러한 목표를 구체화하기 위해 지도요령에서는 학습 활동과 지도 내용으로 크게 나누어 구체적 내용을 기술하고 있다.

학습 내용은 (A) 말하기·듣기, (B) 쓰기, (C) 읽기의 세 가지 영역으로 나누어져 있다. 여기에 위의 (A), (B), (C) 외에 '전통적인 언어문화와 국어의 특질에 관한 사항'이라는 항목을 설정하여 그 내용을 규정하고 있다. 기

---

1   http://www.mext.go.jp/a_menu/shotou/new-cs/youryou/syo/koku.htm(2012년 7월 3일 검색). 이하 학습지도요령을 지도요령이라 부르기로 한다.

존 지도요령에서는 이 부분이 '언어 사항'이라는 제목으로 되어 있었는데 새로 개정된 지도요령에서는 '전통적인 언어문화'와 '국어의 특질'로 구분하여 따로 내용을 규정하고 있는 점이 다르다.

'전통적인 언어문화와 국어의 특질에 관한 사항'은 학습 내용에서 다루는 (A), (B), (C)에 관한 내용 이외에 초등학교에서는 서사(書寫), 다시 말해서 한자 쓰기에 관한 내용과 어휘에 관한 내용으로 이루어져 있다. 이처럼 한자 쓰기와 어휘에 관한 내용이 따로 설정되어 있는 것은 한자가 일본의 전통적인 언어문화이자 일본어의 특질이라는 인식이 배경에 있기 때문이다. 또한 앞서 언급한 것처럼 한국어와는 달리 고유어에 대해서도 한자 표기를 사용한다는 점에서 한자 교육=어휘 교육이라는 인식이 지도요령에 명시되어 있는 것으로 해석된다.

1) 초등학교[2]

초등학교 지도요령은 각 학년별로 되어 있는데 그 내용을 정리하면 다음과 같다.

[1, 2학년]
- 옛날이야기 또는 신화 전승과 같은 책이나 문장을 읽어 주거나 듣고 발표할 것.

[3, 4학년]
- 쉬운 문장체 단가(短歌)[3]나 하이쿠(俳句)[4]에 대해 정경(情景)을 떠올리거나 리

---

2   이 부분은 송영빈(2011: 277-281)에 기초하고 있다.
3   5·7·5·7·7의 음절로 구성된 짧은 정형시로 예로부터 내려오는 일본의 대표적인 시 형식이다.

듬을 느끼면서 음독이나 암독을 할 것.
- 오랫동안 사용되어 온 속담이나 관용구, 고사성어 등의 의미를 이해하고 사용할 것.

[5, 6학년]
- 쉽게 친근해질 수 있는 고문이나 한문, 근대 이후의 문어체 문장에 대해 대략적인 내용을 이해하고 음독할 수 있을 것.
- 고전을 해설해 놓은 문장을 읽고 옛 사람들의 사물을 보는 눈이나 감정을 이해할 것.

위의 내용들은 기존 지도요령에 비해 고전에 대한 교육이 강조되고 있다는 점이 특징이다. 이는 2000년대 들어 국어 능력 저하를 타개하기 위한 하나의 구호로 '아름다운 일본어를 되찾자'라는 말이 유행했는데 그 영향으로 고전 교육을 강화하여 일본어에 대한 애착을 회복하고 나아가 국어 능력을 키우자는 움직임이 지도요령에 반영된 결과이다. 한편, 고전 교육의 강화는 어휘의 교수와 학습에 직접적인 영향을 줄 수 있다는 점에서 앞으로 이 부분과 교육용 어휘와의 관계에 대해 주목할 필요가 있을 것이다.

지도요령에서는 문자에 관한 사항을 강조하고 있다. 그 내용을 보면 각 학년별로 배당된 한자를 읽고 점차 쓸 수 있게 한다는 것이 명시되어 있다. 예를 들면, 2학년에서는 1학년에 배당된 한자를 쓰고 문장에서 사용함과 동시에 2학년에 배당된 한자를 점차 쓸 수 있도록 한다는 식으로 전(前) 학년에 배운 한자를 그 다음 학년에서 쓸 수 있도록 한다고 규정하고 있다. 이는 학습한 한자를 처음부터 쓰게 할 경우 한자 학습에 흥미를 잃어버리는 경우

---

4   5·7·5의 음절로 구성된 짧은 정형시로 주로 계절을 나타내는 계어(季語)를 넣는 것이 특징이다.

가 발생한다는 점에서 읽기를 우선하고 쓰기를 그 다음에 한다는 식으로 배려한 것이다.

초등학교에서는 모든 학년에 대해 '서사(쓰기)에 관한 사항'을 두어 각 학년별로 다음과 같이 규정하고 있다.

[1, 2학년]
- 자세나 용구 잡는 방법을 올바르게 하여 공을 들여 쓸 것.
- 점과 획의 길고 짧음, 글자를 교차하는 방법 등에 주의해서 필순에 따라 문자를 올바르게 쓸 것.

[3, 4학년]
- 문자의 구성을 이해하고 모양을 갖추어 쓸 것.
- 한자나 가나의 크기, 배열에 주의해서 쓸 것.
- 점과 획의 종류를 이해함과 동시에 붓을 사용하여 문자를 쓸 때의 힘의 강도에 주의하며 쓸 것.

[5, 6학년]
- 용지 전체와의 관계에 주의하여 문자의 크기나 배열을 정함과 동시에 쓰기 속도를 의식하면서 쓸 것.
- 목적에 맞게 사용할 필기구를 고르고 그 특징을 살려 쓸 것.
- 붓을 사용하여 붓 끝의 움직임과 점과 획의 연결을 의식하며 쓸 것.

한국의 교육과정에서는 볼 수 없는 이러한 문자 쓰기에 대한 상세한 규정은 한자를 올바로 쓰게 하기 위한 것이다. 특히 3, 4학년부터는 한자를 올바로 쓰는 것에 대해 강조하고 있다. 쓰기 외에 배당표의 한자를 실제 교육에서 어떻게 운용할 것이냐에 대해서 다음과 같은 부칙을 따로 두고 있다.

① 학년별로 배당되어 있는 한자는 아동의 학습 부담을 고려하면서 필요에 따라 해당 학년 이전의 학년 또는 해당 학년 이후의 학년에서 지도할 수도 있다.
② 해당 학년보다 이후의 학년에 배당되어 있는 한자와 그 이외의 한자를 필요에 따라 제시하는 경우 독음을 다는 등 아동들의 학습 부담이 과중하지 않게 배려할 것.
③ 한자 지도에 있어서는 학년별 한자 배당표에서 제시하는 한자의 글자체를 표준으로 할 것.

①은 배당표의 탄력적 운용을 말하는 것이다. 원칙적으로 교과서의 한자 표기는 한자 학습이 전제되고 난 뒤에 표기가 가능하다. 예를 들면, 3학년에 배당된 한자가 2학년 교과서에서 제시되는 단어에 출현할 경우 이 부분은 일본의 고유 문자인 히라가나로 표기해야 한다. 그러나 ①의 규정에 의해 '필요에 따라' 한자 표기가 가능하도록 한다는 것이다.

'아동의 학습 부담을 고려하면서'라는 부분과 '필요에 따라 해당 학년 이전의 학년 또는 해당 학년 이후의 학년에서 지도할 수도 있다'는 것은 배당표가 절대적 기준이 아니라는 것을 표명하는 것이다. 현행 초등학교 배당 한자 1,006자는 학생들에게 부담이 되고 있는 것이 현실인데 이에 대해서 '아동의 학습 부담을 고려하면서'라고 전제하면서도 결국은 '필요에 따라' 해당 학년 이외의 한자를 가르칠 수 있도록 규정하고 있는 것은 한자를 더 가르쳐도 된다는 허용 규정인 것이다.

초등학교 배당 1,006자는 한자의 글자 수만으로 보면 신문에서 사용하는 한자의 93.9퍼센트, 잡지에서 사용하는 한자의 90.0퍼센트를 망라하는 규모이다(國立國語研究所, 1976: 28). 다시 말해서 일반 사회에서 사용하는 한자의 90퍼센트 이상을 초등학교에서 배우도록 하고 있는 것이다. 결국 '필요에 따라'라는 표현은 배당표의 학년별 테두리를 무시함으로써 한자 학습 부담을 가중시키는 역할을 할 수 있다. 이것은 다음에 살펴볼 ②에서 더욱 확연히 드러난다.

②는 ①번을 실천하기 위한 방법을 서술하고 있다. 배당표에서 정해진 해당 학년 배당 이외의 한자를 가르칠 경우 독음을 달아 지도할 수 있다는 것이다. 이것은 개별 한자를 하나하나 가르치는 것이 아니라 한자어를 통한 한자 교육을 제안하는 것이라고 볼 수 있다. 실제로 배당표만 갖고는 어휘 지도에 한계가 있는 것은 사실이다. 예를 들어 '식품'이라는 단어를 구성하는 '식'은 2학년에, '품'은 3학년에 배당되어 있다. 따라서 이 단어를 한자 표기로 교과서에서 제시할 경우는 3학년에서 제시해야 한다. 그러나 문제는 '食'이라는 한자는 일본어에서는 '먹다'에 해당하는 고유어 'たべる'를 '食べる'와 같이 표기하기 때문에 만일 1학년에서 이를 제시할 경우 히라가나로 'たべる'라고 표기해야 한다. 한편 이 단어는 취학 전에 이미 습득되는 기초적인 단어이기 때문에 한자를 가르치기 위한 배당표가 오히려 히라가나 표기를 강제함으로써 한자 학습을 막아버리는 결과를 초래하는 역할을 하고 있다.

이러한 문제를 해소하기 위한 규정이 바로 ②인 것이다. 이러한 점을 종합하면 결론적으로 배당표에 구애받지 않고 한자를 교육할 수 있다는 것이다. 이것이 수월성을 강조한 현재의 지도요령으로 바뀌기 전, '유토리(여유)'를 중시한 교육과정하에서 제시된 것이다. 학습자의 부담을 최대한 줄이는 것을 목표로 했음에도 불구하고 여전히 한자 교육에 대해서는 '유토리'의 대상에서 제외하고 있다는 점이 일본의 어휘 교육의 특징을 보여 주는 것이라고 할 수 있다.

2) 중학교

중학교 지도요령 중에서 어휘와 관련되는 것은 다음과 같다.

[제1학년]

- 어구의 사전적 의미와 문맥상 의미와의 관계를 주의하여 어감을 기를 것.
- 현상이나 행위 등을 나타내는 다양한 어구에 대해 이해함과 동시에 대화나 문장 중에 사용되는 어휘에 대해 관심을 가질 것.
- 단어의 종류에 대해 이해하고 지시어, 접속사 및 이들과 같은 역할을 하는 어구에 대해서도 관심을 가질 것.

[제2학년]

- 입말과 글말의 차이, 공통어와 방언이 담당하는 역할, 경어의 역할에 대해 이해할 것.
- 추상적인 개념을 나타내는 어구, 유의어와 반의어, 동음이의어나 다의적인 의미를 갖는 어구에 대해 이해하고 어감을 길러 어휘를 풍부하게 할 것.
- 단어의 활용에 대해 이해하고 조사나 조동사의 역할에 대해서 살펴볼 것.

[제3학년]

- 관용구, 사자숙어에 관한 지식을 넓히고 고유어, 한자어, 외래어와 같은 구분을 이해하고 어감을 길러 어휘를 풍부하게 할 것.

전체 내용을 보면 어휘에 관한 기본적인 개념을 이해하고 관심을 가질 것을 주문하고 있다. 한편 1·2학년에 비해 3학년에서는 관용구, 사자숙어와 같은 것을 이해하고 고유어, 한자어, 외래어라고 하는 어휘의 종류를 구분하

쉬어가기 **공통어**

일본에서는 '표준어'라는 용어 대신 현재는 '공통어'라는 용어를 사용하고 있다. '표준어'가 갖는 '통제'라는 부수적인 의미를 부정하고, '방언'에 대한 차별적 지위를 인정하지 않고, 실제적인 의사소통일 뿐이라는 점을 강조하기 위해 1949년 국립국어연구소가 이 용어를 제안했다.

고 이해하는 것이라는 식으로 매우 간단하게 기술되어 있는 것이 특징이다.

한편 어휘를 표기하는 '한자에 관한 사항'에 대해서는 각 학년별로 다음과 같이 기술되어 있다.

[제1학년]

- 초등학교 학습지도요령 제2장 제1절 국어의 학년별 한자 배당표(이하 특별한 경우를 제외하고 한자 배당표라 부르기로 한다)에서 제시된 한자와 더불어 기타 상용한자 중 300자 정도부터 400자 정도까지의 한자를 읽을 수 있을 것.
- 학년별 한자 배당표 한자 중에서 900자 정도의 한자를 쓰고 문장 안에서 사용할 것.

[제2학년]

- 제1학년까지 학습한 상용한자와 더불어 기타 상용한자 중 350자 정도부터 450자 정도까지의 한자를 읽을 수 있을 것.
- 한자 배당표에 제시되어 있는 한자를 쓸 수 있으며 문장 중에서 사용할 것.

[제3학년]

- 제2학년까지 학습한 상용한자와 더불어 기타 상용한자의 대부분을 읽을 수 있을 것.
- 한자 배당표에 제시되어 있는 한자에 대해서 문장 중에서 익숙하게 사용할 것.

한자 배당표는 초등학교 교육과정에서 지정된 한자표이며 중학교에서는 초등학교처럼 학년별로 학습해야 하는 한자가 정해져 있지는 않다. 다만 학년별로 학습해야 하는 한자 수가 제시되어 있을 뿐이다. 한자 배당표에 대해 중학교에서 언급이 되어 있는 것은 초등학교에서 배운 한자를 실제로 사용하게 하기 위해서이다. 특히 3학년에서는 이에 대해 문장 중에서 익숙하게 사용할 것을 제안하고 있다.

상용한자표는 1946년에 만들어진 당용한자표(1,850자)를 1981년에 1,945자로 늘리고 2010년에 2,136자가 되어 2012년부터 중학교 교육에서 활용되고 있다. 이렇게 됨으로써 초등학교에서 학습해야 하는 학년별 한자 배당표 수록 한자가 1,006자이므로 중학교에서는 1,130자를 배워야 하는 셈이다. 상용한자표는 일상생활에서 사용하는 한자의 범위를 정한 것인데 초등학교에서 배우는 한자를 제외한 나머지 상용한자표에서 제시하고 있는 한자를 모두 중학교에서 배우도록 하고 있는 것이다. 이것은 성인의 일상생활에서 사용하는 한자를 모두 중학교에서 학습하도록 설정되어 있다는 것을 의미한다. 앞서 기술했듯이 초등학교 배당 1,006자는 신문에서 사용하는 한자의 93.9퍼센트, 잡지에서 사용하는 한자의 90.0퍼센트를 망라하는 규모이다. 이러한 사실을 어휘의 관점에서 해석하면 중학교에서 배우는 초등학교 수준 이외의 한자는 보다 전문적인 어휘에서 사용되는 한자라는 것을 짐작할 수 있다.

이렇게 볼 때 일본의 초등학교와 중학교 한자 학습량은 결코 적은 것이 아니며 학습자들에게 부담이 되고 있다고 볼 수 있다. 또한 한자와 어휘의 학습이 동시진행형으로 구성되어 있다는 점도 일본의 어휘 교육의 특징이다.

3. 내용, 방법, 평가, 사례

어휘 교육은 무엇을 가르칠 것인가와 어떻게 가르칠 것인가로 나눌 수 있다. 무엇을 가르칠 것인가에 대해서는 교육용 어휘 선정이 해당되며 어떻게 가르칠 것인가에 대해서는 교수법이 해당된다. 이 절에서는 먼저 교육용 어

휘 선정에 대해 살펴보고 그 방법과 평가에 대해 교과서 사례를 살펴보기로
한다.

1) 내용

교육용 기본 어휘에 대해서는 개인에 의한 연구와 국립국어연구소와 같은
기관에 의한 연구가 있다. 지금까지 매우 많은 관련 연구와 자료가 축적되
어 있다. 개인에 의한 연구로 대표적인 것은 사카모토 이치로(坂本一郎)의
『교육기본어휘(教育基本語彙)』(1958)이다. 이 책은 15만 개의 사전 표제어
에 대해 10명의 교사가 중요도를 검증하여 목록을 만든 것이다.[5] 기관에 의
한 연구로는 각 교과서 출판사에 의한 것과 국립국어연구소에 의한 것이 있
다. 출판사에서 작성한 것으로는 동경서적편집부(東京書籍編集部)나 광촌
도서(光村圖書)에서 만든 기본 어휘 선정을 위한 어휘 자료가 있다. 이들은
계속해서 어휘를 개편하고 있고 실제 교과서 편찬에 사용하고 있다는 것이
특징이다.[6] 한편 2000년에 국립국어연구소에서 작성한 『일본어 기본어휘—
문헌 해제와 연구(日本語基本語彙—文献解題と研究)』라는 것이 있는데 이
것은 기존의 여러 연구들을 종합한 것이다. 이 문헌의 특징은 일종의 시소
러스라고 할 수 있는 일본의 국립국어연구소에서 작성한 『분류어휘표(分類
語彙表)』의 의미 코드를 단어 목록과 함께 제시하고 있다는 점이다. 이러한
의미 코드는 분야별로 어휘를 편중되지 않게 선정할 수 있다는 점에서 의미
가 있다.

어휘 선정에서 새로운 경향을 나타내는 보고서가 국립국어연구소에서

---

5   1983년에 『新教育基本語彙』라는 개정판이 나왔다.
6   교육용 어휘 선정에 대해서는 森篤嗣(2008) 참조.

작성되었다. 2011년에 나온 '교과서 코퍼스'(國立國語研究所, 2011)는 2005년에 사용된 초중고 전 과목 144권의 어휘 목록과 함께 분석을 곁들인 것으로 앞으로의 교육용 기본 어휘 선정에 도움이 될 자료라고 할 수 있다. 이 보고서에서 흥미로운 것은 '교과서 코퍼스'를 사용한 연구 결과를 소개하고 있는 논문들이다. 학년별 과목별 교과서 어휘의 누적 빈도가 제시되어 있는 점이라든지, 교과서 어휘의 중요도를 점유율이라는 관점에서 6개 등급으로 나누고 있다는 점들이다. 이러한 연구를 통해 기존 교육용 어휘 목록들 중에는 누적빈도나 점유율이라는 관점에서 실제 중요도와 일치하지 않는 어휘 등급 판정이 발견이 된다는 것, 따라서 누적 빈도에 의한 어휘 등급에 있어서 재구성의 필요성이 있다는 지적 등이다. 나아가 각 교과목별로 어휘를 조사함으로써 국어교육에서 담당해야 할 어휘의 범위가 명확해질 수 있다는 측면도 이러한 연구가 앞으로 교육용 어휘 선정에 여러 도움을 줄 것으로 예상되는 점이다.

〔표 1〕의 전 교과라는 항목을 보면 초등학교에서는 17,622개, 중학교에서는 22,609개, 고등학교에서는 43,882개의 어휘가 교과서에 출현하는 것으로 되어 있다. 〔표 1〕에는 나타나지 않지만 초·중·고 전체 어휘를 합한 결과(國立國語研究所, 2011: 61)에 의하면 token이 2,518,486개, type이 50,329개이다. 약 5만 개라는 숫자는 일본어를 대상으로 짧은 단위를 갖고 조사한 여러 어휘 조사에서 나타난 일본어의 어휘 수와 거의 맞먹는 것으로 고등학교까지 일반 사회에서 유통되는 어휘를 거의 모두 학습한다고 할 수 있다.

실제 녹음 자료를 갖고 이해어휘를 조사한 오쿠보 아이(大久保愛)의 조사를 인용한 자료(坂本一郎, 1984: 29)에 의하면 초등학교 3학년에서는 12,863개, 초등학교 6학년에서는 28,809개, 중학교 3학년에서는 43,886개, 고등학교 3학년에서는 50,985개의 어휘를 이해할 수 있는데, 이러한 결과

	초등학교 전반		초등학교 후반		중학교		고등학교	
	token	type	token	type	token	type	token	type
전 교과	67,191	5,384	219,258	12,238	451,245	22,609	1,780,792	43,882
국어	25,877	3,569	50,679	6,360	96,116	11,824	199,821	17,680
수학	19,042	1,085	45,256	1,963	49,067	1,853	125,551	3,704
자연	5,065	802	34,327	2,535	65,146	4,427	514,970	13,484
사회	6,634	1,298	56,442	5,923	104,205	9,491	593,116	24,859
외국어	0	0	0	0	13,450	2,051	37,924	5,109
기술가정	0	0	12,772	1,774	63,847	6,140	94,897	8,107
예술	8,706	1,854	11,910	2,686	35,553	5,832	99,283	12,160
보건체육	0	0	7,872	1,549	23,861	3,622	43,421	4,551
정보	0	0	0	0	0	0	71,809	4,342
생활	1,867	539	0	0	0	0	0	0

를 놓고 볼 때 현행 교과서 출현 어휘 수는 사용어휘라는 차원에서 이해어휘보다 초등학교나 중학교 수준에서는 다소 적은 수치를 보여 주고 있지만 고등학교를 졸업하기까지 50,329개의 어휘를 학습하게 된다는 점에서 오쿠보 아이의 이해 어휘와 거의 같은 양의 어휘를 학습하도록 되어 있으므로 적정한 것이라고 평가할 수 있다.

〔표 1〕에서 흥미로운 것은 국어 교과서의 경우는 type에서 초등이 9,929개, 중학교가 11,824개, 고등학교가 17,680개의 어휘가 사용되고 있는데 초등학교와 중학교의 경우 전 교과서 어휘에서 차지하는 국어 교과서 어휘의 비중이 반 이상을 차지하고 있다는 점이다. 초등학교에서는 그 비율이 56.3퍼센트, 중학교에서는 52.3퍼센트가 되고 있다. 즉, 어휘 교육에서 국어 교과서가 담당하는 비중이 매우 높다는 것이다. 한편 고등학교에서는 그 비율이 40.3퍼센트에 머물러 상대적으로 낮은 수치를 보여 사회와 같은 다른 과목의 어휘가 상대적으로 많은 비중을 차지하고 있다는 것을 알 수 있다.

2) 평가 방법과 사례

일본 국어 교과서에서 어휘와 관련하여 특징적인 것은 각과에 출현하는 단어에 대해 이를 표기하는 한자를 본문 뒤에 '신출 한자'라는 항목을 따로 두어 학습하도록 하고 있다는 점이다. 이것은 초등학교 교과서도 마찬가지이다. 특히 초등학교의 경우는 배당표가 지도요령에 의해 정해져 있기 때문에 학년별 교과서 본문도 학년별 한자 배당표에 의해 배당된 한자로 표기 가능한 어휘가 제시된다. 한편 중학교 교과서의 경우는 학년별 한자 배당표가 없고 단지 초등학교에 배당된 1,006자의 한자를 제외한 상용한자표 내의 한자 1,130자에 대해 지도요령에서 학년별로 제시하고 있는 한자 수만큼 학습하도록 되어 있다. 물론 각 학년마다 보다 쉬운 한자와 어려운 한자로, 일반적인 용법에서 사용하는 한자와 특수한 용법에서 사용하는 한자로 구분하여 구성되어 있는 것도 사실이다.

한편 이러한 한자 학습은 일본어 한자가 갖는 특수성으로 인해 학생들에게 학습 부담이 되고 있다. 일본의 한자는 음독만 하는 한국어와 달리 음독과 함께 훈독도 한다는 특징이 있다. 다시 말해서 고유어라도 한자로 표기할 수 있다는 특징이 있다. 예를 들어 '太田'이라고 적고 '한밭'이라고 읽는 것과 같은 원리이다. 또한 '封'처럼 하나의 한자에 'ホウ(호우)', 'フウ(후우)'처럼 여러 음이 대응하는 경우가 많으며 훈 또한 여러 개인 경우가 많다. 예를 들어 '逃'라는 중학교 2학년 교과서에 나오는 한자의 경우 음은 'トウ(토우)'이고 훈은 '逃げる(니게루: 도망가다)', '逃がす(니가수: 도망가게 놔두다)', '逃す(노가수: 놓치다)', '逃れる(노가래루: 빠져 나오다, 피하다)'같이 다양한 훈이 대응하고 있다. 따라서 교과서 각 단원 마지막에는 새로 나온 한자의 용법을 확인하는 문제가 제시되어 있다. 예를 들면 다음과 같다(光村圖書, 2012: 132).

1. 다음 밑줄 친 부분의 말을 읽어 보자.

❶ <u>井戸</u>を掘る。　　　　　　　　[　　　　　　　　　　]

❷ <u>既製</u>の洋服を買う。　　　　　　[　　　　　　　　　　]

❸ 立派な<u>城郭</u>を築く。　　　　　　[　　　　　　　　　　]

❹ 地元に大会を<u>誘致</u>する。　　　　[　　　　　　　　　　]

❺ 水面に<u>波紋</u>が広がる。　　　　　[　　　　　　　　　　]

❻ 企業の<u>嘱託</u>医になる。　　　　　[　　　　　　　　　　]

2. 다음 □에 알맞은 한자를〈　〉에서 골라 보자.

❶ ギ〈儀·犠〉　　　ア □牲　　　イ 礼□

❷ ヘイ〈弊·幣〉　　ア 紙□　　　イ □害

❸ ソ〈粗·阻·租〉　ア □止　　　イ □税　　　ウ □野

3. 다음 밑줄 친 부분은〈　〉가 부수인 한자이다. 각각의 숙어를 읽어 보자.

❶〈言〉

<u>譲</u>歩[　　　]　宣<u>誓</u>[　　　]　朗<u>詠</u>[　　　]

❷〈心〉

暗<u>愚</u>[　　　]　哀<u>愁</u>[　　　]　追<u>悼</u>[　　　]　遺<u>憾</u>[　　　]

1은 한자로 표기된 단어의 훈과 음을 읽는 문제이다. ❶井戸의 경우는 학습자는 의식하지 못할 수도 있지만 고유어이다. 이러한 문제는 고유어라고 할지라도 한자로 표기한다는 것을 교육하기 위한 것이다. 나머지는 모두 한자어인 경우로 일본 한자음으로 읽는 것들인데 낮은 빈도어의 읽기를 연습하게 하는 목적이 있다. 2는 동음 한자를 구별하여 적절히 사용하는 능력을 묻는 문제이다. 3은 부수를 공유하더라도 한자에 따라 각각 발음이 다르다는 것을 알려주기 위한 것으로 저빈도 한자에 대한 발음을 학습시키는 목적을 갖고 있다. 이러한 문제들은 교과서에 새로 나온 한자에 대한 일본어의 다양한 한자 응용 능력을 키우기 위한 문제이다. 이러한 문제 외에 초등학교에서 배운 한자의 훈과 중학교에서 새로 배운 훈을 구별해서 연습하게 하는 문제가 함께 제시되어 있다. 다음은 고유어 동사에 대해 어떻게 한자를 대입해서 표기할 것인가에 대한 문제이다.

> 1. 다음 문장에 맞는 말을 〈   〉에서 골라 보자.
> [훈이 같은 한자]
> ·은 중학교에서 학습하는 음과 훈이다.
> ❶重要な職務に〈·就く·付く〉。
> ❷布をはさみで〈断つ·裁つ·絶つ〉。
> ❸作家が自伝を〈表す·現す·著す〉。
> ❹彼を責任者に〈押す·推す〉。

〈   〉안에 제시된 단어들은 모두 소리가 같은 고유어이지만 다른 한자를 써서 그 의미를 구별하는 것들이다. 과연 이러한 단어들이 동음이의어인가 아닌가에 대해서는 논란의 여지가 있다. ❷를 예로 들면, 소리로는 'たつ(타쓰)'인데 여기에 대해 '断つ·裁つ·絶つ'라는 식으로 어떤 한자를 문맥에 맞게 골라 사용할 것인가를 묻는 문제이다.

일본어의 위와 같은 표기 방식은 원래는 다의어였던 일본어 고유어가 한자가 일본에 들어오면서 한자에 의한 의미의 구분이 가능하다는 것이 전제됨으로써 시작된 표기 방식이다. 이렇게 표기를 달리하는 근거는 '絶つ'는 '絶縁'이라는 한자어가 있기 때문에 '연을 끊다'라는 의미에서 '絶'을 사용한다는 것이고 '裁つ'는 '裁縫'이라는 한자어가 있기 때문에 '옷감, 천'과 공기할 때 '裁'를 써서 시각적으로 뜻을 구별한다는 관습적인 것이다. 어떻게 보면 상당히 근거가 있는 것처럼 보이지만 실제로는 그렇지 않다.

'연을 끊다'와 관련해서 '교제를 끊다'의 경우는 '絶交'를, '외교 관계를 끊다'는 의미로는 '斷交'라는 한자어를 사용하는데 이러한 단어들을 통해 과연 '斷'과 '絶'이 의미상으로 구별이 되는지는 의문이다. 또한 옷감이나 천을 자를 때 '切'을 사용하는 경우도 있기에 관습적으로 굳어진 이러한 구분을 교육에서 철저히 가르친다는 것은 문제가 있다. 실제로 사전에 따라서는 위의 세 가지 표기를 따로 표제어로 삼고 있는 사전(『三省堂國語辭典第6版』)이 있는가 하면, 이들을 하나의 표제어로 삼고 '絶·斷'은 구별 없이 함께 사용할 수 있고, '종이나 내장을 잘라내다'와 같은 경우는 '斷'을, '천으로 옷을 만들기 위해 자르는 경우'는 '裁'로 표기한다는 식으로 기술한 사전(『岩波國語辭典第4版』)도 있기 때문이다.

이렇게 구별이 애매한 단어에 대해 일반 사회에서는 히라가나로 표기하는 경우가 많다는 것은 주목할 점이다. 그럼에도 불구하고 초·중등 교육에서는 한자 표기에 의한 의미의 구분을 지나칠 정도로 평가 척도로 삼고 있는 것이다. 이러한 예는 실제 일반 사회에서의 표기와 교육에서의 표기가 다르다는 점에서 교육의 실효성을 낮추는 결과를 초래하고 있는 예이다. 이러한 문제가 발생하는 것은 무엇보다 표준적인 표기법, 보다 구체적으로는 앞서 사전에서의 한자 표기의 혼란에서 보았듯이 한자를 어떻게 표기할 것

알아보기

한자는 문자의 형태와 소리, 뜻이 하나의 쌍을 이루고 있다. 현재 한국어 한자어는 소리로만 읽는다. 일부(車: 차, 거)를 제외하고는 대부분의 한자가 하나의 소리를 갖고 있다. 일본어의 경우 같은 한자에 대해 여러 한자음이 대응하는 경우가 있다. '右'는 'u', 'yu'처럼 두 개의 한자음이 대응하는 경우가 있고 나아가 고유어를 한자로 표기할 때에도 하나의 고유어에 여러 한자가 대응하는 경우가 많

다. 예를 들어 'hakaru(재다, 도모하다)'의 경우 '計る', '測る', '量る', '図る', '謀る'처럼 다른 한자로 표기하는 경우도 많다. 나아가 어떤 경우에 어떤 한자를 사용할지 사전에 따라 일치하지 않는 경우도 많다. 과연 문자는 소리와 의미와 더불어 언어의 기본 요소인지, 한국어와 일본어의 예를 통해 살펴보는 것도 재미있을 것이다.

인가에 대한 기준이 확립되지 않았다는 데에 근본적인 원인이 있다. 이러한 표기의 문제는 초등학교에서도 마찬가지라는 점은 앞서 지적했다.

한편 이렇게 습득한 한자의 습득률을 보면 현재 일본어 어휘 교육이 처한 현실을 볼 수 있다. 한자 습득률은 어떤 한자를 측정 대상으로 할 것이냐에 따라 결과가 달라진다. 실제 조사에 의하면 초등학생의 경우 해당 학년이 끝난 시점에서 읽기에 대해서는 문자 수준에서 92.7퍼센트, 음훈 수준에서 76.0퍼센트로, 대체로 좋은 성적을 보이고 있다. 이에 반해 쓰기에서는 문자 수준에서 66.2퍼센트, 음훈 수준에서 53.5퍼센트에 머무르고 있다. 즉 어느 학년에서나 배운 한자는 대체로 읽을 수 있게 되는데, 쓰는 것은 반을 조금 상회하는 정도에 머문다는 것이다.

초등학교에 배당되는 한자의 경우 초등학교를 졸업하고 4년 후인 고등학생이 되었을 때, 읽기는 문자 수준에서 98.6퍼센트, 음훈 수준에서는 93.7퍼센트에 달한다. 또한 쓰기는 문자 수준에서 86.0퍼센트, 음훈 수준에서는 79.5퍼센트에 달한다. 그런데 주의해야 할 것은 상급 학년에 배당되어 있는 한자는 습득률이 낮다는 점이다. 다시 말해서 1학년에서 배운 글자는 5학년이 되면 음훈 수준에서 86.3퍼센트에 달한다. 그러나 5학년에서 배운 한자는 4년 후인 중학교 3학년에서는 습득률이 71.9퍼센트밖에 되지 않는다 (노무라 마사아키, 2007: 200-203). 중학교에서는 현재 1,130자의 한자를 배우게 되어 있는데 이것에 대해서는 조사된 결과가 없지만 초등학교보다 낮은 결과가 예상된다. 즉, 고등학교를 졸업하더라도 일본어 표기에 대해 정확히 쓸 수 있는 비율이 최대 70퍼센트를 상회할 수 없다는 것은 한국과 같이 표음문자를 사용하는 나라에서는 도저히 있을 수 없는 결과이다. 이러한 점은 한자에 집착하는 한 개선될 가능성이 매우 낮으며 현행 한자 중심 표기를 대체할 새로운 표기 시스템을 만들지 않는 한 극복하기 어려운 점이다. 그러나 이러한 점에 대해 문제 제기를 하는 연구자는 극소수에 불과한 것이

일본의 실정이다.[7]

4. 나오며

일본의 국어교육에 있어서 어휘 교육의 위상은 읽기, 쓰기, 말하기에 비해 가볍게 다루어지고 있다. 이는 어휘가 교육의 기본 목표라고 하는 읽기, 쓰기, 말하기의 재료라는 성격이 강하기 때문이다. 그러나 어떤 어휘를 어떻게 가르칠 것인가는 언어 습득에서 매우 중요하다. 일본의 국어교육을 위한 어휘 선정은 세부적으로는 문제가 있지만 외형적인 숫자에서 학생들의 성장에 맞추어 제시되어 있다는 점에서 무난한 수준으로 평가할 수 있다. 한편 구체적인 내용, 다시 말해서 제시된 어휘를 어떻게 표기할 것인가에 대해서는 여전히 많은 문제를 안고 있다.

　일본어는 띄어쓰기가 없다는 점에서 한자 표기는 어쩔 수 없는 선택이라고도 할 수 있다. 그러나 정서법의 부재로 인한 일반 사회와 교육의 괴리, 효율의 저하, 나아가 쓰기에 있어서의 한자의 낮은 정착도는 근본적인 표기의 전환, 혹은 개혁을 통하지 않고서는 해결이 어려운 문제로 생각된다.

　2010년 신상용한자표 고시에 의해 초등학교도 앞으로 한자 배당표의 한자 추가를 검토하고 있다. 중학교에서는 초등학교 배당표 1,006자 이외의 상용한자에 대해 기존 1학년 250~300자, 2학년 300~350자, 3학년 나머지 상용한자를 대체로 읽을 수 있게 할 것이라는 내용에서 1학년 300~400자, 2학년 350~450자, 3학년은 변경 없음(그러나 신상용한자 수가 191자 늘었으므로 실제로는 증가)으로 변경되었다. 2011학년부터 초등학교 5·6학년

7　이 부분은 송영빈(2011: 288-289)을 바탕으로 기술되었다.

에 대한 영어교육이 실시되었다. 이러한 점에서 학생들의 한자 학습에 대한 시간적 압박은 더욱 가중될 것이다.[8]

일반 사회에서는 점차 외래어와 외국어 사용이 확산되면서 기존에 있던 한자어를 이들이 대신하는 현상이 급격하게 진행되고 있다. '구역', '지역', '영역'이 점차 외래어 'エリア(area)'로 바뀌고 있는 것이다. 이러한 상황에서 한자의 쓰기와 읽기를 중심으로 하는 현행 일본의 어휘 교육은 변화해야 할 것이라고 생각한다. 어휘 교육은 사회의 변화를 빠르게 반영함으로써 의의를 가지기 때문이다.

---

8   이 부분의 기술은 송영빈(2011: 290)을 바탕으로 하고 있다.

1. 다음은 한국어 2음절 한자어이다. 각 음절에 해당하는 뜻을 결합시키면 어떤 뜻이 되는지 생각해 봅시다. 나아가 웹 검색을 통해 어떤 의미가 있는지도 알아봅시다. 이를 통해 한자의 기능 중 하나인 뜻을 명확히 하는 기능에 대해 어휘의 관점에서 생각해 봅시다. 특히 단어가 뜻을 나타내는지 한자가 뜻을 나타내는지에 대해 알아보자.

   (가) 三角   (나) 中角   (다) 角度   (라) 角星

2. 다음은 한국어 2음절 한자어 '소견'에 대응하는 한자 표기를 나타낸 것이다. 이러한 어휘를 통해 효과적인 어휘 교육은 단어의 암기인지, 한자 교육인지, 혹은 문맥이라고 말하는 단어의 공기관계인지를 각각의 어휘의 특성과 습득 단계 등을 생각하면서 각각에 해당하는 어휘의 효과적인 교수 방법에 대해 알아봅시다.

   (가) 小犬   (나) 召見   (다) 所見   (라) 素絹

2

—

프랑스의 어휘 교육
－초등학교를 중심으로－

1. 프랑스에서의 문제의식

프랑스 교육법전 1조는, 모든 학생이 자신의 인격을 발전시키고, 교육 수준을 지속적으로 끌어올리며, 각자 성공적으로 사회와 직장으로 편입되어 자신의 시민권을 행사하도록 교육을 받을 권리가 있음을 명시하고 있다. 따라서 프랑스 교육은 언어 습득, 특히 어휘 습득은 자신의 생각과 의견을 표현할 수 있는 도구를 갖춘다는 측면에서만이 아니라 세상에 대한 이해와 자신이 속해 있는 공동체에 참여하는 수단을 지닌다는 측면에서 교육의 핵심에 속한다고 여긴다. 말하자면 어휘를 습득하는 것은 세상을 더 잘 이해하고, 그것을 조직화하고 분석하여 적절한 어휘를 통하여 자신의 생각과 의견을 표현하는 것에 그리고 학교생활의 성공과 미래의 사회적·직업적 편입을 시도하는 것에 결정적 요소로 작용한다는 것이다. 그러므로 어휘들로 넘쳐나는 세상에서 어떻게 알지 못하는 어휘를 습득할 수 있는가라는 질문은 프랑스 초등 교육에서 늘 최우선적으로 관심을 두고 있는 사항이다.

일반적으로 아동은 4세부터 모국어의 근본 구조를 습득한다고 한다. 즉, 이 시기부터 아동은 지능적인 방식으로 말을 하며 언어의 기능을 이해하는데, 대상과 어휘를 연결하고, 형태적 오류와 통사적으로 불명확한 것을 끊임없이 수정하며, 화용론적인 기능을 습득한다는 것이다. 그리고 지속적으로 새로운 어휘를 확장하기 때문에 아동의 어휘 저장소는 쉴 새 없이 변화되고 새롭게 된다는 것이다. 특히 학교는 어휘 정복과 저장을 위해 중심적 역할을 하는데, 일반적으로 프랑스 초등학교 2학년(7세) 아동은 평균 5,400개 어휘를 습득하며, 초등학교 5학년(10세)까지 매년 발전하여 9,400개 정도까지 이른다고 한다.[1] 물론 이러한 어휘력의 성장은 평균적인 어휘 수치이다. 실제적으로 습득한 어휘의 수는 학생에 따라 10~15퍼센트(1,000개 단어)의 차이를 보이고 있다. 그런데 이러한 어휘력의 차이는 공화주의 이념으로 설립된 프랑스 학교에서는 용인하기가 어려운 문제이다. 더구나 어휘를 잘 습득하는 것이 학교생활의 성공을 결정짓는 중요한 요소라고 한다면,[2] 어휘 교육은 프랑스 초등 교육의 최우선적 관심사가 될 수밖에 없다. 우리는, 2007년 4월 12일 출간된 초등학교 교육과정(B.O. N°5, Programmes d'enseignement de l'école primaire)을 중심으로, 프랑스 초등 교육에서의 어휘 교육의 현황과 실제를 살펴볼 것이다. 왜냐하면 이 교육과정이 이전의 교육과정에 비하여 학생들의 어휘력 부족을 걱정하여 어휘 교육의 위상과 비중을 크게 강화시켰기 때문이다.

---

[1]   http://www.ac-grenoble.fr/ia73/ia73v2/IMG/enseignement_du_lexique_cycle_1.pdf

[2]   Lieury(1991)는 학교생활의 성공과 어휘 간의 상관관계는 학교생활의 성공과 지능 수준 간의 관계보다 더 크다는 것을 연구를 통해 증명하였다.

2. 어휘 교육의 현황

1) 프랑스 초등 교육의 개요

프랑스 교육은 프랑스 대혁명을 거쳐서 1880년 의무교육, 1881년 무상교육을 실시하면서 근대 교육의 기초를 다졌다. 또한 오랫동안 가톨릭교회가 담당해 왔던 교육을 국가가 책임을 지면서 전면적으로 비종교적(laïque)인 특성을 지니게 되었고, 전통적으로 국가가 중심이 되는 중앙 집권화된 교육의 형태를 지니게 되었다. 그러나 중앙 집권적인 프랑스 교육은 20세기에 들어서면서 시대와 발맞추어 일정한 부분은 민주화되었다. 즉, 1959년에는 6세부터 16세까지의 아동 및 청소년에 대한 교육을 의무화했고, 1982/83년에는 지방분권화법에 따라 중앙정부의 일부 권한을 시(commune), 도(département), 지역(région) 같은 지방자치단체에 이양하였다. 한편 2009/10년에 프랑스 유치원은 16,366개, 초·중등학교는 42,916여 개에 이르렀으며, 이곳에서 근무하는 교직원은 약 100만 명이 되었고, 그중 3분의 2는 교사다. 또 2009/10학년도 초·중등학교에 다니는 학생 수는 1,127만 명이며, 이 중 초등학생은 664만 명이다.[3] 그런데 프랑스 초등학교의 교육과 운영은 중앙정부와 시청이 분담하고 있다. 말하자면 교육의 주 업무는 교육청 소속 장학사가 관장하는데, 장학사는 학급의 개폐를 결정하고, 학교에 배정할 교사 수를 정하며, 교사들의 경력을 관리한다. 그러나 초등학교의 운영은 시청에서 담당한다. 특히 시장은 학교의 설립, 시설 유지·운영을 관장할 임무를 맡고 있다. 그 결과 프랑스 초등학교는 시에서 운영하는 시설 중 하나가 된다. 이러한 이유로 프랑스 초등학교는 중학교나 고등학교와 달리 공공기관

---

3   http://www.education.gouv.fr

(établissement public)으로 분류되지 않으며, 동시에 초등학교 자체에 재정적 자율권이 보장되지 않는다. 그래서 프랑스 초등학교에는 학교장이 없고, 교육청 장학사로부터 직접 지시를 받는 운영책임자(directeur)가 그 역할을 대신하고 있다.

한편 프랑스의 초등 교육기관(에꼴 프리메르, école primaire)는 다음과 같이 유치원(에꼴 마떼르넬, école maternelle)과 초등학교(에꼴 엘레망떼르, école élémentaire)로 나뉜다.

(표 1) 프랑스 초등 교육기관

유치원 **(École maternelle)**	1학년(3세)	Petite section (classe des petits)	초보 학습과정 (cycle des apprentissages premiers)
	2학년(4세)	Moyenne section (classe des moyens)	
	3학년(5세)	Grande section (classe des grands)	기초 학습과정 (cycle des apprentissages fondamentaux)
초등학교 **(École élémentaire)**	1학년(6세)	CP(cours préparatoire)	
	2학년(7세)	CE1(cours élémentaire 1)	
	3학년(8세)	CE2(cours élémentaire 2)	심화 학습과정 (cycle des approfondissements)
	4학년(9세)	CM1(cours moyen 1)	
	5학년(10세)	CM2(cours moyen 2)	

〔표 1〕을 한국의 초등학교와 비교해 보면, 프랑스의 에꼴 프리메르는 한국의 유치원과 초등학교를 합쳐 부르는 명칭이고, 한국의 초등학교에 해당하는 에꼴 엘레망떼르는 한국과 달리 5년제임을 알 수 있다. 그리고 3년 과정의 유치원은 비록 의무교육의 범주에 들어가지는 않더라도 5년 과정의 초등학교와 함께 통합적으로 운영되는 단위 학교이다. 여기서 편의상 각 학년을 1학년, 2학년 등으로 지칭한다면, 유치원 1학년과 2학년은 초등 교육의 제1기 초보 학습과정(cycle des apprentissages premiers)에 해당한다. 다

음으로 유치원 3학년부터 초등학교 2년까지는 모든 학생들이 반드시 습득하여야 할 기초적 지식과 기초능력을 배양하는 제2기 기초 학습과정(cycle des apprentissages fondamentaux)이다. 그런데 프랑스의 학습과정 편성의 특징은 학습과정의 연계성을 심각하게 고려한다는 데에 있다. 특히 유치원 마지막 학년(GS)과 초등학교 첫 학년(CP) 간 학습의 연속성은 반드시 고려해야만 하는데, 이것을 위해 각 학교는 과정위원회를 두고 있다. 그리고 초등학교 3학년부터 5학년까지는 제3기 심화 학습과정(cycle des approfondissements)이다. 이 과정은 이제 막 습득한 읽기와 쓰기 능력을 통해 학생의 학습 능력을 강화시켜 주고 지식과 정보의 습득을 위한 확실한 지적 도구를 획득하는 것을 목표로 한다. 이 세 과정 중에서 한국의 초등학교에 해당하는 마지막 두 과정의 과목과 교육 시수를 살펴보면 다음과 같다.

[표 2] 기초 학습과정 과목 및 교육 시수

(단위: 시간)

과목	연간 교육 시수	주간 교육 시수
프랑스어(Français)	360	10
수학(Mathématiques)	180	5
체육(Éducation physique et sportive)	108	–
외국어(Langue vivante)	54	9
예술(Pratiques artistiques et histoire des arts)	81	–
세상 발견(Découverte du monde)	81	–
합계	864	24

기초 학습과정과 심화 학습과정은 전체적으로 대동소이하다. 다만 기초 학습과정의 '예술'과 '세상발견'을 심화 학습과정의 '인간문화'로 합치고, 그 대신 '실험과 기술'이라는 과목을 신설했을 뿐이다. 그런데 주목해야 할 것은 주당 8~10시간을 프랑스어 교과시간에 배당하고 있다는 점이다.

[표 3] 심화 학습과정 과목 및 교육 시수

(단위: 시간)

과목	연간 교육 시수	주간 교육 시수
프랑스어(Français)	288	8
수학(Mathématiques)	180	5
체육(Éducation physique et sportive)	108	–
외국어(Langue vivante)	54	11
실험과 기술(Sciences expérimentales et technologie)	78	–
인간 문화(Culture humaniste)		
• 예술과 예술사	78	–
• 역사–지리–시민도덕	78	–
합계	864	24

이는 미래의 공화국 시민을 키우려는 프랑스 교육이 자국어교육에 매우 큰 관심을 기울이고 있다 사실을 반증한다. 말하자면 학생들이 글을 읽고, 요약하고, 자신의 생각을 쓰고, 주장하는 것은 모든 배움의 토대가 되며, 한 사회의 시민으로서 갖추어야 할 기본 자질이 된다고 보는 것이다. 이러한 바탕 위에서 프랑스의 모든 각종 평가는 바깔로레아 시험처럼 주관식·서술식 형태로 구성되어 각 개인이 가지고 있는 깊은 지식을 끌어내는 것을 목표로 한다. 이런 교육 환경에서 프랑스 교육이 어휘 교육을 중요하게 생각하는 것은 당연한 귀결이다. 그래서 프랑스 초등학교는 1학년부터 학습해야 할 어휘 목록을 정해 놓고 교육할 뿐만 아니라 평가에서도 이를 분명하게 반영하고 있다.

2) 어휘 교육의 목적

학교 현장에서 학생들이 어려운 어휘를 배우는 것을 포기함으로써 발생하는 어휘력 부족 현상은 매우 이른 시기부터 일어난다. 프랑스에서도 초등학생들의 어휘력 부족이 점점 심각한 문제로 대두되고 있다. 이 사실은 프랑스 교육부가 초등학교 어휘 교육의 현황과 개선 방안에 대해 연구 의뢰를 한 방또리라(Bentolila) 교수의 보고서에도 잘 드러난다. 2007년 2월에 제출한 그의 보고서에 따르면,[4] 초등학교 2학년(CE1) 말, 어휘력이 약한 하위 25퍼센트 학생들은 평균 3,000개 단어를 알고 있다. 그리고 중간 수준 학생들은 약 6,000개 정도에 이르며, 상위 25퍼센트 학생들은 대략 8,000개를 알고 있다. 평균적으로 7세 이후 프랑스 아동들의 평균 어휘 습득 수가 매년 1,000개 정도로 평가되고 있다는 사실로 보아, 이미 초등학교 2학년에서 학생들 중 상위 4분의 1과 하위 4분의 1 사이에는 5년의 학습 분량의 차이를 보이고 있다고 하겠다. 방또리라 교수는, 대개 프랑스 학교가 초등학교 3학년(CE2) 이후에는 이 어휘의 결핍을 채워 줄 수 없다고 밝혔다. 만약 문화적·사회적 소외 상태 속에 갇혀 있는 학생이 일상 언어로부터 너무 벗어나 빈약한 어휘 사용 상태에 머물러 있다면, 그는 급속도로 문어와 단절되고 표현과 의사소통의 실패를 겪게 될 것이다. 그리고 이러한 어휘적 결핍은 자신의 언어로 말하고, 읽고, 쓰는 공동체에서 배제되는 결과를 가져온다. 따라서 프랑스의 초등학교 교사들이 끊임없이 고민하고 있는 문제는 어떻게 모든 학생에게 어휘력을 충분히 습득하도록 최대한 기회를 제공할 것인가에 있으며, 하위 학생들의 심각한 어휘력의 결핍을 채우는 것에 있다.

이러한 맥락에서 2007년 교육과정에서부터 어휘 교육의 위상은 이전의 교육과정에 비하여 매우 강화되었고, 어휘 교육은 모든 교육적 상황에서 지속적으로 관심을 갖고 접근해야 할 대상으로 여기게 되었다. 그 결과 교육과정은 다음과 같은 분명한 어휘 학습 목표를 제시하였다.

---

4   http://media.education.gouv.fr/file/70/4/4704.pdf

어휘 학습은 학생들에게 새로운 단어들을 이해할 수 있는 분석 도구들을 제공하는 것을 목표로 한다. 이것은 모든 학습 상황에서 한결같은 관심의 대상이 되어야 한다. 또한 어휘 학습은 이미 알고 있는 단어들에 부속되는 의미들을 점진적으로 확대시키는 것과 단어가 사용된 문맥에 의해 유추된 의미의 차이를 명확하게 구분하는 능력을 목표로 한다.

어휘 교육과 관련하여 위의 목적 진술과 새로운 교육과정은 다음과 같이 몇 가지 교육적 특징을 보여 주고 있다. 첫째, 어휘 학습의 목표를 학생들의 어휘력 증가와, 이미 알고 있고 이해하고 있는 수동적 어휘를 사용 가능한 능동적 어휘로 변모시키는 연습이라는 점을 분명히 했다는 것이다. 그리고 이것을 위해 처음으로 교육과정은 하루 1~2단어, 매년 최소 500단어 습득이라는 수치화된 구체적 지침을 제시하였다. 둘째, 교육과정이 어휘 교육을 매우 구조화시켰다는 점이다. 즉, 교육과정이 "학생들에게 새로운 단어들을 이해할 수 있는 분석 도구들을 제공하는 것을 목표로 한다"는 목표를 설정한 것은, 결국 어휘란 체계적으로 기능하고 있고 모든 단어는 어휘망 속에 놓여 있다는 사실을 근본적으로 전제한 것이다. 따라서 교육과정은 학생들이 어휘부를 구조화하는 의미적·형태적 관계들을 이해하기 위한 분석 도구들을 학습하도록 규정하였다. 게다가 교육과정은 어휘장(champs lexi-caux) 개념을 통해 명시적으로 어휘의 의미적 측면을 적극적으로 가르치는 것을 권장하였다. 셋째, 교육과정은 학생들이 단어의 어원 및 계보를 인식하면서 어휘를 사용할 수 있도록 어휘의 철자에 대한 정보와 통시적 학습을 강하게 요구했다. 마지막 특징은 어휘 교육에서 어휘들의 고유 의미와 각종 문맥 속에서 다양하게 나타난 파생 의미 혹은 비유적 의미를 학습할 것을 강조한 점이다. 사실 이미 알고 있는 어휘일지라도 어휘는 각종 문맥 속에서 다양한 파생 의미를 만든다. 따라서 어휘 교육은 새로운 용어를 발견하여 고착시키는 것을 넘어서 문맥에 맞게 정확하게 사용하는 것까지를 목표로 해야 한다.

3) 학습과정과 어휘 교육 방안

(1) 초보 학습과정: 지시적 접근(approche référentielle)

지시적 접근법을 통한 어휘 학습은 초보 학습과정에서 특징적으로 드러나는 어휘 교육 방안이다. 지시적 접근 방식의 핵심은 학생들이 세상에서 자주 보고 경험하는 다양한 대상물을 명명하기 위하여 적절한 어휘들을 동원하도록 하는 것이다. 이때 학생들은 언어의 음성적 관계를 고려하면서 사물을 해당 어휘로 명명하는 활동을 하게 된다. 이것을 통해서 그들은 자신을 둘러싼 세계와 어휘의 관계를 발견하게 된다. 이 경우 교사는 다양한 그림과 영상자료들을 사용하여 각 사물을 지칭하는 활동을 적극적으로 유도할 수 있다. 그리고 학생들은 교사와 함께 습득한 어휘들을 계열별 혹은 분야별로 체계적으로 범주화하여 어휘 목록을 작성할 수 있다. 물론 초보 학습과정에서 오직 지시적 접근 방안만을 활용하는 것은 아니다. 제한된 범위에서 어휘의 의미적 측면을 가르칠 수도 있는데, 특히 말하기 활동에서 학생들로 하여금 어떤 어휘의 반의어 혹은 동의어를 찾도록 하면서 단어들 간의 의미적 관계를 이해하도록 유도할 수 있다.

(2) 기초 학습과정: 의미적 접근(approche sémantique)

이제 막 알파벳 조합 원칙을 이해한 기초 학습과정에 있는 학생들은 아직 문어체 문장에 능숙하지 못하다. 따라서 이들은 쓰기보다는 주로 읽기 활동을 통해 어휘 학습을 한다. 이 과정에서는 어휘를 확인하고 의미를 판독하는 의미적 접근 방식이 많이 나타난다. 그런데 학생이 어휘를 확인하기 위해서는 단어의 시각적 정보와 청각적 심상을 그 의미와 연결해야만 한다. 이러한 연결을 훈련하기 위하여 교사는 보통 직접적 학습 방식과 간접적 학습 방식을 동원할 수 있다. 먼저 직접적 방식은 학생이 이미 기억 속에 단어의 철자 심상을 가지고 있어서 읽고 있는 텍스트에서 어휘들을 즉시 시각적·청각적·의미적으로 지각하도록 하는 방식이다. 이렇게 직접적으로 어휘를 확인하는 능력은 학생들이 어휘의 계열적 계보를 구성하거나, 반의어와 동의어를 찾거나, 의미망을 구성하는 등 다양한 활동을 함으로써 배양된다. 말하자면 학생들이 어휘들을 일상생활, 학교생활, 시간과 공간, 감정 표현, 인물 이름, 사물과 짐승 이름 등으로 계열별로 범주화하여 학습하게 하여 어휘의 의미적 측면에 집중하도록 하는 교육 방안이다. 이러한 접근 방식은 모든 단어가 각각 다른 단어와의 관계 속에, 즉 거대한 어휘 시스템 속에 들어가 있어서 각 어휘는 다른 어휘와의 관계 속에서만 서로 구분되면서 의미와 가치를 가진다는 점을 전제로 하고 있다.

다음으로 간접적 방법을 통하여 어휘를 확인하는 경우이다. 이것을 위해서 학생들은 철자소와 음소 간의 관계를 알아야만 하고, 그것을 활용하는 법을 배워야만 한다. 그래야 학생들이 정확한 철자 심상을 기억하지 못하는 단어들도 간접적인 방법을 통해 의미 판독이 이루어진다. 즉, 모르는 어휘도 발음되는 음절들이 모여 이루어져 있기 때문에, 학생들은 이미 기억하고 있는 유사한 어휘의 청각적 심상을 떠올려서 모르는 어휘를 발음하게 된다. 한편 체계적인 철자소와 음소 간의 관계 학습은 어휘를 구성하는 작은 단위 요소들을 분석하는 연습을 통해 이루어진다. 예를 들어 음절과 음소를 분절하여 구분하기, 음절이나 음의 단위들을 나열하기, 음절 혹은 음소를 줄이거나 늘이거나 도치시킴을 통하여 어휘 변형시키기 등 음운적 활동이 효율적이다.

(3) 심화 학습과정: 형태적 접근(approche formelle)

심화 학습과정의 학생들은 어휘 형태를 관찰하고, 분류하고, 규칙을 기억하는 능력을 심화시키는 시기에 놓여 있다. 이 과정에서의 어휘 학습은 지시적 접근과 의미적 접근도 실행하나, 형태적 접근을 더 심도 있게 실시한다. 먼저 이 과정의 지시적 접근 방안을 살펴본다면, 어휘는 이전의 학습과정에 비하여 더욱 추상적 개념, 즉 감정, 판단, 감성, 감각, 의무, 권리 등의 개념으로 확장된다. 또한 의미적 접근도 더 다양하게 시도되어 다의어, 고유어, 비유어, 문체형태, 화계 그리고 어휘장 개념을 도입한다. 그러나 무엇보다 심화 학습과정의 학생들은 분석적 능력을 가장 발휘될 수 있는 형태적 접근 방식으로 체계적 학습을 한다. 예를 들어 접두어와 접미어의 분석, 파생관계, 어원, 어휘 계보 등에 관해 학습하는 것이다. 이 경우 교사는 학생들의 모든 쓰기 과제 결과물을 특히 주의 깊게 검토하면서 단어의 철자를 수정해 주어야 한다.

한편, 철자법에 관하여 교육과정은 두 가지 차원을 언급하였다. 하나는 문법 철자 규칙이며, 다른 하나가 어휘 철자 규칙이다.

① 문법 철자 규칙

문법 철자법에 관하여 주목할 점은 문법의 다양한 일치 현상에 관한 것이다. 문법적 일치 학습은 어휘의 기능과 성격에 대한 학습과는 별개의 것이지만, 어휘의 형태에 관한 중요한 학습 대상인 것은 분명하다. 그런데 초등학교 교육과정은 일치 학습과 관련하여 크게 명사와 동사의 복수 표지,[5] 명사구 안에서의 일치(한정사의 성과 수의 일치, 명사의 복수 표지, 명사의 여

---

5   프랑스어에서는 명사의 복수어미 표시 's'와 직설법 현재 1군 규칙동사의 3인칭 복수어미 'nt'가 발음되지 않기 때문에 복수 표지의 오류가 쉽게 발생될 수 있다.

성형, 형용사의 성과 수의 일치), 주어와 동사의 일치를 학습하도록 규정하였다.

② 어휘 철자 규칙

교육과정은 사용빈도가 높고 동일한 철자 규칙을 보이는 어휘들을 묶어서 계열별로 기억하는 것을 요구한다. 이것을 위해 학생들은 유사한 계열로 분류할 수 있는 철자적 규칙성을 배우는 것이 필요하다. 특히 교육과정은 음운론적 유사성, 어형론적 유사성(접두사와 접미사, 부사어미, 이중자음, 음성변형 등), 소리 나지 않는 마지막 자음으로 인한 동음어 유사성(cour/cours, ver/vair/vert/verre, voix/voie, coup/cou, la/là, sûr/sur, ou/où)의 교육을 권장한다.

4) 어휘 교육 영역

대부분의 교사들은 어휘 교육이 중요하다는 것을 알고 있다. 그러나 정작 어휘 교육을 위하여 무엇을 다루어야 하는가를 이야기하는 것은 쉬운 일이 아니다. 어휘를 학습하기 위하여 어떤 이는 단어 목록을 만들어 체계적이고 기계적으로 단어를 암기하기도 하며, 어떤 이는 텍스트에서 우연히 만난 단어들을 외우기도 한다. 그러나 대부분의 교사들은 어휘 교육을 위하여 텍스트 읽기를 활용하고 있는 것으로 보인다. 왜냐하면 읽기 활동이야말로 어휘를 생생히 접촉하고 지속적인 재생의 기회를 제공하기 때문이다. 그렇지만 텍스트 읽기가 어휘 습득을 충분히 보장하지 않는다. 더구나 텍스트 읽기 과정에서 만난 어휘들이 기억 속에 확고히 남아 있는 경우도 드물다. 따라서 어휘 교육이 단지 세상의 사물을 지칭하는 어휘를 암기하는 것만으로 한정되어서는 안 되고, 어휘에 대한 다양한 측면을 체계적으로 조직해야만 한

초등학교 어휘 교육의 기본적 영역들에 관하여 카나(Canat) 교수와 동료들이 구체적으로 제시한 사례를
살펴보자(2008: 4-5).

영역	개념	정의와 예
단어 의미 연구 (의미론)	단어의 의미	문맥 속에서 단어의미	결정된 문맥(상황, 문장, 텍스트) 속에 나타나는 단어의 의미
		다의어 의미론적 영역	단어는 몇 개의 의미를 가질 수 있다(feu-faire feu, extinction des feux, feux de croisement, aller au feu, feu du rasoir, discours plein de feu).
		고유 의미 비유적 의미	고유 의미는 단어의 기본적 의미이다. 비유 의미는 어떤 문맥 속에서만 이해될 수 있는 의미이다(비교 연구 및 은유 연구).
	단어 간 의미 관계	동음이의어	글자의 음은 같으나 의미가 다른 관계(saint, sein, sain, ceint)
		유음어	음성적으로 유사하나 의미가 다른 관계(éruption, irruption)
		동의어	단어들 간에 의미적 등가 관계 (crainte, frayeur, peur)
		반의어	단어들 간에 대립 관계(grand/petit, noir /blanc)
		상위어/하위어	단어들 간에 포함 관계와 위계 관계
		어휘장	한 단어를 중심으로 묶인 같은 문법적 범주를 가진 어휘들(pluie-giboulée, averse, crachin, orage, bruine)
		화계	의사소통 상황에 의한 어휘의 사용. 일반적으로 하급어, 고급어, 일상어로 나눈다.
		특수어	특별한 분야에 속한 어휘(수학, 과학, 역사)
단어 형성 연구 (형태론)	파생		접두사, 접미사가 붙을 수 있는 어간으로부터 만들어진 단어의 형성(dé-roule-ment)
	합성		이미 자율적으로 존재한 단어들로부터 만들어진 단어의 형성. 빈칸과 연결선에 의해 분리된다(salle à manger, timbre-poste).
통시적 측면	어원학		단어 기원 연구
	단어 차용		프랑스어는 다른 여러 언어들로부터 단어들을 차용했다(이탈리아어: cantatrice, opéra, 스페인어: camarade, 아랍어: algèbre, alcool, 영어 등).

다. 그래서 프랑스 교육과정은, 교사들이 학생들로 하여금 어휘를 구조화하여 학습하도록 어휘에 관하여 의미론적·형태론적·역사적 관점을 가지고 지도할 것을 권장한다. 즉, 의미적 측면에서 교사는 학생들이 어휘의 고유 의미와 비유적인 의미를 정확하게 구분하도록 가르쳐야 하며, 어휘를 다양한 문맥 속에서 적절하게 재사용할 수 있도록 교육해야만 한다. 그리고 형태적 측면에서 학생들이 어휘의 구성 요소와 구조를 인식하여 그 철자 형태를 완전히 습득하도록 해야 한다. 또한 교육과정은 역사적 측면에서 어휘의 어원을 알도록 교육하는 것을 권장한다.

3. 어휘 교육의 실제[6]

1) 어휘 교육 방법론

어떤 방식으로 어휘 교육을 해야만 하는가는 초등학생들의 어휘력 부족이 점점 심각해지고 있는 오늘날 프랑스의 교육에 있어서 매우 중요한 질문이다. 그래서 어휘력 부족 문제를 개선해 보고자 각 정부 부처, 학교, 교사들은 다양한 어휘 교육 개선 방안을 제시하고 있다. 앞에서 언급한 방또리라의 보고서(Bentolila, 2007)도 다음과 같이 열 가지의 실제적인 어휘 교육 방법론을 제안하고 있다.

---

6   수업의 실제에 관한 예들은 주로 몽펠리에 교육청 의뢰로 Claudie Canat와 동료들이 제출한 초등 교육 어휘 학습에 관한 보고서(2008)를 중심으로 선택하였다. 보고서는 다음 사이트에서 찾아볼 수 있다. http://www.ac-montpellier.fr/sections/pedagogie/reussite-educative-pour/education-prioritaire/temoignages-actions/temoignages-seminaire/apprentissage/downloadFile/file/L_apprentissage_du_vocabulaire_A_l_Acole_primaire.pdf

1) 읽기 학습 활동 이외에 어휘 습득을 위한 별도의 시간을 마련한다. 어휘 수업은 단어의 고유 의미와 파생 의미, 단어의 구성 그리고 단어의 어원을 고찰하도록 해야만 한다.

2) 읽기 학습 활동 시, 새 단어의 문맥 의미를 정하고, 그 고유 의미를 논의하며, 새 단어를 고착시키기 위해 새 단어에 대해 고찰하는 시간을 가진다.

3) 어휘 수업과 읽기 후 학습은 저녁에 가정에서 하는 복습과 연관되어야 한다.

4) 단어장을 통해 어휘 습득의 흔적을 남기도록 한다. 학교와 가정 간의 진정한 연결고리인 단어장은 이 수업에서 저 수업으로 어휘 습득을 확장하도록 할 것이다.

5) 교사들의 신입 연수와 직무 연수 시, 어휘 체계의 기능을 이해하기 위해 유용한 지식을 전달한다.

6) 어휘를 습득하고 숙지하도록 하는 데 효과적인 교육 활동을 실행할 수 있도록 교사들을 훈련한다.

7) 각 수업 수준에 해당하는 공통 어휘 목록을 결정하여 학생들이 어휘 학습을 무시하지 않게 한다. 이 어휘 목록은 교사와 학부모의 지침이 될 것이다.

8) 어휘 빈도수 목록을 교사들에게 제공하여 어휘를 점진적으로 습득하도록 한다.

9) 텍스트의 가독성에 대한 분석 도구들을 교사와 출판사에게 제공한다.

10) 유치원 초기부터 매년 새로운 365개 어휘를 습득하기 위한 학습 프로그램을 개발한다.

2002년 교과과정에서 어휘 교육과 관련하여 언급된 부분은 "학생들이 그들의 어휘를 증가시키는 방식은 다양한 교육, 특히 읽기 교육을 통해서다"라고 기술된 부분이 전부였다. 그러나 방또리라의 보고서는 어휘 교육이 더욱 체계적이고 구체적으로 이루어져야 할 필요성이 있다고 주장하였다. 이와 같은 맥락에서 2007년 교육과정도 다양한 방법의 어휘 교육을 제시하고 있다. 예를 들어 교육과정은 기초 학습과정의 듣기 수업 시간에 텍스트를 듣거나 대화를 들으면서 어휘를 학습하도록 권하고 있으며, 읽기 수업 시간에도 텍스트의 의미를 자각하고 이해하는 과정 속에서, 또 텍스트의 의미에 대해 토론하는 중에도 어휘를 학습하길 요구했다. 특히 기초 학습과정에서는 살아 있는 어휘의 접촉과 어휘를 새롭게 만드는 읽기 활동이 어휘 능력 증가에 필수불가결한 것임을 명시하였다. 뿐만 아니라 교육과정은 쓰기 수업 시간의 쓰기 연습과 활동도 어휘력 증가를 목표로 해야 하며, 역사·과학·수학 같은 다른 교과 수업에서도 그 교과의 고유한 어휘를 습득해야 한다는 점을 명시하였다. 따라서 프랑스 초등학교는 어휘 습득과 방법에 특별한 관심을 가지고 있다고 말할 수 있으며, 학교 학습의 모든 영역에서 어휘 교육이 이루어진다고 하겠다. 그러나 무엇보다도 2007년 교육과정의 특이점은, 위의 방 또리라의 보고서처럼, 정기적으로 어휘 교육을 실시하기 위하여 '어휘 수업'이란 수업 규정을 덧붙였다는 점이다. 즉, 교육과정은 특별한 시간을 별도로 배정하여 어휘 교육을 실시하고, 엄격한 진도에 따라 학습하며, 다양한 문맥에서 어휘를 재사용할 수 있도록 체계적으로 복습하는 방식으로 학습할 것을 요구했다. 또한 어휘 수업 형태에 대해 절대적인 접근 방식을 요구하는 것은 아니지만, 교육과정은 어휘 수업을 체계적으로 조직하는 것을 거의 의무적으로 규정하였다. 이는 프랑스 초등학교 교육에서 어휘 학습을 엄격히 하도록 유도하고, 결코 어휘 학습을 우연한 조우에 맡기지 않으려는 교육당국의 의도로 해석할 수 있다.

2) 어휘 학습 도구

어휘 교육을 위한 수업 도구는 매우 다양하다. 그런데 어휘 교육을 위한 최우선 도구는 어휘를 정의하는 데 사용하는 사전이다. 왜냐하면 사전은 학생들이 스스로 자율적 학습을 하는데 필수적인 도구이며, 또 학생들에게 다른 문맥에서 사용된 어휘의 의미를 가르쳐 주기 때문이다. 그래서 교육과정은 기초 학습과정에서부터 어휘 학습 도구로 사전을 사용할 것을 적극적으로 권장하고 있고, 또 학생들이 사전을 잘 이용할 수 있도록 알파벳 순서와 사전을 구성하는 항목과 내용에 대한 지식을 숙지하도록 가르치는 것을 요구한다. 또한 심화 학습과정부터는 학생들의 추상화 능력, 일반화 능력, 범주화 능력을 심화하는 데 목표를 두고, 학생들이 어휘정의를 더 폭넓게 하도록 권장한다. 예를 들어 학생들이 주관적 정의에 해당하는 "l'épicéa est vert(가문비나무는 초록색이다)"에서 "l'épicéa est un arbre(가문비나무는 나무이다)"처럼 개념적인 정의로 발전하여, "l'épicéa est un confière à aiguilles vertes(가문비나무는 푸른색 바늘 모양으로 된 침엽수이다)" 같은 복잡한 정의까지 할 수 있도록 심화된 학습을 할 것을 요구한다. 그런데 이런 심화 학습을 위해서는 학생들이 직접 사전별로 다른 여러 정의들과 어휘의 구성들을 비교하는 것이 필요하다. 이를 위해 학생들은 단순히 어휘 사전만이 아니라 백과사전, 동의어사전, 외국어 어원을 가진 어휘를 위한 사전, 전자사전 등 여러 사전을 활용하는 것이 바람직하다.

한편, 프랑스 초등학교 교육과정은 심화 학습과정에서 단어장을 규칙적으로 활용하도록 단어장에 대한 강한 규정을 명시하였다. 사실 어휘 학습 도구에 대하여 이미 1972년, 1985년, 1999년, 2002년 교육과정 원문에서도 철자 습득을 목적으로 하는 어휘 수첩, 어휘 목록표 등을 만들 것을 요구하였다. 그러나 2007년 교육과정에서는 단어장을 어휘 학습을 위한 특별한 도구로 사용하도록 강조한 것이었다. 즉, 교육과정은 이 단어장을 학생들의 학업기간 내내 사용할 것과, 집과 학교 간의 어휘 학습의 연계성을 이어가는 매개로 활용할 것을 권장한다. 더 구체적으로 이 교육과정은 단어장 활용에 대한 몇 가지 방안을 제시하였는데, 예를 들어 어휘를 주제별로 정리하든가, 새로운 어휘 의미와 어원을 순번에 따라 기록하든가, 어휘의 형태와 사용에 대한 정보를 기록하도록 권장하고 있으며, 또 학생들이 자신이 쓴 것을 돌려보거나, 쓴 글을 게시하거나, 베껴 쓰기 활동을 하는 것을 요구하고 있다. 이렇게 초등학교 1학년(CP)에서부터 사용하기 시작한 단어장은 모든 과목에서 활용되며, 매년 초에 새롭게 나누어 준다. 결국 단어장은 어휘를 기억하기 위한 실제적이고 유익한 도구가 되며, 학생들의 활동을 집약시킨 자료가 되고, 학부모와 학교 간의 긴밀한 연결고리가 된다.

3) 영역별 어휘 수업

초등학교 어휘 수업은 일반적으로 주당 30분씩 두 번 혹은 한 시간씩 한 번을 가진다. 이때 다루는 어휘의 수는 주당 15개 정도이며, 이들은 모든 사람에게 사용 빈도수가 가장 높은 어휘들이다.[7] 어휘 수업은 단순히 일단의 어휘들을 암기하는 것으로 끝나는 것이 아니다. 어휘 수업은 근본적으로 풍성하고 통일된 어휘 자산을 구축한다는 목적 속에서 어휘의 의미와 형식을 분석하고, 어휘의 범주화를 통해 사용 가능한 어휘를 풍요롭게 만드는 것이다. 따라서 프랑스 어휘 교육은 체계적인 학습이 되고자 '쉬어가기' 도표에서 나타난 각 영역을 다룬다. 물론 각 영역은 서로 분리해서 수업을 진행할 수도 있으나, 수업 중에 종종 여러 영역들을 함께 다루기도 한다.

(1) 의미론 영역

초등학교 교육과정에서 어휘 교육과 관련해서 많이 다루고 있는 학습 영역은 의미론 영역이다. 이 영역에서는 무엇보다 동일한 어휘가 다양한 문맥에 따라 여러 의미로 나타나는 다중 의미를 다룬다. 그런데 이 다중 의미가 발생하는 상황은 여러 경우가 가능하다. 예를 들어 어떤 어휘들은 다양

---

7   http://eduscol.education.fr/cid50486/liste-de-frequence-lexicale.html. 이 사이트에는 Étienne Brunet에 의하여 구성된 1,500개의 어휘가 제시되었는데, 이 어휘들은 프랑스어권 학생들이 사용하는 기본 어휘들로서 모든 교사에게 제공된다.

한 교과 영역에서 빈번하게 사용되지만, 교과목별로 의미의 차이를 보이는 경우가 있으며, 같은 어휘라고 할지라도 다른 문맥에서는 정반대의 의미로 사용되는 경우도 있다. 또한 동일한 어휘가 문맥에 따라 고유 의미로 사용되기도 하고, 문맥에 따른 비유적 의미로 사용되기도 한다(robe noire 검은 옷/colère noire 격노). 뿐만 아니라 다중 의미 학습은 어떤 동사들의 경우에 어휘론 차원을 넘어서 통사적 구성과 의미의 관계를 관찰하는 것을 필수적으로 요구한다(défendre quelqu'un 누구를 옹호하다, 변호하다/défendre à qulelqu'un 누가 무엇을 하는 것을 금지하다). 왜냐하면 통사적 구성의 차이가 의미의 차이를 가져오기 때문이다.

한편 의미론 영역과 관련된 어휘 학습에서 중요하게 교육하는 것은 바로 의미장(champs sémantique) 혹은 어휘장(champs lexical) 학습이다. 이것은 하나의 주제와 관련된 전체 어휘들을 보여 주는 의미망 혹은 어휘망을 구성하는 학습이다. 이는 어떤 어휘도 의미적 차원에서 다른 어휘들과 분리될 수 없으며, 각 어휘는 복잡하고 다양한 어휘 조직망 속에 통합되어 있

알아보기 **의미장 이론**

어휘를 하나의 집단 또는 장(champs)으로 보아 체계를 부여하려고 시도하는 것이 바로 장 이론의 목적이다. 장 이론은 개별 어휘의 의미 변화에 주목해 왔던 종래의 방식과 달리, 각각의 어휘는 혼자서 아무런 의미도 부여받을 수 없고, 오직 어떠한 전체를 전제로 했을 때 그 안에서 존재가치를 인정받는다는 구조주의적 개념을 바탕으로 한다. 즉, 개개의 어휘는 오직 그 어휘가 속하고 있다고 보는 보다 큰 집합, 곧 전체 속에서 차지하는 상대적 영역으로 의미가 주어진다고 보는 것이다. 이러한 개념에서 출발하여 의미 영역을 다룬 것이 '의

미장' 이론이고, 어휘에 초점을 맞춘 것이 '어휘장' 이론이다. 결국 '의미장'은 상위어 아래 의미상으로 밀접하게 연관된 어휘들의 집단을 말한다. 이것은 의미 혹은 어휘에 체계를 부여하고자 개별 어휘를 하나의 장 속에서 조직화를 한 시도로서, 각각의 장 속에서 어휘들은 상호 연관되며 특정한 방식으로 서로서로를 규정한다고 보는 것이다. 비록 한 언어의 모든 어휘가 장 속에서 구조화될 수 있는가에 대한 논란은 있으나, 여러 목적하에서 의미장을 찾고 이를 유기적으로 분류하려는 시도는 끊임없이 이어지고 있다.

다는 입장을 전제하고 있다. 아무튼 주제별 의미장 연구, 즉 어휘 분류의 재구조화 수업을 통해 프랑스 초등학교 어휘 학습은 체계적이며 구조화된 모습을 보이고 있다. 그런데 어휘 학습의 구조화를 효과적으로 하기 위하여 실제 교실에서 어떤 이미지 혹은 표상을 사용할 수 있다. 〈부록 1〉은 어휘 coeur(심장, 마음)에 대해 꽃잎의 형상을 통한 어휘장 연구를 보여 준 것이다. 여기서 꽃잎은 단지 수업의 편의를 위한 도구일 뿐이며, 상황에 따라 다른 표상을 통해 어휘망을 나타낼 수도 있다.

(2) 개념적 영역

어휘 수업은 방법론적으로 다양한 언어학적 개념들, 특히 다의어, 동음이의어, 반의어, 동의어를 동원한다. 그런데 이 개념들을 동원할 때, 교사는 학생의 학년을 충분히 고려해야만 하고, 이 개념들을 점점 심화시키는 방식으로 조직해서 사용해야만 한다. 특히 초등학교 교육과정은 여러 개념들 중에서 의미론적 등가를 찾는 동의어 및 상위어 학습을 강조한다. 먼저 동의어의 경우, 강도의 다양성(peur 두려움/horreur 공포), 언어 수준의 다양성(drôle/rigolo 우스운), 구성의 다양성(utiliser/avoir recours à 사용하다)에 따라 동의어의 종류를 구분할 수 있다. 또 상위어는 하위어들을 통합하는 어휘를 의미하는데, 총체적인 것을 지시하거나(meuble 가구/table 탁자, bureau 책상, chaise 의자, armoire 장롱 등), 상위의 추상적 개념을 나타낼 수 있다(émotion 감정/amour 사랑, joie 기쁨, colère 화 등).

(3) 형태론 영역

초등학교 교육과정은 어휘를 구성하는 요소들을 분석하고, 이 요소들을 기반으로 한 어휘 형성에 대한 학습 영역을 강조하고 있다. 특히 2002년 교육과정에서도 제시하고 있는 파생 개념은 2007년 교육과정에서는 매우 중요하게 다루어졌다. 즉, 파생 개념을 전 학년에서 중요한 주제로서 다루도록 하고 있는데, 가장 많이 사용되는 접두사·접미사와 이들이 붙을 수 있는 어간 개념을 학생들에게 가르치도록 요구하였다. 또한 교육과정은 형태론 영역의 학습에서 규칙적인 어휘 구성이 이루어지는 경우들을 중심으로 학생들에게 어휘들을 소개하고, 형태적 계열의 유사성을 따라 어휘들을 가르치도록 요구하고 있다. 그리고 심화 학습과정에서는 특히 어휘의 명사화에 관해서 학습하도록 지시하고 있다.

(4) 역사적 영역

2007년 교육과정은 "학생들이 몇몇 어휘들은 다른 나라의 언어로부터 차용한 것이라는 것을 알아야 한다. 그리고 우리 언어의 어휘들은 역사를 가지고 있으며, 어떤 어휘들은 너무 오래되어 사라지고 있으며, 어떤 어휘들은 새로 생기고 있고, 다시 나타나고 있다는 것을 알아야 한다."고 기술했다. 이러한 기술은 언어적 체계가 연속성과 내재적 통일성, 의미적 변화, 신조어에 의한 어휘 갱신에 작용하는 법칙에 따라 발전된다는 사실을 전제한 것이다. 이러한 통시적 접근은 제3기 심화 학습과정에서 주로 다루는 내용으로서 주로 의미 습득에 도움을 주는 어원학(étymologie) 수업 시간에 적용된다. 1941년에 도입된 어원학 개념은 1972년·1980년 교육과정에서도 언급되었고, 2002년 교육과정에서는 '단어의 기원'이란 간접적 표현으로 단순히 표현되었다. 그러나 2007년 교육과정에는 '어원학' 또는 '역사적 접근'(approche historique)이란 지칭으로 수차례 등장한다. 그런데 어원학에서 배우는 내용을 크게 두 가지 축으로 나눈다고 한다면, 한 축은 어원어(étymon)가 음운적 변화를 겪어 통상적인 음성학적 발달을 한 일련의 대중 어휘의 계보(famille)들(예: oculum → oeil, oeillade, oeilleton)이며, 다른 한 축은 라틴 어근 혹은 그리스 어근(oculaire, oculiste/ophtalmie, ophtalmologiste)을 기반으로 구축된 소위 지식 어휘의 계보들이다. 한편 교육과정은 프랑스 어휘들은 지속적으로 외국어로부터 차용된 결과라는 사실을 이해하고 기억하는 것을 요구한다. 즉, 어휘 수업에서는 일련의 어휘들은 골족어, 라틴어, 게르만어, 스칸디나비아어, 이탈리아어, 아랍어, 스페인어, 포르투갈어, 영어 등으로부터 차용된 것임을 가르쳐야 한다는 것이다.

어휘 교육에 대한 이런 역사적 접근을 통해 학생들은 어휘는 끊임없이 갱신되는 살아 있는 존재라는 사실을 이해하고, 동시에 언어의 변화는 언어 공동체의 집단적인 창조의 결과임을 알게 된다. 특히 학생들은 언어의 역사적 관점의 학습을 통해 언어의 창조를 위하여 개입하는 기술 상품의 출현(baladeur 워크맨, portable 노트북, cederom CD-ROM), 새로운 사회 현상(covoiturages 카풀, transmissibilité 감염[양도, 유전] 가능성), 영어 차용어(sandwicherie 샌드위치 판매점), 새로운 세대의 표현 욕구(se planter 물먹다, 실패하다, grave 낭패다, géant 멋지다), 어휘의 여성화(professeure 여교수, députée 여성 국회의원)를 확인할 수 있다. 이러한 역사적 의미 변화와 어휘의 현대적 탄생에 대한 학습은 다양한 연습 문제를 가지고 접근할 수 있으며, 신조어들은 그 형성 방식에 따라 분류한 신조어 자료체로 목록화하는 것이 좋다.

4) 어휘 수업 단계

프랑스에서 실제적인 어휘 수업은 학년에 따라, 수업목표에 따라, 실제적인 필요에 따라 매우 다양한 방식으로 시행된다. 그러나 대개 다음과 같은 단계를 거쳐서 어휘 수업을 진행하는 것이 일반적이다.

(1) 학습할 어휘 자료체 선택
어휘 자료체 선택은 교사가 점진적으로 심화되는 수업을 구상하기 위해서 필수적이다. 그런데 어휘 자료체 선택에 있어서 무엇보다 어휘 사용빈도가 높은 어휘 목록에서부터 시작하는 것을 고려해야 한다. 물론 어휘의 선택은 각 수업의 특수한 상황에 따라, 수업 계획에 따라, 그리고 시기마다 변할 수 있다. 그렇지만 언제나 유념해야 할 점은 어휘들이 명사, 동사, 형용사를 체계적으로 선택해야만 한다는 사실이다. 이것은 어휘를 구조화하여 학습하는 것에 도움을 줄 뿐만 아니라, 학생들이 학습한 어휘를 재사용할 가능성을 높이기 때문이다.

알아보기 **옷 입기(habillage) 주제에 관련된 유치원생을 위한 어휘 목록**

유치 1학년(PS, 3세)			유치 3학년(GS, 5세)		
명사	동사	형용사	명사	동사	형용사
vêtement	s'habiller/se	chaud	costume	suspendre	soyeux
manteau	déhabiller	froid	uniforme	se chausser	rugueux
blouson	mettre	doux	fermeture	se déchausser	lisse
gilet	enfiler	long	cape		raide
pantalon	boutonner	cout	imperméable		léger
jupe	accrocher	large	poncho		épais
robe	serrer	petit	ciré		lustré
chemise	fermer	grand	vareuse		élégant
tee-shirt	faire/défaire	jol	doudoune		chic
chaussette	attacher		caban		habillé
gant	faire les		fourrure		imperméable
poche	lacets		talon		transparent
manche			sabot		fluide
capuche			linge		cintré
bouton			chemisier		ample
lacet			maillot		ceinturé
tissu			cravate		
			foulard		

출처: http://www.aefeienaddis.fr/IMG/pdf/Ressources_pour_enseigner_le_vocabulaire_en_Maternelle.pdf

(2) 어휘 관찰 및 발견

학습할 어휘 자료체가 선택되었다면 다음으로 어휘 수업의 도입을 어떻게 구성할 것인가를 결정하여야 한다. 이 도입단계에서 학생들은 수동적 어휘들을 다양한 학습 상황 속에서 듣거나 관찰하게 된다. 학생들이 어휘를 발견하고 의식하게 되는 이 단계는 다음과 같이 학습도구에 따라 여러 형태로 구성된다.

① 어린이 동화책을 통한 도입

선택한 어휘 자료체 속에 있는 목표 어휘들이 등장하는 동화책의 표지를 소개하고 읽는다. 이때 교사는 학생들에게 목표 어휘를 보여 주고 설명할 수 있다. 그리고 그룹별로 어휘 교환을 해 보도록 요구하거나, 어휘의 정의를 말해 보도록 유도할 수 있다. 만일 학습할 어휘가 앞의 '알아보기'의 사례라고 한다면, 옷과 관련된 동화책을 선정하여 수업을 진행시킬 수도 있는데, 이를 위해 동화책 전문 사이트를 활용하면 좋을 것이다.[8]

② 이미지를 통한 도입

어린 아동들에게 어휘를 활성화시키기 좋은 방법 중 하나는 이미지를 이용하는 것이다. 즉, 이미지를 보여 주는 다양한 도구들을 사용하여 수업을 조직할 수 있다. 예를 들어 놀이용 그림 카드, 사진, 교실 게시판, 광고 매체, 예술 작품 등 이미지를 보여 줄 많은 수단들이 있다. 이때 학생들은 이미지를 설명하는데, 적당한 어휘를 찾아 명명하고 교환하게 된다. 그리고 교사도 구체적인 적절한 어휘를 선택하여 학생들이 이것을 반복적으로 숙지하게 한다.

---

8   http://www.ricochet-jeunes.org

③ 멀티미디어를 통한 도입

학생들이 이전에 선택한 어휘 자료체의 어휘들을 사용하도록 친숙한 미디어 혹은 사진을 활용하는 방법이 있다. 예를 들어 멀티미디어를 통해 여러 종류의 옷을 보여 주거나, 옷을 입는 장면 혹은 각종 동작 등을 보여 주고, 또 그와 관련된 비디오, PPT를 보여 줄 수 있다.

④ 놀이 혹은 활동을 통한 도입

교사는 어휘를 이해시키려는 목적으로 학생들이 직접 여러 활동에 참여하도록 독려하거나 놀이에 동참시킬 수 있다. 예를 들어 '보물찾기', '옷 정리' 하기 등 다양한 활동을 통해 학생들이 해당 어휘들을 습득하도록 할 수 있다.

이와 같은 도입 단계의 목적은 학생들이 스스로 어휘를 발견하고 이해하도록 하는 것이다. 그런데 도입 단계에서 활동을 대그룹으로 할 것인가 소그룹으로 할 것인가에 따라 교사의 개입 정도와 수업 양태가 달라진다. 대그룹으로 활동하게 될 경우 학생들이 어리면 어릴수록 교사는 수업을 더욱더 조직화하게 되고, 특히 학생들의 주의 집중에 더 신경을 써야만 한다. 이것을 위해 교사는 적절한 수업 전략을 마련한다. 즉, 각 그룹별로 적절한 구석 공간을 배치하거나 학생들이 서로 말하도록 분위기를 통제한다. 또한 역동적 수업이 되기 위하여 교사는 자신의 수업개입 분량을 적절히 정한다. 그리고 분명하고 쉬운 언어로 다양한 대답을 유도하기 위한 질문을 하는데, 가급적 열린 질문을 한다. 또한 교사는 학생들의 상상을 자극하고 탐구적 자세를 유도하기 위하여 다양한 문맥 속으로 학생들을 이끌고 앨범, 예술 작품, 게시물, 멀티미디어와 같은 도구들을 적극적으로 사용한다. 한편 학생들의 능력이 이질적일 때나 교사에게 학생 운영의 문제가 있을 때에는 소그룹을 활용하여 수업을 한다. 이 경우 학생들은 서로가 멘토가 되어 준다.

(3) 능동적 어휘로 전환

수동적으로 이해하고 있던 잠재적 어휘들은 적극적인 말하기 활동을 통하여 구체적인 문맥에서 활용되는 능동적 어휘로 전환된다. 이 전환을 위하여 교사는 다양한 활동과 놀이를 제공함으로써 학생들에게 다양한 상황 속에서 어휘를 재사용하는 연습을 시킨다. 이때 교사가 신경을 쓰는 것은 모든 학생들이 골고루 참여하도록 시간 분배를 잘하는 것이며, 같은 그룹 속에서 서로 언어 교환이 원활히 일어나도록 하는 것이다. 따라서 모든 활동은 5~6명 인원이 제한된 그룹 단위로 하며, 교사의 역할은 가급적 한 발 떨어져 거리를 두면서, 여러 도구들을 통해 활동을 자극하고, 활동 중에 나타나는 언어수행을 잘 관찰하고 평가하는 것이다. 다음은 '옷 입히기' 주제와 관련된 어휘 학습을 위한 수업 방안의 예들이다.

① 인형 옷 입히기

교실 한쪽이나 복도에 옷을 수집해 쌓아놓는다. 그리고 학생들로 하여금 인형의 옷을 입히기 위해 '장보기'를 하게 한다. 이때 학생들을 두 편으로 나누어 역할을 분담시킨다. 예를 들어 3명을 판매자로, 3명을 옷을 사는 사람으로 구분한다. 그리고 학생들은 인형에 옷을 입히기 위해 구체적으로 원하는 옷의 이름을 부르면서 의상을 주문한다. 이때 학생들은 배운 어휘를 사용하고 손가락으로 지시하지 않도록 한다. 교사는 시간은 정해 주고, 누가 인형의 옷을 가장 잘 입혔는지를 평가한다.

② 옷 입기 활동

학생들이 명사와 동사 어휘들을 먼저 공부한다. 그리고 복도에 다양한 의상들을 준비한다. 그리고 학생들을 두 그룹으로 나누어 한쪽 학생들은 입을 옷을 지시하고 다른 쪽 학생들은 지시하는 대로 옷을 입는다. 이 놀이의 목적은 무엇을 입을지를 지시하면서 다른 학생이 옷을 입도록 만드는 것이다. 이때 옷을 입은 학생들의 사진을 찍어 두기도 한다. 사진은 나머지 수업을 위해 좋은 자료로 사용되기도 하며, 학생들이 자신의 활동을 회상하고 이야기하기 위한 도구로 사용되기도 한다.

③ 옷 맞추기

이 활동을 위해 학생에게 진짜로 옷을 입히기도 하고, 또 각종 옷을 입은 이미지를 사용하기도 한다. 학생들이 옷을 입고 있는 학생 혹은 이미지를 못 보게 하고, 교사는 옷의 이름을 구체적으로 지칭하지 않은 채 사람이 입고 있는 옷의 모양을 구체적으로 기술하고 설명한다. 이때 교사는 학생들이 옷을 알아맞히도록 옷의 특징을 구체적으로 설명해야 한다. 학생들은 교사가 설명한 옷에 해당하는 정확한 어휘를 찾는다.

④ 이야기 만들기, 시 쓰기

학생들은 자신이 선택한 어휘들을 사용하여 이야기를 만들거나 시를 쓴다. 이 활동을 위해 이미지를 사용할 수도 있고 안 할 수도 있으나, 학생들은 꼭 어휘 자료체로부터 이야기를 구상하기 위한 실마리를 제안해야 한다. 이때 교사는 이야기를 더 이어 나가도록 도와주고, 문장의 통사적 구성을 도우며, 서사적 논리를 교정해 준다. 한편 주어진 어휘를 가지고 이야기가 아니라 시를 구상하는 활동도 할 수 있다. 이때 교사는 운율·어구·가락을 의식하여, 어휘의 형태적 특징, 특히 음과 음절에 신경을 쓴다. 그리고 학생들이 만든 시구를 학생들 스스로가 되풀이해 읽고 암송하도록 한다.

⑤ 말하기 활동

학생들은 선택된 어휘 자료체를 기반으로 하여 그들이 어떻게 옷을 입었는지 또는 그들이 입기 원하는 옷을 말하도록 한다. 이 말하기 활동에서 학생들은 사진을 활용하거나 그림을 그려 옷 입기와 관련된 어휘를 사용한다.

⑥ 쓰기 활동

학생들이 수행한 다양한 활동을 바탕으로 받아쓰기를 한다거나 짧은 글을 쓰도록 한다. 작문은 한 단어에서 시작하여 단어군, 한 문장, 여러 문장 순으로 점진적으로 확장해 나간다. 이러한 활동을 통해 학생들은 구어 학습에서 점진적으로 문어 학습으로 이행하게 된다.

(4) 평가 및 기억

어휘를 기억한다는 것은 어휘의 음성적 형태, 철자적 형태, 의미의 장, 고유 의미, 사용 맥락과 상황을 어휘의 망 속에서 어휘를 아는 것이며, 필요한 경우 적절한 문맥에서 재사용할 수 있다는 것을 의미한다. 따라서 어휘 교육은 단순히 어휘를 말했다는 흔적만을 나타내는 데 만족하지 말아야 한다. 즉, 학생들로 하여금 단어장, 이미지, 게시물, 어휘 상자 등 다양한 교육 도구들을 가지고 어휘를 목록화하여 조직적으로 기억하게끔 만들어야 한다. 이것을 위해 교사는 배운 어휘를 기억하도록 자극하는 중요한 역할을 하는데, 그는 학생들에게 다양한 활동을 시키고, 언어 구조와 기능을 설명해 주고, 책을 읽히고, 기억한 것을 상기하도록 다양한 도구와 수단을 고심한다. 한편 어휘 사용 능력에 대한 평가는 다양한 방법과 시기에 할 수 있다. 예를 들어 학습 초기에 학급의 수준이나 학생의 능력을 진단할 때 진단 평가를, 학습과정 중에는 소그룹별로 계속 평가를, 그리고 학습이 끝나는 시기에는 어휘, 통사, 말하기, 기억하기, 상황 이해 등 모든 면을 측정하는 종합 평가를 시행한다. 이 모든 평가는 구체적인 기준을 가지고 객관적으로 진행된다. 그리고 평가 결과는 앞으로의 어휘 능력의 발전 방향을 마련하고 또 어휘 습득의 장애를 개선하는 데 매우 중요한 자료로 사용될 것이다.

5) 어휘장 수업: 기초 학습과정의 분류 활동

어휘장 수업은 어휘들을 상호 비교하고 세심하게 관찰하는 법을 배우는 중요한 어휘 교육 방법이다. 다음은 구체적으로 프랑스 유치원에서 실시한 어휘장 수업 사례이다(Canat *et al.*, 2008: 13-15).

일반 목적
어휘를 풍성하게 하고, 읽기와 쓰기의 통합적 활동을 이끈다.

특수 목적
단어들을 발견하고, 확인하며, 명명한다.
단어들의 의미를 이해한다.
문장 속에서 단어를 사용하는 법을 배운다.
단어들 간의 관계를 배운다. 특별히 연상장 개념에 관심을 갖도록 한다.

수업방식
학생들로 하여금 인위적으로 주어진 특별한 상황으로부터 어휘와 관련된 모든 영역(형태적, 의미적, 어원적, 통사적)을 성찰하도록 한다.

사용된 도구
구멍 뚫린 그림 카드. 그림 카드는 한쪽 면에 그림이나 사진이 있고, 다른 한쪽엔 그림이 나타내는 어휘가 있다(그림의 3/4은 같은 연상 영역의 단어와 관련되고, 1/4는 다른 연상 영역의 단어로 구성됨). 이 그림 카드는 학습 주제와 관련되어 있다. 플라스틱 고리로 카드끼리 서로 걸 수 있도록 한다.

도구 출처
어린이 문학 앨범, 문헌 자료, 그림책, 사전

수업전개
상황 만들기, 어떻게 수업을 시작할 것인가?
　교사는 아동들에게 수업의 목적을 제시한다. "우리가 이미 잘 알고 있는 단어들로 공부를 할 거예요. 우리가 자주 사용하고, 수업에서 볼 수 있었던 단어들이기 때문에 익숙합니다. 따라서 이 단어들에 대해 생각해 봅시다."
　1단계
　1. 학습 활동을 위해 아이들은 6명씩 조를 짠다. 교사는 그림 카드를 제공하고, 활동 시간과 말하기 시간을 준다. 다음으로, 교사는 '그림을 분류하기', '함께 기능할 수 있는 어휘들의 그림을 함께 놓기'를 지시한다. 모든 조합은 근거가 있어야 한다. 학생들은 하나 또는 여러 개의 고리를 만든다. 부적절한 단어는 따로 떼어 놓는다.
　2. 다른 그룹의 활동을 모두 모은다. 분류 기준을 한번 정해서 시행한 후 다시 기준을 조정한다.

3. 다른 그룹에서 다시 활동한다. 이때 새 단어를 제시함으로써 점진적으로 아는 단어의 범위를 넓혀서 더 풍부하고 명확한 어휘에 도달한다. 즉, 교사는 새로운 그림 카드를 제시할 수 있고 학생들은 주어진 처음 카드를 보충하기 위해서 제시된 도구를 사용할 수 있다(그림, 사전, 앨범).

2단계

1. 조별로 모여 1단계에서 만든 카드 고리를 다시 읽은 이후, 유효한 카드 고리는 교실에 매단다.

2. 아뜰리에별로 다양한 놀이
   • 아뜰리에 1: 카드 고리의 어떤 단어의 정의를 찾아본다.
   • 아뜰리에 2: 주어진 카드 고리의 단어들을 나타내는 그림들을 포스터에 다시 재분류하고 제목을 붙인다.
   • 아뜰리에 3: 제비뽑기로 뽑힌 카드 고리의 어떤 단어가 사용된 문장을 제시하거나, 누구나 알고 있는 문장(노래, 동화책의 이야기, 콩트 등)에서 이 단어를 찾아보거나 새롭게 만들어 본다.

3단계

만든 카드 고리의 내부 분류를 명확히 한다. 〈부록 2〉를 참조하라.
   • 분류 1: 식인귀(ogre)의 연상 영역
     v 동사 고리(뜯어먹다–삼키다–씹다–먹다–삼켜버리다–잔뜩 먹다)
     v 사물 고리(칼–큰 식칼–식칼–단도–군도–검)
     v 형용사 고리(큰–거대한–무시무시한–강한)
     v 언어적 표현 고리(무서워 죽겠다–두려워하다–겁먹어 질린)
   • 분류 2: 숲(forêt)의 연상 영역
     v 식물 고리(잎–나뭇잎–소나무–떡갈나무–전나무–고사리류–이끼)
     v 동물 고리(늑대–부엉이–뻐꾸기–박새–청딱따구리–토끼)
     v 인간 고리(사냥꾼–산책자–벌목인부–재난구조원–운동가)

어떤 단어가 두 개의 서로 다른 고리에 속할 수 있다는 것을 주목해야만 한다.
   예) '나무' 고리 안의 '소나무'라는 단어는 '크리스마스' 고리 안에도 속할 수 있다.

4단계

특별한 책 만들기
   • 카드 고리 안의 단어들을 위한 어휘 책 만들기
   • 어휘 책 각 면 소개: 사진, 그림, 상징물, 어휘 기록, 어휘 정의, 참조 텍스트

후속 과제

파생 현상에 관한 공부: 학생들이 일단의 어휘들의 유사한 요소들을 주목한 후에 어휘의 형태론적 구성 요소들을 발견한다.
   예) dent-dentiste-dentaire-dentition-dentier-édenté-brosse à dents

4. 시사점

프랑스는 일찍부터 유럽에서 절대왕권을 만들고, 이 과정에서 라틴어로부터 프랑스어를 해방시켰다. 또 프랑스는 대혁명을 통하여 구체제를 타파하고 민주주의와 자본주의를 기반으로 한 근대사회를 형성하였다. 동시에 프랑스는 국가가 직접적으로 개입하여 자국어 정책을 주도하였다. 이러한 프랑스의 자국어교육은 미래 공화국 시민이 될 학생 개개인의 자율적 비판 능력과 사고력의 형성을 최종 목표로 삼고 있다. 그런데 이러한 목표는 풍성한 어휘력을 갖추지 않고는 도달하기 어렵다는 점에 대해 모든 지식인과 교육전문가들은 잘 이해하고 있다. 이러한 이해의 바탕에서 실천되고 있는 프랑스 어휘 교육은 우리에게 적지 않은 시사점을 주고 있다. 우리는 다음과 같이 그것을 정리하고자 한다.

첫째, 프랑스 어휘 교육은 매우 실제적이고 명확한 목적을 가지고 있다. 그것은 모든 학생이 자신들의 생각을 표현할 수 있는 충분한 어휘력을 갖추도록 배려하는 것이다. 이것을 위해 프랑스는 교육과정 차원에서 구체적이고 실천적인 어휘 교육 방법을 제시하고 있으며, 어휘 교육을 위한 별도의 수업 시간을 배정하기를 권장하고 있다. 어휘 교육을 안 할 수도 없고, 본격적으로 하자니 수월치 않는 국내 어휘 교육의 상황에서, 어휘 교육에 관한 이러한 단호한 입장은 매우 시사하는 바가 크다고 하겠다.

둘째, 프랑스 어휘 교육은 내용적 측면에서 매우 구조적인 학습 방법론을 실천하고 있다. 즉, 어휘의 범주적 분류, 철자법을 포함한 형태론적 분석, 어원학적 학습, 어휘의 언어학적 조직과 기능에 대한 이해, 어휘장 학습, 다의어에 관한 적극적 접근, 문맥을 중요시하는 학습 등은 국내 어휘 교육에서도 신중하게 고려해야 할 부분이다.

셋째, 교수법적 측면에서 어휘를 기억하기 위하여 단어장과 사전의 사용을 권장하는 것은 멀티미디어 사용으로 이제 이런 도구들을 고리타분한 것으로 여기는 국내 현실에서 다시 그 가치를 재확인할 것을 시사하고 있다. 뿐만 아니라 초등 교육 내내 거의 매일 진행되는 받아쓰기 혹은 글쓰기 연습은 바람직한 국내 국어교육을 위해서도 꼭 고려해야 할 사례이다.

마지막으로, 프랑스 어휘 교육은 끊임없이 삶과 밀접히 연관된 활동과 놀이를 통하여 학생들이 실제 세계의 사물을 어휘로 지시하는 능력을 키우고, 개인적이고 문화적인 경험을 어휘로 옮기는 능력을 증가시키도록 노력하고 있다. 이러한 구체적이고 역동적인 어휘 교육을 통해 학생들이 구어 활동과 문어 활동에 완전히 참여하도록 한다. 행위 중심적인 프랑스의 어휘 교육은 진도를 나가는 데 급한 국내 현실에서 국어교육의 진정한 기초가 무엇인지에 대해 성찰하게 한다.

1. 공화주의 이념하에서 설립된 프랑스 학교가 어떤 이유에서 학생들 간의 어휘력 차이를 용납하지 못하고 극복하려고 적극적으로 노력하는지에 대해 생각해 보자.

2. 한국어 어휘 교육에서 다루어야 할 기본적 어휘 교육 영역들이 무엇인지 그리고 그 내용이 무엇이 되어야 할지에 관하여 예를 들어 논의해 보자.

3. 어떤 하나의 주제를 선택하여 학습할 어휘 자료체를 만들어 보고, 구체적으로 어휘장을 이용하는 수업을 설계해 보자.

(부록 1) coeur(심장, 마음) 의미장 학습

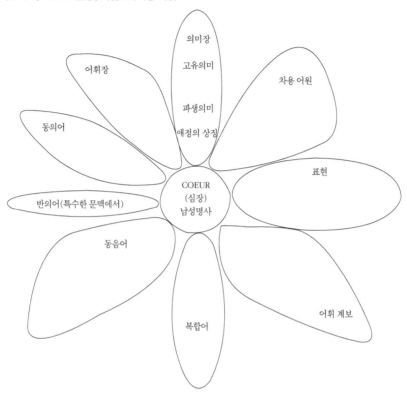

의미장
고유의미

어휘장

파생의미
애정의 상징

차용·어원

동의어

COEUR
(심장)
남성명사

표현

반의어(특수한 문맥에서)

동음어

복합어

어휘 계보

3

영어 교육에서의 어휘 교육[*]

1. 들어가며

본 장에서는 영어 교육의 관점에서 바라보는 어휘 교육을 보다 심층적으로 분석해 보기 위해 어휘 교육의 최근 동향 및 우리나라 영어과 교육과정의 어휘 지침, 어휘 선정의 기준 설정 방법 그리고 끝으로 영어 어휘 교육에 대한 잘못된 인식들을 차례로 짚어 보고자 한다.

　　최근 언어 교육에 활용되고 있는 가장 흥미로운 디지털 기술 중 하나는 '코퍼스(corpus)'라 할 수 있다. 코퍼스는 원어민이 표현한 문자 혹은 음성 언어를 문서화한 언어 자료를 의미하지만 최근에는 컴퓨터 분석이 가능한 텍스트 파일의 형태로 디지털화된 언어 자료를 통칭한다. 즉, 코퍼스는 본

---

[*]　이 글은 2011년 『국어교육학연구』 제40집에 게재된 "기본 어휘의 선정 기준: 영어 어휘를 중심으로"를 바탕으로 재구성하였다.

질적으로 컴퓨터가 읽을 수 있는 텍스트(computer-readable text)의 집합체이며, 때로는 구성 단어가 수백만 단어에 이르는, 특정 영역 언어 사용의 대표성(representative)을 보여 준다고 여겨진다. 초기 코퍼스는 사전(dictionary) 제작에 사용되거나 규범 문법(prescriptive grammar)에 대응한 기술 문법(descriptive grammar)의 언어학적 근거를 마련하는 데 주로 사용되었지만 이제는 언어 교육적 측면으로 그 활용 범위를 넓혀 가고 있다.

앞서 언급한 바와 같이 코퍼스는 코퍼스로부터 유용한 표현 추출, 사전의 예문 제시, 주요 어휘를 기준으로 한 수준별 교재 제작에 주로 활용되었으나 이러한 초기 코퍼스 활용은 컴퓨터를 바탕으로 한 코퍼스 기술이 활성화되면서 가능하게 된 것으로 소위 '막후 접근법(Behind the Scenes Approach)'이라고 불린다. 이 접근법은 말 그대로 현장에서 한 걸음 물러나 미리 준비한다는 의미로, 온라인으로 코퍼스를 실시간 활용하는 것이 아니라 오프라인으로 코퍼스를 분석하여 학습 내용을 선정하거나 교재를 개발하는 데 활용하는 것이다. 이 접근법은 1990대 초반에 주를 이루었고 현재까지도 많은 관련 연구들이 진행되어 왔다(Chung, 2003; Coxhead, 2000; Laufer, Elder, Hill & Congdon, 2004; Leech, Rayson & Willson, 2001; Meara, 2005; Nation, 2006). 이 접근법에서는 가장 많이 쓰이는 표현들이 가장 유용하다는 기본적인 가정하에 빈도수 조사를 통해 학습 내용을 선정하였다. 빈도수를 고려하여 학습 내용을 선정하는 것은 단정할 수는 없지만 빈도수가 실제로 어느 정도는 습득 순서(acquisition order)와 연관성을 가지고 있을 것이므로 유용한 접근법이라 사료된다. 학습자는 자주 쓰이는 표현에 더 많이 노출될 것이고 자연스럽게 그 표현을 빠르게 학습하게 될 것이기 때문이다.

이와 같이 컴퓨터 분석을 언어 교육에 활용하기 위해서는 먼저, 어휘 단위의 개념을 명확히 할 필요가 있다. 현재 국내에서 개발된 어휘 목록은 어휘의 개념에 비추어 볼 때 일관성 면에서 여러 문제점을 노출하고 있다.

예를 들어 영어과 교육과정에서는 어휘의 기본형으로 기본 어휘를 제시하고 있지만 'act'와 'active', 'beauty'와 'beautiful' 등의 단어들은 별개의 어휘로 등록되어 있다. 다음은 일반적으로 통용되는 어휘의 정의에 따른 굴절형 또는 파생형의 포함 범위를 나타낸 것이다.

① 출현형(token): 텍스트를 구성하고 있는 총 단어를 의미한다.

② 낱말 유형(type): 텍스트를 구성하고 있는 단어를 중복 형태를 제외하고 한 번씩만 집계했을 때 보이는 단어의 유형으로 단어의 형태가 다르면 다른 유형으로 간주한다.

③ 사전 등재형(lemma): 굴절 변이형을 포함하는 기본형으로 예를 들어 'swim', 'swims', 'swam', 'swimming'은 모두 동사라는 품사를 그대로 유지한 채 문법적인 굴절만을 보여 주고 있으므로 이 네 단어의 lemma는 기본형 'swim'이다. 하지만 굴절의 범위는 여러 이론에 따라 다르게 정의되기도 한다.

④ 단어군(word family): 가장 포괄적인 기본형으로 품사에 상관없이 굴절과 파생 변이형을 모두 포함한다.

어휘의 빈도 분석은 어느 정도의 어휘 수를 알면 어느 수준까지 영어 표현을 이해하고 표현하는 것이 가능한지 그 포괄 범위의 예측을 가능하게 해주었다. 다음은 텍스트 포괄 범위(text coverage)의 예이다.

① 'the': 7퍼센트

② 최상위 빈도 10단어: 25퍼센트(coverage)

③ 최상위 빈도 100단어: 50퍼센트

④ 최상위 빈도 1000단어: 75퍼센트

⑤ 최상위 빈도 2000단어: 80퍼센트(문어)/90퍼센트(구어)

*기능어=47퍼센트

코퍼스 활용에 관한 연구가 가속화되고 웹 기반 인프라가 급격히 발전함에 따라 코퍼스 활용에 대한 새로운 요구들이 생겨나기 시작했다. 코퍼스의 샘플을 온라인으로 직접 연결하여 그 예를 학생들에게 제시하거나 코퍼스를 바탕으로 예시 문항을 현장에서 바로 제작하여 활용하는 것으로, 이러한 접근법을 소위 '전면 접근법(On Stage Approach)'이라 한다. 이 접근법은 존스(Johns, 1986; 1988; 1991)가 제시한 '자료 기반 학습(Data-Driven Learning: DDL)'으로 더 널리 알려져 있다. 말 그대로 언어 자료인 코퍼스를 끌어와 교수학습에 활용하는 것으로, 학습자들이 코퍼스에서 목표로 하는 특정 표현의 의미나 쓰임을 직접 접하면서 문법 또는 어휘를 귀납적으로 습득하는 발견식 학습을 그 원리로 하고 있다. DDL은 최근 들어 코브(Cobb, 2007)와 같은 학자들이 코퍼스 활용에 기초를 둔 웹사이트를 구축함에 따라 그 활용이 극대화되고 있다. 코퍼스를 이용하는 언어 교육에서 위와 같은 진보의 기반은 어휘 분석 및 선정에 대한 체계적인 연구에서 비롯된다.

코퍼스의 활용은 얼마나 많은 단어를 알아야 하는지에 대한 이슈에서도 양적 접근이 가능하도록 돕고 있다. 필수 어휘 선정에 우선 고려되어야 하는 요인 중 하나로 텍스트 포괄 범위를 들 수 있다. 텍스트 포괄 범위는 선정된 단어군이 실제 사용되는 비율을 나타내는 것이다. 다음은 단어군 수에 따른 텍스트 포괄 범위를 보여 주는 예이다.

[표 1] 단어군과 텍스트 포괄 범위

	단어군	텍스트 포괄 범위(퍼센트)
General Service List	2,000	80~90
Academic Word List	570	2[g]/10~13[a]
Technical words	2,000	3~5[g]/95[t]
Low-frequency words	123,200	2

*g: general text, a: academic text, t: technical text

네이션(Nation, 1990; 2001)에 의하면 가장 빈도수가 높은 2,000개의 단어군(word family)으로 구성된 웨스트(West, 1953)의 'General Service List(GSL)'는 구어(spoken English)에서 80퍼센트 그리고 문어(written English)에서는 90퍼센트를 포괄한다고 한다. 웨스트의 어휘 목록은 그 당시의 다른 어휘 목록에 비해 많은 장점을 지닌 반면 유용성이 낮은 어휘들, 예를 들어 'lump', 'loyal', 'mannerism', 'mere', 'ornament', 'curse', 'vessel', 'urge' 등의 어휘가 포함되어 있다는 단점이 있다. 또한 리처드(Richards, 1974)는 웨스트의 어휘 목록이 1930년대 이전에 만들어진 것이기 때문에 'internet', 'television' 등과 같이 현재 빈도수가 높은 어휘들을 포함하지 않는다고 지적하였다. GSL에는 신조어가 추가되지 않기 때문에 실제 텍스트 포괄 범위는 시간이 지남에 따라 하락할 수밖에 없으며, 현재의 텍스트를 분석한다면 네이션의 분석에 비해 텍스트 포괄 범위가 다소 낮게 나타날 수 있다. 그럼에도 불구하고 GSL은 여전히 어휘 선정의 중요한 기준이 되고 있다. 이 밖에도 콕스헤드(Coxhead, 1998; 2000)의 'Academic Word List(AWL)'는 28개 교과목, 3,600,000개의 단어로 구성된 아카데믹 코퍼스(Academic Corpus)로부터 추출된 570개의 단어군으로 구성되어 있다. 이 570개의 단어군은 대학 교과목을 이수하기 위해 공통적으로 필요한 필수 단어들이며 일반적인 텍스트에서는 2퍼센트 내외의 어휘를 포괄하지만 학문적인 텍스트에서는 총 어휘의 10~13퍼센트를 포괄한다. 뿐만 아니라 특정한 영역에서 사용되는 전문용어는 일반적으로 총 텍스트 구성 어휘의 3~5퍼센트 정도만 포괄하지만, 워드(Ward, 1999)에 따르면 2,000개의 전문용어(technical word)는 전문 영역에 해당하는 기술 관련(engineering) 텍스트 구성 어휘의 무려 95퍼센트 포괄한다고 한다. 위 결과로부터 이러한 어휘들은 글의 분야나 장르에 따라 큰 편차를 보인다는 것을 알 수 있다. 반면 이외의 123,200개의 빈도수가 낮은 어휘들을 저빈도 단어(low frequency word)라 하며 이들 어휘는 많은 수에도 불구하고 일반 텍스트의 약 2퍼센트 내외의 어휘만을 포괄한다. 따라서 어휘 목록을 작성하는 데 있어서 어휘 선정의 기준은 어휘 목록의 사용 목적에 따라 달라질 수 있다. 예를 들어 국가 수준 영어 어휘 목록은 전반적으로는 보편적이며 대중적인 어휘를 선별할 필요가 있다.

후와 네이션(Hu & Nation, 2000)은 어떠한 글을 읽든 간에 최소한으로 알아야 할 기본 어휘양이 텍스트의 80퍼센트이고, 텍스트의 98퍼센트 이상을 알아야 모르는 단어를 접했을 때도 문맥으로부터 단어의 뜻을 유추하며 외부의 도움 없이 독립적으로 글을 읽을 수 있다고 주장한다. 〔표 2〕에서 볼 수 있듯이 98퍼센트의 텍스트 포괄 범위를 안정적으로 확보하기 위해서는 문어에서 8,000~9,000개의 단어군이 필요하고 구어에서는 6,000~7,000개의 단어군이 필요하다.

〔표 2〕 문어와 구어에서의 텍스트 포괄 범위 비교

어휘 수준	문어에서의 텍스트 포괄 범위(퍼센트)	구어에서의 텍스트 포괄 범위(퍼센트)
1st 1000	78~81	81~84
2nd 1000	8~9	5~6
3rd 1000	3~5	2~3
4th~5th 1000	3	1.5~3
6th~9th 1000	2	0.75~1
10th~14th 1000	〈1	0.5
고유명사	2~4	1~1.5
그 밖의 어휘	1~3	1

출처: Nation, 2006: 79.

하지만 6,000~9,000개에 육박하는 어휘 수는 EFL(English as a Foreign Language) 환경에서 쉽게 수용되기에는 힘든 수치이다. 가장 보편적으로

추천되는 현실적인 텍스트 포괄 범위는 95퍼센트이다(Read, 2004). [표 2]에 의하면 5,000단어(word family) 수준일 때 구어에서는 92~98퍼센트, 문어에서는 89.5~96퍼센트까지의 텍스트 포괄 범위를 확보하는 것으로 나타나 가장 이상적인 어휘 수라고 판단된다. 뿐만 아니라 라우퍼(Laufer, 1992)에 따르면 영어로 강의가 진행되는 대학 교육에서 요구되는 어휘 수는 5,000개로 대학 교재의 개발이나 일상적인 의사소통, 학문적인 과제 해결을 위해 반드시 필요하다고 보고 있다.

2. 영어과 교육과정에서의 어휘 지침

2009 개정 영어과 교육과정에 근거하여 현재 우리나라 국가 교육과정 기본 어휘 목록은 기존 2,315개에서 2,988개로 증대되었다. 이와 같은 개정은 이의갑·이병천·신동광(2010)의 연구에서 실시된 설문조사의 결과에서도 보듯 학생, 교사 그리고 영어 교육 전문가들이 교육과정에 제시된 기본 어휘 목록에 대한 여러 문제를 제기하였고, 이에 따라 임찬빈 외(2011)에서는 위에서 언급한 교육과정 기본 어휘 목록의 문제점을 진단하고 연구진들의 생각하는 수정안을 제시하였기에 가능하였다(임찬빈 외, 2011: 90-114). 수정안 중 주요한 몇 가지를 살펴보면 다음과 같다.

1) 기본 어휘 수준과 내용

앞서 언급한 바와 같이 기존 교육과정에서 제시되는 기본 어휘는 총 2,315개이다. 이 기본 어휘 목록은 제 7차 영어과 교육과정에서 제시된 기본 어휘를 바탕으로 내용과 수준 측면에서 수정·보완되었는데, 이 어휘 목록이 빈도수가 높은 따라서 의사소통 활동에 유용한 어휘를 포함하지 않거나, 빈도수가 낮은, 즉 사용이 잘 되지 않는 어휘 일부를 포함하여 학습 부담을 가중시키고 있다는 지적을 받아 왔다. 제기된 기본 어휘 내용 관련 문제점은 교육과정을 통해 학생들에게 학습하도록 권장하는 어휘를 선정함으로써 학습 부담을 줄이고 학습 효과를 높이고자 도입된 기본 어휘의 기본 취지에 어긋난다.

개정 교육과정에서는 이와 같은 문제점을 해결하고자 최근 널리 사용되는 코퍼스 자료(VP Kids250, BNC 20, GSL 1 & 2, AWL, VP-BNL, COCA)[1]를 사용하여 현행 교육과정에 제시된 어휘의 타당성을 검증하고자 하였다. 이와 같은 타당도 검증 과정을 통해 실제성(authenticity)이 높고 유용한 어휘를 기본 어휘 목록에 포함시켜 학습 부담을 경감시키고 의사소통에 필요한 어휘를 학습하도록 하였다. 기본 어휘 타당도 검증 과정을 통해 사용 빈도

알아보기 **실제성 대 실재성(Widdowson, 1978)**

실제성(authenticity)은 '얼마나 사실적 또는 자연스럽게 들리는가?(Does it sound natural?)'에 대한 정도를 언급할 때 사용되는 용어이다. 예를 들어 I"am a boy. You are a girl."은 자연스런 대화에서 찾아보기 힘든 실제적이지 않은 문장들이지만 2형식의 문장 구조를 보여 주기 위해서 교과서에 자주 실리던 예문이다. 자연스런 표현을 배우기 위해서는 실제성을 확보하는 것이 매우 중요하다. 그런데 많은 사람들은 실제성을 실재성과 혼동하는 경향이 있다. 실제성을 확보하기 위해서 가장 좋은 자료는 코퍼스이다. 하지만 코퍼스는 원어민이 사용한 말과 글을 그대로 발췌한 것으로 보다 정확히 말하면 실재적(genuine)이다. 실제성은 표현의 사실성을 의미하지만 인위적으로 사실에 가깝게 만든 것까지도 포함하는 개념이다. 반면 실재성(genuineness)은 누군가 표현한 것을 그대로 옮기는 것만을 포함하는 개념이다. 그러한 이유로 원어민이 사용한 자료여야 한다는 실재성만을 추구하다 보면 문법적 오류, 완전하지 않은 채로 끝난 문장, 실질적인 의미가 없는 삽입어, 잦은 휴지 등과 같은 실재성이 가지는 교육 자료로서의 부적절성에 부딪칠 수밖에 없다. 따라서 교재를 개발 시에 원어민 데이터를 활용하고자 한다면 실제성은 유지하면서도 위에서 언급한 비교육적 언어 요소는 삭제하거나 일부 수정을 하는 것이 보다 바람직하다.

---

1   http://www.lextutor.ca/vp/ 참조

수가 낮은 일부 어휘를 삭제하는 방안과 사용 빈도수가 높아 의사소통 활동에 유용한 어휘 중 누락된 어휘를 포함시키는 방안이 검토되어 왔다. 연구 결과에 따라 개정 교육과정에서는 현행 기본 어휘의 내용과 수준을 조정하기로 하였다.

개정 교육과정에서 제시되는 기본 어휘 2,988개는 위와 같은 타당도 검증 작업을 거쳐 도출되었다. 기존 기본 어휘 2,315개의 목록에서 제외된 어휘는 총 4개(briefcase, gay, negotiate, regulation)이고 추가된 어휘는 총 677개이다.

2) 학교급별 권장 학습 어휘 수준

기존 교육과정에 따라 집필된 교과서를 분석한 결과, 학교급별로 어휘 수준을 제시하는 것에는 다음과 같은 세 가지 문제점이 있다. 각 문제점과 개정 교육과정에서 제안했던 해결 방안, 그리고 이에 대한 의견 수렴 결과는 다음과 같다.

개정 이전의 교육과정에서는 교과서의 다양성과 실제성 제고를 위하여 기본 어휘 사용 비율을 75퍼센트로 제시하고 있다. 이에 따라 집필된 교과서를 분석한 결과, 교과서 간 신출 어휘 수준과 내용에서 차이가 현저히 나타났으며, 고학년으로 올라갈수록 교과서 간 신출 어휘 사용 차이가 더 심한 것으로 나타났다. 이와 같은 결과는 어휘 학습 수준과 내용에서의 격차를 유발하고 학교 현장에서 학습자의 부담을 가중시킬 것이라는 우려를 가져다줄 수 있다.

이와 같은 문제를 해결하기 위해 개정 교육과정에서는 '기본 어휘 대 기본 어휘 외 사용' 비율을 조정하는 방안을 모색하였다. 한 가지 방안으로 기본 어휘 풀(pool)을 넓히되 사용 비율을 기존 75퍼센트에서 80퍼센트까지 상향 조정하고, 기본 어휘 목록 외 어휘 사용 비율을 낮추어 교과서에서 사용할 수 있는 기본 어휘 비율을 높이며, 신출 어휘 비율을 줄이도록 하는 것이었다. 이와 같은 조정안은 교과서 간의 편차를 좁힘으로써 학습 부담을 줄이는 효과가 있을 것으로 기대된다.

또한 '~ 낱말 이내'로 제시된 각 학년 권장 학습 어휘 수에 따라 집필된 교과서를 분석한 결과에 의하면 3학년부터 6학년까지 순차적으로 사용 가능한 어휘 수의 '~이내 어휘 수'를 사용하여 교과서가 개발되었다는 것을 알 수 있었다. 기존 교과서 개발 체제에 의하면, 중학교 1학년 교과서 집필 시 초등학교 교과서에서 실제 사용된 어휘에 대한 정보가 제공되지 않는다. 그러므로 중학교 1학년 교과서를 개발할 때 초등학교에서 최대 사용 가능한 어휘 수(520개)를 사용하기로 하였다는 전제하에 교과서를 집필하게 된다. 그러나 이 경우 초등학교에서 '~이내' 어휘 수 지침을 준수하여 교과서

[표 3] 초 · 중학교 권장 어휘 수

학년	현행	개정(각 학년 학습 어휘 수)
3학년	120 낱말 이내	초등 3~4학년: 240 낱말 내외*
4학년	120 낱말 이내	
5학년	140 낱말 이내	초등 5~6학년: 260 낱말 내외
6학년	140 낱말 이내	누계: 500 낱말 내외
누계(3~6)	520 낱말 이내	
7학년	170 낱말 이내	중학교 1~3학년: 750 낱말 내외
8학년	280 낱말 이내	누계: 1,250 낱말 내외
9학년	390낱말 이내	
10학년	450 낱말 이내	
누계(7~10)	1290 낱말 이내 누계(7~9) 840 낱말 이내	
총계	(3~10) 1810 낱말 이내 (3~9) 1360 낱말 이내	

* '낱말 내외'와 관련해서는 '5퍼센트 범위 이내에서 가감하여 사용할 수 있음'을 의미

를 집필하는 과정에서 사용되지 못하였거나 사용하지 않은 어휘 수까지 중학교 1학년에서 모두 학습해야 하는 부담이 생기게 된다. 이와 같은 교과서 집필 방식은 학습 부담을 급격하게 가중시키는 동시에 초등과 중등 간의 연계성을 저해한다는 측면에서 문제가 된다. 이러한 문제점을 보완하기 위해 개정안에서는 다음과 같이 초·중학교 권장 어휘 수를 제시하였다.

끝으로, 기존 교육과정에서 제시하는 각 학년별 권장 학습 어휘 수 지침에 따라 개발된 교과서를 분석한 결과, 권장 어휘 수와 실제 사용 어휘 수 간에 격차가 있으며 고학년으로 올라갈수록 그 격차가 넓어져 학습 부담이 되고 있는 것으로 나타났다. 그리하여 개정 교육과정에서는 각 학년별 권장 학습 어휘 수준을 조정하여 교과서 및 학년 간 격차를 좁혀 학습 부담을 줄이고자 하였다. 이는 개정 교육과정에서 제안하는 고등학교 교과목 성격, 시수 등을 반영한 것이다. 단 고등학교의 경우 수준, 적성 등에 따라 개별 교과목 이수 경로가 정해지기 때문에 고등학교 교과목의 권장 학습 어휘 수는 '~이내'를 적용하여 과다한 학습 부담을 가져오지 않도록 한다. 심화 교과목 중 일반 고교에서도 학습자의 수준과 적성에 따라 가장 많이 개설되어 이수하게 되는 심화 영어 교과목에는 '~이내'를 적용하여 교과서를 개발할 수 있도록 한다. 고등학교 선택 교과목의 어휘 수에서도 개정 교육과정에서 조정된 기본 어휘 사용 비율(80퍼센트)이 적용되도록 한 것이다.

기존 교과서 분석 결과와 개정 고등학교 기본 및 일반, 심화 교육과정에 제안하고 있는 각 교과목의 특징 및 위계를 고려하여 개정안에서는 다음 〔표 4〕와 같이 고등학교 교과목별 권장 학습 어휘 수를 제시하였다.

지금까지 임찬빈 외(2011)를 바탕으로 한 개정 교육과정의 어휘 지침 시안을 살펴보았다. 이의 시사점과 한계를 정리해 보면 다음과 같다.

먼저 새로운 영어과 교육과정의 기본 어휘 목록은 기존에 제기된 많은 요구를 수용하고, 문제점을 해결하기 위한 방안을 최대한 반영하고 있음을

[표 4] 고등학교 교과목 권장 학습 어휘 수

현행		개정안		
고1 국민 공통 기본 과정	영어 총계, 1810 낱말 이내	기본	기초영어: 1,300 낱말 이내	
		실용 영어 과목군	실용영어 I: 1600 낱말 이내 실용영어 II: 2000 낱말 이내 실용영어회화: 1200 낱말 이내 실용영어독해와 작문: 1800 낱말 이내	
선택 과목	영어 I: 2000 낱말 이내 영어 II: 2800 낱말 이내 실용영어회화: 1200 낱말 이내 심화영어회화: 1800 낱말 이내 영어독해와 작문: 2300 낱말 이내 심화독해와 작문: 3000 낱말 이내	일반		
		영어 과목군	영어 I: 1800 낱말 이내 영어 II: 2500 낱말 이내 영어회화: 1500 낱말 이내 영어독해와 작문: 2200 낱말 이내	
전문 교과	심화영어: 3000 낱말 이내 영어회화 I: 1500 낱말 이내 영어회화 II: 1800 낱말 이내 영어청해: 1800 낱말 이내 영어문법: 2000 낱말 이내 영어권문화 I: 2000 낱말 이내 영어권문화 II: 2500 낱말 이내 영어작문: 2300 낱말 이내 영어독해: 3500 낱말 이내	심화	심화영어: 2800 낱말 이내 심화영어회화 I: 1800 낱말 이내 심화영어회화 II: 2000 낱말 이내 심화영어독해 I: 3300 낱말 이내 심화영어독해 II: 3500 낱말 이내 심화영어작문: 2300 낱말 이내	

볼 수 있다. 다만 가장 아쉬운 점은 기본 어휘 목록이 고유한 원칙(rationale)을 바탕으로 코퍼스와 같은 대표성 있는 데이터에서 어휘를 객관적으로 추출하여 작성된 것이 아니라 기존의 해외 어휘 목록을 차용하여 수정된 것이라는 한계를 여전히 극복하지 못했다는 것이다. 또한 학습 부담을 고려한 결과이기는 하지만 접사의 수를 제한하여 자연스런 어휘의 파생어 습득을 막고 이로 인해 어휘 습득의 확장성을 저해시키는 교과서 개발로 이어졌다는 논란에서도 벗어나지 못했다. 개정안 어휘 목록에서 파생어 접사의 포함을 제한하고 어휘의 기본형만을 제시한 것은 어휘 목록을 파생어와 굴절어를 포함한 단어군 수준으로 제작할 경우 시간과 노력을 요하는 수작업이 필요하기 때문인 것으로 보인다. 이 또한 수요자들이 요구하는 단어군의 세

부 명시를 충족하지 못한 것이다. 그리고 기존의 기본 어휘 목록보다는 어휘 수준을 세분화하였지만 여전히 기대에는 미치지 못했다는 점이다. 기본 어휘 수의 확대 및 외래어 규정은 이전보다 훨씬 체계적으로 정비가 이루어졌으나 외래어에 대한 데이터 구축 역시 앞으로도 지속적으로 이루어져 교육과정에 반영되어야 할 것으로 보인다. 그럼에도 불구하고 새로운 교육과정의 기본 어휘 목록은 기존 교육과정의 기본 어휘 목록에 비하면 진일보한 것이라 평가할 수 있을 것이다.

3. 영어 어휘 선정의 기준 및 사례

위에서 제기된 현행 교육과정 및 개정 교육과정에서 제시된 어휘 지침의 문제점은 근본적으로 어휘 선정 기준의 객관성 확보라는 이슈에서 제기된 것이라 할 수 있다. 따라서 어휘 선정의 객관적 기준에는 어떤 것들이 있으며 그러한 선정 기준을 어떻게 적용할 수 있는지를 살펴볼 필요가 있다.

1) 영어 어휘 선정 기준

어휘 선정 기준에는 여러 가지가 있지만 인간의 주관을 배제하고 객관적인 분석만을 통해 추출하기 위해서는 국제적으로 크게 빈도수(frequency), 사용 범위(range), 사용 분포(dispersion) 세 가지 기준을 적용한다. 다음은 각 기준들에 대한 설명이다.

(1) 빈도수
최근까지 만들어진 대부분의 어휘 목록은 빈도수가 높은 순으로 어휘를 추출하여 제작되었다. 빈도수는 어휘 목록의 제작에서 가장 용이한 기준일 뿐만 아니라 빈도수가 높다는 것은 일상생활에서 그만큼 많이 쓰이는 유용한 어휘임을 증명한다고 볼 수 있기 때문에 경제성의 원리에서도 빈도수가 가지는 장점은 매우 크다.

(2) 사용 범위

사용 범위는 하나의 어휘가 얼마나 다양한 텍스트에 사용되는가를 측정하는 것이다. 예를 들어 'kiwi'라는 단어는 여러 가지 뜻으로 텍스트에 사용되는데, '날지 못하는 특정 새'를 지칭하기도 하고 '특정 과일'을 지칭하기도 하며 '뉴질랜드인'을 가리키기도 한다. 따라서 뉴질랜드 코퍼스에서는 'kiwi'의 빈도수가 상당히 높게 나타나고 있다. 하지만 'kiwi'라는 단어는 뉴질랜드 영어에 국한해서 빈도수가 높고 다른 지역의 영어에서는 빈도수가 극히 낮거나 아예 나타나지 않는다. 위의 예에서 볼 수 있듯이 절대 빈도수만을 기준으로 어휘를 추출하는 것은 보편성을 대표하는 데 적절하지 못할 수 있다. 이러한 문제를 극복하기 위해서는 사용 범위를 측정함으로써 얼마나 다양한 환경에서 쓰이는지를 고려하는 것이 보다 적당하다고 볼 수 있다. 실제로 콕스헤드(Coxhead, 1998; 2000)의 AWL은 28개의 대학 교과목 중 최소 15개의 교과목에서 사용되는 어휘만을 추출한 것으로 사용 범위를 고려한 어휘 목록이라 할 수 있다.

(3) 사용 분포

사용 분포는 'Spread Frequency'라고도 부르며 각 코퍼스마다 얼마나 일정한 빈도수를 유지하는지를 측정하는 것이다. 개별 코퍼스에 빈도수의 기준을 추가적으로 적용한다는 측면에서 빈도수에 상관없이 몇 개의 다른 코퍼스에서 사용했는지만을 측정하는 사용 범위와는 차이점이 있다. 예를 들어 AWL의 제작 시에는 4개의 대영역, 즉 'Law', 'Science', 'Arts', 'Commerce' 모두에서 각각 10번 이상의 빈도수를 가지는 단어들만 추출하였다. 사용 분포를 보다 체계적으로 구하는 공식은 다음과 같다.

$$\text{사용 분포} = 100 \times [1 - (V/\sqrt{\text{사용한 코퍼스의 수} - 1})]$$

* V=각 코퍼스에서 나타나는 낱말유형(type)들이 가지는 빈도수의 표준편차/각 코퍼스를 구성하는 출현형(token)의 평균

국가영어능력평가시험(National English Ability Test: NEAT)은 2007~2008년 사전 연구에서는 5개의 개별 검사지로 개발되었으나 성인용 1급 검사지와 고등학생용 2급, 3급 총 3개의 검사지로 개발 방향이 전환되었고 현재는 1급만 남게 되었지만 당초 각 등급별 1,000단어씩을 배정하여 개발된 총 5,000단어군의 어휘 목록 중 2,000단어 수준이 3급 검사지에, 1,000단어가 추가된 3,000단어 수준이 2급 검사지에 적용되어 개발되었다.

신동광(2011)은 기존에 개발된 대표적인 어휘 목록을 기준으로 국가영어능력평가시험의 3,000단어군 목록이 어느 정도의 텍스트 포괄 범위를 보이는지 2010년 영어과 교과서 검정을 통과한 초·중·고 영어 교과서(활동책 포함) 그리고 해외 영어 코퍼스와 비교·분석하였다. 비교·분석에 사용된 어휘 목록은 국가영어능력평가시험의 어휘 목록인 NEAT3000, Nation(2004)이 BNC에서 추출한 14,000개의 단어군 가운데 상위 3,000개를 발췌한 소위 BNC3000, 그리고 Oxford 출판사에서 개발한 OXFORD3000이다. 〔표 5〕는 각 어휘 목록 개발 시 적용된 어휘 선정 기준 및 적용 순서이다

대부분의 어휘 목록은 빈도수를 첫 번째 어휘 선정 기준으로 적용한다. 그것은 노출 기회의 정도와 유용성의 정도를 반영한다는 빈도수에 대한 전

〔표 5〕 대표적인 어휘 목록 제작 시 어휘 선정 기준 및 적용 순서

어휘 목록	어휘 선정 기준 및 적용 순서
NEAT3000	사용 범위 → 사용 분포 → 빈도수
BNC3000	사용 범위 → 빈도수 → 사용 분포
OXFORD3000	빈도수 → 사용 범위 → 친숙도

통적인 믿음에서 비롯되었다. 하지만 NEAT3000의 어휘 선정 기준 및 적용 순서는 〔표 5〕에서 보듯 기존의 방식과는 다르다. 일반적으로 원어민의 언어자료를 바탕으로 텍스트 포괄 범위(text coverage)를 분석해 보면 최대의 텍스트 포괄 범위를 확보하기 위해서는 빈도수를 최우선 기준으로 배정해야 한다는 것이 정설이다. 하지만 국가영어능력평가시험의 경우 학생용으로 개발되는 시험이고 최고 등급을 원어민 기준이 아닌 국가교육과정 성취 수준에 맞추었기 때문에 보다 일상적이고 일반적인 어휘를 선별하는 것에 초점을 두었다. 이러한 이유로 얼마나 다양한 텍스트에서 사용되는지를 측정하는 사용 범위와 얼마나 편차 없이 고르게 사용되는지를 측정하는 사용 분포를 빈도수보다 우선하는 기준으로 적용한 것이다. 그리고 사용 범위나 사용 분포를 빈도수보다 우선했을 경우 총 텍스트의 포괄 범위는 다소 떨어지지만 보다 일상적이고 일반적인 어휘들 추출할 수 있다는 가정을 증명하기 위해 소규모의 실험 분석을 진행하였다. 먼저 ACE(호주 문어 코퍼스), Frown(미국 문어 코퍼스), FLOB(영국 문어 코퍼스), BNC7(BNC spoken section, 영국 구어 코퍼스), WWC(뉴질랜드 문어 코퍼스), WSC(뉴질랜드 구어 코퍼스)로 구성된 12,308,634(약 1,200만)단어의 대규모 코퍼스를 소스로 하여 ①사용 범위 → 빈도수 순과 ②빈도수 → 사용 범위 순으로 나누어 3,000단어로 구성된 단어군 목록을 제작하였다. 사용 분포의 경우 빈도수와의 상관관계가 높아 실험에서는 제외하였다. 분석의 편의를 위해 알파벳, 단위, 고유명사 등의 예외 항목을 두지 않고 어휘 선정 기준에 의해 산출된 수치에

따라 상위 3,000단어만을 선별한 단어군 목록을 제작에 활용하였다. 제작된 두 개의 단어군 목록을 'Range Program'[2]에 각각 탑재하여 검정된 교과서를 포함한 다양한 코퍼스를 분석하였다.

[표 6] 어휘 선정 기준 적용 순서에 따른 텍스트 포괄 범위 비교

(단위: 퍼센트)

	일치도	Frown	FLOB	WSC	교과서
[A형]					
사용 범위(Range)		87.45	88.63	91.24	89.40
⇩	90				
빈도수(Frequency)	(type 기준)				
[B형]					
빈도수(Frequency)		88.73	89.53	92.19	89.54
⇩					
사용 범위(Range)					

* 텍스트 포괄 범위는 출현형(token)을 기준으로 산정됨.

[A형]의 경우 사용 범위를 빈도수에 우선시하여 적용하였고 [B형]은 빈도수를 사용 범위에 우선시하여 적용하였다. [A형]의 3,000단어군은 18,082개의 낱말 유형(type)을 포함하고 [B형]은 18,077개의 낱말 유형을 포함하였다. [A형]과 [B형]은 낱말 유형을 기준으로 약 90퍼센트가 일치했고 10퍼센트는 각각 다른 낱말 유형을 포함하고 있었다. 단어군을 기준으로 하면 361개의 단어군에서 서로 차이를 보여 약 12퍼센트의 차이를 보였다. 3,000개의 단어군 중 상위 185개는 어휘 선정 기준의 적용 순서가 달랐음에도 불구하고 순위까지 일치하여 사용 빈도가 상위 185개 단어에 매우 집중되어 있다는 것을 알 수 있다. 텍스트 포괄 범위를 살펴보면 모든 분석 자

---

2   http://www.victoria.ac.nz/lals/staff/Publications/paul-nation/Range_GSL_AWL.zip에서 다운로드 가능

료에서 [B형]이 더 높은 수치를 보여 빈도수가 텍스트 포괄 범위에서는 보다 중요한 기준임을 확인할 수 있다. 단어군 목록 제작에 사용된 소스가 영국 구어 자료와 뉴질랜드 자료의 비중이 컸던 이유로 영국 문어 코퍼스인 FLOB에서의 텍스트 포괄 범위가 미국 문어 코퍼스인 Frown보다 높았고 뉴질랜드 구어 코퍼스인 WSC에서는 90퍼센트가 넘는 수치를 보였다. 검정된 교과서의 합본에서는 [B형]이 약간 더 높은 수치를 보였지만 [A형]과의 차이는 0.14퍼센트로 거의 차이를 보이지 않아 교과서는 원어민 자료와는 달리 상대적으로 통제된 어휘를 사용하고 있음을 간접적으로 확인할 수 있었다. 또한 빈도수보다 사용 범위를 우선하여 선정하는 것이 일상적이고 일반적인 어휘 추출에 보다 효과적이라는 가정을 확인하기 위해서 콕스헤드(Coxhead, 1998; 2000)의 AWL로 분석한 결과, [A형]에만 포함된 361개의 단어군 중 21개만이 학문적인 단어인 반면 [B형]은 361개 중 100개의 단어가 학문적인 단어인 것으로 나타났다. 즉, 신동광(2011)의 연구에서 가정한 대로 텍스트 포괄 범위는 다소 낮아지더라도 일반적이고 일상적인 어휘들을 우선적으로 추출하기 위해서는 사용 범위가 빈도수에 우선하여 적용되어야 한다는 점이 어느 정도 입증되었다. 또한 NEAT3000의 개발 취지와 어휘 선정 기준 적용이 적절했다는 것 또한 이를 통해 확인할 수 있었다.

어휘 선정 기준과 관련하여 또 하나의 이슈는 친숙도(familarity)의 적용 여부이다. 위에서 제시한 3개의 어휘 목록 중 OXFORD3000의 경우는 친숙도를 어휘 선정 기준의 하나로 적용하고 있다는 점이 다른 2개의 어휘 목록과 차별화된 부분이다. 하지만 친숙도는 다른 어휘 선정 기준인 빈도수, 사용 범위, 사용 분포와는 달리 객관적인 수치로 나타내는 데 어려움이 있고 주관성이 개입된다는 점에서 문제점이 제기되곤 한다(신동광·주헌우, 2008). 하지만 영어를 배우고 사용하는 환경에 따라 유용성과 필요성 면에서 원어민의 언어 환경과는 다르게 사용되는 어휘들이 분명 존재하는 것은 사실이다. 예를 들어 'classroom', 'textbook', 'livingroom', 'water-melon', 'cute', 'song' 등 교실영어나 우리나라 환경에서 친숙한 과일이나 음식명 또는 한국어에서 자주 사용되는 단어들이 영어로 번역되었을 때 대응되는 영어 단어들이다. 이러한 단어들은 객관적인 수치 면에서는 상위권에 포함되지 않지만 한국 학생들에게는 친숙하여 교재나 기본 어휘에 포함되거나 포함되어야 한다고 요구된다. 그러나 이미 언급한 바와 같이 소수의 주관적 판단에 따라 기본 어휘에 이러한 단어들을 포함시키는 것은 신뢰성에 문제가 있어 친숙도를 측정하는 보다 타당하고 신뢰성 있는 방법이 필요하다. OXFORD3000의 제작 매뉴얼에서는 영어 교사들 대상으로 친숙도를 측정하였다고만 언급을 하고 있어 어떠한 방식으로 친숙도를 측정했는지는 정확히 알 수 없지만 친숙도를 측정하는 방법은 기존에도 어느 정도 연구가 된 바 있다. 짐머만(Zimmerman, 1997)은 어휘 지식을 측정하기 위해 다음과 같은 4단계의 척도를 이용하였다.

[표 7] 짐머만의 어휘 지식 측정 척도(Knowledge Scale)

등급	친숙도 정도
1단계	단어를 알지 못한다.
2단계	단어를 전에 본 적은 있으나 의미를 확실히 알지는 못한다.
3단계	단어를 문장에서 듣거나 보고 의미를 이해할 수는 있으나 실제 말하기, 쓰기에서 사용하지는 못한다.
4단계	단어를 문장에 포함하여 사용할 수 있다.

짐머만의 모델에서는 이해 어휘 지식, 표현 어휘 지식과 더불어 문장에 포함하여 사용할 수 있는 능력을 측정함으로써 단어 간의 관계(연어)나 기본형을 넘어선 파생, 굴절의 다양한 낱말 유형까지도 실제 문맥에서 적절하게 사용할 수 있는지 여부를 최종 단계에서 종합적으로 측정하고자 하였다.

웨어링(Waring, 2000)은 측정 요인을 이해 어휘 지식과 표현 어휘 지식으로 단순화하고 척도를 한 단계 더 늘려 5개의 척도로 구성된 어휘 지식 측정 모델을 제안하였다.

[표 8] 웨어링의 어휘 지식 측정 척도

등급	친숙도 정도
1단계	단어를 알지 못한다.
2단계	단어의 의미를 이해한다고 생각하지만 실제 사용하지는 못한다.
3단계	단어의 의미를 이해하지만 실제 사용하지는 못한다.
4단계	단어의 의미를 이해한다고 생각하고 실제 사용할 수도 있다.
5단계	단어의 의미를 이해하고 실제 사용할 수도 있다.

짐머만(1997)이나 웨어링(2000)의 경우에는 모델을 처음 고안할 때 문자로 제시하여 측정하는 방법을 전제로 하고 있고 현재 대부분의 어휘 평가가 그렇듯 한 단어의 다양한 의미를 측정하지는 못하고 있으며, 마찬가지로 의미를 측정하는 데 있어서도 단일 낱말 유형의 의미를 측정하는 데 머무르고 있다. 하지만 영어가 모국어나 공용어가 아닌 우리나라와 같은 언어 환경에서는 같은 수준의 이해 어휘 지식을 갖고 있는 경우라도 제시되는 방식에 따라서 이해 어휘 지식이 다르게 나타날 수 있다. 예를 들어 음성으로 제시되었을 때에는 단어의 의미를 파악할 수 있지만 문자로 제시되었을 때에는 그 단어의 철자를 몰라 의미를 파악하지 못하는 경우가 있을 수 있고, 그와는 반대로 단어를 본적이 있어서 문자로 제시되었을 때에는 의미를 파악할 수 있으면서도 들어 본적은 없어 음성으로 제시되었을 때에는 의미 파악이 불가능 경우도 있을 수 있다. 따라서 듣고 이해하는 능력과 보고 이해하는 능력이 같은 능력으로 보고 묶어서 측정한다고 한다면 음성과 문자로 함께 제시해야 할 것이다. 짐머만(1997)이나 웨어링(2000)이 연구를 진행할 당시에는 두 가지 형태의 방법을 통합하여 제시하는 것이 불가능했을 수 있

지만 이제는 대부분의 온라인 무료 사전에서도 Text-To-Speech(TTS) 프로그램을 이용하여 음성정보와 문자정보를 동시에 제공받을 수 있기 때문에 제시 방법에도 세심한 고려가 필요할 것으로 보인다.

신동광(2011)의 연구에서는 단어의 음성정보와 문자정보를 동시에 제공하는 것을 전제로 하고 어휘의 측정 요인을 세분화 그리고 명시화하여 제시하였다. 측정 요인으로는 먼저 이해 어휘 지식과 표현 어휘 지식으로 구분하여 반영하였고 의미의 다양성과 굴절 및 파생변이형에 대한 적절한 사용 능력을 명시적으로 제시하여 실제 사용 능력 또한 반영하였다. 척도의 단계 역시 6개로 늘려 변별력을 높였다. 〔표 9〕는 위에서 언급한 기존의 어휘 친숙도 측정 척도의 문제점을 보완하여 고안된 새로운 어휘 친숙도 측정 척도이다.

〔**표 9**〕 어휘 친숙도 측정 척도

등급	친숙도 정도
1단계	단어를 듣거나 본적이 없어 의미 또한 알지 못한다.
2단계	단어를 듣거나 본 적은 있으나 의미를 알지 못한다.
3단계	단어를 듣거나 보고 의미를 파악할 수 있지만 말하기나 쓰기에서 사용할 수는 없다.
4단계	단어를 듣거나 보고 의미를 파악하여 실제 쓰임에 한정된 형태로는 말하기에서 사용할 수는 있지만 쓰기에서 사용할 없다.
5단계	단어를 듣거나 보고 의미를 파악하여 실제 쓰임에 한정된 형태로 말하기, 쓰기에서 사용할 수 있다.
6단계	단어를 듣거나 보고 다양한 의미를 파악하여 실제 쓰임에 적절한 형태로 말하기, 쓰기에서 쓸 수 있다.

어휘 친숙도 측정 척도를 사용하면 어휘들의 친숙도를 객관적으로 수치화하여 어휘 선정 기준으로 적용할 수 있을 것으로 기대된다. 하지만 친숙도가 어휘 선정 결과에 어떠한 영향을 미치는지에 대해서는 논란이 많으므로 별도의 대규모 연구를 통해 입증할 필요가 있다. 이 연구에서 친숙도

가 어휘 선정에 미치는 영향을 직접 측정할 수는 없었지만 친숙도가 반영된 OXFORD3000을 다른 어휘 목록과 비교·분석하여 대략적인 추정을 시도하였다.

다음은 약 600만 단어로 구성된 초·중·고등학교 교과서 합본(활동책 포함)을 분석하여 NEAT3000, BNC3000, OXFORD3000 각각의 텍스트 포괄 범위를 제시한 것이다.

[표 10] 어휘 목록별 초 · 중 · 고 교과서 합본 텍스트 포괄 범위

WORD LIST	출현형/퍼센트	낱말 유형/퍼센트	단어군
NEAT3000	4,994,865/86.00	10,112/32.76	2,897
BNC3000	5,294,379/89.37	10,113/32.76	2,892
OXFORD3000	5,060,675/85.42	9,163/29.68	2,519
Proper etc(공통)	361,741/6.11	3,214/10.41	3,214

*초 · 중 · 고등학교 교과서 합본은 5,924,461단어로 구성(약 6백만 단어).

초·중·고등학교 교과서 합본을 분석한 결과, NEAT3000은 텍스트 포괄 범위에서 86퍼센트의 수치를 보여 주었고, BNC3000은 예상대로 NEAT3000 보다 약간 높은 89퍼센트의 수치를 보여 주었다. OXFORD3000은 85퍼센트로 3개의 어휘 목록 가운데 가장 낮은 수치를 나타냈다. 고유명사가 공통적으로 6퍼센트를 차지하고 있는 것으로 감안하면 3개 어휘 목록의 실질적인 텍스트 포괄 범위는 모두 90퍼센트를 넘어서고 있기 때문에 공통적으로 높은 수준의 유용성을 보이고 있다고 판단할 수 있다. 또한 단어군 기준으로 볼 때는 NEAT3000의 3,000단어군 가운데 검정 교과서에서는 2,892개의 단어군이 사용되고 있어 BNC3000보다도 약간 높은 수치를 보이고 있는데, 이것은 교육용으로 제작된 교과서가 다양한 인명과 지명을 포함하여 일반 코퍼스보다 고유명사의 비율이 높은 특징을 가지고 있기 때문

이다.

교과서 자료는 일반적으로 접하게 되는 원어민의 자료와는 차이가 있기 때문에 실제 원어민 코퍼스를 바탕으로 3개의 어휘 목록이 차지하는 텍스트 포괄 범위를 추가로 분석해 보았다. 다음은 100만 단어로 구성된 미국의 문어 코퍼스인 Frown 코퍼스를 분석한 결과이다.

[표 11] 어휘 목록별 Frown 텍스트 포괄 범위

WORD LIST	출현형/퍼센트	낱말 유형/퍼센트	단어군
NEAT3000	892,615/87.13	12,263/28.2	2,992
BNC3000	893,130/87.19	10,113/32.76	2,892
OXFORD3000	868,705/84.80	10,930/25.13	2,521
Proper etc(공통)	25,339/2.47	3,873/8.91	3,873

*Frown은 총 1,024,395단어로 구성된 미국 문어 코퍼스

NEAT3000의 텍스트 포괄 범위는 약 87퍼센트이고 BNC3000도 87퍼센트로 매우 유사했으나 OXFORD3000의 경우는 약 85퍼센트로 교과서 분석과 마찬가지로 상대적으로 다소 낮게 나타났다. Frown 코퍼스에서 사용된 단어군의 종류는 NEAT3000의 경우 총 3,000개의 단어군 중 2,992개가 사용되어 교과서 분석 때보다도 높은 수치를 보였고 BNC3000보다는 100개, OXFORD3000보다는 471개의 단어군이 더 다양하게 사용되어 NEAT3000이 보다 보편적인 어휘로 구성되어 있다는 것을 확인할 수 있었다. [표 12]는 100만 단어로 구성된 영국의 문어 코퍼스인 FLOB 코퍼스를 분석한 결과이다.

영국 FLOB 코퍼스의 분석결과를 보면 NEAT3000과 BNC3000의 경우 텍스트 포괄 범위의 수치가 더 높아지는 것을 볼 수 있고 그 수치도 서로 매우 유사하는 것을 알 수 있다. 그 이유는 어휘 목록 제작에 사용된 코퍼스

〔표 12〕 어휘 목록별 FLOB 텍스트 포괄 범위

WORD LIST	출현형/퍼센트	낱말 유형/퍼센트	단어군
NEAT3000	901,069/88.22	12,410/28.54	2,999
BNC3000	903,262/88.44	12,381/28.48	2,993
OXFORD3000	877,638/85.93	11,052/25.42	2,518
Proper etc(공통)	26,170/2.56	4,453/10.24	4,453

*FLOB은 총 1,021,310단어로 구성된 영국 문어 코퍼스

에 BNC 구어 자료가 공통적으로 많은 부분을 차지하고 있기 때문이다. 주목할 만한 점은 모든 분석 결과에서 OXFORD3000이 가장 낮은 수치를 보이고 있다는 점이다. 이는 어휘 목록 제작 시 어휘 선정 기준의 차이 때문이라고 추정된다. OXFORD3000 어휘 목록 제작 시에 사용된 코퍼스는 Oxford 출판사에서 자체 수집한 Oxford Corpus Collection이라는 영국 코퍼스로 소스에서는 BNC3000와 유사하지만, OXFORD3000은 영국의 교사들이 가지는 단어에 대한 친숙도 수치가 반영되었다는 측면에서 차이점이 있다. 물론 영국 교사들이 친숙하게 생각하는 단어들과 한국 교사나 학생들이 생각하는 친숙한 단어들에는 분명 차이가 있을 것이다. 그럼에도 불구하고 위의 분석 자료를 본다면 친숙도가 가지는 주관성이 텍스트 포괄 범위와 같은 유용성의 수치를 떨어뜨리는 요인일 가능성은 여전히 높다고 판단된다. 〔표 13〕은 위의 3개 어휘 목록 간의 일치도를 비교한 것이다.

〔표 13〕 어휘 목록별 일치도

WORD LIST	낱말 유형/퍼센트	단어군
NEAT3000 ⟺ OXFORD3000	12,850/82.74	2,245
BNC3000 ⟺ NEAT3000	14,891/90.47	2,665
OXFORD3000 ⟺ BNC3000	12,737/77.38	2,290

먼저 NEAT3000과 BNC3000은 낱말 유형 기준으로 90퍼센트의 일치도를 보였고 단어군 기준으로는 3,000단어 가운데 2,665개가 일치하였다. 일부 차이는 NEAT3000이 알파벳, 로마자, 단위, 나라이름, 국적, 언어 이름과 같은 예외 항목을 두어 3,000단어에서 포함하지 않고 구성한 데 반해 BNC3000은 인명, 지명 등의 고유명사와 로마자 정도만 예외 항목으로 제외한 데에서 기인했다고 판단된다. 또 다른 이유로는 어휘 선정 기준의 적용 순서와 두 어휘 목록 제작을 위해 사용한 코퍼스가 둘 다 영국 영어이기는 하지만 BNC3000이 영국 구어 코퍼스인 BNC 구어 자료만을 자료로 활용한 반면 NEAT3000은 다양한 영어의 코퍼스를 활용하였고 어휘 선정 기준에서도 대중성과 보편성을 더 고려했다는 점을 들 수 있을 것이다. 결과적으로 NEAT3000은 BNC3000과 비교하여 영국적인 색채를 띠는 어휘를 배제하는 데 성공하여 보편성 면에서는 BNC3000보다 더 뛰어난 것으로 보인다. NEAT3000과 OXFORD3000은 약 83퍼센트의 일치도를 보였고, OXFORD3000과 BNC3000은 77퍼센트 정도의 일치도만 보여 유사성이 가장 낮게 나타났다.

위에서 살펴본 객관적인 어휘 선정의 기준을 적용한 대표적인 국내 사례로는 국가영어능력평가시험을 들 수 있다. 국가영어능력평가시험의 어휘 목록인 NEAT3000은 국내에서는 최초로 코퍼스를 자료로 하여 사용 범위, 사용 분포, 빈도수와 같은 객관화할 수 있는 어휘 선정 기준으로 적용하여 제작하였다. 국가영어능력평가시험은 국제적인 통용성을 염두에 두고 개발되었기 때문에 어휘 추출을 위한 분석 자료에 가능한 한 다양한 영어 자료를 사용하였다. 먼저 상대적으로 최근에 개발된 코퍼스 위주로 구성하였고 미국, 영국, 뉴질랜드의 영어를 포함하였으며 구어와 문어 코퍼스를 모두 포함하되 구어를 주로 포함하였다.

〔표 14〕에서 볼 수 있듯이 BNC의 구어의 7개 영역을 하나의 개별 코

[표 14] 국가영어능력평가시험 어휘 목록 개발을 위해 사용된 코퍼스

Freiburg-Brown (Frown)	Freiburg-LOB (FLOB)	Wellington Written Corpus(WWC)	Wellington Spoken Corpus(WSC)	Seven Spoken Sections of the British National Corpus (BNC)
1991~1996	1991~1996	1986~1992	1986~1992	1991~1994
미국 문어	영국 문어	뉴질랜드 문어	뉴질랜드 구어	영어 구어
1,000,000단어	1,000,000단어	1,000,000단어	1,000,000단어	10,000,000단어

퍼스로 본다고 한다면 총 11개의 코퍼스, 즉 14,000,000개의 어휘로 구성된 대규모 코퍼스(mega-corpus)를 어휘 추출용 자료로 사용하였다. 코퍼스에 대한 연구가 대부분 영국권에서 이루어지는 까닭에 영국 영어 코퍼스가 많고, 따라서 미국 영어 코퍼스의 비율이 상대적으로 낮으며 구어 자료의 경우 영국 영어만 포함되었다는 자료상의 제한점이 있었지만, 대표성 있는 교육용 어휘 목록 개발을 위해 자료에만 의존하는 것이 아니라 선정 기준을 다시 적용함으로써 이러한 문제를 대부분 해소할 수 있었다. 어휘 선정 기준은 위에서 소개한 바와 같이 사용 범위, 사용 분포, 빈도수 순으로 세 가지 기준을 차례로 적용하였다. 여기서 사용 범위가 최우선 순위로 적용되었다는 점은 국가영어능력평가시험이 기초 의사소통능력에 평가의 초점을 두고 있었음을 보여 주는 것이다.

4. 영어 어휘 교육에 대한 고정관념과 개선 방향

지금까지 영어 어휘는 공교육에서 또는 사교육에서 다양한 방식을 통해 교수·학습되었다. 하지만 효과적인 영어 어휘 학습을 위해서는 체계적인 교수·학습 모델이 필요하다. 따라서 본 절에서는 영어 어휘 교육에 대한 잘못된 인식을 소개하고 이에 대한 적절한 지향점을 제시하고자 한다.

1) 영어 어휘 교육에 대한 고정관념

(1) 많은 단어(10,000~20,000)를 암기할수록 좋다?

현재 시중에서 판매되고 있는 어휘 교재 중에는 10,000단어, 15,000단어, 20,000단어 등 원어민 수준의 많은 단어를 수록한 교재들이 즐비하다. 사실 20,000단어는 성인 원어민이 습득할 수 있는 어휘 수준이다(Nation, 2000). 하지만 공교육에서 활용하고 있는 영어 교과서의 어휘 수준을 살펴보자. 앞의 〔표 4〕에서 제시한 교육과정에서 제한하고 있는 영어 교과서의 어휘 수준은 최대 3,500단어 정도로 성인 원어민의 어휘 수준과는 큰 차이가 있다는 것을 알 수 있다.

그렇다면 위에서 언급한 바와 같이 현재 우리 교육과정에서 제시하고 있는 영어 어휘 수준은 터무니없이 적은 숫자일까? 외국어로서 영어를 배우는 우리나라와 같은 환경에서 일주일에 50분의 수업을 4번 정도 받는다고 가정하고 5~6년 정도를 학습하게 되면 배울 수 있는 평균 어휘 수는 3,000단어 정도이다. 따라서 현재 교육과정의 수업편제를 따른다고 한다면 적절하게 설정된 어휘 수준이라고 할 수 있다. 하지만 그러한 현실적인 여러 제약이 있다고 할지라도 20,000단어와 3,500단어의 너무나 큰 차이가 아닌가? 과연 교육과정에서 제시한 3,500단어만을 학습하고도 영어 의사소통이 가능한 것일까? 〔표 15〕는 미국 100만 단어 문어 코퍼스인 Frown을 네이션(Nation, 2004)이 제작한 BNC 14,000단어 목록을 기준으로 텍스트 포괄 범위를 분석한 것이다.

국가 교육과정은 공교육에서 필수적으로 교육해야 할 교육 내용 및 범위를 제시한 것으로 한정된 시간과 노력에 대비하여 최대의 효과를 이끌어내는 데 초점을 둘 수밖에 없다. 즉, 국가 교육과정이 모든 개별 학습자의 수요를 충족시키는 것은 불가능하지만 국가 교육과정을 수료하면 추후 고등

(표 15) 어휘 수준별 텍스트 포괄 범위(text coverage)

어휘 등급	출현형/퍼센트
1st 1,000	817,658/74.55
2nd 1,000	107,526/9.80
3rd 1,000	32,231/2.94
4th 1,000	26,811/2.44
5th 1,000	15,221/1.39
6th 1,000	10,287/0.94
7th 1,000	7,072/0.64
8th 1,000	5,167/0.47
9th 1,000	4,849/0.44
10th 1,000	3,549/0.32
11th 1,000	3,072/0.28
12th 1,000	2,330/0.21
13th 1,000	2,131/0.19
14th 1,000	1,491/0.14
not in the lists	57,341/5.23
Total	1,096,736

교육(higher education)을 위한 기초 학습 능력을 체득할 수 있다는 대전제를 함의하고 있다. 따라서 우리 교육과정의 영어 어휘 교육에서도 이와 마찬가지로 교수·학습의 효율성을 고려하여 어휘 학습량을 설정하고 있는 것이다. 〔표 15〕를 살펴보면 1st 1,000단어 수준이 전체 텍스트의 약 75퍼센트를 차지한다는 것을 알 수 있다. 분석 자료가 문어라는 것으로 감안하면 구어에서는 보다 높은 수치를 기대할 수 있다. 그리고 2nd 1,000단어 수준에서는 약 10퍼센트, 이후 5th 1,000단어 수준까지 약 1~3퍼센트의 텍스트 포괄 범위를 확인할 수 있다. 6th 1,000단어 수준부터는 1,000단어씩 더 학습한다 해도 텍스트 포괄 범위가 채 1퍼센트도 넘지 못하는 것을 볼 수 있다. 위의 분석을 바탕으로 정리해 보면 영어 어휘 학습에서 효율성을 고려

한다면 3,000~4,000단어의 어휘량에 집중하는 것이 가장 효과적이며, 라우퍼(Laufer, 1992)가 주장한 바와 같이 대학에서의 학업을 수행하기 위해서는 5,000단어 정도의 어휘까지 학습하여 90퍼센트 이상의 텍스트 포괄 범위까지 도달할 필요가 있다고 판단된다.

(2) 고빈도(high frequency) 단어는 쉽다?

단어 학습 시 난이도에 미치는 영향을 생각하면 빈도수에 따른 노출 기회, 단어의 길이, 발음의 용이성 등을 들 수 있다. 이러한 이유로 빈도수가 높은 단어들은 노출의 기회가 많아 습득할 가능성이 저빈도 단어보다 높을 수밖에 없다. 노출이 잦아 습득한 단어는 그만큼 쉽게 느껴질 가능성이 높다. 그런데 정말 빈도수가 높은 고빈도 단어가 학습하기 더 쉬운 것일까? [표 16]은 프린스턴 대학에서 개발한 코퍼스 기반 사전인 WordNet에서 고빈도 단어의 'way'와 저빈도 단어인 'ubiquitous'의 의미를 검색한 결과이다.

　　100만 단어로 구성된 Frown 코퍼스 기준으로 'way'는 463번 출현하고 'ubiquitous'는 단 3회만 출현하는 단어이다. 따라서 두 단어는 각각 고빈도 단어와 저빈도 단어를 대표할 수 있는 단어라고 볼 수 있다. [표 16]은 두 단어의 의미를 제시하고 있다. 'way'는 명사의 의미로 12개, 부사의 의미로 1개, 총 13개의 의미를 전달하며 'ubiquitous'는 형용사로서 1개의 의미만 전달하는 것을 확인할 수 있다.

　　실제로 고빈도 단어일수록 쓰임이 다양하기 때문에 다양한 의미를 포함한 다의어가 많고 저빈도 단어의 경우는 쓰임이 한정되어 한 가지의 의미만 전달하는 경우가 많다. 따라서 한 단어의 의미를 제대로 파악하고 있다는 전제로 바라본다면 고빈도 단어가 학습하기 훨씬 어렵다고 볼 수 있다. 비영어권 학생들은 사전에서 가장 우선하는 주요 의미만 학습하는 경향이 있다. 즉, 한국인 학습자와 같은 비원어민 학생들이 많은 단어를 학습하고

Noun

고빈도 단어

(예, way)

- (183)<u>S:</u> (n) <u>manner</u>, <u>mode</u>, <u>style</u>, **way**, <u>fashion</u> (how something is done or how it happens) *"her dignified manner"; "his rapid manner of talking"; "their nomadic mode of existence"; "in the characteristic New York style"; "a lonely way of life"; "in an abrasive fashion"*
- (61)<u>S:</u> (n) <u>means</u>, <u>agency</u>, **way** (thing or person that acts to produce a particular effect or achieve an end) *"a means of control"; "an example is the best agency of instruction"; "the true way to success"*
- (40)<u>S:</u> (n) <u>direction</u>, **way** (a line leading to a place or point) *"he looked the other direction"; "didn't know the way home"*
- (28)<u>S:</u> (n) **way** (the condition of things generally) *"that's the way it is"; "I felt the same way"*
- (19)<u>S:</u> (n) **way**, <u>path</u>, <u>way of life</u> (a course of conduct) *"the path of virtue"; "we went our separate ways"; "our paths in life led us apart"; "genius usually follows a revolutionary path"*
- (16)<u>S:</u> (n) **way** (any artifact consisting of a road or path affording passage from one place to another) *"he said he was looking for the way out"*
- (12)<u>S:</u> (n) **way** (a journey or passage) *"they are on the way"*
- (10)<u>S:</u> (n) <u>room</u>, **way**, <u>elbow room</u> (space for movement) *"room to pass"; "make way for"; "hardly enough elbow room to turn around"*
- (7)<u>S:</u> (n) **way** (the property of distance in general) *"it's a long way to Moscow"; "he went a long ways"*
- (3)<u>S:</u> (n) **way** (doing as one pleases or chooses) *"if I had my way"*
- (1)<u>S:</u> (n) **way** (a general category of things; used in the expression 'in the way of') *"they didn't have much in the way of clothing"*
- <u>S:</u> (n) **way** (a portion of something divided into shares) *"they split the loot three ways"*

Adverb

- (7)<u>S:</u> (adv) **way**, <u>right smart</u> (to a great degree or by a great distance; very much ('right smart' is regional in the United States)) *"way over budget"; "way off base"; "the other side of the hill is right smart steeper than the side we are on"*

저빈도 단어

(예, ubiquitous)

Adjective

- <u>S:</u> (adj) <u>omnipresent</u>, **ubiquitous** (being present everywhere at once)

출처: http://wordnetweb.princeton.edu/perl/webwn

도 실제 의사소통 상황에서는 그러한 어휘를 적절히 활용하지 못하는 이유가 여기에 있다. 예를 들어 한국인 학습자들의 경우 대부분 'tall'이나 'tell'의 의미를 알고 있다고 생각할 것이다. 하지만 거짓으로 꾸며낸 이야기가 'tall tale'이라고 표현한다든지 'tell'이라는 단어가 원고(manuscript)라는 의미를 가진다는 것으로 알고 있는 경우는 극히 드물 것이다. 이것은 우리의 어휘 교육이 한 가지 형태에 한 가지 의미(one meaning for one form)를 가진다는 식의 학습 방법 위주로 이루어졌기 때문이다. 결과적으로 실제로 한 단어가 어떤 환경에서 사용되는지 실제 사용(use)에 초점을 두고 학습한다면 고빈도 단어의 학습 부담이 더 크다고 볼 수 있다.

(3) 의미군(semantic cluster)으로 암기하는 것이 효과적이다?

의미군이란 의미가 연계된 단어의 집합으로 단어 간에 공통된 의미의 연계를 이용하면 학습의 효율성을 증진시킬 수 있다는 가설을 바탕으로 한다. 즉, 어휘들은 동의어(enormous/very large), 반의어(hot/cold), 상위어(car/vehicle), 보충어(single/unmarried), 대립어(employer/employee) 등의 관계

쉬어가기 **어휘 인식(word recognition)**

어휘의 인식에는 최소한 형태(Form), 의미(Meaning), 실제 사용(Use)의 세 가지 요인이 관여한다. 단어의 철자(spelling)를 익히고 발음을 암기하고 그 단어의 한 가지 뜻을 안다고 해서 그 단어를 안다고 말할 수 없다. 사실 철자보다 그 단어의 형태, 즉 전체적인 모습을 보고 그림과 같이 그 단어를 인식한다. 다음의 두 문단 ①과 ②를 살펴보자.

① According to a rsaeech at a Birsith Uinervtis, it deosn't mattaer in waht oredr the ltteers in a wrod are. The olny iprmotnat tihng is taht the frist and lsat ltteer be at the rghit pclae. The rset can be a total mses and you can sitll raed it wouthit porbelm. This is bcuseae the huamn mnid deos not raed ervey lteter by istlef, but the wrod as a wlohe.

② According to a research at a British university, it doesn't matter in what order the letters in a word are. The only important thing is that the first and last letter be at the right place. The rest can be a total mess and you can still read it without problem. This is because the human mind does not read every letter by itself, but the word as a whole.

위의 첫 번째 예문을 보면 틀린 단어들로 구성되어 있지만 독자는 아마도 큰 어려움이 없이 두 번째 예문과 같이 글을 읽을 수 있을 것이다. 단어의 뜻은 문맥에 따라 확연하게 달라질 수 있지만 단어의 형태를 인식한다는 것은 그 단어가 다른 문맥에서 다른 의미를 쓰인다 할지라도 그 단어를 처음 대하는 것보다는 훨씬 유리한 위치에 서게 된다는 것을 의미한다. 그것이 지금까지 사전을 찾을 때 형광펜으로 한 번 찾았던 단어를 표시해 놓는 이유이다. 이것이 잊고 있었던 단어의 형태를 상기시키는 방법 중 하나인 것이다.

속에 존재하는데 이를 이용하여 어휘를 지도하면 설명이나 학습이 더 쉬워진다는 것이다. 하지만 최근 들어 의미군으로 묶어 지도할 경우 '어휘의 간섭 현상(lexical inference)'에 의해 오히려 학습을 방해할 수 있다는 가설이 지배적으로, 지양해야 하는 학습 단위라 할 수 있다(Nation, 2000).

〔그림 1〕과 같이 사전이나 교재들을 살펴보면 하나의 개념에 연계된 많은 단어를 그림과 함께 제시하는 것을 쉽게 찾아볼 수 있다. 예를 들어 'kitchen'이라는 단어를 제시하고 주방의 전경을 보여 주면서 'cupboard,' 'cup,' 'glass,' 'bowl,' 'plate,' 'knife,' 'fork' 등의 주방용품을 함께 제시한다. 하지만 초보 학습자에게는 초기에 이러한 의미군이 도움을 주는 듯 보이나 얼마 되지 않아 'glass(1)'와 'cup(2),' 'bowl(9)'과 'plate(10)'와 같이 의미가 비슷한 단어들이 구분이 되지 않는 등의 혼란이 유발되기 쉽다. 초기에 영어를 배우면서 각 요일이 서로 혼동되거나 특히 철자가 비슷하고

(그림 1) 의미군 단어들의 예(kitchen)

발음까지 비슷하면 더 혼동된다는 것을 대부분 경험해 봤을 것이다. 이러한 간섭 현상을 막기 위해서는 단어의 짝으로 학습하기보다는 문맥을 통해서 자연스럽게 그 안에 포함된 단어를 학습하거나 유사 단어들을 동시에 제시하기보다는 시간 간격을 두고 학습·지도하는 것이 대안이 될 수 있을 것이다.

(4) 문맥에서 유추하는 비의도적(incidental) 학습법이 단어 목록을 암기하는 의도적(intentional) 학습보다 효과적이다?

흔히들 단어 목록을 순서대로 암기하거나 단어장을 만들어 앞면에는 영어 단어를, 뒷면에는 한글 변역을 작성하여 학습하는 방식은 전통적이고 진부하다고 말하며, 반면 영문 글을 읽을 때 모르는 단어를 나올 경우 사전을 찾기 전에 앞뒤 문맥에서 뜻을 유추하는 방식은 최신의 학습으로 매우 효과적이라고 이러한 교수·학습 방법을 추천하는 이들이 많다. 그런데 과연 그럴까?

학습의 중요도(예, 빈도순)를 사전에 설정하여 학습 내용을 선정하여 특정 학습 내용에 시간과 노력을 집중하는 첫 번째 방식을 소위 의도적 학습(intentional learning)이라고 하며, 특정한 학습 내용을 미리 선정하여 학습

알아보기 **문맥에서 새로운 단어의 의미 유추하기(Hu & Nation, 2000)**

후와 네이션의 실험에 따르면 문맥에서 새로운 단어의 의미를 유추하기 위해서는 주어진 지문의 98퍼센트, 최소 95퍼센트의 단어를 이미 알고 있어야 가능하다는 결론을 얻었다. 즉, 한 개의 영어 문장이 보통 10개 단어를 구성되기 때문에 5개의 문장(50개의 단어)당 새로운 어휘가 하나 정도만 있을 때 문장 또는 문단의 앞뒤 문맥에서 새로운 단어의 의미를 사전의 도움 없이도 유추가 가능하다는 것이다. 이러한 후와 네이션의 연구는 다독을 위한 교재 선택이나 교재 개발에서도 고려해야 할 중요한 어휘 구성의 지침을 제공하였다.

을 하는 것이 아니라 최대한 원어민에 가까운 학습 환경을 조성하여 자연스럽게 학습하도록 하는 두 번째 방식을 비의도적 학습((intentional learning)이라고 한다.

비의도적 학습의 대표적인 방법은 다독(extensive learning)이다. 그런데 글을 읽는 중 문맥에서 새로운 단어의 의미를 유추하여 자연스럽게 학습하는 방식은 최소한 주어진 지문을 구성하는 단어의 98퍼센트를 이해할 수 있어야 가능한 방식이다(Hu & Nation, 2000). 즉, 가장 이상적인 교재 선택의 조건은 새로운 단어의 분포가 매 50단어당 하나 정도로 구성되어야 한다. 또한 새로 출현한 단어는 적절한 간격으로 적어도 10번 이상 반복되어야 장기적으로 기억할 수 있다. 따라서 이러한 방식은 자연스러운 어휘 습득이기 때문에 장기기억으로 저장될 가능성이 높지만 제약 조건이 많을뿐더러 습득될 수 있는 어휘량도 매우 제한적이라는 단점이 있다. 반면 단어목록이나 단어장을 암기하는 의도적 학습 방식은 많은 단어를 쉽게 단기적으로 기억하다가 잊는다는 단점이 있지만 그럼에도 불구하고 여전히 많은 단어가 학습되어 기억될 수 있다는 장점을 지닌다. 결과적으로 보면 학습의 효율성 면에서는 의도적 학습법이 보다 효과적일 수 있다는 것이다. 하지만 이상적인 어휘 학습 방식은 의도적 학습과 비의도적 학습이 균형을 이룬 학습이라 하겠다.

2) 영어 어휘 교육의 지향점

우리나라와 같이 영어에 대한 노출이 제한된 환경에서는 교실에서 학습효과를 최대화하는 방법이 가장 이상적인 어휘 학습이라고 할 수 있다. 이를 위해서 2,000~3,000단어는 비의도적 학습을 가능케 하는 기초 어휘 지식으로 소위 일견 어휘(sight vocabulary)라고 하며 이러한 기초 어휘는 의도적 학습을 통한 선택적 집중이 필요하다. 일견 어휘가 학습되면 이를 바탕으로 추가적인 어휘의 학습은 비의도적 학습과 의도적 학습을 병행하는 것이 효과적이다.

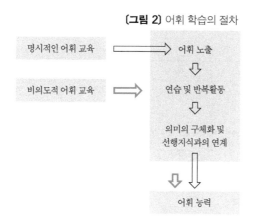

(그림 2) 어휘 학습의 절차

어휘 학습에서 반복은 필수적인 요소이다. 하지만 과거 세대에게 있어 반복 학습은 여전히 부정적인 이미지를 주고 있다. 그 이유는 학습 내용의 의미를 생각하지 않고 기계적인 반복(rote learning)이 주를 이루었고 그에 따른 평가와 체벌이 연계되어 있었기 때문이다. 그럼에도 불구하고 누구도 학습에서 반복의 중요성을 부인할 수는 없을 것이다.

새로운 내용을 학습하면 학습자는 그 내용을 잠시 동안 단기기억(short-term memory)에 저장을 한다(intake). 그런 다음 반복 학습과 같은 강화(reinforcement)가 이루어지만 기존의 인지 구조(cognitive structure)에 결합되어 하나의 새로운 장기기억(long-term memory)으로 저장이 된다. 이처럼 새로운 학습 내용이 장기기억으로 저장되기까지는 여러 반복 학습이 필요하며 반복의 주기 또한 효과적인 기억에 영향을 준다. 보통은 최소한 7~10번의 반복이 필요하다(Crothers & Suppes, 1967; Kachroo, 1962; Saragi,

Nation & Meister, 1978)는 것이 정설이다.

핌슬러(Pimsleur, 1967)는 반복 학습의 이상적인 시간적 간격을 실험을 통해 입증하기도 하였다. 〔표 17〕은 반복 학습의 이상적인 스케줄을 보여준다.

〔표 17〕 반복 학습의 이상적인 스케줄

1회		2회		3회		4회		5회	
5		5^2		5^3		5^4		5^5	
5초		25초		2분 5초		10분 25초		52분 5초	
100퍼센트	60퍼센트	100퍼센트	60퍼센트	100퍼센트	60퍼센트	100퍼센트	60퍼센트	100퍼센트	60퍼센트

6회		7회		8회		9회		10회	
5^6		5^7		5^8		5^9		5^{10}	
4시간 20분 25초		21시간 42분 5초		4일 12시간 31분 25초		22일 14시간 32분 5초		113일 40분 25초	
100퍼센트	60퍼센트	100퍼센트	60퍼센트	100퍼센트	60퍼센트	100퍼센트	60퍼센트	100퍼센트	

한 단어의 첫 노출 뒤에 5초 후 두 번째 노출을 주고 이후 25초 후 세 번째 노출…… 9회 노출 후에는 113일 정도 후에 10번째 노출을 주면 장기기억이 가능하다. 그 이유는 다시 노출을 주는 시점이 점점 기억이 쇠퇴하여

쉬어가기　　**반복 학습(repetition)**

1997~2001년에 영국 BBC에서 제작한 어린이 교육 프로그램 〈텔레토비(Teletubbies)〉를 보면 주인공 텔레토비들은 대사가 적기도 하지만 모든 대사는 "아이, 좋아! 아이, 좋아!"와 같이 우스꽝스러울 정도로 항상 반복하는 것을 볼 수 있다. 이것 은 반복 학습에 대한 교육적 이론을 잘 반영한 것으로 그러한 교육적 이론을 바탕으로 제작된 프로그램이었기 때문에 성공적인 교육 프로그램으로 인정받을 수 있었던 것이다.

기억의 60퍼센트가 남아 있을 때이고 이때 재노출이 주어지면 다시 100퍼센트의 기억으로 회복이 되기 때문이다.

이상적인 노출의 간격은 위와 같고 이와 비슷한 스케줄로 진행되면 가장 이상적인 반복 학습이 가능하다. 위에서 제시한 스케줄을 정확하게 지키는 것은 현실적으로 어려울 수 있으나 학생들의 지도 시에 위 스케줄과 유사한 시점에 반복 학습을 유도한다면 효과적인 학습을 이끌어 내는 데 도움이 될 것으로 보인다.

끝으로, 어휘 지식이 일정 수준에 도달했을 때 문맥에서 유추하기 전략은 비로소 실효성을 거둘 수 있다. 네이션(2008)은 추상적인 설명에 그쳤던 문맥에서의 유추 방법을 자세히 소개하고 있다. 다음은 네이션이 추천하는 문맥에서의 단어 의미 유추 절차이다.

① 품사 유추

② 새로운 단어에 가장 근접한 단어들을 먼저 확인하여 의미를 유추. 80퍼센트는 이 단계에서 유추 가능

③ 근접한 단어들의 분석 후에도 유추가 어려울 경우 전체적인 흐름이나 연결사 등을 확인하면서 문단 단위로 확대하여 분석

④ 여러 문맥적 요인을 고려하여 유추 시도

⑤ 유추된 단어의 의미를 평가

    ㉠ 유사 의미의 단어로 교체하여 의미가 상통하는지 점검

    ㉡ 품사를 파악하여 문법적 타당성 파악

    ㉢ 단어를 구성하는 접사나 형태소의 의미를 연계하여 유추

    ㉣ 사전으로 최종 확인

다음의 예시 지문을 보면서 유추단계를 확인해 보자.

> Leibniz was born in Leipzig, Germany. His father, a professor of moral philosophy at the University of Leipzig, died when Leibniz was six years old. The *prolatic* boy then gained *advelt* to his father's library and began reading *emartically* on a wide range of subjects, a habit that he maintained throughout his life. At age 15 he entered the University of Leipzig as a law student and by the age of 20 received a doctorate from the University of Altdorf. *Culberously,* Leibniz followed an *aleand* in law and international politics, serving as *quelson* to kings and princes.

먼저, 문맥에서 유추할 단어의 '품사'를 확인한다. "The prolatic boy"에서 'prolatic'은 유추(guessing) 연습을 위해 만든 의미 없는 단어(nonsense word)이다. 'Boy'를 수식하는 형용사임을 쉽게 알 수 있다. 다음으로 바로 인접한 문맥을 확인한다. 'Prolatic'한 소년은 아버지의 서재로 들어갈 'advelt'(gained의 목적어이므로 품사는 명사)를 얻었고 광범위한 분야의 책들을 'emartically'(-cally로 보아 부사)하게 읽기 시작했다.

그 다음은 앞뒤 문장의 문맥을 살펴보고 그 뜻을 유추해 본다. 여섯 살 때 아버지의 서재에 들어가 다독을 한 것으로 보아 소년은 조숙하고 남달랐다는 것을 유추할 수 있다.

마지막 단계는 다른 말로 바꾸어 의미가 통하는지 확인한다. 예를 들어, 'premature/advanced/bright/intelligent'로 바꾸어도 의미가 잘 통한다. 대체어의 품사도 역시 형용사로 문제가 없다. 또 다른 방법은 단어를 구성하는 부분들의 뜻으로 유추하는 방법인데 효과적일 수도 있지만 다른 의미로 쓰일 때 오히려 잘못된 유추의 원인이 되기 때문에 주의할 필요가 있다. 마지막으로 사전으로 확인한다. 이런 식으로 유추에 성공했다면 'advelt'는 'access/admittance/entrance,' 'emartically'는 'voraciously/dramatically' 정도로 유추할 수 있다.

<원문>

Leibniz was born in Leipzig, Germany. His father, a professor of moral philosophy at the University of Leipzig, died when Leibniz was six years old. The *precocious* boy then gained *access* to his father's library and began reading *voraciously* on a wide range of subjects, a habit that he maintained throughout his life. At age 15 he entered the University of Leipzig as a law student and the age of 20 received a doctorate from the University of Altdorf. *Subsequently*, Leibniz followed a *career* in law and international politics, serving as *counsel* to kings and princes.

5. 나오며

본 장에서는 영어권에서 사용하는 영어 기본 어휘를 선정하는 객관적인 기준을 소개하고 그러한 기준들을 실제로 적용한 국가영어능력평가시험의 개발 사례에서 어휘 선정의 기준과 기준의 적용 순서가 어휘 목록에 미치는 영향 등을 살펴보았다. 한국어는 교착어(glued language)로 조사가 단어에 붙어 있는 형태이기 때문에 모두 개별 단어로 떨어져 있는 영어와는 달리 어휘 선정 시 사용되는 코퍼스의 분석이 용이하지 않다. 그러한 이유로 대부분의 한국어 어휘 연구가 질적 연구에 집중되고 있다. 질적 연구를 통해 어휘 습득 및 어휘 사용을 심층적으로 살펴보는 것도 중요하지만 대표성이 있는 데이터를 바탕으로 한 양적 연구를 통해 객관화할 수 있는 시사점을 이끌어 내는 것 또한 중요하다. 문법학자들이 문법적으로 바른 표현과 원어민의 어휘 사용 방식을 규정한다고 할지라도 실생활에서 원어민이 예측한 대로 어휘를 구사한다고 장담할 수는 없다. 언어 사용의 실제성이 강조되는 외국어교육의 추세에 비추어 본다면 한국어교육에서도 이제는 질적 연구에 더하여 양적 연구에도 관심을 쏟아야 할 시점이 아닌가 생각해 본다.

한국어 어휘 연구에서의 양적 연구를 위해서는 선행되어야 할 두 가지 조건이 있다. 첫째, 영어 어휘와 마찬가지로 한국어에서도 기본형에 굴절·파생 변이형이 모두 명시된 체계화된 단어군 목록이 개발되어야 한다. 즉, 가능한 한 큰 규모의 단어군 목록을 개발할 필요가 있다. 둘째, 개발된 단어군 목록을 탑재하여 한국어 코퍼스에서 코퍼스를 구성하는 단어들의 빈도수는 물론 사용 범위를 측정할 수 있는 프로그램이 개발되어야 한다. 이러한 두 가지 조건이 충족되었을 때, 한국어교육에서도 수준별 어휘 목록을 개발하는 것이 가능하며, 빈도수와 사용 범위를 측정하여 어휘 수가 체계적으로 통제된 수준별 교재를 개발하는 것이 가능하리라 생각된다. 해외의 한국어능력시험의 응시자가 매년 증가하고 있고 국내에서도 아동들을 위한 수준별 교재 시장이 서서히 기지개를 켜고 있다는 점을 고려하면 한국어교육에서 어휘에 대한 양적 연구의 필요성은 더욱 절실해 보인다.

1. 효과적인 영어 구사를 위해서 학습해야 할 어휘의 양은 어느 정도인지 각자의 입장에서 생각해 보자.

2. 제한된 시간에 제한 수의 어휘를 학습해야 한다면 어떤 기준으로 어휘를 선정할지 생각해 보자.

3. 가장 효율적인 어휘 학습을 이끌어 내기 위해 교수 · 학습 계획을 구안한다면 어떠한 모델을 제안할지 생각해 보자.

4

한국어 교육과 어휘 교육

1. 제2언어 교육에서의 어휘 교육

과거 문법 교육이 유용론과 무용론에 관련된 오랜 논쟁을 야기하면서도 제 2언어 교육 실행의 근간을 이루었던 것과 달리, 어휘 교육은 제2언어 교육 과정이나 교수 요목 설계, 교수·학습 자료 개발 시 우선적인 논의의 대상 이 되지 못했다. 그러나 최근 의사소통 행위에서 어휘 능력의 중요성과 유 용성이 크게 부각되기 시작하면서, 제2언어 교육에서도 체계적인 어휘 교 육의 필요성이 강조되고 있다. 이는 컴퓨터를 이용한 코퍼스 언어학(Corpus Linguistics)의 발전적 성과와 밀접한 관련이 있지만, 이론적으로는 크 라센(Stephen Krashen)의 자연 접근법(Natural Approach), 루이스(Michael Lewis)의 어휘 접근법(Lexical Approach) 등에 근거한 다음과 같은 논거에 힘입은 바가 크다.

어휘는 의사소통에 기본적이다. 만약 습득자가 의사소통을 원하는 사람들이 사용하는 핵심 단어의 의미를 재인하지 못하면 대화에는 관여하지 못할 것이다.…(중략)…학생들이 전달하려는 발화의 형태와 통사 지식을 알고 있더라도 핵심적인 어휘 항목의 의미를 모른다면 의사소통에 참여할 수는 없을 것이다(Krashen & Terrell, 1983).

언어는 어휘화된 문법이 아니라 문법화된 어휘로 구성된다. 어휘는 언어의 핵심이거나 중심이 되지만, 언어 교수에서는 항상 제대로 평가를 받지 못했다(Lewis, 1993).

언어 기능의 핵심을 소통에 두고 어휘의 중요성을 강조하고 있는 이러한 견해는 문법 교수의 내용 항목 설정 및 구성 시에 변화를 야기하였다. 한국어 문법 교육의 교수 요목을 구성하는 개별 항목으로 문법적 기능을 수행하는 조사와 어미 외에 덩어리(chunk) 형태의 표현이 다뤄지고 있고, 그 설명 방식에 어휘적 접근법이 관철되고 있는 것이 이 같은 변화를 방증한다.

그런데 실상 어휘 교육의 본령 안에서는 학습자의 어휘 능력 신장을 도모하기 위한 교육 내용 및 방법론을 구현함에 있어 합의되지 못한 여러 이견도 존재한다. 어휘 교육 내용 구성 시에 대상 항목 선정을 어떻게 할 것이며, 방법론적인 측면에서 명시적인 학습법을 강조할 것인지, 암시적인 학습법을 강조할 것인지 등의 문제와 관련하여 여러 관점의 연구가 지속되고 있는 연유이다.

제2언어로서의 한국어 어휘 교육에서도 이 같은 문제들과 관련하여 다양한 연구가 이루어지고 있다. 1990년대 들어 한국어 학습자 수요가 급증하면서 관련 연구가 활발히 진행되어 ①한국어 어휘 교육 관련 개념 및 이론의 정립, ②한국어 어휘 교육과정 개발, ③한국어교육용 어휘 항목 선정 및 위계화와 이를 위한 기준 설정, ④한국어 어휘 교육 내용 및 방법론 개발 등을 목적으로 하는 연구가 본격적으로 진행되어 왔다.

2. 한국어 어휘 교육의 위상

그간 한국어교육의 실천의 장은 대부분 제도권 밖이었다. 이 때문에 모국어 화자를 위한 국어교육에서와 같이 국가 차원의 교육과정이 고시되고, 이를 준수하는 교재 개발이 순차적으로 이루어지는 단계를 밟기는 어려웠다. 그런데 최근 국립국어원(2010c; 2011b)에서 다양한 지역에서 이루어지는 한국어교육의 체계성과 효율성을 도모하고자 국내외에서 통용 가능한 한국어교육 표준 모형 개발을 시도하면서, 그 일환으로 어휘 교육과정의 등급별 목표와 내용, 구체적인 교육 대상으로서의 어휘 항목 등을 선정한 바 있다.

1) 어휘 교육과정의 개발 현황

한국어교육 상황에서 교육 실천의 요체로 작용하는 교육과정은 대부분 기관별 교수·학습의 상황·맥락에 맞춰 개발 및 운영되어 왔다. 이때 언어 기능 및 영역별 교육 목표 및 내용의 구체적인 양상은 대부분 해당 기관에서 자체적으로 개발한 교재 구성 요목 또는 일람표를 통해서 확인할 수 있다. 〔표 1〕은 총 여섯 등급 중 가장 낮은 등급인 초급 1 수준에 맞춰 개발된 한국어 교재의 '단원별 주제', '기능', '문법', '어휘' 등의 구성 요소를 상세화하여 보여 주는 하나의 사례이다.

〔표 1〕에서 볼 수 있듯이, 어휘 영역의 경우는 해당 교육의 목표 또는 내용을 매우 소략하게 제시하는 경우가 많다. 구체적인 내용을 별도로 명시하지 않고 단원별 주제 선택에 따라 해당 어휘 항목을 선정하는 것으로 갈

음하기도 한다. 이 때문에 한국어교육에서 어휘 영역에 대한 교육과정의 구성 체제 및 요소를 명시적으로 파악하기는 어렵다.

〔표 1〕 교재 구성 요목 사례

단원	단원명	주제	기능	문법	과제 활동	발음	한국 문화/게임/어휘 연습
7	생일 축하해요!	방문	부정 표현, 비격식체 표현	이/가 아니다, 아/어요, 이에요/예요	생일 카드 쓰기		생일 축하 노래
8	무슨 음식을 좋아하세요?	좋아하는 것	좋아하는 것 묻기	을/를, (으)세요? 〈의문〉	좋아하는 음식, 계절, 운동 묻기		
9	대학교에서 한국어를 배웁니다.	소개	공손하게 대답하기	하고,에서, 은/는 〈대조〉	초대받은 집에서 이야기하기		반대말 연습

출처: 경희대학교 국제교육원, 2000: 7–9단원.

그런데 국립국어원(2010c)의 '국제 통용 한국어교육 표준 모형' 내에 어휘 교육과정이 별개로 마련되어 있고 등급별 목표 및 내용 설정이 제시되어 있어 참고가 된다. 이 가운데 등급별 목표 진술 내용을 살펴보면 다음과 같다.

〔표 2〕 등급별 어휘 교육 목표

등급	내용
1급	1. 일상생활에 필요한 기초적인 어휘를 이해하고 사용할 수 있다. 2. 자신의 생활이 중심이 되는 주변 사물과 장소 등과 관련된 어휘를 이해하고 사용할 수 있다.
2급	1. 일상생활에 필요한 기본적인 어휘를 이해하고 사용할 수 있다. 2. 공공장소(은행, 우체국 등)에서 사용되는 어휘를 이해하고 사용할 수 있다.
3급	1. 일상생활에서 사용되는 대부분의 어휘를 이해하고 사용할 수 있다. 2. 빈도수가 높은 관용어를 이해할 수 있다.
4급	1. 일상생활에서 사용되는 친숙하지 않은 어휘를 사용할 수 있다. 2. 친숙한 사회적 소재(직업, 사랑, 결혼 등)와 관련된 어휘를 사용할 수 있다. 3. 빈도수가 높은 관용어 를 사용할 수 있다. 4. 자주 쓰이는 사자성어, 속담 등을 이해할 수 있다.

5급	1. 자주 쓰이는 사자성어, 속담 등을 사용할 수 있다. 2. 자주 쓰이는 시사용어를 이해할 수 있다. 3. 자주 쓰이는 시사용어를 사용할 수 있다. 4. 자신의 전문 분야(직업적, 학문적 영역 등)에서 자주 쓰이는 어휘를 이해하고 사용할 수 있다. 5. 친숙하지 않은 사회적 주제(정치, 경제, 환경, 과학 기술 등)와 관련된 어휘를 이해할 수 있다.
6급	1. 비교적 어려운 사자성어, 속담을 이해할 수 있다. 2. 자신의 관심분야(직업적, 학문적 영역 등)에 쓰이는 대부분의 어휘를 이해하고 사용할 수 있다. 3. 친숙하지 않은 사회적 주제(정치, 경제, 환경, 과학 기술 등)와 관련된 어휘를 사용할 수 있다.
7급	1. 비교적 어려운 사자성어, 속담을 사용할 수 있다. 2. 별 어려움 없이 어감 차이를 고려하여 맥락에 맞는 적절한 어휘를 선택하여 사용할 수 있다.

출처: 국립국어원 2010c: 149.

〔표 2〕에 제시된 등급별 목표를 토대로 구체화된 교육 내용은 다음과
같이 제시되고 있다.

〔표 3〕 등급별 어휘 교육 내용

등급	내용
1급	1. 자신의 생활과 관련된 주변의 사물 어휘를 알고 바르게 사용한다. 2. 위치어를 알고 바르게 사용한다. 3. 가장 기본적인 의사소통(인사, 소개 등)에 필요한 기본 어휘를 알고 바르게 사용한다. 4. 감정을 표현하는 가장 기본적인 어휘(기쁘다, 슬프다 등)를 알고 사용한다.
2급	1. 일상생활에 필요한 기본적인 어휘를 알고 사용한다. 2. 공공장소에서 사용되는 기본 어휘를 알고 사용한다.
3급	1. 자신의 전문 분야(직업적, 학문적 영역 등)와 관련된 어휘를 안다. 2. 외모, 성격 등을 표현하는 어휘를 안다. 3. 공적인 상황에서 사용하는 기본적인 어휘를 안다. 4. 빈도수가 높은 관용 표현을 안다.
4급	1. 자신의 관심 분야(직업적, 학문적 영역 등)와 관련된 어휘를 사용한다. 2. 사회 현상과 관련한 기본적인 어휘를 안다. 3. 빈도수가 높은 관용 표현을 맥락에 맞게 사용한다. 4. 빈도가 높은 비유적 표현을 안다.
5급	1. 자신의 전문 분야(직업적, 학문적 영역 등)와 관련된 어휘를 알고 사용한다. 2. 정치, 사회, 문화 전반과 관련된 어휘를 안다. 3. 신문기사, 논설문 등에서 자주 사용되는 어휘를 안다. 4. 사회 현상을 나타내는 추상적인 어휘를 안다. 5. 자주 쓰이는 시사용어를 안다.

5급	6. 빈도가 낮은 어려운 한자어를 안다. 7. 자주 쓰이는 사자성어, 속담 등을 알고 사용한다. 8. 빈도가 높은 속어, 유행어 등을 안다. 9. 감탄사, 접속 부사 등의 독립어(어머, 저기, 뭐 등)를 이해하고 상황에 맞게 사용한다. 10. 빈도가 높은 신조어, 약어 등의 의미를 안다.
6급	1. 정치, 사회, 문화 전반과 관련된 어휘를 적절하게 사용한다. 2. 신문기사, 논설문 등에서 자주 사용되는 어휘를 사용한다. 3. 사회 현상을 나타내는 추상적인 어휘를 사용한다. 4. 자주 쓰이는 시사용어를 사용한다. 5. 빈도가 낮은 어려운 한자어를 사용한다. 6. 신문기사, 논설문 등에서 사용되는 어휘를 대부분 안다. 7. 사회 현상을 나타내는 추상적인 어휘를 대부분 안다. 8. 자주 접하지 않는 속어, 유행어, 신조어, 약어 등의 의미를 추측하여 안다. 9. 대부분의 맥락에서 비유적 표현의 의미를 안다. 10. 사고 도구어와 전문어의 의미를 안다.
7급	1. 신문기사, 논설문 등에서 사용되는 어휘를 대부분 사용한다. 2. 사회 현상을 나타내는 추상적인 어휘를 대부분 사용한다. 3. 자주 접하지 않는 속어, 유행어, 신조어, 약어 등을 추측하여 사용한다. 4. 사고 도구어와 전문어를 사용한다.

출처: 국립국어원 2010c: 166-167.

〔표 3〕에 제시된 어휘 교육 목표와 내용은 동일 교육과정 내 '주제'와 '텍스트' 선정은 물론 '말하기, 듣기, 읽기, 쓰기'와 같은 기능 영역에서의 등급별 목표 및 내용 전개와 궤를 같이한다. 따라서 등급별로 '일상의 주변 생활 → 공공생활 → 친숙한 사회생활 → 학습자 자신의 전문 분야/친숙하지 않은 사회생활'에 필요한 어휘 교수·학습을 목표로 하되, 어휘 교육이라는 특성을 고려하여 '관용어', '사자성어', '속담', '속어', '유행어', '신조어', '약어', '사고 도구어', '전문어' 등에 관한 교육을 주된 내용으로 포함하고 있다.

말하기, 듣기, 읽기, 쓰기 활동이 통합적으로 이루어지는 교육 현장과 이를 위한 교재 개발이 이루어지는 상황에서 어휘 교육이 병행되어야 한다면, 위와 같이 기능 영역의 교육 목표와 내용에 부합하는 어휘 교육을 기획하고 실천하는 것이 합리적일 것이다. 다만 위에서 제시한 교육과정이 다양한 변인이 존재하는 한국어교육 현장에서 표준으로서의 역할을 다하기 위해서는, 등급별 목표와 내용 간의 변별을 분명히 하고 도달해야 할 어휘 교육 목표의 조건, 기준 등의 요소'를 보다 명확하게 진술할 필요성이 있다. 교육과정 내에 어휘 교육의 내용과 방법론도 더욱 명료하고 구체적으로 제시되어야 할 것이다. 어휘 의미의 계열 관계(paradigmatic relation) 및 통합 관계(syntagmatic relation) 등에 관련된 체계적인 교육 내용과 방법론이 그 일부에 해당할 것이다.

알아보기   **어휘 의미의 계열 관계와 통합 관계**

어휘의 의미 관계는 크게 계열 관계와 통합 관계로 대별된다. 계열 관계는 어휘소가 종적으로 대치되는 관계이며, 통합 관계는 횡적으로 연결되는 관계이다. 즉, 계열적 축, 곧 선택(choice)은 종적인 선을 지향하며, 통합적 축, 곧 연쇄(chain)는 횡적인 선을 지향한다. 이 같은 관계는 다음 예를 통해 구체적으로 이해할 수 있다(임지룡, 1992: 135, 203).

소녀는	예쁜	눈을	가졌다.
소년	아름다운	입	
언니		인형	
이모		옷	
동생		가방	

예문의 '소녀는 예쁜 눈을 가졌다'에서 '소녀'는 '소년/언니/이모/동생', '예쁘다'는 '아름답다', '눈'은 '입/인형/옷/가방' 등으로 대치가 가능하다. 이처럼 종축으로 대치가 가능한 관계를 계열 관계라고 한다. 이와 달리, '예쁜 눈', '눈을 가지다', '소녀는 눈을 가지다'와 같이 횡축으로 연쇄 관계가 형성되는 경우를 통합 또는 계열 관계라고 한다. 계열 관계의 세부 유형으로는 상하 관계, 유의 관계, 대립 관계를, 통합 관계의 하위 유형으로는 연어 관계, 관용 관계 등을 볼 수 있다(이하 [그림 1] 참조).

---

1   Nunan(1999)을 통해서 수행 목표 진술 시에 '수행, 조건, 기준' 등의 형식 요소를 명시적으로 포함해야 할 필요성을 확인할 수 있다.

2) 어휘 항목 선정의 범위

한국어교육용 어휘 항목의 선정과 위계화는 가르치고 배울 어휘 항목을 등급별로 구체화하여 명시하고 있다는 점에서 의미 있는 절차이다. 어휘 항목의 선정 대상은 일반적인 목적에서 편찬되는 어휘 사전 등의 표제어와 동일하지 않고, 한국어교육이라는 명시적인 교육 관점에 따라 재설정되는 경우가 많다. 따라서 어휘 항목 선정 근거의 타당성을 검토해 볼 필요가 있다.

그동안 한국어교육 관점에서 학습자의 어휘 능력 신장을 목표로 '학습자를 위한 사전' 편찬 작업이 이루어졌고, 이를 위한 기초 작업으로 현대 언어 말뭉치를 구축하고 계량하는 작업도 진행되었다. 사전 편찬의 경우 구체적인 목표에 따라 표제어 선정에 필요한 단위 설정에서 차이점이 드러난다. 가령 한국어세계화재단(2001)의 『외국인을 위한 한국어 학습 사전』[2] 개발을 위하여 선정된 표제어의 단위는 '명사, 의존명사, 대명사, 수사, 동사, 형용사, 부사, 관형사, 감탄사, 조사, 어미, 접두사, 접미사'까지 포괄한다. 그런데 중·고급 한국어 학습자에게 필요한 기초 어휘를 대상으로 연어 관계를 제시하고 있는 『한국어 연어 사전』[3]은 '명사, 동사, 형용사, 부사' 등을 포함하되, 특정한 연어 관계를 가지지 않는 '대명사, 의존명사, 수사, 지시 관형사, 접속부사'는 대부분 제외하고 있다.

국립국어원의 1단계 국제 통용 표준 교육과정개발 결과(2010c)를 토대로 하는 교육용 어휘 항목 선정 시에는, 다음과 같은 두 가지 충족 조건과 함

---

2 '한국어교육을 위한 기초 어휘 빈도 조사 결과', '한국어 교육용 말뭉치', '기초 어휘집 및 사전의 표제어 목록 조사 결과표' 등의 기초 자료를 활용하여 표제어를 선정하고 있다.

3 '한국어교육 기관의 교재에 수록된 어휘', 한국어교육 관점의 '기초 어휘 연구' 성과물, '사전', '현대 국어 사용 빈도 조사'에서 높은 빈도로 사용되고 있는 어휘를 표제어로 선정하고 있다.

께 예외 조건이 적용되고 있다.

[충족 조건]
- 어휘 단위 중 실질적인 의미를 갖는 자립 어휘: 명사, 동사, 부사 등
- 고빈도로 쓰이는 구와 합성어

[예외 조건]
- 문법적인 기능을 하는 어휘 부류
- 접사와 같은 단어 이하의 단위

이러한 조건에 따라 '명사(일반명사/의존명사), 대명사, 동사, 형용사, 지정사, 관형사, 부사(일반부사, 접속부사), 보조용언, 어기' 등이 대상 항목으로 선정되었다. 선정된 어휘 항목의 일부를 예시해 보면 다음과 같다.

[표 4] 초급용 어휘 항목 사례

등급	어휘	품사	의미	등급	어휘	품사	의미
초급	것	의존명사		초급	않다	보조용언	
초급	하다	동사		초급	없다	형용사	
초급	있다	보조용언		초급	나	대명사	
초급	있다	동사		초급	말01	일반명사	언어
초급	하다	보조용언		초급	그	대명사	
초급	수02	의존명사	할 수 있다	초급	사람	일반명사	
초급	되다01	동사		초급	이05	관형사	

출처: 국립국어원, 2011b

한편 관용구나 속담과 같은 단어 이상의 단위는 빈도 조사 항목에서 누락될 뿐만 아니라 그것의 변이형이 많아 일관되게 유형을 검색하기 어렵다

는 점에서 별도의 배분 및 선정이 이루어졌다. 그 결과 총 261개의 관용어가 선정되었는데, 다음은 그중 일부를 예시한 것이다.

[표 5] 관용어 목록 사례

(꼬리에) 꼬리(를) 물다	눈살을 찌푸리다	물(이) 좋다
가닥을 잡다	눈앞이 캄캄하다	물로 보다
가방끈(이) 길다	눈에 넣어도 아프지 않다	물불 가리지 않는다
가슴에 불붙다	눈에 불을 켜다	미역국을 먹다
......	......	......

출처: 국립국어원 2011b: 32

위와 같은 어휘 항목의 선정은, 단일 어휘 항목에서 구에 이르기까지 사용 빈도가 높은 어휘 항목 모두를 포괄하고 있다는 점에서 의의를 갖는다. '조사' 항목을 현재 학교 문법에서 '단어'의 한 가지 유형으로 기술하고는 있으나, 그것이 담당하는 문법적 기능 부담량이 높다는 점을 고려하여 문법 항목의 일부로 처리한 점도 충분히 타당하다.

그런데 표준 교육 모형의 문법 항목 목록에서도 제외되어 있는 접사는 어휘 항목 목록에서도 배제되어 있다. 접사의 포함 여부 자체를 어휘 항목 선정의 타당성 여부와 직결시키기는 어려울 것이다. 예컨대, 피동 접사 '이/히/리/기' 등은 어휘 목록에서 제외되었지만 '보이다', '들리다' 같은 피동사는 어휘 대상 목록에 포함되어 있기 때문이다. 접사에 의한 단어 생성이 한국어의 특징적인 현상이라는 점에서 교수의 필요성이 인정된다면, 접사의 표제어 선정 여부 자체보다는 단어 생성 관련 교육 내용 및 방법론 구안 시 접사 활용이 어떻게 효과적으로 이루어지고 있는지를 살피는 것이 더욱 중요할 것이다.

3) 어휘 항목 선정 및 위계화의 기준

어휘 항목의 대상이 결정된 뒤에는 그중 어떠한 항목을 선정하고 위계화할 것인지를 결정할 수 있는 기준이 필요하다. 매카시(McCarthy, 1999/김지홍 역, 2003: 123-138)에서는 가르칠 내용으로서 어휘 항목을 선정하는 기준으로 '빈도(frequency)', '범위(range)', '학습 가능성', '학습자의 필요성'을 제시하고 있다. 그는 빈도가 높은 낱말이 학습자에게 이해 및 산출을 위한 생존 차원의 목록을 제공해 준다는 점에서 무엇보다 우선시해야 할 기준이라고 한다. 그러나 빈도가 높은 어휘가 반드시 학습자에게 가장 유용한 어휘라고 할 수는 없다. 빈도의 기준을 적용할 시에는 어떤 어휘들이 다른 어휘들보다 더욱 중핵적(core)인지 또는 중심적(central)인지 판단하는 작업도 요구되기 때문이다.

국립국어원(2011b: 24-25)에서는 어휘 항목 선정 및 위계화를 위하여 '빈도', '범위', '포괄성(coverage)', '학습 용이성', '활용성' 기준이 적용되어야 한다고 보았다. 그리고 실질적인 항목 선정 및 위계화 작업 시에 한국어 사용 빈도를 우선적으로 고려하였으며, 언어 교육 영역과 관련된 자료를 주요 범위로 삼았다. 하지만 포괄성의 기준은 '-하다, -되다, -적'과 같은 파생어를 어기와 함께 처리하는 작업으로 어휘군(word family)을 만들어 반영하는 데 그쳤으며, 학습 가능성과 활용성의 기준은 추후의 세부 연구를 통해 반영할 것임을 시사하였다. 또한 이들 기준이 온전히 적용될 수 있기 위해서는 다음과 같은 몇 가지 기초 연구가 선행되어야 할 필요성을 제기하고 있다. 첫째, 포괄성 기준의 적용을 위해서는 어휘의 의미적 관계를 나타내는 어휘의미론과 파생어, 합성어와 같은 복합어를 다루는 단어형성론에 대한 연구가 이루어져야 한다. 둘째, 학습 용이성과 활용성 기준의 적용을 위해서는 어휘 학습의 용이성 정도를 판단하는 세부 기준별 연구와 어휘 의미의 범주별 분류 작업에 관한 기초 연구가 진행되어야 한다. 이상과 같은 기초 연구의 수행은 어휘 항목 선정 및 위계화의 타당성을 담보할 수 있을 뿐만 아니라 어휘 교육의 내용 및 방법론의 질적 향상에도 기여할 수 있다는 점에서 긴요할 것으로 보인다.

3. 한국어 어휘 교육의 내용과 방법론

1) 어휘 교육 내용의 구성

한국어 학습자의 어휘 능력 신장을 위해서는 단어에 대한 분석적 이해와 생성 원리를 학습시킬 수 있는 '단어 형성 원리에 따른 어휘 교육', '단어 어종에 따른 어휘 교육', '단어 변이에 따른 어휘 교육', '의미 관계에 의한 어휘 교육' 등이 필요하다(〔그림 1〕 참조).

〔그림 1〕 어휘 교육 내용 구성

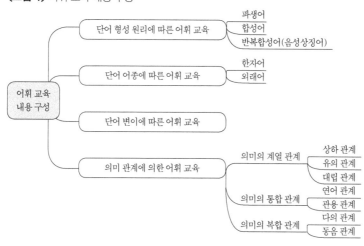

단어의 형성 원리에 따른 어휘 교육은 어휘 의미를 분석하고 추론해 내는 방식을 학습하게 함으로써 어휘 습득의 확장에 기여한다. 파생어, 합성어, 반복합성어(음성 상징어)에 대한 교육으로 세분화하여 내용을 구성할 수 있다.

파생어는 파생 원리를 이해시키고, 파생 접사를 고유어, 한자어, 외래어로 구분하여 설명하며, 접사의 의미를 제시하고 이들이 결합하는 어기와 함께 파생어 목록을 체계적으로 제공하는 과정이 필요하다(문금현, 2010: 114). 한자어의 경우는 비용과 이익(cost & benefit)의 측면에서 학습자의 어휘 능력 신장에 이로울 수 있도록 한자어의 빈도도 높고 파생어도 많이 생산하는 접사를 우선적으로 가르치는 것이 필요하다(유미상, 2007).

합성어는 사용 빈도와 생산성이 높아 합성어의 중심을 이루는 어휘소 위주로 그것의 결합 원리와 의미를 가르쳐주는 것이 효과적이다. 가령, '돌아가다'는 '들어+가다'의 결합으로 생성된 '들어가다'와 동일하게 '돌아+가다'가 결합하여 만들어진 단어이다. 따라서 '돌다'와 '가다'의 의미 결합으로 '물체가 원을 그리면서 움직여 가다'라는 의미가 생성되고, 여기에서 더 나아가 '죽다'의 높임말로까지 사용된다는 점을 설명하여 학습자의 이해를 용이하게 할 수 있다.

이미 개발된 한국어 교재들을 검토해 보면, 파생어와 합성어의 경우 단어 생성의 원리를 고려한 설명, 연습, 활동의 교수·학습 방안이 적극적으로 구안되지 못하고 있다. 주로 학습 대상이 되는 단원 주제와의 관련성에 따라 의미 범주화되고 있다. 단어 생성 원리에 따른 어휘 교수·학습의 효과성을 고려해 볼 때 단어 생성의 구체적 생성 원리를 적극적으로 활용하는 교재 구안이 필요하다. 가령 파생어를 어휘 항목에 포괄하여 제시할 때에는 파생의 원리, 파생 접사의 의미, 기능에 관한 설명을 제공하고 이를 연습할 수 있는 기회를 마련해 주어야 할 것이다.

의성어는 각 언어의 음운 체계나 문화에 따라 달리 발달해 왔고, 의태어도 언어 간 유사성을 찾기 어려운 경우가 대부분이다. 이 때문에 특히 학습 초기에는 습득에 어려움을 겪는 학습자들이 많다. 그러나 음성 상징어는 음운 교체, 첩용, 접사에 의한 파생 등의 형태적 특성을 가지기 때문에(조현용, 2005: 158) 그것의 형성 원리를 통해 좀 더 쉽게 가르치고 배울 수 있다. 다음 〔표 6〕은 한국어 학습자들이 '음성 상징어(의성어·의태어)'의 특징을 이해하고 실제에 활용할 수 있도록 교재 내 활동을 구안하고 있는 사례이다.

〔표 6〕 음성 상징어 관련 이해 활동 사례

두 개의 어휘 중 하나를 골라 문장을 완성해 봅시다.

· **깔깔 / 껄껄**

_____ 웃는 아기의 얼굴은 이 세상의 어느 것보다도 평화스러운 모습이다.

할아버지는 아기의 재롱을 보시고 _____ 웃으셨다.

· **보슬보슬 / 부슬부슬**

_____ 내리는 비를 보면 기분이 좋아진다.

찬 바람과 함께 비가 _____ 내리기 시작하였다.

1. 짝을 이룬 단어들은 어떤 느낌의 차이를 갖는지 생각해 봅시다.

2. 각 단어의 짝마다 모음의 차이를 살펴봅시다. 어떤 특징이 있습니까?

출처: 경희대학교 국제교육원, 2003: 51

단어의 어종에 따른 어휘 교육 중 한자어에 대한 교육은 한자 교육을 병행하면서 본격화되는 경향이 있다. 대학에서 한국학 또는 한국어문학을 전공으로 하는 경우 또는 학문 목적의 한국어교육을 받는 학습자의 경우에는 흔히 중·고급 단계에서 본격적인 한자(어) 교육이 이루어진다. 이에 비해 외래어 교육은 상대적으로 좀 더 소홀하거나 소외되는 경향이 있는데, 최근에는 외래어 사전 등이 개발되어 교수 또는 자가 학습에 도움을 주기도 한다.

어휘의 변이 양상은 지역, 세대, 계층 등의 사회문화적 요소에 영향을 받아 방언, 은어, 비속어, 유행어, 전문어, 높임말 등의 형태로 나타난다. 최근에는 은어, 지역 방언 등의 어휘가 교재에서 다뤄지고는 있으나, 그 비중이 높다고 보기는 어렵다. 그러나 구어 담화의 중요성이 부각되기 시작하면서 이 같은 어휘의 변이 양상을 수용하려는 다각적인 시도가 이루어지고 있다. 다음은 학습자의 연령대를 고려하여 통신 매체에 따른 어휘의 변이 양상을 이해할 수 있도록 교수·학습 활동을 고안하고 있는 사례이다.

(표 7) 통신 언어 관련 이해 활동 사례

1. 다음은 통신 언어의 예들입니다. 어떤 현상인지 관계있는 단어를 찾아서 쓰십시오.
축약　　약어　　생략　　기호　　은어　　비속어
1) 첨(처음), 멜(메일), 잼난(재미난, 재미있는)　　＿＿＿＿＿＿
2) 즐통(즐거운 통신), 통장(통신 장애)　　＿＿＿＿＿＿
3) 폭탄맞다(통신상에서 못생긴 사람을 만나다)　　＿＿＿＿＿＿
4) ^O^ ^^;; ㅜㅜ　　＿＿＿＿＿＿
5) 이눈아(이년아), 눈깔(눈)　　＿＿＿＿＿＿
6) 내사는(내가 사는)　　＿＿＿＿＿＿

출처: 이화여자대학교 언어교육원, 2008: 121

의미 관계에 의한 어휘 교육에서 상하 관계, 유의 관계, 대립 관계, 다의 관계, 동음 관계에 따른 어휘 교육은 해당 단원에서 이루어지거나, 초급·중급·고급 단계에 걸쳐 개별적으로 학습된 어휘의 의미 관계가 점차 확대되고 구조화될 수 있도록 안내되어야 한다. 쿡(Cook, 1991)에 따르면, '식탁'과 같은 기본 단어를 처음 배운 다음에 '가구'와 같은 일반적인 단어들을 배우고, 마지막으로 '커피 테이블'과 같은 더욱 세부적인 단어들을 배우는 '기본 어휘 → 상위어 → 하위어' 순의 어휘 교육이 바람직하다(문금현, 2010: 117 재인용). 그러나 상·하위어를 동시적으로 확장하여 보여 주는 어휘장을 이용하여 어휘 지도를 할 때에는 이 같은 순서를 반드시 지킬 필요는 없다.

한편 의미의 결합 관계에 대한 고려는 해당 어휘의 연쇄 출현 빈도를 고려하여 연어, 관용표현의 형식으로 교수·학습된다. 데카리코(Decarrico, 2001: 293)에서는 학습자들이 '전이 가능성 가설(hypothesis of transferability)'에 의존하여 연어를 학습하는 경향이 있음(Bahn, 1993)을 지적하고, 학습자들이 자신의 모국어인 L1과 목표어인 L2 간의 차이점을 식별하면서 연어를 학습하도록 지도할 것을 제안한다. 연어는 문법적 연어(grammatical collocations)와 어휘적 연어(lexical collocations)로 분류할 수 있는데,[4] 교육적 관점에서는 이 두 가지 유형 모두가 중요시되어야 할 것이다. 최근에는 많은 교재들이 연어, 관용표현 등의 어휘 연쇄를 〔표 8〕과 같이 교수·학습 대상 목록에 포함하여 제시하고 있다.[5]

〔표 8〕 새로 나온 어휘 제시 사례

명사	동사	형용사	부사	표현
아쉬움	들리다	독특하다	더욱	세상을 떠났습니다.
아쉬움이 남다	들려 주다	특별하다	전혀	한국 사람치고 모르는 사람이
의미				없어요.

출처: 서강대학교 한국어교육원, 2006: 50

---

4   김미현(2005: 179)에서는 『외국인을 위한 한국어 학습 사전』의 경우 문법적 연어의 하위 유형을 '의존명사에 의한 연어', '불구동사 및 동사의 굳은꼴에 의한 연어'로, 어휘적 연어의 하위 유형을 '체언+용언', '체언(의) 체언', '부사+용언'으로 나누어 설명하고 있다.

5   문금현(2005: 155~161)에서 한국어 교재 11권에 반영된 어휘 교육 내용을 살펴본 결과에 따르면, 대체로 중·고급 단계에서 관용표현 및 속담에 관한 교육이 이루어지고 있었다.

한국어능력평가(TOPIK)에서 초급의 어휘 평가 문항은, 주로 주어진 그림을 보거나 문장 또는 단락을 읽고 그 안의 빈칸에 알맞은 어휘를 넣는 문제와 대립 관계, 유의 관계의 어휘를 찾는 문제 유형으로 구성된다. 중급에서는 그림에 맞는 어휘를 찾아 넣는 유형은 제외되지만, 문장 안의 빈칸에 적절한 어휘를 찾아 넣는 문항의 비중은 대체로 높아진다. 유의 관계, 대립 관계의 어휘를 찾는 문항도 초급의 경우와 유사하게 제시된다. 다만 중급 단계에서부터는 초급과 달리 다의 관계에 관한 문항이 추가적으로 구성된다. 다음과 같이 동사 의미의 다의 관계를 묻는 문항을 볼 수 있다.[6]

(표 9) 한국어능력평가(TOPIK, 제15회) 어휘 영역의 문항 사례(중급)

※ 다음 ( )에 공통적으로 들어갈 동사를 고르십시오.

> 이런 곳에 집을 ( ) 살고 싶다.
> 약을 ( ) 때는 처방전이 필요하다.
> 선생님께서는 항상 부드러운 표정을 ( ).

① 짓다　② 받다　③ 세우다　④ 만들다

학습자들이 초급 단계에서 배우는 고빈도의 기본 어휘들은 다의어인 경우가 많기 때문에 숙달도에 맞춰 '중심 의미'로부터 '주변 의미'로 어휘 의미의 확장이 이루어질 수 있도록 체계적인 교수·학습이 이루어져야 할 것이다. 이를 위해서는 해당 어휘별 중심 의미와 주변 의미로의 확장 과정에 대한 이해가 필요하다. 교사는 '연상 활동' 등을 최대한으로 이용하여 학습자의 어휘 의미 확장을 도와줄 수 있어야 할 것이다.[7]

6　동사 '짓다'의 다의 관계를 묻는 경우이다.

7　문금현(2006)에 따르면, 다의어는 하나의 개념 의미에서 출발하여 의미 전이나 유추 등의 방법에 의해 의미가 확대되어 여러 의미를 갖게 되는 것이므로, 연상 의미를 찾거나 의미의 유

연어의 개념

연어는 그것의 생성 원인, 방식, 요소 간 긴밀성 면에서 다양하여 일관된 하나의 개념으로 정의하기가 어렵다. 그간 사전 편찬 관련 연구를 통해서 정의된 연어 개념을 정리하여 일부 예시와 함께 제시하면 다음과 같다(김미현, 2005: 176-177).

연구자	정의	예
홍재성(1995)	규칙적인 통사관계에 의해 구성되었으나 어휘적 차원에서 특별히 긴밀하고 제한적인 결합 관계를 보이는 두 단어의 연쇄	서슬이 퍼렇다 불굴의 의지 일말[루]의 희망
박성숙(1997)	어휘의 제한적 공기 관계로 공기 확률이 높은 어휘의 결합. 즉 개연성이 높은 제한적인 어휘 항목의 연쇄. 같은 문맥 속에 자주 함께 쓰이는 "동료 어휘군"	화기가 돌다 불굴의 의지 열렬히 사랑하다
강현화(1998)	말뭉치에서 하나의 어휘 항목은 다른 몇 개의 어휘 항목과 함께 나타나는 경향이 많은데 이러한 어휘 항목의 긴밀하고 고정적인 공기 관계	물구나무를 서다 제비를 뽑다 개가 짖다
연세한국어사전(1998)	명사가 어느 특정한 동사와 잘 어울려 쓰이는 공기 관계를 나타낸 구조	눈을 감다/뜨다 입을 다물다 구미가 당기다
서상규(2002)	광의의 연어 개념을 받아들임. 단어 결합, 형태·통사론적 구성, 호응 관계와 절을 벗어난 표현까지 다 포괄하는 공기 관계를 연어로 봄	눈물을 먹다 매미가 맴맴 운다 –는 바람에 단지~ –ㄹ 뿐이다
김한샘(2003)	통사적으로 구를 넘지 않는 범위 내에서, 구성 요소의 의미 전이를 전제로 하여 습관적으로 같이 쓰이는 둘 이상의 어휘의 결합에 의한 어휘적 단어	–는 바람에 –ㄴ 체하다 –와 더불어
임홍빈·임근석(2004)	둘 또는 그 이상의 어휘소들 사이에 전형적으로 결합되는 공기 관계가 성립할 때 이들 어휘소의 연쇄를 가리키는 것.	협상이 난항을 겪다 혼신의 힘을 다하다 엽기적 살인

연성을 찾아보는 활동이 유용하다.

2) 어휘 교육 방법의 실현: 쟁점과 원리

어휘 교육의 방법론적 구안을 위해서는 유형별 특징을 논하기 전에 그 필요
성 자체에 관련된 쟁점을 살펴볼 필요가 있다. 관련 쟁점은 어휘 교수 방법
의 원리(Brown, 2001: 377-380)로 제시되고 있는 다음의 일부 항목을 통해
서 유추가 가능하다.

> ① 어휘 학습에 특정 수업 시간을 할애한다.
> ② 학생들이 문맥으로 어휘를 배우도록 도와준다.
> ③ 이중 언어 사전의 역할을 감소시킨다.
> ④ 학생들이 단어의 뜻을 결정하는 책략을 개발하도록 격려한다.
> ⑤ 계획되어 있지 않은 경우에도 필요하다면 어휘 지도를 한다.

위 원리 중 ②와 ⑤에서는 문맥 등을 통해 단어의 의미를 추론할 수 있
는 책략 개발을 중시하는 관점이 드러나 있고, ③의 경우도 이 같은 맥락에
서 해석될 수 있다. 즉, 모르는 단어가 나올 때마다 사전, 특히 이중 언어 사
전에 지나치게 의존하지 말고 문맥을 구성하는 요소, 가령 앞뒤 문장 등에
서 의미를 추론해야 한다는 점을 강조하는 것이다. 그런데 ①·⑤의 경우는
어휘 교육의 방법론보다는 어휘 교육 자체의 필요성과 중요성에 주목하고
있는 것으로 보인다. 특히 ①의 경우는 어휘 교육 자체가 교수·학습 과정 중
에 반드시 포함되어야 한다는 당위성을 강조하는 일종의 선언으로 볼 수 있
다. 그럼에도 불구하고 ①번 항목을 어휘 교수 방법론의 원리 중 하나로 명
시하고 있는 것은, 어휘 교수·학습과 관련해서 지속적으로 제기되고 있는
다음과 같은 질문에 좀 더 명시적인 답을 주기 위한 것으로 해석된다.

- 어휘는 교육 현장에서 반드시 가르쳐야 하는가?
- 어휘는 학습자 스스로 배우고 익혀야 하는가?

　모두(冒頭)에서 어휘 교육의 중요성과 필요성에 대한 인식의 변화를 언급했다. 그러나 여전히 다른 한편으로는 어휘 교육에 대한 회의론이 공감을 얻고 있다. 교육 현장에서도 어휘를 가르치는 데 필요한 메타언어에 관한 논의가 충분히 이루어지지 못해 그 목록을 확정짓지 못하고 있다(강현화, 2006: 503).

　어휘 교육 역사의 흐름을 볼 때, 자연주의적 접근과 정확성보다 유창성에 초점을 두는 의사소통적 접근법의 영향을 받으면서 겉으로 드러나지 않고 부수적으로 이루어지는 어휘 학습법이 강조되어 왔다(Schmitt, 2000). 요컨대 문맥 속에서 단서 찾기, 단일 언어 사전 사용하기, 단어를 정의하지 않기, 자신의 모국어로 교재에 적지 않기 등이 그것이다. 그러나 어휘 교수·학습의 내재적 방법론에 대한 지나친 강조는 다음과 같은 문제점을 야기하기도 한다(Sternberg, 1987; McDanial, 1987; Kelly, 1990; Hayner & Baker, 1993; Hulstijn, 1993; Parry *et al.*, 1993, 강현화 2006: 503에서 재인용).

- 학습자로 하여금 문맥 속에서 단어를 추측하게 하는 작업은 많은 시간과 과정을 요구한다.
- 단어의 의미를 추론하는 과정에는 오류가 양산되기도 한다.
- 대부분의 학습자들은 스스로 정확한 의미를 추론해 내기가 어렵다.
- 특히 초급의 학습자는 문맥을 통한 단어 의미 짐작하기 방법에 쉽게 좌절되곤 한다.
- 내재적 학습법은 전문적인 고급 어휘를 학습하기에 적당하지 않다.
- 어휘를 짐작하는 훈련은 장기 기억의 결과로 직결되지 않는다.

이와 같은 문제 제기는 내재적인 어휘 교육에 대한 집착을 경계하고 명시적(외현적) 어휘 교육의 필요성을 지지하는 근거로 볼 수 있다. 쇠크멘(Sökmen, 1997)에서는 명시적 어휘 학습의 필요성을 강조하고, 구체적 교수 원리를 다음과 같이 제시한 바 있다(Decarrico, 2001: 290-291에서 재인용).

- 새로운 단어와 아는 단어를 통합하기
- 단어를 맥락 속에서 우연히 많이 접하기
- 심층 처리 촉진하기[8]
- 심상 촉진하기
- 다양한 기법 사용하기
- 독립 학습 전략 권장하기 등

데카리코(2001)에서는 위에서 제시한 원리를 실현하기 위한 교수 기법과 활동을 제안하면서 첫째, 새로운 단어들은 개별 단어로 제시해서는 안 되며, 둘째, 단순한 기계적 암기 방식으로 어휘를 학습시켜서는 안 된다는 점을 강조한다. 이때 단어 연상 활동은 단기간에 많은 단어를 학습하고 오랫동안 기억하는 데 성공적인 방법이라는 점에서 중시한다. 단어는 머릿속에 의미론적으로 관련된 집합들로 조직되고, 한 단어에 부여된 연상 관계들은 두뇌에 저장되는 방식에 영향을 주기 때문이다.

그러나 일반적으로 우리가 아는 대부분의 단어들이 명시적으로 가르쳐지지 않았다는 것, 그리고 제2언어의 능숙도가 일정 수준을 넘어서면 어휘

---

8   데카리코는 심층 처리의 증진이 단기기억으로부터 정보를 거의 무제한의 저장 용량을 지닌 장기기억으로 전이시켜야 하기 때문에 중요하다고 본다. 한 단어를 더 많이 조작하고 생각할수록 단어는 장기기억으로 더 잘 전이되는데, 효율적 어휘 학습은 한 단어를 의미 있게 순환적으로 접촉을 해야만 하는 점진적 과정이라고 설명하고 있다.

학습이 주로 암시적(우연)이 된다는 견해도 상당한 지지를 얻고 있다. 게다가 명시적 교수법과 암시적 교수법의 원리가 반드시 이분법적으로 나뉘지도 않는다. 가령 한 단어를 다중으로 접하여 습득하는 전략은 명시적 학습뿐만 아니라 암시적 학습에서도 중요한 전략의 하나로 제시되고 있다. 이러한 견지에서 '우연히 어휘 학습이 되도록 적절한 맥락을 제공하는 활동'과 함께 '명시적인 교수'를 함께 활용하는 균형적인 접근법이 좀 더 설득력 있는 방법론으로 받아들여지고 있다. 따라서 이 두 가지 접근법 간의 균형을 유지할 수 있는 교수·학습 기법 및 활동이 적극적으로 모색되어야 할 것이다.

쉬어가기 **명시적 학습법과 암시적 학습법**

명시적 학습법과 암시적 학습법의 차이는 의식적인 노력과 통제된 절차의 동원 정도에 따라 설명될 수 있다. 전자는 의식적인 노력을 기울이고 통제된 절차를 동원하는 데 적극적인 반면에, 후자는 소극적인 태도를 견지한다. 제2언어 지식은 이와 같은 학습법의 적용 정도에 따라 선언적 지식과 절차적 지식, 명시적 지식과 암시적 지식의 유형으로 구분되어 설명되기도 한다. 크라셴(Krashen, 1982)에 의하면, 선언적·명시적 지식은 형식적 학습을 통해 의식적으로 학습된 지식인 반면에, 절차적·암시적 지식은 무의식적으로 내재화된 지식으로 설명된다.

---

4. 한국어 어휘 교육의 실천 방향

• 어휘·문법의 통합적 접근하에 어휘 교육 항목 설정 및 내용 구안이 이루어져야 한다

어휘와 문법이 별개로 존재하지 않는다는 것은 주지의 사실이다. 다음과 같은 주장은 문법과 어휘의 상호의존적 관계를 좀 더 명시적으로 확인시켜 준다.

문법학자들은 언어 구조에 대하여 분명하고 경제적인 설명을 제공하는 일을 목표로 삼는다. 이는 상당한 정도의 이상화가 필요하다는 것을 의미한다. 그러나 '문법'이 독립적이거나 자족적인 대상이라고 생각하는 쪽으로 잘못 이끌려서는 안 된다. (중략) "어휘는……간단히 가장 미묘한 문법이고……대상들이 더욱더 특정적이 되면 될수록, 문법 구조의 선택보다는 더욱더 어휘 항목의 선택에 의해 실현되는 경향이 있다"(Halliday, 1978: 43). 문법 모형이 섬세해질수록 문법과 어휘 사이에 존재하는 이 의존 관계를 무시하는 일은 더욱더 어렵게 된다(Batstone, 1999/김지홍 역, 2003: 22).

단어에 대한 지식은 형태적 구조와 통사적 기능에 관한 것까지를 포괄한다(Nation, 1990).

L2 Testing에서 문법시험과 어휘시험은 근본적으로 변별적 언어 지식의 양상을 보여 주지 못했다(Arnard, 1992, 강현화, 2006: 501에서 재인용).

뱃스톤(Batstone, 1999; 김지홍 역, 2003: 21)에서는 수동태를 문법 체계로 설명할 경우 'He was fonded of by Jane.'과 같은 문장이 성립될 수 없는 이유까지 설명하기는 어렵다(Newmeyer, 1983: 9)는 문제 제기를 하면서 문법과 어휘의 상호 의존적 관계를 강조하였다. 즉, 실제 문장 사례들을 규칙으로 설명하려면 많은 예외들을 허용할 수밖에 없다는 것이다. 이는 문법과 어휘의 관계가 상호의존적이고 대다수의 경우 문법적인 규칙성과 수용 가능성이 낱말에 의해 제약되고 조건화되기 때문이라고 한다.

한국어에서도 피동사를 형성하는 주요 기제로서의 파생 접사의 결합 양상은 어휘·문법의 통합적 접근 관점에서 교수·학습되어야 할 필요성이 있다. 즉, 뱃스톤의 지적대로 한국어 피동사도 그것을 형성하는 파생 접사의 결합은 정해진 규칙으로만 설명되지 않는다. 이 때문에 '안다'의 피동사는 '안기다'이고, '듣다'의 피동사는 '듣기다'가 아닌 '들리다'인 사실은 낱말 교육 차원에서 접근하여 교수·학습시키는 것이 효과적이다. 물론 이것이 피동 표현을 습득하기 위해서는 개별 피동사를 모두 기계적으로 암기해야 한다는 것을 주장하는 것은 아니다. 한국어에서 파생 접사에 의한 피동사 형성은 피동 표현 실현의 중요한 기제가 되고, 그 양상은 새로운 단어 생성 차원 및 통사적 규칙 차원에서 분명히 이해시킬 필요가 있다. 따라서 피동사는 개별 어휘 교육 차원에서도 교수·학습이 필요하지만 통사적 차원의 문법 교육 측면에서도 교육이 필요하다. 또한 개별 어휘 차원의 교육은 단순한 암기 차원이 아닌 단어(피동사) 생성의 원리 습득을 통한 분석적 이해와 확장적 생산 차원의 어휘 교육이어야 할 것이다. 이와 같은 맥락에서 '접사' 단위에 대한 어휘 교육 내용과 방법론이 보다 적극적으로 활용되어야 할 것이다.

• 새로운 어휘를 교육하는 효과적이고 다양한 방안이 주제, 의미, 형태를 고려하여 적극적으로 모색되어야 한다

어휘 선정에 대한 큰 틀이 정해지고 나면, 이를 제시하는 방법에 대한 숙고가 필요하다. 이때 어휘의 조직화 및 기능화에 대한 개념이 주제, 의미, 형태 범주를 고려하여 반영되어야 할 것이다.

주제에 따른 어휘 제시는 그 안에서 고빈도와 유용성이 높은 어휘를 다시 고려해야 한다는 문제점(McCarthy, 1999/김지홍 역, 2003: 140)이 지적되고 있으나 가장 흔하게 고려되는 범주화 방식의 하나이다. 다수의 교재가 주제 중심으로 단원 구성이 이루어짐에 따라 어휘도 단원별 주제에 따라 범주화되는 경향을 보인다. 한국어 교재 구성 시에도 주제 범주에 기반한 어휘 제시가 보편적으로 활용되고 있다.

의미 범주에 따른 어휘 조직화 방식으로는 어휘 간 의미 관계와 성분 분석을 고려한 방안을 생각해 볼 수 있다. 전자의 경우는 해당 낱말을 유의

관계, 상하 관계, 다의 관계, 동음 관계, 연어 관계 등의 체계적 집합 안에서 어휘를 조직화하여 제시하는 경우이다. 후자의 경우는 해당 낱말이 소속 집합 안에서 공유되거나 공유되지 않는 특성들을 일별하여 나타내는 것이다. 문금현(2005)에서 실시한 조사 결과[9]에 따르면, 교재에서 다루고 있는 어휘 교육 내용은 '연어 관계, 관용 관계, 의미장, 속담'의 순으로 많았다. 교재에는 없지만 교사의 재량으로 가장 많이 가르친 내용으로는 '의미장, 반의 관계, 상하 관계, 유의 관계'의 순으로 확인되었다. 이 같은 조사 결과를 토대로 할 때 한국어 교재와 교육 현장에서는 다의 관계, 동음 관계에 따른 어휘 조직화 및 교수 방안이 널리 선호되지 않고 있는 것으로 보인다. 따라서 향후에는 이들 관계 범주를 고려한 어휘 교육 방안이 보다 활발하게 모색될 필요가 있다.

형태 범주에 따른 어휘 조직화 방식은 낱말의 내적인 구조 탐색 결과에 근거하는 방식이다. 매카시(1999/김지홍 역, 2003: 151-154)는 제2언어 학습자들이 모어 화자와 동일한 수준으로 파생어와 합성어 형태를 창조하고 이해할 수 없다는 점을 인정해야 함에도 불구하고, 학습자들은 목표 언어의 낱말 만들기 과정을 경험하고 그 원리를 자각함으로써 상당량의 지식을 얻을 수 있다고 보았다. 특히 어휘 기억 창고 및 인출이 다음과 같은 '이중 등록항목 원리(double-entry principles)'에 바탕을 두고 있다는 점에서 형태 범주에 따른 어휘 조직화 교육의 중요성을 피력한 바 있다.

> 머릿속 어휘의 한 가지 구성요소는 ①이미 만들어져 굳어진 단위로서 저장된 전체적인 파생어 및 전체적인 합성어 낱말들이다. 이와는 달리 다른 한 가지 구성요소는 ②새로운 낱말을 만들어내기 위해 결합하는 일련의 접사들 및 어근들이다.

---

9   한국어 교사 35명을 대상으로 그들이 가르치고 있는 교재 내 어휘 교육 내용과 교수 내용을 조사한 결과이다.

데카리코(2001: 289)에 따르면, 새로운 어휘는 개별이 아닌 어군(word family)의 형태로 제시하고 가르침으로써 어휘 수를 최대로 확장하는 것이 필요하다. 그는 이와 관련하여 특정 텍스트에서 단어들 간의 관계를 자연스러운 맥락 안에서 볼 수 있도록 강조 처리하는 방식을 제안한 바 있다. 가령 다음 텍스트에서 'conductor, to conduct, conduct'가 강조 처리되는 경우이다.

A *conductor* of an orchestra must spend years studying music and must also lear how *to conduct* other musicians so they can play together. The proper *conduct* of each musician will contribute to the success of the performance.

앞서 지적한 바와 같이, 그간의 한국어 어휘 교육에서는 특히 낱말의 내적 구조 방식에 따라 어휘를 조직화하여 제시하는 방안이 적극적으로 구안되지 못하였다. 이에 따라 형태 범주에 근거한 어휘 연습 및 활동 방안도 다양한 방식으로 제공되지 못하였다. 형태 범주를 고려한 다양한 유형의 교수·학습 방법이 강구되어야 할 것이다.

이상에서 살펴본 바와 같이 한국어 어휘 교육에 대한 본격적인 연구가 활성화되면서 어휘 교육의 내용과 방법, 평가 등의 실제적인 영역에서 여러 가지 변화와 발전이 있었다. 첫째, 국내외에 적용할 수 있는 표준 교육 모형 개발의 일환으로 어휘 교육과정 개발이 이루어졌다. 둘째, 이에 근거한 교육용 어휘 항목 선정 및 위계화 작업이 이루어졌다. 셋째, 단일 형태의 어휘 항목 수준을 넘어 복합 단위의 어휘 연쇄가 어휘 항목 목록에 포괄되어 체계적으로 다뤄지게 되었다. 넷째, 실질적인 어휘 교육 실행 차원에서 단어 형성 원리, 어종, 변이, 의미 관계를 고려한 어휘 교육 내용 및 방법론이 단

계적으로 마련되어 제공되고 있다.[10]

　지금까지의 연구 성과를 수렴하고 더욱 발전적으로 확산시키기 위해서는, 어휘 사용 빈도, 범위, 포괄성, 학습 용이성, 활용성 등과 같은 어휘 항목 선정 및 위계화를 위한 세부 기준 확립과 적용을 위한 한국어 어휘 교육용 말뭉치 구축, 계량 및 분석 작업이 보다 체계적으로 선행되어야 할 것이다.

10　주요 연구 성과 중 하나로 국립국어원(2012)에서 진행한 『한국어 어휘 교육 내용 개발(1단계)』 연구 결과물을 참고할 수 있다.

1. 한국어 단어 형성 원리를 이용한 어휘 교육 교수·학습 방안을 논의해 보자.

2. 어휘 교육 방법의 두 가지, 즉 명시적/외현적 어휘 교육과 암시적/내재적 어휘 교육 방법을 설명해 보자. 각각의 어휘 교육이 지닌 장단점을 비교하면서 그 특징을 찾아보자.

3. 데카리코(2001)에 의하면, 새로운 어휘를 제시할 때 개별이 아닌 어군(word family)의 형태로 제시하고 가르치는 것이 유용하다. 이러한 원리가 적용된 한국어 어휘 교수 방안을 고안하여 보자.

어휘 교육의 지평 확대

05

1

어휘를 통한 정의적 텍스트 생산 전략

1. 어휘와 텍스트

어휘(語彙, vocabulary)는 어떤 일정한 범위 안에서 쓰이고 있는 단어의 총체를 말한다.

하나의 언어는 그 언어를 구사하는 각 개인이 사용하고 있는 어휘의 총합이라고 할 수 있다. 개인이 생산한 텍스트의 기초 단위가 되는 어휘는 그것을 구사하는 특정 개인이 갖고 있는 사고의 초기 단계가 되기도 한다. 어휘는 이효석 문학에 나타난 어휘, 중세 국어의 어휘, 조선족 방언의 어휘, 법률학의 어휘 등과 같은 용례로 쓰인다.

숙련된 모국어 화자라면 몇 개의 어휘만으로도 하나의 문장을 유추해 낼 수 있으며 심지어는 텍스트까지 생산해 낼 수 있다. 텍스트를 생산하는 과정은 생산자가 갖고 있는 어휘의 총합 중에서 무수한 선택과 배제 그리고 결합의 과정이라고도 할 수 있다.

그런데 텍스트를 구성하고 있는 어휘의 의미 영역들이 대체로 모어 화자들이 일반적으로 갖고 있는 것과 유사하다면 그 텍스트는 독자들의 수용 의지를 감퇴시킨다. 일반적으로 하나의 어휘는 여러 개의 사전적 의미를 갖고 있지만 그것의 문맥적 의미는 텍스트 생산자의 개인적 경험과 관련짓게 되는 경우가 많다. 독자들의 수용 욕구를 지속적으로 유지시키기 위해서는 생산자만이 갖고 있는 독특한 어휘의 의미 영역이 사용되어야 한다.

이를 위해 텍스트 생산자들은 자신만이 갖고 있는 독특한 사고 체계를 동원해야 한다. 텍스트를 구성하기 위해 어휘를 선택, 배제, 결합하는 과정이 곧 사고 과정이기 때문이다. 하지만 중요한 것은 생산자의 독특한 사고력이 그대로 텍스트에 전이되는 것은 아니다. 굳이 아리스토텔레스의 수사학을 거론하지 않더라도 생산자가 하나의 텍스트를 생산하는 과정은 몇 가지 단계를 거치게 되며, 그중에 제일 중요한 단계가 중심 어휘를 발견 혹은 생산해 내는 것임은 널리 알려져 있다.

문학 연구에서 흔히 문체론이라고 지칭하는 분야가 특정 작가의 작품

알아보기 **수사학 기계와 텍스트 생산 전략**

롤랑 바르트(R. Barthes)가 말하고 있는 '수사학 기계'는 흥미롭다. 그는 18세기 백과전서파의 거두인 디드로(Diderot)가 말하는 '긴 양말을 만드는 기계'의 원리를 적용해 '수사학 기계'를 설명하고 있다. 디드로의 '양말 기계'는 입구에 직물이라는 재료를 집어넣으면 출구로 긴 양말이 나오게 되어 있다. 마찬가지로 바르트가 말하는 '수사학 기계'는 시작이 '추론의 가공되지 않은 재료'들이라면 마지막에 발견되는 것은 완전하고 구조화된, 설득을 위해 완전히 무장된 '하나의 담론'이라고 한다(자세한 내용은 이종오, 2006을 참조할 것).

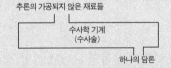

이를 어휘와 텍스트의 관계에 적용하여 본다면, 수사학 기계는 가공되지 않은 '어휘'를 정련된 '텍스트'로 생산해 내는 '생산 전략'이라고 할 수 있을 것이다.

구성하고 있는 특징적인 어휘나 통사적 구조에 주된 관심을 갖고 있는 것도 이와 무관하지 않다. '문체는 곧 그 작가이다.'라는 말도 있듯이 작가가 구사하고 있는 문체는 곧 그 작가의 사고의 산물이며, 이는 작품에 구사된 어휘를 통해서 그 실체를 파악할 수 있게 된다.

어느 비평가가 근대적 글쓰기의 양상을 '신체'와 '문체'로 양분하고 '신체'는 사유와 행위의 동인, 즉 문학적 주체의 위치에 놓이고, '문체'는 그 주체가 드러나는 방식, 즉 문학적 행위의 결과물의 위치에 놓인다고 말한 것도 이런 이유 때문일 것이다(오형엽, 2001: 5). 이런 관점에서라면, '문체'는 시인과 소설가가 세계에 빌려준 몸을 다시 말에 빌려주는 데서 생겨나므로 비평가는 시인과 소설가가 남긴 말의 미세한 무늬, 즉 문체를 추적함으로써 그 비밀스런 몸의 자세를 엿볼 밖에 없다고 하면서 문체를 통하지 않고는 신체에 도달할 수 없다고 단정지을 수 있는 것이다(오형엽, 2001: 8).

따라서 텍스트를 생산해 내기 위해서는 생산자의 사고 체계에 기반하고 있는 어휘의 독특한 의미 사용을 이끌어 내는 전략이 필요하다. 이런 측면에서 여기에서는 텍스트를 구성하고 있는 어휘를 통해서 텍스트의 내적 소통과 외적 소통을 가능하게 하는 요소가 무엇인지 살펴보고, 어휘를 통해서 정의적 텍스트를 생산하는 전략의 구체적인 양상에 대해 살펴보기로 하자.

2. 어휘를 통한 텍스트 내적 소통과 외적 소통

〈장면 1〉은 모 정당의 여성 국회의원이 한담을 하면서 나누었다고 해서 관심을 모았던 사투리 개그이다. 시골에서 버스를 기다리던 할머니와 옆에 있던 미국인이 나눈 얘기를 활용한 유머이다. 할머니의 사투리를 영어로 들은 미국인과, 미국인의 영어를 사투리로 들은 할머니의 엉뚱한 단답식 대화가 웃음을 자아내게 한다.

● 장면 1

	남자와 할머니의 외적 소통	남자의 내적 소통	할머니의 내적 소통
경상도 할머니	"왔데이."	What day?	왔다.
남자(미국인)	"먼데이."	Monday.	무엇이 왔습니까?
경상도 할머니	"버스데이."	Birthday.	버스(Bus)가 왔다.
남자(미국인)	"해피버스데이."	Happy birthday!	해피 버스군요.
경상도 할머니	"마을버스데이."	마을 birthday	마을 버스다.

● 장면 2

[문제] 다음 지문의 밑줄 친 부분에 들어갈 말로 적당한 것은?

병수: 여보세요? 거기 만리장성이죠?

경호: 네? 아닌데요. 전화 몇 번 거셨어요?

병수: 어, 거기 중국집 아니에요?

경호: 아뇨. _____.

병수: 앗! 죄송합니다.

(가) 한국집인데요. (나) 방석집인데요.
(다) 과부집인데요. (라) 가정집인데요.

〈장면 2〉는 토킥(TOKIC, Test of Korean for International Communica-tion) 혹은 톡플(TOKFL, Test of Korean as a Foreign Language)이라고 하여 90년대 후반 이후 몇 해 동안 선풍적인 인기를 모았던 유머로서, 간단히 설명하자면 외국인들이 보는 한국어 시험이라고 할 수 있다. 90년대 초 문민정부 집권 이후 한동안 세계화가 화두로 떠올랐을 때 외국어, 그중에서도 영어에 대한 한국인들의 심리적 부담감의 산물이라고 할 수 있다. 늦은 밤

졸린 눈을 비비며 시험교재를 뒤적이던 학생들이나 직장인들이 한 번쯤 빠져 봤음직한 통쾌한 공상이다. '우리나라가 세계 초강대국이 되면 영어 공부할 필요가 없겠지? 대신 코쟁이들이 한국어 시험 준비하느라 끙끙댈 테고.' 이러한 공상이 급기야 이런 유머를 낳았던 것이다. 단순한 유머이지만 '이런 날이 왔으면' 하는 네티즌들의 비원(悲願)이 담겨 있다. 실제로 최근에 한국어교육의 보급 현황을 보면 이런 비원이 현실로 구체화되었다고 해도 과언이 아닐 것이다.

그런데 〈장면 1〉에서는 경상도 할머니와 남자(미국인)는 대화를 나누고 있지만 의사소통은 이루어지지 않고 있다. 두 사람이 사용하는 어휘가 다르기 때문이다. '-데이'를 '다.'라는 종결어미 대신 사용하는 경상도식 방언과 'day'라는 영어가 충돌하고 있고, 또한 '버스'에서 'bus'와 'birth'의 발음상의 차이가 충돌하고 있는 것이다.

하지만 〈장면 1〉의 텍스트 생산자(여성 국회의원)와 텍스트 독자(한담 참가자) 사이에서는 의사소통이 이루어지고 있다. 텍스트 생산자는 경상도 할머니와 미국인 남자가 서로 상대가 사용하고 있는 어휘를 제대로 파악하고 있지 않으면서도 의사소통을 진전시킴으로서 발생하는 상황을 전달하고 있고, 텍스트 독자는 두 사람이 사용하고 있는 어휘가 일으키고 있는 충돌을 보면서 유머를 읽어내는 것이다.

〈장면 2〉는 텍스트 내적 소통이 원활하게 이루어지고 있다. 병수와 경호는 '중국집'이라는 어휘가 중국인이 사는 집이 아니라 '중국음식을 파는 식당'이라는 의미를 정확하게 파악하고 있어 의사소통이 제대로 이루어지고 있다. 그런데 텍스트 외적인 측면에서는 일상적으로는 (라)를 정답으로 선택하겠지만¹ 오답으로 제시한 것이 유머를 유발한다. (가)는 '중국집'을

1 　텍스트상으로만 보면, 네 개의 선지가 모두 정답이 될 수 있다.

'중국인이 사는 집'이라고 어휘의 표면적 의미로 파악한 외국인들이 선택할 가능성을 생각하고 유머를 유발하고, (나)와 (다)는 '방석집'[2]과 '과부집'이라는 어휘가 갖고 있는 텍스트 의외성 때문에 유머를 유발한다. 다시 말해 '-집'이라는 접미사로 쓰이는 어휘의 용례를 잘 파악하고 있는 한국어 모어 화자들에게는 답지의 의외성으로 인해 유머를 파악할 수 있게 되는 것이다. 즉 〈장면 2〉는 텍스트 내적인 면뿐만 아니라 텍스트 외적인 면에서도 의사소통이 이루어지고 있는 것이다.

이 자리에서 〈장면 1〉과 〈장면 2〉를 통해서 주목하고자 하는 점은 두 가지이다. 하나는 텍스트의 소통은 텍스트 내적인 소통 여부와 관계없이 텍스트 외적인 소통이 이루어지면 가능하다는 점이며, 다른 하나는 텍스트의 존재 가치성(여기서는 유머)은 어휘가 갖고 있는 의미 영역의 충돌 혹은 확장에 의해서 이루어진다는 점이다.[3]

따라서 소통이 이루어지기 위한 텍스트 생산은 궁극적으로 주어진 어휘가 갖고 있는 의미 영역에만 국한되는 것이 아니라 어휘의 의미 영역을 좀 더 적극적으로 충돌하거나 확장하는 등의 생산 전략이 필요하다고 할 것이다.

이런 속성을 잘 보여주는 것이 문학에서의 '낯설게 하기(Ostranenie)'이다. '낯설게 하기'는 문학의 본질적 속성을 가장 특징적으로 드러내는 것으로 텍스트 생산 과정에서 어휘의 의미적 의외성을 가장 요약적으로 보여주는 장치이다. 이것은 시와 소설 등 문학의 장르별로 각기 다른 방식으로

---

2   참고로 사전에는 "방석이 깔려 있는 집이라는 뜻으로, '요정4'(料亭)을 달리 이르는 말"로 풀이하고 있다.

3   〈장면 1〉에서는 영어와 경상도 사투리 사이에 존재하는 동음이의어 사이의 충돌, 〈장면 2〉에서는 '-집'이라는 접미사가 갖고 있는 의미 영역의 확장에 의해서 유머 텍스트로서의 가치를 갖고 있다.

나타난다. 시에서는 일상적인 언어의 의미 영역을 벗어나는 시어에 의해, 소설에서는 사건의 전개에 대한 기대치의 위반으로 나타난다. 즉 시에서는 일상 언어에서는 나타나지 않는 운율, 비유, 역설 등을 사용하여 일상 언어와 다른 결합 규칙을 드러내며, 소설에서는 사건을 있는 그대로 제시하는 것이 아니라 시간의 순서를 의도적으로 비틀거나 인과 관계를 왜곡함으로써 독자의 흥미를 유발시킨다.

　이렇듯 어휘의 의외성은 생산자와 수용자 간의 의미 충돌을 야기하여 텍스트의 독창성을 담보하게 된다. 어휘의 의미적 의외성은 텍스트 수용자만이 아니라 텍스트 생산자에게도 일상적 언어 생활에서는 낯선 것이다. 텍스트 생산자와 텍스트 수용자의 일상적 언어 생활에서 사용하는 어휘의 의미 범주가 크게 다르지 않기 때문이다. 그래서 의미적 의외성을 이끌어내기 위해서는 일정한 사고 전략을 필요로 한다.

3. 발산적/수렴적 사고와 어휘 생산 전략

정의적 텍스트란 텍스트 생산자의 정의적 성향을 담아내는 텍스트로서 정서 표현을 위한 텍스트를 말한다. 텍스트의 존재 가치가 독자의 수용 여부라고 한다면 인지적 텍스트는 수용자의 인지적 욕구와 호기심을 만족시킬 때 지속적인 수용 작용이 일어난다. 반면에 정의적 텍스트는 수용자의 정서적 감응과 동정심을 만족시킬 때 지속적으로 수용된다. 따라서 인지적 텍스트 생산 전략에서 요구되는 것은 합리성과 유창성이라고 한다면, 정의적 텍스트 생산 전략에서 요구되는 것은 독창성과 흥미성이라고 할 수 있다. 정의적 텍스트는 인지적 텍스트에 비해 독자에게 수용의 강제성을 특별히 요구하지 않는다. 따라서 독자의 관심을 지속적으로 붙잡아 두기 위해서는 독창성과 함께 흥미성을 갖고 있어야 한다.

그런데 정의적 텍스트에서 사용하는 어휘가 단순히 주어진 의미 영역에서만 구사된다면 독창성과 흥미성이 현격히 떨어지게 되고 독자들의 수용 욕구도 현저히 감소하게 된다.[4] 정의적 텍스트의 독자들의 수용 욕구를 지속적으로 자극하기 위해서는 수용자가 일상적으로 사용하는 어휘의 의미 영역을 벗어나는 것이 필요하다. 이러기 위해서는 생산자의 일상적인 어휘의 의미 영역을 벗어나는 어휘를 생산해 내야 한다. 이러한 어휘를 환기시킬 때 유효한 것은 발산적 사고이다. 길포드(Guilford)가 제안한 확산적 사고(divergent thinking)는 이전에 없던 것 또는 알려지지 않았던 것을 새롭게 생각해 내는 사고 능력을 말한다(현종익·이학춘, 2002). 어떤 문제에 직면했을 때 가능한 한 여러 가지 해결 방법을 떠올리는 사고이다. 발산적 사고는 자신에게 잠재되어 있는 여러 가지 해결 방안[5]을 자유롭게 제시한다. 발산적 사고에서는 일상적이며 예측 가능한 해결책뿐만이 아니라 생산자의 오랜 기억 속에 잠재되어 있는 것까지 환기할 수 있어야 한다.

인간의 기억은 저장 기간에 따라 수초 동안만 기억되는 단기기억(短期記憶, short-term memory), 며칠 정도 지속되는 최신기억, 수개월에서 길게는 평생 동안 지속되는 장기기억(長期記憶, long-term memory) 등으로 세분된다. 그런데 단기기억이더라도 서로 관련이 있는 개별 정보를 조직화하여 기억하거나, 기억할 때와 저장할 때의 상황이 서로 비슷하거나, 반복적이고 지속적으로 학습할 때 등 장기기억으로 저장될 가능성이 더 많다(조원호, 2005; 신종호 외, 2006 참조). 따라서 장기기억 속의 어휘들은 저장될 당시

---

4 중등학교 백일장에서 제출되는 텍스트나 학교 교지에 수록된 텍스트들의 내용이나 주제가 천편일률적인 것을 고려해 본다면 쉽게 알 수 있다.

5 여기서 논의하고 있는 텍스트 생산의 경우라면 어휘뿐만 아니라 단락, 구성 등 텍스트와 관련된 모든 전략을 말한다.

의 상황과 깊이 관련되어 있으므로 이런 어휘들을 환기하면 생산자의 개별적 경험이 제시되게 된다. 즉 독특하면서도 창의적인 텍스트는 생산자의 장기기억에 잠재되어 있는 어휘[6]를 환기시킴으로써 가능하게 된다.

그런데 발산적 사고에 의해 환기된 여러 방안들이 그대로 문제 해결책이 되는 것은 아니다. 이런 방안들은 문제 상황에 맞게 조직화되고 정련화되어야 구체적인 해결책이 될 수 있다. 발산적 사고에 의해 옥과 돌이 섞인

[그림 1] 발산적 사고와 수렴적 사고의 관계

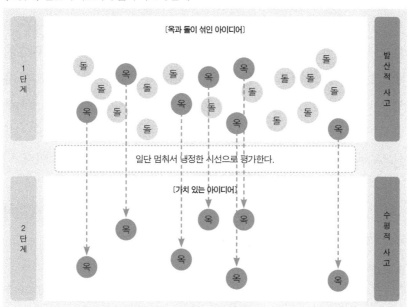

6   심근경색증이나 뇌졸중으로 심장이 마비되어서 혼수 상태에 빠졌다가 저체온 요법으로 의식이 회복한 환자를 조사해 본 결과 흥미로운 현상이 발견되었다는 의학계의 보고는 주목할 만하다. 오랜 기간 동안 의식을 잃었다가 의식을 회복한 환자들에게 현재 대통령이 누구냐고 물으면 처음에는 '전두환'이라고 했다가 시간이 지나면서 '노태우', '김영삼', '김대중' 식으로 대답한다는 것이다. 이 같은 현상은 뇌 손상을 입으면 최근 기억을 만들고 활용하는 뇌의 '해마' 부위가 먼저 손상되기 때문이라고 한다. 오래된 기억이 저장되는 뇌 부위는 늦게 파괴되는 경향이 있어 과거 기억부터 재생된다는 것이다. 조선일보, 2010. 12. 17. 참조.

아이디어가 창출되지만 이 중에서 돌을 버리고 옥을 가려내는 단계가 있어야 하는 것이다((그림 1)). 수렴적 사고(convergent thinking)는 발산적 사고에 의해 제시된 여러 대안 가운데 문제 상황에 맞게 가장 효과적인 대안을 선택하는 과정이다(산업능률대학종합연구소, 2008: 91).

4. 어휘 연결망을 통한 정의적 텍스트 생산 전략

정서 표현을 위한 정의적 텍스트 생산 전략은 생산자의 '정서나 독특한 체험, 그리고 기발함'이 담아내는 것이 중요하다. 이 전략은 주어진 어휘를 바탕으로 하여 발산적 사고를 통해 이와 유사한 의미 영역에 있는 어휘 중 유사한 것과 상이한 것을 찾아내고, 또한 텍스트 생산자만이 갖고 있는 독특한 의미 영역의 어휘(무관 연상)를 찾아내는 사고 활동을 단계적으로 시행함으로써 일정한 의미 영역을 갖고 있는 텍스트를 생산해내는 것이다. 이 전략은 다음과 같은 몇 개의 단계로 이루어진다.[7]

먼저 바탕어[8]를 선정한다. 바탕어는 발산적 사고의 시초가 되는 어휘이다. 대체로 백일장이나 교실에서의 글쓰기 상황에서 주제어가 된다.

① 단계 1: 바탕어(주제어)를 중심에 두고, 유사연상과 상이연상, 무관연상에 해당하

---

7   정의적 텍스트 생산 전략을 구사할 때에는 여럿이 함께 조별로 활동하게 해보면 독창성이나 흥미성이 줄어드는 경향이 있다. 여러 사람이 가진 다양한 생각을 하나로 모아야 하기 때문에 여러 생각들을 조율하고 가다듬는 과정에서 다수가 만족하는 보편적인 의견이 채택되기 때문이다. 따라서 정의적 텍스트 생산 전략은 조별 활동보다는 개별 활동이 더 효과적이다.

8   자유연상법(free association)에서는 어떤 말을 주고 곧 생각나는 말을 반응시키는 방법으로 처음에 주는 말을 자극어(刺戟語), 연상한 말을 반응어(反應語)라고 한다. 여기서는 자유연상의 목적인 텍스트 생산이므로 바탕어 혹은 주제어라고 명명한다.

는 어휘를 하나씩 찾아서 연결한다.

유사연상은 바탕어와 비슷한 느낌이나 이미지를 주는 단어를 연상하는 것이며, 상이연상은 바탕어와 반대의 느낌이나 이미지를 주는 단어를 연상하는 것이다. 그리고 무관연상은 자기에게만 생각나는 느낌이나 이미지를 가진 단어를 연상하는 것이다. 대체로 무관 연상에 의해 생산되는 어휘는 생산자의 장기기억에 저장되어 있거나 개별적 체험과 관련된 어휘들이다. 예컨대 하나의 어휘는 여러 개의 다의적 의미를 갖기도 하며, 또한 동음이의어로 쓰이기도 한다. '바람1'은 '기압의 변화 또는 사람이나 기계에 의하여 일어나는 공기의 움직임'이라는 의미를 갖고 있으며, '바람2'는 '어떤 일이 이루어지기를 기다리는 간절한 마음'이라는 의미를 갖고 있다. 그래서 바탕어 '하늘'이 주어졌을 때 '하늘 → 바람 → 공기 → 비'로 연상하는 것은 '바람1'을 사용한 것으로 수용자의 1차적 수용 범위 내에 해당하는 것이다. 왜냐하면 '하늘'과 '바람1'은 인접어 의미이기 때문이다. 그런데 '하늘 → 바람 → 야망 → 좌절'로 연상한 것은 '바람2'를 사용한 것으로서 수용자의 1차적 수용 범위를 넘어서는 것이다. 여기에서 '하늘'과 '바람1'은 유사 연상이 되지만, '바람2'는 다의어로서 무관 연상이 된다.

② 단계 2: 바탕어와 동일한 문장 성분에 해당하는 2개, 상이한 성분 1개를 제시한다.
대체로 자유연상의 바탕어는 체언으로 제시되는 경우가 많다. 그런데 연상 과정에서 용언을 추가하면 텍스트의 범위가 더 확대될 수 있게 된다. 위의 예시에서 '하늘 → 바람 → 들다 → 파경'으로 연상하는 것은 '바람'의 다의적 의미, '몰래 다른 이성과 관계를 가짐'이라는 의미를 환기하게 되는 것이다.

③ 단계 3: 바탕어를 중심으로 동심원을 그리듯이 4~5 단계의 연결망을 형성한다.
바탕어에서 1차적으로 연상된 세 개의 어휘를 중심으로 4~5 단계에 걸쳐

연상어를 찾아낸다. 그런 다음 어휘 묶음(크로스터)이 큰 것을 이루는 어휘 연결축을 중심으로 중심 화제로 삼는다.생산된 어휘는 수용자들의 수용 범위 내에서 사용되는 어휘가 있는가 하면 생산자의 개인적 경험이 바탕이 되는 어휘가 있다. 이런 어휘와 연결되는 어휘 묶음은 텍스트의 생산 유발 효과가 뛰어나게 되며, 따라서 어휘 연결축의 묶음이 커지게 된다. 이러한 어휘 묶음을 구성하고 있는 어휘를 바탕으로 중심 화제를 삼게 되면 기발하고 독특한 텍스트를 형성하여 글의 핵심이 될 가능성이 높다.

다음의 [그림 2]는 이상의 단계를 거쳐서 생산된 어휘 연결망의 사례이다.

[그림 2] 바탕어 '하늘'을 중심으로 한 어휘의 연결망

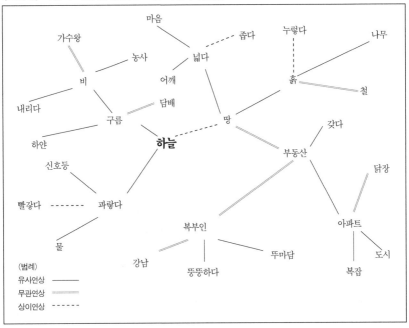

지금까지 발산적 사고를 통해 생산된 어휘군(단계 3)을 토대로 하나의 정련된 텍스트를 생산하기 위해서는 수렴적 사고를 동원해야 한다. 단계 3까지 형성된 어휘 연결망은 텍스트를 형성하는 기초적인 자료가 된다.

④ 단계 4: 어휘 묶음군의 중심부 어휘(바탕어)를 핵심 소재로 삼고 주변부의 어휘를 서술부로 사용한다.

인간의 연상 작용은 대체로 추상적인 것에서 점차 구체적인 것으로 진행된다. 이런 이유로 어휘 묶음군의 중심부 어휘는 추상적이며 주변부의 어휘는 구체적인 경우로 나타나게 된다. 따라서 중심부 어휘를 핵심 소재로 삼고 주변주의 어휘를 서술부로 삼게 되면 구체적인 진술이 된다. 예컨대 '낙엽 → 바스락거리다 → 포테토칩'의 경우, '포테토칩을 먹을 때는 낙엽 밟는 소리가 난다.'보다는 '낙엽 밟는 소리가 포테토칩 씹는 소리 같다.'와 같이 표현했을 때 창의적인 텍스트가 될 가능성이 크다.

⑤ 단계 5: 어휘를 연결하여 텍스트를 생산할 때는 반드시 뒷부분에서 중심부로 돌아와야 한다.

중심부에서 주변부로 뻗어 나간 가지가 마지막에는 중심부의 바탕어와 연결되어야 일관된 주제의 글이 나올 수 있고, 독자의 호기심을 계속 유발할 수 있다. 그렇지 않으면 주제와 동떨어진 내용의 텍스트가 될 수 있다.

이상의 전략을 바탕으로 하여 텍스트 생산 전략을 살펴보자. 다음에 제시된 전략은 바탕어 '하늘'(〔그림 2〕)에 의해 생산된 주제문이다.

(가) '하늘 → 땅 → 부동산 → 복부인'

(가)-1 집 앞에 있는 '하늘' '부동산'에는 늘 뚱뚱한 '복부인'들로 북적인다. '땅'만 중히 여기고 사람을 중히 여기지 못하는 그들은 '하늘'이 무서운 줄 모른다.

(나) '하늘 → 구름 → 비 → 가수왕'

(나)-1 '하늘'을 봐야 '구름'을 볼 수 있듯이 '비'를 보면 '가수왕'이 누구인지를 알 수 있다. 비는 '하늘'이 우리에게 내린 가장 큰 선물이다.

(다) '하늘 → 땅 → 흙 → 나무'

(다)-1 '하늘'은 위에 있고 '땅'은 아래에 있다. '흙'에 뿌리를 두고 나무들은 하늘을 향해 꿋꿋이 자란다.

(가)는 '하늘'이라는 바탕어를 중심으로 '땅 → 부동산 → 복부인'이라는 연계어로서 주제문을 생산한 것이다. (가)-1은 이를 주제문으로 생산해 낸 것이다. 일반적으로 하늘을 '천(天)'이라는 의미역을 많이 사용하고 있으나, 여기서는 하늘을 하나의 고유명사로 간주하고 있다. 일반적인 수용 범위를 넘어서는 표현으로서 수용자의 흥미를 이끌어 낼 수 있다.

(나)에서도 '하늘 → 구름 → 비'까지는 일반적인 수용 범위 내의 의미를 사용하고 있는데 '비 → 가수왕'으로 연상되는 순간, 가수 '비'라는 인물을 떠올려 고유명사로 사용하고 있다. 즉 동음 이의어에 의한 상이연상을 하고 있는 것이다. 이러한 상이연상이 개입되면 텍스트는 생산자만의 독특하고 개성적인 내용이 된다.

(다)는 대체로 무난한 연상 작용으로 이루어져 있다. 무관연상이 배제된 연결고리에서는 흥미로운 내용이 생산되기 어렵다. 이처럼 발산적 사고에 의해 생산된 어휘 연결망을 통해서 주제문을 작성할 수 있다.

다음은 이상과 같은 전략에 의한 텍스트 생산의 예이다.[9] 주제어 '낙엽'
을 바탕으로 발산적 사고를 통한 자유연상도와 이를 기반으로 하여 텍스트
를 생산하는 과정에 대해 살펴보자. 〔그림 3〕은 주제어 '낙엽'을 바탕으로
작성한 자유연상도이다.

바탕어 '낙엽'을 중심으로 하여 1차적으로 '봄', '커피', '연기가 피어오
르다'를 연상하였고, 다시 3~5단계에 걸쳐서 어휘 연결망을 구축하였다.

(라)는 〔그림 3〕 중에서 '낙엽 – 커피 – 가루 – 흩어지다 – 친구'를 연계
어로서 생산한 주제문이다. 대략 200자 정도로 생산된 텍스트이다.

〔그림 3〕 바탕어 '낙엽'을 중심으로 한 텍스트 생산 연상도

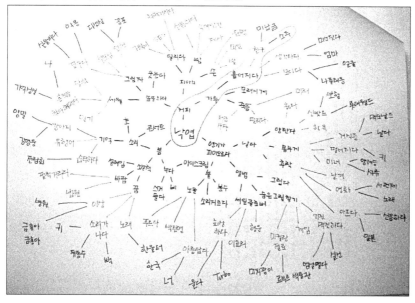

9   이것은 2010년 7월 초 경기도 소재 모 대학의 국문과 학생들에게 텍스트 생산 전략을 학습한
     후, 모듬별로 생산해 낸 텍스트의 한 예이다.

(라) 1차 텍스트 생산(200자)

"아침 일찍 길을 가다 낙엽 태우는 냄새를 맡았다. 진한 커피 가루 향이 공기 중에 섞여 있다. 시간도 저렇게 태워버릴 수 있을까? 모래 가루가 되어 산산이 부서져 흩날리다 이내 사라지도록…. 한참을 생각하며 시간을 태웠다. 모래 가루가 되어 흩날린다. 내 뒤엔 그 가루가 다시 소복이 쌓여 있다. 불현듯 예전의 친구가 낙엽과 함께 떠오른다."

(마)는 이를 토대로 다시 700자 정도의 텍스트를 생산한 것이다.

(마) 2차 텍스트 생산(700자)

아침 일찍 길을 가다 낙엽 태우는 냄새를 맡았다. 진한 커피 가루 향이 공기 중에 섞여 있다. 어디선가 맡아 봤음직한 이 내음. 흩날리는 낙엽 가루들이 내 마음을 한 순간 정지시킨다. 시간도 저렇게 태워버릴 수 있을까? 모래 가루가 되어 산산히 부서져 흩날리다 이내 사라지도록…한참을 생각하며 시간을 태웠다. 소리가 난다. 그 소리를 들으면서 머리 속에서도 달그락 소리가 난다. 내가 생각하는 것은 무엇인가? 그 무엇들이 하나 둘 바람을 타고 모래 가루가 되어 흩날린다. 내 뒤엔 그 가루가 다시 소복이 쌓여 있다. 양 옆을 돌아보니 어느새 내 어깨에도 옛날을 생각하게 하는 흔적들이 쌓여 있었다. 왜 난 이제야 그것을 보게 되었는가? 시간에 치여서 일에 눌려서 잊고 살아온 친구들. 그놈들 잘 있겠지? 너희들과 만나 운동장에서 땀을 흘리며 뛰어 다닌 게 나의 큰 즐거움이었는데 이젠 앨범에서나 우리의 흔적을 살펴볼 수 있겠구나. 함께 나눠 가졌던 앨범 사이의 낙엽을 보며 커피 한 잔에 웃음 한 모금 지을 수 있겠구나.

이상에서 다룬 발산적 사고(자유연상)를 통한 정의적 텍스트 생산 전략은 새로운 텍스트를 생산하는 것을 최종 목표로 하는 것이다. 주어진 어휘와 관련된 의미 영역에 해당하는 어휘와 자신의 독창적인 의미 영역에서 찾아낸 어휘를 결합하여 독창적이고 흥미 있는 텍스트를 생산해 내는 전략이라고 할 수 있다.

5. 어휘와 텍스트 생산 전략

최근 글쓰기에 대한 사회적 관심이 높아짐에 따라 텍스트 생산 전략에 대한 관심도 높아지고 있다. 그러나 논술이나 논문, 보고서 등과 같은 인지적 텍스트 생산 전략은 '발상, 내용 생성, 조직, 집필, 퇴고' 등과 같은 일련의 과정이 규범화된 바 있다. 그러나 정의적 텍스트의 경우 이에 대한 규범적인 전략이 체계화되지 않는 실정이다. 정의적 텍스트는 개인의 독창성의 발휘가 중요하므로 무엇보다도 생산자의 자유롭고 창의적인 텍스트 생산 능력을 제고해야 한다. 이를 위해서는 단순히 개인의 자유롭고 임의로운 텍스트 생산 능력에만 의지할 것이 아니라 어느 정도 규범화된 텍스트 생산 전략을 마련해야 할 것이다.

이런 면에서 여기서는 정의적 텍스트 또한 어휘의 생산 능력에서 비롯된다고 보고, 이를 단기기억에 저장된 어휘만 아니라 장기기억에 저장된 어휘를 생산해 내는 것이 독창적이고 흥미 있는 텍스트 생산 전략임을 전제로

쉬어가기 **사전(辭典)과 사전(事典), 자전(字典) 그리고 백과사전**

언중이 단어의 의미를 공유하기 위해서는 이를 일정한 순서와 체계로 배열하고 모아서 해설한 책이 필요하다. 사전(辭典)은 단어의 의미·품사·용법·어원·표기법 등을 해설한 책이고, 사전(事典)은 사상(事象)의 체계적 분석·기술에 의한 지식 및 정보를 제공하는 책이다. 그리고 한자(漢字)를 부수와 획수에 따라 배열, 해석한 책은 특히 자전(字典) 또는 옥편(玉篇)이라 한다.

사전(事典) 중에서 역사상 가장 큰 영향을 미친 것은 18세기 계몽사상가들에 의해 편찬된 28권짜리 〈백과전서(百科全書, Encyclopédie)〉이다. 1751

년 파리에서 첫 권이 출판된 서문에는 이 전서의 목적이 단지 지식을 모아 놓은 것이 아니라 사람들 생각을 변화시키는 것이라고 강조하고 있다.

최근 정보 통신의 발달로 인해 '인터넷 백과사전'이 새로운 백과사전 형태로 떠오르고 있다. 18세기 유럽의 지식이 〈백과전서〉를 통해 소통되었다면 21세기의 지식은 인터넷으로 소통되고 있는 것이다. 특히 N사의 '지식 백과'는 전문가 및 공공기관, 학회, 출판사 등과 협업 체계를 구축하여 현재 160여만 개의 표제어를 제공하고 있다.

하여 이를 체계적으로 생산해 낼 수 있는 단계적 전략을 마련하였다. 하지만 어떠한 전략이라도 개인적 관심도나 긍정도에 따라 달라질 수 있음을 부인할 수는 없다. 최소한의 규범을 이루는 전략을 제시함으로써 정의적 텍스트를 생산해 내는 것은 필수불가결한 일이라 하겠다.

1. 텍스트 내적인 소통 여부와 무관하게 텍스트 외적인 소통이 이루어진 담화를 찾아보자. 그리고 이러한 담화가 어떠한 이유로 해서 소통이 이루어지게 되는지에 대해 말해 보자.

2. 다음의 절차에 따라 정의적 텍스트를 생산하여 보자.

    (1) 다음을 바탕어로 하여 어휘 연결망을 작성하여 보자. 이때 유사연상, 무관연상, 상이연상에 해당하는 어휘를 각각 세 개 이상씩 활용하도록 유의한다.

    > 휴대폰, 사랑, 달력, 노래, 커피, 물결, 숙제

    (2) 작성된 어휘 연결망을 토대로 하여 주제문을 작성하여 보자. 이때 어휘 묶음군의 중심부 어휘(바탕어)를 핵심 소재로 삼고 주변부의 어휘를 서술부로 삼도록 함에 유의한다.

    (3) 작성된 주제문을 토대로 하여 500자 내외의 정의적 텍스트를 생산하여 보자.

2

코퍼스 활용과 어휘 교육

1. 들어가며: 코퍼스(Corpus)와 이의 유용성

코퍼스란 '언어로 표현된 것을 모아 둔 것'을 말한다. 흔히 한국어로는 '말뭉치' 또는 '말모둠'으로 번역되어 쓰이기도 한다. 이는 말과 글로 나타난 현상에 대한 일종의 '색인 가능한 텍스트 데이터의 구축'으로 이해하면 된다. 이때 데이터로서 코퍼스는 어떤 한 언어의 현상을 객관적으로 분석할 수 있는 자료를 의미한다.

어떤 유능한 언어학자라도 그들의 관찰은 제한적일 수밖에 없다. 익숙한 습관이 분석과 판단의 기준으로 작용하기 쉽기 때문이다. 그리고 이러한 제한점은 연구 결과의 예측성을 평가절하하는 요소가 된다. 이때에 잘 구축된 코퍼스를 활용하는 것으로 언어/언어 교육에서의 연구가 갖는 자료의 단점을 보완해 줄 수 있다.

코퍼스를 활용하여 연구를 진행하기 위해서는 코퍼스를 다루는 방법과 이론에 대한 연구가 우선되어야 한다. 구축된 자료를 활용하는 방법과 함께 코퍼스에 대해서 연구하는 학문을 코퍼스 언어학(corpus linguistics)이라고 한다.

코퍼스 구축은 1960년대 미국에서 약 100만 어절의 문어로 구축한 브라운 코퍼스(Brown Corpus, 1963~1964)를 시초로 하여, 영국 문어 100만 어절로 구축된 LOB 코퍼스(Lancaster-Oslo/Bregen Corpus, 1970~1978), 영국 구어 50만 어절로 구축된 런던-룬트 코퍼스(London-Lund Corpus, 1975~1988) 등으로 이어진다. 이후 수집 대상의 확대와 수집 방법의 발전으로 코퍼스 구축은 상당한 진전을 보이게 된다. 1990년대 초반 여러 국가의 협업으로 90년대의 다양한 문어를 수집·구축한 국제 언어 코퍼스(International Corpus of English)는 2000만 어절에 달했고 1960년대 이후부터 수집 시점의 현대 영국 영어까지를 대상으로 구축된 BNC 코퍼스(British National Corpus, 1991~1994)는 약 1억 어절에 달하는 방대한 분량이었다. 그리고 현대 미국 영어를 대상으로 구축된 코퍼스인 COCA(Corpus of Contemporary American English, 1990~계속)의 수집량은 약 4억 어절에 달한다.[1]

우리나라에서는 1960년대 이후의 한국어를 대상으로 한 연세 한국어 말뭉치(1987~)가 약 4200만 어절을 대상으로 구축되었고, 1970년대에서 1990년대 한국어를 대상으로 한 고려대학교 한국어 말모둠(1995)이 약 1000만 어절을 대상으로 구축된 바 있다. 국가 주도 사업으로 문화관광부가 국립국어원 및 관련 학계와 더불어 지난 1998년부터 2007년까지 국어 정보화 사업으로 추진해 온 《21세기 세종계획》을 통해서 구축된 코퍼스: 세

---

[1] 최신의 상업용 코퍼스로는 인터넷 검색 업체인 구글(Google)에서 개발한 "Google n-gram corpus"를 들 수 있다. 앤그램(n-gram) 방식이란 입력된 문자열을 n개의 음절 단위로 나누어 계산하는 방식인데, 구글의 코퍼스는 검색 결과를 n-gram viewer로 제공하고 있어서 매우 실용적이다.

종계획 말뭉치가 있다. 이는 언어 정보 문화의 기본 바탕과 자원을 확충하기 위한 〈국어 정보화 중장기 발전 계획〉의 일환으로 수립되어 진행된 연구이다.[2] 이의 연도별 결과물 중에서 코퍼스 수집 내용을 간추려서 살펴보면 다음과 같다.

[표 1] 21세기 세종계획 연도별 코퍼스 수집 결과

1998년 결과물	1999년 결과물
1. 기초 자료 구축 분과 　(1) 현대 국어 말뭉치: 1,650만 어절 　(2) 세종 균형 말뭉치: 1,000만 어절 　(3) 말뭉치 활용 도구 　　① H2B.EXE 　　② H2K.EXE 　　③ WDcount.EXE 　　④ WDC_TEI.EXE 　　⑤ CWORD.EXE 　　⑥ Jamo.EXE 　　⑦ Hsort_H.exe 　　⑧ Correct.EXE 　　⑨ Chk_TEI.exe 　(4) 북한 및 해외 한국어 말뭉치: 135만 어절 　(5) 역사 자료 말뭉치: 70만 어절 　(6) 구비 문학 말뭉치: 100만 어절 　(7) 범용 용례 추출기(글잡이 1.0)	1. 기초 자료 분과 　(1) 현대 국어 기초 말뭉치: 1,600만 어절 　(2) 형태 분석 말뭉치: 150만 어절 　(3) 말뭉치 통합 응용 시스템 　　① 지능형 형태소 분석기 2. 특수 자료 분과 　(1) 구어 전사 자료 말뭉치: 50만 어절 　(2) 한영 병렬 말뭉치: 25만 어절 　(3) 북한 및 해외 한국어 말뭉치: 125만 어절 　(4) 역사 자료 말뭉치: 75만 어절
2000년 결과물	**2001년 결과물**
1. 기초 자료 분과 　(1) 현대 국어 기초 말뭉치: 800만 어절 　(2) 형태 분석 말뭉치: 200만 어절 　(3) 현대 국어 균형 말뭉치 　(4) 말뭉치 통합 응용 시스템 　　① 글잡이 II: 글잡이 II(직접), 글잡이 II(색인) 　　② 지능형 형태소 분석기 　　③ 두글잡이: 병렬 말뭉치 사용 도구	1. 기초 자료 구축 분과 　(1) 현대 국어 기초 말뭉치: 700만 어절 　(2) 분석 말뭉치를 이용한 한국어 형태소 연접 관계 연구 　(3) 구문 태그 부착 말뭉치 구축 도구 개발 　　• 문장 분리기(Sentence Breaker) 　　• 구문 태그 부착기(PTEditor)

2　문화관광부에서는 그 결과를 온라인으로 제공하고 있다. 21세기 세종계획과 관련된 내용은 다음 누리집에서 모두 확인할 수 있다. http://www.sejong.or.kr/

2. 특수 자료 분과

(1) 구어 전사 자료 말뭉치: 50만 어절

(2) 북한 및 해외 한국어 말뭉치: 130만 어절

(3) 언해 및 한글 역사 자료 말뭉치: 100만 어절

(4) 한영 병렬 말뭉치: 75만 어절

2. 특수 자료 분과

(1) 현대 국어 구어 전사 말뭉치: 60만 어절

- 원시 말뭉치: 55만 어절

- 형태소 분석 말뭉치: 5만 어절

(2) 병렬 말뭉치

- 한·영 병렬 말뭉치: 85만 어절

  - 원시 말뭉치: 80만 어절

  - 형태소 분석 말뭉치: 5만 어절

- 한·일 병렬 말뭉치: 13만 어절

(3) 북한 및 해외 한국어 말뭉치: 150만 어절

- 원시 말뭉치: 140만 어절

- 형태소 분석 말뭉치: 10만 어절

(4) 역사 자료 말뭉치: 82만 어절

- 원시 말뭉치: 62만 어절

- 형태소 분석 말뭉치: 20만 어절

(5) 한·영 병렬 말뭉치 용례 검색 시스템 개발

2002년 결과물

1. 기초 자료 구축 분과

 1.1. 현대 국어 말뭉치

(1) 현대 국어 기초 말뭉치: 500만 어절

(2) 형태 분석 말뭉치: 250만 어절

(3) 어휘 의미 분석 말뭉치: 200만 어절

(4) 구문 분석 말뭉치: 3만 어절

 1.2. 국어 연구에서의 말뭉치 활용 방법 연구

 1.3. 반자동 구문 분석 말뭉치 구축 도구의 개발

2. 특수 자료 구축 분과

(1) 현대 국어 구어 전사 말뭉치: 65만 어절

  원시 말뭉치: 40만 어절

  형태 주석 말뭉치: 25만 어절

(2) 한영 병렬 말뭉치: 120만 어절

  원시 말뭉치: 90만 어절

  형태 주석 말뭉치: 30만 어절

(3) 한일 병렬 말뭉치: 18만 어절

  원시 말뭉치: 18만 어절

(4) 북한 및 해외 한국어 말뭉치: 125만 어절

  원시 말뭉치: 100만 어절

  형태 주석 말뭉치: 25만 어절

(5) 역사 자료 말뭉치: 52만 어절

  원시 말뭉치: 20만 어절

  형태 주석 말뭉치: 32만 어절

(6) 한영 병렬 말뭉치 응용 시스템 개발

2003년 결과물

1. 기초 자료 구축 분과

 1.1. 현대 국어 말뭉치

(1) 현대 국어 기초 말뭉치: 500만 어절

(2) 형태 분석 말뭉치: 200만 어절

(3) 형태 의미 분석 말뭉치: 200만 어절

(4) 구문 분석 말뭉치: 12만 어절

 1.2. 구문 분석 말뭉치 종합 관리 도구 개발

2. 특수 자료 구축 분과

(1) 현대 국어 구어 전사 말뭉치: 69만 어절

  원시 말뭉치: 49만 어절

  형태소 분석 말뭉치: 20만 어절

(2) 한영 병렬 말뭉치: 117만 어절

  원시 말뭉치(한·영): 85만 어절

  원시 말뭉치(한·중/한·러/한·불): 15만 어절

  형태소 분석 말뭉치: 17만 어절

(3) 한일 병렬 말뭉치: 29만 어절

  원시 말뭉치: 24만 어절

  형태소 분석 말뭉치: 5만 어절

(4) 북한 및 해외 한국어 말뭉치: 119만 어절

  원시 말뭉치: 80만 어절

  형태소 분석 말뭉치: 39만 어절

(5) 역사 자료 말뭉치: 72만 어절

  원시 말뭉치: 72만 어절

2004년 결과물

1. 기초 자료 구축 분과
   (1) 현대 국어 기초 말뭉치: 500만 어절
   (2) 형태 분석 말뭉치: 200만 어절
   (3) 형태 의미 분석 말뭉치: 250만 어절
   (4) 구문 분석 말뭉치: 20만 어절

2. 특수 자료 구축 분과
   (1) 현대 국어 구어 전사 말뭉치: 57만 어절
      원시 말뭉치: 39만 어절
      형태소 분석 말뭉치: 18만 어절
   (2) 한영 병렬 말뭉치: 67만 어절
      원시 말뭉치(한·영): 48만 어절
      형태소 분석 말뭉치: 19만 어절
   (3) 한일 병렬 말뭉치: 34만 어절
      원시 말뭉치: 22만 어절
      형태소 분석 말뭉치: 12만 어절
   (4) 북한 및 해외 한국어 말뭉치: 135만 어절
      원시 말뭉치: 100만 어절
      형태소 분석 말뭉치: 35만 어절
   (5) 역사 자료 말뭉치: 75만 어절
      원시 말뭉치: 70만 어절
      형태소 분석 말뭉치: 5만 어절
   (6) 전문용어 말뭉치: 100만 어절
      원시 말뭉치: 100만 어절

2005년 결과물

1. 기초 자료 구축 분과
   (1) 형태 분석 말뭉치: 300만 어절
   (2) 형태 의미 분석 말뭉치: 250만 어절
   (3) 구문 분석 말뭉치: 20만 어절
   (4) 지능형 구문 분석 도구 개발

2. 특수 자료 구축 분과
   (1) 현대 국어 구어 전사 말뭉치: 83만 어절
      원시 말뭉치: 55만 어절
      형태소 분석 말뭉치: 28만 어절
   (2) 한영 병렬 말뭉치: 72만 어절
      원시 말뭉치: 50만 어절
      형태소 분석 말뭉치: 22만 어절
   (3) 한일 병렬 말뭉치: 29만 어절
      원시 말뭉치: 20만 어절
      형태소 분석 말뭉치: 9만 어절
   (4) 북한 및 해외 한국어 말뭉치: 111만 어절
      원시 말뭉치: 80만 어절
      형태소 분석 말뭉치: 31만 어절
   (5) 역사 자료 말뭉치: 55만 어절
      원시 말뭉치: 50만 어절
      형태소 분석 말뭉치: 5만 어절
   (6) 전문용어 말뭉치: 100만 어절
      원시 말뭉치: 100만 어절

2006년 결과물

1. 기초 자료 구축 분과
   (1) 형태 의미 분석 말뭉치: 250만 어절
   (2) 구문 분석 말뭉치: 25만 어절
   (3) 현대 국어 기초 말뭉치 활용 시스템 개발

2. 특수 자료 구축 분과
   (1) 현대 국어 구어 전사 말뭉치: 32만 어절
      원시 말뭉치: 28만 어절
      형태소 분석 말뭉치: 4만 어절
   (2) 한영 병렬 말뭉치: 24만 어절
      원시 말뭉치(한·영): 17만 어절
      형태소 분석 말뭉치: 7만 어절
   (3) 한일 병렬 말뭉치: 8만 5천 어절
      원시 말뭉치: 5만 5천 어절
      형태소 분석 말뭉치: 3만 어절

2007년 결과물

1. 기초 자료 구축 분과
   (1) 기 구축 말뭉치 정제
      • 형태 분석: 750만 어절
      • 형태 의미 분석: 750만 어절
      • 구문 분석: 80만 어절

2. 특수 자료 분과
   (1) 기 구축 말뭉치 정제
      • 구어 전사: 형태소 분석 30만 어절
      • 한영 병렬: 원시 30만 어절, 형태소 분석 30만 어절
      • 한일 병렬: 원시 21만 1천 어절, 형태소 분석 5만 어절
      • 북한 및 해외 한국어: 원시 30만 어절, 형태소 분석 12만 어절

이 결과에 따르면 1998년부터 2004년까지 수집된 현대 국어 기초 말뭉치는 약 6250만 어절에 달하고 구어 전사 말뭉치는 약 466만 어절에 달한다. 그런데 이는 다음 〔표 2〕의 결과와 조금 다른 양상을 보인다. 이는 아마도 취합 과정에서 약간의 오류가 반영된 것으로 보인다. 연도별 보고서의 양상을 고려할 때 최종 결과로 제시된 다음 〔표 2〕에서 보이는 구축량이 정확할 것이다.

〔표 2〕 세종계획 말뭉치 구축량[3,4]

(단위: 어절)

구분			2007년 세종계획 데이터베이스	2010 세종계획 배포용 결과(DVD)
국어 기초 자료	원시	문어	60,558,573	36,942,784
		구어	3,340,839	–
	분석	형태 분석	15,226,186	10,130,363
		의미 분석	12,642,725	9,134,695
		구문 분석	826,127	433,839
구비문학	원시		2,363,967	–
구어전사	원시		3,671,322	805,646
	형태 분석		1,008,681	805,646

---

3   국어정책통계–국어정보화와 사전 누리집: http://stat.korean.go.kr/policy.do?method=
     detail&murl=sub02
4   원본 출처: 21세기 세종계획 데이터베이스, 국립국어원, 2011.

한·영 병렬	원시(한국어, 영어)	4,753,522	1,567,444
	형태 분석(한국어, 영어)	1,009,715	581,734
한·일 병렬	원시(한국어, 일어)	1,101,878	358,810
	형태 분석(한국어, 일어)	299,615	28,036
북한 해외	원시	9,505,616	-
	형태 분석	1,622,337	-
역사	원시	5,650,834	11,957,820
	형태 분석	883,120	632,108
한·중·불·러	원시	150,853	-
전문용어	원시	1,000,067	-
소계	원시	92,701,108	50,826,858
	형태분석	32,914,869	21,746,421
합계		125,615,977	72,573,279

세종계획으로 구축된 코퍼스는 그 총합이 약 1억 2천5백만 어절에 달한다. 배포용으로 정제된 결과물도 대략 7천2백5십만 어절에 달하는 방대한 분량이니 우리는 이들 자료를 활용하여 어휘 교육에 큰 도움을 받을 수 있을 것이라고 예상해 볼 수 있다.

이처럼 구축된 코퍼스를 활용하면 어휘에 대한 객관적인 사용 양상을 파악할 수 있고 이를 통해서 교육적으로 활용 가능한 어휘 목록을 확보할 수 있다. 따라서 이들을 어휘 교육 차원에 적용하는 것은 다음 단계로 당연해 보인다. 그런데 어휘 교육에서 코퍼스를 활용할 수 있으려면 사실 다음 두 가지의 전제가 성립되어야 한다.

첫째, 코퍼스는 교육적으로 유용하다.

둘째, 어휘 교육에 적용 가능한 코퍼스가 구축되어 있다.

코퍼스 자료의 구축은 그 유용성에서부터 이미 비판을 받아 왔다. 보그란데(Beaugrande, 2007)에 정리되어 있는 코퍼스 연구와 관련한 20개의 논쟁에서 코퍼스 자료에 대한 비판적 논쟁만을 간추려서 정리해 보면, 다음처럼 평가받고 있는 것을 확인할 수 있다.[5]

코퍼스 자료는 언어 수행의 결과물로서 피상적인 구조를 가진다. 우연적이고 유행되는 것들을 포함하며 제한적이다. 과학적인 연구를 대상으로 하기에는 특이하며 범위도 좁다. 수집 경로에 따라서 편향된 결과를 도출할 수 있으며 형식화하기 어렵고 그 때문에 사전을 만들거나 언어 교육에 활용하는 것에 적합하지 않다.

이 논의만을 본다면 코퍼스 자료는 단지 피상적인 언어 수행이 남긴 보잘것없는 결과물로 생각하기 쉽다. 하지만 오히려 우리는 여기에서 이를 역으로 생각하여 코퍼스 자료의 중요성과 함께 이의 활용이 어휘 교육에서 얼마나 중요하고 의미 있는지를 확인할 수 있다.

• 유행은 한시적인 것이다. 하지만 언어 자료는 예측된다기보다 실제적인 자료들의 수집 분석을 기반으로 해석되어야 하는 것이다. 따라서 실제적인(authentic) 자료를 다루는 것을 '유행'으로 폄하할 수는 없다. 코퍼스

---

5   다음은 보그란데(Beaugrande, 2007: 조형일 2010에서 재인용)에 제시된 20가지 논쟁 중에서 코퍼스 자체의 연구가 아닌 코퍼스 자료에 관한 내용만 간추린 것이다. "C.4 말뭉치 자료는 언어 내적인 지식보다 외부적인 행동을 나타낸다. C.5 말뭉치 자료는 가능한 것이 아닌 수행된 것을 보여 주는 것이다. C.7 말뭉치 자료는 단지 피상적인 구조일 뿐이다. C.8 관찰된 언어 자료인 말뭉치는 한정적이다. C.9 관찰된 언어 자료인 말뭉치는 우연적인 것이다. C.10 말뭉치 자료는 과학적인 연구를 대상으로 하기에는 너무 범위가 좁다. C.11 말뭉치 자료는 과학적인 연구를 대상으로 하기에는 너무 특이하다. C.12 말뭉치 자료는 그들의 근거, 즉 자료로부터 가변적인 강력한 편견이다. C.13 말뭉치 자료는 무책임한 유행이다. C.14 말뭉치 자료는 정치적으로 부정확할 수 있다. C.15 하나의 언어 자료는 결코 적당한 양에 도달할 수 없다. C.16 말뭉치 자료는 엄격하게 형식화될 수 없다. C.17 말뭉치 자료로부터 도출된 통계와 확률은 정보 가치가 없다. C.19 언어 자료인 말뭉치는 사전을 만들기 위한 신뢰하기 어려운 근거이다. C.20 말뭉치 자료는 외국어로서의 영어 교육을 위해 적절하지 않다."

자료는 언어 내적인 지식보다 외부적인 행동을 보여 줌으로써 언어 자체를 대상으로 살펴보게 하는 긍정적인 역할을 한다. '가능한 것'과 '수행된 것'을 보여 줌으로써 수행 능력과 가능 능력을 판별할 수 있는 자료로써 기능할 수 있다.

• 코퍼스 자료는 어떤 기준을 세우든지 간에 실제적인 자료를 제시해 주게 된다. 따라서 코퍼스가 피상적인 구조라는 판단은 기준 설정의 문제로 봐야 한다. 그리고 이는 코퍼스 자료의 수집 범위를 넓히고 계속 수정하는 것으로 그 제한성을 충분히 탈피할 수 있다. 사실 모든 언어 자료란 태생적으로 한정적일 수밖에 없다.

• 잘 구축된 코퍼스는 연구자가 요구하는 적확한 사용례를 찾아 준다. 그러므로 언어 교육에서 어떤 기준에 맞는 일반성을 수립할 때에 코퍼스는 더할 나위 없이 객관성이 담보된 좋은 자료가 된다. 코퍼스 자료가 현시점의 자료를 수집하여 활용 가능하게 해 준다는 장점을 갖고 있음을 고려한다면 자료의 가변성은 하나의 특징일 뿐이다.

• 코퍼스 자료의 형식화 문제는 사실 자료 구축에 관계한다기보다 그 사용의 형식성에 관계한다고 봐야 한다. 자료를 활용할 수 있는 준거를 명확히 세우는 것으로 해결할 수 있다.

• 코퍼스 자료를 연구하는 코퍼스 언어학[6]이 발전하면서 사전은 그 설명력과 용례가 더욱 풍부해질 수 있었다. 그리고 편찬자의 주관성은 오히려 말뭉치 자료로 인해서 더 분명해지고 명확해질 수 있다.

• 언어 교육에서 코퍼스 자료는 표현 교육의 영역보다는 이해 영역의 교육 자료로서, 그리고 오류 분석의 자료로서 충분히 유용하다

---

6   코퍼스 언어학(Corpus Linguistics)은 코퍼스를 이용하여 언어 연구를 수행하는 일종의 연구 방법론이다. 수집된 코퍼스 자료의 운영 방법에 관한 연구가 주를 이룬다.

‘지식의 언어학’과 ‘말의 언어학’은 입장이 서로 다르다. 지식의 언어학이 과학적인 관점을 취해 왔다면 말의 언어학은 사회 현상학적 생명력을 다루어 왔다고 할 수 있다. 그리고 자국어로서의 언어 교육이나 외국어로서의 언어 교육은 모두 말의 언어학적 분석 결과를 활용하는 것으로부터 출발하여 지식의 언어학적 분석 결과를 그 도달점으로 삼고 있다고 해도 무방할 것이다. 이러한 교육적 이해 위에서 적용 가능한 자료의 추가와 확충 그리고 끊임없는 자료 갱신(update)이 이루어진다면 코퍼스 자료는 어휘 교육에서 분명히 유용하다고 할 수 있다.

알아보기 **코퍼스와 말뭉치, 말모둠**

라틴어를 어원으로 하는 코퍼스(corpus)는 원래 '몸, 육체'를 뜻하는 단어이다. 이것은 집성(集成)된 자료, 지식 따위의 집적(集積) 등으로 쓰인다. 영어 단어 corps의 어원이기도 하다. corpus는 단수 형태이다. 라틴어 계열이기 때문에 복수 형태는 corpuses가 아니라 corpora(코포라)가 된다. 이의 한국어 대역어인 말뭉치는 '말의 뭉치'를 말한다. 우리말에서 뭉치란 '한데 뭉치거나 말린 덩이'라는 뜻이다. 따라서 말뭉치는 '말을 뭉쳐 놓은 덩어리'라는 의미가 된다. 이는 '흙뭉치, 쇠뭉치, 솜뭉치'라는 단어에서 보이듯이 정제되지 않은 덩어리를 뜻하는 표현이다. 그런데 뭉치라는 단어는 접사로 쓰이면서 '사고뭉치, 시래기뭉치'처럼 안 좋은 의미로도 해석된다. 그래서 말뭉치라는 표현이 '언어 연구를 위해 텍스트를 컴퓨터가 읽을 수 있는 형태로 모아 놓은 언어 자료'를 대표하기 어렵다고 생각하는 사람들도 있다. 말뭉치와 함께 쓸 수 있는 표현으로 '말모둠'이 있다. 그런데 '초·중등학교에서, 효율적인 학습을 위하여 학생들을 작은 규모로 묶은 모임'으로, 제한적 상황에서 정의되고 있는 모둠이라는 표현은 '모으다'의 방언인 '모두다'에서 그 기본 어형을 찾을 수 있을 것이다. 그러므로 '말모둠'보다 '말모음'으로 쓰는 것이 사실 표준 언어 표현으로 더 적절해 보인다. 뭐 그렇다고 해도 말뭉치라는 표현에 어디로 튈지 모르는 매력이 있다는 것은 부인하기 어려운 것이 사실이다.

2. 코퍼스의 유형과 분석

코퍼스는 원 자료의 성격과 그 가공 방법 그리고 코퍼스 자료의 수집 시기와 자료 구축의 목적과 방식에 따라서 다음 [표 3]과 같은 유형으로 분류할수 있다.

[표 3] 분류 기준에 따른 코퍼스 유형[7]

분류 기준	코퍼스 유형	설명
정보 부가 여부	원시 코퍼스 (raw corpus)	문어 텍스트 또는 구어를 그대로 텍스트로 만들어 놓은 것을 코퍼스로 구축해 놓은 것. * 문어 텍스트의 경우에는 메타데이터[8](서지사항), 구어 텍스트의 경우에는 시기·장소·발화자 등의 기본적인 정보를 기록해 둠. 이외에 내용 측면에서 부가되는 정보 없음.
	주석 코퍼스 (annotated corpus)	정해 놓은 기준과 방법에 따라서 텍스트에 각종 정보를 주석으로 달아 놓은 것. '형태 정보 주석', '구문 정보 주석', '의미 정보 주석' 코퍼스 등으로 구분됨. * 주석으로 부가된 정보가 많으면 많을수록 검색 활용성이 높아짐. * 형태적 배열에 따라서 다시 수직(vertical) 코퍼스와 수평(horizontal) 코퍼스로 구분함.
사용역의 정도	범용/일반 코퍼스 (general corpus)	한 언어에서 사용되는 다양한 영역을 고려하여 대표성을 가질 수 있도록 구축한 것.
	특수 코퍼스 (specialized corpus)	특정 영역을 대상으로 하여 구축해 놓은 코퍼스. * 범용이 아닌 것들은 대부분 특수 코퍼스로 분류됨.

7　[표 3]은 권혁승·정채관(2012: 10~13)에서 구분, 정리해 놓은 내용들을 참조하여 새로이 작성한 것이다.

8　메타데이터를 강범모(2011: 158)에서는 다음처럼 정리해 놓고 있다. "모든 종류의 연구에 공통되는 주석 표시는 메타데이터이다. 메타데이터란 텍스트 자체에 관한 정보이다. 코퍼스를 구성하는 텍스트는 누가 쓴 것이며, 제목은 무엇이며, 언제 작성된 것이며, 어디서 출판한 것이며, 제목은 무엇이며, 언제 작성된 것이며, 어디서 출판한 것이며 하는 등등의 서지적 정보가 필요하다. 이것은 책의 표제면의 정보와 같은 것이다." 이처럼 원시 코퍼스를 구축할 때에는 문어텍스트 자체의 기본 정보가 필요하다. 이와 유사한 방식으로 구어텍스트 역시 기본 정보를 작성해 둘 필요가 있다.

언어 사용자	원어민 코퍼스 (native corpus)	모국어 학습자를 대상으로 하여 구축해 놓은 코퍼스. * 예를 들어서 우리나라의 초중고교 학습자가 작성한 텍스트로 구축한 코퍼스가 이에 해당함.
	학습자 코퍼스 (learner corpus)	외국어 학습자를 대상으로 하여 구축해 놓은 코퍼스. * 예를 들어서 한국어를 학습하는 외국인들이 작성한 텍스트로 구축한 코퍼스가 이에 해당함.
언어 변화 기간	통시 코퍼스 (diachronic corpus)	일정 기간 동안 언어 변화를 살펴볼 수 있도록 시간의 흐름에 따라서 구축된 코퍼스. * 언어의 변화가 중점이 될 수 있도록 시간차를 두고 비교할 수 있는 동일 영역의 코퍼스가 구축되어야 함.
	공시 코퍼스 (synchronic corpus)	일정 시점에서 그 언어 상태를 파악할 수 있도록 구축된 코퍼스. * 대부분의 코퍼스는 공시 코퍼스라고 할 수 있음.
사용 언어 개수	병렬 코퍼스 (parallel corpus)	같은 언어로 되어 있는 두 개의 다른 문헌. 원본 코퍼스와 이의 번역으로 구성됨. 늑 '비교 코퍼스', '번역 코퍼스.' * '비교/번역 결합 코퍼스'로도 번역됨.
	다국어 코퍼스 (multilingual corpus)	같은 언어로 된 세 개 이상의 다른 문헌으로 구성된 코퍼스. 늑 '다중언어 코퍼스'
그 밖의 구분	텍스트 아카이브 (text archive)	텍스트를 모아서 데이터베이스로 구축해 놓은 것. * 언어 제약 없이 다양한 텍스트를 갈무리해 놓은 것.
	웹 코퍼스 (web corpus)	웹(WWW)상에 구축된 모든 텍스트 자료를 데이터베이스로 활용하는 것. * 자료 출처의 불분명함과 검색 결과의 편차가 단점.

이처럼 코퍼스는 그 분류 기준에 따라서 '원시 코퍼스와 주석 코퍼스', '범용/일반 코퍼스와 특수 코퍼스', '원어민 코퍼스와 학습자 코퍼스', '통시 코퍼스와 공시 코퍼스', '병렬 코퍼스와 다국어 코퍼스', 그리고 '텍스트 아카이브', '웹 코퍼스' 등으로 구분할 수 있다. 그런데 이러한 코퍼스의 분류 기준별 유형을 이해하고 어휘 교육의 차원에서 활용 가능한 방법을 찾기 위해서는 코퍼스의 가공과 분석 방법에 대해서 알아둘 필요가 있다.

코퍼스 자료는 '목적성에 맞게 가공된 자료'로 기능할 때 비로소 그 가치를 인정받을 수 있다. 따라서 원 자료의 수집 단계에서부터 그 목적을 분명히 해야 한다. 이때 수집 자료의 영역, 자료의 양, 자료 구축의 방식 등을 미리 결정해 두어야 한다. 그리고 이러한 조건에 맞게 구축된 자료의 활용 단계에서 해당 코퍼스 자료의 구축 목적에 부합하는 콘코던스(concordance), 즉 어구(語句) 또는 용례 색인 방식까지 미리 고려할 수 있어야 한다.[9]

[그림 1] 코퍼스 구축과 분석의 절차

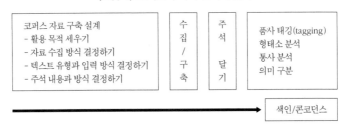

이 그림에서 보이듯이 코퍼스 자료를 구축할 때에는 활용 목적을 세우는 단계에서부터 어떻게 자료를 분석하여 활용할 것인지를 고려해야 한다. 수집된 자료를 목적에 맞게 분석할 수 있어야 하기 때문이다. 여기에서 코퍼스를 '분석한다'는 것은 코퍼스를 '분석 가능한 것으로 주석화한다'는 것으로 해석해야 한다. 따라서 코퍼스 자료의 구축과 분석은 어떤 콘코던스를 결과로 추출하여 활용할 것인지를 확실하게 규정하는 것에 그 성공 여부가 달려 있다고 하겠다.

---

9 콘코던스, 즉 용례 색인에 대한 보다 전문적인 지식은 강범모(2011: 83~111)와 권혁승·정채관(2012: 53~83)을 참조하라. 둘 모두 검색 프로그램 중심으로 용례를 설명하고 있는데, 전자는 실례를 들어서 용례의 분석 추출 과정을 상세하게 소개하고 있고, 후자는 다양한 코퍼스 소프트웨어별 용례 검색 방법을 소개하고 있다. 대조언어학의 관점에서 병렬 콘코던스에 대한 내용을 확인하려면 필립 킹(King, 2003/박기성 역, 2008: 254~273)을 참조하라.

코퍼스 잘 다루는 법

첫째, 자료 수집 단계를 분명히 정하자.

자료를 수집할 때에는 그 영역을 분명히 할 필요가 있다. 방대한 코퍼스 자료는 사실 활용하기 쉽지 않다. 하지만 그 목적이 분명한 자료라면 계획한 결과를 유용하게 추출해 낼 수 있게 된다.

둘째, 수집된 자료를 단계적으로 가공하자.

원래의 자료에서 우리가 원하는 결과가 그대로 나올 확률은 그리 높지 않다. 예를 들어서 학습자의 오류를 검색 결과로 보고 싶다면 검색 대상이 되는 자료에 오류에 대한 검색을 위해서 오류가 기록되어 있어야 한다. 그리고 오류 문장들 끝에 오류를 정정한 문장 또는 표현이 있어야 한다. 그래야 그 문장이 포함된 단어로 검색 시 오류의 양상을 확인할 수 있게 된다.

셋째, 검색식을 잘 활용하자.

탐색 기법의 활용 능력은 여러분들이 즐겨 하는 게임에서 단축키와 각종 유닛들 간의 조합 능력을 잘 아는 것에 비유할 수 있다. 자료의 검색은 그 순서가 바뀌면 골치 아파진다. 코퍼스 자료의 이용은 결국 찾고자 하는 용례의 앞뒤 문장과 전체 텍스트, 그리고 검색 대상이 되는 용례 표현이 담고 있는 정보를 얼마나 잘 보여 주느냐가 관건이다. 그런데 이는 검색 순서와 방법에 따라서 천차만별로 달라질 수 있다.

무엇보다 코퍼스를 활용할 때에는 그 목적을 분명히 해야 한다. 왜 이 자료를 돌리고 있는 것인지, 이 자료의 검색 결과 중에서 내게 필요한 것은 과연 무엇인지 처음부터 분명하게 해 놓지 않으면 도로(徒勞)가 될 수 있다.

3. 코퍼스 활용 방법

어휘 교육에서 코퍼스의 활용이란 '교육적으로 활용 가능한 코퍼스를 구축할 수 있고, 이의 용례 색인 결과가 어휘 교육에 유용한 자료로서 기능할 수 있다는 것'을 의미한다. 우리는 거의 전 영역에서 상용되는 텍스트로 구축된 광범위한 코퍼스 자료를 통해서 교육적으로 활용 가능한 어휘 목록을 제공 받을 수 있다. 또 학습자 수준별 학습 성취 결과로 수집된 텍스트로 구축한 코퍼스 자료를 통해서는 특정 시점에서의 학습자 수준별 어휘력을 측정해 내는 것도 가능해졌다. 물론 이때의 관건은 텍스트 자료의 객관성과 일반성, 그리고 타당성이 된다.[10]

이제 우리가 어휘 교육을 위해서 자국어로서의 (한)국어 학습자와 외국어로서의 한국어 학습자 코퍼스를 구축한다고 해 보자(앞서 언어 사용자를 기준으로 분류할 때에는 이를 각각 원어민 코퍼스, 학습자 코퍼스로 구분했었다). 이의 목적은 선행 학습자의 결과물로서 수집된 텍스트 자료를 코퍼스로 구축하여 어휘 교육에 활용하는 데에 있다. 그러므로 이들은 당연히 특수 코퍼스이자 주석 코퍼스여야 할 것이다. 그리고 공시적 코퍼스, 경우에 따라서는 통시적 코퍼스로도 구축할 수 있다. 외국어로서의 한국어 학습자 코퍼스인 경우에는, 대상 학습자가 단일 언어권이라고 가정할 때에, 그들을 위해서 병렬 코퍼스를 구축할 수 있다. 수집된 자료가 철자와 띄어쓰기, 어휘의 문법적인 활용(어미변화 형태) 차원에서 오류가 없다고 할 때 이들은 〔표 4〕에서와 같은 결과를 가져올 수 있다.

〔표 4〕 (한)국어 학습자 코퍼스의 활용 예상 결과

코퍼스 활용 영역	자국어로서의 (한)국어 학습자: 원어민 코퍼스	외국어로서의 한국어 학습자: 학습자 코퍼스
어휘 목록	학습자 수준별 교육용 어휘 목록을 수정 보완할 수 있다	
	유행하는 어휘 양상을 파악할 수 있다.	병렬 코퍼스의 난이도를 조절할 수 있다.
읽기와 어휘	읽기 텍스트의 어휘 난이도를 조절할 수 있다.	
쓰기와 어휘	장르별/주제별 상용 어휘를 확인할 수 있다.	유의어/반의어 등 의미 관계에 따른 어휘 목록을 구축할 수 있다.
문법과 어휘	어휘의 연어적 구성/상용되는 관용표현의 수준을 조절하여 교육적으로 활용할 수 있다.	어휘 활용 오류 부분을 확인하여 교육 내용으로 구축할 수 있다.

---

10 앞서 논의했듯이 코퍼스 자료는 가변적일 수밖에 없다. 수집 경로와 절차, 그리고 방법과 적정량에 대해서 끊임없이 논란이 되는 것도 그 때문이다. 그런데 어휘 교육의 차원에서 보면 이러한 논란은 오히려 코퍼스의 유용성을 더 잘 드러내 주는 것이라고 할 수 있다. 교육은 시대적 요청에 맞는 인재를 육성하는 데에 있고 언어 교육은 더더욱 현실 언어의 양상에 민감하게 반응하는 법이다. 이러한 측면에서 코퍼스를 활용한 어휘 교육은 상당히 유용하고 현실적인 방안이 될 수 있다. 단 제대로 목적을 수립하고 구축했을 때의 얘기다.

그런데 이처럼 사용자(원어민/학습자)의 코퍼스를 이용하는 것만으로는 이들 모두에게 적용 가능한 어휘 목록을 구축할 수 없다. 그러나 현시점에서 특정 수준에 도달해 있어야 할 학습자에게 교육용으로 구축된 어휘 목록이 유용한 것인지는 충분히 검증해 볼 수 있다.

적절히 구축된 코퍼스를 통해서 우리는 학습자의 어휘 사용 양상과 수준을 가늠할 수 있게 된다. 또한 듣기/말하기/읽기/쓰기와 같은 언어 기능 영역에서 어휘력을 향상시킬 수 있는 질료를 제공받을 수도 있다. 이때 제공되는 것은 어떤 시점에서의 객관성을 확보할 수 있다는 장점을 지닌다. 교사의 직관과 능력은 교사의 경험과 사용 어휘 수준, 언어 사용 상황 등에 의해서 제약을 받을 수밖에 없다. 따라서 이러한 코퍼스 자료는 교사의 어림짐작과 추측에 의존하는 어휘 목록이 아닌 객관성이 담보된 어휘 목록을 제공해 줄 수 있다. 그리고 이렇게 제공되는 어휘 목록을 통해서 다시 교사의 직관과 능력이 향상될 수 있다는 데에는 이견이 없을 것이다.

이와 같은 코퍼스를 활용하기 위해서는 적절한 검색 프로그램이 필요하다. 코퍼스를 추출할 수 있도록 구안된 이러한 프로그램을 '어휘/용례 색인 프로그램'이라고 부를 수 있다. 외국에서 구안된 프로그램으로는 실시간 용례 검색 프로그램인 WordSmith, AntConc가 있다. 이들은 영어는 물론 유니코드로 된 한글 텍스트까지 처리할 수 있다. 우리나라에서는 그동안 깜짝새, 글잡이 1, 글잡이 2 등이 개발되어 활용되었다. 지금은 세종계획 결과물과 함께 제공되는 한마루가 널리 쓰이고 있다. 국내에서는 이들 프로그램 외에도 국립국어연구원 21세기 세종계획 누리집(http://www.sejong.or.kr/)과 한일 병렬 코퍼스에서 용례 검색을 지원하는 누리집(http://www.transkj.com/)처럼 인터넷상에서 용례 검색이 바로 가능한 서비스가 제공되기도 한다. 웹 자체를 텍스트로 생각한다면 구글이나 다음, 네이버 등의 등 일반 검색 프로그램을 이용하여 용례를 검색할 수도 있다.

[그림 2] 국립국어원 말뭉치 용례 검색 화면

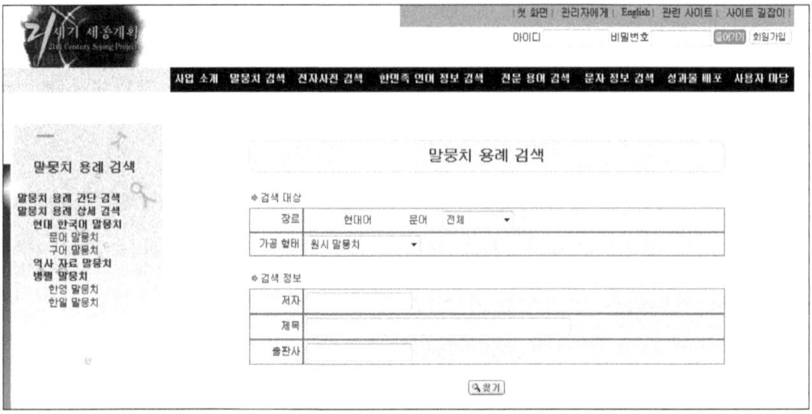

[그림 3] 한일 병렬 코퍼스 용례 검색 화면

세종계획 누리집에서 제공되는 한마루는 색인된 데이터와 원본 데이터 모두를 검색할 수 있는 검색 프로그램이다. 연산자를 사용하여 '검색식', '연산식', '정렬식'을 적용할 수 있고 용례의 기본 검색 범위를 설정하는 것도 가능하다. 한마루의 용례 검색은 검색식을 구성하는 정보에 따라서 어절 검색, 형태소 검색, 형태의미 검색, 구문 검색을 수행할 수 있다. 검색 결과는 1만 건 이하로 제한된다.

어절 검색은 단어 간 발생 순서를 고려한 '순차 검색식'과 발생 순서를 고려하지 않는 '불리언 검색식'을 적용하여 자소 단위로 검색이 가능하다. 형태소 검색 역시 어절 검색과 마찬가지로 '순차 검색식'과 '불리언 검색식'을 지원하고 형태소 완전 일치 검색(exact matching)을 수행할 수 있다. 세종 계획 말뭉치는 이를 위해서 품사 태그를 다음처럼 달아 놓고 있다.

[표 5] 세종계획 말뭉치 품사 태그 집합

일반명사	NNG	고유명사	NNP
의존명사	NNB	대명사	NP
수사	NR	동사	VV
형용사	VA	보조용언	VX
긍정지정사	VCP	부정지정사	VCN
관형사	MM	일반부사	MAG
접속부사	MAJ	감탄사	IC
주격조사	JKS	보격조사	JKC
관형격조사	JKG	목적격조사	JKO
부사격조사	JKB	호격조사	JKV
인용격조사	JKQ	보조사	JX
접속조사	JC	선어말어미	EP
종결어미	EF	연결어미	EC
명사형전성어미	ETN	관형형전성어미	ETM
체언접두사	XPN	명사파생접미사	XSN
동사파생접미사	XSV	형용사파생접미사	XSA
어근	XR	마침표, 물음표, 느낌표	SF
쉼표, 가운뎃점, 콜론, 빗금	SP	따옴표, 괄호표, 줄표	SS
줄임표	SE	붙임표(물결, 숨김, 빠짐)	SO
외국어	SL	한자	SH
기타기호(논리수학기호, 화폐기호)	SW	명사추정범주	NF
용언추정범주	NV	숫자	SN
분석불능범주	NA		

앞서 살펴본 것처럼 품사별 태그를 부착하는 이유는 수집된 자료를 목적에 맞게 분석할 수 있도록 하기 위해서이다. 세종계획 말뭉치 품사 태그 집합의 구성은 구축된 원시 코퍼스를 검색식을 수행하여 분석 가능한 것으로 주석화하기 위한 가장 기초 작업이 된다. 품사 태그에 이어서 구문 검색을 위한 구문 태그와 기능 태그 집합도 구성되어야 한다. 이는 다음 〔표 6〕, 〔표 7〕과 같다.

〔표 6〕 세종계획 말뭉치 구문 태그 집합	
문장	S
인용절	Q
체언구	NP
용언구	VP
긍정지정사구	VNP
부사구	AP
관형사구	DP
감탄사구	IP
의사구	X
왼쪽부호	L
오른쪽부호	R

〔표 7〕 세종계획 말뭉치 기능 태그 집합	
주어	SBJ
목적어	OBJ
보어	CMP
체언수식어	MOD
용언수식어	AJT
접속어	CNJ
독립어	INT
삽입어구	PRN

이처럼 주석화된 코퍼스는 이제 검색기에서 어절 연산, 형태소 연산, 형태의미 연산, 구문 연산을 수행하여 사용자가 원하는 결과를 제공할 수 있게 된다. 한마루 프로그램과 함께 제공되는 "현대국어 기초 말뭉치 활용 시스템 사용자 설명서"를 참조하여 하나씩 수행해 보면 누구나 쉽게 이해할 수 있을 것이다. 다음 〔그림 4〕는 이 원고를 원시 코퍼스로 삼아서 '코퍼스'로 어절 검색을 수행했을 때 한마루에서의 나타나는 검색 결과이다.

〔그림 4〕 원시 코퍼스의 한마루 검색기 검색 결과 일례

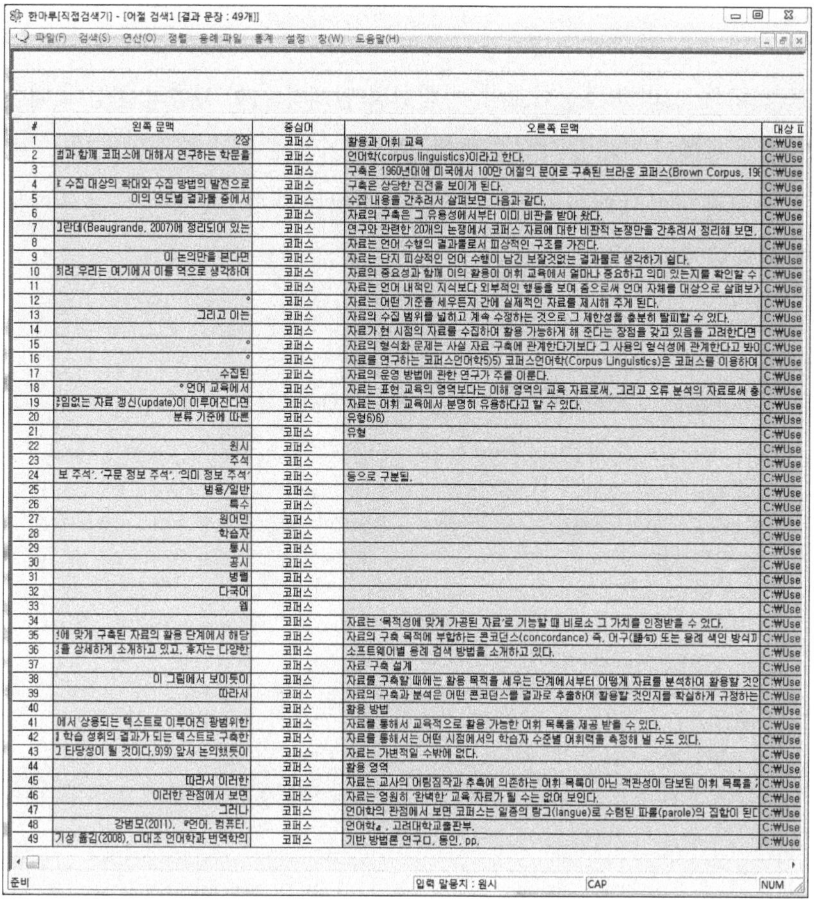

#	왼쪽 문맥	중심어	오른쪽 문맥	대상 ㅍ
1	2장	코퍼스	활용과 어휘 교육	C:₩Use
2	컴과 함께 코퍼스에 대해서 연구하는 학문을	코퍼스	언어학(corpus linguistics)이라고 한다.	C:₩Use
3		코퍼스	구축은 1960년대에 미국에서 100만 어절의 문어로 구축된 브라운 코퍼스(Brown Corpus, 19	C:₩Use
4	ㅌ 수집 대상의 확대와 수집 방법의 발전으로	코퍼스	구축은 상당한 진전을 보이게 된다.	C:₩Use
5	이의 연도별 결과물 중에서	코퍼스	수집 내용을 간추려서 살펴보면 다음과 같다.	C:₩Use
6		코퍼스	자료의 구축은 그 유용성에서부터 이미 비판을 받아 왔다.	C:₩Use
7	그란데(Beaugrande, 2007)에 정리되어 있는	코퍼스	연구와 관련한 20개의 논쟁에서 코퍼스 자료에 대한 비판적 논쟁만을 간추려서 정리해 보면,	C:₩Use
8		코퍼스	자료는 언어 수행의 결과물로서 피상적인 구조를 가진다.	C:₩Use
9	이 논의만을 본다면	코퍼스	자료는 단지 피상적인 언어 수행이 남긴 보잘것없는 결과물로 생각하기 쉽다.	C:₩Use
10	히려 우리는 여기에서 이를 역으로 생각하여	코퍼스	자료의 중요성과 함께 이의 활용이 어휘 교육에서 얼마나 중요하고 의미 있는지를 확인할 수	C:₩Use
11		코퍼스	자료는 언어 내적인 지식보다 외부적인 행동을 보여 줌으로써 언어 자체를 대상으로 살펴보	C:₩Use
12	°	코퍼스	자료는 어떤 기준을 세우든지 간에 실제적인 자료를 제시해 주게 된다.	C:₩Use
13	그리고 이는	코퍼스	자료의 수집 범위를 넓히고 계속 수정하는 것으로 그 제한성을 충분히 탈피할 수 있다.	C:₩Use
14		코퍼스	자료가 현 시점의 자료를 수집하여 활용 가능하게 해 준다는 장점을 갖고 있음을 고려한다면	C:₩Use
15	°	코퍼스	자료의 형식화 문제는 사실 자료 구축에 관계한다기보다 그 사용의 형식성에 관계한다고 봐이	C:₩Use
16	°	코퍼스	자료를 연구하는 코퍼스언어학5)5) 코퍼스언어학(Corpus Linguistics)은 코퍼스를 이용하여	C:₩Use
17	수집된	코퍼스	자료의 운영 방법에 관한 연구가 주를 이룬다.	C:₩Use
18	°언어 교육에서	코퍼스	자료는 표현 교육의 영역보다는 이해 영역의 교육 자료로써, 그리고 오류 분석의 자료로써 충	C:₩Use
19	임없는 자료 갱신(update)이 이루어진다면	코퍼스	자료는 어휘 교육에서 분명히 유용하다고 할 수 있다.	C:₩Use
20	분류 기준에 따른	코퍼스	유형6)6)	C:₩Use
21		코퍼스	유형	C:₩Use
22	원시	코퍼스		C:₩Use
23	주석	코퍼스		C:₩Use
24	보 주석', '구문 정보 주석', '의미 정보 주석'	코퍼스	등으로 구분됨.	C:₩Use
25	범용/일반	코퍼스		C:₩Use
26	특수	코퍼스		C:₩Use
27	원어민	코퍼스		C:₩Use
28	학습자	코퍼스		C:₩Use
29	통시	코퍼스		C:₩Use
30	공시	코퍼스		C:₩Use
31	병렬	코퍼스		C:₩Use
32	다국어	코퍼스		C:₩Use
33	웹	코퍼스		C:₩Use
34		코퍼스	자료는 '목적성에 맞게 가공된 자료'로 기능할 때 비로소 그 가치를 인정받을 수 있다.	C:₩Use
35	에 맞게 구축된 자료의 활용 단계에서 해당	코퍼스	자료의 구축 목적에 부합하는 콘코던스(concordance) 즉, 어구(語句) 또는 용례 색인 방식	C:₩Use
36	을 상세하게 소개하고 있고, 후자는 다양한	코퍼스	소프트웨어별 용례 검색 방법을 소개하고 있다.	C:₩Use
37		코퍼스	자료 구축 설계	C:₩Use
38	이 그림에서 보이듯이	코퍼스	자료를 구축할 때에는 활용 목적을 세우는 단계에서부터 어떻게 자료를 분석하여 활용할 것인	C:₩Use
39	따라서	코퍼스	자료의 구축과 분석은 어떤 콘코던스를 결과로 추출하여 활용할 것인지를 확실하게 규정하는	C:₩Use
40		코퍼스	활용 방법	C:₩Use
41	에서 상용되는 텍스트로 이루어진 광범위한	코퍼스	자료를 통해서 교육적으로 활용 가능한 어휘 목록을 제공 받을 수 있다.	C:₩Use
42	학습 성취의 결과가 되는 텍스트로 구축한	코퍼스	자료를 통해서는 어떤 시점에서의 학습자 수준별 어휘력을 측정해 낼 수도 있다.	C:₩Use
43	고 타당성이 될 것이다.9)9) 앞서 논의했듯이	코퍼스	자료는 가변적일 수밖에 없다.	C:₩Use
44		코퍼스	활용 영역	C:₩Use
45	따라서 이러한	코퍼스	자료는 교사의 어림짐작과 추측에 의존하는 어휘 목록이 아닌 객관성이 담보된 어휘 목록을	C:₩Use
46	이러한 관점에서 보면	코퍼스	자료는 영원히 '완벽한' 교육 자료가 될 수는 없어 보인다.	C:₩Use
47	그러나	코퍼스	언어학의 관점에서 보면 코퍼스는 일종의 랑그(langue)로 수렴된 파롤(parole)의 집합이 된다	C:₩Use
48	강범모(2011), 『언어, 컴퓨터,	코퍼스	언어학』, 고려대학교출판부.	C:₩Use
49	기성 옮김(2008), ㅁ대조 언어학과 번역학의	코퍼스	기반 방법론 연구ㅁ, 동인, pp.	C:₩Use

아무런 주석도 달리지 않은 단순 텍스트를 원시 코퍼스로 삼고 하나의 중심 어휘로 검색한 결과에서도 우리는 이 중심 어휘가 49개의 문장에 쓰였으며 앞뒤로 어떤 내용이 배열되어 있는지를 일목요연하게 확인할 수 있게 된다.

이처럼 코퍼스를 활용하여 수행된 어휘 색인 결과를 통해서 학생들의 특정 어휘 사용 양상과 총 사용 어휘량, 문장 수를 확인할 수 있으며 학생들

에게 제공할 텍스트의 수준을 미리 예측해 볼 수도 있다. 게다가 교사는 용례 색인 등을 통해서 학습자 수준을 넘어서는 시험 문항을 걸러낼 수도 있을 것이다. 그리고 초등학교의 각 학년별 단계적 어휘 사용의 현상에 대한 수집을 통해서 시대별 학습자 발전 양상을 가늠해 볼 수도 있다. 그리고 이러한 결과가 다시 어휘 교육의 차원에서 유용하게 활용될 수 있다는 것에는 반론의 여지가 없다.

알아보기　　**코퍼스 언어학과 빅데이터(Big Data)**

코퍼스 언어학은 이제 빅데이터를 다루는 방법과 원리 안에서 새롭게 적용되고 해석되며 발전될 필요가 있다. 빅데이터와 일반 데이터 검색의 성격과 활용 목적은 다음처럼 정리해 볼 수 있다.

이에서 보면 코퍼스 언어학이 지향하는 검색은 이들 모두의 영역에 관계하는 것처럼 보인다. 그런데 코퍼스 언어학이 텍스트에 집중되어 있는 데에 반해서 빅데이터는 텍스트를 포함하는 총체적 데이터를 대상으로 하고 있다. 따라서 텍스트 언어학에서 연구된 기법이 텍스트 외의 데이터(그림, 비디오 자료, 접속 기록 등)와 결합되는 측면에서 심도 깊게 연구되고 적용될 수 있다

예를 들어서 코퍼스의 콘코던스를 구성할 때 좌우의 연쇄 어형에 대한 연어적 관계를 따지는 것으로 빅데이터 활용도를 높일 수 있다. 더하여 빅데이터를 다시 코퍼스로 만들고 이때 색인된 텍스트에 각종 비정형 데이터를 병렬 재가공하면 코퍼스 자료 검색으로 얻을 수 있는 결과물이 더 풍성해지게 된다.

코퍼스는 텍스트에 집중되어 있지만 빅데이터는 그 외의 모든 정보를 포함한다. 따라서 코퍼스의 활용은 빅데이터에서 중요하게 적용될 수 있다. 동시에 빅데이터의 활용 역시 코퍼스 언어학을 발전시키는 데에 중요한 역할을 담당할 것이다.

	빅데이터	일반 데이터 검색
성격	비정형 빅데이터를 기반으로 함. 지속적으로 데이터가 업데이트됨. 사용자에게 답을 주기 위해 빅데이터가 존재함.	
	정형데이터 처리가 주가 되고 비정형데이터 처리가 부가 됨.	비정형데이터 처리가 주가 되고 정형데이터 처리(사용자 로그 및 쿼리 분석)가 부가 됨.
	좁은 범위의 영역에서 매일 업데이트되는 데이터의 양이 일정함.	광범위한 영역의 비정규 데이터로 확장됨.
활용 목적	사용자가 알지 못하는 사실을 제시해야 함. 질문 없는 답을 내놓아야 함.	사용자의 질문에 답을 하기 위해서 존재함. 사용자가 원하는 바가 뚜렷함.

4. 나오며

지식의 언어학이 과학적인 관점을 취해 왔다면
말의 언어학은 사회 현상학적 생명력을 다루어 왔다.
바로 이 연결점(bridge)에 코퍼스가 있다.

코퍼스의 핵심은 이것이 '무질서한 것'이 아니라 서로 '다른 질서를 가지고 있다는 것'에 있다. 발화는 각기 다른 언어 구사 능력을 가진 화자로부터 생성되는 것이므로 발화된 내용을 대상으로 구축된 코퍼스는—그것이 구어 자료이든 문어 자료이든지 상관없이—귀납적 결과물이라고 할 수 있다. 그러하기에 이것이 한 언어에서 표현 가능한 '전체'를 대변할 수는 없다. 따라서 항상 '부족한 결과물'로 존재하게 된다. 이러한 관점에서 보면 코퍼스 자료는 영원히 '완벽한' 교육 자료가 될 수는 없어 보인다. 그러나 코퍼스 언어학의 관점에서 보면 코퍼스는 일종의 랑그(langue)로 수렴된 파롤(parole)의 집합이 된다. 계획된 시점을 축으로 하는 공시적 자료를 통해서 언어 사용자의 수준, 사용 습관, 인식, 문화 등의 전 영역에서 사용되고 있는 언어의 양상을 통계적으로 확인할 수 있게 해 주는 자료가 되는 것이다.

소통 중심의 언어 교육에서 어휘는 본질이자 매개가 된다. 이러한 측면에서 어휘 교육을 위해서 교육 내용이 되는 어휘 목록을 구축하고 분류하는 것은 쉽지 않은 일이 된다. 그리고 학습자의 요구와 수준별 교육 내용과 방법을 정하고 수행해야 하는 교사의 직관과 능력에도 한계가 있게 마련이다. 이러한 언어 교육의 현실을 고려할 때 교육적으로 활용 가능한 코퍼스를 구축하는 것은 언어 교사와 학습자 모두에게 이로운 것이라고 할 수 있다.

앞서 간단히 살펴 본 것으로도 우리는 코퍼스를 이용하여 자국어로서의 (한)국어 학습자의 읽기 텍스트 구안 및 선정, 평가 등의 요소로 활용할 수 있고, 외국어로서의 한국어 학습자의 경우에도 어휘 활용 오류 부분을 확인하여 교육 내용으로 구축할 수 있다는 것을 확인할 수 있었다. 이처럼 타당한 영역 내에서 수집·추출하여 가공할 수 있는 자료가 제공되는 것만으로도 어휘 교육은 한걸음 더 쉽게 내딛을 수 있다.[11]

---

11 코퍼스의 경우에는 앞에서 우려했던 것들을 항상 다시 되새겨 보고 잊지 말아야 한다. 자료의 양과 수준에 따라서 매우 제한적일 수 있고, 연구자의 직관과 판단 능력 그리고 아주 사소한 집중력의 저하에 의해서 결과가 판이하게 달라질 수도 있기 때문이다.

1. 한국 내 코퍼스의 연구 현황은 어떠한지 살펴보자. 이때 어떻게 변해 왔는지와 어떤 기술이 더 해졌는지 생각해 보자.

2. 국어교육과 한국어교육에서 구체적으로 어떻게 코퍼스를 활용할 수 있는지 각각 찾아보자. 이때 언어의 기능 영역인 듣기, 말하기, 읽기, 쓰기의 분야별로 연구 결과를 적용할 수 있는 방법으로 무엇이 있는지 정리해 보자.

3. 코퍼스가 언어 생활과 언어 교육의 어떤 측면에 기여할 수 있는지 생각해 보자. 그리고 단점으로는 무엇이 있는지 이야기해 보자.

3

통시적 관점의 어휘 교육

1. 들어가며

교육에 대한 다양한 관점은 교육을 실현하는 데 다양한 방향을 제시해 왔다. 이는 어휘 교육에서도 마찬가지여서 어휘와 어휘 교육에 대한 관점이 어떠한가에 따라 국어교육 내에서 어휘 교육의 위상이나 교육 내용도 조금씩 변화되어 왔다. 어휘 교육은 국어교육에서 독립적인 영역으로 자리하고 있었던 것은 아니다. 그러나 국어 제반 영역의 교육을 통해 비교적 꾸준히 실현되어 왔으며 명시적인 영역이 없다고 해서 어휘의 중요성이 간과되었던 것 또한 아니었다. 그럼에도 어휘가 말하기, 듣기, 쓰기, 읽기 등과 같은 국어 사용 영역의 기초가 되는 것으로 여겨지는 교육적 입장이 주를 이루었기 때문에[1] 어휘 교육이 다소 주변적인 성격을 띠었음도 부정할 수는 없다.

---

1   이러한 입장은 소위 어휘에 대한 '도구적 관점'이 반영된 것으로 어휘를 의사소통의 도구로

교육 과정 안에서 어휘 영역으로 다루는 교육 내용도 표준어, 방언, 비속어, 고유어, 한자어, 외래어의 개념 이해 정도에 국한되어 있었다는 한계가 있다. 본 장에서는 지금까지 어휘 교육이 가지고 있던 한계를 극복하는 방안 중 하나로 어휘를 통시적인 관점에서도 교육할 수 있음을 보여 주고자 한다. 더불어 어휘의 통시적 관점의 교육이 어휘 교육적 차원에서 가지는 의의와 국어교육적 가능성을 탐색해 보도록 하겠다.

2. 통시적 관점의 어휘 교육의 위상

1) 통시적 관점에서의 어휘 능력의 가치

어휘 교육을 논하는 장면에서는 늘 어휘 능력이 무엇인지에 대한 논의가 선행될 수밖에 없다. 어휘 교육을 통시적 관점에서 수행하고자 할 때 역시 마찬가지이다. 일반적으로 국어 능력이라고 할 때, 기본적으로 우리는 읽기, 듣기, 말하기 등의 사용 능력을 떠올리게 된다. 그리고 어휘 능력은 일반적으로 사용 능력의 기반으로 여겨지곤 한다. 그러나 이러한 언어 사용 능력의 기반이 되는 어휘 의미의 이해 및 사용이라고 할 때에도 개별 단어에 대한 이해의 폭은 어떠해야 하는가를 생각해 볼 필요가 있다. 어떤 단어의 사전적 의미를 정확하게 알고 있다고 할 때 과연 그것은 그 단어를 잘 이해하고 있다고 할 수 있는 것일까? 그리고 그 의미만으로 충분히 정교하게, 그리고 정확하고 적절하게 그 단어를 사용할 수 있는 것일까? 어휘가 기본적으

인식하고 국어 사용 능력의 신장이라는 국어교육의 목표 아래 말하고 듣고 읽고 쓰는 데 필요한 도구로서의 어휘 교육만이 필요하다고 보는 입장이다.

로 의사소통의 도구인 것은 사실이다. 그러나 이 사실이 어휘의 가치를 격하시키는 것은 아니며 또한 어휘 교육의 중요성을 약화시키는 것도 아니다. 다만, 효과적이고 정교한 의사소통을 하기 위해 필요한 어휘 능력을 어떻게 보느냐에 따라 어휘에 대한 관점이 '도구적 입장'일 때조차 교육을 통해 다룰 수 있고 다루어야 하는 어휘 지식의 폭은 상당히 넓어질 수 있을 것이다. 즉, 어휘교육에 대해서는 어떤 관점을 취하더라도 이러한 부분을 고민하여 어휘 교육의 외연을 확장할 필요가 있다는 뜻이다.

신명선(2005: 214)은 어휘 교육에서 도구적 관점이 주를 이루는 상황에 대해 국어 사용 능력 신장이라는 국어교육의 목표가 사실은 그 개념이 명확하게 정립 및 구체화되지 않았기 때문에 비롯된 문제점이라고 지적하고 있다. 만일 국어 사용 능력을 '지금 바로 여기 이 공간에서 국어를 사용하고 있는 학생들이 실제 구체적인 삶에서 국어로 말하고 듣고 읽고 쓰는 것'에만 초점을 두어 매우 실용적·실제적으로만 정의한다면, 사고력을 비롯하여 세계를 분류화하고 개념화하는 어휘의 특징을 매우 효과적으로 드러내고 있는 단어라 할지라도 '오늘날' 사용될 수 없는 단어들은 가르칠 필요가 없다는 한계를 가지게 된다는 것이다. 다소 극단적인 표현이기는 하지만 사실상 지금까지 국어교육 내에서 어휘 교육이 가지고 있던 위상이나 교육 내용의 선정에 영향을 미쳤던 입장이 이와 크게 다르지 않다고 볼 수 있다. 그렇기 때문에 어휘 교육에 대한 중요성 인식과 별개로 어휘 교육 내용도 빈약할 수밖에 없었으며 어휘 자체에 관심을 기울이는 어휘 교육은 거의 이루어지지 않았던 것이다.

그러나 맥락 없는 소통은 없으며 소통의 맥락이란 언제나 언중이 속한 사회와 세계일 수밖에 없다. 그리고 그러한 사회, 더 넓게는 세계 만물에 대한 언중들의 사고와 관점, 시각은 언어화되어 소통의 매개체가 되는 것이다. 즉, 기본적으로 모든 단어들은 세계를 범주화하고 분류화하는 기능을 갖고 있으며 사고력과도 긴밀한 관련을 맺을 수밖에 없다는 신명선(2005: 214)의 지적대로 어휘는 인간의 사고와 그 인간이 속해 있는 사회, 문화를 반영하고 있다. 그렇기 때문에 현재 우리가 사용하는 어휘들은 그것이 설사 외래어라고 할지라도 국어 문화적 가치를 가지는 것이며 과거로부터 이어 온 어휘들은 더욱더 우리의 사고나 세계관, 문화를 담고 있다고 할 수 있다. 그러므로 기본적으로 어휘 교육이 담당해야 할 영역은 의사소통의 기능 신장 외에 문화적 문식력이나 사고력 신장 차원까지 확대되어야 한다. 여기서 분명히 해야 할 것은, 이러한 주장이 엄밀히 말해 의사소통 능력과 문화적 문식력, 사고력 신장 등을 별개의 것으로 놓고 논의를 하고자 하는 것은 아니라는 점이다.

본디 우리가 교육에서 목표로 삼아야 할 어휘 능력이란 사전적 의미의 습득에 있는 것이 아니라 낱말의 이면에 들어 있는 의미를 세심하게 읽어 내고 그것을 통해 세계에 대한 섬세하고 정교한 개념을 형성하는 데 있다고 한 권순정(2006: 11)에 동의한다. 새로운 개념을 배운다는 것은 결국 새로운 세계상을 정립한다는 것과도 같은 것이기 때문이다. 그러므로 한 사회에 속한 언중들은 어휘 자체에 관심을 기울이고 그 어휘의 의미와 그 의미의 이면에 존재하는, 개별 단어의 의미가 환기하고 있는 문화적·역사적·사회적 배경에 대해서도 학습할 필요가 있다. 이러한 논의는 언어에는 언중의 사고가 반영되어 있다는 언어관을 배경으로 하는 것인데 이 관점을 적용하면 국어 어휘에는 한국인의 사고와 문화가 반영되어 있다고 볼 수 있게 된다. 이러한 관점을 근거로 구본관(2008: 80)은 한국인의 사유 구조나 문화에 대한 이해나 교육은 철학이나 문화학 등을 통해서도 도달할 수 있지만 언어, 특히 어휘를 통해 도달할 수 있다는 논리가 가능해지며 어휘를 의사소통의 수단이 아니라 사유나 문화를 포괄하고 있는 존재로 보게 되면 어휘교육의 논의는 자연스럽게 어휘사 교육의 필요성으로 이어질 수 있다고 하였다. 어휘는 본질적으로 역사적인 산물이며 역사를 투과하여 문화적인 요소를 포함하고 있는 존재이기 때문이라는 것이다.

또한 김대행(2006)은 국어교육의 내용을 구체화하기 위한 개념으로 '국어 생활'을 제시하고, 국어 생활이라는 것이 한국어에 기반을 둔 인간이 살아가는 활동이므로 국어 생활은 곧 국어교육의 자료이자 이론의 근거가 되는 실제의 총체이고 국어교육은 결국 국어 생활을 교육하는 것이라고 설명한다(김대행, 2006: 1-2). 그러면서 도구 교과적인 성격만 강조하는 기능 중심적인 국어교육이 가지는 한계는 문화나 문학을 포괄하는 내용으로 풍부해질 때 극복할 수 있을 것이라고 주장했다. 아울러 국어교육이 국어 생활의 역사적 본질에 대해 등한시했다는 반성을 깊게 해야 한다고도 지적하였다(김대행, 2006: 11-12). 결국 이러한 논의와 반성을 바탕으로 한다면 어휘 교육에서 어휘사, 더 나아가 어휘 생활사를 다루어야 하는 당위는 충분한 것으로 볼 수 있다. 그러나 어휘사나 어휘 생활사가 모든 어휘에 적용될 수 있는 것이 아니며, 어휘사의 연구적 성과나 어휘생활사의 연구적 성과가 모두 어휘 교육의 내용으로 적절하다고 하기도 어렵다. 이에 이 장에서는 어휘사 전체 혹은 어휘생활사 전체를 어휘 교육의 한 장으로 가져오자는 논의는 하지 않는다. 다만 어휘사 혹은 어휘생활사가 어휘 교육에서 확보하고 있는 가치의 측면을 최대한 활용하여 어휘 교육을 수행하는 하나의 관점으로서 '통시적인 관점'의 어휘 교육 가능성을 가늠해 보고자 한다.

2) 통시적 관점의 어휘 교육의 현황

어휘를 통시적으로 다룰 때는 어휘사적 측면, 어휘생활사적 측면, 국어사적 측면이 종합적으로 반영된 형태로 이루어지게 된다. 일반적으로 어휘사가 국어사의 하위 영역으로 인식되고 있기는 하나 어휘사는 말 그대로 어휘에 대한 사적 변천을 다룬 연구이므로 이는 문법, 형태의 사적 변천을 중심으로 다루고 있는 국어사와 다른 맥락으로 바라보아야 하는 학문적 성격을 가진다. 사실 '어휘'라는 범주 안에 포함되는 대상은 매우 다양하다. 사물이나 관념의 이름표일 수도 있고, 어떠한 동작이나 상태를 서술하는 것일 수도 있다. 또한 넓게 포함하면 문법적인 기능을 하는 단어들도 어휘에 속할 수 있다. 그러나 우리가 보통 '어휘론'이라고 이름 지은 학문의 영역에서 다루는 부분은 실사에 국한되며 어휘사가 다루는 분야 역시 그러하다. 그렇기 때문에 교육의 차원에서 통시적 관점으로 어휘에 대해 접근할 때에는 반드시 실사적인 측면, 의미의 변화와 그 의미가 가지고 있는 당시의 시대상·사회상·문화상 등을 외면해서는 안 된다. 그러나 지금까지 국어교육에서 통시적인 내용을 다룰 때에는 대체로 문법적인 변화, 즉 국어사적으로 형태에 국한했던 경향이 있었다. 이는 학문으로서의 어휘사 연구도 국어사 연구와 크게 분리되어 인식되지 못했던 경향과 관련이 있는데, 이러한 경향은 어휘교육에서 통시적인 관점을 적용하고자 할 때 문법사, 또는 국어사 교육과 구별되는 어휘 교육만의 분명한 범위와 방법을 확보하기 어려운 측면을 만드는 요인이 되기도 했다.

알아보기　　**어휘사는 왜 국어사와 구별되기 어려운가**

어휘사 연구가 일정한 의미를 지닌 어휘—단어 뭉치로서의—를 대상으로 통시적으로 추구하기 때문에 흔히 의미보다는 어휘 구조 또는 어휘 형태에 관심의 초점을 두게 되어 의미를 고정시킨 채 자체의 역사에는 관심을 덜 가져 왔다는 문제점을 지적하였다. 그리고 그러한 점에서 형태나 문법 기능에 초점을 맞춘 국어사와의 차이가 두드러지게 드러나지 않았음도 사실이다. 그러나 그에 덧붙여 인간의 상상력 또는 언어인식에 따라 상상된 또는 인식된 대상의 개념을 표현하기 위해 무언가를 언어 기호화할 때에 그 기호화는 어느 정도로서는 자의적일 수도 있음을 전제한다면, 결국 어휘 구조나 어휘 형태에 있어서도 그 자의성에 의한 다양성을 인정해야 할 것이라고 하였다(이병근, 2000 참조).

또한 지금까지의 사(史)적 연구들은 대체로 어휘 교육과 유리되어 이루어져 왔다고도 할 수 있다. 어휘 교육학자들은 현재 사용되는 어휘의 양적 계량이나 어휘 교수법 등을 연구하는 데 충실했고 어휘사 연구조차 국어사와 더불어 국어학자들의 전유물인 것처럼 여겨져 왔다. 그렇기에 국어사적 지식도 어휘 교육에서 다루어야 하는 내용과는 전혀 별개의 것으로 여겨져왔다. 그래서 간혹 '어휘사'와 관련된 내용이 교육의 장에 들어올 때에도 '어휘'의 통시적인 측면이 구체적인 교육 내용이나 방법을 동반하여 하나의 영역으로 분명한 자리를 차지하고 있었다기보다는 국어사와 별다른 구분 없이, 국어사를 다루는 한 형태로 나타나 있을 뿐이다. 통시적 관점을 적용하여 어휘를 교과서에서 다루고 있는 사례를 하나 들어 보겠다.[2]

활동 4. 언어는 시간이 지남에 따라 변하는 특징이 있다. 다음 활동을 하면서 이러한 특징에 대해 생각해 보자.

1) 다음 시조의 중장을 현대어로 바꿔 보자.

2) 할아버지나 할머니, 또는 나이 많은 어른들이 사용하는 말을 주의 깊게 들어보고, 자신이 사용하는 말과 차이가 있는 것들을 조사해 보자.

활동 5. 다음 낱말을 살펴보고 언어가 변하는 이유를 정리해 보자.

【보기】
(가) 자동차, 전화, 우주선, 디스켓, 햄버거
(나) 지달, 어사, 지갑
(다) 즈믄-천, 온-백, 벗-친구

---

2   실제로 통시적인 관점으로 어휘 자체에 초점을 맞춘 내용이 교재에 제시된 것은 중학교 생활 국어 2학년 1학기의 이 단원과 고등학교 국어 하권의 1단원 정도라고 할 수밖에 없다.

1) 말이 생기고, 사라지고, 변하는 원인을 (가), (나), (다) 항목과 관련지어 설명해 보자.

2) (가), (나), (다)에 해당하는 예를 더 조사해서 발표해 보자.

　　[중학교 생활 국어 2학년 1학기, pp. 66-67, 교육인적자원부]

　　이 단원은 비교적 '어휘사'와 관련성이 높은 활동을 제시함으로써 언어의 사회성과 언어의 역사성을 익힐 수 있도록 하고 있다. 그러나 주세형(2005c: 329)에서도 지적했듯 과거 설명문 형식으로 서술했던 방식을 학습자 중심의 발문 형식을 취한 활동으로 바꾼 것에 지나지 않아 학습자가 활동을 통해 궁극적으로 얻게 될 '능력', '지식'은 과거와 크게 다르지 않다는 한계가 있다. 대체로 국어교육에서 국어사(어휘사)를 다루고 있는 방식은 현재의 언어와 과거의 언어가 '다르다는 것을 인식'함으로 해서 언어의 '역사성'을 이해하는 정도이거나 과거의 언어 자체에 대한 특정 시대별 음운, 형태, 통사, 의미적 특징에 대해 설명문 형식으로 지식을 제공한다는 정도로 정리될 수 있을 것이다. 이러한 교육 방식으로는 국어(어휘)를 다루는 통시적인 교육 내용이 학습자들에게 교육적 설득력을 얻기 어려울 것임이 분명하다. 가뜩이나 낯선 표기, 낯선 형태로 이루어져 해독하기도 어려운 문서에 대해 구구절절 복잡한 설명만을 붙여 놓는 일은 학생들에게 고어에 대한 반감을 사게 하기 쉽고, '역사성'이라는 단순한 개념을 이해하기 위한 수단만으로 굳이 복잡한 텍스트들을 살피고 있기에는 불필요한 학습 부담이 커지기 때문이다. 왜 국어사(어휘사)를 배우는 것이 의미가 있으며 어떤 점에서 재미를 찾을 수 있는지 등을 학습자 스스로 깨닫고 느낄 수 없다면, 그리고 학습자들에게 의미를 부여해 줄 수 없다면 실제로 교육 내용으로 실현될 필요성을 상실할 수도 있다.

　　그러나 앞서 언급한 바와 같이 언어는 역사적 산물이며 사회적 산물이다. 그러한 역사적·문화적·사회적인 배경이 켜켜이 쌓이고 쌓여 형성된 어휘의 의미나, 어휘의 역사적 흐름을 이해하는 것은 분명히 문화 교육의 측면, 기능 교육의 측면, 사고력 교육의 측면을 통틀어서도 의미가 있다. 그러므로 통시적 관점의 어휘 교육은 분명히 새로운 교육 방향과 의의를 찾아야 한다. 무엇보다도 현재 통시적 관점으로 행해지는 어휘 교육이 그 자체의 현황을 말할 수 없을 정도로 축소되어 있는 상황에서 통시적 어휘 교육이 가지는 교육적 가치를 확보하기 위해서는 이러한 관점의 어휘 교육이 어떠한 측면에서 교육적 가능성을 가질 수 있는지 확인할 필요가 있다. 이에 이 장에서는 국어교육이 담당하는 큰 축인 이해와 표현이라는 큰 틀 안에서 통시적 어휘 교육의 가능성을 구체적으로 살펴보도록 하겠다.

3. 통시적 관점의 어휘 교육의 실제: 세 가지 가능성

1) 과거의 이해

각 시대는 상이한 인식의 내용과 원리, 진리의 기준 등을 소유하고 있으며 그것에 비추어 세계를 이해하고 진리를 판정한다(엄태동, 1998: 52). 통시적 관점을 적용한 어휘 교육이 국어교육의 한 축에 자리하기 위해서 우리가 고려해야 할 것은 바로 국어교육의 목표 중 하나가 '국어 문화 교육'에 있다는 점이다. 권순정(2006: 8)에서는 고전 어휘라는 용어를 사용하면서 고전 어휘는 현재와는 다른 삶의 질서에 의해 현재에는 볼 수 없던 세계를 수립한 흔적이 누적되어 온 것으로, 어휘의 언어적 '의미'를 어휘가 담고 있는 '세계'로 초점을 이동하면 어휘의 의미를 아는 것은 하나의 세계를 받아들이는 일이라고 말한 바 있다. 그러므로 통시적 교육은 고어와 어휘의 역사적 변화를 이해함으로써 그 당시의 사회와 문화라는 하나의 세계를 이해할 수 있는 교육이라고 할 수 있을 것이다. 그리고 어휘를 통시적으로 탐구함으로써 과거의 삶에 대해 얻게 되는 것은 다음과 같은 두 가지로 생각해볼 수 있다.

(1) 생활사적인 이해

구본관(2006)에서는 부엌의 어휘사를 서술하면서 '부엌'과 '아궁이'를 나타내는 말의 분포에 따라 각각의 방언권을 '부엌계-아궁이계'와 '정지계-부엌계'로 구분하면서 이러한 방언의 차이가 가옥 구조의 차이에서 온 것이라고 설명하고 있다. 이후 '주방'이 등장하게 된다는 이야기까지 덧붙이면서 그는 단어가 사용되는 양상이나 분포를 통해서 한국의 전통적인 주거 문화를 이해할 수 있음을 보여주었다. 이와 같이 개별 단어의 역사는 그 어휘가 사용되던 당시의 생활상이나 사회상을 보여주는 역할을 한다. 이는 어휘

쉬어가기　　**'부엌'의 어휘사**

'부엌'은 '불을 때어서 음식을 만드는 곳'이라는 의미로 어원론적으로도 '불(火)'과 관련되는 공간이어서 불로 음식을 하기도 하고, 그 남은 열을 이용하거나 추가로 불을 때어 난방을 하는 공간이기도 하다. '부엌'과 관련된 단어로 '아궁이'가 있는데 이 두 말이 나는 분포는 방언권별로 뚜렷한 차이가 있다. 서울을 중심으로 한 중부 방언권에서는 '부엌'계로 나타나고, 중부 방언권을 둘러싼 주변 방언권에서는 '정지'계로 나타나며, '정지'계로 나타나는 방언권에서는 '부엌'계 어휘가 '아궁이'의 의미로 쓰인다. 따라서 '부엌' 및 '아궁이' 관련 어휘의 방언 분포는 '부엌'계-'아궁이'계로 나타나는 방언과 '정지'계-'부엌'계로 나타나는 방언으로 나

눌 수 있다. 이런 방언의 차이는 (가옥) 구조의 차이로 온 것으로 '정지' 내지 '정주'는 함경도 지방에서 많이 볼 수 있었던, 부엌과 방 사이에 벽이 없이 부뚜막과 방바닥을 잇달아 꾸민 부엌을 지칭하는 것이었고, 조선 전기 이후 서울을 중심으로 전면 온돌이 퍼지게 되면서 방과 부엌이 분리되어 음식을 하고 불을 때는 공간이 '부엌'으로 불리게 된 것이라 할 수 있다. 시대가 변하게 되면서 '부엌'의 구조와 기능이 변하게 되어 '부엌'은 '불(火)'과 멀어지게 되었고, 난방과 무관한 음식을 하는 공간으로서의 의미는 한자어 주방(廚房)이 그 자리를 차지하게 되기도 하였다(구본관, 2008 참조).

를 통시적으로 탐구하고 학습하면서 단순히 그 당시의 생활상만을 읽어내는 것이 아니라 어휘에 담겨 있는 생활 습관이나 문화, 사고방식이 형성된 과정까지도 이해할 수 있게 되는 것이다. 이병근(2004)에서 제시된 질경이, 마름, 해바라기, 고양이, 지느러미, 올가미, 바늘, 노을 등의 어휘사는 모두 생활과 밀접한 관련이 있는 어휘들로 각각의 연구 성과는 그 당시의 생활상 및 대상에 대한 옛 조상들의 인식, 관점 등도 알 수 있는 훌륭한 것이다. 그리고 이러한 생활사적 지식의 학습은 결국 어휘에 대한 통시적 접근을 통해서만 가능하다. 그러므로 이제 우리가 해야 할 일은 이러한 연구 성과들을 자연스럽게 교육 현장에 가져올 수 있도록 하는 일일 것이다.

(2) 정서, 문화의 이해

우리가 통시적인 측면에서 어휘를 만날 수 있는 가장 많은 경우는 고전 시가나 소설, 혹은 언간 같은 고전 문학 자료를 통해서이다. 고전 문학의 어휘들 중에는 특정 상황에서 늘 반복적으로 등장하면서 하나의 문화적 기호로 굳어진 어휘들이 상당히 많은데 이러한 어휘는 관습적으로 사용되었기 때문에 현재의 시각으로 본다면 당대의 실제적인 삶과는 괴리가 생길 수도 있다(권순정, 2006: 52). 그렇기 때문에 이러한 어휘를 통해서 우리는 앞서 언급한 것과 같은 '생활상' 자체를 읽어 내기는 어려울 수 있다. 오히려 이러한 단어들은 그 당시에 어떤 사고가 지배적이었는지, 어떤 정서를 주로 향유했는지를 보여 주는 어휘로 작용할 수 있다. 한 가지 예를 들어 보자.

> 物外예 조흔 일이 漁父生涯 아니러냐
> 漁翁을 웃디마라 그림마다 그렷더라.
> 四時興이 한가지나 秋江이 으뜸이라.
>
> — 윤선도, 「어부사시사」추사 제1수

가령 위에 제시한 「어부사시사」에서처럼 고전 시가에 자주 등장하는 어옹(漁翁)의 경우만 하더라도 한자의 뜻 그대로를 풀이하면 '고기 잡는 늙은이'라고 할 수 있다. 그러나 고려, 조선에 그다지도 많은 어부가 존재하고 있었으며 어부들만이 그렇게 노래를 지어 불렀던 것인가, 아니면 그 당시에는 취미로 할 만한 것이 낚시밖에 없었던 것인가? 여기서 어옹(漁翁)이라는 단어는 '가(假)어옹(漁翁)'이라는 말도 전해지듯이 실제로 생계를 위해 고기잡이를 하는 어부나 여가로 낚시질을 하는 사람이 아니라 속세를 떠나 자연에 은거하고 있는 은일지사(隱逸之士)를 의미한다. 그렇기 때문에 강호가도를 노래하는 시가에서 어옹(漁翁) 혹은 어부(漁夫)가 많이 등장하는 것이다. 다음 이현보의 「어부단가(漁父短歌)」를 통해 좀 더 구체적으로 살펴보고자 한다.

이듕에 시름 업스니 漁父의 生涯이로다
一葉片舟를 萬頃波에 씌워두고
人世를 다 니젯거니 날 가는 주를 안가

구버는 千尋綠水 도라보니 萬疊靑山
十丈紅塵이 언매나 ᄀ랫는고
江湖에 月白ᄒ거든 더옥 無心하얘라

靑荷에 바볼 ᄡ고 綠柳에 고기 ᄢ여
蘆荻花叢에 빈 믜야 두고
一般淸意味를 어늬부니 아르실고

—『농암집』[3]

————————
3 이 글에 실린 작품의 표기와 해설은 신연우(2000)를 참고한 것이다.

이 시에 나타난 어부(漁父)에 대한 신연우(2000: 72-73)의 설명을 참고하면 다음과 같다.

초장에서 보면 '이듕에 시름 업스니 漁父의 生涯이로다'라고 했으니 '어부의 생애'는 시름이 없는 것으로 되어 있다. 그렇다면 '이중에'는 시름이 있는 상황을 가리키는 말이겠다. 시름이 있는 상황과 어부의 생활이 대비되는 것이다. 시름이 있는 생활이 구체적으로 무엇을 말하는지 한정되지 않았으니 역시 어부의 생활과 대비해 이해하는 수밖에 없다. 어부란 고기 잡는 사람이다. 그런데 漁夫라고 하지 않고 漁父라고 했으니 고기를 잡아 그걸로 밥 먹고 살아야 하는 사람은 아니다. 풍류로 배를 띄우고 고기 보는 것을 즐기는 사람이다. 그러니 우선 경제적인 '시름'이 있는 사람은 아니라는 느낌이 든다. (중략) 풍류를 즐기는 일종의 유한계급인 漁父는 바닷가에 사는 사람이다. 즉, 도시에서 떨어져 있다. 또한 어부는 혼자 있는 것으로 상정된다. 이에 비해 도시는 혼자 있을 수 없는 곳이다. 이 시에서 어부는 다른 사람과의 관계를 끊고 혼자 자연을 즐기는 사람으로 생각할 수 있다.

즉 신연우(2000)에 따르면 고전 시가에 등장하는 어부의 상당수는 어부(漁夫)가 아니라 어부(漁父)이며 고기를 잡아 생계를 이어 나가는 직업적인 어부가 아니라 풍류를 즐기는 선비를 상징적으로 표현해 주는 어휘라는 것을 알 수 있다. 이처럼 어옹(漁翁) 혹은 어부(漁父)라는 단어는 이와 같이 당시 사람들의 강호가도의 정서, 은일지사의 풍모를 전해주는 단어로서 그 가치를 인정받을 수 있을 것이다. 또 다른 단어를 살펴보자.

살어리 살어리랏다 청산애 살어리랏다, 멀위랑 드래랑 먹고 청산애 살어리랏다,
— 작자 미상, 「청산별곡」

해야 고운 해야 늬가 오면 늬가사 오면 나는 나는 청산이 좋아라

훨훨훨 깃을 치는 청산이 좋아라, 청산이 있으면 홀로래도 좋아라

— 박두진, 「해」

「청산별곡」 등의 '청산(靑山)' 같은 경우는 '이상향' 혹은 '도피처'라는 의미로 등장한다. 그러나 「청산별곡」의 청산(靑山)과 박두진의 시에 나타난 청산(靑山)은 같으면서도 다를 수밖에 없다. 각각의 시에서 나타내는 청산 (靑山)의 경우 당시의 사회상이 어떠했는지에 따라 지향하는 바, 나타내는 바가 달랐을 것이기 때문이다. 이런 단어를 통해서 '청산'이라는 말이 보여 주는 사회ㆍ문화적인 성격에서부터 '청산'이라는 단어가 시대의 변화에 따라 겪게 되는 의미상의 변화 등도 생각해 볼 수 있다. 이는 모두 어휘를 통시적으로 살펴볼 때에야 발견할 수 있는 결과물들이다. 또한 다음 항에서 언급하겠지만 이렇게 역사적으로 두루 사용되는 어휘들을 통시적으로 살펴보면서 이들이 현재에는 어떤 의미를 가질 수 있는지 혹은 현재에도 사용될 수 있는지 등 현재의 언어 생활을 인식하는 데에까지 그 논의를 확장할 수 있을 것이다.

2) 현재의 이해

리쾨르(Ricoeur, 1985/김한식ㆍ이경래 역, 2004: 272-273)에 따르면 '과거'라는 역사를 해석하기 위해서는 동일자, 타자, 유사자의 세 격자를 통과해 가는 방식으로 과거를 잇달아 생각함으로써 과거의 무궁무진한 잠재적 가능성을 형성할 수 있다고 한다. 이를 위해 리쾨르는 '전유(appropriation)'라는 개념을 제시하는데 여기서 전유란 과거와의 만남을 통해 현재를 바라보는 방식을 탈은폐함으로써 '새로운 자신(the self)'을 확립한다는 뜻이다. 이러한 리쾨르의 역사 이해 방식은 '과거'가 현재에 지니는 가치를 분명히 설명해 준다고 할 수 있다. 즉 과거를 통해 현재를 새롭게 이해하고 바라볼 수 있

는 시야를 가질 수 있게 된다는 점이다. 앞서 우리는 통시적 관점을 적용한 어휘 교육이 어휘에 담긴 문화적 의미를 파악하고 우리 민족의 생활사를 이해할 수 있는 단면으로 적용될 수 있다는 얘기를 한 바 있다. 그리고 이제는 과거에 대한 바른 인식과 치밀한 이해가 '현재'의 언어 현상뿐 아니라 사회와 문화적 현상까지도 읽어낼 수 있는 또 하나의 창으로서 작용할 수 있다는 얘기를 하고자 한다.[4]

일정한 개념을 나타내는 언어 기호가 그 언어사회에서 형성되어 어느 정도 의미가 사회화되어 고정된 의미로 쓰인다고 하더라도, 시간의 흐름과 함께 인간의 상상력으로 또다시 의미상의 관련성이 있으면서도 일정한 범위에서 의미의 전환이 이루어지는 것이 가능(이병근, 2000: 24-25)하다는 것은 이미 여러 사람들이 동의하고 있는 바이다. 그러므로 현재 쓰이고 있는 혹은 쓰이지 않는 어휘들은 그 나름의 과정을 거쳐 현재에 도달한 것이라고 할 수 있다. 구본관(2005: 338-339)은 과거의 어휘는 우리가 이를 완전히 잊어버리지 않는 한 어떤 식으로든 남아 있다고 하였다. 구어로든 문어로든 전해지는 어휘는 음운 변화, 형태 변화, 통사 변화 등을 통해 변화를 겪으면서도 어느 한 부분은 과거의 모습을 유지하기도 한다는 것이다. 그런 경우 학습자들이 어휘의 사적 변천을 공부하는 과정에서 이 단어는 왜 지금은 이렇게 쓰이게 되었을까, 혹은 이 단어는 왜 지금은 쓰이지 않게 되었을까, 왜 이런 변화를 겪은 것일까라는 기본적인 의문을 가지는 것은 자연스러운 일이다. 그리고 어휘 사용 양상, 실제로 사용되는 의미에 '왜'라는 의문을 가

---

4   어휘에 대한 통시적 접근은 기본적으로는 현재의 언어 현상의 이해를 도울 수 있을 것이다. 가령 '어휘'와 직접적인 관련은 없으나 국어사적 지식이 현재의 문법 현상—예를 들어 불규칙 활용과 같은—들을 이해하는 데 도움을 줄 수 있다는 것은 이제 어느 정도 공감을 형성한 것으로 보인다. 어휘의 의미에 집중해 실사의 사적 변천 부분에 초점을 맞춘 이 글에서는 논외로 하기로 한다.

지는 순간 어휘는 현재의 우리 모습을 비춰볼 수 있는 창이 된다. 이는 과거의 언어, 즉 고어(古語)를 학습하면서 그 당시의 문화와 사회상을 언어가 얼마나 잘 반영하고 있는지를 인식하고, 그를 통해 당시의 문화와 당대 언중들의 사상과 사고방식들을 읽어내는 일을 성공적으로 수행했을 때 비로소 가능해지는 일이기도 하다. 과거의 언어에 문화와 사회가 반영되어 있다면 현재의 언어에도 문화와 사회가 반영되어 있음은 당연한 일이므로 고어 이해 과정을 통해 언어를 통해 사회를 바라보고자 하는 태도가 습득될 수 있을 터이기 때문이다. 다만 이 과정에서 고어, 즉 어휘의 사적 변천에 대한 공부가 필요한 이유는 단지 '과거의 어휘가 그러했으니 현재의 어휘도 그러할 것'이라는 유추적 과정을 거치기 위함이 아니라 앞서 언급한 리쾨르의 주장처럼 고어를 통해 현재를 낯설게 보고 새롭게 다가설 수 있기 때문이다. 다음에 제시된 언간 자료에서 단어 하나를 골라 살펴보자.(굵은 글씨, 밑줄은 연구자)

㉠ **어미** 업슨 손즈들이야 어듸 가올고 〈11〉
㉡ [   ]**어미** 젼 즈식들의게 다 총망ᄒ여 닷 몯 뎍ᄉ오니 [   ] 뎐ᄒ옵 〈15〉
㉢ [   ]**어미**끠 총망ᄒ와 답장 몯ᄒ오니 이 ᄠᆞ들 술오쇼셔 〈39〉[5]

제시된 단어 '어미'는 현재에도 널리 쓰이는 단어이다. 그렇기 때문에 학습자가 이 단어를 읽게 되면 단어의 의미를 자칫 현재 사용되는 의미로 이해하려 할 수 있다. 그러나 언간 자료를 살펴볼 때, 단어 '어미'를 현재 사용되는 그대로 이해하려고 하면 어색하다. 그리고 이 지점에서 우리는 같은

---

5   제시된 언간 자료는 박재연(2008)을 참고한 것으로 2001년 진주 유씨 문중에서 선산의 묘를 이장하는 과정에서 발견된 것을 2005년 강남대 고문헌연구팀(연구 책임: 국문과 홍순석 교수)에서 연구한 것이다. 이 글에서는 박재연(2008)이 어휘별로 정리한 것을 용례로 활용하였다. 해석과 단어 풀이는 역시 박재연(2008)과 국립국어원을 참고하였다.

단어가 다르게 쓰이는 양상을 확인하고 그를 통해 '현재의 언어'를 새로이 바라볼 수 있게 된다.

위의 사례에서 단어 '어미'가 사용된 경우를 보면 현재의 쓰임과 유사하면서도 다른 양상을 보인다는 것을 알 수 있다. ㉠은 유시정이 죽은 며느리를 지칭한 경우이다. ㉡과 ㉢은 유시정이 계모 유씨(兪氏)를 지칭한 것으로 셔모(서모:庶母)와 혼용되고 있다고 하였다(박재연, 2008: 241). 언간에서 사용된 '어미'에 대해 살펴보면 여기서 '어미'가 '서모(계모)'의 의미로 쓰였던 것으로 보이지는 않으나 현재 '어미'가 사용되는 양상과 달리 높임의 의미가 있었던 것을 확인할 수 있다. '어미'가 분명히 '어마님'과 차이가 있는 단어이기는 하나 이 단어를 사용할 때 격간법[6]을 사용하여 존대를 표현하였다고 하고(박재연, 2008: 241), ㉢의 경우 이어지는 조사에서도 존칭의 여격 조사 '의'를 사용하고 있기 때문이다. 여기서 우리는 '어미'가 의미는 어머니(母)이면서 낮춤말은 아님을 알 수 있다. 이를 현재 사용되는 '어미'의 의미와 비교해 보면 확연한 차이를 발견하게 된다.

> 어미 「명사」「1」 '어머니01 「1」'의 낮춤말. 「2」 '어머니01 「2」'의 낮춤말. 「3」 결혼하여 자식을 둔 딸을 이르는 말. 「4」 시부모가 아들에게 아내인 며느리를 이르는 말. 「5」 자녀를 둔 남자가 웃어른 앞에서 자기 아내를 낮추어 이르는 말. 「6」 손자나 손녀에게 그들의 어머니를 이르는 말. 「7」 친부모나 장인·장모 앞에서 자기 아내를 이르는 말. 「8」 어머니가 자식에게 자기 자신을 낮추어 이르는 말. 〈풀이 : 국립국어원 표준대사전〉

---

6   격간법(隔間法)은 어떤 인물이나 그 인물의 행위를 가리키는 표현 앞에서 한두 자 정도를 여백으로 비워 해당 인물에게 존대를 표시하는 방법(황문환, 2007: 6)이다.

현대어 '어미'의 뜻풀이를 살펴보면 ㉠에서처럼 손자를 기준으로 손자의 어머니인 자신의 며느리를 지칭할 때의 용법은 현재에도 「6」 손자나 손녀에게 그들의 어머니를 이르는 말.' 정도로 유사하게 살아 있는 편이다. 그러나 현대어 '어미'는 그 이외의 경우에는 철저하게 '낮춤말'로만 쓰이는 데다 낮춤말이 아닐지라도 스스로 본인의 어머니를 지칭할 때는 사용하지 않는다.

　　좀 더 다양한 사례를 통해 근거를 분명히 해야 하지만 어휘에 대한 이러한 통시적 접근은 어휘 교육적 차원에서 왜 이 단어가 현재는 낮춤말로 쓰이게 되었는지 생각해 볼 기회를 줄 수 있다. 가령, 당시 친모를 지칭할 때가 아니라 계모를 지칭할 때 사용되었다는 점이나 아랫사람을 지칭할 때 사용되었다는 점 등으로 미루어 현재에 이 단어가 낮춤말로만 쓰이게 된 배경이나 변화를 인식할 수 있게 될 것이다. 그리고 이를 통해서 현재 이 단어가 낮춤의 의미로 주로 쓰이고 있다는 점을 분명히 하면서 현재 사용되는 이 단어의 정확한 용법에 대해 확인할 수 있을 것이다.

　　결국 이러한 과정을 통해 우리는 어휘가 어떠한 의미를 가지고 어떠한 경우에 사용되는지 등을 탐구함과 동시에 이러한 단어들이 변화된 양상, 그리고 현재 존재하는 어휘의 사회적인 의미에 대해 환기할 수 있게 된다. 이는 익숙하다고 여겨 왔던 단어에 대해 새로운 시각을 갖게 되는 계기가 될 수 있다. 의미는 역사적 산물이며, 의미의 축소와 확대, 신어의 등장 등은 모두 언어가 사용되는 사회와 그 사회에 속해 있는 언중들의 사고가 반영된 것이기 때문이다. 결국 우리는 단순히 '어미'라는 단어뿐 아니라 이 단어가 속해 있는 어머니 관련 어휘장의 어휘들이 사용되는 양상을 통해서 현재 우리 사회에서 '어머니(母)'의 위상이나 '엄마', '어머니', '어미' 등의 의미 차이를 비교하고 각각의 어휘가 환기하는 '어머니(母)'의 사회적 의미나 이미지 등을 확인하면서 그러한 인식을 형성한 현재 사회를 바라볼 수 있는 안

목을 키울 수 있을 것이다.[7]

또 다른 예로 앞서 예를 들었던 '부엌'계 어휘사도 살펴보면 '정지', '부엌' 등이 사용되었다가 '주방'이 등장하고 최근에는 '키친'이라는 외래어까지 사용되고 있는데 구본관(2006)에서 지적한 것처럼 이는 당시의 가옥 구조와 부엌의 구조 등과 관련이 깊다. 서양식 부엌이 등장하면서 부엌과 달리 주방이라는 단어가 등장했고, 최근의 가옥 구조 및 가구, 기술의 발전 등에 따라 '시스템 키친' 등의 외국어 어휘까지도 사용되고 있다. 이는 어휘에 대한 통시적 학습이 단순히 단어가 변화하고 신어가 생성되었다는 '사실'을 알게 해 줄 뿐 아니라 각각의 단어가 나타내는 현재와 다른 삶의 양식 및 생활 방식을 통해 현재 우리의 삶의 모습을 새롭게 되돌아볼 수 있는 '안목'을 키워 준다는 것을 보여 주는 좋은 예가 될 것이다.

아주 낡은 단어가 아닐지라도 옛 문헌에 사용된 단어에 대한 통시적인 탐구를 통해 우리는 우리가 살고 있는 사회 현상을 읽어내고 우리의 언어 습관을 되돌아볼 수 있다. 같은 어휘라고 하더라도 단어가 처음 생성되어 쓰이던 당시와 현재의 사용 양상이 어떻게 다른가를 살피면서 왜 그런 차이가 생기고 어떤 점에서 변화를 이끌어내게 된 것인지를 생각해 본다면 우리는 이러한 언어를 통해 현재를 바라볼 수 있는 안목을 키울 수 있을 것이기 때문이다. 그리고 이런 기회를 통해 학습자는 어휘의 정확한 용법이나 세밀한 의미의 차이에 대해서도 확인할 수 있게 된다.

더불어 최근 부각되고 있는 어휘에 대한 인지적 관점은 어휘 자체에 집

---

7 가령 최근 어머니를 소재로 한 영화에 영어 단어 'mother'의 한글 표기인 '마더'라는 제목을 붙인 바 있다(봉준호 감독, 2008). 이 경우 국제적인 영화제 등의 상황을 고려한 것이라고 할지라도, 자연스럽게 사용되는 외국어 어휘의 사용 양상을 통해 현재 우리가 처한 언어 현실이나, 서양 문화가 자연스럽게 들어와 있는 우리 사회를 바라볼 수 있는 창이 될 수 있을 것이다. 이 또한 어휘의 변화, 어휘 사용 양상의 변화 과정을 통해 사회상이 분명하게 드러나는 예가 될 수 있으리라 생각된다.

중하여 어휘를 중심으로 한 직접적인 학습을 통해 학습자들이 어휘력 향상뿐 아니라 인지, 사고력의 향상을 꾀할 수 있을 것이라고 본다. 이러한 점에서 어휘의 의미 변화에 대한 사적 변천을 살피고 현재를 통찰하는 행위는 그 자체로 매우 훌륭한 탐구 활동이 되기 때문에, 문화적인 문식력 향상뿐 아니라 사고력과 인지 발달에도 분명한 도움을 줄 수 있을 것이다.

3) 현재의 표현

그럼에도 불구하고, 통시적 관점의 어휘 교육이 현재의 언어 사용과 유리되어서 단순히 과거를 알고 현재를 이해하는 데에만 그친다면 그 교육적 생명력에 한계가 있을 것이다. 고어가 단순히 화석화된 옛날 자료가 아니라 현대에도 어휘적 생명력을 유지하고 있는 경우를 다음과 같이 두 가지로 나누어 살펴볼 수 있다.

(1) 어휘 차원의 확장

요즘 관찰할 수 있는 어휘 현상 중 재미있는 것은 현재 사용되는 국어 표현이나 명칭 등에 고어에 해당하는 어휘들이 종종 보인다는 것이다. 사용되는 어휘의 종류는 전체 어휘의 비율상 그리 많지 않을 것이나, 사용 빈도에 있어서는 일상생활에서 드물지 않게 발견할 수 있을 정도로 높다. 가장 눈에 띄게 사용되는 어휘들은 사랑의 고어인 '두솜'이나 강의 옛 말인 'ᄀ룸', 천(千)의 고어인 '즈믄' 등인데 가령 '즈믄'을 인터넷에 쳐 보면 바로 수많은 문서와 웹 사이트, 기관, 명칭 등에 '즈믄'이라는 어휘가 사용되고 있음을 알 수 있다.[8]

———
8   식당 명으로 쓰이는 바닿('바다'의 옛말), 회사 명칭이나 책의 주인공 이름으로도 쓰이는 불

[그림 1] 네이버 '즈믄' 검색 결과

　　간단히 몇 가지 예를 살펴보면 2000년도에 태어난 아이를 가리키는 말로 사용되었던 당시 신어인 '즈믄둥이'가 있고, 이외에도 '즈믄 건설', '(주)즈믄', '사회복지법인 즈믄'처럼 회사명에도 쓰인 것을 볼 수 있으며 '즈믄 새해를 위한 단상(최승범, 문학아카데미)', '새 즈믄 우리말 구약 성경(최의원, 신앙과 지성사, 2008)', '새 즈믄 하나님의 말씀(최의원, 예영, 2008)' 등과 같이 서적 명에도 사용된 것을 알 수 있다.[9] 표준국어대사전에서 '즈믄'의 뜻을 찾

휘('뿌리'의 옛말) 등의 고어들도 이에 대한 좋은 예가 된다. 이외에도 해오라기의 옛말인 '하야로비'라든가 용(龍)의 옛말인 '미르' 등도 자주 쓰이는 고어에 속한다고 할 수 있다.

9　문학에서도 이러한 현상은 드물지 않게 발견할 수 있다. 이는 특히 짧은 시구에 다양한 의미를 담고자 하는 운문문학에서 두드러지는 현상으로 보인다. 가령 '즈믄'의 경우만 하더라도 송수권 「산문에 기대어」(1975), 서정주 「동천」(1966) 등에서 볼 수 있고 '가람'의 경우 대표적으로 김소월의 「접동새」(1923) 등에서 발견할 수 있다. 특히 「산문에 기대어」(1975, 송수권)의

아보면 다음과 같이 나온다.

> 즈믄 「수사·관형사」 『옛말』 '천03(千)'의 옛말.
>
> 〈풀이: 국립국어원 표준국어대사전〉

단어 '즈믄'은 사전에는 등재가 되어 있으나 옛말, 즉 현대어가 아닌 고어로 분류되어 있다. 'ᄀᆞ름' 같은 경우도 매우 활발하게 쓰이는 고어인데 'ᄀᆞ름'의 경우 아래아 표기가 현대어에 반영되지 못하는 제약이 많으므로 주로 '가람'의 형태로 사용된다. 그러나 사전에서 '가람'이라는 표제어를 찾으면 명사로 '嘉藍'이라는 한자 표기와 함께 명사로 '이병기의 호'라고만 설명되어 있다.[10] 그러므로 지금 현재 사용되고 있는 '가람'은 공식적으로 표준어로 등재된 단어가 아니며 '강'의 고어인 'ᄀᆞ름'을 현대 문자 체계에 맞게 표기하여, 말하자면 '강'이라는 단어가 쓰여야 할 자리에 사용하는 셈이다. 이는 이 단어가 쓰인 곳이 인명이거나 강과 관련된 학교나 건물명, 혹은 회사명으로 사용되고 게임이나 만화 등에서 '강'을 가리키는 말로 사용된다는 것을 고려할 때 보다 분명해진다고 할 수 있다. 그렇다면 우리는 고어로 분류된 어휘들이 현대어에 두루 사용되고 있는 이러한 현상을 어떻게 받아들여야 할 것인가?

경우, 1940년생으로 현재까지 활발한 활동을 펼치는 현대 시인의 고어 사용은 일제 강점기에 부터 활동했던 서정주나 김소월과는 또 다른 의미를 지닌다고 하겠다.

10 다만 'ᄀᆞ름' 표기 그대로 표준국어대사전을 검색하면 다음과 같다.

ᄀᆞ름02 : 「명사」 『옛말』 「1」 '강01'의 옛말. 「2」 '호수07(湖水)'의 옛말.

이처럼 'ᄀᆞ름'은 고어로 분류되어 사전에 등재되어 있기는 하다. 그러나 역시 이는 '고어'로 분류된 단어일 뿐 현대어라고 할 수는 없다. 그럼에도 현대에 와서 'ᄀᆞ름' 표기 그대로 혹은 '가람'으로 바꾸어 여러 곳에 두루 사용되고 있는 양상을 쉽게 발견할 수 있다.

최근 어휘의 의미를 연구하는 학자들 사이에서는 '동의어는 존재하지 않는다'고 보는 입장이 일반적이다. 가령 '부인', '아내', '안사람', '집사람', '와이프', '마누라' 등을 예로 들어 생각해 보자. 부부 중 여성 배우자를 가리킨다는 의미로 보면 개별 단어의 의미가 나타내는 외연의 일치라는 점에서 동의어임에는 분명하지만 각 단어가 사용될 때 환기되는 이미지는 각각 매우 다르다는 것을 알 수 있다. 마루야마 게이자부로(丸山圭三郎)에 따르면 모든 의미의 표출 행위에는 전달(communication)과 교감(communion) 영역이 있는데 이 중에서 전달의 영역은 사물이나 관념의 지시 작용만을 수행하나 교감의 영역에서는 말로는 표현할 수 없는 음정이나 음색 또는 억양이 산출하는 잔향(殘香)같이 몸에 직접적으로 와 닿는 '느낌'의 교류가 일어난다고 밝힌 바 있다(丸山圭三郎, 2002, 권순정, 2006: 2 재인용). 결국 어휘의 의미란 대상의 외연으로서의 사전적 의미뿐 아니라 어감이나 분위기 등까지도 모두 포괄한 개념일 수밖에 없으며 이런 차원에서는 존재하는 모든 어휘는 개별 단어가 가리키는 대상의 외연이 일치한다고 하더라도 모두 같은 대상

알아보기 **고어처럼 느껴지지만 현재도 사용되는 예쁜 순우리말**

앙앙히: 매우 마음에 차지 아니하거나 야속하게

앙상스레: 꼭 짜이지 아니하여 어울리지 아니하고 어설프게

앙당그레: 춥거나 겁이 나서 몸이 움츠러지는 모양

푼더분하다: (1) 생김새가 두툼하고 탐스럽다. (2) 여유가 있고 넉넉하다. (3)사람의 성품 따위가 옹졸하지 아니하고 활달하다.

몽글리다: (1) 어려운 일을 당하게 하여 단련시키다. (2) 옷맵시를 가뜬하게 차려 모양을 내다.

안다미로: 담은 것이 그릇에 넘치도록 많이

살강살강: 설익은 곡식이나 열매 따위가 자꾸 가볍게 씹히는 소리, 그 느낌

비금비금: 견주어 보아서 서로 비슷한 모양

발밤발밤: 한 걸음 한 걸음 천천히 걷는 모양

반둥건둥: 일을 다 끝내지 못하고 중도에 성의 없이 그만두는 모양

노드리듯: 노끈을 드리운 듯 빗발이 굵고 곧게 뻗치며 죽죽 내리쏟아지는 모양

내광쓰광: 서로 사이가 좋지 아니하여 만나도 모르는 체하며 냉정하게 대하는 모양

을 같은 의미로 나타내고 있다고 말할 수 없는 것이다.

고어의 사용도 이러한 맥락에서 이해할 수 있다. '강'이라고 쓰면 되고, '용'이라고 쓰면 되며 '천'이라고 쓰면 되는 자리에, 굳이 '가람(ᄀᆞ름)'이라고 쓰고 '미르'라는 단어를 사용하고 '즈믄'을 이용해 신조어를 만들어내는 이유는 대상의 외연이 같다고 하더라도 고어가 환기하는 이미지·느낌·어감 등이 현대어의 어휘와 다른 점이 있기 때문이며, 그 자체로 또다시 현대에 사용되는 어휘로서의 충분한 생명력을 가지고 있기 때문일 것이다. 이는 이미 의미가 널리 알려져 쉽게 사용할 수 있는 고어에서부터, 다소 점잖고 고전적인 느낌을 주는 고어, 드라마 등을 통해 장난스럽게 퍼지게 되는 고어 어구까지 다양한 양상을 보이게 된다.[11]

(2) 표기 차원의 확장

다음으로 우리가 주목할 것은 표기 차원의 문제이다. 고어에는 현대어에는 사용되지 않는 자·모음이 존재하는데 그 대표적인 것이 아래아(·)나 반치음(ᅀ), 여린 히읗(ᅙ), 옛이응(ᅌ), 순경음 비읍(ᄫ) 등이다. 그런데 현대어에서도 의외로 다양한 경우에서 이러한 옛 표기를 발견할 수 있다는 점에 주목할 필요가 있다.

제시된 그림[12]에서 볼 수 있듯이 최근의 도서나 영화명, 간판, 상호 등에

---

11   한동안 사극 열풍이 불었을 때 '감축 드리다'라는 어구가 유행한 적이 있다. '감축'은 사전에 등재된 단어이긴 하나 일반 언중들에게 널리 사용되던 단어는 아니었다. 그러나 사극 드라마 속에서 '축하 드린다'는 맥락에서 '감축 드리다'라는 어구를 사용하면서 언중들에게 널리 퍼지게 된 것이다. 지금은 그 당시만큼 많이 사용되지는 않지만 '감축 드린다'라는 말을 했을 때 못 알아듣는 사람이 없을 정도로 보편적으로 의미가 알려진 어휘가 되었다. 이 역시도 고어의 현대적 사용—고어의 창조적 생명력을 설명하는 데 하나의 사례가 될 수 있을 것이다.

12   그림 출처:
       [도서] 씨 올 함석헌 평전: 이치석 저, 출판사 시대의창, 2005.
       [도서] 꽃가치 피어 매혹케 하라: 김태수 저, 출판사 황소자리, 2005.

[그림 2] 옛 표기가 사용된 사례

서 지금은 쓰이지 않는 표기들이 발견되는 것을 알 수 있다. 최근 외국어의 표기와 관련하여 옛 표기의 음가를 살려 쓰자는 주장도 보이기는 하나(반재원 외, 2008: 61) 이는 발음의 표기 차원에서의 문제일 뿐 현재 곳곳에서 발견되는 고어식의 표기와 직접적인 상관은 없다. 더구나 우리가 주목해야 할 부분은 예전 표기 혹은 고유명사를 원래대로 적는 차원에서의 표기(씨올) 보다는 창조적으로 사용된 표기일 것이다. 이런 경우에는 두 가지로 나누어 볼 수 있는데 하나는 소실문자를 되살려 쓰는 방식이다. 이를 통해 '둥궠과 오뤤지'처럼 다소 과장된 외래어 표기와 조선시대의 표기를 대비함으로써 수사적인 효과를 강조하거나 이ㅅ봉이나 머싴룸처럼 소실 문자를 활용하

[도서] 둥궠과 오렌지: 고운기 저, 출판사 샘터, 2008.

[영화] 구르믈 버서난 달처럼: 이준익 감독(2009). 박흥용 화백의 동명 원작 만화도 있음.

[업체] 이ㅅ봉: 이사업체, http://is24.co.kr/

[식당] 머싴룸: http://blog.joins.com/media/folderlistslide.asp?uid=hansha&folder=19&list_id=2331227

여 옛스러운 느낌을 강조할 수 있다. 이ㅅ붕이나 머시롬은 매우 독특한 경우로 이는 영어의 'mushroom'을 한글로 표기하는 과정에서 옛 문자를 활용해 낯설고도 고풍스럽게 표기한 사례이다. 이와 같은 표기를 사용함으로써 같은 단어라고 해도 담고 있는 대상에 대해 전통적이고 고풍스럽다는 이미지를 덧붙이게 되는 것이다.

두 번째 경우는 분철 체계인 현대의 표기체계와 달리 '구르믈 버서난 달처럼', '꽃가치 피어 매혹케 하라' 등과 같은 연철 표기를 하는 것이다. 일상적인 표기 체계에 어긋난 이러한 표기는 낯섦과 동시에 참신함을 불러일으키면서, 이러한 표기 방식이 옛 표기 체계라는 인식을 바탕으로 제목이 담고 있는 내용을 넘어서 표기 그 자체를 통해 표현하고자 하는 내용이 '옛것에 근거함', '옛스러움'[13]을 드러낸다. 이러한 표기는 더군다나 이것이 단순히 실수이거나 수월성에 근거한 것이 아니라 옛 표기 체계에 해당한다는 배경 지식이 바탕이 되어야만 표현한 사람의 의도가 정확하게 전달될 수 있다. 이러한 점에서 분명한 '교육'의 필요성도 강조될 수 있을 것이다. 사실 이는 '어휘'의 실사적 차원이라기보다는 형태 중심의 국어사적 지식에 근거하는 부분이 크다. 그러나 어휘 능력에는 표기, 즉 맞춤법을 정확하게 인식하는 능력도 포함되며 어휘에 대해 통시적으로 접근하는 과정에서 표기적 특징이나 변화 역시 당연히 인식될 수밖에 없기 때문에 오히려 표기적 특징을 분리해 내기 어려운 측면이 있다. 또한 여기서는 어휘에 대한 통시적 관점의 접근법을 통해 얻게 되는 교육적 가치의 하나로 옛날 방식의 표기가

---

13 실제로 꽃의 고어는 공식적으로 '곶'으로 되어 있다. '곳'은 '꽃'의 방언이나 여기서는 방언으로 쓰고 싶었다기보다 '옛스러움'을 강조하고자 한 것으로 보인다. 이어지는 표기가 분철이 아닌 연철로 되어 있어 이 표기가 '옛 표기 체계'를 따르고 있음을 나타내고자 하기 때문이다. 이런 점에서 국어교육은 '옛 표기'를 활용하고자 하는 언중들의 창의적인 의도에 관심을 가질 필요가 있다.

보여줄 수 있는 함의, 수사적 효과라는 측면을 강조하는 차원에서 이를 함께 논하고자 한다.[14] 결국 어휘사의 교육을 통해 익히게 되는 고어는 고어의 활용으로 의미 차원뿐 아니라 표기에 있어서도 그 표현의 확장이 가능해질 수 있다는 가능성을 열어 준다. 물론 이 장에서 소실 문자들을 되살리자든가, 옛 표기를 현대어에도 적용해 쓰자든가 하는 주장을 하는 것은 아니다. 다만 고어나 어휘사의 교육이 화석화된 어휘의 단순한 지식의 전달이 아닌 현실적으로 충분히 생명력을 가질 수 있는 창조적 언어 활동으로 이어질 수 있다는 점을 강조하고자 한다.

앞서 우리는 어휘에 대한 통시적 관점의 교육이 어휘에 담긴 문화적 의미를 파악하고 우리 민족의 생활사를 이해할 수 있는 단면으로서, 그리고 그를 바탕으로 현재를 읽어내는 거울로 기능할 수 있다는 이야기를 한 바 있다. 여기서는 거기서 한 발 더 나아가 이러한 통시적 교육이, 그리고 고어가 소통과 창조의 측면에서 생명력을 가질 수 있다는 것이다. 우리는 낯선 외래어나 뿌리 없는 신조어 대신 우리의 문화와 역사를 오롯이 품고 있는 고어에서 충분히 창조적 가능성을 엿볼 수 있다. 말하기, 쓰기, 읽기, 듣기 등의 기능 요소에 대한 도구로서의 역할이 어휘 교육에서 강조된다고 하더라도 고전적인 느낌을 살리고 싶을 때, 혹은 좀 더 점잖은 표현을 찾고자 할 때 등 표현 효과를 풍부히 한다는 면에서 고어의 활용은 낯선 외래어나 신조어, 통신체에서 비롯된 유행어들에 비해 훨씬 더 큰 교육적 가치를 가질

14　이는 표기 방식이 고어를 사용할 때 혹은 현대어를 소실 문자로 표현할 때에는 단어 차원에서 소실 문자의 사용으로 설명이 되지만 연철 혹은 혼철 등의 표기 체계의 사용은 '단어 차원'에서 드러나지 않기 때문에 생기는 문제이기도 하다. 그러나 결국 이러한 점에서 어휘 교육이 '어휘사' 교육이 아니라 통시적인 관점에서 종합적으로 접근되어야 한다는 결론(?)을 내릴 수 있다. 우리가 옛 어휘를 탐구하는 방식은 '언어'나 '문학' 차원, '형태'와 '의미' 차원 등 매우 다양할 수 있으며 이 모든 활동이 종합적으로 이루어질 때 가장 효과적인 교육이 될 수 있을 것이기 때문이다.

것이다. 이는 어휘 사용의 측면에서 어휘를 의사소통의 도구로 인식한다 하더라도 단순히 사전적 의미의 적절한 사용이 아니라 문화적이고 역사적 배경을 가지고 있는 어휘의 의미를 이해하고 이를 시의 적절하게 잘 사용하는 것을 목표로 하기에 가능한 일이다.

이는 구본관(2008: 87-88)에서 어휘사가 기능교육에도 충분한 교육적 가치를 가진다고 언급한 것과도 일견 맥을 같이한다고 할 수 있다. 다만 이 장에서는 어휘의 사용 문맥은 통시적인 과정을 통해 이루어진 것이므로(구본관, 2008: 88) 과거로부터 이어져 온 어휘에 대한 정밀한 이해, 그리고 그 이해를 바탕으로 한 적절한 사용이라는 의사소통 상황에서의 가치에서 더 나아가 창조적으로 활용될 만한 고어를 사용하여 보다 '효과적인' 표현에까지 이를 수 있다는 차원까지를 포함할 수 있다는 입장을 더했을 뿐이다. 이를 위해서는 충분히 아름답고, 가치 있는 고어를 찾아서 교육적으로 활용하기 위한 노력을 기울일 필요가 있다. 찾아보면 분명히 지금도 충분히 활용 가능한 어휘들이 다양한 문화적·역사적 맥락에서, 혹은 문학적 맥락에서 발견될 수 있을 것이다. 중요한 것은 지금까지는 모르고 있었지만 정교하게 사용될 수 있는 고어 어휘의 존재를 알게 되었을 때 그 표현상의 파급력이 굉장히 넓을 수 있다는 점이다.[15] 즉 고어에도 분명히 현재의 언중들의 사고와 생활, 문화를 표현하는 기능이 충분히 살아 있을 수 있다는 말이기도 하다. 그러나 여기서 강조하는 부분은 '고어' 교육이라든가, '고어' 목록을 선

---

15 한편으로 이외에도 분명한 뿌리를 찾을 수 없으나 '해밀'이라는 단어가 '비가 온 뒤 맑게 갠 하늘'이라는 의미의 순 우리말이라는 설명을 가지고 언중들에게 사용되는 경우는 주목할 만하다. 이는 '해밀' 혹은 '히밀'로도 정식 사전에서는 찾아지지 않는데, 이외에도 '순 우리말', '옛말'이라는 토를 달고 사용되는 단어들이 현대 어휘에는 꽤 존재한다. 이러한 현상은 현대 언중들이 고어나 순 우리말 사용에 대한 필요를 느끼고 그 표현력의 가치를 인정하고 있다는 증거가 될 수 있을 것이다. (네이버 오픈 사전, http://kin.naver.com/openkr/detail.nhn?state=R&docId=1913)

정하자는 등의 '고어' 사용 자체를 위해 교육을 구안하자는 것이 아니라 어휘에 대한 통시적 접근을 통해 충분히 현재에도 활용 가능한 어휘를 발견해낼 수 있고, 언중-학습자들의 어휘장을 풍부하게 만들어줄 수도 있다는 것이므로 이는 여전히 교육적 '가능성'에 다름 아니다.

그렇기 때문에 이러한 교육이 실체를 가지고 이루어지기 위해서는 앞에서 언급했던 바와 마찬가지로 국어교육적 관점에서 연구되는 '어휘사' 연구들이 많이 이루어져야 할 필요가 있다. 이미 연구된 학문적 성과들을 교육에 적용하는 것도 중요하지만, 교육 내용을 위해 새로이 학문적 성과를 내는 것 또한 그만큼 중요한 문제이기 때문이다. 다만 통시적 관점의 어휘 교육이 국어사 교육과 다른 의의를 가지기 위해서는 어휘의 '실사부'로서의 측면, 의미에 초점을 맞추어 연구가 진행될 필요가 있다.

4. 나오며

지금까지 어휘를 통시적으로 탐구하는 것은 어휘 교육에서 교육 내용으로 고려되던 대상이 아니었다고 할 수 있다. 사실 국어교육에서 어휘사나 국어사도 아직까지는 독자적인 교육적 가치를 인정받았거나 분명한 자리를 확보했다고 하기는 어렵다. 이는 최근까지의 국어교육이 '국어 사용 능력 신장'이라는 목표를 설정함으로 해서 비롯된 문제라고도 할 수 있는데 이러한 입장에서는 어휘도 여러 제반 국어의 기능 요소들의 하위 능력 정도로 여겨질 수밖에 없다는 한계를 갖게 된다. 그러나 국어 능력이라고 할 때 그 '능력'은 맥락을 넓게 생각하면 문화적 문식력이나 어휘 의미에 대한 깊은 이해 등까지 포함하게 되므로 이러한 점에서 보다 적극적인 어휘 교육 및 통시적 관점의 어휘 교육에 대한 가치를 고려해볼 수 있게 된다. 이 글에서는 통시적 관점의 어휘 교육이 가지는 교육적 가치를 과거를 이해하고, 이를 바탕으로 현재의 언어 문화 현상을 이해하며 거기서 더 나아가 현재를 표현하는 기능도 할 수 있다는 세 가지로 상정하고, 이에 대해 간략히 서술해 보았다. 또한 어휘에 대한 사적(통시적) 접근 역시 국어학적 관점에서뿐만 아니라 교육적 관점을 고려하여 보다 적극적으로 연구되어야 할 필요성이 있음을 논하였다. 그러나 얼마나, 그리고 어떠한 방식으로 이러한 통시적 관점이 교육에 반영될 수 있는지, 그리고 반영되어야 하는지 등에 대한 구체적 논의는 이루어지지 않았다. 이에 대해서는 앞으로 좀 더 치밀한 고민을 바탕으로 한 후속 연구가 이어져야 할 것이다.

1. 어휘를 통시적으로 교육하는 가치에 대해 생각해 보자.

2. 학습자들에게 통시적인 관점의 교육을 적용한다고 할 때, 각 단계의 통시적 접근이 지향하는 가치가 학습자들에게 어떻게 위계화하여 전달될 수 있을지 생각해 보자.

3. 학습 자료로 활용될 수 있는 고어의 범위는 어떻게 설정할 수 있을 것인지 생각해 보자.

참고문헌

국내 논저

강명희(2001), "의미 범주화를 통한 어휘 지도 방안 연구", 한국교원대학교 석사학위 논문.

강범모(2011), 『언어, 컴퓨터, 코퍼스 언어학』, 고려대학교 출판부.

강보선(2009), "국어교육에서의 북한 어휘 교육 연구", 『국어교육연구』 45, 국어교육학회.

_____(2011), "국어 교과서에 수록된 북한 어휘의 비판적 고찰-2007 개정 교육과정에 따른 중2 국어 교과서를 대상으로-", 『국어교육학연구』 42, 국어교육학회.

_____(2012), 『남북한 동형동의어의 의미·용법 차이 연구』, 겨레말큰사전 남측편찬위원회 미발간 보고서.

_____(2013), "북한이탈주민 대상 교육용 어휘의 유형 및 선정 방법 연구", 『국어교육학연구』 47, 국어교육학회.

강지연(2003), "중학생의 어휘력 평가 도구에 관한 연구", 한국교원대학교 석사학위 논문.

강진숙(2009), "다문화가정 자녀의 어휘력 연구", 계명대학교 석사학위 논문.

강충열(1999), "초등학교 1-6학년 아동의 기초 어휘 이해 발달 상황", 『발달』, Vol.12 No.2, 한국심리학회.

강현화(2001), "한국어교육용 기초 한자어에 대한 기초 연구", 『한국어교육』 12-2, 국제한국어교육학회, 53~70.

_____(2002), "한국어 문화 어휘의 선정과 기술에 대한 연구", 『21세기 한국어교육학의 현황과 과제』, 한국문화사, 397~417.

_____(2006), "어휘교육 연구의 새로운 방향", 학술대회논문집, 국제한국어교육학회, 495~511.

_____(2008), "한국어교육을 위한 연어의 유형에 대한 고찰", 『응용 언어학』 24-3, 한국응용언어학회, 197~217.

_____(2010), "한국어 어휘교육론", 『2010학년도 한국어 교원 양성과정』, 이화여자대학교 언어교육원.

_____(2011), "한국어 어휘 교육 연구방법론 동향분석", 『이중언어학』 47, 이중언어학회, 453~479.

고영근·구본관(2008), 『우리말 문법론』, 집문당.

고정옥 저, 김용찬 교주·해설(2005), 『교주 고장시조선주』, 보고사.

고종석(1999), 『언문세설』, 열림원.

공혜경(2003), "읽기를 통한 우연적 어휘학습에 대한 연구", 성균관대학교 석사학위 논문.

곽철호(2009), "초등학생 어휘 능력 실태 분석을 통한 어휘 지도 방법 고찰: 일반 아동과 다문화 가정 아동 어휘 이해 능력 비교를 중심으로", 『문법교육』 11, 한국문법교육학회, 79~117.

구본관(1993) "국어 파생접미사의 통사적 성격에 대하여", 『관악어문연구』 18, 서울대학교 국어국

문학과, 117~140

_____(1998), 『15세기 국어 파생법에 대한 연구』, 태학사.

_____(2005), "어휘의 변화와 현대 국어 어휘의 역사성", 『국어학』 45, 국어학회.

_____(2006), "'부엌'의 어휘사", 『이병근선생 퇴임 기념 국어학 논총』, 태학사.

_____(2007), "한국어에 나타나는 언어적 상상력", 『국어국문학』 146, 국어국문학회.

_____(2008), "교육 내용으로서의 어휘사에 대한 연구", 『국어교육연구』 21, 서울대학교 국어교육연구소, 77~127.

_____(2009), "복합 색채어의 의미", 『국어학』 55, 국어학회, 173~211.

_____(2010a), "국어생활사 교육 내용", 『문법교육』 10, 한국문법교육학회.

_____(2010b), "단어형성론 논의의 확장을 위하여", 『형태론』 12-1, 도서출판 박이정, 112~120.

_____(2011a), "특집: 어휘 교육의 발전 방향 탐색. 어휘 교육의 목표와 의의", 『국어교육학연구』 40, 국어교육학회, 27~59.

_____(2011b), "어휘 교육의 이론과 실제", 『우리말교육현장연구』 5-2, 우리말교육현장학회, 49~92.

_____(2012), "한국어 어휘교육론", 서울대학교 한국어문학 연구소·국어교육연구소·언어교육원, 『한국어교육의 이론과 실제 2』, 아카넷.

국어교육미래열기(2009), 『국어교육학 개론』 제3판, 삼지원.

국어국문학회 편(1998), 『한시연구』, 태학사.

권순정(2006), "고전시가의 어휘교육 연구", 서울대학교 석사학위 논문.

권순희(2009a), "이중언어교육의 필요성과 정책 제안", 『국어교육학연구』 34, 국어교육학회.

_____(2009b), "다문화 가정 자녀의 국어 사용 실태", 『국어교육학연구』 36, 국어교육학회.

_____(2012), "북한이탈주민의 한국어 사용·학습 실태 및 정책적 제언", 『새국어생활』 22-3, 국립국어원.

권순희 외(2011), 『새터민 어휘 학습 실물 교재 개발 연구』, 국립국어원.

_____(2012), 『북한이탈주민의 대한민국 정착을 위한 생활어휘 1~3』, 하우.

권혁승·정채관(2012), 『코퍼스 언어학 입문』, 한국문화사.

김경미(2001), "어휘력이 텍스트 이해 및 회상에 미치는 영향", 이화여자대학교 석사학위 논문.

김경훤(2005), "국어교육: 국어사 교육의 문제점과 앞으로의 방향", 『새국어교육』 70, 한국국어교육학회, 5~36.

김광렬(2004), "어휘력신장방안연구: 초등학교 3학년 읽기를 중심으로", 전주교육대학교 석사학위 논문.

김광해(1988), "이차 어휘의 교육에 대하여", 『先淸語文』, Vol.16 No.1.

_____(1989), "이차어휘의 교육에 대하여", 『선청어문』 16·17, 서울대학교 국어교육과.

_____(1990), "어휘 교육의 방법", 『국어생활』 22, 국어연구소.

_____(1993), 『국어 어휘론 개설』, 집문당.

_____(1995), 『어휘 연구의 실제와 응용』, 집문당.

_____(1996), "국어 발전의 양상", 『선청어문』 24, 서울대학교 국어교육과.

_____(1997), "어휘력과 어휘 평가", 『선청어문』 25, 서울대학교 국어교육과, 1-29.

_____(2003a), 『등급별 국어교육용 어휘』, 박이정.

_____(2003b), "국어교육용 어휘와 한국어교육용 어휘", 『국어교육』 111, 한국국어교육연구학회.

_____(2008), 『어휘 현상과 교육』, 박이정.

김광해 외(2009), 『국어지식탐구』, 박이정.

김대행(2006), "국어생활·국어문화·국어교육", 『국어교육』 119, 한국어교육학회, 1~30.

김동환(1999), "틀 의미론과 의미구조", 『언어과학연구』 16, 언어과학회.

김령(2006), "말놀이 활동을 통한 어휘 지도 방안", 한국교원대학교 석사학위 논문.

김명순(2003), "어휘력의 재이해와 지도 방법", 『청람어문교육』 27, 청람어문교육학회, 1~25.

김문기(1998), "문맥을 통한 의미 추론 전략에 의한 영어 독해력 신장 연구", 한국교원대학교 대학원.

김미현(2005), "『외국인을 위한 한국어 학습 사전』에서의 연어 연구", 『한국사전학』 6, 한국사전학회, 173~196.

김미형 외(2005), 『인간과 언어』, 박이정

김민수(1980), 『신국어학』, 일조각.

_____(1981), 『국어의미론』, 일조각.

김봉국(2009), "특집: 사회문화적 의사소통과 국어교육. 지역방언과 국어교육", 『국어교육학연구』 35, 국어교육학회.

김봉순(1996), "텍스트 의미 구조의 표지 연구", 서울대학교 대학원.

_____(1999), "신문기사에 반영된 필자의 주관성", 『텍스트언어학』 7, 한국텍스트언어학회.

_____(2008), "독서교육에서 비판의 성격과 지도내용", 『독서연구』 19, 한국독서학회.

김석향(2006), "새터민의 언어 문제의 본질과 그 해결 방안", 『새국어생활』 16-1, 국립국어원.

김석호(2007), "어휘주석유형이 우연적 어휘학습에 미치는 영향", 한국교원대학교 석사학위 논문.

김소영(2005), "고등학교 국어과 어휘 지도 방안", 『우리말연구』 17, 우리말학회, 171~191.

김수진·임은해(2011), "다문화가정 아동과 일반가정 아동의 고유어, 한자어, 외래어 어휘 표현 능력 비교", 『지성과 창조』 14, 나사렛대학교 출판사.

김슬옹(2010), "인식 방법론 어휘 담론과 교육", 『한말연구』 26, 한말연구학회.

김시진(2006), "상황 맥락을 활용한 어휘력 신장 효과의 연구", 홍익대학교 석사학위 논문.

김영길 외(2001), "독일 통일 이후의 언어통합과정 연구", 『독일어문학』 15, 한국독일어문학회.

김영선(1999), "설득적 텍스트의 비판적 읽기 방법 연구", 서울대학교 석사학위 논문.

김영숙 외(2006), 『영어과 교육론2』, 한국문화사.

김영욱(1998), "국어사 교육은 과연 필요한가?", 『선청어문』 26, 서울대학교 국어교육과, 85~110.

김용석(1991), "어휘지도에 대하여", 『모국어교육』 9, 모국어교육학회.

김용화(2009), 『비내리는 소래 포구에서』, 시학.

김우창(1993), "언어·사회·문체", 『詩人의 보석: 현대문학과 사회에 관한 에세이』(김우창전집 3), 민음사.

김운옥(2004), "의미지도 그리기와 글쓰기의 연계를 통한 어휘력 신장 방안", 이화여자대학교 석사학위 논문.

김유경(2012), 『청춘연가』, 웅진지식하우스.

김은성(2005), "어휘 교육 연구사", 『국어교육론 2』. 한국문화사.

_____(2006), "국어 문법 교육의 태도 교육 내용 연구", 서울대학교 박사학위 논문.

김은혜(2012), "연상을 활용한 한국어 어휘 의미 교육 연구", 인하대학교 박사학위 논문.

김의수·김혜림(2012), "다문화가정 아동과 일반가정 아동의 구어 문장 비교 연구", 『우리어문연구』 42, 우리어문학회.

김정우(2006), 『시 해석 교육론』, 태학사.

_____(2011), "문학교육과 어휘교육", 『국어교육학연구』 40, 국어교육학회, 185~215.

김종택(1992), 『국어 어휘론』, (주)탑출판사.

김종학(2001), 『한국어 기초어휘론』, 박이정.

김중섭 외(2010), 『국제 통용 한국어교육 표준 모형 개발 연구(1단계)』, 국립국어원.

_____(2011), 『국제 통용 한국어교육 표준 모형 개발 연구(2단계)』, 국립국어원.

김중신(2004), "문학교육론의 쟁점과 과제", 『청람어문교육』 29, 청람어문교육학회.

_____(2006), 『3일간의 소설 여행』, 대한교과서.

_____(2011), "특집: 어휘 교육의 발전 방향 탐색. 어휘를 통한 정의적 텍스트 생산 전략", 『國語教育學研究』 40, 국어교육학회, 5~25.

김지영(2009), "어휘지도가 독해에 미치는 효과", 고려대학교 석사학위 논문.

_____(2010), "균형적 학습 전략을 활용한 어휘력 신장 방안 연구", 서울교육대학교 석사학위 논문.

김지홍(2010), 『언어의 심층과 언어교육』, 경진.

김창원(2009), "국어 교과의 정당성과 정체성에 대한 회의", 『한국초등국어교육』 40, 한국초등국어교육학회, 71~96.

_____(2012), "국어과 교육과정의 생태학(2): 2011년 교육과정 개정에서의 쟁점과 그 해소", 『국어교육학연구』 43, 국어교육학회, 155~190.

김한샘(2012), "어휘 교육을 위한 사용 어휘 분석 연구, 초등학생 작문 어휘 조사를 기반으로", 『겨레어문학』 48, 겨레어문학회.

김현미(2012), 『글로벌 가구와 문화교차지역의 관점으로 본 다문화가족』, 제4차 다문화가족포럼 자료집, 여성가족부.

김현식(2007), 『나는 21세기 이념의 유목민』, 김영사.

김현화(2007), "과제 읽기가 영어 어휘 및 독해 능력과 정의적 영역에 미치는 영향", 부경대학교 석사학위 논문.

김형철(1998), 『어휘 교육의 방법, 추상과 의미의 실재』, 박이정.

김혜숙(2009), "특집: 사회문화적 의사소통과 국어교육. 사회 방언과 국어교육", 『국어교육학연구』 35, 국어교육학회.

노명희(2005), 『현대국어 한자어 연구』, 태학사.

류웅달(1990), "상하위어 텍스트 대등어의 독해상의 문제: 실증적 연구", 『언어와 언어교육』 5.

림일(2009), 『평양보다 서울이』, 맑은 소리.

마광호(1998), "어휘 교육의 과제", 『국어교육연구』 5, 서울대학교 국어교육연구소, 95~117.

문금현(2000), "구어 텍스트를 활용한 한국어 어휘교육", 『한국어교육』 11-2, 국제한국어교육학회, 21~61.

_____(2002), "한국어 어휘 교육을 위한 연어(連語) 학습 방안", 『국어교육』 109, 한국국어교육연구학회.

_____(2005), "외국인을 위한 한국어 의미 교육의 현황과 전망", 『한국어 의미학』 16, 한국어의미학회, 143~177.

_____(2006), "한국어 어휘교육을 위한 다의어 학습 방안", 『이중언어학』 30, 이중언어학회, 143~177.

_____(2007), "새터민의 어휘 및 화용 표현 교육 방안", 『새국어교육』 76, 한국국어교육학회.

_____(2010), "한국어 어휘 교육의 현황과 과제", 『언어와 문화』 6-1, 한국언어문화교육학회, 109~135.

문금현 외(2005), 『새터민 언어 적응을 위한 실태 연구』, 국립국어원.

_____(2006), 『새터민 언어실태 조사 연구』, 국립국어원.

문선희(2002), "다독이 어휘력에 미치는 영향", 인천대학교 석사학위 논문.

문영호(2001), 『조선어어휘통계학』, 박이정.

민병곤(2002), "토론 담화에서 속담의 진행(move) 기능에 대한 고찰", 『선청어문』 30, 서울대학교 국어교육과, 257~284.

_____(2005), "화법 교육의 이론화 방향 탐색", 『국어국문학』 140, 국어국문학회, 305~332.

_____(2006a), "특집: 국어교육에서 '지식'이란 무엇인가?-국어교육 내용으로서의 '지식'에 관하여. 말하기·듣기 교육 내용으로서의 '지식'에 대한 고찰", 『국어교육학연구』 25, 국어교육학회, 5~38.

_____(2006b), "텍스트 중심 말하기 교육 내용 구성의 전제와 함축", 『어문학교육』 33, 한국어문교육학회, 7~30.

_____(2012), "화법 및 화법 교육에서 어휘의 위상 논고", 『국어교육』 139, 한국어교육학회.

민현식(1996), "국제 한국어교육을 위한 국어 문화론의 내용 구성 연구", 『한국어교육』 7, 국제한국어교육학회.

_____(2000), 『국어교육을 위한 응용국어학 연구』, 서울대학교 출판부.

_____(2001), "사용 능력 향상을 위한 어법 및 어휘의 수준별 교육 방안 연구", 『국어교육』 105, 한국국어교육연구학회, 193~232.

_____(2003), "국어문화사의 내용 체계화에 대한 연구", 『국어교육』 110, 한국국어교육연구회, 201~267.

민현식 외(2011), 『국어과 교육과정 개정을 위한 시안 개발 연구』, 교육과학기술부.

박노준(2003), 『옛사람 옛노래-향가와 속요』, 태학사.

박명규(2009), "네이션과 민족: 개념사로 본 의미의 간격", 『동방학지』 147, 연세대학교 국학연구원, 27~65.

박미단(2009), "학령전기 다문화가정 아동과 일반아동의 언어발달 특성 비교", 나사렛대학교 석사학위 논문.

박상훈(2001), 『조선어어휘정리론』, 박이정.

박성배(2002), "초등 학교의 어휘 지도 요소 선정 연구", 한국교원대학교 석사학위 논문.

박수자(1994), "어휘의 기능과 텍스트문법적 접근의 관계", 『선청어문』 22, 서울대학교 국어교육과, 179~197.

_____(1998), "사고, 지식, 어휘의 교육적 함의", 『국어교육학연구』 8, 국어교육학회, 83~104.

박영목·한철우·윤희원(1996), 『국어교육학원론』, 교학사.

박영준(2000), "남북한 관용어 비교 연구", 『새국어교육』 59, 한국국어교육학회.

박용철(1936), "백석 시집 '사슴' 평", 『조광』, 1936. 4.

박은희(2005), "읽기 부진아를 위한 학습지도 방안 연구", 서강대학교 교육대학원

박재연(2008), "진주 유씨가 묘 출토 언간의 어휘론적 고찰", 『동방학지』 142, 연세대학교 국학연구원, 231~270.

박재현(2005), "어휘 교육 연구사", 『국어교육론 2』, 한국문화사.

_____(2006), "어휘 교육 내용 체계화를 위한 어휘어미의 가치 교육 연구", 『새국어교육』 74, 한국국어교육학회, 5~24.

박정태(2012), "방문교육으로 살펴본 다문화가정 한국어사용 실태 및 교육 방안 연구", 중부대학교 석사학위 논문.

박철희(1989), "한용운의 「알 수 없어요」 - 공안의 이미지와 소명의식", 『한국현대시작품론』, 문장, 121~128.

박형우(2004), "국어사 교육의 내용 선정에 대한 연구", 『국어교육』 114, 한국어교육학회, 143~166.

박혜진(2010), "단어형성법 교육 내용 연구", 서울대학교 석사학위 논문.

반재원·허정윤(2008), "옛글자의 음가복원과 일·영어 표기의 예", 『한국어 정보학』 10-2, 한국어정보학회, 57~61.

배예연(2011), "다문화가정 아동과 일반가정 아동의 어휘 비교 연구", 한국외국어대학교 석사학위 논문.

백낙천(2007), "국어 생활사 자료로서의 언간의 특징", 『한국언어문화』 34, 한국언어문화학회, 183~198.

산업능률대학종합연구소(2008), 『지적 사고의 기술』, 미래의창.

서덕현(1990), "기본어휘의 개념과 기초어휘의 위상 - 교육용 어휘를 중심으로", 『국어교육』 71·72, 한국국어교육연구회.

서민정(2009), "어휘주석의 영향이 중학생의 영어 읽기에 미치는 영향", 동아대학교 석사학위 논문.

서상규 편(1999), 『언어정보의 탐구 1』, 연세대학교 언어정보개발연구원.

서상규 외(2001), 『외국인을 위한 "한국어 학습 사전"개발 보고서』, 문화관광부 한국어세계화재단.

_____(2009), 『교육용 기본 어휘 선정을 위한 기초 연구』, 국립국어원 2009-01-69.

서상규·고석주 외(2004), 『한국어 학습자 말뭉치와 오류 분석』, 한국문화사.

서울대학교 국어교육연구소(1999), 『국어교육학사전』, 대교출판.

서혁(1997), "국어적 사고력과 텍스트의 주제적 이해", 『국어교육학연구』 7, 국어교육학회.

설영은(2009), "빈칸 메우기 방법을 활용한 어휘 지도 방안: 초등학교 3학년을 대상으로", 서울교육대학교 석사학위 논문.

성기철(2004), "언어문화의 보편성과 개별성", 『한국언어문화학』 1-2, 국제한국언어문화학회,

131~150.

성숙자(2002), "고등학교 공통필수교과 어휘분석연구", 부산대학교 박사학위 논문.

성용근(2005), "효율적인 고등학교 어휘 지도 방안 연구-읽기 자료와 어휘 지도 관점의 비교를 통하여", 『독서연구』14, 한국독서학회, 249~285.

손수진(2007), "짧은 읽기텍스트를 활용한 어휘력 향상 방안 연구", 연세대학교 석사학위 논문.

손영애(1992a), "국어 어휘 지도 방법의 비교 연구: 한자 이용 여부를 중심으로", 서울대학교 박사학위 논문.

_____(1992b), "국어과 교육에서의 어휘 지도", 『교육개발』14-6, 한국교육개발원, 97~102.

_____(2000), "국어과 어휘 지도의 내용 및 방법", 『국어교육』103, 한국국어교육연구회, 53~78.

_____(2004), 『국어과 교육의 이론과 실제』, 박이정.

송영빈(2011), "일본에서의 한자 교육-초등학교를 중심으로-", 『국어교육학연구』40, 국어교육학회, 275~294.

송현정 외(2010), 『다문화 사회의 국어교육 정책 방향 연구』, 한국교육과정평가원 보고서.

신동광(2011), "기본 어휘의 선정 기준: 영어 어휘를 중심으로", 『국어교육학연구』40, 국어교육학회, 217~243.

신동광·주헌우(2008), "영어과 교과서 검정용 어휘 목록 개발: 어휘 검색 프로그램 및 기본 어휘 목록에 대한 고찰", 『멀티미디어언어 교육』11-3, 한국멀티미디어언어교육학회, 93~111.

신명선(2004a), "어휘교육 목표로서의 어휘 능력(lexical competence)에 대한 연구", 『국어교육』113, 한국어교육학회, 263~296.

_____(2004b), "국어 사고도구어 교육 연구", 서울대학교 박사학위 논문.

_____(2005), "어휘 교육 변천사", 한국어교육학회 편, 『국어교육론 2: 국어 문법·기능교육론』, 한국문화사.

_____(2007), "'단어에 대한 앎'의 의미에 기반한 어휘교육의 방향 설정 연구", 『국어교육』124, 한국어교육학회, 349~386.

_____(2008a), 『의미, 텍스트, 교육』, 한국문화사.

_____(2008b), "읽기 교육과 문법", 『문식성 교육 연구』, 한국문화사.

_____(2009a), "국어적 창의성의 개념 정립에 대한 연구-정서 창의성의 도입을 중심으로", 『국어교육학연구』35, 국어교육학회.

_____(2009b), "국어 어휘의 담화 구성 양상에 대한 연구", 『한국어 의미학』28, 한국어의미학회, 73~104.

_____(2010), "어휘 선택과 표현의 효과: 상하위어를 중심으로", 『작문연구』10, 한국작문학회, 137~168.

_____(2011), "국어과 어휘교육 내용의 유형화에 관한 연구", 『국어교육학연구』40, 국어교육학회, 61~101.

_____(2012a), "단어 개념의 역동적 구성 과정과 담론: 토론을 중심으로", 『국어교육연구』29, 서울대학교 국어교육연구소, 139~184.

_____(2012b), "단어의 문맥적 의미 평가 문항의 유형과 특징에 대한 연구", 『국어교육』137, 한국어교육학회, 237~269.

신명선 외(2010),『새터민 어휘 학습 교재 개발을 위한 기초 연구』, 국립국어원.

_____(2012),『새터민을 위한 한국어 어휘 교육』, 박이정.

신명선·권순희(2011), "새터민을 위한 한국어 어휘 교육 방안",『한국언어문화학』8-2, 국제한국언어문화학회.

신상팔(2006), "탐구활동을 통한 어휘 지도 방안 연구", 한국교원대학교 석사학위 논문.

신승용(2006), "『문법』교과서 '어휘' 대단원의 비판적 검토",『어문학』93, 한국어문학회, 37~55.

신연우(1997),『조선조 사대부 시조문학 연구』, 박이정.

_____(2000),『사대부 시조와 유학적 일상성』, 이회.

신윤경(2011), "한국어 읽기를 위한 어휘의 문화 배경지식 활용",『한국어교육』22, 국제한국어교육학회.

신일진(2005), "중학생 영어 학습자의 읽기 능력 중 어휘추리방법에 대한 연구", 숙명여자대학교 석사학위 논문.

신종호 외(2006),『교육심리학-교육 실제를 보는 창』, 학지사.

신헌재 외(1997),『초등학교 1학년부터 6학년까지 아동의 어휘 이해 발달 수준에 관한 연구』, 한국교원대학교 교과교육공동연구소.

신형욱(2010), "외국어로서의 한국어교육을 위한 어휘 교수 학습 방안 제안",『한국어교육』21-1, 국제한국어교육학회.

심재기 편(1998),『국어 어휘의 기초와 역사』, 태학사.

양태식(1997), "의미 교육의 방향과 바탕",『한국초등교육』9-1, 서울교육대학교 초등교육연구원.

_____(2001), "어휘지도의 관점과 원리",『한국어교육』16, 한국어문교육학회.

양태식 외(2013),『(2009년 개정 교육과정을 담은) 초등 국어과 교수 학습의 이해와 적용』, 박이정.

양효순(2007), "어휘력 평가 도구 개발 연구: 초등학교 고학년을 중심으로", 연세대학교 석사학위 논문.

어문학연구회 편(1965),『국어학개론(강좌)』, 수도출판사.

엄태동(1998),『교육적 인식론 탐구 : 인식론의 딜레마와 교육』, 교육과학사.

엄훈(2001), "어휘에 대한 한국 아동의 메타언어적 인식 발달 연구",『국어교육』104, 한국국어교육연구회.

오나영(2011), "한국어 학습자를 위한 문화 어휘 선정과 제시 방안 연구", 배제대학교 석사학위 논문.

오미정 외(2007),『(외국인을 위한) 한국어 외래어』, 월인.

오정환(2007), "중학교에서 어휘 교육 사례 연구",『국어교육』124, 한국어교육학회, 411~438.

오형엽(2001),『신체와 문체』, 문학과지성사.

유미상(2007), "중·고급 한국어 학습자의 어휘 학습을 위한 한자어 접사 및 파생어 선정에 관한 연구-말뭉치를 기반으로", 연세대학교 석사학위 논문

유현경·강현화(2002), "유사관계 어휘정보를 활용한 어휘교육 방안",『외국어로서의 한국어교육』27, 연세대학교 언어교육원, 243~269.

윤야중(1964), "보다 효과적인 학습 지도를 위한 고교 국어 교과서의 어휘 조사",『국어교육』9, 한국어교육연구회, 69~76.

윤영미(2006), "읽기 전 활동과 어휘 제시가 독해에 미치는 영향", 서강대학교 석사학위 논문.

윤천탁(2011), "'공정한 어휘' 사용의 생활화를 위한 어휘 교육 방안", 『청람어문교육』 43, 청람어
　　문교육학회, 407~440.

이경수(2011), "특집: 어휘 교육의 발전 방향 탐색. 초등학교 국어 어휘교육에 대한 소고-우리와 프
　　랑스의 학업성취도 평가 유형을 중심으로", 『국어교육학연구』 40, 국어교육학회.

이경화(2004), 『읽기 교육의 원리와 방법』, 박이정.

이경화·김지영(2012), "PCK의 측면에서 본 초등 국어교과서 어휘 교육 내용의 활동 구성 검토",
　　『학습자중심교과교육연구』 12-3, 학습자중심교과교육학회.

이관규(2003), "광고와 국어교육 - 그 현황과 전망", 『국어교육학연구』 17, 국어교육학회.

＿＿＿(2004), "국어 지식 영역의 교수 학습에 있어서 평가 방법에 대한 체계적 및 실제적 연구",
　　『한국어학』 22, 한국어학회.

＿＿＿(2005), 『국어교육을 위한 국어 문법론』, 집문당.

＿＿＿(2007), "문법 교육 연구의 현황과 새로운 방향", 『국어교육』 123, 한국어교육학회.

＿＿＿(2008), 『학교 문법 교육론』, 고려대학교 민족문화연구원.

＿＿＿(2009), "국어 사용에서 언어 환경의 현황과 과제", 『새국어교육』 81, 한국국어교육학회.

＿＿＿(2011), "특집: 어휘 교육의 발전 방향 탐색. 문법 교육과 어휘 교육", 『국어교육학연구』 40,
　　국어교육학회, 127~158.

이기갑(2009), "국어교육과 방언", 『국어교육학연구』 35, 국어교육학회.

이기연(2006), "어휘 교육 내용 설계를 위한 낯선 어휘의 의미 처리 양상 연구", 서울대학교 석사학
　　위 논문.

＿＿＿(2009), "통시적 관점의 어휘 교육 가능성 탐색", 『국어교육연구』 24, 서울대학교 국어교육
　　연구소.

＿＿＿(2010), "어휘 평가의 평가 요소와 평가 유형 고찰", 『어휘 교육의 발전 방향 탐색』, 국어교
　　육학회 47회 전국학술대회 자료집, 국어교육학회, 111~124.

＿＿＿(2011), "어휘력 평가의 평가 요소와 평가 유형에 대한 고찰", 『국어교육학연구』 42, 국어교
　　육학회, 461~497.

＿＿＿(2012), "국어 어휘 평가 내용 연구", 서울대학교 박사학위 논문.

이기춘 외(2001), 『북한의 가정생활문화』, 서울대학교 출판부.

이대규(1973), "창작과 어휘의 선택", 『국어교육』 21, 한국국어교육연구회.

＿＿＿(1990), "낱말 수업의 목표와 방법", 『국어교육』 71·72, 한국국어교육연구회.

이도영(2011), "어휘교육 평가의 이론적 고찰-목표와 내용 타당도를 중심으로", 『국어교육학연구』
　　40, 국어교육학회, 103~125.

이동석(2005), "국어사전을 이용한 국어교육 - 「표준국어대사전」을 중심으로", 『어문논집』 52, 민
　　족어문학회.

＿＿＿(2006), "신문 방송 언어의 실태와 언어 규범", 『한국어학』 33, 한국어학회.

이동혁(2004a), "의미 관계의 저장과 기능에 대하여", 『한글』 263, 한글학회.

＿＿＿(2004b), "국어 연어관계 연구", 고려대학교 박사학위 논문.

＿＿＿(2010), "담화 은유 - '전봇대'의 은유적 사용을 중심으로", 『한국어 의미학』 31, 한국어의미
　　학회.

이명도(2000), "중심 내용 파악 전략을 통한 효율적인 읽기지도 연구", 연세대학교 석사학위 논문.

이문규(1998), "어휘력 평가의 실제",『국어교육연구』30, 국어교육학회.

_____(2003), "국어교육의 이념과 어휘교육의 방향",『배달말』32, 배달말학회, 383~402.

이병규(2012), "초등 국어 문법 영역의 교수・학습 자료 개발의 원리",『한국초등국어교육』48, 한국초등국어교육학회.

이병근(2000), "노을(霞)의 語彙史",『관악어문연구』25, 서울대학교 국어국문학과, 23~42.

_____(2004),『어휘사』, 태학사.

이병주(1993),『행복어 사전』, 문학사상사.

이삼형 외(2000),『국어교육학』, 소명.

이상금(1973), "幼兒期 言語의 特性 및 機能에 關한 硏究",『韓國文化硏究院 論叢』, Vol. 22.

이성영(1991), "속담어법의 국어교육적 의미",『국어교육』73・74, 한국국어교육연구회, 167~185.

_____(1995),『국어교육의 내용 연구』, 서울대학교 출판부.

이수연(2008), "새터민 청소년의 학교적응에 관한 질적 분석",『청소년학연구』15-1, 한국청소년학회.

이숭원(2006),『백석 시의 심층적 탐구』, 태학사.

이승왕(2010), "초등학교 국어과 어휘 교육 평가의 개선 방향",『어문학교육』41, 한국어문학교육학회.

이연섭 외(1980),『한국 아동의 어휘 발달 연구(I)』, 한국교육개발원.

이영숙(1996), "국어과 지도 대상 어휘의 선정 원리에 관한 연구", 서울대학교 석사학위 논문.

_____(1997), "어휘력과 어휘 지도-어휘력의 개념을 중심으로",『선청어문』25, 서울대학교 국어교육과, 189~208.

이용주(1993),『한국어의 의미와 문법 1』, 삼지원.

이은희(2000),『텍스트언어학과 국어교육』, 서울대학교 출판부.

이응백(1972), "국민학교 학습용 기본 어휘",『국어교육』18~20, 한국국어교육연구회.

이익섭(1986, 2000),『국어학개설』, 학연사.

_____(1994),『사회언어학』, 민음사.

이재근・김민경(2008), "어휘 접근법을 활용한 어휘 지도가 초등학생 영어 의사소통능력에 미치는 효과",『영어교과교육』7-2, 한국영어교과교육학회.

이재승(1996), "어휘 지도 방법",『청람어문학』15-1, 청람어문학회.

이재승 편저(2004),『아이들과 함께하는 독서와 글쓰기 교육』, 박이정.

이정은(2008), "문맥 정보를 이용한 어휘학습이 중학생의 읽기 능력과 어휘에 대한 태도에 미치는 영향", 가톨릭대학교 석사학위 논문.

이종오(2006),『문체론』, 살림.

이종철(1993), "의사소통능력 신장을 위한 함축적 표현의 연구", 서울대학교 박사학위 논문.

_____(1997), "교육용 속담의 선정 연구: 국어 사용 능력 향상을 중심으로",『호서 어문 연구』5, 호서대학교.

_____(1998),『속담의 형태적 양상과 지도 방법』, 이회.

_____(2000), "창의적인 어휘 사용 능력의 신장 방안",『국어교육』102, 한국국어교육연구회,

155~179.

_____(2011), "작문 교육과 어휘 교육", 『국어교육학연구』 40, 국어교육학회, 159~184.

이준희(2006), "영아의 어휘 사용에 나타난 몇 가지 특징", 『겨레어문학』 37, 겨레어문학회.

이창덕(2010), "다문화 사회를 위한 한국어 어휘 교육", 『나라사랑』 119, 외솔회, 161~193.

이창수(2009), "초등 어휘 지도 내용 변천 연구", 『문법 교육』 11, 한국문법교육학회.

_____(2011), "어휘 교육 연구 어디까지 왔나", 『우리말교육현장연구』 5-2, 우리말교육현장학회, 127~184.

이충우(1992), "국어교육용 어휘 연구", 서울대학교 박사학위 논문.

_____(1994), 『한국어교육용어휘 연구』, 국학자료원.

_____(1997), "어휘 교육과 어휘의 특성", 『국어교육』 95, 한국국어교육연구회.

_____(1999a), "국어 어휘교육론 개발을 위한 기초 연구 I: 어휘교육의 이론과 실제", 『국어교육』 98, 한국국어교육연구회, 75~103.

_____(1999b), "국어 어휘교육론 개발을 위한 기초 연구 II: '어휘교육론'의 내용", 『국어교육연구』 9, 서울대학교 국어교육연구소, 33~59.

_____(2001), "국어 어휘교육의 위상", 『국어교육학연구』 13, 국어교육학회, 467~490.

_____(2005a), "국어 어휘교육의 개선 방안", 『국어교육학연구』 24, 국어교육학회, 385~407.

_____(2005b), "어휘 교육의 발전 방향", 『창립 50주년 특집호』, 한국어교육학회, 223~237.

_____(2005c), "어휘 교육의 발전 방향(1)", 『국어교육론 2』, 한국문화사.

_____(2006a), 『좋은 국어 어휘 교육 어떻게 할 것인가?』, 교학사.

_____(2006b), 『국어 문법의 교육과 연구』, 역락.

이필영·김정선(2008a), "초등학생의 표현 어휘 능력 연구", 『청람어문교육』 38, 청람어문교육학회, 219~237.

_____(2008b), "초등학생의 구어에 나타난 어휘 빈도와 분포도 조사", 『국어교육학연구』 33, 국어교육학회.

이향근(2011), "초등학교 국어 교과서 '우리말 꾸러미'의 교육 내용과 교사 인식", 『새국어교육』 88, 한국국어교육학회.

이홍식(2007), "새터민의 언어에 대한 연구", 『사회언어학』 15-2, 한국사회언어학회.

임근석(2006), "한국어 연어 연구", 서울대학교 박사학위 논문.

임성규(2000), "표현 영역에서 어휘력 신장 방안 연구", 『한국초등국어교육』 17, 한국초등국어교육학회.

임숙경(2004), "문맥단서를 활용한 어휘지도 방안 연구", 제주대학교 석사학위 논문.

임유종·이필영(2004a), "한국 초·중·고등학생의 발화에 나타난 연결 표현 발달 단계", 『텍스트언어학』 17, 텍스트언어학회.

_____(2004b), "부정 표현과 호응하는 부사의 사용 양상과 언어 발달", 『한국어 의미학』 15, 한국어의미학회.

임은해(2011), "다문화가정 아동과 일반가정 아동의 고유어, 한자어, 외래어 어휘 표현 능력 비교", 나사렛대학교 석사학위 논문.

임지룡(1991), "국어의 기초 어휘에 대한 연구", 『국어교육연구』 23-1, 국어교육학회.

_____(1992), 『국어 의미론』, 탑출판사.

_____(1993), "원형이론과 의미의 범주화", 『국어학』 23, 국어학회, 41~68.

_____(1997a), "21세기 국어 어휘 의미 연구의 방향", 『한국어 의미학』 1, 한국어의미학회, 5~28.

_____(1997b), 『인지의미론』, 탑출판사.

_____(1998), "어휘력 평가의 기본 개념", 『국어교육연구』 30, 국어교육학회.

_____(2010), "국어 어휘교육의 과제와 방향", 『한국어 의미학』 33, 한국어의미학회, 259~296.

임지룡 외(2005), 『학교 문법과 문법 교육』, 박이정.

임칠성(2001), "지역어와 국어교육", 『국어교육학연구』 13, 국어교육학회.

임홍빈(1993), 『뉘앙스 풀이를 겸한 우리말 사전』, 아카데미하우스.

장경희·전은진(2008), "중·고등학생의 어휘 다양도 연구", 『한국어 의미학』 27, 한국어의미학회.

전미순·이병운(2009), "초급 단계 문화 어휘 선정과 문화 교육 방안", 『한국언어문화학』 6-1, 국제한국언어문화학회.

전영옥(2006), "구어 어휘의 사전 기술 방법: 담화표지를 중심으로", 『한국사전학』 8, 한국사전학회, 101~143.

전점이(2007), "문학작품을 활용한 어휘 교육", 『새국어교육』 77, 한국국어교육학회, 325~347.

전혜영(2001), "한국어 관용표현의 교육 방안", 『한국어교육』 12-2, 국제한국어교육학회, 181~199.

정경일(2001), 『남한 정착 북한 출신 주민의 언어 적응 실태 조사 연구 보고서』, 문화관광부.

정규선(2001), "어휘력 신장이 글의 이해능력 발달에 미치는 영향", 서원대학교 석사학위 논문.

정인숙(1995), "독해력 향상을 위한 어휘지도 연구: 문맥적 실마리에 의거한 방법을 중심으로", 서울대학교 석사학위 논문.

정종남(2000), 『북한주민이 알아야 할 남한 어휘 3300개』, 종로서적.

정행아(2006), "어휘학습책략과 영어 읽기 및 어휘력 간의 관계", 한양대학교 석사학위 논문.

조남호(2002), "국어 어휘의 분야별 분포 양상", 『冠嶽語文硏究』, Vol. 27.

조아라(2011), "한국어 어휘 능력에 따른 다문화가정 아동과 일반가정 아동의 이야기 산출 및 이해 능력 비교", 이화여자대학교 석사학위 논문.

조오현 외(2002), 『남북한 언어의 이해』, 역락.

조원호(2005), 『학교 교육에서의 심리학』, 국민대학교 출판부.

조은영(2010), "어휘적 연어의 형성과 유추", 『한국어학』 48, 한국어학회.

조정아·정진경(2006), "새터민의 취업과 직장생활 갈등에 관한 연구", 『통일정책연구』 15-2. 통일연구원.

조창규(2002), "교육용 어휘의 단위", 『국어교육학연구』 14, 국어교육학회.

조현용(1999), "한국어 어휘의 특징과 어휘 교육", 『한국어교육』 10-1, 국제한국어교육학회.

_____(2005) 『한국어 어휘교육 연구』, 박이정

조형일(2010), "시소러스 기반 한국어 어휘 교육 연구", 서울대학교 국어교육과 박사학위 논문.

조혜림(2007), "고등학교 영어 교육과정에서 읽기를 통한 어휘학습에 관한 실험 연구", 연세대학교 석사학위 논문.

주경희(2006), "속담 비유성의 의미·화용론적 연구", 『국어교육학연구』 25, 국어교육학회.

주세형(1999), "의미자질분석법을 활용한 국어 어휘 교수법 연구", 서울대학교 석사학위 논문.

_____(2005a), "국어과 어휘교육의 발전 방향", 『독서연구』 14, 한국독서학회, 373~399.

_____(2005b), "어휘 교육의 발전 방향", 『국어교육론 2』, 한국문화사.

_____(2005c), "학습자 중심의 국어사 교육 내용 설계 방향", 『국어교육학연구』 22, 국어교육학회, 325~354.

_____(2006), 『문법교육론과 국어학적 지식의 지평 확장』, 역락.

지청숙(2000), "말놀이 학습을 통한 언어사용 능력 신장 방안", 『초등국어교육』 10, 서울교육대학교 초등국어교육연구소.

채영희(2003), "생태학적 언어관에 의한 국어 어휘 교육", 『배달말』 33, 배달말학회.

최경봉(2008), "남북 어휘 비교 연구의 문제점과 비교 어휘집의 편찬 방향", 『한국어학』 39, 한국어학회.

최금란(2007), "문맥을 활용한 어휘지도 방안: 초등학교 3학년을 대상으로", 한국교원대학교 석사학위 논문.

최미숙 외(2008), 『국어교육의 이해』, 사회평론아카데미.

최선아(2011), "교과서의 효과적 커뮤니케이션을 위한 편집디자인 연구: 초등학교 3, 4학년 사회교과서 중심으로", 이화여자대학교 석사학위 논문.

최소영(2011), "국어 문화에 대한 교육 내용으로서의 어휘사 교육 연구", 『국어교육연구』 28, 서울대학교 국어교육연구소, 113~144.

최영환(1993), "읽기 교육에서 어휘 지도의 위상", 『국어교육』 50, 한국국어교육연구회.

최웅환(1998), "어휘력 평가의 현황", 『국어교육연구』(경북대) 30, 국어교육학회.

최지현·서혁·심영택·이도영·최미숙·김정자·김혜정(2007), 『국어과 교수·학습 방법』, 역락.

하나원(2003), 『새로운 언어 생활』, 통일부 하나원.

하성욱(2008), "대학수학능력시험에서의 어휘력 평가에 대한 비판적 고찰", 『우리어문연구』 32, 우리어문학회.

하지완·심현섭(2011), "어휘인출과 구어동반 제스처의 관계", 『인지과학』 22-2, 한국인지과학회, 123~143.

하치근(2008), 『우리말 어휘 학습의 이론과 실제』, 세종출판사.

한국교육과정평가원(2004), 『대학수학능력시험 출제 매뉴얼 언어 영역』, 한국교육과정평가원.

한재영 외(2010), 『한국어 어휘교육』, 태학사.

한정미 외(2011), 『새로운 언어생활』, 통일부 하나원.

현종익·이학춘(2001), 『교육학용어사전』, 동남기획.

홍기삼(1999), "민족어와 민족문학", 유종호 외, 『현대 한국문학 100년』, 민음사, 211~256.

홍사만(2008), 『국어 의미 분석론』, 한국문화사.

홍재성 외(1996), 『현대 한국어 동사 구문 사전』, 두산 동아.

황문환(2007), "조선시대 언간 자료의 부부간 호칭과 화계", 『장서각』 17, 한국학중앙연구원, 121~139.

황미라(2004), "읽기 후 활동을 이용한 어휘력 신장 방안", 국민대학교 석사학위 논문.

황미향(2004), "어휘의 텍스트 형성 기능과 어휘 지도의 방향", 『언어과학연구』 31, 언어과학회.

황소진(2010), "학령기 다문화가정 아동과 일반가정 아동 간의 구문표현능력 비교: 설명 담화를 중심으로", 단국대학교 석사학위 논문.

황현산(1999), "모국어와 시간의 깊이", 유종호 외, 『현대 한국문학 100년』, 민음사, 257~280.

해외 논저

노무라 마사아키, 송영빈 역(2007), 『한자의 미래』, 커뮤니케이션북스.

다케다 세이지, 윤성진 역(2005), 『언어적 사고의 수수께끼』, 서광사.

루디 켈러, 이기숙 역(2000), 『기호와 해석』, 인간사랑.

모리스 뻬르니에, 권순호 역(1994), 『새로운 언어학 단어』, 울산대학교 출판부.

아리스토텔레스, 이종오 역(2007), 『수사학 II』, 리젬.

제인 욜런, 박향주 역(1997), 『부엉이와 보름달』, 시공주니어.

조지 밀러, 강범모 · 김성도 역(1998), 『언어의 과학』, 민음사.

테리 이글턴, 박령 역(2010), 『시를 어떻게 읽을까』, 경성대학교 출판부.

페르디낭 드 소쉬르, 최승언 역(1990), 『일반언어학 강의』, 민음사.

Aitchison, J.(1987), *Words in the Mind: An Introduction to the Mental Lexicon*, Oxford: Bar-sil Blackwell, 임지룡 · 윤희수 역(1993), 『심리언어학: 머리속 어휘사전의 신비를 찾아서』, 경북대학교 출판부.

_____(2003), *Words in the Mind*, 홍우평 역(2004), 『언어와 마음』, 역락.

Anderson, P.& Bos, C.(1986), "Semantics feature analysis: An interactive strategy for vocabu-lary development and text comprehension", *Journal of reading* 9.

Anderson, R. C. & P. Freebody(1981), "Vocabulary knowledge", In J. T. Guthrie(ed.), *Com-prehension and teaching: Research reviews*, Newark, Del.: International Reading As-sociation, 71~117.

Baker, L. & A. L. Brown(1984), "Metacognitive skills and reading", In P. David Pearson(ed.), *Handbook of reading research*, New York: Longman.

Baker, L. & A. L. Wigfield(1999), "Dimensions of children's motivation for reading and their relations to reading activity and reading achievement", *Reading Research Quarterly* 34, 452~477.

Barnes, D.(1975/1992), *From communication to curriculum*(2nd ed.), Porthsmouth: Boyn-ton/Cook Publishers.

_____(2008), "Exploratory Talk for Learning", In Mercer, N. and Hodgkinson, S.(eds.), *Ex-ploring Talk in School*, Los Angeles: SAGE.

Batstone, R.(1999) *Grammar*, Oxford University Press, 김지홍 역(2003), 『Grammar 문법』, 범문사.

Bauer, L. & I. S. P. Nation(1993), "Families", *International Journal of Lexicography* 6, 253~279.

Baumann, J. F.(2009), "Vocabulary and Reading Comprehension: The Nexus of Meaning", In S. E. Israel & G. G Duffy(ed.), *Handbook of Research on Reading Comprehension*, Routledge.

Beardsley, M.(1962), "The Metaphorical Twist", *Philosophy and Phenomenological Research* 22, International Phenomenological Society, 293~307.

Beaugrande, R. de(1997), *New Foundations for a Science of Text and Discourse: Cognition, Communication, and the Freedom of Access to Knowledge and Society*, N.J.: Ablex Pub. Corp.

Beaugrande, R.(2007), "'Corporate bridges' twixt text and language", www.geaugrande. com (specially edited version for this publication, pp. 1~18), *Corpus Linguistics* 1, Routledge, 93~118.

Beck, I. L. & W. G. McKeown(1983), "Learning words well: A program to enhance vocabulary and comprehension", *The Reading Teacher* 36, 622~625.

Beck, I. L., McCaslin, E., & McKeown, M.G.(1980), *The rationale and design of a program to teach vocabulary to forth-grade students* (LRDC Publication No. 1980/25). Pittsburgh: University of Pittsburgh, Learning Research and Development Center.

Bentolila, A.(2007), *Rapport de mission sur l'acquisition du vocabulaire à l'école élémentaire.*

Biemiller, A(2005), "Size and sequence in vocabulary development: Implications for choosing words for primary grade vocabulary instruction", In A. Hiebert. & M. Kamil(eds.), *Teaching and learning vocabulary: Bringing research to practice*, Mahwah, NJ: Erlbaum.

Bierce Ambrose(2004), *The Devil's Dictionary*, Bloomsbury Publishing PLC.

Blachowicz, C. and P. Fisher(2002), *Teaching Vocabulary in All Classrooms*, N.J.: Merrill Prentice Hall.

Bourdieu, Pierre(1986), "Force of Law: Toward a Sociology of the Juridical Field".

Brown, H. Douglas(2001) *Teaching by principles: An interactive approach to language pedagogy*, Longman.

Carr, E., & Wixson, K. K.(1986), "Guidelines for Evaluating Vocabulary Instruction", *Journal of Reading* 29.

Carrell, P. L.(1987), "Content and Formal Schemata in ESL reading", *TESOL Quarterly* 21, pp. 461~481.

Carter, R.(1987), *Vocabulary: Applied Linguistic Perspectives*, London: Allen and Unwin/ Routledge, 원명옥 역(1998), 『어휘론의 이론과 응용』, 한국문화사.

Chung, T. M.(2003), "A corpus comparison approach for terminology extraction", *Terminology* 9(2), 221~245.

Claudie, C., Cellier, M., Dumazer-Bonnet, S., Elbaz-Rousseau, C., Lordanoff, F., Piera, A., Zanetti, G.(2008). *L'apprentissage du vocable à l'école primaire*, Académie Montpellier.

Cobb, T.(2007), Familizer: A program for making word families [software]. Available at http://www.lextutor.ca/familizer/

Cooper, P. J. and Simonds, C. J.(2008), *Communication for the Classroom Teacher*(8th ed.), Boston: Allyn & Bacon, 이창덕 · 전인숙 · 이정우 · 김주영 역(2010), 『교실 의사소통: 효과적인 교실 상호작용을 위한 소통 방법』, 교육과학사.

Coxhead, A.(1998), "The development and evaluation of an academic word list", Unpublished master's thesis, Victoria University of Wellington, New Zealand.

_____(2000), "A new academic word list", *TESOL Quarterly* 34(2), 213~238.

Crawford, P.(1995), "Early literacy: Emerging perspectives", *Journal of Research in Childhood Education* 10(1), 71~86.

Crothers, E. & P. Suppes(1967), *Experiments in second language learning*, New York: Academic Press.

Cruse, D. A.(1986), *Lexical semantics*, Cambridge University Press.

_____(2000), *Meaning on language*, Oxford Univ., 임지룡 역(2002), 『언어의 의미』, 태학사.

Davies, B. and D. Corson(eds.)(1997), *Oral Discourse and Education: Encyclopedia of Language and Education* 3, Dordrecht: Kluwer Academic Publishers.

Decarrico, J. S.(2001), "Vocabulary learning and teaching", In Marianne Celce-Murcia(ed.), *Teaching English as second or foreign language*, Heinle & Heinle, 285~299

Di Sciullo, A. M. & E. Williams(1987), *On the Definition of Word*(Linguistic Inquiry Monographs) 14, MIT Press.

Elisabeth, C.(2004), *Didactique du lexique-Contexte, déamrche, supports*, De Boeck.

Evans, V. & M. Green(2006), *Cognitive Linguistics: An introduction*, Edinburgh Univ. Press, 임지룡 · 김동환 역(2008), 『인지언어학 기초』, 한국문화사.

Fairclough, N.(1989/2001), *Language and Power*(2nd rev. ed.), Harlow: Longman, 김지홍 역(2011), 『언어와 권력』, 경진.

Fillmore, C. J. & B. T. Atkins(1992), "Toward a frame-based lexicon:the semantics of RISK and its neghibors". In Lehrer, A. & Kittay, E. F.(eds), *Frame, fields, and contrasts: new essays in semantics and lexical organization*, Hillsdale: Lawrence Erlbaum Associates, Inc., 75~102.

Fisher, P. J., C. L. Z. Blachowicz and S. Watts-Taffe(2011), "Vocabualry Instruction: Three Contemporary Issues", In Lapp. D. and Fisher, D.(eds.), *Handbook of Research on Teaching the English Language Arts*(3rd ed.), 252~257, New York: Routledge.

Flower, Linda(1997), *Problem Solving Strategies for Writing in College and Community*, Wadsworth Publishing. 원진숙 · 황정현 역(1999), 『글쓰기의 문제해결전략』, 동문선.

Foucalt(1980), "Power/knowledge".

Graves, M. F.(1987), "The role of instruction in fostering vocabulary development", In M. G. McKeown, M. E. Curtis(eds.), *The Nature of Vocabulary Acquisition*, Hillsdale, NJ: LEA.

Graves, M.F., & Prenn, M. C.(1986), "Costs and benefits of various methods of teaching vocabulary", *Journal of reading* 29.

Halliday(1978), "Language as Social Interpretation of Language and Meaning", University Park Press.

Harcourt(2005), *Social Studies: A Child's View, Grade 1*, Harcourt School Publishers.

Hatch, E.(1992), *Discourse & Language Education*, Cambridge Univ. Press.

Hiebert, E. H. and M. L. Kamil(2005), *Teaching and Learning Vocabulary: Bringing Research to Practice*, N.J.: Laurence Erlbaum Associates, Publishers.

Hill, S.(2001), "Ch. 2. Theoretical Tools for Talk", In P. G. Smith(ed.), *Talking Classrooms: Shaping Children's Learning Through Oral Language Instruction*, 14~26, Newark, Delaware: International Reading Association.

Hu, M. H-C. & I. S. P. Nation(2000), "Unknown vocabulary density and reading comprehension", *Reading in a Foreign Language* 13(1), 403~430.

Irwin, J. W.(2007), *Teaching Reading Comprehension Process*(3rd Ed.), Allyn and Bacon.

_____, 천경록·이경화 역(2003), 『독서지도론』, 박이정.

_____, 천경록·이경화·서혁 역(2012), 『독서 교육론』, 박이정.

Jackendoff, R. S.(1983), *Semantics and Cognition*, The MIT Press.

Johns, T.(1986), "Micro-concord : A language learner's research tool", *System* 14(2), 151~162.

_____(1988), "Whence and whither classroom concordancing? In T. Bongaerts, P. de Haan, S. Lobbe & H. Wekke(eds.), *Computer applications in language learning*, 9~27, London: Foris.

_____(1991), "Should you be persuaded-two examples of data-driven learning", In T. Johns & P. King(eds.), *Classroom concordancing: English Language Research Journal* 4, 1~13, University of Birmingham: Centre for English Language Studies.

Johnson, D., & Pearson, P. D.(1984), *Teaching Reading vocabulary*(2nd ed.), New York: Holt, Rinehart & Winston.

Johnson, M.(1987), *The body in the mind*, Chicago: The univ. of Chicago Press.

Jones, D.(2011), "Ch. 2. Speaking and listening: planning and assessment", In D. Jones and P. Hodson(eds.), *Unlocking Speaking and Listening*(2nd ed.), London: Routledge, 19~34.

Jones, D. and P. Hodson(eds.)(2011), *Unlocking Speaking and Listening*(2nd ed.), London: Routledge.

Kachroo, N. J.(1962), "Report on an investigation into the teaching of vocabulary in the first year of English", *Bulletin of the Central Institute of English* 2, 67~72.

Kame'enui, E. J. & J. F. Bauman(2012), *Vocabulary Instruction Research to Practice*(2nd ed.), N.Y.: A Division of GuilfordPublication, Inc.

King, Philip(2003), 「병렬 콘코던스 작업과 그 운용: Corpus-based Approaches to Contrastive Linguistics and Translation Studies」, Granger, Sylviane *et al.*, 박기성 역(2008), 『대조

언어학과 번역학의 코퍼스 기반 방법론 연구』, 동인, 254~273.

Kintsch, W.(1998), *Comprehension: A Paradigm for Cognition*, Cambridge: Cambridge University Press, 김지홍·문선모 역(2010), 『이해: 인지 패러다임』 1·2. 나남.

Kirby, D. and C. Kuykendal(1985), *Thinking through Language*, Book One.

Knapp, P. and M. Watkins(2005), *Genre, Text, Grammar: Technologies for Teaching and Assessing Writing*, Sydney: The UNSW Press, 주세형·김은성·남가영 역(2007), 『장르, 텍스트, 문법: 쓰기 교육을 위한 문법』, 박이정.

Krashen, S.(1982), *Principles and Practice in Second Language acquisition*, Oxford: Pergamon.

Krashen, S. D. & T. D. Terrell(1983), *The natural approach: Language acquisition in the classroom*, New York: Pergamon Press

Lakoff, G.(1987), *Women, Fire and Dangerous Thing: What Categories Reveal about the mind*, Univ. of Chicago Press, 이기우 역(1994), 『인지의미론』, 한국문화사.

Lakoff, G. & M. Johnson(2003), *Metaphors We Live By*, 노양진·나익주 역(2006), 『삶으로서의 은유』, 박이정.

Larry Andrew(2006), *Language Exploration and Awareness: A Resource Book for Teachers*(Third Edition), Lawrence Erlbaum Associates Inc., 이관규 외 역(2008), 『국어 수업을 위한 언어 인식과 탐구』, 박이정.

Laufer, B.(1992), "How much lexis is necessary for reading comprehension?", In Arnaud, P. J. L. and Bejlint, H.(eds.), *Vocabulary and Applied Linguistics*, 126~132, London: Macmillan.

_____(1998), "The development of passive and active vocabulary in a second language: Some or different?", *Applied Linguistics* 19(2), 255~271.

Laufer, B. & T. S. Paribahkt(1998), "The relationship between passive and active vocabualry: Effects of language learning context", *Language Learning* 48(3), 365~391.

Laufer, B., C. Elder, K. Hill & P. Congdon(2004), "Size and strength: Do we need both to measure vocabulary knowledge?", *Language Testing* 21, 202~226.

Lee, D.(2001), *Cognitive linguistics: An Introduction*, Oxford Univ. Press, 임지룡·김동환 역(2003), 『인지언어학 입문』, 한국문화사.

Leech, G. N.(1974/1981), *Semantics*, London: Penguin Books.

Leech, G., P. Rayson & A. Willson(2001), *Word frequencies in written and spoken English: Based on the British National Corpus*, London: Longman.

Levelt, W. J. M.(1989), *Speaking: From Intention to Articulation*, Massachussetts: MIT Press, 김지홍 역(2008), 『말하기 1. 2: 그 의도에서 조음까지』, 나남.

Lewis, M.(1993), *The Lexical Approach: The State of ELT and a Way Forward, Language Teaching Publications*, 김성환 역(2002), 『어휘 접근법과 영어 교육』, 한국문화사.

_____(1997), *Implementing the lexical approach; Puttingtheory into practice*. London; Language Teaching Publications.

Lieury, Alain(1991), *Mémoire et réussite scolaire*, Paris: Dunod.

McCarthy, Michael(1999), *Vocabulary*, Oxford University Press, 김지홍 역(2003), 『Vocabulary』, 범문사.

Mckeown, M. G., Beck, I. L., Omanson, R.C. & Pople, M.T.(1985), "Some effects of the nature and frequency of vocabulary instruction on the knowledge and use of words", *Reading Research Quarterly* 20-5.

Meara, P.(2005), "Lexical frequency profiles: A Monte Carlo analysis", *Applied Linguistics* 26(1), 32~47.

Mezynski, Karen(1983), "Issues Concerning the Acquisition of Knowledge: Effects of Vocabulary Training on Reading Comprehension".

Miller. GA, Charles. WG(1991), "Contextual correlates of semantic similarity-Language and cognitive processes", Taylor & Francis.

Ministère d'Éducation Nationale(2007), *Programmes d'enseignement de l'école primaire*.

_____(2010), *Ressources pour enseigner le vocabulaire à l'école maternelle*.

Nagy, W. E.(1988/1991), *Teaching Vocabulary to Improve Reading Comprehension*, IRA.

Nation, I. S. P.(1990), *Teaching & Learning Vocabulary*, Heinle & Heinle Publishers.

_____(2000), "Learning vocabulary in lexical sets: dangers and guidelines", *TESOL Journal* 9(2), 6~10.

_____(2001), *Learning vocabulary in another language*, Cambridge: Cambridge University Press.

_____(2004), "A study of the most frequent word families in the British National Corpus", In P. Bogaards & B. Laufer(eds.), *Vocabulary in a second language: Selection, acquisition, and testing*, Amsterdam: John Benjamins, pp. 3~13.

_____(2006), "How large a vocabulary is needed for reading and listening?", *Canadian Modern Language Review* 63(1), 59~82.

_____(2008), *Teaching vocabulary: Strategies and techniques*. Boston: Heinle Cengage Learning.

Nation. P(2001), "The specialised vocabulary of English for academic purposes".

Newmeyer. FJ(1983), "Grammatical theory: its limits and its possibilities".

Newton, E., N. D. Padak and T. V. Rasinsky(2008), *Evidence-Based Instruction In Reading: A Professional Development Guide to Vocabulary*, Pearson Education, Inc.

Nunan, David(1999), *Syllabus design*, Oxford University Press, 송석요 외 역(2003), 『옥스포드 언어교육 지침서』, 범문사.

Olivesi, S.(2005), *La Communication selon Bourdieu*, Paris: L'Harmattan, 이상길 역(2007), 『부르디외, 커뮤니케이션을 말하다』, 커뮤니케이션북스.

Pae Soyeong(1993), "Early vocabulary in Korean: Are easier to learn than verbs?", University of Kansas, Unpublished doctoral dissertation.

Palmberg, R.(1987), "Patterns of vocabulary development in foreign-language learners",

Studies in Second Language Acquisition 9. 201~220.

Pany, D. & J. R. Jenkins(1977), "Learning word meaning: A comparison of instructional procedures and effects on measures of reading comprehension with learning disabled students"(Tech. Rep. No. 25), Urbana: Center for the Study of Reading, University of Illinois.

Picoche, Jacqueline(1993), *La didactique du vocabulaire français*, Nathan.

Pierce, K. M. and C. Gills(2008), "From Exploratory Talk to Critical Conversations", In: Mercer, N. and Hodgkinson, S.(eds.), *Exploring Talk in School*, Los Angeles: SAGE.

Pimsleur, P.(1967), A memory schedule. *Modern Language Journal* 51(2), 73~75.

Read, J.(2004), "Research in teaching vocabulary", *Annual Review of Applied Linguistics* 24, 146~161.

Richards, I. A. & C. K. Ogden(1959), *The Meaning of meaning*, 김영수 역(1987), 『의미의 의미』, 현암사.

Richards, J.(1974), "Word lists: Problems and prospects", *RELC Journal* 5(2), 69~84.

Ricoeur, Paul(1981), *Hermeneutics and the Human Sciences*, 윤철호 역, 2003, 『해석학과 인문사회과학』, 서광사.

_____(1985), *Temp et recit: le temps racont*. 김한식 · 이경래 역(2004), 『시간과 이야기 3』, 문학과 지성사.

_____(2003), "The rule of metaphor: The creation of meaning in language".

Ruddell, R. B.(2002), *Teaching Children to Read and Write*. Allyn & Bacon, 150~179.

Saragi, T., I. S. P. Nation& G. F. Meister(1978), "Vocabulary learning and reading", *System* 6(2), 72~78.

Saville-Troike, M.(2003), *The Ethnography of Communication: An Introduction*(3rd ed.), Malden. M. A.: Blackwell, 왕한석 · 백경숙 · 이진성 · 김혜숙 역(2009), 『언어와 사회: 의사소통의 민족지학 입문』, 한국문화사.

Schmitt, N.(1997), "Vocabulary learning strategies", In N. Schmitt, & M. McCarthy(eds.), *Vocabulary: Description, Acquisition and Pedagogy*. Cambridge University Press, 199~227.

_____(1997/2000), *Vocabulary in Language Teaching*, Cambridge University Press.

Schwarz & Chur(1996), 『새로운 의미론』, 문미선 · 신효식 · 이민행 역, 한국문화사.

Scollon, R., Scollon, S. W., Jones, R. H.(2011), "Intercultural communication: A discourse approach".

Shin, D.(2009), Familizer 14: A program for making word families [software]. Available at http://cafe.daum.net/sdhera

Siegler, Robert S.(1991), *Children's thinking, Englewood Cliffs*, NJ, US: Prentice-Hall, Inc., 박영선 역(1995), 『아동사고의 발달』, 미리내.

Singleton, D.(2000), *Language and the Lexicon: An Introduction*, Arnold, 배주채 역(2008), 『언어의 중심 어휘』, 삼경문화사.

Sökmen, A. J.(1997), "Current trends in teaching second language vocabulary", *Readings in Methodology*.

Spearritt, D.(1972), "Identification of sub-skills in reading comprehension by maximum likelihood factor analysis", *Reading Research Quarterly* 8.

Stahl, S. A.(1990), "Beyond the instrumentalist hypothesis: Some relationships between word meanings and comprehension", Technical Report.

Stahl, S. A. & M. M. Fairbanks(1986), "The effects of vocabulary instruction: A model-based meta-analysis", *Review of Educational Research* 56(1).

Stanovich, Keith E.(1986), "Matthew effects in reading: Some consequences of individual differences in the acquisition of literacy", *Reading Research Quarterly* 22, 360~407.

Sternberg, RJ(1987), "Most vocabulary is learned from context", *The nature of vocabulary acquisition*, Urbana, Il.: National Council of Teachers of English.

Stevenson, Patrick(2006), *Language and German Disunity*, Oxford University Press.

Taylor, J.(1995), *Linguistic Categorization*, Oxford University Press. 조명원·나익주 역, 『인지언어학이란 무엇인가-언어학과 원형이론』, 한국문화사, 1997.

Thornbury, Scott(1999), *How to Teach Grammar*. Pearson Education Limited, 이관규 외 역(2004), 『문법을 어떻게 가르칠 것인가?』, 한국문화사.

Thorndike, R. L.(1973), *Reading comprehension education in fifteen countries*, NY: Wiley.

Tompkins, Gail E.(2012), *Teaching Writing: Balancing Process and Product*(6th ed).

Tuinman, J. J. &, M. E. Brady(1974), "How does vocabulary account for variance on reading comprehension", In P. Nacie(ed.), *Interation and practice for college-adult reading*. Clemsom, SC: National Reading Conference.

Vacca, R. T. & J. L. Vacca(2008), "Developing Vocabulary and Concepts", *Content area reading: literacy and learning across the curriculum*. Pearson, 142~183.

Vadasy, P. F. and J. R. Nelson(2012), *Vocabulary Instruction for Struggling Students*, N.Y.: The Guildford Press.

Ward, J.(1999), "How large a vocabulary do EAP engineering students need?", *Reading in a Foreign Language* 12, 309~323.

Wardhaugh, R.(1992), *An Introduction to Sociolinguistics*(2nd ed.), Oxford: Blackwell, 박의재 역(1994), 『사회언어학(제2판)』, 한신문화사.

Waring, R.(2000), "The state rating task: An alternative method of assessing receptive and productive vocabulary", *Immaculata*[occasional papers of Notre Dame Seish in University, Okayama] 35(1), 125~154.

Wertsch, J. V.(1985), *Vygotsky and the Social Formation of Mind*, 한양대 사회인지발달연구 모임 역(1999), 『비고츠키 마음의 사회적 형성』, 정민사.

West, M.(1953), *A general service list of English words*. London: Longman, Green & Co.

Whitaker, Sandra R.(2008), *Word play: building vocabulary across texts and disciplines*, grades 6-12. Heinemann.

Widdowson, H. G.(1978), *Teaching language as communication*. Oxford: Oxford University Press.

Wilkinson, A.(1965), *Spoken English*, Birmingham: University of Birmingham.

Young, R. E.(1992), *Critical Theory and Classroom Talk*, Clevedon: Multilingual Matters, 이정화·이지헌 역(2003), 『하버마스의 비판이론과 담론 교실』, 우리교육.

Zimmerman, C. (1997), "Do reading and interactive vocabulary instruction make a difference?: An empirical study", *TESOL Quarterly* 31(1), 121~140.

光村圖書(2012), 『国語 2』, 光村圖書.

國立國語研究所(1964), 『分類語彙表』, 秀英出版.

國立國語研究所(1976), 『現代新聞の漢字』, 秀英出版.

國立國語研究所(2000), 『日本語基本語彙—文献解題と研究』, 秀英出版.

國立國語研究所(2011), 『言語政策に役立つコーパスを用いた語彙表·漢字表等の作成と活用』特定領域研究「日本語コーパス」, 言語政策班報告書(JC-P-10-01).

森篤嗣(2008), 「學校教育における「語彙」の教育」, 『日本語學』通卷339號(27卷10號).

三省堂(2008), 『三省堂国語辞典第6版』, 三省堂.

岩波書店(1991), 『岩波国語辞典第4版』, 岩波書店.

窪田富男(1987), "基本語·基礎語", 玉村文郎 編, 『日本語日本語教育』6. 明治書院.

坂本一郎(1983), 『新教育基本語彙』, 學藝圖書.

坂本一郎(1984), 「私の基本語彙論」, 『日本語學』2月號, 明治書院.

坂本一郎(1958), 『教育基本語彙』, 學藝圖書.

연구보고서

국립국어연구원(1999), 『남북한 한자어 어떻게 다른가』, 국립국어연구원.

_____(2007), "국어 어휘의 역사", 한민족 언어 정보화(21세기 세종계획), 국립국어연구원.

국립국어원(1993), 『국어 어휘의 분류 목록에 관한 연구』, 국립국어원.

_____(2000a), 한국 문화 기초 용어, 국립국어원.

_____(2000b), 『북한 주민이 모르는 남한 어휘』, 국립국어원.

_____(2003), 『한국어 학습용 어휘 선정 결과 보고서』, 국립국어원.

_____(2005), 『새터민 언어 적응을 위한 실태 연구』, 국립국어원.

_____(2006), 『새터민 언어실태 조사 연구』, 국립국어원.

_____(2007a), 『남북한 언어 비교 사전』, 한민족 언어정보화 통합 검색 프로그램.

_____(2007b), 『남북 교과서 학술 용어 비교 연구1』, 국립국어연구원.

_____(2008a), 『남북 교과서 학술 용어 비교 연구2』, 국립국어원.

_____(2008b), 『국어문화학교 특별과정 개발 및 교안 제작-새터민을 위한 국어교육과정-』, 국립국어원 연구보고서.

_____(2009), 「초등학교 교과서 어휘 조사 연구」, 국립국어원 2009-01-65.

_____(2010a), 「초등학생 글쓰기 어휘 조사 연구」, 국립국어원 2010-01-17.

_____(2010b), 『새터민 어휘 학습 교재 개발을 위한 기초 연구』, 국립국어원.

_____(2010c) 『국제 통용 한국어교육 표준 모형 개발 연구(1단계)』, 문화체육관광부 국립국어원 연구용역보고서(책임연구자 김중섭).

_____(2011a), 『새터민 어휘 학습 실물 교재 개발 연구』, 국립국어원.

_____(2011b) 『국제 통용 한국어교육 표준 모형 개발 연구(2단계)』, 문화체육관광부 국립국어원 연구용역보고서(책임연구자 김중섭).

_____(2012) 『한국어교육 어휘 내용 개발(1단계)』, 문화체육관광부 국립국어원 연구용역보고서 (책임연구자 강현화).

행정안전부(2010), 「지방자치단체 외국인주민 지원 업무편람」.

_____(2011), 「2011년 지방자치단체 외국인주민 현황 조사결과」.

행정자치부(2007), 「지방자치단체 거주 외국인 지역사회 정착 지원 업무 편람」.

교과서 및 교육과정

교육과학기술부(2011a), 국어과 교육과정, 교육과학기술부 고시 제2011-361호[별책5].

_____(2011b), 『국어: 듣기 · 말하기 · 쓰기』 5-1. (주)미래엔.

_____(2011c), 『국어: 듣기 · 말하기 · 쓰기』 5-2. (주)미래엔.

_____(2011d), 『국어: 듣기 · 말하기 · 쓰기』 6-1. (주)미래엔.

_____(2011e), 『국어: 듣기 · 말하기 · 쓰기』 6-2. (주)미래엔.

_____(2012), 『국어과 교육과정』(교육과학기술부 고시 제2012-14호).

교육부(1997), 『국어과 교육과정』(교육부 고시 제1997-15호).

교육인적자원부(2002), 『고등학교 문법』, 서울대학교 국어교육연구소.

_____(2007), 『국어과 교육과정』(교육인적자원부 고시 제2007-79호).

박영목 외(2013), 『중학교 국어 교과서』, 천재교육.

원진숙 외(2012), 교육과학기술부 고시 한국어교육과정, 교육과학기술부.

윤희원 외(2010), 『국어』 1-2, (주)금성출판사.

_____(2010), 『생활국어』 1-2, (주)금성출판사.

한국어 교재 및 사전

경희대학교 국제교육원(2000), 『한국어 초급 1』, 경희대학교 출판부

_____(2003), 『한국어 고급 1』, 경희대학교 출판부

김하수 외 (2007), 『한국어 연어 사전』, 커뮤니케이션북스

서강대학교 한국어교육원(2006), 『한국어 4A』, 서강대학교 국제문화 교육원

서상규 외(2008), 『외국인을 위한 한국어 학습사전』, 신원프라임

이화여자대학교 언어교육원(2008), 『대학한국어 1〈말하기·듣기〉』, 이화여자대학교 출판부

참조 웹 사이트

http://stat.korean.go.kr/policy.do?method=detail&murl=sub02(국어 정책 통계)

http://www.lextutor.ca/vp/

http://classroom.re.kr/2011/view.jsp?mcode=111320(교수학습개발센터 독서 교수학습자료)

http://eduscol.education.fr/cid50486/liste-de-frequence-lexicale.html(빈도수가 높은 어휘 소개)

http://fcps.blachborad.com(미국 버지니아 주의 페어팩스 교육청)

http://media.education.gouv.fr/file/70/4/4704.pdf(Bentolila 교수 보고서)

http://www.ac-grenoble.fr/ia73/ia73v2/IMG/enseignement_du_lexique_cycle_1.pdf(Beltrami 보고서)

http://www.ac-montpellier.fr/sections/pedagogie/reussite-educative-pour-education-prioritaire/temoignages-actions/temoignages-seminaire/apprentissage/downloadFile/file/L_apprentissage_du_vocabulaire_A_l_Acole_primaire.pdf(몽펠리에 교육청 초등교육 어휘학습 보고서)

http://www.inattendu.org/grape/IMG/pdf/hs5_vol1a.pdf(2007년 초등교육과정 전문)

www.ricochet-jeunes.org(아동 동화책 사이트)

http://en.wikipedia.org/wiki/Socio-linguistics(Wikipedia. sociolinguistics, 2012. 8. 16 검색)

http://search.naver.com/ search.naver?where=nexearch&query=%C1%EE%B9%C8&sm=top_hty&fbm=1(네이버 검색 '즈믄', 2009. 10. 19 검색)

http://www.aefeienaddis.fr/IMG/pdf/Ressources_pour_enseigner_le_vocabulaire_en_Maternelle.pdf(교육부 어휘교육 보고서)

http://www.bokuennews.com/news.article.html?no=61423

http://www.education.gouv.fr(프랑스 교육부)

http://www.koreancontest.org

http://www.mext.go.jp/a_menu/shotou/new-cs/youryou/syo/koku.htm(일본 문부과학성 학습지도요령)

http://www.unikorea.go.kr/index.do?menuCd=DOM_000000105006006000(통일부 통계 자료)

찾아보기

저자 약력

구본관 1부 1장 「어휘 교육의 목표」 집필
서울대학교 국어교육과 교수/국어교육연구소 겸무연구원
서울대학교 국어국문학과 박사
『15세기 국어 파생법에 대한 연구』(1998), 『한국어 문법 총론 Ⅰ』(공저, 2015), 『개정판 우리말 문법론』(공저, 2018)

신명선 1부 2장 「어휘 교육의 내용」 집필
인하대학교 국어교육과 교수
서울대학교 국어교육과 박사
「단어 개념의 역동적 구성 과정과 담론 – 토론을 중심으로 – 」(2012), 「단어의 문맥적 의미 평가 문항의 유형과 특징에 대한 연구」(2012), 『의미, 텍스트, 교육』(2008), 『새터민을 위한 한국어 어휘 교육』(공저, 2012)

서혁 1부 3장 「어휘 교육의 방법」 집필
이화여자대학교 국어교육과 교수
서울대학교 국어교육과 박사
「독서(읽기) 교육 체계화를 위한 텍스트 복잡도 연구」(2011), 『국어교육학과 사고』(공저, 2007), 『국어과 교수학습 방법』(공저, 2007), 『더 나은 수업을 위한 셀프스터디』(공역, 2014)

이도영 1부 4장 「어휘 교육의 평가」 집필
춘천교육대학교 국어교육과 교수
서울대학교 국어교육과 박사
『국어과 교수 학습 방법』(공저, 2007), 『문식성 연구』(공저, 2008), 『국어교육 어떻게 할 것인가』(공저, 2014)

민병곤 2부 1장 「화법 교육과 어휘 교육」 집필
서울대학교 국어교육과 교수/국어교육연구소 겸무연구원
서울대학교 국어교육과 박사
「화법 및 화법 교육에서 어휘의 위상 논고」(2012), 『다문화교육의 이해와 실천』(2012, 공저),
『수업의 완성 교실 토론』(2014, 공역)

김봉순 2부 2장 「독서 교육과 어휘 교육」 집필
공주교육대학교 국어교육과 교수
서울대학교 국어교육과 박사
『언어교수의 기본개념』(공역, 1995), 『국어교육과 텍스트구조』(2002), 『국어교육의
이해』(공저, 2012),

원진숙 2부 3장 「작문 교육과 어휘 교육」 집필
서울교육대학교 국어교육과 교수
고려대학교 국어국문학과 박사
『삶과 화법』(공저, 2007), 『글로벌 시대의 다문화교육』(공저, 2010), 『국어교육의 이해』(공저,
2012)

이관규 2부 4장 「문법 교육과 어휘 교육」 집필
고려대학교 국어교육과 교수
고려대학교 국어국문학과 박사
문법을 어떻게 가르칠 것인가?』(공역, 2004), 『국어 교육을 위한 국어 문법론』(2005), 『학교
문법론』(2012), 『학교 문법 교육론』(2013)

김정우 2부 5장 「문학 교육과 어휘 교육」 집필
이화여자대학교 국어교육과 교수
서울대학교 국어교육과 박사
「스마트 교육 시대의 문학교육」(2014), 『시 해석 교육론』(2006), 『문학교육개론』(공저, 2014)

이경화 3부 1장 「초등학교에서의 어휘 교육」 집필
한국교원대학교 초등교육과 교수
한국교원대학교 국어교육과 박사
『읽기교육의 원리와 방법』(2001), 『독서교육론』(공역, 2012), 『국어교육의 이해』(공저, 2012)

전은주 3부 2장 「중학교에서의 어휘 교육」 집필
부산대학교 국어교육과 교수
고려대학교 국어국문학과 박사
『말하기·듣기 교육론』(1999), 『한국어와 한국어교육』(공저, 2008), 『국어교육의 이해』(공저, 2012)

김창원 3부 3장 「고등학교에서의 어휘 교육」 집필
경인교육대학교 국어교육과 교수
서울대학교 국어교육과 박사
『국어교육론 - 관점과 체제』(2007), 『문학교육론 - 제도화와 탈제도화』(2011), 『시교육론: 울림과 깨침을 위한 50가지 질문』(2020)

강보선 3부 4장 「북한이탈주민 대상 어휘 교육」 집필
대구대학교 국어교육과 교수
서울대학교 국어교육과 박사
『새터민을 위한 한국어 어휘 교육』(공저, 2012), 『북한이탈주민의 대한민국 정착을 위한 생활 어휘1~3』(공저, 2012), 『북한이탈주민의 대한민국 정착을 위한 생활 말하기』(공저, 2013)

권순희 3부 5장 「다문화 가정 자녀의 어휘 교육」 집필
이화여자대학교 국어교육과 교수
서울대학교 국어교육과 박사
「다문화시대 문화간 의사소통 능력 향상을 위한 교육 자료」(2010), 「다문화 배경 학습자를 위한 한국어 교사 교육」(2014), 『한국어 어휘 교육』(공저, 2010), 『새터민을 위한 한국어 어휘 교육』(공저, 2012)

송영빈 4부 1장 「일본의 어휘 교육」 집필

이화여자대학교 인문과학부 교수

나고야대학교 대학원 박사(문학)

「전문용어의 난해함에 대해 – 물리학 용어를 중심으로 – 」(2011), 「의학 논문을 통해 본 전문용어의 사용 양상」(2012), 『아름다운 우리말 의학전문용어 만들기』(공저, 2013)

박동열 4부 2장 「프랑스의 어휘 교육」 집필

서울대학교 불어교육과 교수

파리 – 소르본 대학(파리4대학) 박사

「정신역학이론과 인지문법 – 인지 연구 관점에서의 정신역학이론 – 」(2010), 「텍스트 읽기를 통한 프랑스어 쓰기교육 (1) – 읽기/쓰기 관계 연구와 수업방안 – 」(2011), 「프랑스어 학습자들의 요청전략 분석」(2013), 「프랑스어 교육에서 문법과 상황화 – 한국어 문법 비교를 통한 문법교육 – 」(2013)

신동광 4부 3장 「영어 교육에서의 어휘 교육」 집필

광주교육대학교 영어교육과 교수

Victoria University of Wellington 응용언어학과 박사

『A collocation inventory for beginners: Spoken collocations of English』(2009), 『영어로 진행하는 영어수업: 의사소통 중심의 영어 교수능력의 이론과 실제』(공저, 2010), 『영어교육론』(공저, 2011)

김호정 4부 4장 「한국어교육과 어휘 교육」 집필

서울대학교 국어교육과 교수/국어교육연구소 겸무연구원

서울대학교 국어교육과 박사

「한국어 학습자의 문법 습득 양상 연구 I · II · III」(2010, 2010, 2011), 「한국어 수업 담화 분석을 통한 교사의 문법 용어 사용 사례 연구」(2011), 「한국어 학습자의 조사 변이 양상 연구」(2013), 「한국어 교재 평가 항목의 설정을 둘러싼 개념과 원리 고찰」(2013)

김중신 5부 1장 「어휘를 통한 정의적 텍스트 생산 전략」 집필
수원대학교 국어국문학과 교수
서울대학교 국어교육과 박사
『소설감상방법론 연구』(1995), 『문학교육의 이해』(1997), 『3일간의 소설여행』(2006)

조형일 5부 2장 「코퍼스 활용과 어휘 교육」 집필
한국공학대학교 글로벌융합공학과 초빙교수
서울대학교 국어교육과 박사
「읽기(독서)에서의 교육 내용 위계화: 읽기에서의 어휘 시소러스(thesaurus)의 응용」(2011),
『한국어 교실 수업의 원리와 실제』(2012), 『외래어와 외국어 표현 3300』(2012)

이기연 5부 3장 「통시적 관점의 어휘 교육」 집필
국립국어원 학예연구사
서울대학교 국어교육과 박사
「어휘 능력 평가 요소와 평가 유형에 대한 고찰」(2011), 「문법 능력 평가 내용 연구」(2013),
「어휘 능력 평가의 지평 확대를 위한 소고」(2014)